国家社科基金项目"中国劳资关系近代转型及其现实启示"（10CJL009）最终成果

中国劳资关系近代转型研究

——劳方、资方与政府关系视角

杨在军◎著

人民出版社

目　录

北　洋　篇

引 论 篇

绪　　论

一、选题背景与意义

恩格斯曾指出,资本和劳动关系是现代全部社会体系运转的轴心。[1] 虽然有些言过其实,但自工业化以来,劳资关系确实发挥着重要作用。在中国,劳资关系在近代和当代都是重大议题。[2] 近代劳工问题、劳资争议、劳资冲突在 1949年后一度被意识形态化,就正常的政府、劳方、资方关系缺乏客观的研究。改革开放后劳资争议问题成为学术热点之一,但主要关注近代劳资争议的影响因素,调处等问题,就劳资关系的主体工人和资本家自身的行动与动机的关注不够;政府的调处基本限于南京国民政府,漠视了其他阶段政府的作用;重视社会环境对劳资争议的影响,却忽视劳资争议对社会影响。[3]

就劳资关系研究而言,与西方史学、法学与社会学构成劳资研究三大学科方法不同,我国虽也有加强史学运用的呼声[4][5],但史学方法仍被长期边缘化。与此对应,劳资理论与实践向来盛行"西学"(包括学习苏联),淡化国情意识,将西方成功经验和经典理论简单"嫁接"到中国,突出表现是阶段论盛行[6],后果是劳资冲突频频。为此,本书就中国劳资近代近代转型进行系统研究,分析其当代意义,以期抛砖引玉。

---

① 《马克思恩格斯选集》第 2 卷,人民出版社 1995 年版,第 589 页。

② 田彤:《民国时期劳资关系史研究的回顾与思考》,《历史研究》2011 年第 1 期。

③ 彭贵珍:《近三十年来中国劳资争议史研究综述》,《中国劳动关系学院学报》2010 年第 2 期。

④ 骆传华:《中国劳工问题》,青年协会书局 1933 年版。

⑤ 刘军:《值得重视的产业关系史研究》,《史学理论研究》2006 年第 2 期。

⑥ 荣兆梓:《工业化、城市化与我国劳资关系社会转型》,《中国经济问题》2009 年第 5 期。

虽然时人不乏对近代劳资关注,但受时空局限,并不充分,尤其缺乏系统性和整体性。20世纪二三十年代不仅有《劳动周刊》、《劳动界》、《劳工月刊》等专业报刊,20年代末还掀起学术高潮,代表人物有陈达、何德明、顾炳元、马俊超等。但整体而言,以劳方为中心,对政府和资方剖析不够,漠视三方关系。就研究内容而言,涉及女工与童工、工人生活、教育培训、工资、工时、工会、罢工、失业、福利、安全、保险、法规、劳工风纪,以及国际劳工组织、共产国际、帮会、政党、基督教与劳工关系等诸多方面。除介绍西方经验外,更多是短期劳资现象的社会学与法学描述,缺乏各制度横向关系和纵向演化的深入剖析,差异更多是政治分野。抗战时期,孙本文等虽以"劳资"代替"劳工",但无实质突破。

新中国成立以来,虽然发掘、整理了大量资料,但学术研究政治化色彩明显,除劳工运动迎合政治需要一度被"热炒"外,往往就某一方面浅尝辄止,系统性甚至不如近代,结论与海外也大相径庭,亟须深化。整体而言,大陆学术界强调近代劳方"革命"合理性,政府和资方沆瀣一气;台湾则长期强调"三民主义"①。而以裴宜理②、小浜正子③为代表的西方学者则强调资方和政府冲突,传统因素对自利的劳方之作用。20世纪末起,大陆研究有所改观:一些劳资纠纷个案剖析较客观地阐释了三方关系(徐思彦,1992;王奇生,2001;霍新宾,2007),惜未论及一般。而王处辉(1999)、王玉茹(2007)、高超群(2008)、孙安弟(2009)等就近代包工制、工资与生活、科学管理与劳资、劳动安全的研究也颇有启迪性。

此外,由于近现代劳资关系无论背景还是理论和实践诸多相似,因此对其研究应不乏现实借鉴意义。就背景而言,全球化、市场化转型、后发特征及儒家文化底蕴等均有别于西方。就理论而言,浅层次的西学,除漠视史学和强调阶段论外:方法上,以社会学和法学方法为主的同时,政治色彩浓厚;思路上,以劳方为中心,漠视西方产业关系(强调劳方、资方与政府三方的系统性)的主导性。就实践而言,唯西方经验是用,劳资关系始终不太和谐。

鉴于近代中国劳资关系的现代意义,但现有研究系统性、整体性尚欠缺,以及大陆学术界长期淡化史学方法,弱化国情意识,强化政治性,肯定劳方,否定政

---

① 谢政谕:《三民主义劳资和谐关系之研究》,(台北)正中书局1989年版。
② [美]裴宜理:《上海罢工:中国工人政治研究》,刘平译,江苏人民出版社2012年版。
③ [日]小浜正子:《南京国民政府的民众掌握——上海の工会と工商同业公会》,《人间文化研究年报》1991年第14号。

府与资方,忽视劳资三方系统性的事实,本书从三方互动视角对近代劳资关系史进行整体系统的挖掘,既可弥补前人研究不足,又可为中国特色和谐劳资关系理论和实践提供借鉴。

二、内容框架与方法

全书分为引论篇、晚清篇、北洋政府篇和南京国民政府篇。引论篇,首先是本部分引言,就选题背景意义、研究思路与方法、内容与框架、创新与局限进行简单讨论。第二部分是前人研究述评,这主要包括对近代劳资关系的研究述评,以及劳资关系一般分析框架的述评,进一步突显本书的研究意义。引论篇还就近代之前中国早期劳资关系形态进行了简单的梳理。

本书的重点和核心是近代劳资关系转型三个主要阶段的相关内容,就这三大阶段的论述相对深入系统,也各自成篇。晚清篇、北洋政府篇和南京国民政府篇基本框架大致相同,每一篇都分为四章,分别在依次介绍各阶段的政府、资方、劳方的构成、组织、特征,尤其各自承担的劳资角色,与前一阶段的对比等,再通过典型劳资冲突分析各阶段的劳资三方间关系,以及整体劳资关系。各篇之间既保持相互独立,又从逻辑上保持连贯,其主线是中国劳资关系近代转型,劳方、资方与政府在各个阶段的劳资角色及其互动关系。各个阶段间,无论劳方、资方与政府,还是劳资关系本身而言均有显著差异,各篇的研究间注意到各阶段间差异的原因、演化逻辑。在三大主体篇之后是简单的结论,对全书整体研究进行了归纳总结。

课题框架较大,内容相对丰富,方法的应用多样化。实证与规范结合,实证为主,就规范而言,主要是利用一些公认的理论研究框架,比如劳资三方关系实际上是当代西方理论界研究劳资关系常用的产业关系体系。经济史、企业史研究的本质就是实证研究,因此可以说实证研究贯穿本书始终。历史文献法:本书研究时段是近代,必然不能脱离当时的资料,因此以历史文献为基础。制度经济学:就劳资三方互动机制,劳资关系的近代转型过程、规律等,主要采用制度经济学方法;比较分析,主要是不同地区的比较;归纳与演绎:近代劳资转型各阶段特点,转型规律之归纳。一般性与典型性结合,比如:中国近代劳资涉及多种因素,除了三大行为主体之外,民间帮会、政党、传统势力对劳资关系均有影响,本书只选择三大劳资主体为分析重点,必要时兼顾其他行为主体;劳资事件涉及众多,原则上只选择典型的,尤其剧烈的劳资冲突为研究对象。

此外,劳资关系本身是一个复杂议题,涉及多学科知识,而本书研究对象还是近代,因此除历史学、经济学、管理学方法外,还涉及政治学、法学、社会学等多学科方法的尝试,以期将中国近代劳资关系做全面、清晰、客观呈现。

三、创新与局限

本书的创新主要体现在三方面:一是提出了中国近代劳资关系转型的概念,就近代劳资关系转型完成时间等做出了界定。

二是借助西方劳资关系史研究常用的产业关系史分析框架,从劳方、资方与政府关系互动视角,研究中国劳资关系整体的演化,相比前人对劳资关系某一方面、某一阶段的关注具有创新意义,无论是研究的系统性还是深度相比前人都有所突破。

三是书稿以经济利益为中心,兼顾劳资三方其他诉求,尤其劳资关系在近现代经济社会中的轴心作用,将经济学、历史学、管理学、法学、政治学等多学科方法应用于近代劳资关系转型研究,有一定的创新性。

本书局限主要有:一是作为理论经济学经济史学科的课题,本书在强调整体框架的同时,对第一手资料相对准备不足,这是今后努力方向。二是内容上还有待进一步完善之处,本书虽然从劳方、资方与政府关系视角对中国劳资关系近代转型进行了研究,但对传统因素,诸如文化、帮会等关注不够。三是在研究过程中发现一些资料存在疑虑,但限于时间和精力,本书并未展开进一步挖掘,有待今后继续研究。

四是就近代劳资转型的现实借鉴有待进一步细化和深入。此外,就行文而言,仓促将原60万字结项报告进行删减出版,语言表达,逻辑结构难免有不妥之处,尤其大量表格的删除,可能导致逻辑不连贯。

第一章　中国劳资关系史与劳资理论述评

第一节　中国近代劳资关系研究

一、近代劳资理论与实践回顾

正如恩格斯所言,劳资关系是现代社会体系运转的轴心。这注定劳资关系会成为现代社会各方关注的焦点问题之一。近代中国,工业化、城市化和现代化水平虽远远落后于西方,即使这样,劳资关系仍然成为各方关注焦点之一。不过,当时语境下多不是以"劳资关系"出现,而代以其他词,比如劳工、劳动,以及工人运动,关注核心在劳方,或者说产业工人。① 这有诸多原因,其中最为重要的是两方面:一方面,虽然中国近代产业不发达,但产业工人相对而言,数量相对较大,而相对资方而言,其经济、社会地位低,是一个非常脆弱的社会阶级(阶层),对外部的风云变幻反应敏感,故而成为社会各界关注重点也就很正常了。

另一方面,中国近代两大政党中国国民党与中国共产党革命时期都发动和利用了劳工或者说工人阶级。其中,中国共产党是马克思主义与中国工人运动相结合的产物在大陆乃至西方几乎已成定论,北洋政府时期其主要是发动工人进行革命,针对对象主要是帝国主义和北洋军阀政府,虽然有第一次国共合作,但国民党与共产均是革命党。1927 年后国共合作破裂,国民党清党,因此国民党政府成立后,中国共产党仍成为革命党,而中国共产党是工人阶级的先锋队

---

① 　陈明録:《中国劳工运动史研究》,载"中央研究院"近代史研究所六十年来的中国近代史研究编辑委员会:《六十年来的近代史研究》(下册),"中央研究院"近代史研究所 1989 年版,第599—639 页。

组织,城市又始终是中央政府统治,城市最可依靠、动员的力量就是工人,因此中国共产党自成立到抗战前始终对工人(劳工)及其运动给予了高度关注。值得注意的是,伴随共产党力量的成长,苏维埃政权的建立,以及由革命党向执政党的转化,其劳资思想经历了由劳资互助到劳资两利的嬗变。

其实,国民党也是一直关注劳工,早期革命就积极发动工人,革命的先行者孙中山也高度重视劳工问题,以至被称作"劳工之友"①。孙中山强调劳资协调的思想发展成了系统的三民主义劳资理论,国民党无论作为革命党,还是执政党,乃至台湾时期基本延续了孙中山的劳资协调思想,这也是当今世界劳资思想的主流。近代中国这两大政党在近代思想界尤其学术界的主导作用,决定了工人的近代学术地位。也就是说,虽然近代劳工运动研究的主体主要是经济学家、社会学家,以及社会工作专家,但受政治思潮的影响,政治化倾向明显,或被后人"政治化"。在这样的背景下,近代学者有关劳资的专著几乎没有以"劳资"命名者,只有社会学家孙本文在《现代中国社会问题》的第四册以"劳资问题"为题,以劳资协调思想为主线分析了抗战前近代中国劳资关系问题。② 这可能与孙本文出身资产阶级家庭,缺乏革命意识有关,但也客观上说明其可能相对革命者更能宏观把握当时的城市劳方与资方的基本关系,当然这也导致新中国成立后留在大陆的孙本文不得不多次自我批评。③

二、近代学者研究概述

田彤《民国时期劳资关系史研究的回顾与思考》一文厚今薄古,就 1949 年前的劳资问题研究只是按时间顺序进行了简单梳理,对近代劳资中的重大问题并未深入。④ 因此,需要就时人对劳资关系的研究加以重新梳理。需要说明的是,日本学者稻叶君山认为中国自商周时奉行诸子均分,资力比较平均,所以"劳资关系不生"⑤的观点是站不住脚的。

---

① 《对于劳资问题及社会主义之意见》,民国十一年十二月九日在上海对约翰白莱斯福特谈话,载孙中山著,中国国民党党史委员会编订:《国父全集》第二卷,"中央"文物供应出版社 1973 年版,第 859 页。
② 孙本文:《现代中国社会问题》第四册,《劳资问题》,商务印书馆 1943 年版。
③ 孙本文:《批判我旧著"社会学原理"的资产阶级思想》,《哲学研究》1958 年第 6 期。
④ 田彤:《民国时期劳资关系史研究的回顾与思考》,《历史研究》2011 年第 1 期。
⑤ 东方杂志社:《中国社会文化》,商务印书馆 1924 年版,第 21 页。

（一）早期代表性研究

近代语境下的劳资关系研究，多以劳工问题代之，这体现出近代学术视野下劳工问题是劳资关系的核心，本书为研究方便，并不对近代劳资与劳工问题进行专门析分。近代对劳资关系的关注是从劳工开始的，1918 年 11 月 16 日蔡元培做了《劳工神圣》的演讲，1919 年初新文化运动的标志性人物之一陈独秀发出"知识阶级与劳工阶级打成一片"的号召。

近代劳资问题的研究者主要是社会学家(实践者)和经济学家，而政治家虽然对近代劳资问题反应强烈，但主要关注政治斗争相关方面，尤其工人运动、罢工，武装起义等极端行为，鉴于政治家的观点、讨论具有明显政治倾向，本课题并不过多专门论及其研究。一般认为社会学家陈达的《中国劳工问题》是近代中国劳工问题的代表作，其实在此之前经济学家陈长蘅的《中国劳动问题讨论》从经济学的角度比较系统地论述了当时中国劳资问题，但可能由于陈长蘅的重要贡献在人口问题，加上其认为各种主义不但不能解决中国劳动问题，反而会使民生计每况愈下的观点，自然无法为近代政治倾向明显的学派所采纳。新中国成立后，大陆重著作轻论文的学术传统导致陈长蘅的研究几乎被现代学者所忽略，因此有必要对陈长蘅的研究做一简要回顾。

陈长蘅认为传统从生理角度将劳动分为劳心与体力两种并不科学，力与心往往并不可分。就经济角度而言，最有效的分类是以生产为标准。值得注意的是，陈认为凡对人类有益的活动都是生产，除物质生产外，"举凡政治家之利国福民，科学家之殚精竭思，教育家之作育人才，美术家之与人美感，良医之疗治疾病，与夫最大多数农工商股之孜孜汲汲，经营操作，或劳心，或劳力，或劳心复劳力，倘于人类有裨益，无论为直接或间接，其为生产的劳动之一也"①。陈长蘅以哈佛大学教授 T.N.Carver 的分类为基础，以是否对人类有贡献作为判断生产劳动的标准，以及把公共服务的提供等看作生产或经济的劳动，应该比马克思主义劳动价值论长期纠结于物质生产，至今也只是拓展到文化，精神领域，无法回答公共品供给者的作用更与现实相符。

当然，陈长蘅将劳动与"地利"视作生产主要要素，把资本看作辅助要素的

---

① 　陈长蘅:《中国劳动问题讨论》,《清华学报》1926 年第 1 期。

观点,与社会主义者的分类"并无大异",他还认为"然则生产之要素实以劳动最要矣"①。陈长蘅还在当时四种具代表性的中国劳动思潮反思的基础上,指出当时中国的"劳动苦况"相对于欧美有过之而无不及,因此不能说没有劳动问题。中国的劳动苦况并不是机器生产与工厂制度导致的,其根源是国民太穷,因此对中国劳动问题不能鼓吹各种偏激主义,而应该从中国实际出发加以解决。陈长蘅提出要重视劳动,就中国劳动问题不能固守阶级观念,因为阶级具有流动性,并经过分析指出任何阶级利用暴力专产独霸,均可谓之盗,"白化"与"赤化"同为"不经济的谋生"。②

整体而言,陈长蘅的劳资关系思想主要体现在两方面:一方面,当局应该注重劳动立法和改良劳工苦况的办法。劳工苦况是经济压迫与政治压迫的结果,而与资本制度无关。外国大资本家与本国军阀式资本家与财阀式资本家是当时中国经济最大障碍,而一般工商业者则由于营业单位小,雇主与雇工大都朝夕相处,感情融洽,凡事多彼此面商,罕有剧烈的劳资冲突。他还指出对于当时的经济制度既无推翻之必要,也没有推翻可能。因此解决中国劳动问题当从劳动立法、职工教育、协作公社与劳动银行入手,逐渐改善劳工工作与工人生活状况。就劳工立法而言,他强调应该在切实调查全国劳工状况的基础上,参照西方制定出适合我国的劳工法律与工厂法律。就童工与学徒年龄问题而言,主张通过强制教育解决。

另一方面,就劳动者而言,需要通过自身努力增进"幸福乐利"。这有几方面原因:首先,由于内乱,军阀是物价飞涨与生活昂贵之源,因此劳工第一重大责任是恢复全国和平,实现途径是全国职业教育与平民教育协助劳动阶级自谋解放,劳动阶级也要寻求觉悟,同时需要全国民众共同出力,相互帮助;其次,劳动阶级应该洞悉劳资之相互关系并谋划增加生产力。他注意到非物质资本(人力资本)越丰富,物质资本增加也越快,因此应该增加非物质资本,增加非物质资本的原动力是教育。由于资本越多越好,与其限制资本,不如限制利率,一般劳动者也能从中得到好处。他还指出平均地权在当时并不合时宜。政府应多扶持和纠正国民经济,不应直接办理大批国有营业,政府对于劳资两方面利益宜兼容

---

① 陈长蘅:《中国劳动问题讨论》,《清华学报》1926 年第 1 期。
② 陈长蘅:《中国劳动问题讨论》,《清华学报》1926 年第 1 期。

并顾,平衡劳资。此外,陈长蘅还指出劳动与各贫苦阶级应特别注意生育限制。

当然,中国早期最为系统的劳资问题研究莫过于陈达的《中国劳动问题》①,其研究中心是都市化的劳工问题,这也是现代劳动问题的重点,得到学术界的广泛认可。陈达认为劳工问题包括三个方面:一是生活费、工资、工作时间等工人自身;二是劳资争议,劳工移动、罢工、失业等资本和劳动问题;三是福利、设施、工业和平等组成之社会方面问题。当然,上述三个方面相互之间也有一定联系。陈达比较系统地论述了当时中国劳动的工人生活状况,劳动团体、罢工、工资和工作时间、生活费、福利设施、劳工法规。另外,陈达还专门在附录里就劳工运动问题进行了专门讨论。显而易见,陈达的研究以工人为中心,在其行文中虽然也论及政府与资方,但后两者的作用有被其边缘化之嫌,这可能与陈达的政治倾向有关。当然,由于是开拓性之作,陈达挖掘、回顾劳资相关问题的缘起也就顺理成章了。

陈达针对当时中国劳工问题,提出了解决标准、步骤和办法。陈达认为当时工界迫切需要解决劳工阶级的"生存竞争"和"成绩竞争"。② 生存竞争与工人生活息息相关,具有经济性质,主要与职工工资待遇、工作等问题有关。成绩竞争则具社会性质,即工人们必须享受相当的家庭快乐,一定的教育和法律保障。工界最重要问题是减轻生存竞争,增加成绩竞争,由此也可看出不可以把劳工问题简单等同于经济问题。

陈达认为资本、劳工阶级是劳工问题中最重要问题,客观上将劳工问题等同于劳资问题,尤其是在解决劳工问题的标准部分直接以"劳资问题"代替"劳工问题"③。解决劳工问题劳资双方须有的最低限度标准包括雇主和工人方面。雇主即资产阶级至少应满足两方面条件:一方面是进款的公平分配,工业进款的分配一般包括投资者、经理者、工资和盈余。其中工资可高可低,没有规律,盈余应该属于何方向来是劳资争议焦点,且大多由资方占有,公平的做法是雇主提高工资和增加工人享受盈余权利。另一方面,陈达认为每一种工业的生产人是雇主和工人(这与早期马克思主义者过于强调资产阶级的剥削性还是有所区别),因此雇主应把工人当作合股营业的人,而不应把其当作货物。就工人而言,陈达

---

① 陈达:《中国劳工问题》,商务印书馆1929年版。

② 陈达:《中国劳工问题》,商务印书馆1929年版,第575页。

③ 陈达:《中国劳工问题》,商务印书馆1929年版,第576页。

认为我国劳工运动幼稚,对工界的欲望还"不甚明白"①,因此工人方面的标准"尚难确定",但陈达也假定以"工界自己的改善"为标准,即强调工人只管为自己谋切身利益,不做无谓骚扰,应该充分抑制工界就增加工资、缩短工作时间等努力与资方的"捣乱",参加社会暴动等。②

特别需要强调的是,陈达所说解决中国劳工问题的步骤,有别于一般意义,他实际是"将劳工问题关系人——如工界之雇主社会和政府一一举出,并讨论每一派所应持的态度,和应做的工作,以作为解决劳工问题的步骤"③。就劳工问题的关系人而言,他认为有工界、雇主、社会和政府四个方面。工界最应关注组织目标和中国化的劳工运动这两个问题,中国劳工组织属于政党派的劳工运动,其优点是短时间内唤醒民众做解放运动,缺点是中国政治变迁过多过快,缺乏政治实力,劳工运动与政治同步缺乏固定性难以建设。就当时而言,脱离政党,独立运动较稳妥,但也面临缺乏领袖、缺乏教育和太大的社会阻力。之所以强调中国化的劳工运动,主要是因为我国劳工运动效仿西方,但却与现实相悖,因此演化式的劳工运动比革命式的劳工运动有效,中国化的劳工运动不可过多模仿西方,采用某种办法之前必须考虑其适用性。

就雇主而言,陈达强调雇主普遍以为工人与其有阶级冲突,因此不能寄希望于雇主研究劳工问题与解决办法。当然,雇主对劳工的冷漠态度也不用悲观,只要加强对其努力宣传,劳资关系就可改善。就社会方面,陈达指出劳工问题涉及社会利益,因此社会不应对此漠不关心。陈达主要强调了知识阶级和社会服务机构对劳工问题关注的重要性。陈达强调政府政策应为大多数人谋福利,以稳健为主,政府的工作应以工界、雇主和社会努力的结果为基础而制定法律,宣布和实行政府政策。整体而言,政府立法应该是渐进而复杂的,但法律一旦确定就不能轻易变更。陈达据此认为,政府绝不愿意做无把握的维新实验和采用高压手段。陈达指出,就当时情况而言,政府应该颁布工厂法、工会法的法令或条例。

就解决劳工问题的办法而言,陈达将其分为积极办法与消极办法。消极办法就是与人口问题有关系的生育限制,惜未展开讨论,而主要就积极方法进行了

---

① 陈达:《中国劳工问题》,商务印书馆 1929 年版,第 576 页。
② 陈达:《中国劳工问题》,商务印书馆 1929 年版,第 576—577 页。
③ 陈达:《中国劳工问题》,商务印书馆 1929 年版,第 576—577 页。

阐释。在陈达的视野下,积极方法包括治标与治本两个方面,治标方法只是给工界谋生机会,属于暂时救济,因此只能算作治标的方法,该方法应该与工业和社会情形相匹配。不过,陈达所持治标法的理由似乎站不住脚。因为他认为兴工业、建工厂、开矿和筑路等导致工人进款增加会变奢侈,生活却来不及改良,劳力因受刺激增加,生殖率提高,社会痛苦因此增加的观点值得商榷。

就治本而言,陈达认为极为困难。相对于西方,我国劳工问题尚未十分复杂,趁早研究可防患于未然。通过细心研究,了解劳工问题的性质,然后向治本方面做去,将来或者有对症下药的希望。具体而言,应从生活、工作、经济、社会四个方面展开。就生活者的研究主要集中于生活费和生活状况;就工作者而言,需要研究工作场所、工作器具、工时和工伤赔偿;就经济者而言,他特别强调借鉴当时西方盛行的养家费制度的研究;就社会者而言,工界幸福也牵涉社会幸福,因此针对工界应该做好合作制度、失业保险,以及科学管理。

陈达对劳工运动进行了专门研究①,他认为劳工运动是工业社会产物,劳工运动以劳工的觉悟、组织与奋斗为基础。工界有了觉悟,就要讲求组织,有了组织,便要奋斗,但工界运动不仅为自身谋福利,因此与别的社会运动有关系。他还分别介绍了与劳工运动关系密切的国民革命运动、社会主义运动、学生运动、农民运动以及爱国运动等情况。不但如此,他还专门注意到劳工运动和国际劳工事件的关系,比如国际劳工大会、欧战时赴法劳工、日人残杀华工事件、太平洋契约华工、外国工团的同情和联络等。遗憾的是,陈达并未就劳工运动对策做出阐释。

此外,李景汉针对家庭是文化基础,国人冠于世界的家庭观念的事实,并借鉴西方当时已盛行的家庭补偿金制度,提出家庭工资制度是"劳资协调之最缓和而又最有效力之良剂也"。② 他认为,该制度不但适合于个人主义的西方,更适合家族制度盛行的中国,与其相比,当时一些雇主已建立的包括养老、失业、危险、殡葬等津贴制度,不过是细枝末节而已。

近代中国的两大政党,中国共产党是马列主义和中国工人运动结合的产物在大陆已经成为常识,其实国民党也是一直关注劳工,早期革命就积极发动工

---

① 陈达:《中国劳工运动》,商务印书馆 1929 年版,第 586—626 页。
② 李景汉:《家庭工资制度》,《清华学报》(人文版)1927 年第 2 期。

人,革命的先行者孙中山也高度重视劳工问题,以至其本人被称作"劳工之友"①,劳工运动也与国民党的国民革命相结合②,早期共产党员恽代英也专门写有《中国国民党与劳动运动》③,工人运动、劳工,劳动成为近代学术界研究的基本主题。

(二)20 世纪 30 年代后

进入 20 世纪 30 年代,社会各界更加关注劳资关系。常识性的有王云五主编万有文库的《劳工问题》④,东方杂志三十周年纪念刊的《劳工问题》⑤等,而何德明的《中国劳工问题》虽然自谦是入门之书,但体例与当时市面流行的专门研究著作并无二致,其选取资料则相对比市面上流行书更加丰富和新鲜。⑥ 从何德明著作的体例,大致可以看出当时劳工问题研究的大致情况,何德明的研究涉及中国劳工问题导论、女工与童工、工资与工作关系、工会、罢工、失业、福利设施、劳工风纪,以及中国劳工问题的解决九部分,显然其分析框架仍然以劳工为中心,就内容而言,其对劳工风纪的专门研究颇有新意,其所选择劳工风纪的两性关系和地方帮问题均颇具时代意义,而且渗透到劳工相互间的关系。就劳工问题的解决而言,何德明主要阐释了普遍认同的两种方法——劳动者他力主义的解决办法和自力主义的解决办法。其中,他力主义即社会政策,强调在现社会制度下,以政府的力量,使劳动者不受资本家的压迫,增加阶级和谐性,消弭其冲突。自力主义即社会主义者的主张,根本推翻疑似有财产和竞争原则的当时社会制度,以劳动者自己的力量,克服资本家,使资本家永远不能压迫劳动者。当然,他也梳理了当时流行的各种具体的劳工治理思想。他认为当时的政府正努力生产建设,推进政(府)、劳(方)、资(方)三方面的合作,以期免去种种的纠纷。相对而言,何德明的《中国劳工问题》对各方面思潮,以及当时各方的评价

---

① 《对于劳资问题及社会主义之意见》,民国十一年十二月九日在上海对约翰白莱斯福特谈话,载孙中山著,中国国民党党史委员会编订:《国父全集》第二卷,"中央"文物供应出版社 1973 年版,第 859 页。
② 尚世昌:《中国国民党与中国劳工运动——以建党到清党为主要范围》,(台北)幼狮文化事业公司 1992 年版,第 2 页。
③ 恽代英:《中国国民党与劳动运动》,中央军事学校政治部,1926 年。
④ 祝世康:《劳工问题》,商务印书馆 1931 年版。
⑤ 王云五、李圣五:《劳工问题》,商务印书馆 1933 年版。
⑥ 何德明:《中国劳工问题》,商务印书馆 1937 年版。

较为客观。

20 世纪 30 年代中国劳资关系研究比较有特色的还有骆传华之《今日中国劳工问题》①，这不仅仅是因为当时国民政府实业部部长陈公博，以及实业部劳工司司长李平衡为其作序，而是因为该书是将当时中国劳资关系置于解决中国经济发展危机的分析框架之下。骆传华不但把资本主义侵入后给中国工人带来的痛苦看作经济危机的重要原因，并指出"要谋中国社会的改造，新经济制度的建立，对于这个重要的劳工问题，吾人应加以严重的注意"②。就具体内容而言，骆传华的著作包括中国经济危机、中国劳工运动起源与发展、中国重要工会、国民党的劳工政策、共产党与中国劳工运动、中国劳动法的过去与现在、工厂法的实施、劳资争议与劳资工作条件、中国几种特殊的劳资状况、中国劳工教育、中国失业与无业问题、中国经济复兴条件等。

陈振鹭《劳动问题大纲》共 13 章及附录，就内容而言有相当大的突破，除传统劳动问题如劳动发生、童工、女工、工时、工资、罢工、失业外，还就调解及仲裁、劳动保险，尤其是劳动灾害与职业疾病问题进行了专门研究。③ 陈振鹭并非仅就中国而言，更具国际视野，涉及当时苏俄及西方主要国家劳动问题的梳理与剖析，他还比较系统地分析劳动问题与伦理学、社会学、政治学、经济学的关系。与何德明的自力、他力法类似，他也将劳动问题的解决分为劳动者的"自助"与"他助"，但其自助除革命、改良等方式外，还强调劳动者自己组织团体，与雇主直接谈判，但自助无法完全解决劳资冲突，反而可能导致两败俱伤，这就需要政府的他助。他助是政府制定政策化劳资冲突为工业和平，当然他助也未必有利于劳动者，因为政府更多从发展实业考虑。除了论及劳动各问题时的对策外，他还就中国劳动问题提出了总对策，他强调各国劳动问题的总解决视各国的时代环境而异，条件成熟时可以通过革命从根本上解决劳动问题，条件不成熟时则要解决出现的局部问题。特别检讨了劳动问题总解决现状，尤其对苏俄与法西斯劳动对策检讨，强调国家的劳动统制与国际的劳动合作。整体而言，他认为："各国应分头在本国努力，把工界的困难问题解决了，再进一步增加劳工的福利，提高劳动之人的地位。同时，亦应联合各国的劳工组织，彼此聚在一堂，共同解决国

---

① 骆传华：《今日中国劳工问题》，青年协会书局 1933 年版，第 25 页。
② 骆传华：《今日中国劳工问题》，青年协会书局 1933 年版，第 26 页。
③ 陈振鹭：《劳动问题大纲》，大学书店 1934 年版。

际上共有的劳工困难问题,奠新民族主义之基,同时即树国际连带之风气。不偏狭,要宽大;不相排,要相爱。"① 即强调民生主义是民族主义的护头帽子。劳动问题是现实的,因此劳动者得认识到人和社会均是现实的,其利益诉求不能超越现实。

抗战期间,对中国劳资整体的研究几乎销声匿迹,即便近代中国唯一以"劳资问题"命名的著作出现在这一阶段,然而其主要内容却主要形成于抗战前夕。② 其内容除了传统劳资问题起源及其背景、西洋劳资问题与工会组织、中国劳资问题回顾、中国劳资问题内容、特性,中国工业特质和非常时期劳资关系等。孙本文否定了当时盛行的战时讨论劳资问题不合时宜的观点,并指出战时讨论劳资问题更为重要,战时劳资问题包括充实劳力、增加生产效率和加强劳资合作等问题。孙本文还特别强调战后工业复兴是民族复兴的基础,而工业进展的枢纽是劳资合作,劳资整体观念陶冶、国家民族至上观念的贯彻、劳工教育的发展与劳资双方民族复兴共同目标的保持。

1939 年出版的《上海产业与上海职工》实际上是 1937 年共产党对上海的工业、经济和工运史进行的一次较为系统性的初步调查。该书是根据中央精神,由刘晓、刘长胜领导,以工类及各产业党员同志调查编写的 22 个产业及职工基本情况的基础上,由刘长胜指导,顾准整理编写并化名为朱邦兴、胡林阁、徐声的方式在香港远东出版社出版,其基本指导思想是要求各级党组织深入进行调查研究,了解各主要产业部门的经济情况、职工运动的历史以及职工的生活、思想和抗日活动状况,以利于进一步团结教育群众,坚持对敌斗争,发展党的力量。③ 显然,《上海产业与上海职工》的政治倾向比较明显,

此外,朱通九对战时劳动统制的研究是对战时劳资关系的一本相对系统的专著,该著作不但梳理了我国劳动概况,还提出了战时劳动统制的原则,战时劳动统制的准备(政府视角),以及战时劳动统制的实施步骤等。④

就理论层面而言,一些理论研究对当时的劳资关系有指导作用。比较有代

---

① 陈振鹭:《劳动问题大纲》,大学书店 1934 年版,第 653 页。
② 孙本文:《现代中国社会问题》第四册,《劳资问题》,商务印书馆 1943 年版。
③ 朱邦兴、胡林阁、徐声合编,上海工人运动史料委员会校订:《上海产业与上海职工》,上海人民出版社 1984 年版,"序言"。
④ 朱通九:《战时劳动统制》,独立出版社 1940 年版。

表性的理论著作有朱应祺、朱应会共同翻译的《劳动经济论》,该书分析了劳动问题产生的原因及其特征,失业、工资、工会、劳动争议解决制度、工厂法,以及劳动问题的各种思潮。① 朱通九《劳动经济学》包括劳动经济、经济学的科学方法、劳动运动的"背景"、工业革命与劳动运动、基尔特制度与工厂制度、资本主义、社会思潮与社会变迁、劳工与自由、阶级立法、最低工资立法、工会的技术、失业、劳动保险、劳工组织、劳动者的国际组织、国际劳工组织、科学管理法与生产合理化、工资原理、近代社会思潮等内容。② 朱通九还著有《现代劳动思潮及劳动制度之趋势》③,惜当时已经是抗战中期,对近代劳资关系的指导有限。马超俊、余长河的《比较劳动政策》包括总论、劳动组织、团体协约、劳动调整策、劳动保护策、劳工生活保障策、劳动生活改进策、劳资协调策、结论共 9 篇,36 章,虽然内容全面系统④,但该书出版于 1946 年,加之战后陷入内战,其对实践的作用有限。同样,阮子平编著的《劳动问题研究》⑤也偏重劳动理论问题研究,虽然相对系统,但其理论和影响相对有限。除一般性理论外,劳动法律理论研究较为深入和广泛,先有李剑华的《劳动问题与劳动法》(太平洋书店,1918),1927 年到1934 年间,劳动法方面的著作,年均超过一本,南京国民政府末期的 1937 年顾炳元的《中国劳动法令汇编》虽然是法律条款整理⑥,但也可以视为当时理论和实践成果的总结。1946 年哈佛大学浦寿昌的博士论文题为《中国的劳动政策》(Labor Policy in China),憾未见全文。⑦

　　此外,1928 年、1932 年北平社会调查所出版的《第一次中国劳动年鉴》⑧、《第二次中国劳动年鉴》⑨内容均涉及劳动状况、劳动运动、劳动设施与政策(第二次为劳动法令与设施)三篇。不过,其所涉及劳动者的除工矿业劳动者外,还包括农民、手工艺人与人力车夫等。而实业部劳动年鉴编辑委员会《民国二十

　　①　朱应祺、朱应会:《劳动经济论》,上海泰东图书局 1928 年版。
　　②　朱通九:《劳动经济学》,上海黎明书局 1931 年版。
　　③　朱通九:《现代劳动思潮及劳动制度之趋势》,国民经济研究所 1939 年版。
　　④　马超俊、余长河:《比较劳动政策》,商务印书馆 1946 年版。
　　⑤　阮子平:《劳动问题研究》,劳动出版社 1947 年版。
　　⑥　顾炳元:《中国劳动法令汇编》,上海法学编译社 1937 年版。
　　⑦　参见邹进文:《近代经济学的发展——来自留学生博士论文的考察》,《中国社会科学》2010年第 5 期。
　　⑧　王清彬、王树动、林颂河、樊弘:《第一次中国劳动年鉴》,北平社会调查部 1928 年版。
　　⑨　邢必信、吴铎、林颂河、张铁铮:《第二次中国劳动年鉴》,北平社会调查部 1932 年版。

一年中国劳动年鉴》①、《民国二十二年中国劳动年鉴》②有劳动状况、劳动运动、劳动设施、中国参加国际劳工组织状况、劳动法令篇,但其所涉及劳动也不仅仅是国内的产业工人,还包括侨外华工、农业劳动者、自由劳动者等。总之,当时的各种劳动年鉴,其关注的劳动与当时的"劳动问题"研究还是有所区别,因为当时的语境下,劳动问题更多是指城市产业工人,或者说无产阶级劳动,而劳动年鉴则包括城乡的各种劳动者的"劳动"相关问题。此外,国民党工商部劳工司于1930年编辑的《各地劳资新旧合约类编》,记载了1928年前广东、浙江、江苏、广西、江西、湖北、云南、新疆、吉林、河南、山西等11省,上海、南京、广州、汉口、北平、天津六个特别市的机械工业、手工业、商业相关劳资合约,均为后人研究提供了方便。③

时人除了对工人及其组织的关注外,还有对工人特殊群体的研究。钟贵阳《中国妇女劳动问题》就中国都市化妇女劳动问题,尤其是新式工业妇女劳动的由来、状况,妇女劳动工资、工时、灾害、住宿,以及中国妇女劳动组合、设施、保障等进行了相对系统的论述。④ 他认为妇女劳动问题"乃是关于妇女劳动中的经济问题,其重要的意义,是在改善妇女劳动的劳动条件,劳动设备,更进而谋革新社会的和经济的组织"⑤。史国衡的《昆厂劳工》则对昆明一家约500人的国营军需工厂工人进行了研究,《昆厂劳工》通过分析工人的社会环境、家庭背景、社会状况、人际关系等来探索解决工业化各种问题的途径。《昆厂劳工》的附录田汝康的《内地女工》也有一定新意。⑥

三、现代学者的研究

(一)整体研究

整体而言,20世纪中国经济史学界似乎并没有将劳资关系作为一个议题进

---

① 实业部劳动年鉴编辑委员会:《民国二十一年中国劳动年鉴》,神州国光社1933年版。
② 实业部劳动年鉴编辑委员会:《民国二十二年中国劳动年鉴》,神州国光社1934年版。
③ 工商部劳工司:《各地劳资新旧合约类编》,1930年。
④ 钟贵阳:《中国妇女劳动问题》,上海女子书店1932年版。
⑤ 钟贵阳:《中国妇女劳动问题》,上海女子书店1932年版,第2页。
⑥ 史国衡:《昆厂劳工》,商务印书馆1946年版。

行研究,至少没有进入主流视野。[①] 同样,20世纪的社会史学界也基本没有论及劳资关系[②],劳资关系还是主要作为工人运动史,而这种工人运动无论在大陆还是台湾都掺杂了太多的政治因素,在大陆总是竭力将其纳入旧民主主义革命与新民主主义革命范畴,纳入阶级斗争范畴,而台湾的研究则侧重三民主义,清党前后的对比。

劳资关系,以劳工作为研究主题竟然延续到现代,是现代史学界的重要主题之一。有意思的是台湾和大陆历史学界相继出版的《六十年来的近代史研究》和《五十年来的中国近代史研究》竟然都有工人运动史的专题,[③]两岸还分别出现了厚重的多卷本《中国劳工运动史》[④]和《中国工人运动史》[⑤]。在资料集的整理上,刘明逵、唐玉良主编上千万字的十四卷本《中国近代工人阶级和工人运动》[⑥]可称浩瀚,而从其书名上还是可窥见工人的"革命性"。

就中国劳动者早期缺乏组织之观点,台湾的尚世昌表达了不同观点,他认为帮会精神在中国劳工运动中发挥了重要作用,也是中国劳工运动的一大特色。"中国劳工既大部分参与青、洪两帮会,长久以来耳濡目染,自亦沾染此种豪侠之风,当帝国主义对中国工人压迫过甚,劳工欲图有所结合,以求自助人助,惟有加入会党或仿效会党,始能达到此一目的,此为必然之趋势。既结而为团体,则会党中豪侠尚义、尊重组织、不畏强权、济弱扶倾的传统精神,也必自然而然的成为工运的精神所在。此一特色为其他国家所未有,因此中国工人运动比外国更具有侠义性、组织性、坚韧性与助他性。"[⑦]

赵入坤的《雇佣关系与近代中国》,从传统雇佣关系到近代雇佣关系的发生

① 虞和平:《经济史》,载曾业英:《五十年来的中国经济史研究》,上海书店2000年版,第81—116页。

② 蔡少卿、李良玉:《社会史》,载曾业英:《五十年来的中国经济史研究》,上海书店2000年版,第285—305页。

③ 陈明銶:《中国劳工运动史研究》,载"中央研究院"近代史研究所六十年来的中国近代史研究编辑委员会:《六十年来的近代史研究》(下册),"中央研究院"近代史研究所1989年版,第599—639页;刘晶芳:《工人运动史》,载曾业英:《五十年来的中国近代史研究》,上海书店2000年版,第346—381页。

④ 中国劳工运动史编纂委员会:《中国劳工运动史》,(台北)中国劳工福利出版社1959年版。

⑤ 刘明逵、唐玉良:《中国工人运动史》,广东人民出版社1998年版。

⑥ 刘明逵、唐玉良:《中国近代工人阶级和工人运动》,中共中央党校出版社2002年版。

⑦ 尚世昌:《中国国民党与中国劳工运动——以建党到清党为主要范围》,(台北)幼狮文化事业公司1992年版,第7—8页。

条件和特点,近代雇佣关系问题及其影响,近代雇佣关系的国家调节等方面对近代劳资关系进行了较客观的历史呈现,颇多启发。① 李秀丽就近代中国民族企业劳工问题的研究,虽然略微浅显,但几乎涉及近代劳工所有问题,如劳工社会经济地位、劳动条件、劳工结构、劳工管理、劳工组织与劳资关系、劳动立法、劳工问题变迁,相对出彩之处是认识到 20 世纪 20 年代集体谈判已经成为和政府、帮会共同存在的劳资关系调解三种方式之一。②

祝慈寿对中国工业劳动史整体的研究,其中不但涉及对近代中国工业劳动问题的系统探讨,而且还阐述了其来龙去脉。具体而言,主要包括近代工业劳动力的来源与使用,近代工业企业劳动管理两大部分,其中第一部分包括鸦片战争前的工业劳动与工会,近代工人的来源和劳动状况,第二部分包括外资侵华与外资企业管理、清季官营工业经营与劳动管理、民族资本工业诞生与劳动管理。

李彩华对中国共产党领导的新民主主义劳资关系进行了相对系统的研究,尝试对新民主主义经济产生、发展、壮大、全面胜利及终结的各个历史阶段的劳资关系状况进行初步的梳理。③

现代学者对近代劳资关系的研究与本课题最为接近的是金京玉就民国成立到抗战前工业劳资关系的研究,与本课题的基本分析框架资方、劳方与政府关系视角的研究类似。虽然其认为劳资主体只有工人与产业资本家,劳资关系基本问题是工资制度、雇工制度与劳动管理,但其也指出民国时期工业企业劳资关系系统构成(如图 1-1 所示)的第一个层次包括政府层面;企业的资方与工人处于劳资关系系统基层,劳资关系受上层政府政策以及劳资双方力量对比的影响;处于中间层次主体为中间组织,包括劳资双方各自组织以及帮会,起到沟通政府与企业、劳资双方的媒介以及平衡劳资关系的作用。④

不过,金京玉的研究虽然将企业、工人及其团体与政府,乃至"非正式组织"帮会均纳入劳资关系,但是其研究只考虑了政府层面劳工政策的发展演变,忽视了系统中政府与资方关系,政府政策之外的劳资理念与行为,中间团体中忽视了劳方与资方中间团体与政府的关系,更关注劳方与资方团体关系,还关注了新兴

①　赵入坤:《雇佣关系与近代中国》,安徽大学出版社 2010 年版。
②　李秀丽:《中国近代民族企业劳工问题及企业文化研究》,东北财经大学出版社 2013 年版。
③　李彩华:《中国新民主主义制度下的劳资关系与政策》,中国财政经济出版社 2009 年版。
④　金京玉:《民国时期工业企业劳资关系研究(1912—1937)》,经济科学出版社 2012 年版。

```
                    ┌──────────┐
                    │   政府    │
                    └────┬─────┘
          ┌──────────────┼──────────────┐
    ┌───────────┐   ┌────────┐   ┌────────────┐
    │ 资方团体组织 │───│  帮会   │───│ 劳方团体(组织) │   中间组织
    └─────┬─────┘   └───┬────┘   └──────┬─────┘
          │             │               │
    ┌───────────┐                 ┌──────────┐
    │ 资方(企业)  │─────────────────│   工人    │
    └───────────┘                 └──────────┘
```

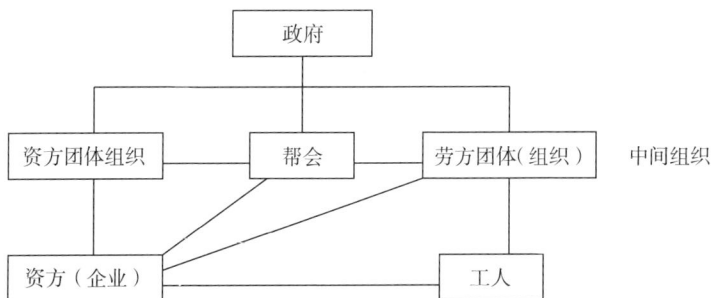

图 1-1　民国时期工业企业劳资关系系统构成

资料来源:金京玉:《民国时期工业企业劳资关系研究》,经济科学出版社 2012 年版,"前言"第 3 页。

实业家的劳资理念与实践,但对劳资系统内各主体及其组织间的相互关系,尤其长期演化规律缺乏深入的逻辑梳理。另外,民国时期不容忽视的是外国政府、西方在华企业、西方在华雇员,以及世界劳工组织等对当时劳资关系的影响也没有考虑。

(二)专题研究

现代大陆学术界涌现出大量对近代中央政府(包括国民党)、资方(资本家)、劳方(工人)的专题研究。整体而言,早期受革命史和文革史范式的影响,对政府和资方更多批判,而高度肯定工人及其相关组织行为。值得注意的是,一般认为,五四运动以后,中国工人阶级才从自发走向自觉,但香港学者陈明銶则认为:因客观环境的改变和主观自觉醒悟,工人们对本身集体权益的认知、维护、争取而引致的团结奋斗,在晚清时期已渐趋成熟,所以近代中国劳工运动的起源应该上溯至晚清国际形势、社会风气、经济生产的急剧转变而引致劳工界的觉醒、组织、动员发展,而其中关键不单是新式企业劳动者,而同时亦要重视手工业及传统行业的生产性和服务性劳工在意识、组合、行动等方面之集体趋向。[1]

劳资纠纷社会影响大,保存资料多,相关学者进行了较充分的研究。对近代劳资纠纷的研究,较早的有徐思彦从资产阶级和国民党政权视角对 20 世纪 20 年代劳资纠纷进行的研究,结果发现,两者都曾奉行劳资合作主义,即便其出发点和目的不同。资产阶级是由于自身经济和组织不发达,不得不提倡劳资合作;国民党初期主张劳资合作,也是出于自身利益需要,以便国民革命获得工人运动

---

① 陈明銶:《晚清劳工"集体行动"理念初探》,《中国社会经济史研究》1989 年第 1 期。

支持。大革命失败后，国民党政权虽然还维持"劳资合作"的宣传，但实际政策已经转变为抑制和限制工人运动，以利于资本家阶级利益。国民党政权为维护政权利益，曾在政治和经济上限制资本家阶级。就劳资两方的阶级关系而言，国民党政权是维护资本家阶级的，资本家对工人的恐惧也远甚于对国民党政权的恐惧。国民党政权通过调整有关劳资政策，缓解与资本家关系，加强对资本家控制的同时，又得到其经济支持。①

劳资纠纷个案研究以王奇生对三友实业社、霍新宾对广州无情鸡事件的剖析为典型。王奇生对 20 世纪 30 年代持续两年多的，始于资方停业的三友实业社劳资纠纷的研究，对其中存在的三重关系的讨论非常有特色，也相对客观。就工人与资本家关系而言，是三友实业社劳资冲突事件的初始关系和基本关系，双方均希望获胜，表现出强烈的阶级认同与对立，其中既有主动和强势之资方的顽抗也有相对弱势的劳方之团结与不屈；就资本家与国民党政权的关系而言，政府以政权与社会秩序的稳定为首要目标，在三友案中，国民党确有偏袒资本家之处，但更多是抑压资本家，不但对其一再谴责、痛斥，乃至修改《劳资争议处理法》对付顽抗的资方，劳资纠纷也是资本家与国民党政权长期矛盾的反映；就工人与国民党政权的关系而言，工人虽处于弱势地位，但也并非完全被动受压，工人将自己的生存困境建构为危及政治安定，成为政府所不能回避、推诿急切问题，在无法与强势资方抗衡情况下，不断向当局请愿申诉，求助媒体，将自身悲惨处境和资方的为富不仁诉诸社会，引起社会关切。在问题不能解决的情况下，绝食并越级上访，直接向国民党中央呈诉，使国民党中央不得不支持工人，谴责资本家，以至责令地方党政当局以非常手段督促资方开工，受到资方抵制时，进一步偏向工人。② 霍新宾以在广东国民政府由最初的"袒工抑商"向"袒商抑工"转变的过程中，1927 年初广州曲江县商会致电粤省实业厅询问是否恢复正月初二解雇工人的传统，得到实业厅厅长李禄超的肯定性答复，而引发的劳资纠纷为研究对象。研究发现，国民革命后期广州工商两界在利益冲突中迥异心态及行为，折射出标榜"阶级协调"的国民党政权为抉择在劳资之间的"公正"立场而面临的两难境遇，这与王奇生对三友实业社劳资冲突案例的研究结论类似。从无

① 徐思彦：《20 世纪 20 年代劳资问题初探》，《历史研究》1992 年第 5 期。
② 王奇生：《工人、资本家与国民党——20 世纪 30 年代一例劳资纠纷的个案分析》，《历史研究》2001 年第 5 期。

情鸡事件亦知当时共产党对工人政治与阶级动员能力有限。①

　　值得注意的是,当代学者主要关注 20 世纪 20 年代、30 年代的劳资冲突,而陈达在 20 世纪 50 年代就上海 1937 年到 1947 年的劳资争议与罢工的研究,时至今日仍有一定新意。②

　　当代学者的研究,对近代劳资关系的研究更加理性,抛弃了新中国成立后一段时间的意识形态影响。就具体方法而言,从传统史实挖掘与整理,到将制度经济学、计量经济学等引入相关议题。这在劳资关系的中心议题——劳动者工资方面体现明显,由于工资与生活息息相关,相关研究还往往与生活相联系。在这方面比较有代表性的是南开大学经济研究所团队对近代工资的研究,从 20 世纪 80 年代初对开滦煤矿工资、用工制度的研究一直到当代对近代城市行业工资指数,以及与工资密切相关的城市工人生活费指数等,时间跨度达数十年之久。③ 张剑对 20 世纪二三十年代上海主要产业工人的工资级差与文化水平的研究,并没有涉及传统阶级问题,而从文化、产业角度分析其工资级差形成原因。④

　　在工资及生活程度研究方面最近比较有代表性是张忠民的研究。张忠民主要依据 20 世纪二三十年代之交的上海市政府社会局的调查资料,就上海工厂工人工资率、实际收入,家庭生活程度及生活费指数进行相对系统考察,结果表明:当时上海工人工资体系具有“自主性”和“多样性”两大显著特征;20 世纪 30 年代前半叶的上海工人及其家庭,虽然工资及生活程度水平较低,却仍然保持了生活状况的基本稳定;工人工资水平与社会经济及产业发展的阶段和程度具有非常密切的关系;熟练而稳定的产业工人是包括上海工业在内的社会经济必要条件之一,而工人及其工人家庭基本生活的基本保障是维持

---

　　① 霍新宾:《“无情鸡”事件:国民革命后期劳资纠纷的实证考察》,《近代史研究》2007 年第 1 期。

　　② 陈达:《上海的劳资争议与罢工(1937—1947 年)》,《教学与研究》1957 年第 6 期。

　　③ 南开大学经济研究所经济史研究室:《旧中国开滦煤矿的工资制度和包工制度》,天津人民出版社 1983 年版;阎光华、丁长清:《旧开滦煤矿工人的工资水平剖析》,《南开经济研究年刊,1981—1982 年》,南开大学出版社 1983 年版;丁长清、阎光华、刘佛丁:《旧中国工人阶级贫困化问题管见——析开滦煤矿工人的工资水平及其变动趋势》,《南开经济研究年刊,1984 年》,南开大学出版社 1985 年版;丁长清:《开滦人事管理的历史考察》,《南开经济研究》1986 年第 4 期;王玉茹:《近代中国物价、工资和生活水平研究》,上海财经大学出版社 2007 年版。

　　④ 张剑:《二三十年代上海主要产业职工工资级差与文化水平》,《史林》1997 年第 4 期。

这一条件的基础。① 而较早的研究则是张伟对近代中国上海、武汉等城市工人家庭收入状况的研究。研究发现,城市工人家庭的收入水平和家庭生活水平较为稳定,食品支出占总支出的比重虽在不同的地区、时间、行业存在一定差异,但还算比较平稳,工人技术水平越高,收入水平越高。② 较早的工资、收入的个案以南开大学的群体对开滦的研究最为典型,前文已经提及相关文献,这里不再赘述。劳动条件方面,相对来说比较全面,最新比较有特色的有杨可对民国模范劳工宿舍的研究。③

劳资法规的研究也是现代学者的一个重要学术视点。主要有相关劳动法规的整理和研究,研究的对象主要是南京国民政府时期的劳资法规,衡芳珍比较了20世纪30年代国共两党的《工厂法》与《劳动法》,两者在适用范围、工作时间、童工、女工保护方面有很大差异,国民党《工厂法》体现自由雇佣原则,共产党《劳动法》强制性突出,这决定了两党劳动法都会受到非议,国民党《工厂法》受到资方抵制,共产党《劳动法》则受到党内务实派的抵制和非议,工厂法没有处理好西风东渐和本土化的关系。④

女工、童工逐渐引起了学术界的关注。美国学者艾米莉的《姐妹与陌生人——上海棉纱厂女工》⑤是美国学术界20世纪80年代中国劳工史的代表作,该研究以1919—1949年上海中外纱厂女工为研究对象,把女工放到上海经济社会生活的大背景下,探讨纱厂女工的生活状况、工作情形及30年间女工参与劳工运动的发展和转变情况。苏州大学池子华以近代长三角地区的打工妹为中心,就打工妹群体的生成机制、自然及社会构成、求职路径、职业分层与职业流动、劳动状况及生存状态、工资收入及福利待遇、政治生活与日常生活以及打工妹现象对当时社会的影响等做了较为系统研究。⑥ 就童工的研究方面,成果相

① 张忠民:《近代上海工人阶层的工资与生活——以20世纪30年代调查为中心的分析》,《中国经济史研究》2011年第2期。

② 张伟:《近代不同城市工人家庭收入分析》,《西南交通大学学报》(社会科学版)2000年第4期。

③ 杨可:《劳工宿舍的另一种可能:作为现代文明教化空间的民国模范劳工宿舍》,《社会》2016年第2期。

④ 衡芳珍:《二十世纪三十年代国共两党的工厂法》,《江苏社会科学》2013年第4期。

⑤ [美]艾米莉·洪尼格:《姐妹们与陌生人——上海棉纱厂女工1919—1949》,江苏人民出版社2011年版。

⑥ 池子华:《近代中国打工妹群体研究》,中国社会科学出版社2015年版。

对丰富。其中比较有代表性是李楠利用 20 世纪 30 年代的全国工业调查数据,就当时童工使用及其对相关行业的经济绩效进行的研究。研究发现,当时童工被广泛使用,就地区而言以上海、江苏、四川、河北较多;就行业而论,纺织工业、造纸印刷业童工较多。整体而言,童工对工业行业的绩效影响并不显著。① 鲁运庚、刘长飞虽然对当时童工普遍性、童工立法与保护、童工的劳动条件、工资待遇、童工的反抗,以及中共对童工问题的处理,均有论及,但系统性和深度相对不足,特别是其所论及的"民国初年"基本是 20 世纪 20 年代以后的事。② 由于上海是当时工商业中心,后人相对有收集资料上的便利,研究相对较多。刘媛对南京国民政府时期上海童工的研究表明当时童工主要从事体力劳动换取收入赡养家庭,这决定了其消费从属于家庭消费,主要体现在食品等基本需要领域,教育和娱乐等则微乎其微。③ 此外,丁勇华、吕佳航对 20 世纪二三十年代上海童工的研究方法和结论均相对传统④,但比普通研究更具系统性,在童工研究方面有一定代表性。

　　在大陆,对传统制度的重新审视是当代学术热点之一,早期基本认为资方或者政府推出的制度是完全是资方和政府对劳方的专政、利用和控制,当代则逐渐趋于理性,其中最典型的是对包工制与科学管理制度的再认识。早期包工制被认为是封建的、腐朽的、落后的、剥削的,到逐渐认可该制度在当时存在的合理性,乃至被认为是当时生产力水平下最合理有效的制度之一。⑤ 高超群认为 20

---

　　① 李楠:《近代工业化进程中童工使用与绩效研究》,《中国人口科学》2015 年第 4 期。
　　② 鲁运庚、刘长飞:《民国初年的童工研究》,《民国档案》2002 年第 2 期。
　　③ 刘媛:《1927—1937 年上海童工的收入与消费研究》,《聊城大学学报》(社会科学版)2014 年第 2 期。
　　④ 丁勇华、吕佳航:《试论 1920、1930 年代上海童工问题》,《上海大学学报》(社会科学版)2008 年第 2 期。
　　⑤ 批判性的有:经江:《解放前上海造船工业中的包工制度》,《学术月刊》1981 年第 1 期;南开大学经济研究所经济史研究室编:《旧中国开滦煤矿的工资制度和包工制度》,天津人民出版社 1983 年版;余明侠:《近代封建把头制度探析》,《江海学刊》1994 年第 2 期;祝慈寿:《中国工业劳动史》,上海财经大学出版社 1999 年版。逐渐认可的有:王处辉:《中国近代企业组织中之包工制度新论》,《南开经济研究》1999 年第 5 期;王小嘉:《近代中国企业包工制度新探》,载刘兰兮主编:《中国现代化过程中的企业发展》,福建人民出版社 2006 年版,第 219—233 页;李雅菁:《近代新式棉纺织企业工头制管理方式浅析》,《安徽史学》2007 年第 6 期;莫晟:《试论中国近代把头制度文化因素》,《河南师范大学学报》(社会科学版)2012 年第 1 期;王强:《拿摩温与近代外国在华企业工人管理制度本土化——以英美烟公司为中心的考察》,《安徽大学学报》(哲学社会科学版)2012 年第 4 期。

世纪 20 年代劳资关系是当时实行科学管理改革的主要动因之一,相比前人对科学管理的研究颇有新意,并以申新三厂和民生公司为例从劳资关系的角度探讨了当时的科学管理改革。研究表明当时的科学管理改革虽然没有形成稳定的企业管理制度和劳资关系,但可以说经过劳资双方的互动,出现了新制度文化和劳资关系萌芽。① 不过,略有遗憾的是,高超群的研究只是涉及企业内部狭义的劳资关系,不但没有涉及政府,也没有涉及工厂之外的劳方组织与资方组织。冯筱才认为科学管理在近代中国缺乏中间缓冲地带,成为劳资冲突的重要因素之一,并以 20 世纪 20 年代成功实行科学管理,1934 年爆发严重罢工风潮的美亚织绸厂恢复传统包机制以减轻成本与风险为例分析了科学管理、劳资冲突与企业制度选择的关系。②

近代中国由闭关自守,逐渐走向开放,国际社会对中国劳资关系的影响是显而易见的,共产国际的影响虽然较早,但其一直未被纳入当时国际公认的中央政府的视野,因此本书并不加以讨论。而国际劳工组织从巴黎和会开始,一直对中央政府有着影响,更值得关注。现代学者就国际劳工组织与中国劳资关系的研究以田彤的最为典型,即便其研究内容只是南京国民政府与国际劳工组织。其研究发现,南京国民政府与国际劳工组织合作动机虽然有调整劳资关系,加强国际合作的初衷,但争取国际道义援助、提高国际声望的动机更明显。南京国民政府虽然派了政府、资方与劳方的代表参加国际劳工大会,但政府一直起主导和决定作用。政府实质上并不愿加入国际劳工组织进而引起资方的反感,其所批准的公约草案,对解决劳资关系并没有明显好处,也不能防范劳资冲突,对劳方未必有实际好处。尤其值得注意的是,即便中国劳资关系出现与国际劳工组织背离的情况,国际劳工局直接干预,南京国民政府也置之不理。整体而言,南京国民政府加入国际劳工组织对劳资关系的作用不大,但却提高了南京国民政府,中国的国际影响力。③

尚有一些学者注意到跨越古代和近代的传统商帮实际上已经意识到在政府

① 高超群:《科学管理改革与劳资关系——以申新三厂和民生公司为中心》,《中国经济史研究》2008 年第 3 期。

② 冯筱才:《科学管理、劳资冲突与企业制度选择——以 1930 年代美亚织绸厂为个案》,《史林》2013 年第 6 期。

③ 田彤:《国际劳工组织与南京国民政府(1927—1937)——从改善劳资关系角度着眼》,《浙江社会科学》2008 年第 1 期。

规制缺失的情况下劳资关系协调的重要性,比如,曹艳玲认为号规是晋商票号解决劳资纠纷的显性规则,顶身股制度中掌柜与伙计获得了分红权,但不承担亏赔责任,因其彰显了劳动者利益,也树立了资方(财东)权威,避免了不少劳资纠纷,而号规不但对作为劳方的掌柜、伙计有严格的约束,而且资方的财东行为也有严格限制。此外,商帮和行会的严格监督,并有严格行规处理劳资纠纷。诚信则是晋商劳资关系内部制约的隐性规则,对号规的自觉遵守,使东家、掌柜、伙计的关系在规范之内,即便发生纠纷,双方也会基于诚信进行协商,为了维护自己的信誉而将其扼杀在萌芽状态,这成为票号解决劳资纠纷的第一道防线。① 此外,林柏也有类似观点。②

最后,美国当代学者西尔弗对1870年以来的工人运动与全球化关系研究的结果表明,两次世界大战对劳工抗争的时间模式产生了深刻影响,整个世界大战劳工抗争的两个最高峰值,出现在大战结束后,即第一次世界大战结束后的1919—1920年,第二次世界大战结束后的1946—1947年,而大战前则是相对低谷。③ 中国的工人运动与此规律并不相符,突出表现是中国工人运动的高潮是在一战后的五四运动,到1927年基本处于"居高不下"的状况。

需要说明的是,除了正式出版的著作论文外,当代的研究中有不少硕士、博士论文对近代劳资关系的关注,但由于学术界一般并不将其看作正式发表的成果,本书沿袭这一传统这一部分暂不论及。

第二节　劳资关系理论述评

劳资关系有多种称谓,最常见的是劳动关系、劳资关系、雇佣关系、产业关系,早期则有工人运动、劳工运动、劳动问题、劳工问题、社会问题等诸多称谓,本书除特别说明外,不加以具体区分,但多采用劳资关系。

---

① 曹燕琼:《山西票号中劳资纠纷的解决路径及其现代拓展》,《山西农业大学学报》(社会科学版)2008年第4期。

② 林柏:《对晋商劳动力激励制度的两点思考》,《晋阳学刊》2005年第6期。

③ [美]贝弗里·J.西尔弗:《劳工的力量:1870年以来的工人运动与全球化》,张璐译,社会科学文献出版社2012年版,第156—159页。

一、近代劳方、资方与政府关系论述

虽然恩格斯所言"资本和劳动的关系,是我们现代全部社会体系依以旋转的轴心"有些夸张,但笔者认为至少在市场机制下劳资关系发挥着轴心作用,可以说有了市场经济就有了劳资关系。

(一)斯密的劳资关系思想

现代经济学鼻祖斯密在讨论工资问题时指出,劳动者独享全部劳动生产物的原始状态终结①,至少部分终结,就意味着劳资关系的产生。斯密还注意到他那个时代工资虽然取决于劳资双方签订的契约,但劳资双方利害关系绝不一致,雇主希望降低工资而联合,劳动者则希望提高工资而结合。斯密还依据当时的经验说明雇主相对有利,这主要体现在雇主人数较少,一般情况下团结较容易,且其联合不受法律限制,而劳动者的联合则多受法律掣肘。不但如此,在争议之中,雇主一般较雇员持久,就长期来看雇主与雇员间的相互需要程度可能相同,但雇员对雇主的需要更迫切。②

斯密还注意到现实世界工人的结合常听到,而雇主的结合却很少听到,但这并不意味着雇主的结合较少,只是雇主们随时随地都有一种秘而不宣且团结一致的自然结合,这种结合"直到达到目的为止,总是保持极度的沉默与秘密"③,即使工人知道,往往也只好屈服,并不被其他人知道。不过,一些特定情况下,资方的结合也可能解体,比如资方对劳动力的竞争等。而工人的结合,无论是防御性的或是攻击性的,总是声闻遐迩,虽然工人很少从那些"愤激"结合的暴动中得到利益。

值得注意的是,虽然斯密是强调市场之手的自由放任经济论者,但他也注意到劳资双方的冲突离不开政府干预。斯密意识到对于工人愤激的结合部分会因为"官厅"的干涉而失败,当然工人结合失败的原因还有雇主较能持久,而工人则为了生活不得不屈服。总之,斯密认为现代经济体系中劳资矛盾普遍存在,劳方与资方力量并不均衡,资方相对有利,而劳方则相对被动。当然斯密也注意到虽然资方有利,但劳动工资仍有一定标准,这种标准是符合一定人道标准的工

---

① 〔英〕亚当·斯密:《国民财富的性质和原因的研究》,商务印书馆 2007 年版,第 59 页。
② 〔英〕亚当·斯密:《国民财富的性质和原因的研究》,商务印书馆 2007 年版,第 60—61 页。
③ 〔英〕亚当·斯密:《国民财富的性质和原因的研究》,商务印书馆 2007 年版,第 61—62 页。

资,而且在特定情况下劳动者也会处于有利地位,能得到大大超过人道标准的工资。① 不过,这种工资是很难精确制定的,斯密当时的情况也不例外:"经验似乎告诉我们,法律虽屡次企图规定工资,但实际上,却从未做出适当的规定。"②显然,斯密已经注意到现代劳资关系体系中劳方、资方与政府缺一不可,即使自由放任状态下也需要政府的适度干预,但无论是政府还是资方,抑或劳方都没有绝对的优势和劣势。尤其,他注意到在劳资关系中劳方和资方都有意识地结合起来,这应该是后来学术界所强调的集体谈判的雏形。斯密还注意到最繁荣而不是国民财富决定了高工资,并以英国、北美,东印度公司占领殖民地,以及中国为例加以说明。③ 斯密还认为广大劳动者生活状况的改善,对整个社会都是有利的,这进一步说明了劳方在劳资关系中的重要地位。此外,斯密还注意到劳动所有权是其他所有权的基础④,这应该也是劳动者参与劳资关系的基础。

斯密的研究肯定了工人及其组织在劳资关系中的突出地位,以及劳方与资方在劳资关系中力量不均衡,劳资需要政府协调的基本观点沿用至今。

(二)其他主要劳资思想

李嘉图的劳动价值论、劳资阶级对立思想,以及圣西门的"新实业"社会主张、勃朗的国家社会主义下的合作工厂,以及欧文的一些尝试,为马克思、恩格斯的劳资理论奠定了部分基础。继恩格斯《英国工人阶级状况》以工人运动为出发点后,马克思的《资本论》成为马克思主义劳资关系代表作,尤其强调劳方与资方的冲突,更把政府看作与资方利益完全一致的代言人,强调劳方与资方利益差异的不可调和性、阶级性,解决劳资问题的唯一路径是以劳方为代表的无产阶级革命,工会改善工人生活和工作条件的功能只是权宜之计,作为工人阶级预先组织的工会历史使命是"把工人阶级的彻底解放作为自己的伟大任务"⑤。这一基本思想对后来的无产阶级政党和马克思主义者影响深远。

费边社的创始人英国韦伯夫妇的《工会运动史》、《产业民主》提出产业民主

①　[英]亚当·斯密:《国民财富的性质和原因的研究》,商务印书馆2007年版,第62—63页。
②　[英]亚当·斯密:《国民财富的性质和原因的研究》,商务印书馆2007年版,第67页。
③　[英]亚当·斯密:《国民财富的性质和原因的研究》,商务印书馆2007年版,第63—70页。
④　[英]亚当·斯密:《国民财富的性质和原因的研究》,商务印书馆2007年版,第115页。
⑤　[德]马克思:《工会(工联)——它们的过去、现在和未来》,载《马克思恩格斯论工会》,工人出版社1980年版,第129页。

理论,其核心主张是:劳工运动既要有政治方向,又要有经济方向。劳工运动的真实原因在于工人阶级方面要求提高自己在工业社会中的经济和社会地位,这注定了劳工运动必不可少。他们提出以工会运动和团体协商来解决劳工问题。他们既赞同产业的社会主义化,又相信私人企业和国有企业可以共存。韦伯夫妇的劳工运动理论在大多数西方市场经济国家中产生了巨大的理论效应。他们关于集体协商活动的理论以及私营和国有企业共存的理论,对于西方国家集体谈判和混合经济的形成有着不可磨灭的影响。时至今日,由产业民主思想演变而来的社会改良和社会整合思潮成为欧洲劳工运动的主流。

而迪尔凯姆认为前工业化社会,在劳动分工简单的基础上,形成以人与人之间普遍一致的集体意识为基础的"无机整体"社会结构,这也构成了当时社会秩序的基础。随工业化推进,劳动分工发展,人与人之间的差别越来越大,相互依赖也增强,由此产生人与人之间合作的需要,从而形成"有机整体"为特征的新社会组织。劳方和资方的冲突是无机整体向有机整体过渡的必然现象,在这一时期职业群体与职业协会成为个人的社会认同来源和道德基础标准,成为个人与集体,个人与社会联结的纽带。随外部不公平的减少,过渡到有机整体后,工业社会形成,整个社会向精英社会转型,劳资关系虽然还有合理的利益冲突,但广泛的阶级斗争基础已消失,各群体间会寻找建设性、共赢的解决方案,发展出工会和集体谈判的工业民主机制。在迪尔凯姆提出的组织内部联系特征基础上的后工业社会劳资关系理论发展成了管理主义学派,即劳资利益一体化,劳资关系问题可以通过有效管理实现。[①]

制度经济学派的早期代表人物康芒斯强调制度、规则、法律,就劳资关系而言自然而然地更偏好于制度的作用,言下之意,强调政府的居间调和作用。当然其基本假设是劳资关系是可调和的,工会和劳工运动本质上没有阶级意识,劳方有与资方既相互分离、又相互合作的工资意识,工会就工资及相关雇佣问题与雇主谈判,是双边集体行动,也就是世界盛行,当前大陆劳资界非常强调的集体谈判。[②]

---

① 参见马艳、周扬波:《劳资利益论》,复旦大学出版社 2009 年版,第 20—22 页。
② [美]康芒斯:《制度经济学》(上册),商务印书馆 1983 年版,第 134 页。

二、当代流派下的劳方、资方与政府关系

(一)一元主义:强调劳方与资方利益一致

一元主义的核心是强调企业组织内部劳方、资方利益的一致性,尤其突出通过管理和实践实现劳资各方利益与关系的协调,几乎没有论及政府。一元主义的劳资思想可以追溯到古典管理理论,泰罗、韦伯、法约尔三大古典管理理论的先驱,分别主张通过严格管理提高个体效率、管理效率、组织效率,从而将劳资双方利益的蛋糕做大,以缓解双方矛盾。事实上,古典管理理论对缓解劳资关系也确实取得了立竿见影的效果。但古典管理理论将人性简单化为"经济人",以及仅仅局限于企业内部的分析思路注定其在越来越复杂的劳资关系关系面前会逐渐褪色。

一元论者逐渐从早期注重"硬性"管理向"柔性"管理转化,不再将劳方个体看作简单理性经济人,而关注个体行为与效率的关系,重视人性的管理,而不仅仅只关注机械的效率。二战后,伴随科技进步、企业规模大型化、不同规模企业间关系的变化、股权分散化、经济全球化,系统论、控制论和信息论等发展,一元论者将管理看作一个小社会,兼顾企业内外,将员工行为置于相对开放的系统考察,力图在满足组织目标的同时,满足员工需要,使劳资双方利益更好结合。①

(二)冲突派:马恩劳资理论的延续

无论是布雷弗曼强调的工匠控制与管理控制,弗莱德曼的直接控制与责任自治、埃德沃兹的竞争资本主义阶段的简单控制与垄断资本主义阶段的结构控制,还是布洛维的认为早期劳资关系的市场专制体制向现代霸权控制的转型,都保留了马克思的分析框架,均认为劳动力是一种可变资本,在劳资体系中需要资本对劳动的控制。但除布雷弗曼与马克思一脉相承,强调资本对劳动的天然控制外,其他学者均强调资本要适应工人抗争,管理者向工人妥协,承认工人某些权利的必要性,而不能完全依赖控制手段。通过有效的管理,工人的抗争会被化解,部分解释了现代资本主义社会为何没有马克思所预言的无产阶级革命成功,资产阶级被消灭的情形。

但劳资冲突派有三个方面的问题亟须解决:首先基本没有考虑工人对管理控制的主观感受和理解,简单地理解为工人与资本家及其代理人的利益是对立的,工

---

① 冯同庆:《劳动关系理论》,中国劳动社会保障出版社 2009 年版,第 140—142 页。

人必然对管理者控制进行抗争,也就缺乏对工人抗争行为本身的必要剖析。其次,他们主要关心管理控制对工人抗争的化解,没有考虑资方控制与工人抗争的互动。最后,正是因为冲突论者的前述两个缺陷,决定了劳资冲突论者提出策略的理想化色彩,将劳资世界简单化了,其对劳资治理的有效性自然有限。[①]

(三)多元主义:劳资关系的均衡发展

劳资多元主义思想滥觞于政治多元主义,因此其核心思想同政治多元主义一致,强调权力的碎片化与分布的广泛性,多元主义认为组织化的利益团体是决策的基石,且利益团体属于社团范畴。劳资利益团体包括:企业工会、行业性或区域性工会、雇主协会、企业管理委员会或工厂委员会、政府裁判机构、劳动者、政府、企业的全国性代表、劳工政党[②],以及国际劳工组织、民间的一些非正式组织等。

多元主义劳资关系学派的主要特征是强调平衡劳资关系的各种利益冲突,多元主义学派与其他学派的不同除强调平衡各方利益外,还在于不仅仅将人看作生产要素,还考虑到人性、环境等因素,可以说这一劳资理论思想更与现实世界的劳资问题相符,并逐渐成为主流,而本书讨论的劳方、资方与政府三方互动关系实际上就是劳资多元主义中的系统论即劳资关系系统论(Idustrial Relations Systems),这既是本书研究的理论基础,也是当代劳资理论的主流。

三、劳资关系系统理论体系

不可否认,邓洛普《劳资关系系统》(Industrial Relations Systems)[③]之前已经有很多论著论及劳资关系系统,但邓洛普首先将系统理论模型引进到劳资关系研究领域,具有划时代意义,他认为劳资关系系统倾向于发展出一套被劳资各主体共同接受的观点和信念,从而使各主体凝结在一起组成完整的系统,环境的变化影响着主体间关系和劳动关系规则,组织内部和主体关系的变化影响着系统的产出。邓洛普的理论与此前劳资关系理论的区别还在于早期的劳资关系理论

---

① 冯同庆:《劳动关系理论》,中国劳动社会保障出版社 2009 年版,第 85—113 页

② [美]迈克尔·罗斯金等:《政治科学》,华夏出版社 2001 年版;[美]约翰·W.巴德:《人性化的雇佣关系——效率、公平和发言权之间》,北京大学出版社 2007 年版。

③ 大陆劳资学术界有学者将其译作产业关系,比如朱飞、王侃将美国学者寇肯等人 The Transformation of American Industrial Relations 译作《美国产业关系的转型》(中国劳动社会保障出版社 2008 年版)。

更多关注特定企业或公司,劳资关系系统理论更多关注整个国家或地区内部的劳资关系,劳资关系不但要分析整个部门的企业结构、组织与发展,劳动力市场,而且还系统剖析政府规制、公共政策,甚至还将意识形态、价值观等纳入研究框架。

　　当前大陆学术界似乎对产业关系的理解还存在分歧,比如,李琪编著的《产业关系概论》中狭义的产业关系实际就是集体雇佣关系,广义的产业关系就是劳资关系,包括马克思主义、一元论、多元论三个视角,分别对应三种研究方式劳动过程控制、人力资源管理、投入产出研究方式①;而刘军则将 Industrial Relations 等同于产业关系体系(Industrial Relations Systems)即劳资关系系统②。整体而言,将产业关系等同于劳资关系系统者更多,即使是李琪,也认为劳资关系研究更应该关注劳资关系系统,其对一元论、多元论、过程论的讨论似乎只是为产业关系系统做铺垫,其对产业关系的界定实际上已经将产业关系纳入一个系统(见图 1-2),认为产业关系学出现之后的 80 余年里,产业关系学的理论体系除"产业关系系统"理论外,没有可以支撑和维系很长时间的基本理论。可以说,国内学者已经普遍注意到无论对劳资关系史还是当代劳资理论与治理对策,都应该将劳资关系纳入一个整体系统考虑,将劳资各方置于平等的平台进行研究,而不应该在意识形态的支配下进行研究。

产业关系

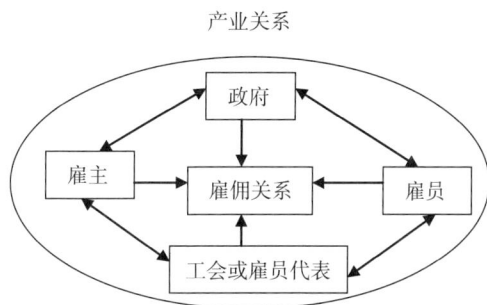

图 1-2　产业关系与雇佣关系图

资料来源:李琪:《产业关系概论》,中国劳动社会保障出版社 2008 年版,第 3 页。

　　李琪的产业关系与雇佣关系图比较客观地反映了劳资关系系统各方关系,

---

① 李琪:《产业关系概论》,中国劳动社会保障出版社 2008 年版。
② 刘军:《值得重视的劳工关系史研究》,《史学理论研究》2006 年第 2 期。

描述出劳资关系系统的大致轮廓,突出了雇员、雇主与政府在劳资关系中的主体地位,从其全书论述来看,雇主实际上还延伸到各种类型的雇主组织,而雇员组织也不仅仅是工会及其代表,但该关系图似乎将现代政党、中间组织、宏观社会经济环境等因素作为外生变量考虑值得改进,而要挖掘劳资关系长期演化规律,考察劳资关系系统中劳方、资方与政府三方长期互动关系,必然要涉及宏观社会经济环境,以及劳方、资方与政府自身的长期演化。

第二章　中国劳资关系的早期形态

一般而言,"劳资关系"是指近代产业工人形成以后的劳方与资方关系,按照阶级论的观点也就是工人阶级和资产阶级产生以后才有劳资关系,也就是说劳资关系并非指单个的劳动者和资本控制者的关系,而更强调群体关系。一般而言,企业的高层经营者是资方代理人,因此劳资关系的资方并不仅仅是指资本所有者,也包括企业经营管理者等资方代理人,劳资关系更强调的是资本所有者及其代理人与普通劳动者间关系。

恩格斯曾说"早在野蛮时代高级阶段,与奴隶劳动并存就零散地出现了雇佣劳动"①,自从有雇佣关系,就有了劳动所有者与"资本"所有者之间的关系,但自由雇佣的普遍存在才是近代劳资关系的基础。在整个自然经济时期"雇佣劳动是一种例外,一种副业,一种救急方法,一种暂时措施"②,无疑与近代意义的劳资关系以市场化为基础,自由雇工与雇主的群体化,政府管理协调为特征相去甚远。近代以前,市场因素非常微弱,自由雇工、雇主的规模与组织发展极为有限,政府对自由雇佣关系的调控与管理基本谈不上,但还是亦步亦趋地向近代靠拢。事实上,近代中国劳资关系的基础自由雇佣绝非"无源之水,无本之木",也不仅仅是西风东渐,加之经济史研究强调追根溯源,因此本课题在研究近代劳资关系之前将对前近代中国以及古代有限的雇佣关系进行回溯。

---

① 恩格斯:《家庭、私有制和国家的起源》,载《马克思恩格斯选集》第四卷,人民出版社 1972 年版,第 62 页。

② 恩格斯:《反杜林论》,载《马克思恩格斯选集》第三卷,人民出版社 1972 年版,第 311 页。

第一节　自然经济时代的简单雇佣关系

一、有限的雇佣关系概述

虽然周朝《周礼·考工记》就已记载当时手工业存在多种专业和分工,但遗憾的是当时手工业是官府手工业,劳动者往往是征用的工匠或奴隶,与近代意义的自由雇工相去甚远。拥有生产资料的官府,对产品是直接使用,或者靠行政权威进行分配,没有自由交易市场可言。不过,也可以说早期政府是"资"的代言人,但其与政治权力高度结合,因此劳动者并没有自由权,官府手工业的劳动者可以说是只有责任,而基本无权利,早期官府手工业的"资方"代理人是官员,而手工劳动者则是劳方。值得注意的是,黄武强的观点比较有新意,但在学术界基本没有得到认同,西周时期的农业并非盛行奴隶劳动,而是有报酬、有劳动积极性和生产效益的雇佣劳动,因为有了报酬,有了劳动积极性,他认为西周已是封建社会,郭沫若等将西周看作奴隶社会是误将西周的农奴等同于奴隶,而农奴则是封建的产物。[①]

战国末年吕不韦主编的《吕氏春秋》就当时工匠制作祭器的描述"必功致为上,物勒工名,以考其诚。工有不当,必行其罪,以穷其情",从这里可以看出政府对工匠的管理官本位特征明显,基本是控制与惩罚。官民控制下的劳工被支配地位应该说就整体而言,随时间推移逐渐有所减弱,但最早可能出现自由雇工的应是手工矿业,其在整个自然经济体系中居于从属地位,即使在社会地位上,也是完全边缘化的,属于贱民系列。考虑到中国古代有士农工商之分,雇工多分布在末业的工商,以及中国古代社会是一个以家长制为基础,家内雇工从属于所属之家也就不难理解。

雇工出现在春秋战国时期逐渐得到学界认可,西汉时期刘向编著的《说苑》记载春秋初的齐桓公在平陵"见家人有年老而自养者,公问其故:'吾有子九人,

---

① 黄武强:《西周雇工盛行及其原因》,《社会科学探索》1991年第1期;黄武强:《雇工和劳动地租是西周统治者的主要剥削方式——兼论郭沫若同志的战国封建论》,《学术论坛》1986年第1期。

家贫无以妻之,吾使佣而未返也'"。由此可以看出,民间当时似乎存在较为普遍的自由雇佣,但具体如何雇佣,工钱如何支付等尚不得而知。且《说苑》距齐桓公时代有数百年之久,其可信度大打折扣。同样,当今流行的刘向所编之《管子》虽然也有"庸"的记载,但同样不足信。何清谷认为与西欧封建社会早期乡村有庄园制,城市有行会束缚,导致农奴和学徒的人身依附关系不存在雇佣劳动不同,中国在春秋战国之际,由于井田制村社逐渐瓦解,"田里不鬻"的传统渐被打破,地主制经济日益取得统治地位,雇佣劳动较为普遍①。至少到战国时期,当时的文献雇佣劳动已经较为常见,甚至已经有了出卖劳动力的市场。这主要体现在两方面,一方面当时与雇佣有关的词汇如庸客、庸夫、庸民、庸耕、庸徒、庸保、赁庸等出现频率较高,另一方面买卖劳动力的词汇如取庸、卖庸、买庸、聚庸、反庸、赁市庸等也很为普遍。

汉代,雇佣劳动进一步发展,早在新中国成立之初,劳幹就开汉代雇佣劳动研究先河②,此后翦伯赞《两汉时期的雇佣劳动》则将其研究推向深入。翦伯赞的研究表明,两汉时期有雇佣劳动存在,当时农民有了出卖自己劳动力的自由,并以多行业的雇佣劳动资料进行佐证,还剖析当时佣工身份的复杂性和工资。③汉代司马相如"与酒保杂作",杜根"为宜城山中酒家保。积十五年,酒家知其贤,厚敬待之"的描述,说明虽然汉代人身依附强制的雇佣劳动关系为主导,但也并不排除特定条件下相对平等的雇佣劳动关系。④ 值得注意的是,可能正是因为汉代雇佣劳动的相对普遍,西汉时期的"编户齐民"专门将佣工、雇农也编入户籍,这客观上说明当时雇佣劳动已有一定社会影响,否则政府不会有将其合法化的动机。

官府对民间工匠的雇佣,现有资料表明应该直到南北朝才出现,这可能与当时社会风气有所变化,尤其政权更迭频繁有关。梁武帝诏书:"凡所营造,不关材官及以国匠,皆资雇借,以成其事。"⑤北魏末期,政局不稳,可能出于分化手工业者为主的杂户的考虑,晋泰元年(531年)诏书有:"百杂之户,货赐民名,官役

---

① 何清谷:《略论战国时期的雇佣劳动》,《陕西师大学报》(哲学社会科学版)1981年第4期。
② 劳幹:《汉代的雇佣制度》,载《中研院历史语言研究所集刊论文类编·历史编·秦汉卷》,中华书局2009年版,第687—697页。
③ 翦伯赞:《两汉时期的雇佣劳动》,《北京大学学报》1959年第1期。
④ 孙刚华:《汉代雇佣劳动关系研究》,上海师范大学2010年硕士学位论文,第50页。
⑤ 《梁书》卷38,《贺琛传》。

仍旧"，给予了手工业劳动者"民"的地位，是一种进步。不过，在自然经济时代无论是雇佣，还是"民"身份的获得，都不是常态，而是补充，或是政局动荡下的非常之举，其根源是早期手工矿业社会需求很小，但又是王室、官僚等必需的，偶尔将其"特殊化"便于役使就很正常。

唐代雇佣劳动主要有政府和私人雇佣两大类型，官府主要在手工业部门、屯田、营田等采用雇佣劳动。不过，由于官营手工业作坊干活期间没有人身自由，很少有人自愿应雇，因此政府和雇匠基本靠强迫。① 唐代的雇佣劳动还有一种特殊形态，即私人为了官事出钱雇人，这虽是私家雇佣形式，却不是直接为雇主利益，为封建政府劳动但又不是官府所雇，因此可以看作是一种既非官雇又非私雇的特殊雇佣劳动形式。唐代私家雇佣无论从使用范围、人数、形式等方面都比官雇更为广泛活跃，并出现专门从事雇佣业务的"佣作坊"。唐代的农业、手工业、商业，以及家内劳动等已广泛使用雇佣劳动，涉及领域之广前所未有。由于唐代使用雇佣劳动的范围广泛，所以雇佣劳动者的身份关系因使用部门的不同，也呈现出不同的特点，这主要表现在长期雇佣和短期雇佣，农业雇工和工商业及其他雇工之间的差别上。一般而言，长期和农业雇佣封建色彩较浓，短工和工商业雇工相对自由，更多是经济关系。

整体而言，早期的手工业劳动者多属番役制度、奴婢制度的附属物，谈不上自由雇工，越往前追溯则雇工"自由"成分越少，直到唐朝才有日常化的和雇匠，和雇匠也是在开元与天宝后才有较大发展，此前则主要做临时性、短期的劳动。

至于民间自由雇佣关系，从逻辑上讲自人类进入文明时代应已存在，除农民的季节性短工和原属手艺人的临时雇工外，与奴仆并存的有人身自由的长工，史籍也有所记载。事实上，历代普遍存在的流民，没有土地束缚，且"无族姓之联缀，无礼教之防维"，除乞讨寇盗外，是自由雇工的基础。②

但在早期民间直接为他人服务的劳动者多有人身依附关系，这是早期雇佣关系与近代劳资关系的根本区别。在此基础上，早期雇佣至少在以下三方面明显有别于现代雇佣：一是，即便雇人，其产品也更多是雇主自用（包括馈赠、上贡等），而不是交易和近代意义的价值增值，雇主的雇佣本身缺乏资本属性；二是，雇主与雇

---

① 杜文玉：《论唐代雇佣劳动》，《渭南师专学报》（综合版）1986 年第 1 期。

② 许涤新、吴承明：《中国资本主义发展史》第一卷，"中国资本主义的萌芽"，人民出版社 2003 年版，第 19 页。

工数量均相当有限,同一雇主、同一区域雇工数量均极为有限;三是,早期雇佣以货币支付报酬更是寥寥,更多应是实物,工食(宿)的比例远远大于工钱。

更值得关注的是,早期雇主与雇工没有也不可能形成自己的组织,虽然这并不排除雇主间、雇工间在特定时间,特定情况下的联合。政府就早期民间雇佣的管理应尚处于空白状态,甚至雇主与雇工规模渺小到尚不足以引起哪怕是地方混乱的地步,自然难入政府及官员的"法眼"。

二、宋代"劳资关系"悬疑个案

中国宋代社会生产力达到一个新的高度,理论界甚至有中国资本主义起源于宋代的观点,作为资本主义的基础条件之一雇佣劳动的发展自然也有较大发展。到宋代,雇工这一古代社会最底层的劳动群体再趋活跃,广泛分布于当时社会的生产和生活等各个领域。宋代城镇雇工发达的原因可能与农民人身依附关系松弛、农民生活艰辛、土地兼并严重、人地矛盾加剧及宋代城镇规模扩大,经济繁荣等有关。① 宋代的雇佣关系以柯昌基的研究最具代表性,出现了大批出卖劳动力的人,他们虽不算是"真正的自由劳动者",但可算是"可能的自由劳动者",②此外,也有带强迫性与奴役性的雇佣,这种雇佣往往也采取货币或实物等报酬方式,但实质上却是地主在劳役制变相的雇佣方式,仍然属于封建剥削方式,这主要体现在奴役制或工役制,具体发生在农业经济、行会手工业,小商品生产,城市短工,仆役等方面。不过,柯昌基认为制墨有 5 个工匠,一旦条件成熟就会轻易地过渡到正规的资本主义生产,但柯昌基的这个"条件"可能在当时根本不存在。此外,柯昌基认为资本主义雇佣关系不仅出现在宋代的陶瓷、印刷、造纸和矿冶业中,也同样出现在煮盐和食品加工(汴京饼店)等手工业部门。显而易见,柯昌基是持资本主义起源于宋代的学者。

一般认为近代意义的劳资关系源于明清中国资本主义萌芽虽然几成共识,却也并不否认此前有一些微弱资本主义性质的个案,但个案显然不能代表生产关系的变化,而只是例外,这在经济发展水平最高的宋代尤其有所体现。

以井盐业为例,至今有一条孤证,即北宋诗人文同(公元 1018—1079 年)所

---

① 刘树友:《试析宋代城镇雇工发达之原因》,《唐都学刊》2005 年第 4 期。

② 柯昌基:《宋代雇佣关系的初步探索》,《历史研究》1957 年第 3 期;柯昌基:《再论宋代的雇佣劳动》,《南充师院学报》(哲学社会科学版)1983 年第 3 期。

著《丹渊集》卷34《奏为乞差朝京知井研县事》所载。① 庆历年间,井研人发明"卓筒井",并越来越多,"访闻豪者一家至有一二十井,其次亦不减七八。向时朝廷亦知其如此创置无已,深虑寖久事有不便,遂下本路转运司,止绝不许容开造,今本县内已仅及百家"。文同还指出卓筒井易于掩埋,官府并不知其确切数。更为关键的是,"每一家须役工匠四五十人至三二十人——此人皆是他州别县浮浪无根著之徒,抵罪逋逃,变易姓名,尽来就此佣身赁力。平居无事,则俯伏低折与主人营作;一不如意,则递相扇诱,群党哗噪,算索工值,偃蹇求去,聚墟落,入镇市,饮博奸盗,靡所不至;已,复又投一处。习以为业。切缘各井户须借人驱使,虽知其如此横猾,实亦无术可制,但务姑息,滋其狡暴。况复更与嘉州并梓州路荣州疆域甚密,彼处亦皆有似此卓筒盐井颇多,相去尽不三二十里,连溪接谷,灶居鳞次,又不知与彼二州工匠移人合为几千万人矣!"文同还指出,"幸今累岁丰稔,纵有强猾,自安饱暖,万一或恐遭罹歉旱,民下艰食,此辈当不肯顾一役之利,必能相与唱合,跳梁山谷间,化为盗贼耳"。

这一例证中有大量的卓筒井主,且普遍使用较多工匠,一些学者据此认为,井研卓筒井经营是资本主义性质的雇佣关系,已经有工人和早期资本家的斗争,他们不仅经常而且有组织地向大商人斗争,还有联合起来的可能。

文同时代卓筒井在川峡已较为普遍,而且确实是私有②,故可以将井主看做"资方","工匠"则可看作劳方。但是按文同奏疏描述工匠是违法犯罪嫌疑分子③,作为地方官的文同自然难辞其咎,因此其难免有夸大事实为自己辩解之嫌。即使事实成立,但这些违法犯罪的工匠,逃到当地,还要变易姓名,当地的富家大户自然有乘人之危的动机,这种情况下对工匠的雇佣自然不是近代劳资关系的自由劳工,这些有犯罪前科的工匠,就成了"黑工",即使最基本权益得不到保障也不敢贸然声张,因为政府不但不会保护他们的劳动权,而且一旦发现他们真实身份,会将其投入牢狱。同样对于井主而言,可能经常逃避政府课索,雇佣黑工也不受政府保护,关键是山高皇帝远的井研,一旦这些工匠与己对抗,甚至落草为寇,可以说井主对工匠的利益要求同样得不到政府的有效保护。这种情

---

① 参见吴天颖:《论四川井盐业中的生产关系》,载陈然、谢奇筹、邱明达编:《中国盐业史论丛》,中国社会科学出版社1987年版。

② 郭正忠:《论宋代食盐的生产体制》,《盐业史研究》1986年第1辑。

③ 虽然有学者认为工匠还有当地人,但这并不影响这一部分的分析。

况下,即使井主对工匠苛刻一点,工匠对井主略有"横猾","狡暴",双方一般都不愿意把纠纷极端化,因此出现了文同所描述的工匠与井主关系较为缓和的一面,形成了井主和工匠之间的自我调节机制。虽然井主和工匠从表面而言,似乎有相互选择的自由,至少比当时普遍存在的"雇主"与被雇者之间的主仆关系而言更自由,但这种自由,其实也是极为有限的,缺乏保障的。整体而言,就文同所描述的井研卓筒井的劳动关系,是一特例,而且其工匠、井主,乃至政府都与近代劳资关系主体内涵相去甚远,特别是无法可依,无章可循,"劳方""资方"利益从根本上得不到政府保护,属于体制外生存(见表2-1)。

表 2-1　井研卓筒井"劳资关系"

劳资主体	特　　点
劳方(工匠)	应以不法分子、"黑工"为主,与雇主无当时盛行的人身隶属关系,对雇主一般没有过激反应。
资方(井主)	偏僻之地,拥有卓筒井较多,需要雇佣工匠,对工匠尚可,对工匠没有当时盛行的人身强制。
政府	不会承认工匠对井主的劳动权,不会保障井主雇佣工匠的利益要求,只是有加强对卓筒井这种生产方式控制,加强当地社会治理的动机。
劳资关系整体	这种劳资关系是一种例外,个案,外部的制度环境、技术环境、市场环境都与近代劳资关系相去甚远。无论井主还是工匠都不具普遍性,也不具近代特征,工匠与井主关系较为缓和,但缺基本法律保护。

资料来源:课题组根据相关资料整理。

从经济史常识来看,宋代也不可能形成近代意义的劳资关系,因为当时生产力水平虽然相对前代来说有了很大的发展,达到历史顶峰,但整体而言,整个社会生产力水平还比较低,自然经济占据主导地位,没有也不可能形成近代劳资关系的土壤。自然经济时代,体制之外偶尔存在的民间所有者与雇佣劳动者之间的劳动关系缺乏政府保护,更缺乏各自群体内部的相互支持,因为无论是雇主还是雇工都是个别现象,各自尚未形成一个社会群体,政府没有也不可能出台相关法规,从某种意义上说这种生产方式与当时主流意识形态并不容,入不了政府的"法眼",也注定其缺乏稳定性,即使是本部分提到的偏远地区的卓筒井在宋朝也曾经历了私有——官有——私有经营形态变迁。从技术环境来讲,虽然包括卓筒井在内确实相比传统的生产方式有进一步,但与现代劳资关系的基础——机器工业的普遍化还是相去甚远,而且近代劳资关系实际上更多以城市为依托,而包括宋代在内的早期技术较先进,存在较大规模雇佣工匠的矿业基本分布在山区,整个社会也只是乡土社会,这与现代劳资关系所以来的工业文明,城市文明相去甚远。

第二节　前近代中国的劳方、资方与政府

一、前近代中国的"劳方"

(一)劳方概述

明清时期雇工相对普遍化的集中体现是雇工市场的出现和相对普遍化,清代前期农业雇工在直隶、山东、山西、河南、广东、四川和奉天等地均有规模不同的专业市场。① 其实,此前农业雇工早已存在,农民也有出雇自由,但将自己出卖后往往具有人身依附性质。② 农业雇工在明清时代逐渐增多,除地主外,自耕农、佃农也雇工经营,而且随着市场经济的萌芽与发展商人雇工经营得到较大发展,不但无产者,流亡者成为农业雇工,一些佃农也沦为雇工。③ 明清时代伴随农业资本主义萌芽,雇佣关系也发生了实质性的变化,此时的农业雇工不但有出雇的自由,更为关键的是出雇以后和雇主形成了平等的关系,这种平等先是生活上的平等,再是法权上的平等。④ 明代中叶以后的相当长时间农民失地和离村,但雇工发展还相对有限,因为此时土地兼并者主要是缙绅贵族,其经营方式主要是出租,这决定了雇工数量非常有限。不过,在清代鸦片战争前的百余年间,农业雇工的发展相当普遍,其基础是农民的大量失地和地主成分的变化,这在清代地方志书及刑部档案均有大量佐证,尤其刑部档案保存了大量的雇佣资料,其中"外出佣工""往别处佣工""在外面佣工"的记载,说明当时的农业雇佣已经打破了地域限制。李文治等对清代雍正到嘉庆年间的部分刑部档案整理的结果表明,无论是长工还是短工,农业雇工的案件随时间推移不断增加(见表2-2),这

---

① 吴量恺:《清代前期"农民非农民化"趋向的探讨》,《中国农史》1993年第1期。
② 李文治:《明清时代的农业资本主义萌芽问题》,中国社会科学出版社2007年版,第51页。
③ 《巴陵县志田赋论》,载《皇朝经世文编补》,卷29。
④ 李文治:《明清时代的农业资本主义萌芽问题》,中国社会科学出版社2007年版,第52页。

客观上说明农业雇工的普遍化。

表2-2　清代前期(1721—1820)雇工分期统计表

年　代	长　工		短　工	
	件数	%	件数	%
1721—1740	19	7.5	21	5.6
1741—1760	37	14.6	44	11.8
1761—1780	43	16.9	50	13.4
1781—1800	48	18.9	83	22.2
1801—1821	107	42.1	176	47.0
合　计	254	100	374	100

资料来源:引自李文治:《明清时代的农业资本主义萌芽问题》,中国社会科学出版社2007年版,第64页。

　　当然,前近代中国,除了家内雇工,农民和自食其力的劳动者,以及农业雇工外,手工矿业有相对普遍的为他人或组织劳动的劳动者,其中诸如官矿、官窑,以及其他官府工业曾控制大量工匠,因此我们的分析从此展开。明代早期的匠籍(包括工匠、民匠、军匠)制度比之于元代的"官匠户",从劳动者的自由度来看是一种突破,因为元代的"官匠户"没有具体的劳动时间,这也意味着他们没有自由。明代的匠户则无论住坐匠还是轮班匠都有了自营的时间,而随着班匠银制度的尝试、推广,以及官府雇募工匠,购买手工业产品,客观上扩大了市场,虽然匠籍制度尚存,但工匠的徭役却趋于瓦解,手工矿业的自由雇工之数量及影响明显增加。[1] 就民间而言,明代中叶以后,雇工有较大发展,这无论在农业、陶瓷、丝织,还是矿冶等均有较为明显证据。

　　就普通小手工业而言,雇工往往具有学徒性质,多受身份限制,并多属辅助性劳动者。清代前期,民间手工业劳动比之于明后期增长明显,比如,苏州踹布业明代万历年间只有染匠"数千人",到清雍正年间雇佣劳动者突破二万人。[2]不但如此,民间手工矿业雇工的人身自由也大为提高,绝大多数雇工已经成为劳力的自由出卖者。当然,雇工也并非完全的劳力出卖者,因为其中有相当部分还与土地、农业保持关系者。个别行业如煤矿、铜矿等可能远离农业生产区域,加之

---

[1] 　许涤新、吴承明:《中国资本主义发展史》第一卷,"中国资本主义的萌芽",人民出版社2003年版,第121—124页。

[2] 　祝慈寿:《中国工业劳动史》,上海财经大学出版社1999年版,第131页。

季节性不强,雇佣了相对较多的流民,其雇工多是失去土地的自由劳动者。而在农产品加工业,尤其茶叶加工相当多的妇女成为雇工,茶叶加工前的鲜叶采摘,加工过程中的揉捻,以及拣选等用工最多的环节大都雇佣青年妇女。

至于商业多属个人亲自经营,少数家族经营,偶有合伙经营,以及小手工业混为一体的前店后场,奴仆经营,尤为关键的是虽然一些行业商人控制了生产,但纯商业领域雇工数量并不多,故而前近代中国商业的劳资关系或者说雇佣劳动者并未引起学术界的广泛关注。不过,商业中其实也一直有雇佣经营者,这在徽商中体现得较为明显,关于这一点薛宗正早在 1981 年就有较详细的介绍①,徽商中的雇佣劳动者有掌计、主管、伙计②。徽商除了家族经营这一特征之外,尚有合伙经营,领本经营等,随着商业的发展,所需人力资本超出了家族边界自然会使用外人,明万历年间的《增补三遂平妖传》中就有"每个解铺内用一个掌计,两个主管的",薛宗正认为其中所说的掌计和主管都是业主使用的商业人员,但指出掌计还只是奴仆身份,而主管则已是自由的雇佣劳动者,而笔者认为掌计与主管并不排斥同族及家族成员。据薛宗正分析,随时间推移诸如掌计等奴仆逐渐成为自由雇工,主管则与具自由雇佣性质的伙计类似。当然,至今有关早期商业经营雇佣劳动者的描述,似乎更多停留在文学作品中,可能受资料限制,比之于薛宗正的研究,当代学者的研究尚未有明显突破。③

其实,不只在明朝商人雇工有限,即使到清代前期,商业中的自由雇工也是相当有限的。叶显恩甚至专门剖析了奴仆在徽商资本形成中的作用,而未论及自由雇工在徽商资本形成中的作用,笔者认为这说明商业用工性质很复杂,因为自然经济时代商业极其有限,而且单个规模偏小,甚至与手工业混为一体,完全的商业从业人员除家族成员、合伙人以外,外人相当有限,而且无论是进入还是职业发展都有严格的程序,严重依赖于资方。比如,徽商以家族经营为主,雇工经营并不是主流。晋商伙计、掌柜,甚至经理等雇工的起点则是学徒,而这种学徒并不自由。商业雇工的稀少在前近代社会应具有普遍性,比如日本幕府时代

---

① 薛宗正:《明代徽商及其商业经营》,载《社会科学战线》编辑部:《中国古史论集》,吉林人民出版社 1981 年版。

② 历史上工商业中"伙计"的内涵至少有四种:合伙人,包括劳动和资金的合伙;结伴同行或者结伴经营的客商;经常性借贷且有固定利息的借贷关系者;资本主雇佣的商业经营者。商业中具雇佣劳动者性质的伙计显然只有最后一种。

③ 孙强:《晚明商业资本的筹集方式、经营机制及信用关系研究》,吉林大学出版社 2007 年版。

大阪商人奉公人制度的基础丁稚制度与晋商的学徒制度就高度相似。

（二）劳方组织

随着雇佣劳动的发展，雇工必然自发形成自己的组织，前近代中国的雇工组织基本发生在清代，即便明代可能也有一些近代性微弱的劳工组织。行帮的产生，以雇佣关系的发达为基础。明代雇工虽然增加，但匠籍制度尚存，商业中的学徒、奴仆盛行，农村则以主仆关系为基础的雇工人制度为主，手工业中虽然雇工较多，但多依附于业主，编入业主的行。工商业与政府的关系基本体现为业主与政府的关系，至少从现有资料看明代尚未有工商业雇工的行帮组织，最早的行帮组织出现在清康熙年间，因此可以说明代中后期的雇工尚是一盘散沙，雇佣关系完全缺乏近代元素。清代雇工行帮的产生初衷并非是为与资方抗争以维护劳方利益，雇工行帮的产生初衷是限制新进入的劳动者，其根源是雇佣关系虽然有所发展，但又不够充分。进入清代，尤其乾隆时期（1736—1795）以后，手工业虽然发展迅速，雇佣劳动确有明显增加，但相对人口的骤然增长，流民的增加，手工业所需雇佣劳动的供给远大于需求，手工业出于对外来和内部竞争者的畏惧，自发形成了雇工行帮，这种排他性的行帮往往与地域、乡土联系紧密，就这一点而言，雇工的行帮组织具有封建性。① 整体而言，清代中期以前手工业雇工组织还是相对普遍的，至少在丝织、棉布加工、制瓷、井盐、制纸、印书、蜡烛业、硝皮、靴鞋、烟草存在，还有广东诸多行业采用的"西家行"形式，其中铁镬业、帽领业工人还设有会馆，这与广东手工业较发达应有较大关系。雇工行帮组织产生以后，出于维护自身利益的本能，一方面与雇主发生矛盾和冲突，另一方面又同其他行帮或帮外的雇工和潜在的雇工发生矛盾和斗争，虽然最初产生雇工行帮的原因是后者，但随着时间推移前者逐渐占据上风。除雇工与雇主的矛盾冲突，业内雇工与其他雇工的矛盾冲突外，雇工行帮还有一定的互助互救功能。整体而言，清代前中期雇工行帮与雇主的矛盾和冲突多体现在包括工银和工食的工值方面，又称"齐行加价"，保障雇工行帮成员的工作等，就行帮之间与其帮外雇工或潜在雇工的矛盾而言，主要有排他性会籍、限制收徒弟、垄断技术、把持业务等。②

---

① 许涤新、吴承明：《中国资本主义发展史》，第一卷，《中国资本主义的萌芽》，人民出版社2003年版，第321页。

② 许涤新、吴承明：《中国资本主义发展史》，第一卷，《中国资本主义的萌芽》，人民出版社2003年版，第322—324页。

台湾学者尚世昌则认为明末清初的明朝遗老创立、盛行于康熙时期的洪帮，雍正年间的青帮，虽然其初衷是反清复明，却是前近代中国最有组织，最有规模的会党，其分布几乎遍布于中下阶层，远及欧美各地，其所吸收分子以工人为主。洪帮遍布于各地水陆码头，吸收走贩与工人，青帮则由漕运扩展到航运，吸收漕船运夫乃至远洋船员。由于中国劳工大部分参与青帮与洪帮，必然耳濡目染其豪侠尚义、尊重组织、不畏强权、济弱扶倾的传统精神甚至一直延续到近代的劳工运动。①

而在欧洲，以英国为代表，随城市手工业的发展，早在几个世纪前，一些城市手工业的发展导致城市劳动力需求增加，需要大量的雇工，结果爆发了著名的圈地运动，这种情况下就不难理解西方早期的雇工组织创建初衷是力争从雇主处得到更多利益，是与雇主抗争的工具，而不是雇工间相互排斥的产物，更具近代性，这也折射出前近代中国的资本主义萌芽因素很不充分。就西方早期的雇工组织而言，早在中世纪就具有了与雇主抗争的性质。大约在 14 世纪英国城市出现了约曼（帮工），随之而来的是其自行组织的约曼行会或约曼兄弟会在诸多方面具有近代行会的性质，有自己的官员、组织，甚至统一着装。② 其自行组织行会的动因则是手工业行会严重的关门主义倾向，以及由此引致的帮工与师傅利益的背离。早期行会手工业之帮工性质的学徒，并非为了手艺，而是期望有朝一日成为师傅，学徒只是跳板，师傅与帮工之间也没有明显的利益冲突，但后来手工业堵塞了帮工上升通道，绝大多数帮工成为终身帮工。因为早期帮工成为师傅只需要简单的手艺考核，但随着时间推移，帮工成为师傅的考核费用高昂，考核所需原材料往往也很高昂，不但如此后期的考核往往要耗时数月，这都不是普通帮工所能承受的，客观上堵塞了普通帮工上升为师傅的通道，因此约曼行会或约曼兄弟会从一开始就具有与资方对抗博弈的动机。因此，相关资料记载早年伦敦马鞍师傅就感慨约曼组织起来的目的在于大幅度提高工资，而且还确实让工资提高了一倍以上，为达目的他们还不惜罢工，有组织地与商会谈判，随着时间推移约曼甚至得到一些手工业公会的承认，被吸纳为公会会员，约曼的经济社会地位上升的结果是部分成为有生产资料的小师傅阶层，虽然其对公会商人有

---

① 尚世昌：《中国国民党与中国劳工运动——以建党至清党为主要范围》，幼狮文化事业公司1992 年版，第 7—8 页。

② 金志霖：《中世纪英国行会和雇佣工人——兼论雇佣工人与生产资料的关系》，《历史研究》1990 年第 6 期。

一定的依赖性,但这种依赖是相互的,而且比之于资本主义初期资本的普遍强势而言是微不足道的。笔者认为,前近代西方之所以雇工组织化,主要应归因于西方的工场手工业内部已经具有发达的分工,而前近代中国的工场手工业则较特殊,分工并不发达,这客观上决定早期雇工缺乏组织化。中国资本主义萌芽期的工场手工业有的本身没有多少劳动分工,有的虽被分为数十道工序,但一人往往兼多工种。另外,景德镇制瓷业等由于场外分工发达,场内分工反而简单。考虑到这些因素,许涤新、吴承明不以场内分工多少,而以单个资本支配的劳动者数量作为中国工场手工业的标志。①

最后需要说明的是,前近代中国的行帮,虽然具有封建性质,但其组织性还是值得肯定,台湾的中国劳工运动史编纂委员会编纂的《中国劳工运动史》所列中国劳工运动三项特质竟然有两项是受会党侠义制度的熏陶,当代台湾学者尚世昌也认可了传统会党精神对近代中国劳工运动的作用。②

二、前近代中国的"资方"

(一)资方概况

就前近代中国手工业的资方或者说雇主而言,早期除官僚、地主外,普通百姓可能也偶有为之。不过,更多的应该还是商人,尤其控制手工业的商人,但商人与手工业主的雇佣也相对有限。官僚和地主的雇佣多与人身依附关系共存,且是中上层,其封建性应该明显,给劳动者的报酬应多以工食为主,近代意义的工资成分有限。关键的是,这些生产资料的所有者并非为了资产增值,更多为了自身消费,不具投资者的"资本家"性质。就最可能产生近代意义劳资关系的工商业主而言,他们的生存空间有限,并不仅仅是他们在"士农工商"中尴尬的社会地位,而且整个社会并没有给手工业和商业提供太多的土壤,仍然以自然经济为基础,技术水平落后,城市化水平低,没有也不可能有近代劳资关系存在的必要条件——社会化大生产。

接下来,就早期雇主的行业分布进行较为详细的阐述。前近代中国农业是

---

① 许涤新、吴承明:《中国资本主义发展史》第一卷,《中国资本主义的萌芽》,人民出版社2003年版,第28页。

② 尚世昌:《中国国民党与中国劳工运动——以建党至清党为主要范围》,幼狮文化事业公司1992年版,第6—7页。

主导产业,因此下面的论述由此展开。明代中叶以后的相当长时间土地兼并者主要是缙绅贵族,其经营方式主要是出租,只有少数是直接雇工经营的雇主,此阶段雇工经营的特色是新发展起来的富裕农民,有的甚至发展成经营地主。①到清代前期,随着商品经济的发展,自耕农、佃农、地主雇工经营商品性生产,商人租地经营农业的情况整体与明代后期类似,并未有明显突破,其资本主义雇佣性质有的尚不明了。② 以明清时期农业较为发达的江苏为例,明代后期雇工经营的地主逐渐增多,这些雇主一般是中小地主,除雇工经营外,有的本人和家属也参加一定的生产劳动,整体而言明代后期曾涌现出不少经营性的地主,但在农村仍属少数,这从雇工数量可见一斑,即使是农业雇工较多的常熟县,明嘉靖年间的农业雇工也不过占总人口的3%左右,雇工数量甚至可能少于奴仆,奴仆被大量用作农业,而大量的雇工人与雇主还有封建的人身依附关系,也可以说明代农业中没有近代意义的雇主。③ 清代的雇主则近代意义更为明显,雍正年间的摊丁入亩减轻了农民的封建人身依附关系,1788年雇工人条例的修订则使近代意义的自由雇佣劳动合法化,庶民地主、富裕农民与雇工之间趋于平等,"同坐共食"普遍化,但缙绅地主仍然难改传统,在清代中前期,农业雇主确实有所增加但由于雇佣经营大于租佃经营,因此租佃地主向雇佣地主转化也相对有限。

明后期的商人资本出现向手工业领域拓展的新动向,比如,租山开矿、开设铁冶、染坊等,其多半是雇工生产,只是农产品加工中的商人雇主制以及前店后场等形式在明代似乎很少见,即使是间接控制生产的包买商制度在明代也很少。④ 这就说明当时的商人雇主对生产领域的渗透有限,而明代牙行制度的形成是其制度基础。明代矿冶业相对来说有了较大发展,但矿冶业中的雇佣因素比之于其复杂的技术分工,以及相对的规模,其雇主相对有限,明代的采矿业似乎没有商人、矿主、地主等直接雇佣大量劳动力生产的情况⑤。明代铁冶业能确

---

① 李文治:《明清时代的农业资本主义萌芽问题》,中国社会科学出版社2007年版,第57页。
② 许涤新、吴承明:《中国资本主义发展史》第二版,一卷,《中国资本主义的萌芽》,人民出版社2003年版,第250页。
③ 周志斌:《明清时期江苏农业中的雇佣劳动状况》,安徽农业科学2009年版,第29期。
④ 许涤新、吴承明:《中国资本主义发展史》第一卷,《中国资本主义的萌芽》,人民出版社2003年版,第112页。
⑤ 许涤新、吴承明:《中国资本主义发展史》第一卷,《中国资本主义的萌芽》,人民出版社2003年版,第179—183页。

认具有资本主义性质的似乎只有广东一例,铁器铸造业中雇主可能也只在佛山广泛存在,也就是说铁冶业的雇主极为有限。① 清代采矿业中的雇主,较之于明朝有较大发展,其中以铜矿、煤矿、井盐等为典型,这与铜、煤的社会需求加大,开采技术的进步有很大关系。在云南铜矿,以平常提供工食为基础的铜矿锅头,合伙雇主,规模较小,且可能多采取平常提供工食和工棚,出矿后分成,可能尚存人身依附关系的雇佣形式,合伙雇主的雇佣可能最具近代性质的雇主当属那些富商巨贾的投资。

手工业中的雇主相对来说更为普遍,在明代苏州丝织业中出现了较为特殊的雇主与雇工。即大小户间的雇佣关系,两者都是生产者,两者都是有产者,均受市场和商人支配,两者之间形成的是松散的雇佣关系,雇佣小户的大户并不是完全意义上的近代雇主,他们和小户一样属于小生产者,大户之所以选择小户为雇佣对象,主要是因为当时丝织业需要临时性的熟练织工。② 但到清代丝织业的机房主可能已不再直接从事生产,但整体而言丝织业虽然工艺复杂,分工很细,但更多是被账房分割控制。棉纺织业基本上还是家庭经营,并未出现多少雇主,甚至连包买商也尚未发现。③ 清代商品性很强的茶叶可能出现了较多的雇主,这些雇主可能多是商人、地主,以及小生产者的临时雇佣。制烟业中的雇主多是商人,规模较大。而对于政府管制较多的酿酒业,雇工生产经营者应该不多。榨油业由于投资较多,雇主除商人外,应还有产区农村地主。糖的生产具有地域性,消费则缺乏地域性,加上运销缺乏政府管制,因此到清朝前期已初见生产的规模经济效应,雇工经营应较普遍,雇主们甚至从传统的人合,转向资合,即从传统业主制、合伙制向公司制转型。当然,更多的应该还是传统的业主制与合伙制。清代前期,除生产性行业存在较多的雇主外,运输业中的沙船业也涌现出较多雇主,而且相对于其他行业,这一行业的业主更多是真正意义上的雇主,其资本增值动机更强。

在明清之际,随重商之风的兴起,工商已不再是四民之末,除儒商盛行外,捐

---

① 许涤新、吴承明:《中国资本主义发展史》第一卷,《中国资本主义的萌芽》,人民出版社2003年版,第183—187页。

② 许涤新、吴承明:《中国资本主义发展史》第一卷,《中国资本主义的萌芽》,人民出版社2003年版,第158—160页。

③ 许涤新、吴承明:《中国资本主义发展史》第一卷,《中国资本主义的萌芽》,人民出版社2003年版,第411页。

官纳衔普遍化,在清朝甚至制度化,成为科举取士的补充。这一方面是政府弥补财政不足的需要,另一方面也说明商人雇主①社会地位的提高,经济社会影响扩大,政府有必要将其合法化,捐官纳衔可以说是其过渡形态,其折射的是商人雇主话语权的增强。

(二)资方团体概况

不可否认,前近代中国随着时间的推移,市场经济的萌芽与发展,雇主的组织化程度确实比之于自然经济时代有明显提高,但整体而言雇主并未形成近代化的资方群体,即使是著名的十大商帮,联结他们的更多是地缘与血缘纽带,即便有同业业主之间的诸如行帮②、会馆、公所这样的组织,但也更多是一种移民组织。虽然其不乏"相维相系""敬业乐群"之宗旨,近代意义的劳资关系,理应建立在工商业发展之基础上,但这些工商会所更多具有封建传统行会组织特征,限制如果说学徒算劳方的话,不但对学徒资格有严格规定,而且对雇主招收学徒数量也有严格限制,而学徒客观上也有上升为雇主的可能。③

雇主团体在前近代中国主要体现在公所与会馆的出现和发展,个别行业则以行帮形式出现。会馆基本以地区命名,公所则以行业命名为基础。会馆基本是商人组织,而公所则商人公所与手工业公所兼而有之,具行业性质的公所基本出现在清朝,地域性质的会馆则在明朝中期以后就较普遍。随着时间推移,以行业为基础的公所越来越普遍化,而且伴随行业专业化,公所也趋于专业化。整体而言,公所乡土性减弱,行业性则更增强。④ 这也折射出伴随近代化的临近,雇佣关系在手工业的普遍化,雇主力量的增强,组织化是其制定行规等建立业内合作协调机制,以及作为集体与政府和雇工博弈的组织。

值得注意的是,无论是会馆还是公所,现存的前近代资料似乎并没有显示出近代同业公会的性质。即使到清末,公所行规也更多关注业务规范、统一货价、统一工价、限制开业、限制收徒等,限制收徒仍是重点,但在个别技术能力不足的行业,限制收徒并不严格。早期的手工业公所,主要是成衣、木作、剃头、制帽等

---

① 虽然捐资纳衔者并非都是商人雇主,但明清之际随着工商业的发展,能够拿出巨资捐官纳衔的应该更多是商人雇主。

② 往往兼具雇主与雇工,乃至小业主性质。

③ 唐文权:《苏州工商各业公所的兴废》,《历史研究》1986年第3期。

④ 许涤新、吴承明:《中国资本主义发展史》第一卷,《中国资本主义的萌芽》,人民出版社2003年版,第304—305页。

技艺性行业,以及酒行等饮食、礼乐等服务行业。其中还有一个因素不能忽视,那就是成立公所、会馆的行业与资本主义萌芽的行业并不一致,这不仅在苏州、上海等工商业和资本主义萌芽较充分地区如此,在相对不充分的湖南、四川亦不例外。① 而佛山的冶铁业、景德镇的陶瓷业、苏州的染纺业、上海的沙船业则是例外,比如,景德镇瓷器业乾隆时已有徽州会馆、道光时有湖北会馆,而嘉庆年间的《景德镇陶录》所附地图,还有苏湖会馆、临江会馆、饶州会馆、南昌会馆、都昌会馆等。在上海沙船业,道光嘉庆之际,已形成沙船十一帮,均以船主来源地冠名,以崇明、通州、海门三帮最大,这些行帮具雇主性质。

三、前近代中国政府"劳资"角色

(一)政府雇工制度

前近代中国雇佣关系的相对普遍化,使得政府开始专门关注这一现象。《大明律》首次出现"雇工人"的字眼,明确规定了雇工人的等级地位。但从明初直至万历十六年,法律条文并没有说明哪一类雇佣劳动者属于雇工人等级。根据法律学家们对法律条文的解释,当时社会上所有雇佣劳动者都属于这一范畴,它包括了城乡农业、手工业和商业中的雇佣劳动者,也包括从事家庭内服务性劳动的雇佣劳动者。例如张楷《律条疏义·良贱相殴》条说:"雇工者雇倩役使之人,非奴婢之终身服役者";《奴及雇工人奸家长妻》条说"凡人家之奴及受雇佣之人",这里,雇工人指的就是雇佣役使之人和受雇佣工之人。②

随着资本主义萌芽,雇主与雇工人之间的人身依附关系逐渐淡化,这在政府法令有所体现,1588年"新题例",明确界定雇工人:"今后,官民之家凡倩工作之人,立有文券、议有年限者,以'雇工人'论;止是短雇月日,受值不多者,依'凡人'论。其财买义男,如恩养年久配有室家者,照例同子孙论;如恩养未久不曾配合者,士庶之家依雇工人论,缙绅之家比照奴婢律论。"③按此条例,短工地位从雇工人等级提升到凡人等级,应该说这在雇佣关系发展史上是一个伟大的进步,甚至可以说是近代劳资关系的基础前提之一,因为近代劳资关系是以双方平

---

① 许涤新、吴承明:《中国资本主义发展史》第一卷,《中国资本主义的萌芽》,人民出版社2003年版,第306—312页。
② 引自蒋燕玲:《论清代律例对雇工人法律身份的界定》,《社会科学家》2003年第9期。
③ 刘维谦:《明律集解附例》,卷20,《斗殴》。

等为基础,如果存在等级差别就不可能有近代劳资关系。当然,受雇于平民的广大雇工,与雇主的关系整体上应更为平等,形式也更加灵活多样。

到清朝雇佣关系更为普遍,其原因除生产力大发展外,清军入关后手工业匠籍身份法的废除利于工匠自由流动和技艺扩展也不容忽视。雇佣关系相对普遍化的突出体现是在《大清律例》中的例就雇工人比较频繁的修改。比如,乾隆年间有关雇工人的条例修改就有三次,其中 1788 年最后一次修改幅度最大,并延续到晚清。《大清律例》规定"凡官民之家,除'典当家人'、'隶身长随'仍照定例治罪外;如系车夫、厨役、水火夫、轿夫及一切打杂受雇服役人等。平日起居不敢与共,饮食不敢与同,并不放尔我相称,素有'主仆名分'者,无论其有无文契、年限,均以'雇工〔人〕'论。若农民佃户雇佣耕种工作之人,并店铺小郎之类,平日共坐共食,彼此平等相称,不为使唤服役,素无'主仆名分'者,亦无论其有无文契、年限,俱依'凡人'科断。"①条例以"有无主仆名分"作为界定雇工人身份的基本标准,不再考虑长短工的区别、受雇从事的工作性质,那些与雇主无主仆名分的启工,不论其是否立有雇约文契,也不论其受雇年限的长短,都属于"凡人",与雇主在法权方面趋于平等。

整体而言,从明清律例来看,官民之家具有人身依附性质的"雇工人"范畴呈逐渐缩小趋势,而随资本主义萌芽,自由雇工需要量和供给量都大为增加,自由雇佣关系更为普遍,近代"劳资关系"因素应更为充分。从以上分析可以看出清代"雇工人"和现代语境下的"雇工"有很大差别,结合其他一些资料可以看出到清代,雇工人主要从事家内劳动,雇工则主要从事生产劳动,"不为使唤服役";雇工人一般受雇时间较长,但没有奴婢的世袭性,雇工一般时间较短或较灵活;与雇主人身关系而言,雇工人由于基本在"官民之家",不可避免地被加上官民之家等级特权,并延伸到平民雇主,但雇工人并不属奴婢贱民行列,而雇工则相对平等。②

时间越往前追溯,雇工与雇工人在身份地位等方面越类似,随时间推移不但雇工身份越来越与雇主平等,而且更多的雇工人也逐渐转化为雇工。粗略地说,从明王朝建立到万历十六年,所有的雇佣劳动者都被视为雇工人。从万历十六

---

① 《大清律例》,乾隆五十五年刊本,卷 28,刑律斗殴附"大清律纂修条例"。
② 魏金玉:《试说明清时代雇佣劳动者与雇工人等级之间的关系》,《中国经济史研究》1986年第 4 期;蒋燕玲:《论清代律例对雇工人法律身份的界定》,《社会科学家》2003 年第 9 期。

年开始,短工取得了同雇主平等的法律地位,从雇工人等级中解放了出来;长工仍然属于雇工人等级。从雍正年间开始,越来越多的长工不再作为雇工人对待,开始从雇工人等级解放。乾隆五十三年颁行新条例以后,以有无主仆名分作为区别是否雇工人的标准,不再考虑长短工的区别,实际上,多数长工也不再作为雇工人对待了。这个条例可说是长工解放的重要标志。不过,从万历十六年起,从雇工人等级解放出来的短工和长工,仍被视为雇主一家,处在雇主家长制统治之下。直到近代的光绪初年,没有主仆名分的雇工才不再被视为雇主一家,从雇主家长制统治下解放出来,也就是说封建雇佣逐渐让位于自由雇佣。① 当然,家内雇工不要说在前近代,即使在现代,乃至当代在雇佣关系中都是相当微妙的,其数量也是相当有限的,只是在前近代家庭雇工占当时雇工比例较高而已。

(二)匠籍制度废除

明朝的匠籍制度最初沿袭了元代工奴制,但整体而言比之于元代已经大为解放。元代匠户劳动时间缺乏明确规定,从根本上限制了工匠从事商品生产,更不用说被雇佣生产,或者雇佣别人,但到明代匠户已经有了自己生产的时间,工奴性质大为削弱。据《大明会典》记载,明朝住坐匠,每月上工 10 天,歇 20 天,也就是说每年有三分之二的时间休息,这客观上有利于其安排家庭生产,而且住坐匠一家老小均迁到工场所在地,住在固定坊厢之内。一般认为这种安排不利于住坐匠自营生产,但笔者认为这是相对的,家庭人员就在身边,而且相对自由,虽然自营生产受到限制,但仍然可以适度从事生产。②

明朝除了住坐匠外,还有轮班匠,明朝住坐匠在嘉靖以后逐渐减少,到后期只占整个官府手工业工匠的十分之一。而对早期劳资关系影响较大的是轮班匠,因此这里加以详述。表面看,轮班匠即使在明初也只需要三年服役90天,比

---

①　魏金玉:《试说明清时代雇佣劳动者与雇工人等级之间的关系》,《中国经济史研究》1986年第 4 期。

②　有学者根据住坐匠家小迁到工场所在地,住在固定坊厢之内,按分工编定排甲而推断出自营受到限制。但笔者认为这种限制是有限的,因为住坐匠长期固定在一个地方,而且有家庭成员作支撑,住坐匠即使给官府做工期间,尤其摸清官府手工业规律后,应该能适度指导其家庭成员生产。况且认为自营受到限制的例证确实是有效的,但说的是龙江船厂船工,在当时的条件下确实不适合家庭经营,一是家庭、资本、人员可能不足,二是基本没有市场。即便这些工匠不是住坐匠,估计也难以从事家庭生产。早年龙江船厂船工政府分给土地耕作,后又撑船度日,说明住坐匠的家属及其个人日常生活是相当自由的。许涤新、吴承明:《中国资本主义发展史》第一卷,《中国资本主义的萌芽》,人民出版社 2003 年版,第 121 页。

住坐匠一年服役时间还短,其他时间则自由支配。但是轮班匠的付出并不比住坐匠少,一是在当时交通情况下,往返交通耽误的时间一般较长,不但往返路费需要自筹,而且他们服役期间属于无偿劳动,连口粮都需要自行解决。因此,轮班匠制度对民间生产影响更大,其结果是工匠失班、逃亡现象严重。明政府遂不得不变通,1393年就曾按不同工种制定了一年一轮到五年一轮的轮班匠制度,几经摸索明政府将其定为四年一轮,平均每年只需服役 22.5 天,但还是矛盾重重。1485 年进一步允许轮班匠以银代役,南匠每月出银9钱,北匠为6钱。[①] 笔者认为,南匠之所以出银较多,可能有两个方面原因,一是由于政策制定者考虑到南匠路途遥远,往返耽误时间和花费较大,客观上愿意交更多的银钱;二是南匠所擅长的技艺(诸如织造、冶铁和陶瓷等),北匠可能并不擅长,政府也只能雇佣南匠,而北方南匠稀少,工价自然会偏高,或以技术不熟练的北匠替代,生产效率也不会太高。不过,南北匠出银的差异必然引起南匠的不满,于是 1505 年明政府又统一标准,均每年出银6钱。这客观上促进了南方手工业的发展。

不过,这又给政府带来问题,政府雇佣即使待遇较好,但具有临时性,而且相对缺乏自由,工匠未必愿意。于是,1533 年明政府又规定路途遥远的南匠以银代役,而路途较近的北方直隶等地的工匠需要"当班"。但趋势亦不可阻挡,据《大明会典》记载,1562 年规定从该年春天起,该年的轮班匠全部折价,并且不准工匠私自"投当",统计各地工匠人数,每个州县设"定额"若干,并将此前每年按"班"(四年)收银,改为按年收,将原来每班一两八钱定额均摊到四年,即政府对每名工匠每年征银四钱五分,这就大大解放了占官工匠绝大多数的轮班匠。值得注意的是,轮班匠以银代役后,政府停办了部分官营手工业,相关产品则由原来轮班匠生产转而向市场购买,则必然会促进民间生产。随民间生产发展,自然会出现商业资本,以及雇佣生产的发展,这会促进劳资关系近代因素的萌芽。除了购买之外,官营手工业还开始雇募工人,这比之于以前的服役明显进步。购买和雇佣生产其实也便于政府管理,对相关产品的需求也更灵活,与之相伴的是官营手工业制度和匠籍制度衰落,民间自营生产得到大发展,促进雇佣关系在手工

---

① 许涤新、吴承明:《中国资本主义发展史》第二版,第一卷,《中国资本主义的萌芽》,人民出版社 2003 年版,第 122 页。

业工匠集中地区普遍化。

1644 年清朝一建立,就规定了取用匠夫之例:"凡内工取用匠夫,行文工部,移都察院转行五城取送。如工程紧急,即行坊取送。"①革命性的变化是 1645 年"免山东章丘、济阳二县京班匠价,并令各省俱除匠籍为民","又除豁直省匠籍,免征京班匠价。前明之例,民以籍分,故有官籍、民籍、军籍、匠籍驿灶籍,皆世企业,以应差役。至是除之,其后民籍之外,惟灶丁为世业"②。也就是说免征"京班匠价",还废除了明朝的官籍、军籍、医匠"皆世其业,以应差役"的制度,仅保留民籍和灶籍,匠籍制度得以废除。以前学术界更关注匠籍制度废除对经济发展、资本主义萌芽的积极作用,其实官籍、军籍、医籍制度的废除,增强了社会的流动性,避免阶层固化的同时,更促进了平等意识,淡化了"士农工商"的阶层意识,而这恰恰是雇佣劳动所需资本主义萌芽的基础。官籍、军籍、医籍制度的废除,其家庭生活资料不再由政府配给实物,通过市场,必然会促进市场发育。匠籍制度的废除,不但大量工匠可以自由生产经营,促进民间手工工场和大作坊的形成和发展,而且政府临时雇募他们从事工程、手工生产时相对规范的管理③,以及包括往返路费,优恤、食粮、工价等相对较高报酬,对民间雇佣也有示范带动作用。

伴随匠籍制度的废除,班匠银制度理应随之解体,但却不是一蹴而就的。但废除匠籍制度之初。也暴露出一系列问题,既然匠籍废除,手工业品的生产、采买、自由雇募工匠、钱从何来,而受匠籍管理的原来工匠也成了管理真空。这显然是统治者,乃至其他社会阶层不愿看到的,因此有"(顺治)十五年议准,京班匠价,仍照旧额征解"。1697 年开始"以浙江匠班银派入地丁征收。浙江省匠班一项,户籍虽在,人丁已绝,其实征银七千四百九十余两,令均派于通省地丁下带办。至康熙三十九年,湖北匠班银归入地丁。康熙四十一年山东匠班银归入地丁,均照浙江之例"。整体而言,"匠丁沿自故明,历年已久,止存户籍,或派民户代完,或有司自行赔补。至是,始议派入地丁。嗣后丁随地派之例,实肇于

①　彭泽益:《中国近代工业史资料(1840—1949)》第一册,中华书局 1962 年版,第 391 页。
②　张廷玉等:《皇朝文献通考》,卷 21,1787 年,第 6 页。
③　事实上,当年开始修建的太和殿就规定需用工匠,由各州县派解工匠应役,政府按工给值。各州县政府的作用。

此"①。到乾隆二年,户部复准甘肃河东州县内降价 760 多两摊入土地为止,全国匠价基本摊丁入亩,匠籍制度彻底失去了生存基础,匠丁自由度更高,流动性更强,这必然会促进手工业生产与雇佣关系的进一步发展。②

(三)工商行政管理法规与劳资关系

前近代中国政府还通过有限的工商行政管理为自由雇佣的组织载体工商业发展创造条件。就广义而言,自从有了工商,理应对规范管理有需求,历史上有关"政府"对工商的管理描述可以追溯到三皇五帝,此后历朝均有相关记载。③由于资本主义工商业,尤其自由雇佣关系产生于明清之际,因此本书只就明清工商行政管理展开讨论。

明清时期的工商行政管理主要包括工商市政日常管理,管理市场的市司律例法规,以及互市与番海贸易管理。工商市政日常管理主要包括市场开设的"市司之政",市集庙会管理,市场交易中介牙行管理,编审铺户、权衡利器、契约文书管理,以及涉及对工商业雇主与雇工规范的领帖给照。其中"领帖给照"较多涉及雇主与雇工之规范,但一般应为地方政府所为,比如《光绪兴宁县志》卷六记载乾隆年间:"设炉之时,令山主,止允雇觅本地人夫,毋得招集外来人氏,勿使商贩渐生事端,并将采砂捶炼人夫,实在数目填明姓名,年貌与经营执事,协同保甲邻左户首,出具甘结,会同营员,加具印结,详送存案,准其开采。"乾隆四十九年直隶布政司颁发给宛平县徐某某的《窑照》有:"……如有窑夫聚集滋事,即赴县呈明究处。倘有窑户报县审明详究,若彼此容隐不报,别经发觉,即照知情不报例,加倍议罪。并即设立底簿,将每日雇募工人,姓氏,年貌,籍贯,逐日填注,按季送县查核,造册通报查考。其报开窑座,如开采之后,有闭歇停止者,亦即随时禀报本县,查验确实,详明停闭。倘该商有藐玩不尊者,一经察出,定行照例详革,究治不贷,须至照者。"

市司律例法规则主要是指与市场交易密切相关的法律规定,包括抬价罚则、欺行霸市、私造斛斗秤尺罚则、各种器械用品,客店、铺户管理等方面。此外,前近代中国政府互市和番海贸易的管理,包括朝贡贸易之番商管理、海禁管理、

---

① 张廷玉等:《皇朝文献通考》,卷 19,1787 年,第 5025 页。
② 刘修桥:《清实录大清高宗纯皇帝实录》,46 卷,台湾新文丰出版公司 1978 年版,第 18 页。
③ 湖北省黄冈地区工商行政管理局:《鸦片战争前的工商行政管理》,工商出版社 1985 年版。

"洋行"制度,甚至包括借控制外商以防止外人觊觎中国事务的举措。

第三节　前近代个别行业的"劳资"萌芽

一、手工业"劳资"萌芽

明清资本主义萌芽时期,更多的雇佣关系发生在手工业,而且手工业本身面向市场,决定了其对雇工更多市场化因素,因此工资基本货币化。手工业主要分布在城镇和手工业区,雇主与雇工日常的生活空间自然更多在城镇和手工业区,这一点也与近代劳资关系的外部环境类似。不但如此,资本主义萌芽期,商人会馆,工商业公所与雇工行帮组织都有一定程度的萌芽与发展,似乎有了雇主和雇工团体,这在农业雇佣关系中并不存在,而这也最符合近代劳资关系的方向。因此,下面重点对资本主义萌芽期的手工业的雇佣关系进行分析。

茶叶是商品性很强的行业,但在多数情况下却以家庭生产为主,即使不乏资本雄厚的茶商,但早期往往以商业资本的形式存在,对生产的直接控制较少,更多是间接控制,大规模的雇佣关系发生在清末同治以后,此前的记载很少,即使是偶尔的记载,也不大能分清是属于农业生产环节的种茶、采茶还是茶叶加工。[①] 其他诸如制烟业、酿酒业与制茶业类似,虽然有一些雇佣的记载,但有关雇佣关系的描述可以说是语焉不详,前人已有论述,而且同样农业与手工部分不便区分,这里不再赘述。

而同属农产品加工业的制糖业,近代以前已有一定规模的制糖作坊,其雇佣关系似更明确,因此接下来对其略加分析。明朝到清前中期,制糖业无论技术还是规模都有很大发展,这是制糖业雇佣关系发展的基础。但一般的记载仅限于雇工有人身自由,以及货币化的劳动报酬,而其中最值得关注的是许涤新、吴承明所说的台湾商人开设的头家廍完全是资本与雇佣劳动的关系,具有工场手工业的性质,但整体而言,这种情况是很少见的,更多的是与前面几种农产品加工业类似。农产品加工中雇佣劳动最为发达的可能是丝织业,早在明代苏州就有

---

① 许涤新、吴承明:《中国资本主义发展史》第一卷,《中国资本主义的萌芽》,人民出版社2003 年版,第339—344 页。

"大户呼织""小户趁织"之松散雇佣关系,到清代中前期则以固定雇工为主,临时雇工为辅,更为关键的是出现了诸如"有行头分遣"的雇工组织行帮,这从侧面反映出当时丝织业雇佣关系已经很发达。整体而言,这一阶段的一些农产品加工业中发展出自由的雇佣关系,但这些产业规模相对有限,而且当时更多的是采取手工、家庭生产的方式,以及农产品加工往往与农业生产环节联系在一起,与农业生产季节性相关联等,可以想见当时农产品加工业的雇佣关系在整个社会应该是凤毛麟角。

二、矿业的"劳资"萌芽

资本主义萌芽期雇佣关系最发达应该是矿冶业,这有几方面原因。一是,矿业相对而言是规模经济的,且多商品性,工资除伙食外,基本货币化;二是,矿业周期较长,内部存在复杂的分工,且有一定技术含量;三是,明清时期民营矿业发达,其间雇主与雇工的存在必然常态化;四是矿区往往是一个相对独立世界,而且地处偏远,受当时封建的主流意识形态,主流社会影响较少,而具有资本主义性质的雇佣关系理应也有更多近代劳资元素。这在铜矿、铁矿、盐矿中最为普遍。

就铜矿而言,以云南铜矿的雇佣关系为典型。无论是岑毓英的记载"从前[云南]大厂动辄十数万人,小厂亦不下数万,非独本身穷民……"①,还是唐炯"从前大厂,[砂丁]率七八万人,小厂亦万余人,合计通省厂丁,无虑数百十万,皆各省穷民来厂谋食"②的描述,可能相对有所夸大。按王崧相对保守的说法:"厂之大者其人以数万计,小者以数千计",每厂多的有硐四五十,少的也有二三十③,如此多的人员显然不能完全依赖家人,而更多依靠自由流民。

有关当时的雇佣情况,虽然众说纷纭,但有三点可以肯定,一是铜矿用工众多,二是这些矿工基本是自由雇工,三是政府可能默许这种雇工方式。在云南矿业中,可能由于风险较大,其间雇工与硐主或锅头之间存在这样的风险分担的分成制雇佣关系,硐主除提供伙食、工棚外,对所出铜矿带来的收益,采取分成制,

---

① 彭泽益:《中国近代手工业史资料》第一卷,1962 年,第 340 页。
② 彭泽益:《中国近代手工业史资料》第一卷,1962 年,第 340 页。
③ 许涤新、吴承明:《中国资本主义发展史》第一卷,《中国资本主义的萌芽》,人民出版社2003 年版,第 518 页。

这在矿硐初挖时最为普遍，而随着产量的稳定则更多是按月付酬的"月活"，工钱比重提高。分成制方式并非意味着劳方的地位发生了改变，恰恰相反他是资方对劳方控制的一种补充，不是削弱了资方控制，而是对资方控制起强化作用，这从他们可以自由选择"分"还是不分可见一斑，劳方根本没有讨价还价的余地，是典型的资本雇佣劳动。

云南铜矿盛行的"七长治厂"①之中的"客长"负责厂内诉讼之争，应有协调劳资关系之功能。政府在矿区组织的练役、壮练也有管理矿工之责，其中自然会涉及对劳方、资方关系的协调，一定程度上保护劳资双方的利益。不过，切不可将政府对劳资关系协调的作用估计过高，从根本上说，当时政府对矿工的管理似乎主要从社会安定的角度考虑，19世纪40年代末担任云贵总督的林则徐有关矿务的奏疏应该能够反映资本主义萌芽期的情况，这主要是因为云南铜矿由旧式向新式的转型也发生在洋务运动时期②。林则徐奏疏："查向来厂上之人，殷实良善者，什之一，而犷悍诡谲者，什之九。又厂中极兴烧香结盟之习，故滇谚有云，无香不成厂。其分也争相雄长，其合也并力把持，恃众欺民，渐而抗官藐法。是以有矿之地，不独官惧考成，并绅士居民，亦皆懔然防范。今兴利必先除害非严不可。即如所用铁器，除锤錾锅铲菜刀准带外，一切鸟枪刀械，全应搜净，方许入厂。其驻厂弹压之印委员弁，皆准设立枷杖等刑具。有犯先予枷责，或插耳箭游示，期于小惩大戒。若厂匪胆敢结党仇杀多命，闹成巨案，或恃众强奸盗劫，扰害平民，责令该府州厅县会同营员，立即兜拿务获，审明详定之后，请照现办迤西匪类章程，就地请令正法，俾得触目惊心，庶可惩一儆百。"③可见林则徐的理想模式还是加强对雇工的社会管理与控制，其思想基础是以"匪"论雇工，却基本没有考虑如何疏导雇工，如何保障雇工劳动权益，尤其协调雇工与硐主等雇主间的良性关系只字未提。

---

①　七长治厂说法纷纭，以吴其濬的描述更为准确，即：(1)课长：管支发工本、征课、收铜。(2)客长：评厂内诉讼争斗。(3)硐长：凡硐之应开与否，及邻硐穿通或争尖、夺底，均委其人硐察勘。(4)总镶：银厂有之，任与[铜厂之]硐长略同。(5)炉长：铜厂有可不设。银厂课款攸关，此役为要。(6)炭长：保举炭户，领取工本，银厂可不设。(7)街长：掌平物之价，贸易赊欠债务之事。引自：许涤新、吴承明：《中国资本主义发展史》第二版，第一卷，《中国资本主义的萌芽》，人民出版社2003年版，第524—525页。

②　伍红香：《洋务运动时期的云南铜矿》，《郑州航空工业管理学院学报》(社会科学版)2011年第2期。

③　彭泽益：《中国近代手工业史资料》第一卷，中华书局1962年版，第341页。

三、商业与农业的"劳资"萌芽

(一)商业的萌芽

王孝通的《中国商业史》关注商业整体发展,政府管制、市场发育,币制、交通等商业的软硬件,却对商业内部管理制度语焉不详,劳资关系自然没有提上议事日程。① 同样王相钦主编的《中国民族工商业发展史》对古代商业的讨论也有类似局限,关注古代商业的发展概况,货币、商业政策、市场管理,商业都市、内外贸易发展,以及晚期的行会与商帮的发展等,同样缺乏对劳资的基本描述。② 吴慧主编的五卷本《中国商业通史》各章节是按商业的发展、商人、商业政策、商业思想"四大板块"划分章节,此外还特地将历史上各民族间的贸易交往和边疆各族的独立政权或王朝的商业做了较详尽的专门论述,但对商业内部的雇佣关系,抑或劳资关系没有做专门论述。③

(二)农业的萌芽

不可否认自然经济时代的农业确实存在一些雇佣关系,甚至在春秋战国时代就有"庸""庸作"的记载④,但这种雇佣关系是微弱的,人身依附关系可能还比较明显,因此其近代劳资元素基本可以忽略不计。

通常认为资本主义萌芽期农业才有较为普遍的雇佣关系,因此本书对农业雇佣关系的分析由此展开。就传统农业而言,规模化经营似乎与土地相关,这又要以土地集中为基础,在明清时代土地确实大为集中,但并不一定意味着广泛存在大规模的雇佣生产,因为当时民间普遍存在为规避差徭,以牺牲部分人身自由为代价的"诡寄"等方式而形成的集中,就规模化经营而言却是名不副实,诡寄经营的名义大所有者只是分割部分封建地租而已⑤,实际还是小家庭经营,并未形成雇佣关系,更谈不上近代意义的劳资关系。

当然真正的农业雇佣经营自资本主义萌芽以来并不乏见,且更多与经济作物相关。明清时期经济作物从唐宋时期茶叶、甘蔗和园圃等扩大到烟草和蓝靛

① 王孝通:《中国商业史》,商务印书馆1936年版。
② 王相钦:《中国民族工商业发展史》,河北人民出版社1997年版。
③ 吴慧:《中国商业通史》(共5卷),中国财政经济出版社2004—2008年版。
④ 尹进:《关于中国农业中资本主义萌芽问题》,《历史研究》1980年第2期。
⑤ 侯建新:《明清农业经济为何难以发展——兼与英国封建晚期农业雇佣劳动比较》,《中国经济史研究》1997年第3期。

等,由于这些经济作物的种植相对普通农作物而言是劳动密集型的,且具有规模经济效应,尤其产品是面向市场的,这些土地集中经营者也不可能和普通农作物种植地主一样,给予实物报酬,而应更多给予货币报酬,就这一点而言应该与近代劳资关系更为接近。农业雇佣关系发展的一个重要体现是短工(或忙工)、长工在不少农业地区出现。关于长短工的社会地位问题,笔者更认同李文治先生的观点:农业短工虽然在明万历年间才明确其在法律上的"凡人"地位,但在很久以前就以自由身份出现。至于农业长工性质变化,在现实世界应提前,可能在万历初年就已开始,到清代前期进一步发展,到乾隆年间有雇佣法权关系变革。[①]

雇佣经营也并不是地主专利,对于富裕农民而言,也常雇佣经营,而且就自由程度而言,理应是富裕农民的雇佣经营最为自由,这主要是由于作为平民阶层的富裕农民,更多游离于封建制度之外,而且他们更贴近基层生活,更加自由的雇佣制度从经济效率的角度讲对他们更有效率。因此,李文治、魏金玉和经君键认为以自由雇佣劳动为基础的农业资本主义萌芽大约最早产生于15世纪即明代中叶富裕农民的经营就很自然了。不过,考虑到富裕农民的自由雇佣中资方与劳方均未形成规模、团体或阶层,而且富裕农民还与雇工一起劳动,甚至以家内劳动力劳动为主,雇佣劳动为辅,尤其政府对劳资双方的协调基本没有,这种雇佣劳动与近代意义之劳资关系尚有很长距离。不但如此,富裕农民与经营地主间的关系微妙,尤其二者之间的界限难以明确。但可以确认,经营地主规模更大,雇工数量更多,其生产更面向市场,更有可能用货币支付工资,而其也更可能选择前面提到的经济作物,也就是说其与资本主义经济关系更为接近。

明代各种短工已相对自由,到清代就连农业长工也相对自由平等,这主要体现在四个方面。[②]首先,雇主不能任意役使雇工。比如,雇工拒绝雇主与他人争夺庄稼的命令;声明只做种田生活,不做杂项等。其次,因不满意,辞工另谋高就之事很是常见。再次,反抗压迫的,对雇主打骂,反唇相讥,动手还击,甚至常因此酿成案件。最后,也是最重要的工资问题。虽然延续了明代长工的既有工食,又有工钱,但呈现此消彼长的趋势,即工食比例降低,工钱部分提高,雇工还经常

---

①　李文治、魏金玉、经君键:《明清时代的农业资本主义萌芽问题》,中国社会科学出版社1983年版,第94页。

②　许涤新、吴承明:《中国资本主义发展史》第一卷,《中国资本主义的萌芽》,人民出版社2003年版,第249页。

就工食与工资进行协商、理论。

从农业雇佣关系来看,至少在近代以前,雇主和雇员尚未形成自己的稳定组织或者说团体。至于政府,虽然律例有雇工人,以及农业雇工与雇主冲突的个案,但无论《大明律》还是《大清律例》仍然延续中华法民刑不分,诸法合体的特征,且依然以刑为主,没有也不可能就劳(雇工)资(雇主)关系专门作出系统的规定,因此就农业雇佣关系而言与近代意义的劳资关系还相去甚远。

资本主义萌芽期,最大的变化是整个社会雇工的自由度大大提高。在农业,至少在清代,尤其乾隆以后,农民佃户雇工,以及店铺小郎等,绝大多数已成为无主仆名分、同座共食的自由劳动者,但是这些自由雇工的环境未必具有资本主义性质。一般认为,从雇主的角度考察,中国农业资本主义萌芽有三种常见雇佣方式,即经营地主的雇工经营、富农的雇工经营和商人租地雇工经营,前两者依赖自由土地资源,第三者则靠租地经营。经营地主的自由雇工经营并非古已有之,清代以前,经营地主一般使用"僮仆"[1]劳动。

第四节　前近代中国"劳资"萌芽典型行业分析

一、最具近代劳资性质组织载体

近代劳资关系实际上是工业化的产物,而传统手工业与近代工业的不同在于生产方式,一般认为西方近代工业是由早期工场手工业直接演化而来的。明代苏州、杭州丝织业,广东佛山的冶铁、铁器铸造业中已出现资本主义萌芽。到清代,这种现象更为普遍,这在手工矿业尤其明显,这部分以手工业为例加以说明。

据彭泽益《中国近代手工业史资料》收集资料,清朝中期以前至少有铁器、棉染织、碾米、造纸、制糖、制瓷、制茶、木材采伐等8个行业[2]存在42处大作坊和手工工场,有的地方往往有数家,人数从几人到上千人不等(见表2-3),其中

---

[1]　汉晋以来的所谓"僮仆"乃是与主人有人身依附关系的奴子,替主人种田、经商、从事各种家务劳动,对经营地主而言更多指农奴。

[2]　彭泽益研究发现有9个行业,但笔者认为四川制盐业虽然规模较大,用工较多,但其工矿不分,其人员构成也不同于一般的手工业,故将其剔除。参见彭泽益:《中国近代手工业史资料》第一卷,中华书局1962年版,第251—310、383—385页。

不乏雇工,商业资本、高利贷资本的介入,应该也有政府作用。最为关键的是这些手工工场和大作坊规模大,有商品生产和资本主义生产性质,而这些是劳资关系存在的基础。

表 2-3　鸦片战争前清代手工业大作坊和手工工场

类别	时间	地区	场坊类别	场坊数	每家人数	雇工数量
铁器	1687	广东佛山	炒铁肆	数十家	一肆数十砧,一砧十余人	工人有数千
	1798	湖北汉口	铁行	13家		铁匠五千余人
	1807	安徽芜湖	钢坊	数十家		每日须工数百人
棉染棉织	1730 前	江苏苏州	踹布坊			各坊 7000—8000 人
	1730	江苏苏州	踹布坊	450家	每坊各数十人不等	共 19000 人
	1833	广东佛山	织布工场	2500家	20 人	共 50000 人
碾米	1807 前后	安徽芜湖	礱坊	20余家		
	1815	江苏江宁	礱坊	32家		
造纸	1784	江西铅山	造纸槽厂		每槽 4 人	
	1662—1722	广西容县	纸篷	100余家	每槽 5—6 人	工匠动以千计
	1736—1795	广西容县	纸篷	200余槽		
	1822	陕西西乡	纸厂	20余座	大厂匠作佣工百十余人,小厂 40—50	
	1822	陕西定远	纸厂	100余座		
	1822	陕西洋县	纸厂	20余座		
	1824	陕西定远	纸厂	45座		工作人数众多
	1824	陕西西乡	纸厂	38座	每厂不下数十人	
	1824	陕西安康	纸厂	63座		工匠众多
	1824	陕西砖坪	纸厂	32座	每厂不过数十人	
	1824	陕西岐山	纸厂	7座		厂主雇工均系湖广、四川人
	1824	陕西宝鸡	纸厂	3座		工作人等无多
	1824	陕西商南	纸厂	3—4座	每家匠作 3—4 人及 5—6 人不等	
	1824	陕西紫阳	纸厂	数座	每家不过 4—5 人	
制糖	1724	台湾各县	糖廍蔗车	262.5 张	每廍各 17 人	
	1763	台湾各县	糖廍蔗车	380 张		
	1834	四川内江	糖房漏棚		家辄数百人	
制瓷业	1837	江西星子	白土篷厂	49厂		各厂工作之人日聚日多
	1840 前	江西星子	白土篷厂	32厂		
	1815 前	景德镇	坯房			
	1815 前	景德镇	匣厂			
	1743	景德镇	烧窑户	200—300 座窑	每座窑需工十余人	
	道光年间	景德镇	烧窑户	270—290 座窑		
	1815 前	景德镇	炉户			

续表

类别	时间	地区	场坊类别	场坊数	每家人数	雇工数量
制茶	1833前	福建瓯宁	茶厂	1000厂	每厂大者100余人,小亦数十人	千厂则万人,兼以客贩担夫,合计又数千人
	1833前	武夷山	茶焙处		工作列肆,皆他方人	
木材采伐	1822—1824	陕西	大圆木厂	3处	匠作水陆挽运之人不下三五千人	
	1822—1824	陕西整屋	枋板厂	10余处	大者每厂数百人,小亦数十人	
	1822—1824	陕西整屋	猴材厂			
	1824	陕西凤县	柴厢	13家	每厂雇工数十人至百余人不等	
	1824	陕西砖坪	木扒	18处	每处工作人等不过十余人	
	1824	陕西宁陕	木厢			工匠甚多
	1824	陕西郿县	小柴厢	12座	每处工匠至多不过十余人	
	1824	陕西宝鸡	柴厢	14处		工作人等无多

注:此表剔除了原表中具有工矿业性质的四川制盐业。

资料来源:彭泽益:《中国近代工业史资料(1840—1949)》第一卷,中华书局1962年版,第383—385页。

表2-3的手工工场与大作坊应该说并不完全,彭泽益整理的资料尚记载:光绪年间重修的嘉善县志记载:"康熙初,枫泾(镇)多布局,局中所雇染匠砑匠,皆江宁人,往来成群,扰害闾里。民受其累,积愤不可遏,纠众敛巨资,闭里门水栅,设计愤杀,死者数百人。"[1]枫泾镇(今上海枫泾古镇)离江宁(今南京)有300公里,以康熙初交通状况,可以说这个距离是非常远的,加上当时的传统,务工者应该较少举家乔迁到如此远的务工之地,可以肯定他们是领工资的自由雇工,而且数量应该相当多,否则不会因为往来骚扰枫泾当地老百姓,而一次被杀的就有数百人,笔者估计雇工总数成千上万是完全可能的。

彭泽益所收集的资料相当部分源于县志、府志,以及刑部档案,其中县志、府志一般只选择有代表性的记载,而刑部档案一般只是涉及雇工与雇主之间的冲突,雇工骚扰周围居民,或者雇主与雇工集体对抗政府时才从侧面提及工场作坊,因此可以判断现实的大作坊与手工工场会多于表2-3的统计。事实上,彭泽益整理的清代前期涉及雇佣劳动和工资水平的包括造纸业、制糖业、土窑业、

---

[1] 彭泽益:《中国近代手工业史资料(1840—1949)》第一卷,中华书局1962年版,第256页。

烧炭业、铁工业、木材加工业、泥瓦工业、刻塑、刻字业、磨豆腐、食品业、制毡业、爆竹业、铜器业、丝织业、棉纺织业、染纺业，以及做扇、织芦席、成衣等杂工业。笔者认为，除表2-3涉及的行业外，其他行业应不乏大工场或者手工作坊。

二、政府劳资角色

(一)作为资方的官府

前近代中国政府对手工业劳资关系的作用，除了匠籍制度、雇工人制度，以及制定一些产业政策、调解纠纷等方面外，在封建体制下官府手工业一直占据重要地位，而且管理体制变迁对民间手工业生产管理尤其雇佣关系影响深远，因此下面的研究由此展开。

除了民间外，清朝封建官府经营的手工业作坊和工场涉及织造、陶瓷、制钱铸造、军器火药、造船、内务府经营的宫内御用手工业、工部制造库经营的各种作坊和手工工场等。虽然官府手工业作坊和工场并未面向市场，并不是以营利为目的，但是官府手工业和工场一般技术先进。清朝前期和中期虽然废除了匠籍制度，但还是保留了部分官府手工业，这里主要介绍工部制造库的情况。

在清朝前期对匠夫采取雇佣制度，其对民间相关产业发展的促进，尤其是劳资关系有一定示范作用，其雇佣制度对民间有示范借鉴意义。当时官府除了出资兴办官府手工业作坊和工场外，对匠役的管理主要体现在食粮、雇觅、工价和优恤四个方面，这里专门介绍雇觅。

匠役雇觅方面，虽然是雇，但由于一流工匠分散在各地，当时没有也不可能有工匠市场，自然的选择就是工部通过相关工匠出身的当地政府雇觅，而作为地方政府自然是乐于给官府手工业推荐当地最优秀的工匠，除政绩因素，博得中央统治者的欢心外，客观上会提高地方知名度，尤其当地相关产业发展。就工匠而言，能够入选工部本身是一种荣誉和肯定，是一件光宗耀祖的事。被工部雇觅后，不仅有优厚的待遇，还可以和工部其他顶级工匠交流切磋，有利于学习相对规范的管理，雇役期满后，这就会成为其资本，促进个人、家族，甚至当地相关产业发展。1644年清政府就规定："内工取用匠夫，行文到部移咨都院转行五城取用，如工程紧急，行该坊官取送。"[1]次年重建太和殿，就令顺天府所属州县各解匠役百名。

---

[1]　彭泽益：《中国近代手工业史研究(1840—1949)》第一卷，中华书局1962年版，第162页。

顺治十二年鉴于当时兴建大工程匠役缺少,工程稽迟,清政府又令顺天等八府解送匠役,及行山东山西二省督抚,示该地方各匠有愿应役者,速行解部,这也说明当时雇佣已经具有自愿性质。而康熙九年规定官员解送匠役,或名数短少,或不择良工,以老病之人塞责者,罚俸六月。这从侧面反映当时雇佣已经相对自由,而地方官员也没有采取强制性,才有人数、技术、健康等明显达不到政府要求等现象。清政府可能考虑到从其他地区雇觅工匠成本太高,次年规定紫禁城、各衙门工程用工匠,直接从五城雇觅。

乾隆帝即位当年,就规定雇觅工匠的素质要求及其日常管理。既然是官府手工业,管理自然难免有官僚化色彩,于是"内工重地,理宜肃清,管工官分饬各属,择朴实有身家者,点为夫头,取具甘结存案"。其中夫头的选择与当代经济学家张维迎的"无恒产者无恒心,无恒心者无信用"[1]的观点吻合,在当时劳动力,尤其熟练工匠短缺,且市场极不完善的情况下,选择有身家者作为夫头,能够确保责任落实,便于追责,可以说是有效约束的产权基础。"其夫役每人各给火烙腰牌一面,稽查出入"说明,这些匠役在受雇期间的人身自由较少受到封建限制,即使"内工重地"日常进入也已经相当自由,只要出示腰牌即可,而这在早期是官员才享有的权利。

前近代中国官府虽然对匠役的人身控制减少,但对匠役的品行却有较严格要求。乾隆元年就明确了"如有酗酒赌博等事,即严惩驱逐。至五城内外,如有窃匪逃入内工重地,该地方官将案内情由,及该犯姓名,移咨管工大员,即著该管夫头按名交出。若风闻兔脱及知情卖放,即将该管夫头交该地方官勒限严比,候擎获本犯,分别治罪"。[2]

与雇觅相关的是待遇,应该说还是相对较好的,主要包括食粮、工价、优恤三个方面。匠役食粮方面,清政府对各主要作坊和工场匠夫食粮实行定额制度,与清朝商品经济较发达相对应,雍正时期开始就明确粮食可以折合成白银。当然是工部对于匠役的食粮规定,享受者有严格名额限制,这种制度应是早期给予住坐匠食粮补贴以维持其家小生活需要传统的延续。[3]

---

① 张维迎:《产权、政府与信誉》,三联书店 2001 年版。

② 彭泽益:《中国近代手工业史资料(1840—1949)》第一卷,中华书局 1962 年版,第 162 页。

③ 许涤新、吴承明:《中国资本主义发展史》第一卷,《中国资本主义的萌芽》,人民出版社 2003 年版,第 121 页。

　　就食粮而言,最多的虞衡司军器火药局的两名首领,每名月米二石,其他较多的有虞衡司养马人役每人每月米九斗,养马人役还额外每月领银四钱五分,其他有米五斗的,最少的是三斗。当然,也有节慎库库丁20名,每月支银五钱不支米的情况。不过,从相关文献来看,这五钱实际上是对食粮的替代。值得注意的是,无论支米多少,均为每斗折银一钱三分。工部经营管理的各种制造业,对匠役实行严格定额制度。1723 年,工部下面的营缮司除搭材匠42 名、玻璃匠 15名,张湾木厂 8 名外,其余各种匠夫等只定额1—2 名,共97 名;负责军器火药等的虞衡司,除濯灵厂库丁 10 人外,其余定额均比较少,总数不过64 名;都水司除技术复杂,需要协作的窑役 40 名,桥夫 20 名外,其余各种匠役均在 8 名之内,有107 个定额;屯田司给予的食粮定额最多,也不过 114 人(其中节慎库库丁 20 名不支米)。1765 年,营缮司、都水司均进行较大幅度裁员,1770 年连负责军事火药的虞衡司也大幅度裁员,1785 年进一步裁减了营缮司的匠役。除了食粮方面,偶尔还有衣物,比如雍正元年,除规定食粮定额,由户部供给外,还有"虞衡司司库硝黄库濯灵厂共库丁二十四名,每名三年一次赏给羊皮袄一件"。①

　　就匠役工价而言,1659 年规定:"内工,每匠给银二钱四分,每夫给银一钱,冬月每匠给银一钱九分,每夫给银一钱;外工匠夫,比内工各减银二分。"②这里所说的工价应该是按日计的,之所以工价较低,主要是还有食粮、优恤等。冬季工价之所以低于其他季节,主要是由于当时冬季工作时间应该相对较少,甚至不开工。1665 年延续了顺治时期的思想,只不过冬月内工、外工匠夫的工价一致,工匠为一钱四分,夫为七分。③ 1666 年规定"嗣后凡有工程,工匠夫役,均照时价给发",说明当时雇佣已市场化。

　　雍正即位当年规定各项匠役,冬季之外每工(匠)给银一钱八分,比康熙四年的标准还要少,说明当时工匠工资可能普遍不高,加上其往往有优恤,应该总体收入并不低于普通工匠,考虑到工部匠役具有临时性、约束较严,享受优厚待遇也就很正常了。而食粮工匠应该类似,雍正元年有规定"各项食粮匠役,遇有

---

① 彭泽益:《中国近代手工业史资料(1840—1949)》第一卷,中华书局 1962 年版,第 161 页。

② 彭泽益:《中国近代手工业史资料(1840—1949)》第一卷,中华书局 1962 年版,第 162 页。

③ 彭泽益:《中国近代手工业史资料(1840—1949)》第一卷,中华书局 1962 年版,第 162—163 页。

工程,每日支银七分"。① 食粮匠役,每月食粮折银一般一两左右,至少有四五钱,多者有二两,这与当时普通工匠的基本收入已相当,有工程时再支银,则其收入更高。雍正三年又将食粮匠役有工程时每日支银下调为六分,这应该更接近市场工价。

乾隆继位后,马上对工价进行调整,统一长短工价格:"各匠工价,旧例长工每日给钱百八十文,短工给钱百四十文,今核定无论长短工给钱百五十四文。搭材匠,长工每日给钱百七文,短工给钱百四十文,今无论长短工给钱百四十文。夯锅夫,旧例日给钱百三十文,今核定给钱百文。壮夫,长工日给钱八十文,短工日给钱六十文,今无论长短工给钱七十五文。食粮匠,照旧日给钱六十文。"②其突出特征是,食粮匠工价维持六十文,夯锅夫的降低三十文外,统一其他短工和长工工价,统一后的工价除搭材匠保持与原来短工工资水平一致外,一般低于原来长工价格,但高于原来短工价格,整体保持相对稳定。

匠役优恤方面,在顺治和康熙两朝相关规定较多,1651 年规定:"发往盛京杂役,每名月给家口银三两,由部给发,每口日给米一升,行户部支给。凡外藩取用匠役,亦照此例。"应该说即使不算工资,这些优恤,已够当时普通家庭日常开销,消除了应征匠役的后顾之忧。1655 年又规定"随从行幸修理木城匠役每名日给口粮银一钱,各给暖帽一顶,皮袄棉裤各一件,靴一双,制造库给发。今改用黄布城,匠役每名日给钱百五十四文"③。次年,除规定给工匠冬衣外,还规定,工程完工后,外地工匠,让其回原籍,并根据其路途远近,估算其返回时间给饭钱,考虑到工匠到官府手工业路途由地方官员等负责,政府实际提供了来回路费。

1661 年明确规定,建造大工中跌压致死者,给 2 两棺木银,移灵柩银 8 两,家近者酌量减给,这些抚恤金直接给其家属,并免所在家庭杂差一年。外省工匠工作期间患病者,每日给七分饭钱,因病回家者,根据路途远近,返程途中每天给银七分。④ 1668 年还规定对到国外死亡,或者留用不回的,每名给银五十两。⑤

---

① 彭泽益:《中国近代手工业史资料(1840—1949)》第一卷,中华书局 1962 年版,第 163 页。
② 彭泽益:《中国近代手工业史资料(1840—1949)》第一卷,中华书局 1962 年版,第 163 页。
③ 彭泽益:《中国近代手工业史资料(1840—1949)》第一卷,中华书局 1962 年版,第 163 页。
④ 彭泽益:《中国近代手工业史资料(1840—1949)》第一卷,中华书局 1962 年版,第 163—164 页。
⑤ 彭泽益:《中国近代手工业史资料(1840—1949)》第一卷,中华书局 1962 年版,第 164 页。

（二）雇佣政策

前近代中国政府的雇主与雇工管理，除前文提到的"雇工人"制度，匠籍制度等外，尚无专门法规，而是针对具体事件，中央或者地方政府做出相应规定，偶尔有全国性的规定也只是约束手工（矿）业发展，这客观上说明当时雇佣劳动很不发达。

传统社会士农工商等级分明，即使到资本主义萌芽的清朝前期，这种情况仍然根深蒂固。1727 年雍正还谕内阁："朕观四民之业，士之外，农为最贵。凡士工商贾，皆赖食于农，故农为天下之本务，而工贾皆其末也。今若欲于器用服玩之物，争尚华巧，必将多用工匠。市肆之中，多一工作之人，即田亩之中少一耕稼之人；且渔民见工匠之利，多于力田，必群趋而为工；群趋为之，则物之制造者必多，物多，则售卖不易，必至壅滞而价贱。是逐末之人多，不但有害于农，而并有害于工也。小民舍轻利而逐重利，故逐末易而务本难。苟遽然绳之以法，必非其情之所愿，而势所难行，惟在平日留心劝导，使民知本业之为贵，崇尚朴实，不为华巧，如此日积月累，遂成风俗，虽不必使为工者尽归于农，然可免为农者相率而趋于工矣。"①这说明当时已经有了发展手工业的需求，一些工匠也愿意发展手工业，而且手工业比较效益高于农业，但遗憾的是政府认为手工业会吸引农民"舍本逐末"，影响农业发展。不过，雍正也意识到这种趋势势不可挡，强调平日留心劝导，而不是强制，但地方官员是否有强制就不得而知了。从今天的视野来看，清政府忽视了农业生产效率可以通过技术改良实现，而过多依赖于人力，当然手工业发展带来的社会流动可能更是清政府考虑的因素。

手工业主与手工业工人关系的相关文献并不多。彭泽益整理的资料中只有苏州踹坊一例，即雍正时期（1731 年）节制苏州的浙江总督李卫认为苏州踹坊多达四百多处，踹匠有万余人，这些踹匠多系单身乌合之众，应该加强防范，应参照保甲之法，设立甲长，与原设坊总，互相稽查，得到朝廷批准。② 此外，雍正时期还对雇佣"口内"之人往"口外"砍木烧炭者等，工部、户部照例给票出口，客观上促进了"闯关东"。

与此相对，有关矿业的资料有 8 件之多。这可能和传统矿业事故多发，伤亡

① 彭泽益：《中国近代手工业史资料（1840—1949）》第一卷，中华书局 1962 年版，第 419 页。

② 彭泽益：《中国近代手工业史资料（1840—1949）》第一卷，中华书局 1962 年版，第 421 页。

时有发生有关,而最关键的是矿业一般在穷乡僻壤的山区,是传统乡治、政府管理的边缘地带,流民成群,社会治安混乱,容易引发社会动乱,而且清代相当部分矿业还是由政府招商承办,因此地方政府相应地更多向中央政府奏报较多,中央政府也对其关注较多,故而保存下来的资料较丰富。其中第一件是1727年所定各省开采铜矿的管理权、税收、市场。开采一般由地主,地主无力的情况下,由州县"报明采取",本县没有匠役,则到邻近州县雇募,由州县自行稽查。此外,为了维护矿产所在地的地方利益,对"别州县民入伙众越境采取"的"为首者"和"为从者"分别采取不同惩戒措施。在1740年又稍有修改,而1740年户部对山东济南等府开挖煤窑等的议复,更明确规定地主或领帖办税者为窑户(雇主),雇佣人夫明确规定必须使用本地人,以免生事。

1742年,有关北京宛平西山门头沟的论述更为详细。由县设立印簿,发给窑户,由窑户将雇工人等的姓名籍贯,来去缘由报官,并由官方稽查,违者治罪。若"工人"有违法乱纪之事,窑户知情不报,被发现后窑户也要承担刑事责任。窑户开设"连夏锅伙",诓诱贫民,逼勒入窑,限制人身自由者也要受到相应惩罚,其他窑户亦不能知情不报。各窑锅伙内,抛弃工作患病者,病故不报官、殴打致死者均会承担刑事责任。

1757年四川盐场的相关规定,同样是如何管理雇工,规定矿主、厂商协助政府管理雇工,其核心不是为雇主服务,也不是为了提高盐场生产效率,而是出于人口管理、社会管理的需要。此前1754年吏部尚书对四川矿业的意见则直接是"查开采矿厂,匠夫甚多,若不立法稽查,必致漫无约束……凡各商民下伙计房硐头矿夫人等,俱令本商取具连环互结,造报厂官。如有更换添退,随时禀明。其夫匠中每十名择一老成勤慎者,立为头目,分隶甚众,各给腰牌为验。凡钱债口角,听头目调处。不率者,告知硐头本商,轻则遣去,重则鸣官。惟贼赌私铸私宰假银行凶者,责令本商禀究。如狥隐不报,厂官查出并坐;更于厂中选其干练者一二名,立为商总,稽查各商一切私铅漏课等弊,狥隐不首,一并究革。其夫匠住居之处,一商各占一区,不许彼此掺杂,以便各自稽查。至近厂铺店,饬令地方官严行保甲,互相盘诘,并于出入要隘,设卡巡防,庶奸匪不致潜藏,而私煎透漏之弊,亦可杜绝"。[①] 直隶永宁铅矿的情况与此类似,只是永宁铅矿特别强调"应

---

① 彭泽益:《中国近代手工业史资料(1840—1949)》第一卷,中华书局1962年版,第421页。

请另委试用佐杂一员"长期驻扎在厂所,就近处理丁匠滋事。

从上面的分析可以看出,虽然政府对矿业雇工和商人管理的相关文献较多,其初衷似乎不是出于维护劳资关系,而是出于社会管理的需要。这客观上说明,即使是矿业社会化雇佣也并不普遍,生产场所的雇佣关系更多还是民间私人的事。

清政府有时还规范产品市场,这客观上有利于手工业,促进雇佣关系发展。据《光绪大清会典事例》记载清前期有"凡民间造器用之物,不牢固真实,及绢布之属,纰薄短狭而卖者,谨按各笞五十下,其物入官"①的规定。

(三)工商政策的"雇佣元素"

除前两部分涉及举措一定程度上促进、规范手工业雇佣劳动外,清政府还主动倡导民间手工业,直接促进民间雇佣劳动的发展。不过,前近代中国封建政府的手工业原料和制造的统制、征役征物、压价采办采买、关卡税收等间接阻碍了雇佣劳动发展。

政府对手工业的倡导以关系民生的纺织业最为普遍,这可能还与该行业与传统社会的本——农耕密切相关有关系。仅彭泽益整理的资料就包括江苏、安徽、福建、云南、河南、贵州、四川、甘肃等省政府有明确倡导发展纺织业的资料。即使在相对偏远的甘肃也有:"甘肃巡抚黄廷桂奏,甘省苦寒,土不宜桑,种棉纺织,概置不讲,布帛之价,贵于别省。饬行各道府,督率有司,购买棉子,择地试种,并量给花絮,制造纺车,请女师教习妇女。其实在不能种棉地方,或雇觅工匠,教民织毛。得旨。劝课农桑,为政之本,然须以久远之心行之。所谓农事无近功,而有久长之效也。"②政府的大力倡导,不但促进农民家庭副业形式的棉纺织业小商品生产,而且还促进棉业生产工具和整染业的专业化生产,尤为关键的是促进与雇佣劳动关系密切的(手工)商业资本,甚至外贸发展。③

政府统制和干扰行业更多集中于对政府统治、消费有重要影响的行业,比如铜器业、铁器业、硝磺业、银矿业、制瓷白土业、烧砖灰业、木材采伐、茶叶栽培和

---

① 彭泽益:《中国近代手工业史资料(1840—1949)》第一卷,中华书局1962年版,第419页。
② 彭泽益:《中国近代手工业史资料(1840—1949)》第一卷,中华书局1962年版,第228页。
③ 彭泽益:《中国近代手工业史资料(1840—1949)》第一卷,中华书局1962年版,第228—247页。

制造业,其他一些行业也在特定情况下被一些地方政府统制和干扰。① 令人诧异的是,彭泽益所收集资料中竟然没有涉及关系民生,也给政府带来大量财政收入的制盐业。事实上,对制盐业的统制和干扰一直是自然经济时代政府干预的重点。②

征役征物会直接影响民间的生产,顺治之初就废除匠籍制度,班匠银制度也逐渐废除,但现实中还屡有征用。中央政府有时修建宫殿等,还需地方官雇募,而更多的是中央政府不得不频频出台各种禁令,但地方仍然屡禁不止。比如,《皇朝文献通考》有:"[顺治]十七年禁有司私派里甲之弊。凡有司各官,私派里甲,承奉上司,一切如日用薪米,修造衙署,供应家具礼物,及募夫马民壮,每年婪饱之弊,通饬抚案俱行严谨。康熙八年科道官言各处土产,有文武官员行票差役,令州县买送,州县按里派取等弊,请行严禁。部臣又言,州县加派里民,近经禁革,乃以日用供应,取办牙行铺家,并强索贱市,应勒石永禁,皆从之。至三十九年,复申陋规杂派之禁。如遇大差大役,有因公济私,以一派十者,又有每年每节派送大小礼仪者,郡守之交际又有派之各属者,有府州县衙所官出门,派中火路费以及跟役之食用者,有上司差使往来派送规例下程者,起运饷银派解费者,嗣后革除陋习,不得仍蹈前辙。又部议湖广等处,征收钱粮,有公然科派,入阆邑通里,其摊同出者,名曰软抬,如各里各甲轮流独当者,名曰硬驼,豪劣奸棍,包揽分肥,应勒石永禁,从之。"③由此可见,1660 年到 1700 年间,地方官员以各种名目征役、征物,并时常假公济私,这对民间手工业生产影响明显,自然也会制约雇佣劳动的发展,但直到雍正、乾隆年间有关工匠的累民、工匠之弊仍然不少、屡禁不绝。比如,1724 年"又禁止直省大小衙门各项科派,累民之弊"④,而其中所累之民主要是手工业工匠。乾隆皇帝更是连续下令,继任的 1736 年规定"严禁江浙地方当官役使工匠之累",1739 年又"严谨各省工作扣克侵蚀之弊"。⑤ 这些

---

① 彭泽益:《中国近代手工业史资料(1840—1949)》第一卷,中华书局 1962 年版,第 422—433 页。

② 郭正忠:《中国盐业史·古代编》,人民出版社 1997 年版。

③ 彭泽益:《中国近代手工业史资料(1840—1949)》第一卷,中华书局 1962 年版,第 433—434 页。

④ 彭泽益:《中国近代手工业史资料(1840—1949)》第一卷,中华书局 1962 年版,第 434 页。

⑤ 彭泽益:《中国近代手工业史资料(1840—1949)》第一卷,中华书局 1962 年版,第 434—435 页。

规定中不但有规范工匠管理的措施,还有对官员严厉的制裁措施,但仍然屡禁不止。

地方征役,有时对工匠来说几近惨烈。比如"粤东向年用兵,百姓死于盗贼者十之一二,死于征调者十之五六,其害莫惨于取夫。盖名则取夫,其实取工匠,取器物,以及发养牛马之类,无不在取夫之内者。取夫旧例,五十家出一名,则有挪移增减之弊。有不及五十家而出一名者,有不止五十家而出一名者,县官每十名多取一二名,其甚者多取三四名。夫房则以一而派十,保甲奉行箕敛,又加取一倍二倍不等,每月每名需用银二三十两。甚而有用数十名,甚而有用百数十名,百姓至卖儿女以雇夫折夫。即此一事,官取之,夫房取之,保长取之,譬如病夫,更遭颠扑,几何而不立毙也"①。这种征役的横征暴敛,层层加码,导致工匠等民不聊生,雇佣关系自然难以发展,而且这一现象在全国各地广泛存在,除广东外,有文献记载的江苏、浙江、广西、湖南、陕西均不同程度存在。这大大影响了前近代中国的手工业发展,从而制约了雇佣劳动。

征物涉及行业众多,仅彭泽益整理资料就包括丝织、宫灯、象牙器、铜器、瓷窑、制茶、抄纸、铁器、牛油烛、榨油、炮花、碾米等。② 征物越往前追溯越普遍,时间越往后移则越少,而且政府也逐渐注意到采用更为合理的方式避免影响民间生产。以丝织业为例,顺治初年在山西长治、高平两县,征三千匹潞绸,经过顺治八年、顺治十五年、康熙六年、康熙十四年、康熙十七年的多次调整,到康熙十四年,两个县只需交大潞绸 100 匹,小潞绸 200 匹,康熙十七年则准许以银代物。当然,政府采买对生产的影响还是比较明显的,姚学甲等主编《乾隆潞安府志》记载:"从来上供之物,必因地土所产,奈潞安山瘠,不宜载桑,民鲁不知养蚕,止缘故明藩封所在,稍有织纤之工,遂年年载为上供之用。今藩封已废,旧时之机户,大半逃亡,仅存在十数家,零丁雕廖,欲逃不能,欲存不可,每岁织造之令一至,比户惊慌。本地无丝可买……雇工募匠,其难其慎……上司深恐浮冒,驳查驳减不休,穷民割髓支吾,引领望允,南北奔驰,经年累月,饥弗得食,劳弗得息,地不能种,口不能糊,咸为此也。……加以差使勒索,烦费靡穷,至于竭民力而不止……伏恳宪台,推念委非土产,又且人亡,

---

①　彭泽益:《中国近代手工业史资料(1840—1949)》第一卷,中华书局 1962 年版,第 436 页。

②　彭泽益:《中国近代手工业史资料(1840—1949)》第一卷,中华书局 1962 年版,第 439—446 页。

省此无益之机杼,以存垂尽之皮骨,其培国本而奠民生者,非浅鲜也。"①不过,征物客观上也能促进手工业发展,比如"贡品"名号有利于提高地方土产知名度,增加其市场需求。

与征物征役类似,政府的压价采买直接挤占手工业生产者的利润,这在各级政府,以及地方基层统治者层层盘剥的情况下尤其普遍。从压价采买的产品来看,也主要集中在与政府维持封建统治,以及政府自身消费有关的产品,一些矿业和手工消费品是常见的政府压价采购对象,其对相关行业、地区雇佣劳动发展显然有制约作用。

如果说以上的征役、征物,以及压价采买只是针对个别产品、行业、地区的话,源自政府的各项关卡税收对手工业雇佣的影响则具有普遍性。雍正曾感慨:"朕闻各省地方,于关税杂税外,更有落地税之名。凡耙锄箕帚薪炭鱼虾蔬果之属,其值无几,必查明上税,方许交易;且贩自东市既已纳课,货于西市,又复重征。至于乡村僻远之地,有司耳目所不及,或差胥征收,或令牙行总缴。其交官者甚微,不过饱奸民猾吏之私橐,而细民已重受其扰矣。著通行内外各省,凡市集落地税,其在府州县城内,人烟凑集,贸易众多,且官员易于稽查者,照旧征收,但不许额外苛索,亦不许重复征收。若在乡镇村落,则全行禁革,不许贪官污吏,假借名色,巧取一文,著该督抚将如何裁革禁约之处,详造细册,报部查核。倘奉旨之后,仍有不实心奉行,贿藏蔽窦者,朕必将有司从重治罪,该督抚并加严遣。此旨可令各省刊刻颁布,务令远乡僻壤之民共知之。"②可见政府税收之外,地方官市场管理者层层盘剥、横征暴敛,这必然会影响雇佣劳动发展。随着时间推移,这种状况并未有明显改观,1824年山西巡抚丘棠的奏折中尚有:"近闻各关奸丁蠹吏,勒征卖放,及以正作罚,上下分肥,加之奸商偷漏绕越,粮船包揽夹带,百弊丛生,亏短日深,转借口年岁歉薄,商货短少。试思商民贸通有无,往来络绎,断不致逐年大相径庭,总由经征各员任听丁胥人等,例外横征,通同舞弊,以致商人裹足不前。"③

---

① 彭泽益:《中国近代手工业史资料(1840—1949)》第一卷,中华书局1962年版,第441—442页。

② 彭泽益:《中国近代手工业史资料(1840—1949)》第一卷,中华书局1962年版,第452页。

③ 彭泽益:《中国近代手工业史资料(1840—1949)》第一卷,中华书局1962年版,第452页。

三、民营手工业的雇佣关系

(一)雇佣劳动概况

据彭泽益整理的资料显示,清朝前期的雇佣劳动及其工资问题并不乏见。[①]
其中,分布于福建、江西、浙江、陕西的造纸业4件档案有3件是按月给工资,仅
江西1件是按日付工资,从有限的资料来看[②],雇主与雇工间处于平等状态,属
于自由雇佣关系,同坐共食,还常有契约。4件档案均涉及具体工资,从第二件
雇工在同食时,因不满工资而直接拒绝受雇,凸显出当时雇佣劳动在当地已经相
当普遍,以及雇主与雇工间的平等。在第一件中虽然工资是按月议定,但却议有
年限,立有文卷,第二件工资事前商定,这都说明当时的雇佣劳动与工资趋于规
范化。

广东制糖业的刑部档案,也事先言明工价,但没有文书,可能与这个行业与
农业紧密联系有关。土窑业的6件刑部档案有3件按月议定工资,1件按日议
定工资外,还有2件是计件。[③] 这说明雇佣方式多样化,形式趋于灵活。

烧炭业有10家,按月支付工价的有5家,有2件以年计价,3件是按烧炭数
量计价。按年支付工价的云南有1件,原来是短工,后来雇工愿做长工,雇主同
意,但不知雇主是否有其他雇工。[④] 从雇主先期付银2两来看,雇主与雇工间是
相当平等。第8件档案原雇工还转雇4人相帮工作,工价也是转付,这说明雇主
对雇工的信任,也说明雇主与雇工间平等。此外,这10件档案均没有明确签订
雇佣契约,这可能与烧炭业多发生在山区有关系。

城乡均有分布的铁工业18件档案,除安徽亳州孟正雇贾志刚等三人似乎当
天完活,故而当日给付工钱外,是按年或者月(直隶容城萧汉文雇萧黑子打铁是
以四个月为一结算周期)支付。[⑤] 这客观上反映出铁工业商品化程度高,手工生

---

① 彭泽益整理的资料基本来源于刑部档案,这一部分所引资料如未作特别说明,均是刑部
档案。

② 彭泽益:《中国近代手工业史资料(1840—1949)》第一卷,中华书局1962年版,第397页。

③ 彭泽益:《中国近代手工业史资料(1840—1949)》第一卷,中华书局1962年版,第397—
398页。

④ 彭泽益:《中国近代手工业史资料(1840—1949)》第一卷,中华书局1962年版,第398—
399页。

⑤ 彭泽益:《中国近代手工业史资料(1840—1949)》第一卷,中华书局1962年版,第402—
403页。

产能够得以成年累月地延续,雇佣常态化,没有按日结算的必要。事实上,其中唯一的例外,安徽亳州孟正雇贾志刚等三人打造农器,当日结算应该与农器的季节性不无关系。

涉及雇佣劳动和工资最多的行业是泥瓦木业,共涉及 32 件。[①] 这可能与泥瓦木业与人们日常生活的"住"联系紧密,需要一定技术和用工规模有关。由于泥瓦木业在各地有不同习惯,无论工资还是雇佣方式都体现出多元化特点。既有盖房、修理、拆卸房屋,也有垛墙、做磨、迁坟、箍桶、门扇木柜、修船、寿材等,还有 5 家木匠铺(木作店)雇佣的。从工价计算方式来看主要根据做活,木匠铺有三家按月支付工资,有一家按日,一家按每"锯"八十文支付工资,这客观上与泥瓦木工的多样化相适应。

无论东方还是西方,在前近代,乃至近代工业化初期纺织业都是生产力发展水平的重要代表,理应成为劳资关系关注的重点。而据表 2-3 前近代中国具有大作坊和手工作坊的在纺织业仅 3 家,因此这里有必要较详细地研究一下前近代中国纺织业的雇佣劳动。彭泽益整理的资料中前近代中国有 3 家丝织业,12家棉纺织业,以及 3 家与纺织业相关的染坊雇工与工资情况。

丝织业的第一件并不是刑部档案,而是 1955 年柴德赓等整理的苏州玄妙观发掘的 1734 年永禁工匠叫歇碑,上有"苏城机户,类多雇人工织,机户出□[?]资经营,机匠计工受值,原属相需,各无异议。……各匠常例酒资,纱机每只常例给发机匠酒资一钱,二月朔日给付四分,三月朔日给付三分,清明给付三分,三次分给,共足一钱之数。缎机每只常例亦给付机匠酒一钱,六月朔日给付四分,七月朔日给付三分,中秋给三分,共足一钱之数。至于工价,按件而计,视货物之高下,人工之巧拙,以为增减,铺匠相安"[②]。该碑由资本家所立,碑后署名的就有 61 个资本家,雇工除工价之外,还有酒资一钱,酒钱支付时间也约定俗成,说明雇佣劳动在当地已普遍化。该碑是在政府支持下,禁止工匠结帮行(建立组织)、叫歇(停工)、勒加银两,说明雇佣劳动已相当普遍,主雇均有自发组织起来的需求,政府也顺势而为。但在其他丝织业、棉纺织业涉及雇工的尚未发现有明

---

① 彭泽益:《中国近代手工业史资料(1840—1949)》第一卷,中华书局 1962 年版,第 404—407 页。

② 柴德赓:《记永禁机匠叫歇碑发现经过》,《文物参考资料》1956 年第 7 期;彭泽益:《中国近代手工业史资料(1840—1949)》第一卷,中华书局 1962 年版,第 410—411 页。

确雇工多人的情况,染坊业也类似,只是暗含有的染坊可能雇佣多人。这些客观上说明前近代中国纺织业并不发达,这也说明前近代中国劳资关系并不具有普遍性,缺乏产业支撑。

(二)劳动条件

虽然前近代中国雇佣关系还比较有限,但已能部分反映当时劳动情况。彭泽益认为早期手工业者劳动时间长,但笔者仔细查看其 7 件资料①,前 5 件主要涉及金属冶炼、铸造、锡箔、制糖,其共同特征是需要热量的持续供应,决定了生产的连续性。彭泽益据这些劳动者晚上也得劳动总结出其劳动时间长,可能有些牵强,因为可以实行轮班制,但人肯定需要休养,而且所列举前 5 件,并没有具体工作时间。同样,第七件中的烧盐之工,岁不停日,其实也是因为持续利用热量,而不能停歇,而井盐业的其他工人则是除日、岁日停工,景德镇制瓷业的乳料工,虽有"夜至二鼓者,工值倍之",而且主要是老幼残疾。因此,笔者估计其他相对不需要连续性生产,或者季节性生产、季节性需求不明显的手工业雇工工作时间未必有那么长,因为毕竟是农耕社会,当时照明条件有限,日出而作,日落而息应是常态。工作时间应该相对比当代长,节假日应有限,但应该也和当时的生产力发展水平一致。此外,虽然从直接证据来看前近代中国锡箔业并没有手工业工场和大作坊,但从 19 世纪七八十年代杭州、南昌等地大量存在锡箔业工场的事实②可以推断:前近代中国的锡箔业应该存在一些大作坊和手工工场。

至于劳动条件,比之于现代自然是比较恶劣的,但包括彭泽益等学者在内似乎在阶级意识主导下,主观上有将早期手工业者劳动条件进一步"恶化"之嫌。彭泽益整理的刑部档案没有工作时间以及劳动条件的专门记载,相关资料多见于县志、前人著述。而且其整理的资料只有第一件是讲述劳动条件恶劣的,其记载的是景德镇制瓷业坯房"蚁蛭蜂窠巷曲斜"③,并未涉及伤亡。其余均是有关矿业的,传统矿业历来工作环境恶劣,事故多发却也并不足为奇,但清代"矿厂法,死者主人不问"就显得麻木不仁了。至于生活状况,从彭泽益整理的资料来看也是非常差的,但所举事例不过 5 件,其中景德镇两件中的一件是《光绪江西

---

① 彭泽益:《中国近代手工业史资料(1840—1949)》第一卷,中华书局 1962 年版,第 414 页。
② 刘耀:《十九世纪七八十年代南昌杭州两个城市锡箔业中的资本主义关系》,《史学集刊》1957 年第 1 期。
③ 彭泽益:《中国近代手工业史资料(1840—1949)》第一卷,中华书局 1962 年版,第 415 页。

志》对雍正年间的具有社会救济性质的广济堂①的介绍,既然核心是突出广济堂设立的必要性,社会贡献,自然会强调当地包括手工业者在内的救济对象生活的困苦。四川自流井事例仅涉及工作条件可能最恶劣的推井之人,有"老死不去者",这种工作有自愿性质,背后可能有高收入。山东安丘铅矿业穷民"入洞锤凿,形如鬼魅,所得工食,仅养一身,父母妻孥,仍然冻饿",条件确实艰苦,但希冀一个普通矿工能解决父母、妻孥的生活本身并不现实。沈嘉征《窑民行》描述的景德镇瓷业情况可能更具一般性,即当时手工业工人一般仅能糊口,对于身处异乡的手工业者而言身边往往没有亲人,病老往往无所依靠。最后一件是1839年广州织栏杆业的却未涉及生活状况的,而是鬼子栏杆作坊因工人难觅,拐骗幼童逼勒做工先后查清涉及幼孩"将及百人"。②

四、手工业组织与政府关系

(一)手工业组织

这里所谓手工业者是指手工业品生产者和生产组织者、投资者,前近代中国手工业者只是微弱组织化,偶尔有组织也是雇工与雇主两位一体,其中还有自营工匠、个体手工业者,对个体生产者和雇主而言入的是行会,被雇佣的工匠则往往是行帮。手工业行会最为基础的制度包括准入条件即开业条件和外来工匠的入帮,制定规章制度,建立自身固定活动场所——会馆,选举"执年首士"管理会务。

1.入会条件

加入行会条件,对自营生产者和雇主而言作坊开业即加入行会,开业的条件是要向行会缴纳一定数额的钱,彭泽益所整理的长沙京刀业、戥衬铺业、戥秤业、靴帽业、明瓦业、角盒花簪业、木业、裱糊业,以及安化染坊业无一例外(见表2-4)。令人诧异的是,彭泽益有关入会条件只是选取了当时手工业并不太发达的湖南长沙和安化的资料,对中国当时手工业比较发达广东、浙江、江苏等地的资料却未作专门整理。不过,考虑到手工业并不发达的地区尚且有较为统一的入会规定,可以推断其他手工业相对发达地区应该更为规范,入会者更得缴纳一

---

① 彭泽益:《中国近代手工业史资料(1840—1949)》第一卷,中华书局1962年版,第417页。
② 彭泽益:《中国近代手工业史资料(1840—1949)》第一卷,中华书局1962年版,第417页。

定数额的费用。

表2-4　前近代行会手工业开业入会条件

行　业	时　间	加入行会交费条件
京刀业	乾隆三十一年	外来客师,未曾帮作者,新奇炉灶作,出银六两;新开店面八两。
衬铺业	乾隆五十二年	外行新开店铺,外方来开铺面或与本城铺家、本城客师合伙开店,均出钱二串四百文;在城客师新开铺面,出钱二串。
戥秤业	乾隆五十八年	与外地同行在长沙合伙开店,罚银五两,戏一台,罚后仍禁止开店;新开店,入会银二十两,戏一台,备席请同行。
靴帽业	道光年间	新开琢坊铺户,会银二两;更改牌名会银一两;另挂子牌搭卖靴鞋者,银二两;各州府县在本省开设,标准一致。
明瓦业	道光十一年	新开铺店,出钱四串。
角盒花簪业	道光十二年	外来开店者出钱十六千文。
木业	道光三十年	本城新开木店,出入会钱六百四十文。内行不与外行合伙。
裱糊业	道光三十年	内行新开店并作坊,出牌费钱二串;外帮新开店并作坊出十六串;外行与内行合伙出银十六串;歇业后复开者,内行顶老店均出钱一串。内行与外行不能隐瞒合伙。
染坊业	不详	安化新开染坊,须交八百文。

资料来源:彭泽益:《中国近代手工业史资料(1840—1949)》第一卷,中华书局1962年版,第179—181页。

在长沙,外来工匠加入行帮往往要缴纳一定数量的钱。彭泽益整理的湖南长沙的京刀业、衬铺业、戥秤业、制香业、靴帽业、明瓦业、角盒花簪业、木业,以及湖南益阳的制烟业也是如此。[1] 行会常议定一些条规,湖南武冈的铜器业、长沙的明瓦业、磨坊业、糖坊业、京师木瓦业、苏州金箔业等均有制定共同遵守条规的记载。

前近代中国行帮组织的发达,主要体现在有资料记载的行会活动场所,仅彭泽益早年整理的就有33家之多,这些资料都是典型的手工业行会会馆,而保存资料更多的前近代中国商人公所与会馆,其雇主组织特征更明显。

2. 雇佣双方关系规范

日常与雇佣双方关系最为密切的是店东与帮工、客师的规范,规定统一工资水平、学徒制度。就店东与帮工、客师的规范而言,对雇主和帮工都有约束,受雇

---

[1]　彭泽益:《中国近代手工业史资料(1840—1949)》第一卷,中华书局1962年版,第181—182页。

对象要求正直诚信,其他的规范都是保护雇主、雇工双方利益,尤其是市场秩序。

就店东与帮工、客师关系而言,长沙的制香业规定,只准在师祖殿议罚,客师若生病,老板不得扣减伙食。靴帽业则春夏淡季不得无故辞退长年客师,客师在秋冬旺季也不得无故辞职。有口角争论时,请值年人判断是非,客师不得借故停工,帮他店,店主也不能借此辞退客师,否则罚银2两。包冬客师也不例外。铺户私下请客师,查出则罚店主4两银子。靴帽业客师带徒弟被查出欺新肥己者,铺户作坊,不得复请复带,否则罚银2两。衬铺业也规定客师徒弟,贪图小利就会被开除出店。长沙的角盒花簪业要求铺户请客师必须上清下接,不得蒙混乱请,铺主与客师私下关系较好,私下雇请,则会传众公议,罚钱一千二百文。长沙的京刀业,无论谁辞,务必账目清楚,才能另做他事,违者罚戏一台。①

长沙制香业的规定则更为详细,其主要内容包括七个方面。一是,客师支扯店内什物等逃走的,永不准在省(城)入帮,私自屯留者则报值年首士;二是,冬月年近毋得开发客师,至客师倘有荒误工夫,亦不得辞东另帮别铺,违者报值年决定公同处罚;三是客师帮店,不能代教手艺,违规者罚戏一台;四是,客师帮店,不得跌价帮做箍子香,违者则被驱逐;五是冬月年近的旺季,不得应急而粗制滥造,也不得在冬腊月晚上加工;六是,不得与外行包做其他类型的香;七是,外行和雇工不许帮做寿字盘香,违者不但罚戏,还不准在城厢内外开设提香店。②

就工资水平而言,基本是统一的,这显然没有考虑雇工、客师等生产效率的差异,偶尔也有在基本工资水平上的计件,还规定了固定休息时间,但考虑到工作的差异。比如嘉庆年间(1796—1820)长沙制香业规定:"客师每月俸钱一串八百文,每日烟酒钱十文。"就粗香店则"每日客俸钱七十文,每箍出进钱十三文,五八腊歇工五天外,每月歇工三天。正月初九日起手,外歇工一天,其余少歇一天,照余数扣算。规矩各照老例,如有新开料香店,各照旧例"③。角盒花簪业则是外包给客师,除了按加工数量给工价外,每天还给一点工资(类似于基础工资)和粮食,即"治骨折每日米一升,钱四文,归铺照时价扣算。若有阴奉阳违滥做,低价包外,外加伙食,希图长留者,即做犯规,永不得入行,内有知情隐匿,扶

---

① 可能当时文化生活非常有限,无论加入行帮,还是共同遵守章程方面,当时违反多有罚戏的情况。

② 彭泽益:《中国近代手工业史资料(1840—1949)》第一卷,中华书局1962年版,第189页。

③ 彭泽益:《中国近代手工业史资料(1840—1949)》第一卷,中华书局1962年版,第189页。

同不报者,查出罚钱八百文充公"。① 长沙裱糊业却证明有白工与夜工之分,工价也不一样,虽然是1850年资料,但可能是传统。②

学徒制度既是传统手工业培养后继技术人才的重要途径,也是雇佣关系的一种补充,相关规定也比较严格。这在限制学徒数量方面表现为,学徒期较长,一般在一年以上,出一进一,不得提前出师,由于学徒有限,因此相对隆重,要么给行会交钱,要么办酒席。另外,对学徒的地域也有限制,一般限制外省人做学徒。当然在行会之外,也有私传者。

3. 规范雇主间关系

其实,入会、工资制度和学徒制度等都直接或间接对雇主有规范作用,也涉及雇主间的规范,这里主要讨论雇主经营层面的内容。③ 这些规范主要是维持市场稳定秩序,限制竞争的同时也限制行业业务发展,客观上保持了传统手工业雇佣劳动的稳定,但也限制了雇佣劳动的进一步发展。其主要内容包括规定手工业的原料分配,统一产品规格和质量、手工业商品价格,限制、规范手工业铺坊开设地点和数目。除限制行会内竞争外,还一致对外,以免外部竞争者加入,故竭力禁止外来手工业商品的输入和贩卖。这些规定客观上有利于增强地方手工行业的凝聚力,此外,尚有迎神、祭祀、公益救济等集体活动增强凝聚力。

(二)承担义务与维权斗争

1. 承担政府义务

除遵守政府制定的手工商业政策外,行会对政府的主要职责是承应官府保证征役征物命令的执行。同样以彭泽益整理的湖南资料为例,湘潭木业行会直接将本地工匠与外来工匠分成两厂,以便应付官差。1766年长沙京刀业规定对于各种官差,"奉宪者办之,人务宜踊跃,领价分派承办,毋得违误"。在泥行还有地区间行会合作承应官差的情况:"一办差头人,长[沙]善[化]合议,公则妥人承领,倘各衙署辖门内及四路驿站差遣,毋论官价民价,均归听差人,长[沙]

---

① 彭泽益:《中国近代手工业史资料(1840—1949)》第一卷,中华书局1962年版,第189—190页。

② 彭泽益:《中国近代手工业史资料(1840—1949)》第一卷,中华书局1962年版,第189—190页。

③ 相关资料参见彭泽益:《中国近代手工业史资料(1840—1949)》第一卷,中华书局1962年版,第192—197页。

归长[沙]办,善[化]归善[化]办,倘有不遵规钻办者,公同禀究。皇殿文庙各利古庙等处,均归长善听差人合办,贡院文武科场,均归长善人公办,倘有钻办,公同禀究。"从泥行条规可看出,承担官差已经相对自由化,某种意义上还有利可图,为此,条规有约定:"一泥木各有各行,自乾隆年间分及差务,定列章程,各交各易,不得揽包,倘有一总揽包混做者,长[沙]善[化]公同革出,永不准入行,若仗势凶横,公同禀究。"①

2. 维护自身权利和官府斗争

前文提及的苏州丝织业的行会与政府联合立碑永禁机匠罢工,这里不再赘述。此外,有关景德镇瓷器业乾隆初年的一则记载,具有典型性。由于景德镇瓷器业相关工匠众多,动以万计,且多外地人员,"动即知会同行罢工罢市,以为挟制。甚至合党成群,恣行抄殴,此等恶风,尤以都昌人为最。自刘公弼一案惩创之后,近年以来,虽觉稍戢,而上年十一月内,又访有茭草行因银色低潮,复至停工滋事,经地方管劝谕而止。可见各行强悍之风,尤为尽泯。……深恐愚民罔识,仍蹈浇风,合再谆示,为此示仰景德镇各窑户行业人等知悉:嗣后各宜循分执业,自图生计,即有窑户苦剥情事,小则经众理处。其窑户人等,应给一切工价饭食,各宜循照常规,公平交易,以恤穷工,亦不得刻剥滋事,敢有固违,一体科治,各宜凛遵"②。从这一段描述可见,与苏州丝织业类似,对于行帮的罢工等抗议活动官府和雇主很无奈,不得不加以规范,以保证正常秩序。

行帮之外,商人和手工业者、手工业劳动者罢市,以反对政府压榨的情况具有一定普遍性。就商人和手工业者而言,一般采取罢市的方式。比如顺治十七年,山西潞安织绸机户焚机罢市,甚至欲上京告状,后在地方官员的招徕抚恤下,一些机户、商人逐渐复业,巡抚也不得不立碑严禁本省不得滥行取用,隔省不许擅差私造。③

手工业者和商人的罢市往往与地方官员的横征暴敛有关,前面的潞安织绸者就是这种情况,"额外苛征,私立名色,剥削商贾,鱼肉士民"是主要原因。康熙年间告到京城的安徽芜湖罢市就是因为"监督芜湖钞关户部郎中邓秉恒者,

---

① 彭泽益:《中国近代手工业史资料(1840—1949)》第一卷,中华书局1962年版,第198页。
② 彭泽益:《中国近代手工业史资料(1840—1949)》第一卷,中华书局1962年版,第418页。
③ 彭泽益:《中国近代手工业史资料(1840—1949)》第一卷,中华书局1962年版,第463—464页。

闻秉恒任内,横征税课,其正额外侵收溢额银两,并重加火耗派征宅费等项,皆系蠹书余国栋、陈君植、陈子昂等经收,致行商叶时茂等来京称冤……秉恒除应征额税之外,复立皇税名色,凡民船所载日用柴米等物,俱行抽税,致激变芜湖合县商民于康熙十九年七月十四日起,罢市三日"①。不过也有例外,比如浙江杭州1682 年的罢市,就是因为土棍勾结旗丁放债,准折子女,连累亲邻,不得安生而罢市。地方官处理时居然有旗兵王和尚等率数百人辱骂行凶。② 但整体而言,都与地方官有关。

手工业劳动者比之于商人和手工业主更加弱势,政府、官僚的过度盘剥往往危及其生存,但由于其影响较小,往往只能罢工,或者以暴力方式反对政府统治。比如 1725 年直隶工匠抗官罢工就是因为学道张学瘁到南口负责工程,所做工程约费五千余两,而张却只给七百两,工匠不得不停工讨要工钱。当然也有由于行业不景气,粮价高涨,手工业劳动者无工可做,生存问题遭遇严重威胁,加之政府缺乏相应的救济、保障机制,而不得不为生存起事,其对象有直接针对官府者,也有针对手工业主的,这在封建统治的边缘地带明显,这与相关行业发达之地一般不主产粮食并且是封建统治的薄弱地带有关。

---

① 彭泽益:《中国近代手工业史资料(1840—1949)》第一卷,中华书局 1962 年版,第 464 页。
② 彭泽益:《中国近代手工业史资料(1840—1949)》第一卷,中华书局 1962 年版,第 465 页。

晚　清　篇

第三章　晚清政府与劳资关系

第一节　特殊形态：条约特权

一、必要的说明

就近代中国劳资关系进行探讨之前，有必要对"近代劳资关系"时间起点进行界定，研究企业史、经济史和工人运动史的学者习惯选择政治事件为中心，因此 1840 年已成众望所归，但劳资关系的出现应该以产业革命为基础，因为近代劳资体系中无论资方、劳方，还是政府其实以产业发展为基础。以近代劳资关系的基础产业革命而论，经济史学界认为第一次产业革命的完成包含机器对工人的解放、稳定连续动力、机器制造机器。[①] 其实，这还只是技术层面，伴随这些技术突破的工厂制度不容忽视，工厂制度促使农耕文明的逐渐解体，释放出大量自由劳动力，步入人头攒动的城市文明时代，与之相伴的是劳资关系萌芽，随其萌芽客观上需要政府居间调控，对传统专制政府形成挑战，逐渐在一些国家取得资产阶级革命胜利，为工业革命，也为劳资关系近代化奠定基础。

若以第一个发生产业革命的国家英国为例，则工业革命前资产阶级革命胜利已有上百年时间，利于资本主义发展的制度体系建立起来，资本家对外殖民掠夺等积累了大量原始资本，几个世纪的圈地运动既促进资本积累，也带来大量自由雇佣劳动者。[②] 可以说在工业革命前，英国近代劳资体系三大主体已初现雏形。

---

① 宋则行、樊亢：《世界经济史》上册，经济科学出版社 1993 年版，第 140—151 页。
② 宋则行、樊亢：《世界经济史》上册，经济科学出版社 1993 年版，第 135—136 页。

我国在近代以前尚无产业技术革命,近代意义的劳方、资方尚未出现,更没有居间调控的近代政府雏形。因此,按西方标准界定中国近代劳资关系的萌芽起步并不可取,近代劳资关系最直接的载体和最主要的发生场所无疑是企业,尤其是工厂,因此本部分以近代企业在中国的发展为中心,探寻劳方、资方与政府在劳资关系萌芽期的状态。本书认为中国近代劳资关系萌芽至少应该以机器企业出现为依据,而较早出现在中国的机器工业是西方在华企业、中国的洋务军事企业、零星的侨资企业、草根资本企业。

整体而言,要准确界定中国近代劳资关系萌芽时间上限是极为困难的,而且也没有必要,因此本书并不明确界定。至于时间下限,也难以界定。一般研究企业史、经济史、革命史和工人运动史的学者习惯将 1894 年作为一个节点①,这主要因为甲午战后外国资本取得在华直接投资设厂权,以及巨额赔款、割地等导致中国殖民地化大大加深,加剧整个中华民族危机。外商直接投资增加,其投资溢出效应必然有助于资本家及其代理人的产生,工人数量、行业、地区的扩展,政府被动适应近代经济而转型。比如,1898 年资产阶级改良的戊戌变法,就由最高统治者光绪皇帝领导和支持。总之,甲午战争及其随后的《马关条约》对近代劳资关系的三大主体都有促进作用。但是,这一阶段无论劳方、资方,还是政府力量都很弱,面对劳资问题往往显得无所适从。

甲午战争后源于政府的资产阶级改良是由最高封建统治者领导,注定了动力不足,决心不强,失败就在所难免。1901 年的《辛丑条约》,巨额赔款以及中国主权大量丧失,中华民族危机加深的同时,虽然资产阶级政党开始登上舞台,但是主导力量却来自海外,以知识分子为主,可以说这种力量是外生的,并不以本土资方和劳方的壮大和组织化为基础,由于缺乏本土资本家和工人的有力支持屡战屡败。政府部门尚未有相关劳资管理机构,相关法规未见出台;劳工方面,无论从哪个角度看都尚处于自发、无组织阶段。总之,近代劳资关系的三大主体至少在辛亥革命成功前劳资角色均有限。因此,本书选择以 1911 年作为近代中国劳资关系发展的第一个时间节点,主要考虑到资产阶级革命成功的象征辛亥革命跨越公历 1911 年和 1912 年,1912 年也第一次赋予了劳资关系基础问题工

---

① 更有学者将 1894 年作为近代中国工人运动的起点。参见中国劳工运动史编纂委员会:《中国劳工运动史》第一卷,(台北)中国劳工福利出版社 1959 年版。

资的明确法律地位。

最后,鸦片战争前雇佣关系虽然伴随资本主义萌芽比之于传统有所突破,但无论劳方、资方还是政府职能与角色都与近代劳资关系相去甚远。就掌握国家机器的政府而言,从传统劳动关系向近代劳资关系转型需要对其根本性变革,而这种变革涉及既得利益集团的调整,尤其是原有统治集团。在向近代劳资关系转型中需要革命性变革,即由传统封建专制统治、封建自给经济向近代民主政治、市场经济转型的同时,意味着抛弃原来的政治体制,可以说需要革命性变革,统治者的原有权力、权威、权益将不复存在,尤其是封建时代具有世袭权至高无上的皇室,必然坚决维护原有秩序,因此传统政府向近代劳资关系角色的政府转型注定会是被动的,甚至会成为其他变革的阻力,中国在鸦片战争前又长期是大一统的国家,故近代劳资关系的研究从政府展开,但近代中国的特征是半殖民化,其对中国传统的冲击是明显的,因此这里以西方在华条约特权为突破口。

二、西方在华条约特权与劳资关系

就政府劳资角色而言,更多通过政策法规体现,鸦片战争失败后,尤其近代劳资关系的直接载体——近代工商业、工厂,近代劳资关系的基础资本主义、市场经济,甚至民主气氛,很大程度上都是鸦片战争后一系列中外条约的签订,西风东渐的结果。虽然这些中外条约建立在清政府战败或屈服的基础上,基本意味着西方攫取到大量条约特权,中国利权丧失,但毕竟是中国政府与西方列强签订的,属于正式制度,西方著名汉学家费正清将其称作"条约制度"[①]。这些中外条约对中国传统劳资关系,传统中国社会的影响都是革命性的,但前人对条约制度与中国晚清劳资关系并没有专门研究,因此下面就条约制度对劳资关系的影响概而论之。

西方条约特权对中国劳资关系的影响有几个时间节点值得关注。第一个是第一次鸦片战争后签订《南京条约》,西方开始在中国取得条约特权,中国殖民化开始;第二个时间节点是第二次鸦片战争后《天津条约》与《北京条约》的签

---

① [美]费正清编:《剑桥中国晚清史》,中国社会科学院历史研究所编译室译,中国社会科学出版社1985年版,第230页。

订,西方政府在华攫取到的条约特权从南方扩展到北方,就劳资关系而言,西方政府可以组织华工出国;第三个节点是《马关条约》的签订①,其结果是西方条约特权扩展到内地、内河,割占台湾、索取巨额赔款,导致中华民族危机,其中对劳资关系影响深远的是西方首次取得在华直接投资特权;第四个节点是《辛丑条约》的签订,这也是中国近代史上赔款数目最多、主权丧失最为严重的不平等条约,让中国沦为半殖民地半封建社会,导致中华民族危机空前加深,清政府不得不采取相应变革,内外部代表资方利益的资产阶级革命力量汇聚,最终辛亥革命推翻了封建统治,使中国近代劳资关系进入一个新阶段。

具体而言,鸦片战争前中国政府是闭关自守的,以天朝大国自居,但已遭遇西方挑衅。第一次鸦片战争的惨败,清政府不得不逐渐放眼世界,被动接受西方主要殖民国家近代工业文明,近代劳资关系也步履蹒跚地开始西风东渐。第一次鸦片战争失败的结果是政府与西方签订了一系列条约特权,虽然最初并没有直接针对劳资关系,但相关条约特权客观上为中国劳资关系近代转型做了部分铺垫。

笔者认为,学术界更多关注条约特权,其实其对中国近代劳资影响深远的并不仅仅在于具体的主权、资源掠夺,其他方面也不容忽视,其中尤以鸦片战争的结果首先让清政府放弃惯用的对西方诸国贱称"夷"为典型。鸦片战争前,西方人就已经抗议"夷"是对其凌辱,1842 年议和谈判之时,英国全权大臣璞鼎查就明确指出"夷字不美,嗣后望勿再用"。虽然清朝代表试图维护失败,但正式的《南京条约》《虎门条约》,以及各种照会不再以"夷"称呼西方诸国,只在清朝内部及民间"夷酋""夷商""夷务"等继续通行,第二次鸦片战争后的中英《天津条约》第五十一款明确规定此后各式公文,无论北京还是地方,涉及英国官民的,不得用"夷"字。值得注意的是,个别民间人士,也自发地意识到"夷"的称谓不妥,其典型是太平天国干王洪仁玕的《资政新编》就明确指出,对于来往文书"万方来朝,四夷宾服及夷狄戎蛮鬼子一切轻污之字皆不必说也。盖轻污字样是口角取胜之事,不是经纶实际,且招祸也。即施之于枕近之暹罗、交趾、日本、琉球之小邦,亦必不服。"以平等姿态,甚至卑下的姿态对待西方,这比之于此前妄自

---

① 1885 年的《中法和约》也不容忽视,一是对中国洋务派的打击较大,二是打开了中国后门广西、云南。

尊大的天朝上国思维更有益,至少带来了平等意识。这对鸦片战争前清政府所持中国优于外国,统治集团核心满清、八旗优于汉人的传统是巨大冲击。

鸦片战争之后的条约特权打破了清朝在相当长一段时间内闭关锁国的传统,尤其打破了 1744 年《管理澳夷章程》以来,中国国民与外界交流、接触的限制,这种限制客观上制约了中国资本主义的萌芽与发展,一是产业得不到应有发展,难以为近代劳资关系提供载体;二是中国官民均缺乏与西方交流路径,长期奉行封建专制,闭关自守,对西方世界发展一无所知,甚至处于臆想状态,老百姓缺乏民主化意识,更缺乏近代劳资关系的组织化意识。因此鸦片战争之前,乃至之后相当长一段时间,中国既无近代产业,又没有近代劳资主体。

第一次鸦片战争后西方以武力为基础,攫取到一系列条约特权,其客观上为传统雇佣关系向近代劳资关系演化做了准备,下面分述之。五口通商开始,到第二次鸦片战争结束之初的 1863 年共开放 18 个通商口岸,虽未直接涉及劳资关系,但却对中国近代劳资关系影响深远。首先,打破肇始于 1757 年的广州一口通商制度,与之相伴的是带有对西方商人歧视,并阻碍中国民间商人对外交流的"公行"制度废除,西方商人在各通商口岸不但获得了通商权利,而且享有超国民待遇,西方商人的进入不但倾销西方工业品,掠夺农产品和资源,攫取利润,还把西方雇佣方式、管理方式带入中国,对中国产业,特别是商业发展影响深远。就劳资关系而言,外商"公行制度"废除后,洋商可以自由雇佣中外员工,并逐渐形成"买办制"这种新型的劳资关系,不但将西方近代劳资理念传播到中国,买办还成为资方的重要力量,甚至可以说是主导群体,从某种意义上说西方在华雇主和其买办都属于资方。近代买办内涵是动态的,早期的买办制主体更多涉及洋雇主与中国雇员,后期的买办基本上也是雇主或者西方在华企业的高层管理者,买办制度虽然涉及利权的丧失,但从开放本身可以说部分顺应了时代潮流。

通商口岸允许外国人居住,设立栈房(旅馆,仓库)及礼拜堂等,这些都需要雇员,西方近代劳资思想随之西风东渐,近代中国劳资关系发展最为发达的正是《南京条约》开辟的通商口岸之一上海,而近代以前上海只是一个小城。

除了通商口岸外,西方国家还取得了内河航运权,西方船只在通商口岸,内河航行,需要船舶修理等行业,需要中国雇员,甚至需要中国人管理,客观上促进中国劳资关系的近代转型。

更为关键的是,通商口岸开放不久的 1845 年,以英国为代表的西方即向中国政府施压,于通商口岸租地陆续建立"租界",到 1902 年共有 27 处租界,这些租界凌驾于中国主权之上,行政、司法、治安、财政都享有高度自治权,成为"国中之国"。近代租界不仅是西方人的乐土,中国"上流社会"的乐土,还是各国企业投资的乐土,其劳资关系深受西方影响。此外,西方商人还以其为基地,从中国贩卖大量苦力到西方,成为欧美,甚至非洲的苦力供给基地,在欺骗与武力威胁下实现了中国劳工的非正常世界性迁徙。

从《南京条约》割占香港开始,俄国、葡萄牙、日本、德国等在辛亥革命前均曾以各种方式割占中国领土,割让的这些领土,必然成为这些国家政治、军事、经济侵略中国的前哨,其中最为突出的是香港,华商(包括华侨)、洋商交织其间,成为近代中国劳资关系的重要一环,也是中国近代劳资冲突的前沿阵地,甚至内地的劳资思想有相当部分源于香港等地的影响,一些工人运动、劳资冲突的领导者,甚至辛亥革命前资产阶级革命者也曾在香港避难,比之于政局动荡的内地,香港也成为中外资本的乐土,很多资本家既在内地,又在香港投资。比较而言,割占地的劳资关系更接近殖民国家。

虽然直到 1895 年《马关条约》签订,西方国家才取得在华直接投资设厂权,但在此之前,西方资本家借助其母国在华取得的一系列条约特权,亦步亦趋在华展开投资,西方劳资关系随之西风东渐。其间法外治权起了重要作用,美国学者雷麦甚至认为法外治权是近代中外经济关系中"最重要的制度"①。该制度的基本特征是相关国家的在华公民不受中国法律管制,而是受其母国法权,尤其母国驻华领事,或者西方在租界等地所设法院管辖。法外治权不仅仅涉及刑事,而且适用于公司和民事诉讼,这就使这些西方国家的商人能够在就连中外条约都尚未赋予西方在华投资权的背景下,在中国从事直接经营管理活动。此外,中国自鸦片战争开始屡战屡败,以及西方诸国早期到中国淘金者多是社会中下层,中小商人、贫穷者甚至罪犯,这决定了他们会早于条约将西方近代劳资管理模式移植到中国。

第一次鸦片战争以后,西方前赴后继地在中国取得各种条约特权,但对中国近代劳资关系影响最为深远的无疑是甲午战争后的《马关条约》。该条约除承认日本对朝鲜的侵略,割让台湾、澎湖列岛,高达 2 亿两白银的巨额赔款外,尤其

① [美]雷麦:《外人在华投资》,蒋学模、赵康书译,商务印书馆 1962 年版,第 30 页。

承认了西方在华直接投资权,西方资本家在中国的投资不再需要遮遮掩掩,西方资本随即大量涌入,而此后西方在中国掀起的划分势力范围狂潮,给各地的劳资关系似乎相应打上了殖民国家劳资关系的烙印,中国劳资关系进一步殖民化,但从某种意义上说近代化程度提高了。随后西方对中国的经济、政治、军事侵略激起了全国各地反抗,帝国主义列强为了镇压以义和团运动为主的中国民间反抗,竟然于1900年发动了八国联军侵华战争,直捣京津,清政府无奈的"量中华之物力,结与国之欢心"与西方签订了丧权辱国的《辛丑条约》,不仅仅从中国攫取到大量直接物质利益,而且政治、军事方面的侵略进一步加深,也方便了西方资本进入中国,西方近代劳资方式对中国的影响进一步加大的同时,也决定了中国近代劳资关系的殖民地性质。此外,《马关条约》《辛丑条约》的签订,巨额的赔款远远超过清政府的财政支付能力,因此向西方大额借款,而其中部分赔款和相当多的借款转化为西方在华投资,增强了西方资本在中国的力量,自然促进了劳资关系的西风东渐。

其实,早在《马关条约》之前,西方资本就偷偷摸摸地进入中国。割地、租界权,通商口岸,沿海贸易通商权,尤其法外治权的取得[1],客观上使西方国家资本大大早于正式条约进入中国,伴随资本进入,西方劳资关系随之西风东渐,其作用并不逊于早期海关税务司,洋务军事企业、民用企业对洋员的雇佣。西方最早在中国投资,是为西方人提供资金融通方便的银行,1845年英国东方银行在香港设立分行,1847年该行在上海设立分行丽如银行。国门洞开后近代中外往来的主要渠道是水路,因此中外航运往来发达,鸦片战争后西方原有远洋航运公司将航线延伸至中国,并在中国设立分支机构。从1850年出现第一家外国人投资的"省港小轮公司",随之美资旗昌轮船公司、英资太古轮船公司等也在中国成立。随航运业发展,需要与之匹配的产业,因此早在1845年西方人柯拜就在广州建立柯拜船坞,到1864年,外资在上海和广州设立的大小船厂达到39家。这

---

① 第一次鸦片战争后,中英《五口通商章程》、中美《望厦条约》和中法《黄埔条约》对西方殖民者的侨民给予了领事裁判权,即外侨在中国的各种民刑事纠纷均由该国领事"裁判",后来其他殖民国家,在利益均沾原则之上也攫取到领事裁判权,虽然严重侵犯了中国主权,助长了外国人在中国的恣意妄为,但客观上给予外国雇主和雇员在中国特权,鼓励了西方资本家和冒险者,甚至普通工匠到中国淘金,促进中国劳资关系与国际接轨,但此后相当长一段时间内西方一些国家在华雇主和雇员,在中国领土上有了两个甚至多个政府的管理,中国主权严重被侵犯,劳资三方关系也更趋复杂化,但这客观上会促进中国劳资关系的多元化。

就不难理解近代中国与西方包括劳资关系在内的组织管理最为接近的是银行，洋务民用企业的开端是航运业，而其劳资关系几乎一开始就是西化的。不但如此，方便西方人生活的一些新式工业也必然成为西方资本早期投资对象，比较典型的有制药、酿酒、汽水、制冰、卷烟、火柴、玻璃等行业，公用事业煤气公司和自来水公司，自然将西方近代劳资关系传入中国。另外，西方资本还进入印刷出版业，其中 1872 年英国美查等人合作创办的《申报》成为旧中国历史最长，影响最大的报纸，本土化的同时借鉴了西方劳资方式，并于 1909 年被其买办席子佩以7.5 万元购买，其背后应该有西方劳资关系的本土化。

19 世纪中期以前西方经济侵略，主要以输出工业品，输入土特产。其中土特产市场主要由中国传统商人控制，虽然西方取得条约特权后，西方商人通过新型买办制度，更有利于攫取中国的土特产，但其与中国买办商人之间毕竟有明显的信息不对称。随着西方商人对中国了解加深，以及中国由自然经济向资本主义市场经济转型中资本的高度稀缺性[1]，注定了西方商人会在该国没有明确取得在华投资设厂权的情况下，资本会率先在华开办相关工厂，其典型是 19 世纪60 年代开始的俄资砖茶制造厂，始于 19 世纪 70 年代的英、美、德、法在华建立的缫丝厂，太古、怡和洋行等对华南制糖业的投资等。此外，轧花、蛋粉、打包等外国资本均有明显进入。事实上，到甲午战争前夕，外商在中国陆续建立了 100多家工业企业。[2]

西方商人在这一阶段还迫切投资世界新式行业如电报和铁路行业，这一方面有利于西方政府的政治经济侵略，方便西方人在中国的生活，也会给西方商人带来利润，因此得到西方政府支持，中国政府和民间在最初的抵制之后，也逐渐认识到世界发展趋势，而允许其进入中国，即使中国自建也借鉴了西方的管理方式，日常劳资关系自然不例外。

资本逐利本性决定了西方资本还会向一些利润颇高的新式行业扩张，这在煤矿等新式行业更为明显。虽然政府和民间都在抵制，但西方商人在趋利动机驱使下，尤其领事裁判权等条约特权的庇护下，对新式煤矿等进行直接和间接控

---

[1] 这一点与改革开放后相当长一段时间外资崇拜，外资在相当多的领域越过中国的种种政策，提前登陆中国有很多相似之处。

[2] 许涤新、吴承明：《中国资本主义发展史》第二版，第二卷，《旧民主主义革命时期的中国资本主义》，人民出版社 2003 年版，第 513 页。

制。清末西方列强在中国攫取大量路矿权利,导致中外民族矛盾,中华民族矛盾激化,特别是保路运动对 1911 年结束中国两千多年封建帝制的辛亥革命起了催化剂的作用①,客观上对近代中国劳资关系三大主体政府、劳方、资方的近代化起了推动作用。

西方政府早在 19 世纪 60 年代就企图直接在中国投资电报、铁路等与近代工业文明②密切相关的公用基础设施,这主观上是有利于其对中国的军事、政治与经济侵略,虽然最初没有得逞,但客观上却促进了中国政府转型,尤其保守派逐渐思想转变。加快了中国政府的自主修建,而这对于发展近代工商业,中国经济的半殖民化,中国经济与国际市场的接轨,近代劳资关系的西风东渐,以及由通商口岸到内陆腹地的逐渐推广具有重要意义。

第二节　晚清政府劳资角色

一、国门洞开之初的劳资角色

中国劳资关系近代转型,最大阻力来自政府。长期以天朝上国自居,并由中国少数民族掌握最高权力的清朝,奉行闭关自守的专制政府,必然会成为传统劳动关系向近代以市场经济为基础的劳资关系抑或以劳方、资方和政府平等互动

---

①　戴执礼:《辛亥四川保路运动的历史意义》,《人文杂志》1958 年第 5 期;史岩、王文:《辛亥荣县首义、吴玉章和四川保路运动研究的新收获——四川省即自贡市纪念辛亥革命 80 周年学术研讨会综述》,《社会科学研究》1991 年第 6 期;王鹏飞:《近三十年来湖南保路运动与辛亥革命研究综述——纪念辛亥革命 100 周年》,《上海商学院学报》2011 年第 3 期。

②　以铁路为例,沙俄早在 1862 年就向清政府要求将其电线从恰克图延展到北京再到天津,1863 年英国也向清政府提出架线要求,紧随其后的两三年,一些外国公使和中国地方海关税务司(虽受雇于中国,但负责日常行政事务)提出架线、铁路要求,早期遭到包括崇厚、李鸿章、刘坤一等洋务大员、地方督抚在维护利权与对电报业几乎全盘否定的情况下,西方的动议才暂时作罢。不过,丹麦大北电报公司却在 19 世纪 70 年代秘密将海底电缆从香港通到上海租界,1873 年被南洋大臣李宗曦希望英、美等国领事阻止其非法活动,但英、美、丹麦,以及意大利等国为了本国利益,采取了敷衍、搪塞,甚至恫吓,使交涉处于僵持状态,其前后也一直受到西方政府支持本国商人在中国敷设电缆的压力。在西方在华电报公司示范推动下,19 世纪 70 年代中国洋务派官僚在军事活动中认识到电报业的重要性,并于 1881 年成立了官督商办电报公司,当然西方国家的电报公司也随之蜂拥而入。参见张国辉:《洋务运动与中国近代企业》,中国社会科学出版社 1979 年版,第 231—232 页。

为基础的劳资关系转型的绊脚石。清政府的转型压力,最初并不是源于近代资本主义或者说市场经济的萌芽与发展,而是来源于西方的压力,可以说西方侵略促进了中国政府劳资角色的"跨越式"转型。

中英鸦片战争以中方失败而告终,以满清皇室为主的清政府遭遇巨大挫折,不得不接受西方强加于中国的五口通商制度,外商活动不再局限于广州,与之相伴的是"公行制度"①解体,原来外商与中国的一切事务均由行商垄断的历史一去不复返,外商不准私雇引水、买办、通事等,不准额外多雇服役民人的规定也宣告结束。外商可以在通商口岸等地合法经营,而合法经营必然涉及劳资关系。此后一段时间,在西方的条约特权之外,西方不仅在通商口岸因贸易、通商、生活而雇佣中国人,而且还违背条约制度在中国投资银行、机器制造厂、出口产品加工厂,常雇佣中国人,并常引发劳资冲突,清政府往往无所适从也无所作为。

伴随国门洞开,中国政府也开始雇佣西方人,最早,也是最典型的是海关雇员。早在1851年英国人贝利斯就被上海道委派为海关港务长,这是海关首次雇佣洋员,满足了海关当时对港务人才的需求,但此后一发不可收拾。② 1853年英国驻上海领事阿扎里借上海小刀会起义,上海道吴健彰避难租界之机,迫使两江总督怡良,上海道吴健彰接受江海关雇佣洋员,由英、法、美的领事代表组成税务委员会协助中国海关督办管理海关。虽然随后将其推到其他海关的努力遭遇了中国地方政府的坚决抵制,但1858年中英《天津条约》附约《通商章程善后条约》第10款规定:"通商各口收税如何严防偷漏,自应由中国设法办理,条约业已载明;然现已议明,各口岸划一办理,是由总理外国通商事宜大臣或随时亲诣巡历,或委员代办。任凭总理大臣邀请英人帮办税务并严查漏税,判定口界,派人指泊船只及分设浮椿、号船、塔表、望楼等事,毋庸英官指荐干预。其浮椿、号船、塔表、望楼等经费,在于船钞项下拨用。至长江如何严防偷漏之处,俟通商后,察看情形,任凭中国设法筹办。"就字面而言,中国海关雇佣洋员是为了改善

---

① 公行制度是鸦片战争前一段时间的洋商管理制度,其管理机构是公行(也称十三行),由清政府特许的商人组成,其内部实行总商负责制,最初采取公推方式,1813年以后总商人选须由清政府批准,公行的职责主要包括:为外商代销代购货物,划定进出口货物的价格;"承保税饷",承包代缴关税;监督约束外商的居住及其他行为;传递一切命令、书信;办理一切外交事宜等等。参见吕铁贞:《公行制度初探》,《广西师范大学学报》(哲学社会版)2004年第2期。
② 林仁川:《近代福建海关的建立及对社会经济的影响》,《中国社会经济史研究》1992年第4期。

中国海关管理,这种雇佣是中国政府主导的,英国官员甚至不会推荐,但实际却影响中国政府的雇佣,并很快拓展到其它国家,甚至中国海关总税务司司长均由西方人担任。① 前人对外国政府及外国人对近代中国海关的作用更多持否定观点,直到 21 世纪有学者认为中国近代海关是廉洁而高效的。② 虽然这些雇员工资由中国政府支付,名义上外国雇员只是作为中国海关的帮办人员,起监督外国商人遵守税则和贸易的作用③,但不得不承认既然总税务司由外国人担任,晚清政府又缺乏必要的监督能力、监督措施和监督手段,对近代海关事务相对不熟悉,因此客观上影响中国的海关自主权,尤其中外贸易信息等可能完全暴露,这可能会危及国家经济安全。但由于总税务司名义上只是协助,西方主要列强对中国海关行政权的觊觎与竞争,以及清政府主观上有通过海关实现利益最大化的动机,中国海关管理落后的现实,因此清政府雇佣洋员注定会大大提高当时海关管理效率,促进中国海关近代化。1859 年 5 月五口通商大臣、两江总督何桂清的话一定程度上佐证了这一点:"各口所用之外国人,皆由五口通商总理大臣选募,事多窒碍。……凡各口所用外国人,均责成李泰国选募。"④

　　1861 年 1 月新成立的总理衙门以札谕的形式确认了李泰国的权力,将地方政府的授权拓展到国家授权,并扩大授权范围,沿用到此后的赫德等总税务司。李泰国时期是中国政府首次公开雇佣洋员,这种雇佣相对自由,这些雇员要接受雇佣必然要和西方的雇佣条件进行对比,尤其英国人担任总税务司的结果,意味着其在雇佣洋员方面具有更多话语权,而海关不仅雇佣洋员,更多的是华员,海关还经常和各种贸易商打交道,贸易商既有洋商,也有华商,尤其五口通商后逐渐兴起的新式买办。此外,还有海关的普通勤杂服务人员,他们应该直接受西方雇佣方式影响,其对西方近代劳资关系的扩散作用也不容小觑。总之,晚清雇佣西方人负责中国海关关务,甚至长期担任中国总税务司,对近代劳资关系的西风东渐发挥了重要作用。近代新海关制度与老海关制度的主要区别是人事管理制度⑤,或者说雇佣制度,劳资关系,而其间又涉及管理机构、遴选、任用、工资福

①　文松:《近代海关华洋员人数变迁及分布管窥》,《民国档案》2002 年第 2 期。
②　李虎:《中国近代关员的洋员录用制度(1854—1911)》,《历史教学》2006 年第 1 期。
③　[英]魏尔特:《赫德与中国海关》(上册),李秀风等译,厦门大学出版社 1993 年版,第 91—110 页。
④　《筹办夷务始末(咸丰朝)》,中华书局 1975 年版,第 2687 页。
⑤　刘斌:《清代新旧海关人事管理机制研究》,厦门大学 2007 年硕士学位论文。

利、培训、晋升、奖惩等诸多方面。另外,直到总理衙门成立之后,其主要管理者,曾担任粤海关监督的文祥还强烈反对中国人担任海关高级职务,认为中国人的管理必然产生腐败。① 虽然海关是行政管理部门,但其对中国近代劳资关系的借鉴意义也不容忽视。

除了海关税务司之外,早期政府雇佣军也不容忽视,1860 年苏松大道吴煦与上海绅士等一起雇佣美国人华尔组建的洋枪队,最初招募的全是洋人,除华尔外,有副目 8 人,其他洋兵 420 人。② 洋枪队后改为常胜军,在洋人死伤惨重,难以招募情况下,普通士兵更多招募华人,而由雇募的外国人管带,其洋统领戈登甚至被清政府任命为江苏总兵。与 1862 年法国人勒伯勒东被清宁绍道台张景渠和宁绍两地的绅士共同雇佣,操练常捷军以对抗太平军相似,虽然西方管带都曾被任用为将,但在太平军失败后,无论是常胜军还是常捷军都先后被裁撤,没有形成长效制度,但这是合理的,因为常胜军与常捷军均是应急之用,长期雇佣不但雇佣费用难以支付,而且涉及军事安全。不过,虽然最初有中国绅士的参与,但对中国近代劳资关系的影响可以说是有限的。

1863 年成立的有英中联合舰队之称的阿思本舰队,受两广总督委托负责购买舰艇和雇佣人员的李泰国竟然私下与雇佣的阿思本签订协议,强调舰队的日常领导权、用人权归阿思本,阿思本只接受来自李泰国直接传递的皇帝命令,并索要较高经费,全部使用洋人,结果遭到中国政府官员抵制,迅速解散。此外,1895 年甲午战争失败后,张之洞演练自强军,雇佣德国来春石泰等 35 人,不过在三年合同期满后撤销,遣送回国,其意义在于促进了中国军队近代化,其对劳资关系的意义应该微乎其微。

"革命"的太平天国雇佣西方人可以追溯到 1854 年③,只是雇佣人数寥寥无几,工资、待遇、雇佣方式,是否存在正式雇佣契约等尚不得而知。1860 年太平军攻破江南大营后太平天国的雇佣军才相对普遍化,可能总体规模远远超过清政府的雇佣军,忠王李秀成的雇佣军甚至曾大胜政府雇佣的常胜军。与清政府雇佣军类似,太平军雇佣军主要由各国驻华军队逃兵,各种冒险家和浪人,还有部分外国商人,其中主要是欧美人,担任头领的也大多是欧美人。太平军实行圣

---

① 梁廷:《粤海关志》第七卷,(台北)文海出版社 1975 年版,第 50—51 页。
② 太平天国历史档案馆编:《吴煦档案选编》第二辑,江苏人民出版社 1993 年版,第 147 页。
③ 《曾国藩全集·家书》,岳麓书社 1985 年版,第 710 页。

库供给制度,对雇佣军相对优待,到后期甚至逐渐有了军饷,继而抽鸦片和饮酒这样的太平军禁令也对雇佣军网开一面。[1] 不过,这可能与太平军对其使用西方近代武器、军事管理才能的倚重有关,这与清政府雇佣军也有些类似。太平军的雇佣军应该客观上使民间对西方人有了更进一步的认识,尤其雇佣军中有部分曾活跃在清政府与太平军活动区域的商人,太平军战败后也可能在中国从事工商业,其对中国人理解加深的基础上,可能也有助于雇佣。而太平天国失败后,其将士应该有成为工商业者的,他们在太平军与外国雇佣军间的关系也可能会影响工商业劳资。前面提到的政府雇佣军,以及政府军队将士应该也有类似情况。

整体而言,海关和军队是清政府最早雇佣西方人的部门,两者都是特定时期产物,而且最初都有被动成分,虽然从国家主权角度来讲,与大一统的"天朝大国"相比确实有利权损失,但不得不承认早期前者在维持中国海关秩序,促进中国海关近代化,以及对中国劳资关系近代转型的促进作用方面不容忽视。而雇佣西方人为将,为兵的做法,在当时并未危及中国军事安全,反而对维持国内稳定,促进军队近代化有一定积极意义,此外也促进了清政府近代劳资的平等意识、契约意识。

当然,无论是早期海关雇员,还是洋枪队,乃至后来的洋务军事、民用企业雇佣的各种洋员、洋匠,清政府都采取了合同制的契约化方式,而契约化无疑是近代劳资的精髓之一。整体而言,清政府从政府雇员,到洋务企业雇员的合同化对中国劳资近代化的作用不容小觑,清政府对雇佣洋员的合同大致包括五个方面内容,一是明确了雇佣洋员职责,明确奖惩制度;二是规定洋员权限,明确辞退条款,减少西方国家的"外事干预";三是规定聘用洋员年限、薪水、川资和医药费用;四是对有功洋员予以奖励,注意激励机制;五是规定续聘条件与方式、抚恤标准与方式,以及合同争议处理办法等。[2]

二、洋务运动时期的劳资角色

随着西方列强经济、政治、军事侵略深入,清政府不得不予以应对,1860 年

---

① 夏春涛:《太平军中的外国雇佣军初探》,《扬州师院学报》(社会科学版)1994 年第 4 期。
② 庞毅、李松、黎明:《晚清政府管理外籍人士合同制的内容》,《重庆行政》2001 年第 2 期。

以前对西方的事务处理没有固定机构和固定人员，除西方取得的在华条约特权外，清政府根据具体情况，一般事务由地方政府处理，重大事件则由清朝两广总督或者中央政府派遣钦差①特事特办，可以说清政府对西方事务的处理相当被动，这也客观上反映出清政府所涉及洋务较少，洋务管理尚未日常化，没有必要设立专门机构组织。但随着西方侵略深入，中央政府以及通商口岸等地的地方政府洋务活动逐渐日常化，以及清政府在历次中外对抗，以及镇压农民起义中对西方精神文明，尤其物质文明——船坚炮利的认识加深，成立专业化的管理部门可以说是历史必然。1861 年总理各国事务衙门（下文简称总理衙门）的成立开启了清朝政治、政府机构近代化改革先河②，政府机构改革的启动是劳资关系近代化组织基础。此前对总理衙门的研究，以吴福环的研究为典型，其主要涉及总理衙门的成立背景和过程；微观层次的机构、职能和人员；中观层次的则是内政外交政策，内政主要指洋务政策；就宏观层次而言，则主要关注总理衙门与中西传统文化关系，其在中国近代史上的地位，对中国近代化与半殖民化的作用等。③

就职能而言，总理衙门主要办理对外通商和交涉事务，并且直接推动了在中国近代史上影响深远的洋务运动，清政府的政治派别出现了与传统保守派相对的"洋务派"，而其直接推动的洋务运动则大大加速了中国劳资关系的近代化。不过，早期有关总理衙门职能的描述更多关注其政治职能，这以《光绪会典》第99 卷为典型："掌各国盟约，昭布朝廷德信，凡水陆出入之赋、舟车互市之制、书币聘飨之宜、中外疆域之限、文译传达之事、民教交涉之端。"事实上，总理衙门不仅管外交，而且还管海关税务、铁路矿务、邮政电报及海防船务等。总理衙门自1861 年开始职能逐渐拓展到内政多个领域，并部分取代了中央各个部门的职权，以致当时有洋人称其为清政府的内阁，后人有人将总理衙门称为"洋务内阁"。④

---

① 第一次鸦片战争期间，清政府派钦差大臣与英国谈判、斡旋，但《南京条约》之后钦差大臣一直没有裁撤，而是由两江总督兼任，专办五口通商事务，1844 年起由两广总督兼任，直到1859 年再次改为两江总督兼任，还曾由江苏巡抚兼任。

② 王晓霞：《总理各国事务衙门的设立与近代中国政府职能的转化》，《辽宁行政学院学报》2010 年第 8 期。

③ 吴福环：《清季总理衙门研究（1861—1901）》，新疆大学出版社 1996 年版，"序"。

④ 吴福环：《清季总理衙门研究（1861—1901）》，新疆大学出版社 1996 年版，第 19 页。

　　总理衙门更多是按外交需要,直接涉及劳资关系的较少,只有美国股、法国股主管华工出洋、华工保护,但早期美国股、法国股管理的华工多流向美洲,更多是单向的,即更多流出,很少流入,而且华工到美洲后处于社会底层,遭遇社会歧视,自然对近代劳资关系的作用有限。

　　此外,总理衙门直接领导两附属部门总税务司署和同文馆,总理衙门成立之前由西方人负责日常管理的税务司对五口通商大臣负责。1861年总理衙门成立后总税务司相关业务归口其管理,基本沿袭了此前的管理,明确了总税务司李泰国的权利与义务,即"仍派令李泰国帮同总理稽查各口洋商完税事宜"。李泰国须按照条约认真办理,大致包括以下内容:一是不准外商代华商销货,也不准华商货物借助外轮偷税、漏税,二是禁止李泰国及其雇佣的海关洋员经商;三是李泰国负责各口税务司及其办公洋员;四是如果总税务司有办理不妥之处,即行裁撤。不过,1863年李泰国的裁撤却与总税务司没有直接关系,李泰国作为中国政府雇员和委托人竟敢违背承诺,与晚清政府雇佣洋员对洋员诚实、可信的要求冲突,而被清政府视作诚实、可信更是西方通的赫德接替海关总税务司,直到总理衙门退出历史舞台。当然,赫德在清政府的作用不仅仅是海关,还是总理衙门的高级顾问。1865年成立的总税务司署作为总税务司的附属机构归总理衙门管理,其专设"铨叙科"管人事,各部门的负责人均为洋员,华人只能充当供事、文案,职位最高不过帮办。值得注意的是华人由总税务司、各地洋税务司负责,其负责人员招聘、管理,必然将西方的雇佣方式移植到中国。这些中国海关人员对西方劳资关系应该起着二传手的作用,部分人员后来成为买办或者企业的管理者。另外,总理衙门设立的同文馆也雇佣洋教习。

　　劳资关系基本载体是企业,因此接下来将视角转移到企业。总理衙门专门设有海防股,虽然是主管南北洋海防事务,但其中却不乏与近代劳资相关者,比如船厂、轮船、枪炮、弹药、机器等制造,以及后来的架设电线,修筑铁路,各省厂矿的开办等。虽然其中企业多涉及军事、公用事业,企业也未商业化,而更多采取官办、官督商办、官商合办的方式,但其投资量大、技术领先、规模宏大,非普通商办企业所能比拟,在现代雇佣关系的组织载体工厂制度,工人雇佣,尤其雇佣洋人方面,都有垂范作用。而早期西方在华的工业企业一是非法,二是规模有限,其对中国早期劳资关系的影响相对有限,这更突出了总理衙门海防股对近代早期中国劳资关系近代化的积极作用。

除了上述部门设置外,还有必要关注南洋大臣、北洋大臣的职务设置。总理衙门成立后,鉴于《北京条约》之后通商口岸由五口增加到十六口,地理区域已不仅仅局限于南方的事实,于是南方有专任南洋通商大臣。因专任事权有限,经费困难,后改为兼任,尤其 1873 年以后,由两江总督兼钦差通商事务大臣,成为定制,俗称"南洋大臣",其职责是负责长江和东南沿海各口岸的通商、对外交涉事宜,以及海防事务。南洋大臣的权力相对较大,但总理衙门成立之后,一般中外事务交涉由地方官办理,大事则由总理衙门直接过问,以前五口通商大臣负责税务改由总理衙门负责,因此南洋大臣权力与此前五口通商大臣相比可以说是"架空"。以至薛焕 1862 年由江苏巡抚兼南洋大臣,变成专职南洋大臣之后的上奏竟有如此感慨:"臣虽职司通商,而于抚驭远人,稽查榷课,均系有名无实。……臣两年权篆,驻扎沪城,所行者无异于江苏巡抚应办之事。"薛焕为此要求南洋通商大臣继续由督抚兼任,这一方面是薛焕权力缺失对权力需求的写照,另一方面也客观反映出这一职位的尴尬。总理衙门与地方大员曾国藩(时任两江总督)、官文(时任湖广总督)、李鸿章(时任江苏巡抚),以及薛焕本人交涉未果,1863 年薛焕调到京城后,南洋通商大臣才由地方督抚兼任。

北洋大臣源于 1860 年《北京条约》天津、登州(今烟台)和牛庄(今营口)成为通商口岸。1861 年在总理衙门下设三口通商大臣,主管三口通商,但无钦差身份,会同地方官共同办理,常驻天津,1870 年崇厚出使法国前一直由其兼任(1863 年春崇厚署理直隶总督后,总理衙门大臣由董恂曾暂时代理)。天津教案发生后,工部尚书、总理衙门行走毛昶熙等官员将其归因于北洋通商大臣没有督查地方的权力,犀利地指出专职负责北方三口洋务的北洋大臣"有绥靖地方之责,无统辖文武之权"。毛昶熙奏请裁撤专职三口通商大臣,而由直隶总督兼任,得到当时总理衙门负责人奕䜣批准。于是 1870 年 11 月 20 日开始,总理衙门正式成为直隶总督的兼职,并成定例。此后,北洋大臣的权力迅速得到提升,总理衙门外交职能几乎转移到北洋大臣李鸿章一人身上,在无论是以自强还是求富为目的的近代洋务军事、民用企业的创建中,均发挥了重要作用。这既与其地处京畿有关,又与其战功显赫,力推洋务有关,他甚至被日本首相伊藤博文称作"大清帝国中唯一有能耐可和世界列强一争长短之人",无论是外交还是洋务其权力都远远高于南洋大臣。远超北洋范围的轮船招商局、架设电线、各省煤铁矿均由其负责,其 1871 年以后与西方签订的条约竟然超过 30 个,也许是天意,总理衙门裁撤当年,李鸿章离开了人世。

总理衙门虽然没有制定具体劳资政策,但其所发动的洋务运动组建了一系列洋务军事、民用企业。这些企业不仅大量雇佣中国工人,成就了中国第一批产业工人,还雇佣了大量洋员。洋员不仅促进技术进步,还为工厂制度在中国的推广提供技术支撑。最为关键的是,直接参与企业管理将西方近代劳资关系移植到中国,并逐渐本土化。此外,作为国资代言人的总理衙门、南北洋大臣、地方洋务大员等直接与洋人签订劳动协议。

在总理衙门推动下,政府不但对传统劳资关系有较大突破,而且还推动了资方发展。早期以自强为目的洋务军事企业均官办,19世纪70年代初开始以总理衙门为中枢,在西方股份制思想东渡中国,以及部分外资企业示范下,洋务派倡办了部分官督商办、官商合办民用企业。其中以李鸿章倡办的轮船招商局为先导,将西方股份制引入中国,不但吸收了零散的商人(手工商业)资本,让其继续投资于工商业,客观上淡化了国人传统的"以末致富,以本守之"的观念,还吸收了部分没有工商业经营能力、经营精力的乡绅资本,从此农业对资本的吸引力开始下降,工商业的比较优势显露出来,资本家不再是专业的工商业经营者,而是各种看好工商业投资的有钱人①。就企业内部,资方已不再是一个或者几个合作的老板加上他们的代言人——管理者,而是由以合资性质联系在一起的资本所有者与管理者构成。其中在清季最有时代特色的典型是官督商办股份公司,政府与资方、大股东,经营管理者倾向于三位一体。资方和政府代言人总办、会办,往往有丰富洋务经历,属于社会精英阶层。股东更多是总办或者会办亲戚、朋友,总办与会办的地缘、业缘、血缘等社会关系,以及人情与面子在资本筹集中发挥着重要作用。② 政府倡导公司对近代劳资关系的积极作用还体现在其一般规模较大,需要大量雇员,而其又不在军事行业,因此其管理官僚化程度较低,雇佣工人相对市场化,近代产业工人特征更加明显。笔者认为股份公司是近代劳资关系的微观组织基础,其发展必然带动劳资三方的近代转型。

官办、官督商办、官商合办新式企业均是政府推动,其经营管理权掌握在有

---

① 近代,尤其清季的股份公司投资者或者说股票购买者社会化程度是相当低的,普通人,尤其穷人并没有购买股票,主要是财富较充足的工商业者、官僚、买办、地主和乡绅,甚至还有一些政府机构和社会组织购买股票。

② 杨在军:《晚清公司与公司治理》,商务印书馆2006年版,第111—113页。

官方背景的总办或者会办手中,这决定了其管理有更多官僚化色彩,加之政府的封建性,在企业甚至有驻军维持日常秩序,对工人的日常管理甚至还有诸多刑事手段,这也是晚清中国新式企业与外资在华企业劳资关系的重要区别。不过,一些学者认为近代中国一些劳工管理方式是中国封建所独有,有些过度渲染,这将在后文予以讨论。

以总理衙门为中枢的洋务运动,还带动通商口岸附近民间资本所有者以各种方式兴办企业,壮大了资方队伍,政府、劳方和资方的近代劳资要素出现萌动的迹象。这既有洋务派发起的洋务军事、民用企业技术扩散的作用,也有洋员将西方劳资关系移植到中国,促进劳工管理近代化的结果,更有地方政府倡办企业,社会风气日新,兴办企业不再被视作破坏风水,雇佣女工不再被视作败坏风气等的影响。

甲午战争以前西方在华直接投资没有任何法律依据,但在 1880 年前,清政府更多是放任政策。虽然早期一些学者认为放任政策是清政府与西方侵略者勾结的结果,但这应该是站不住脚的,更多的是由于清政府不懂近代国际经济关系,外商早期投资可能也较少直接威胁到中国人民利益,洋务政府多关注自强,而此阶段西方在华私下投资主要是民用,民间也几无反对声音。因此鸦片战争后相当长一段时间,外商在各通商口岸涉猎很多工厂,并未引起什么交涉。① 但当威胁到中国利益时,清政府出于本能,往往进行坚决抵制。

1880 年前清政府对西方在华投资的有效抵制是对西方在华铺设电报线的抵制。其最初可能没有抵制西方资本的意识,而更多出于国家安全考虑,并进而演变为政府直接投资建立电报局。之所以电报业成为先行者,笔者认为主要是因为西方在华敷设电报线,危及到洋务派"自强"的结果。早在 19 世纪 60 年代初,西方国家除在中国沿海敷设海底电线外,还企图在中国领土建设电(报)线。1862 年,沙俄公使就照会总理衙门,要求敷设由俄国经北京直达天津的电线,总理衙门虽然对其影响并无深刻认识,直至此后一段时间都处于茫然状态,但本能答复"铜线法施之于中国,诸多不便"。② 此后,英、美等国公使都提出在沿海通商口岸建设电线,清政府均予以拒绝。1865 年 2 月,总理衙门更是通知各将军、督抚,中国与外国不同,不可以让外国设置电线,但各通商口岸领事馆难免有觊

---

① 孙毓棠:《中国近代工业史资料(1840—1895)》第一辑,上册,中华书局 1962 年版,"序",第 17 页。

② 《海防档》,"丁","电线"(一),第 5 页。

觊之心,仍向地方官,要求甚至可能有洋人不经地方官许可,私设电线,务必设法阻止,以弭衅端而杜后患。李鸿章更是于 1865 年向总理衙门提出,电报线对传递信息极为有利,洋人处心积虑,私自敷设电报线可能无法杜绝,中国人受其影响也可能自己敷设电报线,传递信息。因此,如果将来不能禁止,不如自己建设电报线路。遗憾的是,李鸿章的观点未能在清廷引起共鸣。

不过,1870 年英国公使威尔玛利用总理衙门对领海主权的无知,率先攫取到海底电缆敷设权,随后英国大东公司和沙俄控制的大北公司展开了中国电报权竞争,并在 19 世纪 80 年代初私自"登陆"①,于 1873 年私设吴淞口到上海的电线。面对此种情况,洋务派也于 70 年代中期起开始提出自行敷设电报线路,尤其 1874 年日本侵犯台湾,钦差大臣沈葆桢体验到"台洋之险,甲诸海疆,欲消息常通,断不可无电线",于是奏请在"中国自主,权无旁落"的原则下由官设立,水陆兼筹。此后,大北公司擅自动工,私自安设福州南台至罗星塔线路,福建人民愤而拆毁电报线。1875 年 2 月起丹麦大北公司和清政府开始交涉,直到 1876 年 3 月 20 日丁日昌担任福建巡抚后,福建通商局才和大北公司达成协议。协议之所以一年多才达成主要是福建省政府内部的争议所致,这客观上说明早期一些学者动辄将早期政府、官员说成与西方侵略者沆瀣一气有失客观。购回电报线后,福建政府决定拆毁储存。1877 年,丁日昌打算将拆除的电报线拿到台湾建设,既"化无用为有用,一举两得",以解台湾南北相隔遥远,信息传递困难窘境,但不久丁日昌遂离任,最终台湾架设电报线未能成行。1879 年,李鸿章从海防出发,于大沽、北塘海口炮台试设电报到天津,并取得良好效果。1880 年,李鸿章在中俄交涉中更深感"电报实为防务必须之物",奏请敷设天津到上海电报线,以加强南北洋之间联系,并建议以陆线为宜,由淮军军饷拨款开办,办成后再招商股,官督商办,设立电报学堂,雇佣洋人教导中国学生,自行经理,最终实现"权自我操,持久不敝",并得到清政府批准。1880 年 10 月天津电报局成立,李鸿章派盛宣怀任总办,负责津沪电报线路,同时设立电报学堂,招雇洋人来华教习电学及收发报等。1882 年由官办而官督商办,1884 年沪粤电报建成后,总部转移到上海,1908 年收归官办。②

① 李时岳、胡滨:《从闭关到开放——晚清"洋务"热透视》,人民出版社 1988 年版,第 182—183 页。

② 李时岳、胡滨:《从闭关到开放——晚清"洋务"热透视》,人民出版社 1988 年版,第 183—196 页。

1880 年前后,情况突变,以李鸿章为首的洋务派开始经营民办企业,即所谓由自强而"求富",而要"求富"当然得有利润来源,而由于早期西方私下投资对中国民间手工业乃至机器工业的挤出效应,洋商遂受到政府抵制。19 世纪 80 年代前后,以李鸿章为首的洋务派就对西方在华纺织业投资予以坚决抵制。比如,1877 年、1879 年、1882 年和 1885 年英美商人屡次尝试在上海、天津开设棉纺织厂的努力,均因遭到清政府抵制而失败,清政府理由是保护上海织布局及其奏准的十年专利权①,这也迫使西方谋求在华直接投资权。

但是,伴随时间推移,以及西方侵略者采取了一些新的对策,清政府抵制部分失效。几年后,日本大阪纺织会社筹划联合英国和日本两国商人要求在上海设轧花厂,为了避免清政府干涉,纠集英、美、德商人共同出面。1888 年外商通知上海道台后,并未征得同意,即在浦东购地建厂,李鸿章随即下令禁阻,总理衙门也三次照会英国公使抗议,但毫无效果,该厂于 1889 年正式开工。1893 年,同样是日本商人始作俑,企图将大批轧花机器运入上海,以扩展其轧花工业,李鸿章命令海关禁止入口,日商再次纠集上海各国领事,以及北京的外国公使团向总理衙门抗议、交涉,直到甲午战争爆发也尚未解决。同期,英国将榨油机器运入上海,扩充造胰厂,李鸿章命令海关组织交涉,数月后,可能李鸿章考虑到对"求富"产业冲击不大,加之压力,就通融放行了。②

总理衙门对近代劳资关系的推动可以分为两个阶段,即以 1895 年《马关条约》签订洋务运动结束为界,自 1861 年总理衙门成立,到 1894 年甲午战争以前,其在中国近代劳资关系萌芽中的地位是主导性的。③ 这主要有两方面原因:一方面是总理衙门成立到甲午战争之前,西方政府和企业对中国劳资关系影响相

---

① 许涤新、吴承明:《中国资本主义发展史》第二卷,"旧民主主义革命时期的中国资本主义",人民出版社 2003 年版,第 513 页。

② 孙毓棠:《中国近代工业史资料(1840—1895)》第一辑,上册,中华书局 1962 年版,"序",第 17—18 页。

③ 总理衙门成立到 1894 年其实还可以分为三个阶段,第一阶段,在 19 世纪 60 年代主要以自强为目的的洋务军事企业为主推动劳资关系的近代化,虽然这种劳资关系可能与真正市场化的劳资关系还有一定距离,离民众还有距离;第二阶段是 19 世纪 70 年代,洋务军事企业继续开办的同时,以求富为目的洋务民用企业更广泛、更深入地推动劳资关系近代化;第三阶段是 1884 年到 1894 年,由于 19 世纪初的上海金融风潮,以及随后中法战争中方失败,奕䜣被免去总理衙门负责人职务,此后到 1894 年间无论是自强为目的的洋务军事企业,还是以求富为目的的洋务民用企业的兴办都相对有限。

对不足。因为西方虽然取得一些条约特权,但基本在沿海通商口岸,势力尚未延伸到中国内陆腹地,西方资本家此时普遍缺乏资本输出的需求,主要处于对华产品输出与原材料、土特产搜刮阶段,西方没有必要也没有取得在华资本输出的片面特权,尚不能名正言顺地在中国投资,到中国投资冒险的企业家实力有限,或者说更多是边缘化的冒险家,对中国劳资关系的影响有限。另一方面是,由于西方侵略尚未深入到内地,中国人在这一阶段对西方的了解尚且不深,有盲目排外倾向,中央政府尚有洋务派与顽固派,而越是内陆腹地的民众、官员,思想及观念应更接近清政府的顽固派,以西方为先导的近代劳资关系在中国没有生存土壤,或者说只是能在夹缝中生存。考虑到上述情境,就不难理解 1861 年成立的总理衙门,力推洋务运动,必然对与"自强求富"为目标的洋务运动蕴含的近代劳资关系影响较大。

值得注意的是,洋务运动时期,甚至更早,清政府对华南地区的人口向南洋等地移民更多纵容,从而在 19 世纪中后期,海外华人社区形成了由侨居商贾、工匠及其当地家属转变成契约劳工所支配的社区。早期学术界认为清政府对早期海外华侨相对冷漠,但澳大利亚学者颜清湟的研究却表明,清政府尤其出使西方的外交官总是竭力保护中国在外的工商业华侨,曾出使西方的黄遵宪、薛福成等更是上奏总理衙门、朝廷,使清政府的侨民管理政策在 1893 年做了重大调整,而朝廷之所以准奏,与薛福成上奏时有意识的突出其对中国经济的积极作用有关。①

三、清季政府的劳资角色

1895 年后一段时间总理衙门仍然存在,但地位却一落千丈。随甲午战争失败,洋务派组建的北洋舰队全军覆没,洋务运动受挫,即便 1884 年卸任的奕䜣再度上位,但是洋务派、洋务运动对劳资关系的直接推动有限。清政府与日本签订的《马关条约》承认了日本在华投资特权,随后按照利益均沾原则,扩展到其他西方国家。

《马关条约》后虽然洋务派自强求富为目的的洋务运动破产,但在帝国主义

① [澳大利亚]颜清湟:《出国华工与清朝官员——晚清时期中国对海外华人的保护(1851—1911)》,栗明轩、贺跃夫译,中国友谊出版公司 1990 年版。

近代工业资本夹击、民族危机加深背景下,洋务派以及其他官吏进一步认识到革新变法,振兴商务,尤其讲求制造"为目前且要之途"。其中,尤以 1895 年 7 月清政府发布的上谕"叠据中外臣工条陈时务陈时务,详加披览,采择施行。如修铁路、铸钞币、造机器、开各矿、折南漕、减兵额、创邮政、练陆军、整海军、立学堂;大约以筹饷练兵为急务;以恤商惠工为本源。此应及时举办"①影响深远。以此为标志,清政府的政策发生重大转向,即由最初的压制工商业转向保护和扶植私人资本为主的"恤工惠商"。

此后,各地将军、督抚,均以开矿设厂为荣。因此,虽然甲午战后清朝各级政府财政紧张,清政府兴办厂矿的热情却前所未有。1895 年到 1911 年间,清政府至少兴办了官办、官督商办、官商合办工厂 44 家、矿山 45 处,兴建铁路 6000 多公里。② 具体而言,清政府设立的厂矿主要包括张之洞、盛宣怀主持的跨越多省的汉冶萍公司,黑龙江漠河等金矿、甘河煤矿、奉天通化、怀仁金矿、吉林三姓金矿、磐石铜矿、直隶迁安金矿、宣化煤矿与磁州煤矿、山东沂水金矿、四川冕宁金矿、湖南黄金洞金矿、云南的黄金、铜矿、江西赣州铜矿及余干煤矿、湖南铅矿和炼铅厂、湖北炼锑厂、广西富川、贺县煤、锡、锑等矿、广东锑矿、贵州铜仁锑矿和清溪铁厂、陕西延长石油厂、江苏金陵等地煤矿。③ 由于矿冶业资源具有排他性,尤其作为自然资源,其产权具有独特性,因此政府往往借助"专利权"等排斥民营矿业,但官办矿业利用自身资源优势取得了明显发展,其规模、雇工、管理都是传统矿冶业无法比拟的。其中存在广泛雇佣关系,虽然资方更多是政府及其代理机构或代理人,但有相当部分矿冶业采用西方技术与管理,其近代劳资意义不容忽视。

就民用工业而言,以纺织业为主。仅张之洞创办的就有武昌纱布丝麻 4 局、毛呢厂,张之洞还在江苏等地有诸多创设纺纱、缫丝等厂的筹划。盛宣怀除经办华盛纺织厂外,还有山西绛州纱厂、陕西咸阳纱厂、新疆伊犁纱厂、重庆纱厂等。④ 除了纺织业外,各省政府还积极开办其他工业。比如,张之洞、陈夔龙在

---

① 朱寿朋:《光绪朝东华录》,中华书局 1958 年版,第 3631 页。

② 刘克祥、陈争平:《中国近代经济史简编》,浙江人民出版社 1999 年版,第 370 页。

③ 汪敬虞:《中国近代工业史资料(1895 — 1914)》第二辑,上册,中华书局 1962 年版,第 468 — 540 页。

④ 汪敬虞:《中国近代工业史资料(1895 — 1914)》第二辑,上册,中华书局 1962 年版,第 563 — 612 页。

湖北发展的皮革、造纸、印刷、铁钉等工业，岑春煊在广东发展的水泥、水电等工业，其他地方官员倡导发展的民用工业主要有南洋印刷官厂，京师自来水厂，川边皮革厂，伊犁毛皮厂，山西官办铁厂，浙江、江西樟脑公司等。[①] 北洋大臣甚至倡办天津鸦片烟厂，幸而未能成功。这一阶段的官办企业主要是由一些热衷近代工业的政府官员推动，比如张之洞、盛宣怀、陈夔龙、岑春煊等。这些官办企业生产经营基本采取新的组织方式、技术手段，其劳资关系显然有别于传统，其对中国民间企业劳资关系等的"溢出效应"也不容忽视。

洋务运动破产后，一方面清政府内部一些有识之士意识到军事应以经济实力为基础，另一方面西方列强取得在华投资特权，民族危机加深，全国上下民族意识高涨。在"官商一气，力顾利权"的思想指导下，清政府积极推动工商业发展，官与商之间的互动增强。如取消奕䜣、李鸿章等人规定的禁止民间使用机器的惯例；总理衙门饬令各省督抚于省会设立商务局，各府州县于水陆通衢设立通商公所。[②] 这一阶段，除民间投资者兴办近代工厂的相对普遍化外，政府发起兴办的企业也逐渐向民营转变，这些自然会促进劳方和资方数量、组织的发展。此外，1897 年清政府成立的中国通商银行作为中华民族第一家近代银行，不但开风气之先，最为关键的是直接给工矿企业提供资金支持，仅 1897 年底上海总行对工矿企业的放款就有近 100 万两。[③]

甲午战争促进了中国内政的变化，从宏观组织、制度上保证了政府、劳方与资方向近代劳资方向发展，但这相比于戊戌变法及 20 世纪初的新政而言，还是微不足道的。1898 年戊戌变法推行的新政涉及政治、军事、教育。其中，经济方面基本思想强调以工商立国，并且鼓励民办企业，中央政府设专门的工商业职能管理部，如铁路矿务总局、农工商总局，并在各省设分局、商会，倡导在全国各地设立工厂，推广口岸商埠，打破八旗经商禁令。光绪皇帝还下诏裁汰詹事府、通政司、太常寺、大理寺等诸多中央衙门；裁撤湖北、广东、云南等省巡抚，东河总督、粮道、盐道也在裁撤之列。官制改革，凡此种种，不再一一赘述。戊戌变法时期政府机构改革的高潮是 1898 年 9 月 13 日设立懋勤殿——即设立制度局以议

---

① 汪敬虞：《中国近代工业史资料（1895—1914）》第二辑，上册，中华书局 1962 年版，第613—636 页。

② 中国近代史资料丛刊：《戊戌变法》，第 2 册，第 400 页。

③ 中国人民银行上海分行金融研究室：《中国第一家银行》，中国社会科学出版社 1982 年版。

新政,这意味着改变中国传统君主专制。① 如果能够继续下去,那么就与近邻日本,以及资本主义的开山鼻祖英国等类似走上君主立宪,建立适应近代劳资关系的政府似应顺理成章,但戊戌变法维持百日后夭折。不过,一些改革思路,具体政策还是顺应时代潮流,被镇压变法的清政府保守派延续,甚至在 20 世纪初的清末新政得以深化。

百日维新失败后,政府改革势不可当,经过 19 世纪最后两三年的蹒跚之后,20 世纪初清政府发起新政②,政府内部促进经济发展的主导力量遂由软弱的资产阶级维新派变为掌握实权的清政府保守派,其对中国近代劳资影响深远。新政出台系列新政策,其中与劳资关系最为密切的是经济政策。经济政策方面对劳资关系的影响主要体现在对劳资关系的载体——近代产业、工商企业的促进,加快了中国劳资关系近代化步伐。不过,无论戊戌变法,还是 20 世纪初的清末新政,经济政策虽然部分移植西方,政治基础却仍然是专制政府,而西方近代经济政策的基础是资产阶级掌握政权,这决定了 20 世纪初的晚清政府尚不具备近代劳资关系所需政府的特质。因此一系列促进工商发展的政策出台后,清政府并未摆脱被动状况,相反从 1908 年起政治矛盾更加突出。尤其年底光绪、慈禧相隔不到一天去世,不到 3 岁的溥仪即皇帝位,此前中央与地方政府间、中央政府内部已经矛盾重重,加上最高领导人皇帝缺乏权威,更缺乏执政能力、领导能力,屡弱的清政府经不起任何风吹草动。1911 年以海外资产阶级为领导,以工人力量为支撑,以民间工商利权民族意识觉醒的保路运动为导火索的辛亥革命推翻了两千多年的封建帝制。

整体而言,1895 年到清政府覆灭的十几年间,经济政策经历了三个阶段:1895—1901 年的第一个阶段受改良派的影响主要是调整官办、官督商办企业;1907—1902 年的第二阶段,以新政为中心,设置相关经济职能机构,制定经济法规和章程,部分移植西方资本主义的制度;1908 年以后,政治变革停滞不前,经济上国家控制与干预加强,并导致经济社会,尤其政治崩溃。后两个阶段,立宪派发挥重要作用的同时,地方实力派,帝国主义也竭力从自身利益

---

① 郑荣:《百日维新后清廷内的改革倾向》,《西安外国语学院学报》(哲学社会科学版)1995年第 2 期。

② 当然新政不是百日维新的简单延续,而是内忧外患的必然结果,尤其是百日维新后的义和团反帝运动、随之而来的八国联军侵华、《辛丑条约》等让民族危机空前加深。

出发影响决策,导致清末经济政策变化无常,加上其他一些因素,相关政策与预期目标渐行渐远。①

　　整体而言,1895 年以后,清政府虽然没有出台直接的劳资政策,更多是从宏观上规范、鼓励工商业发展的政策,但一系列以"奖励工艺"为核心的措施和章程(见表3-1),客观上促进了劳资关系,增强了政府对劳资双方的调控能力,资方和劳方的来源、数量和组织化萌芽,尤其劳资关系所需的基础载体工商企业有所发展。

表 3-1　晚清政府各项措施和章程与劳资关系简表

时间	措　　施	劳资意义
1898	总理衙门议定振兴工艺给奖章程;开设中国通商银行。	振兴商务给奖章程是封建政府第一次以正式制度的形式肯定了发展近代工业的重要性,也是对近代社会逐渐摒弃重农抑商传统事实的合法化,而近代工业恰恰是近代劳资关系的产业基础。与近代工商业相匹配的是近代金融系统,其中银行起着主导作用,鸦片战争以后有外资银行非法进入,但中国尚无自己的银行,通商银行的创建改变了这一局面。
1899	上海设立商务总局。	将商务局升格为商务总局,说明资产阶级改良派的维新变法虽然失败,但整个政府已经认识到发展商务的历史必然。
1903	设商部;公布商会简明章程;商部制定奖励公司章程。	商部独立于户部存在,商部的设立系统启动了中国近代工业化,工业化恰恰是近代劳资关系的前提。商会简明章程规范资方组织,奖励公司章程则促进近代劳资最典型微观载体。
1904	商部颁布商律及公司注册试办章程,设注册局专司其事;制定试办银行章程。	商律及公司注册试办章程,以及试办银行章程,改变了以前一事一议之特许制度。商人获得了前所未有的法律地位,作为微观劳资关系载体的无论公司、银行成立有法可依,有章可循,有"准则"可依。1905 年到 1908 年的工商业发展高潮与此不无关系。
1905	商部设劝工陈列所、高等实业学堂和设户部银行。	劝工陈列所起示范带动作用,高等实业学堂则培养实业管理人才,户部银行设立则凸显出清政府中央集团对近代工商业的重视,而与之伴随的必然是近代劳资关系的萌芽。
1906	商部颁布奖给商勋章程;商部先后改为工商部,农工商部。	以制度赋予商人与官员一样的地位,对推动工商业的发展具有积极作用;商部改为工商部,统管全国工商矿事务,处于仅次于外务部列各部之前的地位,意味着职能扩大,也利于近代劳资关系在农业、农村的萌芽。

①　刘克祥、陈争平:《中国近代经济史简编》,浙江人民出版社 1999 年版,第 310 页。

时间	措　施	劳资意义
1907	农工商部颁布华商办理农工商实业爵赏章程及奖牌章程,改订奖励公司章程,制定大清矿务章程。	公开给予实业家官衔,且不是早期商人出钱捐纳,而是凭创办实业业绩。奖励公司章程的修订,对资方发展的助力不言而喻。《大清矿务章程》是中国涉及劳动安全卫生以及法律的第一部法律,对矿业发展、劳资三方均做出相对系统规范。
1908	制定储蓄银行则例。	对实业发展提供资金支持,促进企业发展,而企业是近代劳资基本载体。
1909	武昌举行物品展览会。	物品博览会对民间工商业有促进作用,更大范围内形成、发展劳资关系。
1910	两江总督兼南洋大臣举行南洋劝业会。	南洋劝业会仿照西方鼓励工艺,虽然官商合办,但官方为促进竞争意识,不但倡导、组织,而且对商人亏损部分予以补贴,这对促进民间发展工商业,尤其学习先进的意义重大。

注:劳资意义一栏为课题组所加。

资料来源:汪敬虞:《中国近代工业史资料(1895—1914年)》第二辑,上册,中华书局1962年版,第637—646页;《大清光绪新法令》第四卷,商务印书馆1909年版。

　　首先,逐渐建立了相对完备的近代工商管理部门。甲午战争以前,清政府中央到地方并没有专门的工商业管理机构,近代以后,总理衙门等部门内部零散地分布着一些机构,但没有独立部门。甲午战争后总理衙门饬令各省在省会设立的商务局,以及各府州县于水陆通衢设立的通商公所,并不是政府的正式部门,而可能类似当代中国的工商联组织,至少从名义上讲是商人的组织。正式的政府专职部门出现在1898年8月光绪谕令设立农工商总局、矿务铁路总局,戊戌变法失败后废除了农工商局。1903年清政府设主管全国商务的政府机构商部,并将矿务铁路总局并入,1906年将工部并入商部,改成农工商部,下设农务、工务、商务、庶务四司。1906年还设立了邮传部以掌管轮船、铁路、邮政等相关事业。这些近代性质政府机构的成立,无疑会推动相关行业发展,客观上促进劳资关系发展,但遗憾的是在清末尚未出现专职的劳资管理政府部门,这客观上说明当时中国产业不发达,劳资问题并不突出,尚没有设立专门机构的必要。

　　其次,出台了一系列规范、促进资方,劳资关系主要发生场所的市场经济基本细胞——企业的法律法规,其中最为突出的是包含《商人通例》和《公司律》的《钦定大清商律》。《商人律例》共9条,就商人含义、商业能力、商号、商业帐账等作了规定,从根本上确立了商人合法权利和地位,从制度上否定了传统的重本抑末的传统,而这恰恰是近代劳资关系的外部基本环境。值得注意的是,1904年清政府商部颁布《商会简明章程》,规范各地行会、会馆、公所等资方或者劳资一体的组织。《公司律》共 131 条,规定公司组织形式、创办注册方法、经营管理方式和股东权利等内容,尤为关键的是我国自 1872 年第一家股份公司轮船招商局成立以来,经过 30 多年的风雨历程,公司制度终于从特许阶段进入准则阶段。① 而公司制度能够广泛聚集社会资本,所创办企业一般规模较大,管理更为规范,是现代企业制度的典型代表,甚至当代还存在将股份制等同于现代企业制度的误区。② 公司法律地位的取得,意味着企业能够从社会吸纳大量零散资本从事生产经营,这不但扩大了资方的范围,而且由于大量投资共同拥有公司所有权,日常交流增多,为其组织化创造了条件,除资本规模外,技术、生产经营规模等超过普通企业。其对人力资源等需求也相对较多,大量农民、城市流浪者成为工商业劳动者,为劳方的组织化奠定群众基础。

最后,清政府还出台了诸多直接或间接促进近代劳资各方发展的政策。比如,行业管理法规、奖励工商政策、兴办实业教育、劝导和奖励私人兴办工商、鼓励和吸引华侨归国投资,保护商人投资者利益的政策,以及调整、改造和发展官办工业的政策措施。相关政策并没有保护劳工、劳方利益,规范其行为的政策,这客观上说明劳工影响不足。此外,清末广泛设立的工艺局和工艺传习所促进了手工业发展,培训了大量手工业工人。

---

① 杨在军:《晚晴公司与公司治理》,商务印书馆 2006 年版。
② 王效昭:《警惕和防止现代企业制度的边缘化倾向》,《管理世界》2006 年第 5 期。

第四章　晚清的资方

　　辛亥革命以前中国资方整体实力有限,构成却相对复杂,既包括传统手工业商人向近代雇主的演化,又包括洋商雇主,归国投资的华侨雇主,以及由"官务"而"商务"的部分洋务官员。更有国门洞开后中外贸易迅速增加而产生的大量买办商人,逐渐由商而工,受雇于人且雇人,由雇人而成雇主,由商业而工业,具有时代特色的"买办阶级"①。不但如此,由于资方发展壮大,加之西方近代社团精神的影响,资方组织近代化趋势加强,但受传统因素影响还主要局限于同乡、同族、同业。清末戊戌变法虽是资产阶级改良运动,但却基本局限于封建政府内部精英、知识分子,未见作为企业投资者,企业家的资方,而直接导致两千多年封建帝制覆灭的辛亥革命,更多是由海外背景的资产阶级知识分子领导完成,就角色和职能而言同盟会等并不是资方组织。

第一节　洋人资方

　　鸦片战争以前,广州一口通商时期的洋行受中国政府管理,与买办、通事间虽然也有委托代理关系,却不是自由雇佣。鸦片战争后,相继签订的一系列不平等条约,使外商相继取得在华贸易、投资、开矿、自由雇佣权利,更有割地、租界、领事裁判权等让洋商在中国投资享有超国民待遇,其创办企业无论规模、技术、管理均普遍优于中国企业,加之近代劳资关系滥觞于西方,因此本部分有必要对洋人资方加以专门讨论。

---

　　①　正如后文所述这是一个充满争议的概念,这里用这个概念只是强调其影响力大。

一、洋人资方主要载体

洋商在华最初活动中心是洋行,但洋行在中国的历史并不太长。广州一口通商之时,中国政府设有商馆,但并非商业组织性质,而是洋商临时居住之所,不能过冬。但西方一些大"公司"可以常驻,比如,英国东印度公司就取得常驻性质,1715 年该公司在广州设行,开外国在华洋行风气之先。鸦片战争之前,除英国外,法国、美国部分洋行也登陆中国,其中,英美两国洋行成效较大。常驻中国,即便在广州也是对公行制度的突破,其日常管理应该对公行制度有所突破,可能其雇佣自由度相对较大。此外,1669 年到 1750 年俄国派商队到北京贸易,以及 1727 年开始的恰克图贸易,均可能临时或长期雇佣中国人。

鸦片战争后,上海迅速取代广州成为中国外贸中心,洋行随即涌入。1843年上海即有 5 家洋行,是广州老牌洋行分设机构①,1847 年有洋行 24 家,外商店铺 5 家,还有旅馆和俱乐部各 1 家。英商丽如银行 1845 年在香港、广州设立分行后,1847 年在上海设立分理处。1852 年上海有洋行 41 家,英商约占三分之二,美商虽然只有 5 家洋行,但在贸易方面却占据着重要地位,当年进入上海港商船 218 艘,其中美商 64 艘。② 1859 年,上海有洋行 62 家。这属于洋行早期阶段,洋行主要经营鸦片与纺织品,主要经营方式是中间商和代理商制,只有少部分是自负盈亏的经销商。自 19 世纪 60 年代起,国际垄断资本进入中国,直接设立自身的生产和销售机构,经过几十年的发展,其实力甚至超过了老牌洋行。在中国设立洋行并非毫无风险,一方面是中国政府,尤其洋务派的抗争③,人民大众对尤其直接涉及生存问题的手工业一直进行坚决抵制。④ 另一方面,面临激烈竞争,这既包括华商与其竞争,更有洋商间的竞争。比如,1864 年上海有洋行68 家,只有 42 家延续到 1868 年,不过这四年间又新开设洋行 61 家,净增 37 家,共 103 家,到 1880 年 103 家竟然只剩下 36 家,新开设 64 家,总数比 1868 年还少

---

① 这似乎说明这些洋行已经同时拥有了多个买办。

② 《上海对外经济贸易志》编纂委员会编:《上海对外经济贸易志》(上卷),上海社会科学院出版社 2001 年版,第 53 页。

③ 一般认为清政府、洋务派采取的是妥协放任的态度,笔者认为这可能有意识形态倾向,清政府当时也有太多的无奈,其抗争方式不可能采取普通民众那种方式。

④ 汪敬虞:《十九世纪外资对中国工矿企业的侵略活动》,《经济研究》1965 年第 12 期。

3 家,到 1895 年也不过 116 家。① 这说明当时竞争是相当激烈的,尤其是国际垄断资本的进入,其实力强大,一些小洋行失去了生存空间,这当然也意味着这些洋行会使用浑身解数以求在竞争中立足,其中自然也包括劳资关系的处理。甲午战争后外国在华行号增长很快,据海关报告,1899 年英国在华行号(企业)401家,占总数的 43%,也就是说当时约有外国在华洋行 933 家,而到 1913 年外国在华行号已近 4000 家②,考虑到 1911 年以后中国政局动荡,局势未明,1913 年的外国在华行号应基本是辛亥革命前进入。

虽然《马关条约》之后,西方列强才凭着条约特权取得在华设厂权,但似乎随着外国人进入,西方企业就顺势进入。外国教会就办了一些印刷所(主要不是牟利),经营性质的则是船坞,最早的是香港揽文东角船坞(1843)、广州柯拜船坞(1845),到鸦片战争前外商在华开设工业企业 100 多家。③ 外商在中国设厂具有明显阶段性特征④,19 世纪 60 年代中期以前主要是船舶修造业,集中在上海和香港;19 世纪 70 年代出口加工业迅速崛起,尤以制茶业为最;19 世纪 80年代初以后缫丝工业迅速发展。从 19 世纪 60 年代中期始,外资就开始尝试进入公用事业投资,19 世纪 80 年代开始成为重要投资部门。19 世纪 60 年代中期以后,西方资本还觊觎中国的煤矿和金属矿,19 世纪 80 年代以后,西方资本还千方百计向中国工矿业渗透,但都几乎没有成功。工业企业历来被视作劳资关系基本载体,因此有必要详细梳理晚清西方在华工业投资情况。

1894 年外国在华工业投资 101 家⑤,其中有 86 家能明确资本单独来源于某一个国家。其资方主要来源于英国,能够确定独立母国的英国有 59 家,15 家国别不明或者几国商人共同投资企业中可能是英国的也超过一半。英国在华投资设厂数占绝大多数,与英国是侵华先锋攫取的条约特权最多有关,也与英国率先

① 《上海对外经济贸易志》编纂委员会编:《上海对外经济贸易志》(上卷),上海社会科学院出版社 2001 年版,第 59 页。

② [美]雷麦:《外人在华投资》(修订版),蒋学楷、赵康节译,商务印书馆 1959 年版,第 263—264 页。

③ 许涤新、吴承明:《中国资本主义发展史》第二卷,《旧民主主义革命时期的中国资本主义》,人民出版社 2003 年版,第 90 页。

④ 汪敬虞:《十九世纪外资对中国工矿企业的侵略活动》,《经济研究》1965 年第 12 期。

⑤ 参见孙毓棠:《中国近代工业史资料(1840—1895)》第一辑,上册,中华书局 1962 年版,第234—241 页。

完成产业革命,具备技术与管理优势,以及较早出现资本过剩不无关系。美、德、俄、法、日等国的投资则有限。

外国资方虽然受到条约特权的庇护,技术、管理相对领先于中国企业,在华收益相对较高,但也存在一定风险,倒闭、被兼并,甚至被国人捣毁①并不鲜见。此阶段外国投资主要是日用轻工业,除船舶工业外,重工业和矿业基本没有涉及。这一阶段西方尚未取得在华设厂权,因此外国资本地位和作用亦有限。

整体而言,甲午战争前西方在华工业资本约 2800 万元。《马关条约》前外国资本在华经营的工矿业主要包括四类:最早的是船舶修造业,以配合西方商品、航运的入侵,以英国资本为主,典型的如广州柯拜船坞、香港船坞公司;其次是为方便西方资本在华掠夺原料、推销商品而经营的各种加工工业,比如砖茶、缫丝、轧花、制糖等;再次是外国资本在上海等地兴建的小规模轻工业,以方便其侨民生活,比如汽水,酿酒、制药、制酸、印刷厂等;最后是租界公用事业,比如自来水公司、煤气公司、电灯公司等。② 此外,外国资本企图在中国开采矿山,但在中国政府和中国人民的抵制下,其各种努力,几乎都以失败告终,断断续续,到甲午战争时并未有多少实质进展。

《马关条约》之后,伴随各国在华取得设厂权,加之西方已由早期的商品过剩演化为资本过剩,以及西方在华取得片面最惠国待遇,势力范围划分,巨额赔款等,外国资本迅速向棉纺织、机器、造纸、烟草、食品、公用、航运、金融和房地产,甚至樟脑等行业投资,可以说是无孔不入。但也有重点,比如矿冶、造船、纺纱、烟草和公用事业水、电、煤气等工业部门投资,大概占全部投资 91% 强。③ 从1895—1913 年的不足 20 年中,资本在十万元以上的外国大型工厂创办时的投资,共为 1 亿零 300 多万元,差不多是此前 50 余年投资的 13 倍,与同期中国民族工业初创资本 10 万元以上投资大体相当。④ 当然这只是初始资本,如果考虑投资后资本的积累则外国资方更胜一筹,因为外国资本不但有技术、管理优势,

---

① 如 1883 年创办的广州机器制冰厂,当年即被国人捣毁。

② 孙毓棠:《中国近代工业史资料(1840—1895)》第一辑,上册,中华书局 1962 年版,第 8—15 页。

③ 汪敬虞:《中国近代工业史资料(1895—1914)》第二辑,上册,中华书局 1962 年版,第 4—5 页。

④ 汪敬虞:《中国近代工业史资料(1895—1914)》第二辑,上册,中华书局 1962 年版,第 3—4 页。

更有条约特权赋予的超国民待遇。

外国资方强大的突出体现是帝国主义在华工业投资形成垄断,近代外国资本在华几大工业垄断组织都是在清末形成的。在煤矿业,1913 年外商投资的开滦、福公司、抚顺、本溪湖、山东华德、井陉、临城七大煤矿产量超过 600 万吨,占当年全国煤炭总产量的近四分之三。到 1900 年耶松船厂垄断了上海造船工业,1902 年才成立的英美烟公司经过 10 年发展,资本达 1100 万元,超过当时中国所有烟草资本的 7 倍。上海煤气公司,到清末资本增加 5 倍,变成"制造煤气比欧洲和美洲以外的任何英国煤气公司都要多"的庞大托拉斯。另外,美英德,以及后来居上的日本内外棉,几乎控制中国棉纺织业的半壁江山。这些还只是垄断了单个部门,而英国的怡和洋行和日本的南满洲铁道株式会社则垄断了多个行业。怡和洋行投资范围从保险、地产、轮船、码头到电车、铁道,于工业则不仅是纺纱,而且包括缫丝、打包、木材、电灯、制糖、制冰、冷藏。[①]

其次,外国资方在中国生产垄断、资本集中相对应的另一特点是外国资本的地域集中性,这也与西方在华势力范围的划分不无关系。其体现为除矿业外,甲午战后规模比较大的工厂均设立在上海和少数通商口岸城市。主要投资工业部门;机器造船厂和纺纱厂,全都在上海;水、电煤气工业和烟草工业,都从上海开始。外国工业之所以集中于少数通商口岸,主要与这些地区金融、交通、动力等公共基础设施和服务发达,以及通商口岸是帝国主义特权基地有关。当然,这并无法否定毛泽东所说的"帝国主义列强从中国的通商都市直至穷乡僻壤,造成了一个买办的和商业高利贷的剥削网,造成了为帝国主义服务的买办阶级和商业高利贷阶级,以便其剥削广大的中国农民和其他人民大众"[②]的合理性,因为集中于通商口岸的主要是工业资本,而其商品网络确实是延续到全国各地。

最后,外国资方在华取得的成功不仅在垄断、地域的集中以及各种特权上,更在于其取得巨额利润。虽然囿于资料,要准确估计其利润是相当困难的,但汪敬虞根据 47 家外国在华厂矿的纯利润对已缴资本的百分比估算利润率,由于没有考虑"变相利润"和"隐藏利润",实际利润可能远较此为高。但即使这样,有据可查的 47 家厂矿,这 20 年平均利润率也达到 14.14%,个别厂矿甚至高达

---

① 汪敬虞:《中国近代工业史资料(1895—1914)》第二辑,上册,中华书局 1962 年版,"序",第 4—5 页。

② 《毛泽东选集》第二卷,人民出版社 1991 年版,第 599 页。

30%—40%，而同一时期资本主义国家本国的利润率很少超过10%。①

二、洋人资方人群

伴随外商在华投资，除了出资者本人外，经营管理者往往也被看作资方。此外，外国银行和企业到中国后，为解决资金问题，采用近代首先滥觞于西方的公司制，在中国广泛吸收股份，中国买办，新式商人，甚至一些地主士绅、官僚都入股外国在华企业，从某种意义上来说他们也是资方，但除了一些在外商创建企业中担任董事、华股代表，作为该企业买办的中国投资者外，其责任主要是出资，承担其风险，并享受股息收入，以及创办者给予的其他一些利益，对企业日常管理，与劳方和中国政府，以及西方国家政府，在华领事等并没有直接关系，并不能纳入外国在华洋行、企业的劳资关系体系。由于早期洋行规模较小，加之有买办辅佐，外国在华投资的洋行等实体中的外国经营管理者并不多，可能仅限于经理等负责人，其他更多为外国人，尤其家族成员，沙逊洋行、琼记洋行等。

外国在华企业的洋人经营管理者并不多，可以从当时在华外国企业及侨民可见一斑。据海关关册统计，1872年有外商343家和外侨3673人，1882年分别增加至440家和4897人，10年后则分别达到579家和9949人。② 以上侨民除了部分资本家外，还包括西方外交人员、传教士、商人家属等，还有为中国企业服务的监工、技师、工匠、翻译等，此外，还有前文提到的中国政府雇员，如中国政府海关雇员，甚至中国军队教官等③。其中，传教士人数不少，比如1875年美国传教士有210人，1900年增至1000人左右，而1900年美国外侨占外侨比重为13.6%。④

其中属于外国在华企业资方的侨民难以精确估计，但笔者推测外国在华企业处于资方地位的在《马关条约》之前应不足1000人，这可以从产业分布可见一斑。香港杂志于1895年整理的1893年底全国580家外国在华企业，包括银

①　汪敬虞：《中国近代工业史资料（1895—1914）》第二辑，上册，中华书局1962年版，"序"，第10页。

②　许涤新、吴承明：《中国资本主义发展史》第二卷，"旧民主主义革命时期的中国资本主义"，人民出版社2003年版，第90页。

③　向中银、杜佳鸣：《清政府聘用洋员政策与中国早期近代化》，《求索》2002年第6期。

④　[美]雷麦：《外人在华投资》（修订版），蒋学楷、赵康节译，商务印书馆1959年版，第193、195页。

行、保险 18 家、航运 13 家、工业 67 家、贸易商 241 家、代理商、掮客、烟酒百货、服装等店主 86 家,医院诊所、律师事务所、工程师事务所等自由职业的有 89 家,其他 66 家。其中,绝大多数属于第三产业,更多依赖买办、买办行,而买办与洋商、洋行大班之间更多是一种合作关系,这种趋势随时间推移越来越明显。大量不成规模的店主,应基本属于自雇性质,并不存在劳资关系。医院诊所、律师事务所、工程师事务所数量虽较多,但囿于规模较小,就行业特点而言,多属合伙性质,除极个别辅助人员(多为中国雇员)外,属于自雇,劳资关系不明显。尤其工程师事务所,使西方在华企业不必大量雇佣西方人员。比如,英国驻上海总领事 1879 年给英国政府的《上海商务报告》提到祥生船厂"这些能干的造船者已在此间建立起强大的企业,雇佣的工人有 1000—1400 人,都是中国人。工厂系由苏格兰人经营,但只要把设计和说明交给中国工人手里,他们便有能力完成一切必需的工作"。[1] 当时规模和技术可以说首屈一指的祥生船厂,尚且洋员极为有限,其他企业就可想而知。不过,对于采用外国技术的企业,似乎较为普遍地存在外国技术监工,这些监工有部分资方属性。比如砖茶业:汉口的阜昌砖茶厂"雇请中国工人约二千人,由外人监制";福建某砖茶厂"该厂雇有中国工人二百人,由一洋监工管理";九江顺丰砖茶厂"它雇请了为数很多的中国工人,在俄国茶叶专家监督下,从事制造砖茶与茶饼"。[2] 此外,19 世纪 80 年代初的汕头怡和糖厂等有外国监工。[3]

自 19 世纪 50 年代雇佣华尔开始,一大批洋员先后受雇进入中国的军事、教育、工矿企业、邮电通信、交通运输等部门,除传播科技文化知识,培养大批人才[4]外,经营管理知识的传播往往被前人忽视。其实,伴随外人来华带来经营管理知识,尤其资本组织、劳动组织等的西风东渐,对传统资方、劳方,以及政府理念与运作都起着示范借鉴作用。这些洋员与劳资关系,与企业发展最为密切,但数量并不太多。其中,洋务派经营企业估计雇佣外国技师在 200 人左右(见表 4-1)。当然这仅包含机器工矿业,且主要是洋务企业,各省机器制造局则困于

---

① 孙毓棠:《中国近代工业史资料》第一辑,上册,中华书局 1962 年版,第 22 页。

② 孙毓棠:《中国近代工业史资料(1840—1895 年)》第一辑,下册,中华书局 1962 年版,第 1176 页。

③ 孙毓棠:《中国近代工业史资料(1840—1895 年)》第一辑,下册,中华书局 1962 年版,第 1177 页。

④ 白中银:《晚清时期外雇洋员生活待遇初探》,《近代史研究》1998 年第 5 期。

经费,无力雇佣外国技术人员,不得不采用本国技术人员。交通运输业以轮船招商局为代表较多雇佣洋员,1873年轮船招商局的《轮船规条》就明确规定"船主、大伙、大铁诸职司均宜雇用精明可靠之洋人"。

表4-1 洋务企业的外国技师分布

企业名称	时间	外国技师	中国工人	资料来源
苏州洋炮局	1864	4—5	50—60	依次参见孙毓棠:《中国近代工业史资料》第一辑,科学出版社1957年版,第1184、1186、1183、1185、1184、1185、1190、662、672页。
福州船政局	1868	50	数百	
江南制造局	1869	14	1300	
金陵制造局	1872	4	约200	
上海机器局	1875	3	数百	
天津机器局	1884	洋匠监制	2700	
开平煤矿	1889	7	3000	
唐山细棉土厂	1886	1	不详	
承德平泉铜矿	1883	5	不详	
热河土槽子遍山线银铅矿	1889	15	200	徐润《游热河孤子山日记》
汉阳铁厂	1894	35	3000	《北华捷报》18910731
兰州机器织呢局	1881	6	不详	《北华捷报》18910902
湖北织布官局	1890	10	1200	《北华捷报》18930317
湖北广济兴国煤矿	1876	1	不详	盛宣怀档案《致李鸿章函》1876年
云南铜矿	1889	2	不详	《申报》18890219
山东淄川铅矿	1885	英国矿师	不详	《李文忠公全集》,卷73
基隆煤矿	1879	14	不详	《通商各关华洋贸易总册》1879年下篇,第281—284页
池州矿务局	1888	1	不详	《海关十年报告》1882—1891年,第268、339页。
上海机器织布局	1890	4	800	
金州矿务局	1883	1	不详	《申报》18830930

资料来源:王处辉:《中国近代企业组织形态的变迁》,天津人民出版社2001年版,第70页。笔者略微做了修改。

江南制造局、福州船政局、轮船招商局、开平矿务局等洋务军事民用企业所雇佣外人,俗称洋员,其中不乏在企业担任总办、帮办、厂长、监工者,这些与洋务企业的出资者——政府、洋务大员,以及其任命的中方经营管理者一起构成了这些企业的资方。当然,洋务企业的洋员也有一些洋匠属于普通雇工系列。

洋人在华洋雇员,虽多属于资方范畴,但其相对中国雇主而言,往往又是劳方,其既有劳方角色,又有资方角色。清政府洋务派不但给予西方来华高级雇员较高待遇,甚至予以虚衔。洋员也往往与政府就待遇进行谈判,比如,轮船招商局洋员除要求增加薪水外,"并索房租、佣人薪水及妻眷往返舟资等费,如不准所求,即与同班罢工等语"。[①] 早期一些学者认为洋人在中国企业的工资、待遇、地位远高于中国人,据此认为西方对中国的剥削和压迫过于民族情绪化,其实当时外人在华,不但待遇比中国人高,也比他们在其母国的收入要高得多,在教育界日本在华的工资竟然比其国内要高三至五倍,而军队的雇员则更是其本国难以企及的薪水,连洋人自己有时都感觉工资待遇太高,中国政府官员也感觉过高,但由于有合约在先,而不得违背[②],至于虚衔,本土的洋务企业高级经营管理人员,如唐廷枢、徐润等人也是有的。这一方面说明中国"雇主"与外国"雇员"早期存在明显的信息不对称,另一方面也说明政府官员已部分接受市场经济的契约意识。

西方洋员有些"跋扈"而过分的要求,客观上将西方人人平等的市场经济理念传入中国,这是近代劳资关系生存的前提和基础,尤其对长期官本位的朝廷、政府官员,重视近代工商业,树立官民平等理念,重视实效具有重要意义。

除了政府和洋务企业外,商办企业也有部分洋员,王处辉整理的19世纪八九十年代商办企业聘用外国技师的工厂有12家(见表4-2)。

表4-2 19世纪80—90年代商办近代企业聘外国技师简表

企业名称	时间	外国技师	中国工人	资料来源
通久源轧花厂	1882—1891	数名	300—400	依次见孙毓棠:《中国近代工业史资料》第一辑,科学出版社1957年版,第1198、1196、1198、983、993、993、993页
杨树浦某机器纺纱局	1882—1891	12	60	
广州制纸厂	1890	2	100	
机器织布纺纱局	1895	2	1800	
天津自来火公司	1891	有	不详	
厦门自来火局	1889	日本匠手	不详	
浙江慈溪火柴厂	1889	日本工匠	不详	

① 夏东元:《郑观应集》下册,上海人民出版社1984年版,第273页。

② 向中银:《晚清时期外雇洋员生活待遇初探》,《近代史研究》1998年第5期。

续表

企业名称	时间	外国技师	中国工人	资料来源
上海机器造纸厂	1882—1891	1	100	《海关十年报告》,339 页
公和永丝厂(上海)	1881	1	不详	《国际贸易导报》,第 1 卷 3 号
均昌船厂(上海)	1882	2	不详	《申报》1883 年 7 月 1 日
中国玻璃制造厂	1884	1	不详	《北华捷报》1884 年 2 月 27 日
广州宏远堂机器造纸公司	1890	2	100	《北华捷报》1890 年 1 月 17 日

资料来源:王处辉:《中国近代企业组织形态的变迁》,天津人民出版社 2001 年版,第 74 页。笔者略微做了修改。

三、洋人资方特点:基于洋商的分析

(一)洋商特权基础

近代以后,原对外经济中心广州迅速让位于上海,上海遂成为近代洋商活动中心。虽然外籍高级职员也属于资方,但其对中国劳资关系走向,尤其对劳资关系的直接作用并不明显,外国在华资方核心是洋商。因此,本部分主要以上海洋商为例阐述外国在华资方的特点,基本资料多来自王垂芳《上海洋商史:1843—1956》。[①]

早期在华洋商精英不乏同时兼任领事者,由于作为领事往往要有公认的实力,因此这些洋商往往出自资深大洋行,其中有宝顺洋行大班比尔、韦伯;旗昌洋行合伙人金能亨、福士,大班吴利国,职员祁理蕴、劳瑞欧,以及身份不明的克雷斯乌;怡和洋行大班波斯乌、伙计罗伯呐都曾担任领事。有趣的是,一些洋商往往担任多国领事,这也说明当时西方国家熟悉中国人才的缺乏。整体而言,担任领事洋商人数有限,合计 20 来人。[②] 商人兼任领事在当时有普遍性,中国也不例外,近代著名商人张弼士就曾兼任中国政府驻槟榔屿首任领事、新加坡总

[①] 参考王垂芳:《上海洋商史:1843—1956》,上海社会科学院出版社 2007 年版,第 10—53 页。

[②] 王垂芳:《上海洋商史:1843—1956》,上海社会科学院出版社 2007 年版,第 11 页表格有 19 个洋商,其中火柏洋行大班胡伯只是一度参加英国领事馆工作,其他 18 人均曾担任领事,其中罗伯呐担任的是宁波第一任英国领事。

领事。

领事馆作为当地本国侨民和其他领事事务的管理者,维护母国利益,保护本国公民、法人正当利益是其基本职能,因此其必然成为洋商保护伞。加之洋商与领事的一体化,洋商相对于外交人员可能对中国情况更熟悉,因此领事馆往往被洋商所左右,这又反过来促进领事馆为洋商服务。

第二次鸦片战争后出现租界,上海租界滥觞于 1845 年的中英《上海土地章程》,但直到 1853 年前英法美三国租界内建立的道路、码头、公会只是清政府管理下的自治机构。1854 年下半年,西方擅自修订《土地章程》,在上海租界设立工部局,建立警察武装,原洋人居住区域改名为"租界",并摆脱中国行政管理成为国中之国。在早期,外人居住区域洋商为主,比如 1845 年英租界外侨 50 人左右开设 11 家洋行。1850 年,外侨有 210 人,洋行有 30 家,还有仓库、拍卖行、远洋轮船用品、餐厅,以及《北华捷报》、大英医院、丽如银行,其中洋行雇员和大班有 111 人之多。① 此后,虽然中国人大量涌入,但上海租界一直是洋商活动中心。由于租界不受中国政府管理,有法外治权、税收等特权,尤其在动荡时代保持了中立,成为难得的和平孤岛、世外桃源,让中外精英趋之若鹜,租界成为洋商的热土。

近代江海关对保护经济利益有重要作用,不幸的是中国这一大权落入外国人手中。以英国为首的西方列强,在中国国门打开之后,先是胁迫海关道在上海租界内设新关,以监督中国海关,保障洋商及列强在华利益。但影响更为深远的是 1854 年开始要求中国江海关实行外籍税务司制度,1859 年英国人李泰国担任总税务司宣告洋关税务司制度正式形成,此后到 1943 年共有 170 名江海关税务司全部是外国人,而全国总税务司从 1859 年到 1949 年的 5 人也均是外国人,由于这些关键岗位被外人把持,洋关制度下的海关税务司,名义上代表中国,实际上则往往或明或暗地维护洋商利益,在维护低关税和纵容走私方面尤为突出。

(二)洋商与中国社会

五口通商后洋商大量涌入,立即遭遇语言、风俗、商业结构与交易习惯冲突,迫切需要化解。随即,新式买办成为中外贸易的中间人或代理人,为洋商在华经营活动服务,同时获得薪金、佣金、利润分成、外快和杂项,并承担相应风险,相互

---

① 王垂芳:《上海洋商史:1843—1956》,上海社会科学院出版社 2007 年版,第 15 页。

之间既存在雇佣关系,也是相互独立的。洋商与买办间由于信息不对称,洋商并未占到过多便宜以致19世纪六七十年代英国官方对买办持否定态度。不过,洋商与买办根本上是利益共同体,洋商促进了买办的发展与壮大。

　　洋商收购土货与推销洋货,仅仅借助买办是不够的,还需要普通商人。早期来华投资者,实力有限,往往受困于资金,迫切需要中国商人资本支持,而华商也有借助洋商获得政治、经济特权,减少和规避中国及外国政府干预的需要,因此中国通商口岸附近商人与洋商之间既是利益共同体,又因相互利益差异而存在冲突。有人将当时通商口岸商人均归为买办显然有些偏颇,笔者认为普通商人与经典买办的区别在于真正的买办被洋商所直接雇佣,直接为其业务服务,而普通商人则一般不直接与洋商发生联系。

　　洋商千方百计攀附一些政要、达官贵人,以庇护自身利益。在地方上,洋商倾向于与一些有实力的乡绅保持亲密关系。部分洋商致富后也积极谋官,同时经商,官商一体,除了前面提到的外国在华领事外,上海租界工部局也是洋商热衷的洋官,而中国的江海关税务司、总税务司等名义上属于中国官员,是当时肥缺,洋商自然也趋之若鹜。

　　洋商进入中国后需要"士"支持,传统士人轻商、贱商,不愿与商为伍,但近代这种观念逐渐发生变化。从19世纪中叶开始士人逐渐感受到资本的力量,商人开始得到知识分子的认可,士人也放弃"西方夷族"的理念。洋商兴办报刊和学堂大量聘用中国士人作为职员和雇员,士人的知识和才华也在洋人报刊和洋学堂得到前所未有的尊重和发挥。士人凭借知识上的优势,成为洋商争相聘用的对象。此外,洋务士人或者新式学堂毕业生在洋务企业中的工资待遇低,不少跳槽到洋人在华企业,获得更好待遇,助力洋商。

　　洋商还在中国组建社团,既维护洋商利益,又方便生活,也促进了中国城市、商业组织的近代化。各国在华商会,以及按行业设立的商业公会,如匹头商业公会、茶叶公会等对中国近代工商业影响较大,其中,最突出的是上海洋商总会。上海还有专门的犹太商人社团,典型的是塞法迪犹商和阿什肯商团。救火会、消防队则弥补了当时中国相关组织和设施的缺失,以避免洋商财产遭遇不测,也有助于城市公共安全。以英商为先导的各国娱乐团体成为洋商娱乐、集会重要场所。传教士呼吁建立了一些赈灾救济社团,其中最早的是1877年的山东赈灾委员会,最出名的是上海英美烟公司老板托马斯负责的中国赈灾基金委员会,洋商还捐助残疾人,设立救济机构。洋商甚至成立武装自卫团体——商团,最著名的莫过于1853年成立的上海万国商团。此外,洋商还成立了各种形式的天足会等,促进了中国社会的近代化。

第二节　买办的资方角色

华人资方主要包括买办和民族资本家,但两者往往相互渗透,相互转化。比如,早期被定性为典型买办的虞洽卿,在经济方面,他既是买办,又是经营三北轮埠公司等民族实业的资本家,民族资本投资居于主要地位。政治方面,有所反复,早期反帝,五卅运动后支持受帝国主义支持的蒋介石,但虞洽卿有自身利益,仍然经营民族资本。① 此外,官督商办、官商合办、官办的国家资本主义企业负责日常经营管理的总办、会办、帮办等具有一定资方的性质,其中一些资方代言人,既有买办,又有官方经历,还广泛投资民族(私人)工商业,其资方角色值得关注。鉴于买办特殊性,本土资方研究由此展开。买办的近代内涵很复杂,除了经济买办,还有政治买办、文化买办等,本部分的买办只是指经济买办。

一、买办制度概述

(一)买办制度形成背景

买办制度在传统洋行与十三行的关系延续与变异基础上逐渐向全国拓展形成的,并体现出一定地方特色。比如,上海买办最初是"一事一雇",并逐渐完善。据姚公鹤《上海闲话》:"暨上海开埠,外人麇集。彼时中西隔绝,风气锢弊,洋商感于种种之不便,动受人欺。时则有宁波人穆炳元者(穆系定海陷时被俘,暨英舰来上海,则穆已熟悉英语,受外人指挥矣。此事闻之穆炳元之侄某君。),颇得外人之信用,无论何人接有大宗交易,必央穆为之居间;而穆又另收学徒若干,教以英语,教以与外人贸易之手续法。及后外人商业俞繁,穆一人不能兼顾,乃使其学徒出任介绍,此为上海洋商雇用买办之始。然一宗交易既毕事,则雇用关系亦遂解除,犹今人延请律师办案者然。最后外人之来沪者日多,所设行号,

---

① 丁日初、杜恂诚:《虞洽卿简论》,《历史研究》1981年第3期。

与华人之交往亦日繁。行号内所用之通事西崽人等,对外购买零星什物及起居饮食必需之品类,支付款项及种种往来,外人颇嫌其烦琐,于是新开行号每当延订买办时,并兼以行内琐务委任之,而买办与行号乃遂有垫款及代管行务之职务矣。此为现时买办制度之最初滥觞。"①

近代中国的基本特征之一是半殖民化,中国经历了经济被动开放的过程,在这个过程中也是买办逐渐成长的过程。买办对清末经济社会的影响之大,以致李鸿章认为当时买办"于士、农、工、商外,别立一业"②。1932 年著名银行家陈光甫有些夸张地指出 20 年前上海最大的事业是买办③,而 1932 年的 20 年前,正是这一部分研究的时间下限。

近代买办并不是早期公行制度及其所包含的商馆买办制度等的简单延续,恰恰相反是否定早期公行制度基础之上,适应近代新形势而形成的。不过,由于语言、经验等方面的因素,近代早期买办"多系旧日洋商行店中散处之人,本与该夷素相熟悉"④。

公行制度以中方闭关自守为基础,初衷更多是限制外国人,限制中国人,剥夺了中外商人自由交易权利的同时,借助被政府层层控制的行商、通事、买办,维持中外贸易甚至沿海贸易相对"稳定",成为沿海社会稳定器,客观上捍卫国家利益的同时,也将中国锁定在"闭关自守"状态。中国的行商、买办等是外商外贸的管理者,外商原则上服从于中国政府,服从于公行制度,受行商和商馆买办等直接管理和控制。西方政府除偶尔表示抗议之外,并不能对中国政府及行商制度产生任何实质性影响。

近代买办适应国门洞开新形势而形成,外商借条约特权之利,从鸦片战争前的被动而主动,进而特权,中国为外商服务者则由鸦片战争前享有特权之行商,转而逐渐平等,甚至被动的买办。西方对华经济往来,由最初单纯商品贸易到借款等间接投资,再到直接投资工厂等;从地域上讲从鸦片战争前的广州一口,到《南京条约》五口通商,再到沿海沿江,甚至内陆腹地。西方在华经济活动的深

①　彭泽益:《中国近代手工业史资料(1840—1949)》第一卷,中华书局 1962 年版,第 471—472 页。
②　李鸿章撰,吴汝纶编:《李文忠公全集》,"奏稿",第 3 卷,第 11 页。
③　丁日初:《上海近代经济史》第一卷,上海人民出版社 1994 年版,第 335 页。
④　《筹办夷务始末》,第 79 卷,第 3155 页。

入,除了船坚炮利威胁带来的条约特权推动外,西方工业文明完胜中国农业文明应是深层原因,但西方与中国在文化、语言、商业习惯等方面存在天然的隔阂。这种情况下,中西之间工业文明与农业文明之间需要桥梁,而买办无疑是当时最好的中西桥梁①。凡此种种,构成近代中国买办制度背景。

买办的直接制度前提是中英第一次鸦片战争后签订的《南京条约》、中美《望厦条约》,赋予外商在通商口岸的自由贸易权,直接否定公行制度,而外国人在华自由雇募权的取得,则让充当中外贸易媒介的早期行商和买办,由享有清政府赋予的特权,并受其管束,对其负责,到直接受洋商自由雇募,直接对洋商负责。具体而言,中英《南京条约》第五条"凡大英商民在粤贸易,向例全归额设行商,亦称公行者承办,今大皇帝准以嗣后不必仍照向例,乃凡有英商等赴各该口贸易者,勿论与何商交易,均听其便"的规定,直接否定了鸦片战争前清政府的行商制度,而给予英商自由贸易权,行商垄断不再,洋商可以直接和任何商人贸易,这是近代买办制度的基础前提。而 1844 年中美《望厦条约》第八款规定:"凡合众国民人贸易船只进口,准其自雇引水,赴关隘处所,报明带进;候税钞全完,仍令引水随时带出。其雇觅跟随、买办及延请通事、书手,雇用内地艇只,搬运货物,附载客商,或添雇工匠、厮役、水手人等,均属事所必需,例所不禁,应各听其便,所有工价若干,由该商民等自行定议,或请各领事官酌办,中国地方官勿庸经理。"而在行商时期,洋商所雇任何人员均没有自主性,无论雇佣对象还是工价均受行商、商馆买办,以及清政府官员制约,而《望厦条约》则决定了洋行及其大班可以自由雇佣中国人为其服务,这既包括处于上层的近代买办,也包括普通雇员。

就买办形成原因众说纷纭,但归根结底是中西传统的差异所决定的。日本学者内田直作总结为"由于语言的、经济的、心理的各种基础"②,进而列举出六方面原因,颇具代表性。大致如下:第一,欧洲人学习中国语言困难,有使用通晓实务英语即洋泾浜英语的买办自然成为香饽饽;第二,是中国人强调信用、私人关系,即所谓"人合",对于不熟悉的人并不信任,缺乏西方的契约精神,也可以

① 马学强、张秀莉:《出入于中西之间:近代上海买办社会生活》,上海辞书出版社 2009 年版;[美]郝延平:《十九世纪的中国买办:东西间的桥梁》,李荣昌译,上海社会科学院出版社 1988 年版;黄逸峰、姜铎、唐传泗、陈绛:《旧中国的买办阶级》,上海人民出版社 1982 年版;聂宝璋:《中国买办资产阶级的产生》,中国社会科学出版社 1979 年版。

② 引自黄逸峰、姜铎、唐传泗、陈绛:《旧中国的买办阶级》,上海人民出版社 1982 年版,第 22 页。

说洋商将西方相对完备的契约移植到中国往往会失灵,因此洋商也离不开华商;第三,由于中国交通落后加之中西商业习惯、商品鉴定方法差异,以及中国厘金制度,洋商必然需要买办;第四,货币与度量衡的差异性,需要专门人,而外国人并不熟悉;第五,中国传统的行会公所具有排他性,西方近代化的工商业组织难以介入,而中国买办则相对不被排斥;第六,中国人特有的家族观念、乡土理念是买办制度形成的基础,其保证了买办与其合作中国商人的相关责任,而后来发展起来的以洋商为主导要求买办缴纳保证金的制度等客观上也降低了洋商风险。内田直作的观点在 G. C. Allen 等的《Western Enterprises in Far Eastern Economic Development》(Routledge,1954,Reprint,2003)和班思德的《最近百年中国对外贸易史》①中得到支持。此观点基本得到中国学者认同,即言语、习惯和商情。②郝延平则将其归结为,中国社会阻碍洋商同中国交易的独特因素也正是买办赖以生存,赖以成功的因素。③

铃木总一则提出颇有特色的"水闸论",当然其观点并不仅仅适用于中国。④他认为经济发展阶段不同的国家间发生经济关系,居间调节的居间阶级就是水闸,中国买办制度就是"水闸"。其原理是先进国家水位高,落后国家水位低,需要"水闸"调节。不过,铃木总一的观点对 20 世纪下半期中国对外开放的情况似乎并不适用。水闸论与马士的中介论观点有些类似⑤,中介论的观点也得到沙为楷等支持,郝延平进一步将其完善,强调其职业属性。此外,郝延平特别强调买办制度并不因洋商进入才形成,也不认可买办制度滥觞于行商制度,而认为其源于中国传统经济制度,传统"牙行"⑥纪经人早已承担买办中介人角色。⑦

---

① [英]班思德:《最近百年中国对外贸易史》,载《最近十年各埠海关报告(1922—1931)》,上卷,总税务司署统计科,1932 年。

② 黄逸峰、姜铎、唐传泗、陈绛:《旧中国的买办阶级》,上海人民出版社 1982 年版,第 23 页。

③ [美]郝延平:《十九世纪的中国中国买办——东西间的桥梁》,李荣昌等译,上海社会科学院出版社 1988 年版,第 210—211 页。

④ 参见黄逸峰、姜铎、唐传泗、陈绛:《旧中国的买办阶级》,上海人民出版社 1982 年版,第 23—24 页。

⑤ [美]马士:《中华帝国对外关系史》第一卷,商务印书馆 1963 年版,第 83 页。

⑥ 牙行是指清朝商业中间经纪人组织名称,主要职能是说合买卖双方交易,评定货物质量及价格,提供度量衡服务,鉴定银的成色,防止买卖双方欺诈行为,并对买卖双方负责。设立牙行政府规定需要领官帖,但现实中商人往往以更灵活的方式开展业务,地方官往往也采取放纵行为。

⑦ [美]郝延平:《十九世纪的中国中国买办——东西间的桥梁》,李荣昌等译,上海社会科学院出版社 1988 年版,第 1—2 页。

（二）买办制度内容

买办制度本身非常复杂,但一些学者有将其简单化之嫌。比如,沙为楷《中国买办制》所涉及的买办制仅仅包括雇佣、身份保证人保证金、担保不动产、买办之保证、业务权限、使用人、买办之薪水及其他收入、买办契约解除、买办账房之组织等非常微观的制度。①

黄逸峰则将买办制度归结为七个方面:外国资本家在华企业不是直接和中国人打交道,而是雇佣或者延揽中国人充任买办作为中间人代理相关业务;买办与洋商间权利义务由契约规定;买办是被视作勤劳、忠实,并对外国资本家服从的人;买办对外商有垫付流动资本义务;买办从外商取得少量薪金,甚至作为合伙人,分享一部分利润,主要收入则是作为经纪人取得的佣金、回扣,以及自身利用外人势力创办工商业直接"剥削"中国劳动人民的收入;买办契约对买办业务活动有多重限制;买办犯罪,因受雇于外国企业,可以在外商企业保护下逃避中国政府制裁。②

汪熙更是只关注当时买办与洋商、大班间的保证责任制度。他认为原买办与行商关系并不密切,而是商馆买办延续,前近代买办的保证责任对象是行商和清政府,近代则是原来的广东籍买办对洋行和大班承担保证责任。③ 汪熙笔下的买办保证责任制度其实是买办与洋行及大班间权利、义务的统称。这种保证责任无所不包,具体而言主要体现在买办要有保证金或保证人担保,甚至要求保证人连环保,买办对所经手的交易,银钱往来,保管物品及雇佣人员都得保证,并保证往来客户偿付能力。④ 其中最核心的是买办自身的信用担保,除保证金外,还需要铺保和保证人,并以书面具结,到19世纪50年代还普遍有买办雇佣合同。洋商有自由雇募权,但买办似乎没有自由受雇佣的权利,一般除有特殊规定外,买办不得退保。另外,保证金部分缓解了洋行资金压力,甚至成为部分洋行资本积累的主要手段。这种现象在近代之初并不具备普遍性,但伴随洋商在中国活动的增多,这种现象反而多起来。以致早期到中国的洋行在19世纪60年

① 沙为楷:《中国买办制》,商务印书馆1930年版。

② 黄逸峰:《关于旧中国买办阶级的研究》,《历史研究》1964年第3期。

③ 汪熙:《关于买办和买办制度》,《近代史研究》1980年第2期。

④ 当然,汪熙所举洋行大班在自己的蚊帐里发现只蚊子都要半夜将买办找去问责之事,笔者认为并不具有普遍性,但从侧面也反映出洋商、洋行对买办的依赖。

代看到后来洋行的情形时,有些妒忌地指出:"新来者既无资金也无充分的设备,因而享有有利的条件。他们所失甚微,而所得甚多。"

郝延平认为买办制度是一种社会经济制度,并分析了充当买办的程序、买办制度的作用过程和买办制度的特征,这些构成了买办制度的基本内容,并强调该制度由习惯而成。① 郝延平认为在 19 世纪 90 年代洋商招聘买办方式改变之前,买办基本是洋行主动寻找的,因此买办一般是著名商人,由于洋行业务差异较大,因而没有绝对标准。买办一般符合三个基本条件:一是会洋泾浜英语,以利于交流;二是业务能力,其显示信号,或者说洋商遴选标准是买办自身财产、社会地位和对中国商人的了解;三是值得信赖。由于早期买办相对稀缺,加之《南京条约》是洋行、洋人由被动转为主动的分水岭,因此笔者认为较为复杂的担保制度应是 19 世纪 50 年代后期才发展起来。② 郝延平还注意到买办联保的好处是可享受作保收益。当时保单除要外商代理人作证外,还要由相关外国在华领事馆签字。

买办制随时间推移逐渐成熟,其表现之一是买办协议逐渐完善。早期买办协议往往只有时间、竞业限制,自身雇员担保等内容,到 19 世纪 80 年代以后协议已逐条逐项载明买办的职责、押金、薪水、佣金,以及买办房组织情况等,中英文各一式三份,买办、洋行和外国领事馆各执一份。买办协议不在中国政府备案,在外国在华领事馆备案,一方面说明中国政府当时缺乏系统管理对外经济的机构和能力,另一方面也突显出中国的半殖民性质,中国本土的中国籍买办与外国洋行间的契约权威的仲裁机构居然是外国在华领事馆。

买办制度成熟的标志之二是买办与洋行间"人合"关系减少,道契(土地)和现金作保较为普遍。正是因为有可靠保证,熟悉的人际关系等淡化似顺理成章。19 世纪 50 年代后期开始的互保制度,以及随后可以变现的现金、道契担保制度,形式上买办几乎承担"完全责任"。买办对其雇员行为,对本行号中国雇员的行为,以及买办替洋行保存的钱庄庄票等都负完全责任,但是这种担保制度以洋商掌握的信息为基础,而洋行信息相对处于劣势,因此买办也能保证自己的基

---

① ［美］郝延平:《十九世纪的中国买办:东西间桥梁》,上海社会科学院出版社 1988 年版,第 187—188 页。

② ［美］郝延平:《十九世纪的中国买办:东西间桥梁》,上海社会科学院出版社 1988 年版,第 190 页。

本利益。在担保制度下,买办若亏本,或者贪污事发,有的会尽力履行承诺,否则往往会受到领事或者公堂会审,进而面临牢狱之灾。买办出现败德行为时,洋行要有效维护自身利益,惩戒违规者也并非易事,洋行未必能胜诉,因此买办利用业务便利贪污、挪用的情况似层出不穷。比如,汇丰银行香港分行大班卡梅伦在世纪之交尚称赞中国买办的诚实,没有遇到过贪污,然而世事难料,1927 年该行北京分行买办邓君翔竟然贪污 400 多万两白银之多。

担保制度成熟意味着原有买办与洋行间的私人关系作用削弱。由于早期洋行有限,买办往往是一种身份地位的象征,加之互保制度,相对丰厚的佣金,以及附股经营、诡寄经营等让买办珍惜来之不易的"买办"身份。洋行由于对中国风土人情,商业习惯不熟悉,对买办依赖度较大,又缺乏规范的法律约束,违约成本对双方来讲都很大,这种相互利益关系将双方捆绑在一起,因此"在 1842—1860 年间,他们彼此信任不同寻常"。① 但这种私人关系基础上的传统商业模式,逐渐变得低效,对双方都不利。正如侯德所言:"这个上海不是先前广州那样做生意的地方,或者更确切地说,我们在这打交道的人不同于过去的那种人。当买卖合同不符他们的愿望时候,就满不在乎的撕毁,控制他们的唯一办法是先付定洋。"②事实上,19 世纪 60 年代以后,洋行对买办的不满开始见诸报端,买办与洋行的争端也相对多起来。因为早期洋行,一般在鸦片战争前就到中国,有传统行商的介绍等,相关信息更对称,新洋商的信息对于中国买办来说相对不对称,结果买办易于被洋商"欺骗和蒙蔽"。担保制度下尤为突出的问题是,洋商一旦破产,买办的担保金往往无法追回。

伴随契约成熟,洋行与买办间的自由雇募程度随时间推移显著提高,其突出体现是 19 世纪 80 年代以前买办只能受雇于一家洋行,此后则可以同时服务于多家洋行。一家洋行除在中国总代理处有总买办外,各办事处也有买办,买办为了分散风险,往往还会找其他合伙人,并给予其副办职衔。此外,一些大洋行的买办还雇佣帮买办,当买办不在时代理其职务而不负责,买办甚至还可请别人暂时代替他。③

---

① 郝延平:《十九世纪的中国买办:东西间桥梁》,中国社会科学出版社 1988 年版,第 203 页。

② 参见郝延平:《十九世纪的中国买办:东西间桥梁》,中国社会科学出版社 1988 年版,第 204 页。

③ 笔者认为,这类似现在的全权委托,责任应该是对买办负,而不对洋行直接负责而已。

买办协议签订后,买办要履行职责,首先需要建立"买办办房",这可以说是买办的日常办事机构,除郝延平的著作外,对此问题似乎关注不够,因此这里有必要加以说明。买办办房,又称买办房,买办间、买办部或华人办房,通常与代理行在同一院落。其基本组织架构为一个总管,一个账房或会计,一个报关司事,一个购销司事,一个仓库司事或者看门人,门房、更夫等,规模较大的洋行买办还会雇佣其他司事。不过,买办房一般会根据洋行业务情况、洋行特点,以及社会需求雇募各种司事,司事的称谓五花八门,很多买办房还有为了学做生意的学徒——"学生意"。整体而言,买办房司事(职员),一般不多,1900年上海主要外国银行买办所雇用的职员平均为19人,而上海是当时金融中心,外国银行的规模应该相对较大。估计这种规模随时间推移而逐渐扩大,也存在行业差异。买办房雇员由买办雇用并担保,这些雇员日常管理由买办负责。洋行买办及司事之外,洋行里还有为洋人服务的西崽,负责伺候洋人的日常生活,厨师,乃至最底层杂役苦力,均由买办雇佣和组织。可见,买办房是相对独立于洋行的团体,因此有人称其为"商行中的商行"①。

最后,随着洋商对中国了解的深入,洋商与中国商人交易的日常化、普遍化,西方近代商业模式的引进与创新,诸如经销制、合伙制、职员制、延揽捐客②引入,早期买办制度被新式商业手段所替代,买办这一称谓大为减少。因此,简单将近代为洋商服务的中国商人视作买办过于简单化,而将买办意识形态化,更失之偏颇。

(三)买办来源

近代买办范围远远超出公行时期的行商和商馆买办,职能也不再仅仅局限于为西方来华商人和商船服务,也不再享有官方特权,而是自由受雇于西方商人。两者的共同之处是都为洋商服务的中国商人精英,懂经营善管理,通晓西方语言,并可能有自己的事业。

近代买办的产生虽然以西方国家对清政府的军事侵略为前提,但买办与洋商间关系并不是控制与被控制关系、统治与被统治的关系,而更多是一种平等交易的关系。由于近代买办不仅是中西间的桥梁,也是中国传统农业文明与西方

---

① 引自郝延平:《十九世纪的中国买办:东西间桥梁》,李荣昌译,上海社会科学院出版社1988年版,第203页。

② 黄逸峰:《关于旧中国买办阶级的研究》,《历史研究》1964年第3期。

近代工业文明间的桥梁,这决定了近代买办的角色和作用不会也不可能仅仅限于为洋商、洋人,为外贸服务,而是与整个工业文明相伴,为外商、外贸服务的同时自己经营商业,并逐渐由贸易而投资兴办近代工业,从早期政府俘获①、捐纳虚衔,到作为一个阶层、甚至阶级②投身政治,成为近代政坛不可或缺的力量。从以前偏安于广州一隅,仅仅限于外贸,到在全国工商业的各行各业,尤其代表先进生产力的近代工矿、交通运输、商业、公用事业占据主导地位。

早期买办来源主要有三种渠道。③ 一是源自广州一口通商时期"公行"制度相关人员。除了直接管理、从事对外贸易的行商外,还有商馆买办、通事和看银师。二是源自一些从事对外贸易的商人。公行时期从事中外贸易的散商,其对英语、外贸知识、与外国人打交道的经验,并不逊色于公行制度相关人员,尤其对内地市场的了解并非原行商制度直接相关人员所能相比,这在中国出口的大宗产品,并在早期国际市场处于垄断地位的丝茶商人身上体现得尤为明显。三是源自外国资本家的直接培养,以早期洋行学徒和雇员、杂役为多。其中,洋人在华学校对买办形成发挥重要作用,除上海、香港、广州外,天津、北京,甚至哈尔滨都有受过洋人学校教育的著名买办,尤以唐廷枢兄弟为典型。

早期学者对中国近代买办的分析简单化,比如最早的买办著作《中国买办制》对中国买办的分类就仅仅包括银行买办、轮船公司买办、保险公司买办、普

---

① 政府俘获主要是指企业或者个人通过贿赂政府官员、部门,从而影响甚至操纵法律、法规、法令和政策制定和执行,以获取自身利益的行为。

② 对于"买办阶级"的界定本身充满争议。以毛泽东为代表的中国共产党人,将买办阶级等同于大资产阶级和官僚资产阶级,其代表性的是毛泽东自 1926 年《中国社会各阶级的分析》首次提出与地主阶级相对的"买办阶级",认为二者完全是国际资产阶级的附庸,其经济所代表的是中国最落后、最反动的生产关系,尤其大买办阶级和大地主阶级是极端反动的阶级,毛泽东此时将买办阶级分成两个阶层,普通买办阶级与大买办阶级,两者都是中国革命的对象,笔者认为这与当时中共、毛泽东全面革命的思想一致。1939 年毛泽东又提出了"带买办性的大资产阶级",将大资产阶级等同于买办阶级,作为革命对象,这与共产党、毛泽东当时建立统一战线,团结最大多数人的思想一脉相承,但以模糊的规模作为判断买办的唯一标准显然失之偏颇。新中国成立后这一思想相当长一段时间内在大陆居于统治地位,改革开放后,一些学者逐渐表达了不同看法,认为早期的阶级划分有些意识形态化,没有考虑到中国近代阶级阶段性,以及将国家资本混同于官僚资本,有学者强调阶级应该以经济地位,而不该以政治地位或态度度划分阶级。参见马敏:《早期资本家阶级与近代中国社会结构的变化》,《天津社会科学》1993 年第 3 期;张萍:《近代买办研究综述》,《清史研究》1996 年第 1 期;易继苍:《江浙籍买办研究》,中国社会科学出版社 2011 年版,第 3—13 页。

③ 黄逸峰、姜铎、唐传泗、陈绛:《旧中国的买办阶级》,上海人民出版社 1982 年版,第 32—35 页。

通商店买办四类,其中银行保险居其二,突出作为近现代经济动脉的金融业之重要性,沙为楷除了开相对系统研究买办之先河外,还注意到北方买办制远不如南方买办制影响大的原因。① 事实上,后人对买办的研究也主要集中于南方买办。其实,近代买办的构成是非常复杂的,即使是比较侠义的买办,按《旧中国的买办资产阶级》对外国在华企业买办的分类,就包括六类,一类是主要是商业服务角色的洋行买办;二类是银行买办;三类是包括公司买办、驻船买办和码头仓库买办;四类是保险公司买办;五类是工矿企业买办;六类是房地产。近代买办不但为洋商服务,而且首先自身是商人,这从其收入构成就可见一斑,近代早期中国买办的收入构成不但有薪水收入、佣金收入、灰色收入②,更有利润收入,且随时间推移,利润收入占比越高,部分买办甚至直接放弃买办业务,自主经营工商业。买办最初构成应该是商业买办为主,因为中外经济关系近代早期基本是商品贸易③,在中国取得投资设厂权更是迟至 1895 年《马关条约》。随着洋商和冒险家的活动深入,对买办需求数量、种类随之增加,为洋商融资并谋利的金融买办,从商品倾销、掠夺原料,到适应直接投资而生的工矿业买办,为外国人生活方便,并给洋商带来大量利润的房地产买办等随之而生。

　　近代早期买办,首先是工商业者,不但要有经营管理能力,还要有一定的经济实力,这是由其基本职能所决定的。近代买办是由洋商直接遴选的,洋商到中国的目的就是为了谋利,而买办是其中国业务的代言人,尤其早期无论是从中国收集土特产,还是倾销西方工业品,均严重依赖买办,需要买办精通商业,懂经营会管理。买办经济实力本身利于洋商资金占用,同时也是一种信用担保。事实上,近代买办资本往往具有以下形式:以保证金或其他形式为外商企业提供垫支资本;为外商企业垫支商业流通费用的经销商和代理商资本;通过投资、附股或合营等形式与外国资本家合作的资本;与"帝国主义资本"直接联系并受其控制的生产企业、商业、金融业等的资本;还有买办资本的最高形态官僚买办资本。④本书所探讨的买办主要是指直接为外商服务,且与外商有明确雇佣关系的中国

---

① 　沙为楷:《中国买办制》,商务印书馆 1934 年版。这是近代中国第一部研究买办的著作。

② 　早期学者一般将其称作杂项收入,笔者鉴于其实际内容认为将其称作灰色收入更贴切。因为这些收入主要是指买办在为洋上服务的过程中通过投机取巧,"假公济私"等方式获取。

③ 　丁长清等:《中国对外经济关系史教程》,人民出版社 2011 年版。

④ 　这五种形态中的官僚买办资本争议较大,可能有将国家资本混同于官僚资本之嫌。参见黄逸峰、姜铎、唐传泗、陈绛:《旧中国的买办阶级》,上海人民出版社 1982 年版,第 27—28 页。

商人。

精通经营管理是早期买办必要条件,但不是充分条件,作为与外商直接打交道的买办,首先必须能与外商直接交流,这客观上需要买办精通外语。鸦片战争后,率先进入中国的西方商人主要说英语,而中国长期对西方语言文化普遍排斥,这决定了早期买办只可能是广州或广州附近之人。本来广州具有地缘优势,但由于没有本地买办的积极推动,其影响反而较小,这可能与广州当地买办没有危机意识有关。而北连广州、毗邻澳门的广东省香山县,却由于唐廷枢兄弟等在语言方面做出的不懈努力带动本地买办发展,以至香山买办成为 19 世纪"买办阶级"代名词①。事实上,即便对外经济中心由广州转移到上海后,广东籍买办影响亦在,19 世纪四大买办只有席正甫是江苏人,而唐廷枢、徐润和郑观应均源自广东香山。

买办要融会于东西之间,不但要熟悉西方,更要谙熟中国。他们在雇募雇员时更多依赖传统的伦理,比如家族和乡土观念,还要与行会等传统工商业组织相统一。因为家族因素,买办家族化的现象比较多见,晚清四大买办徐润、唐廷枢、郑观应和席正甫,都是家族"辈有人才出",成为买办世家。这就不难理解,郝延平说当时的买办组织和洋行一样,主要是一种家族结构,他不但分析了徐润家族、唐廷枢家族,还分析了香港容氏、何氏、罗氏买办的家族化,并强调美国洋行买办都是家族化的。② 家族因素一是出于光宗耀祖的需求,二是中国传统信任是基于人际关系,家人显然是最值得信任的。家族成员之外,中国传统最值得信任和依赖的就是同乡。因此,买办自身的雇员和中国主要业务合作对象均是老乡,其离任时除推荐家族成员接任外,基本是同乡。19 世纪 80 年代以前基本是广东香山人,而 19 世纪 50 年代最先挑战香山买办的是江浙宁波买办,再到 19 世纪 70 年代以后以席正甫家族为代表的苏州买办,均彰显了同乡力量。

二、买办资方角色

晚清买办对工商业的影响应该说超过中国社会其他阶层,其对晚清工业的贡献相对突出。晚清买办的资方投资人与经理人角色明显,两种角色还相互交

---

① 胡波:《香山买办与近代中国》,广东人民出版社 2007 年版,第 21—25 页。

② 郝延平:《十九世纪的中国买办——东西间的桥梁》,上海社会科学院出版社 1988 年版,第212—214 页。

又。比如,唐廷枢、徐润、郑观应、陈竹坪、虞洽卿等既是投资者,又是卓越的经营管理者。

买办财富,虽然没有权威数字,但到1894年最少估计也有2亿—3亿两,多者超过5亿两。19世纪90年代以后伴随外国直接投资涌入,买办财富迅速增加,1890—1913年买办收入竟然高达6.3亿关两①。买办除将这些财富用于个人及家庭消费外,更积极投资于新式工商业,这在《马关条约》后可见一斑(见表4-3),这又进一步会壮大其经济实力,很多买办投资的工商业直接与洋商竞争。投资新式民族工商业,必然广泛使用中国人,扩散从事买办积累的经营管理知识,而其中必然涉及劳资管理,也扩大了自身影响。唐廷枢、徐润、郑观应直接投身于洋务轮运、工矿企业,成效显著,均与其买办经历有关。这也是朱其昂等传统商人世家精英对轮船招商局等经营一筹莫展,而唐廷枢、徐润等则迅速扭转困局的根本原因。

表4-3 辛亥革命前买办投资厂矿统计

年份	厂矿名	资本(千元)	投资者	资料来源
1881	上海虹口铁厂	?	张子标	《商埠志》,第532—534页
1886	天津自来火公司	25	吴懋鼎	《屠光禄奏疏》,卷3,第36页
1893	上海瑞纶丝厂	?	吴少卿	《远东工商业》,第174—175页
1896	阳新炭山湾煤厂	168	刘人祥	《张文襄公全集》,卷117
1897	上海大德榨油厂	210	朱志尧	《中国实业志》,江苏
1898	福州建兴锯木厂	30	冯大年	《福建事情》,第148页
1898	上海源昌碾米厂	400	祝大椿	《支那经济报告书》,31号
1898	安徽宣城煤矿	?	郑官厅	
1899	上海同昌榨油厂	130	朱志尧	《江南事情》,第158页
1899	天津织呢厂	350	吴懋鼎	《中外大事汇记》,工艺8
1900	上海华兴面粉厂	400	祝大椿	《支那经济报告书》,31号
1900	杭州利用面粉厂	70	庄诵先	《时报》,1905年3月2日
1901	天津济安自来水厂	?	马玉清	《英美烟公司月报》
1902	上海内地自来水厂	1818	唐杰臣	《上海市年鉴》,1935年

---

① 鉴于1911—1913年的政治经济形势,买办收入可能极为有限。

续表

年份	厂矿名	资本（千元）	投资者	资料来源
1902	上海求新造船厂	699	朱志尧	《中日实业家兴信录》，第 241 页
1902	上海锦纶机械织衫袜厂	42	徐润	《徐愚斋自叙年谱》，第 104 页
1903	无锡茂新面粉厂	70	荣瑞馨等	《支那经济报告书》，31 号
1904	上海源昌缫丝厂	500	祝大椿	《江南事情》，第 152 页
1904	上海龙章纸厂	360	苏葆笙等	《商埠志》，第 538 页
1905	上海中兴面粉厂	350	朱葆三	《商埠志》，第 530 页
1905	上海大有榨油厂	140	朱葆三	《商埠志》，第 530 页
1905	上海同利洋线麻袋厂	280	朱葆三	《时报》，1905 年 12 月
1905	无锡茂新碾米厂	?	荣瑞馨等	《商埠志》，第 568 页
1905	汉口汉丰面粉厂	280	黄兰生	《汉口》，第 141 页
1905	汉口三泰纱厂	?	苏葆笙	《商埠志》，第 538 页
1906	广州自来水厂	1678	朱葆三	《商埠志》，第 530 页
1906	香港南洋兄弟烟草公司	100	苏敬修	《中日实业家兴信录》，第 580 页
1906	上海怡和源打包	280	祝大椿	《支那经济报告书》，31 号
1906	赣丰饼油厂	420	朱葆三	《时报》，1906 年 5 月
1906	汉口既济水电厂	3000	朱葆三	《商埠志》，第 530、708 页
1907	金陵自来水厂	420	苏敬修	《时报》，1906 年 7 月 1 日
1907	上海立大面粉厂	280	王一亭	《商埠志》，第 536 页
1907	上海内地电灯厂	370	王一亭	《商埠志》，第 536 页
1907	无锡振新纱厂	210	荣瑞馨等	《乐农自订行年纪事》
1907	北京溥利呢革厂	1398	朱志尧	《时报》，1907 年 11 月
1907	宛平通兴煤矿	?	吴懋鼎	《外资矿业史资料》，第 53 页
1908	上海龙华制革厂	839	叶明斋	《商埠志》，第 540、578 页
1908	苏州振兴电灯厂	140	祝大椿	《商务官厅》，1909 年 13 月
1908	上海同昌纱厂	600	朱志尧	《中国棉纺织史稿》，第 350 页
1909	无锡源康丝厂	45	祝大椿	《大陆银行月报》，15 期
1909	上海扬清肥皂公司	50	虞洽卿	《申报》，1909 年 7 月 19 日
1909	上海立德油厂	364	刘长荫	《捷报》，1911 年 4 月 15 日
1910	上海申大面粉厂	280	朱志尧等	《中日实业家兴信录》，第 242 页
1910	上海公益纱厂	750	祝大椿等	《捷报》，1912 年 1 月 20 日

续表

年份	厂矿名	资本（千元）	投资者	资料来源
1910	上海织丝公司	840	朱葆三	《捷报》，1910 年 4 月 15 日
1910	汉口普润制革厂	1399	刘人祥	《商务官报》，光绪三十四年
不祥	上海金钟织造厂	？	陶梅生	《商埠志》，第 562 页
不祥	上海面粉厂	？	陈可良	《商埠志》，第 548 页
不祥	武昌织布四局	140	邓纪常	《商埠志》，第 723 页
不祥	汉口榨油厂	？	刘人祥	《商埠志》，第 723 页
不祥	天津自来水厂	？	孙仲荫	《商埠志》，第 754 页
不祥	上海益记纺织厂	？	郭泽生	《商埠志》，第 570 页

注：原表为 1913 年前数据（1911—1912 年没有相关数据），这里只选取了 1910 年以前数据，但后面不详的数据可能包括 1895，1911—1913 年的。

资料来源：汪敬虞：《中国近代工业史资料（1895—1914）》第二辑，下册，中华书局 1962 年版，第 979—981 页。

晚清买办数量，并没有准确数字，一般认为 19 世纪末买办影响达到顶峰，费正清等认为到 1900 年有两万人。[1] 刘建中以郝延平《十九世纪的中国买办——东西间的桥梁》的附录为基础，结合《中国买办资产阶级的发生》（聂宝璋，1979）、《天津的洋行与买办》（全国政协文史资料委员会，1987）和《京华旧梦——在华洋商纪实》（中国文史出版社 2001 年版）对 1840—1911 年间的买办任职时间、地点、籍贯，以及所属洋行等整理，再对其中有明确籍贯的买办，及其所服务洋行的地区分布进行了较为系统的整理。[2]

刘建中研究发现广东、浙江、江苏籍的买办最多，3 省的买办分别有 146 个、59 个、36 个，合计占有籍可查买办总数 282 个的 85%。这与 19 世纪中期以后广东买办的优势地位逐渐被江浙买办替代并不冲突，因为早期买办基本是广东籍的，而后来广东籍买办在上海等地仍然捷足先登。早期大洋行买办基本由其担任，能明确籍贯的买办必然是当时影响较大的买办，这也反映出晚清广东籍买办影响之大。即便随时间推移吴健彰、唐廷枢、徐润、郑观应等领军人物淡出，但广东尤其香山籍买办凭借着深厚的区域买办文化底蕴，随着洋商扩张而迅速向其他地区扩张。江浙买办在甲午战后崛起，影响力有后来居上之势。有籍贯可查

[1]　费正清等：《剑桥中国晚清史》（下卷），中国社会科学出版社 1985 年版，第 614 页。

[2]　刘建中：《晚清企业家的地域分布研究》，湘潭大学 2007 年硕士学位论文，第 27 页。

的广东籍买办占绝对多数,而清末广东籍买办的领军人物吴健彰、唐廷枢、徐润、郑观应淡出买办业务,客观上放大了广东买办的衰落。当然,广东籍买办的衰落过程与唐廷枢、郑观应、徐润等主要买办逐渐淡出历史舞台有很大关系,19世纪70年代上海买办还"半皆粤人为之",但到辛亥革命以后,浙江、江苏籍的知名买办明显超过广东籍,据统计20世纪20年代上海90名著名买办人中,浙江有43人,江苏有31人,而广东只有区区7人。① 当然,这也佐证了江浙大资产阶级在南京国民政府发挥着重要作用。

据刘建中整理,买办服务区域依次是上海、天津(直隶)、广东、湖北、江西等地。天津买办服务的洋行竟然超过广东,这与天津是当时北方经济中心,而且属于京畿之地有关,京城虽然对外国商品有大量需求,但由于政治敏感性,外商业务活动较少,成规模之洋行较少,故而知名买办较少。

近代买办作为资方的最大贡献在于推动被视作现代西方最伟大发明的股份有限责任公司②的本土化。买办通过附股洋行,进而参与股份有限责任公司资本组织,日常经营管理,掌握其精髓,再通过官督商办、商办企业将其本土化,以资本为纽带逐渐实现"资合",这为资方形成突破血缘、地缘、业缘的组织奠定了基础。早期入股者均是社会精英,除买办外,无论普通商人,还是官僚、地主,均是思想较为开放,拥有大量货币资本,而且还有丰富社会资本的精英,均有转化为近代企业家的基础条件,早期唐廷枢等主持的官督商办企业起了近代资方"孵化器"的作用。这就不难理解有学者认为随"官督商办"企业的兴衰,洋务派集团不断发生分化,洋务派官僚、买办和商人通过"官督商办"企业做平台,转化为民族资产阶级进而构成民族资产阶级的重要组成部分。③

买办对资方政治化组织资产阶级政党具有重要意义。不但资产阶级改良运动戊戌变法的智囊康有为、梁启超来自广东,较早具有资产阶级性质的兴中会,以及近代第一个真正的资产阶级政党同盟会,其领导人孙中山来自广东香山,而香山恰恰是早期大买办的第一来源地,这也部分佐证了一些学者所持中国近代

---

① 郝延平:《十九世纪的中国买办——东西间桥梁》,上海社会科学院出版社1988年版,第64页。

② Tony Orhnial, *Limited Liability and the Cooperation*, Croom Helm, London &Camberra, 1982. p.42.

③ 段本洛:《洋务派的分化与民族资产阶级的产生》,《江海学刊》1985年第1期。

资产阶级具有买办性的观点。

第三节　民间资方

一、甲午战争前的情况

虽然部分非出资经营管理者也属于资方范畴,但毕竟不是核心地位,人数亦有限,资方抑或劳方边界不便于界定。因此,本部分首先考察出资人情况,其中最典型的是孙毓棠归纳的 19 世纪 60 年代到 90 年代比较容易将货币财富转化为资本的六类人。[①] 第一类人是,太平天国等农民起义对传统"以农为本"的官僚、地主、商人是很大冲击,虽然事后清政府出台了一系列保护地主的政策,但社会精英对农民起义已经"杯弓蛇影",更愿意将货币财富投入到城市。第二类是官僚集团的部分人物。这一阶段由于外国资本进入,洋务的影响,官僚集团有部分人对资本主义颇感兴趣,并拿出部分财富投资于实业。第三类是因中外贸易扩张产生了一批经营"洋庄"买卖的大商人,他们受外国人影响也有投资新式企业的动机。第四类是各通商口岸的银号、钱庄经营者逐渐与外国银行发生关系,这些具有买办性的高利贷者受外人影响,也不乏将货币财富投资新式企业的动机。第五类是 19 世纪 60 年代以后迅速发展的买办。他们不但积累了大量财富,更有投资新式企业的动机。最后一类是,19 世纪后半叶在美国、日本、南洋等地部分华侨早有回国投资的尝试,加之这一阶段后期政府鼓励侨资,他们遂成为重要的资本供给者。

当时形势决定了草根私人资本构成的资方比外资、买办、官僚私人资本要弱得多,所创建和控制的企业实力弱得多,发展也相对滞后。[②] 其成长与西方资本家成长的典型三部曲:简单协作——工场手工业——机器大生产有所不同。即

[①]　孙毓棠:《中国近代工业史资料(1840—1895)》第一辑,上册,中华书局 1962 年版,"序",第 43 页。

[②]　虽然这些资本来源并不乏部分有钱有势的洋务官僚、买办及买办化商人,少量先于国人接触西方工业文明的侨商,以及部分开明的缙绅地主和旧式商人,但是在相关法规严重缺位、政治相对动荡、内忧外患的背景下,更多政府支持的"官办企业"及有不平等条约,尤其法外治权之利等的西方投资者相比仍然显得明显处于弱势。

没有经历工场手工业阶段,而是在西方工业文明的冲击下跨越式地进入机器工业时代。由于晚清尤其是鸦片战争前,新式工商业尚普遍遭遇抵制,早期投资新式企业者常隐藏自己的真实身份。这种状况伴随《马关条约》外国取得在华直接投资权,国人民族工商业意识普遍觉醒才稍有好转。不过,这些企业投资人往往居于经营管理者幕后,作为资方出面与政府和劳方的公开交锋的几乎没有。因此,对私人企业资方的分析仍然以企业创办者和日常经营管理负责人为中心展开。

1894 年以前有影响的能够查明创办者,资方明确身份的完全私人资本企业大约 44 家。[①] 这一数字远低于陈真等整理的 68 家、84 家、77 家,但陈真整理的工厂数很多并未显示企业创办者,出资者或者说资方的核心,而且陈真整理的本身就前后矛盾。[②] 1894 年前广东等地的民营企业家较多,除了与当地早年对外经济较为发达,买办影响大有关外,也是陈启源等广东华侨早年到南洋等地闯荡,积累了经验和原始资本,近代回国将西方生产经营方式移植到家乡,进而推动当地民间效仿的结果。

早期民间资方非常脆弱,这主要是缺乏政府有效保护,又遭遇传统势力抵制的结果。以陈启源为代表的广东南海及珠三角机器缫丝厂的经历尤其典型。1872 年创办的继昌隆缫丝厂的机器生产效率表现在产量上是传统的人均 10 倍左右;表现在质量上是匀称度、颜色,以及弹性较之传统缫丝明显占优;经济上,售价比手工缫丝高出三分之一,广东丝织业出现回光返照,中国丝织业再次在国际市场争得一席之地。但其甫一成立就遭遇诸多非难。就社会层面而言,诸如男女同工有伤风化,烟囱有伤风水,甚至对机器、汽笛的恐慌等,将其幻想出众多恶果,是不祥之物;传统丝织业则有人"联群挟制鼓动风潮",意欲"将丝厂拆

---

① 笔者根据相关资料整理共 44 家,但其中会存在争议,另有 7 家,1 家为合资,6 家无法确认具体创办人和投资人。比如,仁济和保险公司无论其本身还是其前身仁和、济和保险公司的投资人、发起者、经营者乃至业务,都与官督商办企业轮船招商局关系密切。笔者整理资料主要参见:孙毓棠:《中国近代工业史资料(1840—1895)》第一辑,下册,中华书局 1962 年版;刘明逵、唐玉良:《中国近代工人阶级和工人运动》第一册,中共中央党校出版社 2001 年版等。

② 陈真、姚洛:《中国近代工业史资料》第一辑,民族资本创办和经营的工业,生活·读书·新知三联书店 1957 年版,第 38—40、54 页。第 38—40 页完全有创办时间、企业名、所在地,部分有创办者或者主持人、资本数量、工人数的有 68 家,而在第 54 页分行业统计的商办工业,棉纺织工业有 6 家,缫丝工业有 48 家,化学工业有 14 家,食品工业有 4 家,机械和五金 12 家,印刷工业 2 家,共计 86 家,但最终合计却只有 77 家。

毁",凡此种种。①

1881 年以生丝歉收为导火索,在南海等地群众基础广泛的锦纶堂率先发难。借祭祀之机,一人酒后倡议,应者云集,达两三千人,很快将侨商陈植枲、陈植恕创办的裕昌厚纱厂机器捣毁,抢夺蚕茧、衣物等财物,并杀死 3 名丝厂工人。随即向陈启源的继昌隆缫丝厂进发,幸好陈启源早有防备,才避免工厂被捣毁。捣毁机器缫丝厂的行为迅速扩展到全县,官府遂下令机器丝厂全部停工,颁布了《禁止丝偈晓谕机工示》,兵勇查封缫丝机器,并要求各机器缫丝工厂保证永不复开。南海知县徐赓陛认为南海机器缫丝厂擅自机器缫丝;男女混杂,易生果李之嫌;使用机器,夺去他人生计等九大罪状。② 陈启源不得不将继昌隆缫丝厂迁到澳门,但是南海传统丝业失去技术上的优势后,迅速衰落。此后,政府逐渐默许民间机器缫丝业,直到 1888 年在张之洞的推动下清政府才承认继昌隆等机器缫丝业"有益于贫户之资生,无碍于商贾之贸易",准许其继续开设。

整体而言,孙毓棠就当时中国工业史特征的归纳大致体现了民间资方的情况。③ 第一,民间资方基本局限在轻工业和小规模的采煤业,在重工业发面毫无成就,采矿业囿于资本、技术、组织能力与经营能力的限制,难以发展。④ 第二,民间资方投资少,规模小,决定了其与外国商品、资本竞争不足。孙毓棠还认为当时民间资本多采取股份公司的形式,并不是经营方式的进步,而是民间资金不足⑤,同时也反映出资方投资近代企业时惧怕困难,惧怕亏折失败。第三,民间资方由于与传统相联系,因此在生产工具和生产技术方面,与传统手工业保持紧密联系,其典型是陈启源使用西方先进机器后,面对当地手工业者的强烈反对,不得不改创手摇小机,方便家庭生产。第四,就地域而言,民间资方主要集中在上海和广州两地,以及其他通商口岸及其邻近地区,这说明民间资方的半殖民性

---

① 汪敬虞:《中国现代化黎明时期西方科技的民间引进》,《中国经济史研究》2002 年第 1 期。

② (清)徐赓陛:《不谦斋漫存》卷 6,办理学堂乡情形第二禀,1905 年,第 26—27 页。

③ 孙毓棠:《中国近代工业史资料(1840—1895)》第一辑,上册,中华书局 1962 年版,"序",第 47—50 页。

④ 就采矿业而言,孙毓棠显然忽视了政府的"专利权"等有利于官方企业的因素,而压制民间资方的因素。

⑤ 孙毓棠:《中国近代工业史资料(1840—1895)》第一辑,上册,中华书局 1962 年版,"序",第 48 页。

质比较明显。第五,从民间资方构成来看,除了买办官僚外,民间资方主要是商人、地主。①

这一阶段,民间资方还有两个重要特征。一是,民间资方不但技术相对落后,资金相对不足,还处处遭遇非国民待遇,民间资方常"诡寄"超国民待遇的外国资方经营。二是,民间资方多开风气之先,政府产业政策严重缺位,以及政局动荡,各种捐税、厘金往往层出不穷,于是民间资方广泛寻求政府及官员支持,甚至假借"官督商办"之名以利自身。这与改革开放后一段时间民营企业热衷于"洋帽子""红帽子"何其相似。

二、1895 年后的民间资方

整体而言,《马关条约》之后民间私人投资取得飞速发展,除政治动荡的世纪之交每年创办企业较少外,即使在光绪、慈禧过世后清政府风雨飘摇的几年也有不少新创企业,1895 年到 1911 年的 17 年间竟然创建了 320 多家私人资本企业②,是前 36 年的 7 倍多。其中有两次高潮:一次是《马关条约》之初,伴随西方取得在华投资特权激起的民间投资热情,政府奖励工商的推动;另一次是义和团运动,八国联军侵华战争导致中国殖民地化程度的加深,民族危机加重,清末新政振兴商务,奖励实业的推动。

这些企业主要分布在纺织、矿业、轮运等。其中纺织工业主要是受外国在华投资的溢出效应影响,以及传统市场受到国际市场极大冲击的反应。矿业和轮运则是前一阶段官督商办,此阶段外资涌入的示范、带动乃至冲击的结果,铁路则相对属于新事业,其发展也促进了矿业等私人资本家的发展。此外,食品工业和日化工业的民营资本家明显增多,可能是西方人到中国经商、投资,以及政治、军事活动的明显增加,将西方的生产方式,生活方式移植到中国沿海,直至内陆腹地的结果。

与此相对的是,私人资本几乎尚未涉足对资本和技术需求较高的重化工业,

---

① 笔者认为这些典型的官员,严格意义上说不能算是民间资方。

② 笔者主要根据以下资料整理,限于篇幅,未附表格。汪敬虞:《中国近代工业史资料(1895—1914)》第二辑,下册,中华书局 1962 年版;钟崇敏、朱守仁、李全:《四川手工纸业调查报告》,中国农民银行经济研究所,1943 年;张树栋,庞多益,郑如斯等:《中华印刷通史》,印刷工业出版社 1999 年版等。

这一方面说明中国民间资方在这一阶段尚缺乏经济基础,另一方面中国工业发展水平较低,客观上需求不足,抑制了民间重化工业资方的发展。此外,与市场经济不发达相对应,加之传统商业的抵制,这一阶段的两家百货均在殖民地香港,且源于侨资。

　　清末民间资方力量薄弱,可从机器工厂占新设工厂的比例得到佐证。据统计 1895 年到 1911 年,民族机器工厂不过区区 15 家。[1] 1900 年前只有镶昌机器厂一家,其余均在 20 世纪初,其中 1901 年有上海广泰机器厂、宁波顺记机器厂两家,1902 年有上海大隆铁工场、上海求新机器轮船制造厂,1903 年为 0,1904 年有上海协大机器厂。利权运动的 1905 年到 1908 年民族机器工厂并没有明显增加,这可能与利权运动核心是路矿有关。1905 年有资生铁冶厂和汇昌机器厂,1906 年只有万昌熔铸钢铁厂、1907 年有扬子机器厂、义昌铁厂,而 1908 年和 1909 年竟然没有。此后的两年也没有出现明显反弹,只有 3 家。

　　就民族资本创办企业数量而言辛亥革命前的几年似乎并不少,然而资方境况却是每况愈下,各业陷入萧条境界。[2] 宣统二年竹坞感叹:"宣统元年之生计界,实衰敝达于极点之时也。盖光绪三十四年恐慌之余波,延及昨年[1909 年]而未得已。如上海、天津、汉口等埠,向称繁荣,曾几何时,情态大异,富商巨肆,倒闭频闻,且对于外人负债累累,赖地方官为之转圜,或向外国银行筹移巨款,以润泽市面,或乞怜外商展期索债,以暂救目前,遂致金融杜塞,所在皆是,信用扫地,贻笑他人,虽畴昔鬓逆之披猖,拳匪之惨乱,其影响于生计界者,与今相较,尤未可同年而语。夫以商战之世,人方竞争日剧,我独萎靡消沉,岂特相形见绌,真恐一蹶不振。嗟乎!循是以往,不数年而举国将索诸枯鱼之肆矣。"从当时资本中坚力量公司来看,1904 年到 1908 年五年设立公司 172 家,平均每年有 34.2 家,资本总额近 1 亿 4000 万两,平均每年超过 2500 万两。而 1909 年仅注册 17 家,资本总额 500 万两出头,无论是注册数量还是资金均远远低于前五年。1911 年境况似乎更糟,这在纺织工业尤其明显,上海"1911 年是最不幸的一年,就以

　　① 汪敬虞:《中国近代工业史资料(1895—1914)》第二辑,下册,中华书局 1962 年版,第 920 页。
　　② 汪敬虞:《中国近代工业史资料(1895—1914)》第二辑,下册,中华书局 1962 年版,第 832—847 页。

目前状况而论,改善的希望还是很小"。①

从晚清私营企业的地域分布来看沪、苏、浙大约占近一半,其次是以武汉三镇为中心的湖北,湖北崛起与清季洋务派的新代表人物张之洞主政湖北不无关系,令人费解的是上海这阶段出现的新企业并不多。安徽、天津、福建、山东、北京等地的企业也相对较多,湖南、河南、河北、山西的企业也不少。整体而言,资本家籍贯的人数分布有由沿海向内地递减趋势,同时又体现出传统商业文化②,以及洋务大员的影响,在实践中体现为晚清私营企业地域分布与私人资本家籍贯分布的明显错位。

汪敬虞对当时工业的论述有一定代表性③,可以借用到当时民间资方的分析,因此这里的论述以其为基础。一方面,就整体而言,1895年后民间资本得到微弱发展。除汪敬虞所言的1905年以后收回利权的发展高潮,以及1904年日俄战争给某些工业带来的发展空隙外,中华民族危机加深,政府采取各种措施增加财源,并将经营不善的国家资本推向民间可能作用更大。另一方面,资方的资本积累迅速,出现一些规模较大的资本家,其中尤以出身士绅,与政府联系密切的状元实业家张謇为典型,他自1895年创办南通大生纱厂,经过十多年努力,建立27个企业,资本金达900多万元。其所经营大生纱厂,从1899年投产到1913年,账面盈利达489万元,公积金73万元。张謇并非个案,同期内还有一批企业家创办多家企业,比如祝大椿(11家)、朱志尧(8家)、沈云沛(13家)、严信厚(11家,此前有3家)、宋炜成(8家)、李厚佑(8家)、许鼎霖(9家)、周廷弼(8家)、楼景晖(3家)、曾铸(3家)、朱畴(7家)、张振勋(11家)、庞元济(7家)等。民间资方在矿业影响则相对有限,六河沟煤矿的创办者马吉森可能算例外,他从1903年创办六河沟煤矿时资本只有8万多元,四年后增加到48万元,他还经营了信城、晋益煤矿,以及广益纱厂。

真正的民间私人资本在这一阶段虽有较大发展,但也存在明显不足。首先,基本没有涉足重工业,机器工业几乎为零。虽然1895年以后大大小小的机器制

---

① 汪敬虞:《中国近代工业史资料(1895—1914)》第二辑,下册,中华书局1962年版,第838页。

② 江浙、广东、安徽、福建、山西均是传统商人活跃之地。

③ 汪敬虞:《中国近代工业史资料(1895—1914)》第二辑,上册,中华书局1962年版,"序",第21—38页。

造、修理、零配件工厂有 24 家,但总资本不过 150 万元,超过 1 万元的仅 17 家。即便朱志尧、顾润章的求新机器厂、扬子机器厂合计占总资本 50% 强,其规模对于近代机器工业来说也是微不足道的,其后果是难以摆脱被外国资本控制,甚至停产的命运。其次,民间资方的整体实力薄弱,直到 20 世纪初,除了纱厂外,规模都很小,540 家厂矿,资本 100 万以上的仅 17 家,其中有的尚未使用机器。1912 年全国登记的工厂资本,一共不到 5500 万元,而钱庄与典当的资本超过 1 亿 6000 万元。①

此外,边界模糊的官僚私人资本占有重要地位,对此陈自芳有较为系统的研究。② 清末的官僚私人资本多数源于商务大臣、工部侍郎、盐运使、洋务企业的总办、会办等,其占据的行业,据陈自芳对 70 个代表人物创办的 193 家企业统计,前五位的依次是纺织缫丝(33)、矿业(31)、粮油食品(23)、金融(20)和农林盐垦(18),其中矿业高居第二,纯民间资本则几乎没有涉足,而矿业恰恰是产权最不充分,更多需要政府授予"专利权"才能开办的行业。从地域分布来看,晚清官僚私人资本主要分布在南方的江苏、浙江、安徽、湖北、湖南、江西等省份,山东、直隶、山西等北方省市也有一些。

陈自芳还将官僚私人资本划分为三种产权状态:第一种是以盛宣怀为代表的权力支配性资本,其投资只有政治目的,他们既是私人投资者,又是国家资本的代表,国家资本与私人资本往往难以区分,因此国家资本往往转化为私人资本;第二种是以周学熙等为代表的一般性特权资本,其突出特征是其只是私人投资者,而不是国有资本代理人,公私分明,但其投资既有经济性又有政治性,资方获得政府的支持主要通过与官方(政府官员)的交易。第三类是以张謇、严信厚等为代表,权力不大或较开明的官僚,以及退休官吏、绅商等,其投资目的主要出于经济考虑,企业经营上与普通企业差别并不大,但也能够享受到一些特权。官僚私人资本最大的特色在于其特权,陈自芳将其归纳成运用国有资产所有权和经营权,运用行政、经济、司法等方面权力,社会生产要素优先支配,经济活动中的其他特权等四大类特权。权力支配型的官僚私人资方四种特权都得到充分运用,一般特权型的主要是第三、四类特权,偶尔也会运用第一、二类特权。普通民

---

① 汪敬虞:《中国近代工业史资料(1895—1914)》第二辑,上册,中华书局 1962 年版,"序",第 30 页。

② 陈自芳:《中国近代官僚私人资本的比较分析》,《中国经济史研究》1996 年第 3 期。

营型的主要是取得第四类特权,偶尔也拥有第三方面特权。虽然陈自芳的研究尚存一些可商榷之处,但无疑是目前最为客观的研究。

第四节　政府资方角色

一、1894 年前政府资方角色

（一）洋务企业资方构成

就洋务企业而言,无论军事,还是民用,其主导都是政府,政府既是宏观调控者,又是重要出资人,因此政府及其核心代理人,洋务大员往往居于主导地位。官督商办企业名义是商人承办,但却由官方倡导,垫资或者部分出资,承办的商人由官方招募,业务以官方支持为基础,尤其"专利权"全赖政府,决定了政府的主导地位。政府出资较少,名义"商办"的官督商办企业尚且如此,官商合办自不待言。加之近代工商业法规严重缺位,政府享有更多的剩余控制权和剩余索取权,决定了政府的决定性影响。这就不难理解官督商办企业由最初的商人管理,逐渐官办化,进而商人幻想的破灭;官商合办企业商人合伙者的最终命运基本是幻觉而已。[①]

无论是民用还是军事企业资方,其范围远远超过企业发起者,常包括出资的政府官员、商人(含买办)、地主甚至洋人,以及日常经营管理者等。就官僚而言,早期对洋务民用企业作用最大的是李鸿章,但凡规模较大的洋务民用企业多由其策划,运作则多是盛宣怀。[②] 洋务官员,尤其盛宣怀等督办企业时入股企业,身份由官而亦官亦商,但更偏向于官。由于当时精通洋务官员有限,遂出现李鸿章与盛宣怀的组合一骑绝尘,早期主要洋务军事企业除福州船政局外,均以李鸿章为核心。以李宗岱、杨宗濂、戴华藻、胡恩燮、戴景冯、戴恒、龚寿图、龚易图、孙振铨、胡碧澂为代表的官僚地主则借助北洋官僚集团发展近代企业。

洋务企业的资方可以分成两个体系,一是洋务官员体系。就整个洋务企业

---

① ［美］陈锦江:《清末现代企业与官商关系》,王笛、张箭译,中国社会科学出版社 2010 年版,第 69—109 页。

② 张国辉:《洋务运动与中国近代企业》,中国社会科学出版社 1979 年版,第 344 页。

体系而言,官员的资方往往来自政府内部同一阵营的洋务派,甚至顽固派,整个清政府,虽然其内部有着冲突;对于单个企业而言,则是以某一时期主导这个企业的官员为核心。由于以李鸿章、沈葆桢、张之洞为代表的洋务大员往往同时倡办、控制多家洋务企业,又掌握军政大权,因此在洋务派内部不但同一大员,甚至同一派系控制的企业间产品、资金,乃至人员往往相互调配,企业与这些要员的辖区资金、产品、人员往来也较多。虽然前人对此颇多诟病,但至于其对企业发展,以及劳资关系的综合影响,尚难做出判断。二是来自民间的资方,尤其买办,往往以负责企业的民间经营管理者为核心,传统乡缘、族缘等发挥着重要作用。比如,在广东籍买办唐廷枢、徐润主持招商局局务时期,属于资方的"执事"全是广东人,据马良 1885 年调查不但乡缘之下是明显的族缘,招商局各分局、各船、各货栈带"总"的职位基本被唐姓和徐姓两姓占据,偶尔的外姓也往往是贿赂而得。① 1890 年袁大化出任漠河金矿总办后仅仅 3 年,矿厂文案、监工、巡查、押运、批解等属于资方的职务其家族成员就占 16 人,并以这些家族成员为中心,引进各自亲朋故旧,家族和乡缘色彩空前。虽然政府,一些官僚、经营者,乃至社会对此颇有微词,但还是屡禁不止。

(二)政府资方特征

洋务企业资方,从人格化的角度来讲,最核心,最具代表性的莫过于企业日常负责人。刘建中认为洋务企业负责人一般受政府委派,统计其籍贯意义不大,因此考察其活动区域更为合理。同时,刘建中还考虑到洋务企业负责人往往涉及多个城市、地域和阶段。刘建中官办企业的界定与本部分的界定相似,即除了包括狭义的官办企业之外,还包括官督商办、官商合办企业,从时间界限来看,他整理从第一家官办企业安庆内军械所成立到 1911 年"有资可查"的 150 家"官办企业",虽然可能有所遗漏,但还是目前为止最为全面的整理,而资料来源则包含了《民族资本主义与旧中国政府(1840—1937)》(杜恂诚,1991)、《洋务运动与中国近代企业》(张国辉,1979)、《晚清企业纪事》(王培,1997),以及孙毓棠和汪敬虞各自主编的《中国近代工业史资料》相关资料②,相对比较全面,故这里以其统计资料为基础进行讨论。

---

① 张国辉:《洋务运动与中国近代企业》,中国社会科学出版社 1979 年版,第 329—330 页。
② 刘建中:《晚清企业家的地域分布》,湘潭大学 2007 年硕士学位论文,第 36—40 页。

企业负责人活动几乎遍布全国,包含 27 个省。与买办多分布在沿海通商口岸存在明显差异的是,洋务官办企业及其负责人多分布在有浓厚工商业传统的上海、广东,而湖北、江苏、浙江、四川、湖南等省也不少,湖南、四川主要得益于其资源优势及洋务官员推动。整体而言,各省间差距并不明显,但其不足之处在于忽视了负责人的阶段性差异。这种地域分布有其合理之处,首先是出于洋务派"自强求富",因此在当时政治斗争激烈的直隶及其相邻省份并不太多,而淮系洋务大员长期得势的江浙、上海,湘系活跃的两湖洋务企业较多,即便是内地的四川,热衷洋务的封疆大吏所在的甘肃、吉林、贵州、云南等地也不乏洋务企业。至于洋务官员与主要负责人的关系,更多是业缘,比如李鸿章是安徽人,他所倚重的官僚盛宣怀是江苏人,倚重的商人及买办朱其昂、唐廷枢、徐润、郑观应与其也没有乡缘、家族关系,著名红顶商人胡雪岩与封疆大吏左宗棠之间同样没有乡缘关系。

有趣的是,出生于贵州兴义府,祖籍直隶南皮的张之洞担任两广总督后期即大力筹建军工、炼铁、纺织,1889 年调任湖广总督后,接替他的两广总督并无兴办企业之意,张之洞遂请奏朝廷,将筹建的相关企业迁到湖北,武汉三镇随即从近代工业的盲区跃升为近代工业重镇,而他所重用的蔡锡勇、辜鸿铭、盛宣怀,无一与其有乡缘、亲缘关系。蔡锡勇是福建人,其跟随张之洞先在广东担任广东洋务局总办,开设银元局、枪炮厂、水陆师学堂、制造兵轮等,后又跟随张之洞到湖北任铁政局总办,筹办湖北炼铁厂、枪炮厂、银元局、织布局、纺纱局、缫丝局等。辜鸿铭则是马来华裔与西洋人的混血,早年一直在马来及西方学习、生活、工作,更谈不上与张之洞有乡缘、族缘关系,直到 1885 年才到中国,到张之洞幕府,担任"通译",为张之洞统筹洋务。亦官亦商的江苏人盛宣怀,早年追随与张之洞有派系之争的李鸿章,后来才协助张之洞。

这客观上说明政府官员并不大重视乡缘、族缘。这是由于洋务企业创建于非常时期,沿官僚体系金字塔台阶上升的官员们更注重洋务业绩,自然更加注重代理人能力,确保洋务企业取得成功,以免影响自身仕途。其官方背景确保其享有更多的剩余所有权和剩余索取权,这让官员对掌控洋务企业日常经营管理的代理人的逆向选择和道德风险相对有最终惩罚渠道,这就使其抛弃了传统同乡、同族、同门、同年等传统关系,而更看重能力,依赖合约等正式规则约束代理人。作为代理人的企业日常负责人受中国民间传统价值观的影响,且可能在企业长期任职,更多追求企业家价值及货币财富,加之官方威慑,发生败德行为的可能性降低。

（三）政府资方角色成效

1.政府洋务军事企业成效

政府出资创建且控制的洋务军事企业,无论是技术还是管理均取得明显突破,但普遍存在对西方技术人员、机器设备乃至原料的依赖。学术界对此曾有多种评判,比如"自强""新政",李鸿章、左宗棠等人的丰功伟绩;亦有人认为是中国西化与现代化的开端,对此有完全西化的质疑;被视作近代中国工业化开端观点,也遭到不同程度的质疑。①

当然,即使社会科学意识形态化比较明显的20世纪60年代初有学者也部分认同洋务军事企业贡献。那就是"在中法、中日战争时,或台湾、伊犁问题交涉紧张时,各机器制造局确在加工制造军器军火,并曾运到前线上使用"②。客观而言,发展洋务军事企业有抵御外辱和维护内部稳定的双重动机,乃至政绩需要。一些学者认为军用工业矛头主要是对内,而不是对外,显得有些牵强,其依据是对外战败投降且并非清政府内生需求,而是被逼无奈。

就对国民经济发展作用而言,孙毓棠认为洋务军事企业只有消极作用,不起任何积极作用。这体现在三方面:清政府需要支出巨大经费;让外国商人和买办赚到很多钱;还给洋务派官僚集团提供了贪污中饱私囊的机会。即便如此孙毓棠还是认为洋务军事工业产生了一些次要的附带的作用,具体为四个方面③,因此可以推断孙毓棠当时可能已经感受到中国社会科学研究意识形态化倾向,许多评判有些身不由己。孙毓棠所说附带的作用,首先体现在军用工业对原料与燃料的需要,刺激了清政府官僚集团和新兴的民族资产阶级积极筹划用新法开采煤、铁、铜、铅各矿,19世纪后半叶中国新式矿业的兴起一定程度上和军用工业有直接间接的关系。其次,通过军用工业,中国产生了一批使用机器的近代工业工人,他们一方面受封建官吏和军队以及外国技师和工头的残害和压迫,另一

---

① 孙毓棠:《中国近代工业史资料(1840—1895)》第一辑,上册,中华书局1962年版,"序",第26—27页。

② 孙毓棠:《中国近代工业史资料(1840—1895)》第一辑,上册,中华书局1962年版,"序",第27页。

③ 孙毓棠:《中国近代工业史资料(1840—1895)》第一辑,上册,中华书局1962年版,"序",第28页。

方面又是近代工业的雇佣劳动者,受资本主义方式的压迫。再次,通过军事工业,产生了中国第一批熟悉机器制造的工程师,其是中国最早的研究并运用近代科学技术的人,并且表现出一定创造能力。最后,几个较大的洋务军事企业建立的技师训练学校,翻译出版西方科技书籍,选派留学生,为中国培养了第一批科技人员。

整体而言,洋务军事企业取得的成效虽然存在各种争议,但有几点还是可以肯定的,一是中国人自己使用机器的滥觞,并且其中包含部分资本主义因素(资本主义自然包含劳资双方);二是甲午战争的失败,意味着洋务运动的失败,尤其洋务军事企业的失败,但即使是阶级斗争意识形态下,也不可否认包括以作为资方核心的洋务派为代表的政府的腐败,其委托人洋务军事企业的总办、会办、帮办等经营管理者的腐败,清政府在抵御外侮中的失败,但洋务军事企业确实造出了近代枪炮、轮船等近代军事物资;三是洋务企业有官员、士兵,但更有与传统官营手工业劳役性质的工作者截然不同的劳动者,洋务军事企业不但雇佣了洋人,更雇佣平民,官府与劳方关系已由封建强制转化为市场关系,即便还有一些说不清道不明的封建残余;四是培养了大量技术人员,而近代劳资关系的前提——工业化恰恰以技术进步为基础。此外,洋务军事工业由于技术、管理等对洋人的依赖,企业日常管理相对于传统官手工业应该有所创新。

2. 政府洋务民用企业成效

洋务民用企业最成功的莫过于轮船招商局,其他清政府官僚集团经营的10多个采矿、炼铁、纺织企业,以及电报局,大部分失败。采矿业只有开平、漠河两矿能够盈利;张之洞所创办的主要企业到清季因经费困难而不得不改归商办。究其原因,大概有六方面:有的资金缺乏,周转困难,甚至拖欠大量的官商款项,须负担高额的利息;有的技术落后或缺乏生产经验,没有熟练的工程人员,不得不高价雇佣大批外国技师;有的不会经营管理,造成严重浪费;有的脱离实际,盲目进行生产;有的官僚主持,经营腐败,冗员杂沓,贪污中饱;有的中国市场已被外国资本所控制,产品难以和洋货竞争。[①]

孙毓棠认为不管官办、官商合办还是官督商办,最初倡办者都期望能够盈

---

① 孙毓棠:《中国近代工业史资料(1840—1895)》第一辑,上册,中华书局1962年版,第36—37页。

利。这些企业还混杂着官府手工业的传统习性,这体现在一方面是所有权部分或全部属于政府,另一方面经营管理权仍主要掌握在官僚手中。与此相适应,企业目的虽然是为了盈利,但也有服务于封建政府的特殊需要。孙毓棠进而认为洋务民用企业本身经营管理存在资本主义与封建主义的矛盾,其中封建性强的企业如基隆煤矿、汉阳铁厂注定会失败,封建性弱的企业如漠河金矿、开平煤矿就取得了盈利,但也得受封建政府牵累。漠河金矿利润丰厚,开工数年后还清了官款,但每年还得将盈利的 30%报充军饷,慈禧生日报效数万两。开平煤矿的盈利则得益于唐廷枢开办之初拟定的章程将其界定为资本主义性质,但即便这样,该矿的煤仍然给天津机器局和轮船招商局优先使用权,仍需官利 10%,慈禧生日报效等,这些都会降低利润率。当然,近代官利制度具有长期普遍性,当时矿产没有资源税等,报效等可以视作近代财政税收制度不健全的变通方式。各种洋务企业均夹杂着或多或少的封建性,这导致这类企业招商集股时,民间资本往往踌躇不前,投资积极性不高。尤其 19 世纪 80 年代以后,民间舆论日益抨击官办与官督商办,要求政府不要干预官督商办企业而应给予完全的自由。从这个角度讲,作为资方的政府有些失败。

孙毓棠认为封建性注定洋务民用企业的普遍失败,不过,从历史的角度考察有些积极意义,洋务民用企业的存在刺激并影响了若干新式工业的发展,产生了一批近代产业工人,培养出一批使用机器的工程师和工头。尤其洋务民用企业经历,使新兴的民族资产阶级认识到经营近代工业务必摆脱封建桎梏。[①] 就劳资关系而言,洋务民用企业开风气之先,让社会乃至政府意识到发展近代劳资关系的产业基础——工矿业的必要性。

二、1895 年后政府资方角色

《马关条约》巨额赔款相当于清政府岁入的三倍,当年赔款即相当于清政府一年财政收入,清政府不得不使出浑身解数,化解危机,除了对外借款,增加厘金,加盐税,推广捐例外,还发展民用企业以"兴利"。甲午战后,由于北洋舰队等一败涂地,朝野对原来的官办军事企业颇有微词,诸如"糜帑已多,未见明

---

① 孙毓棠:《中国近代工业史资料(1840—1895)》第一辑,上册,中华书局 1962 年版,"序",第 38—39 页。

效",政府内部逐渐有呼声要求军工企业除制造军火之外,兼造各种机器,甚至改归商办,所谓"国退民进""军退民进"。其中典型是清政府于1905年将江南制造局船坞和机器部门改为商办。

这阶段政府倡导的民用新式企业领导者为湖广总督张之洞,其既要盈利,又要巩固封建大官僚统治,政治动机与经济动机兼顾。继原来织布局、铁厂之后,又陆续创办纺纱、缫丝、织麻、制砖、造纸、印刷等工厂,这些企业以张之洞为核心相互"联成一气",资金和产品相互融通。作为资方的政府既要维护封建政府、地方大官的利益,又要通过市场竞争谋取利润,因此政府资方的经营管理难免会夹杂着衙门作风、政府利益,官员对企业专业化不足,注定了企业发展有限。孙毓棠认为张之洞早期创办汉阳铁厂、湖北纱布两局的经历"今天看起来,却是非常荒唐的"。虽然随着时间推移,到甲午战争后,张之洞等政府官员对民用企业的了解增多,但其专业化程度仍然有限。当然,我们并不能苛求张之洞等官员,即便民间懂西方近代工矿业者应该也是凤毛麟角,后人对当时倡办新式企业官员的评价也有失客观,当时官员的做法可能也有诸多无奈。

至于官办民用企业的经营管理,应该来说是缺乏效率的。尤其部分官员在衙门与企业的双向流动缺乏必要的规范,加之企业利益、个人利益、政府利益均需兼顾,而作为官员首要是讨好官府,但若能讨好上司,安排上司的人,并不影响仕途。此外,中国人家庭本位严重,监管不力情况下中饱私囊在所难免。以张之洞倡导兴办的湖北织布官局为例,英国商会访华团在其开业不久的访问结论:"正像在中国人管理之下可能看到的情况一样,机器的情况很坏,同时有严重的浪费、混乱和怠工。……关于这个纱厂,最大的困难是派来大批无用的人做监督,这些人都管叫坐办公桌的人,因为他们坐在桌旁,无所事事。他们为了一点私利把训练好的工人开除了,雇用一些生手。"[1]官办的经营管理水平远不如商办,这从张之洞的湖北织布官局租给商人经营后,外国人对此的评价可见一斑:"这一个中国人办的纱厂开工有20年了,……它的命运是在变动的。当它在官厅的手中,常常是失败的;当它租给一个商人时,除了当地的棉花收成不足以外,它总是赚钱的。"[2]

---

① 汪敬虞:《中国近代工业史资料(1895—1914)》第二辑,上册,中华书局1962年版,第578页。

② 汪敬虞:《中国近代工业史资料(1895—1914)》第二辑,上册,中华书局1962年版,第582—583页。

由于清政府作为直接投资人、倡导者,经营效率低下,加之其建立在官权基础之上的"专利权"等对民间资本的排挤,就产生了以下问题:一是财政上无法承受;二是影响政府形象;三是倡办官员个人政绩、社会形象难免受影响;四是民间呼声,官不与民争利,改善官办企业效率。凡此种种,清政府,尤其是洋务大员不得不有所变通,其中最为典型的莫过于招商承办,下面同样以张之洞所办企业为例加以说明。

作为甲午战争后政府倡办企业的核心人物张之洞在湖北创办的几个大企业,汉阳铁厂,以及纱、布、丝、麻四局,均先后走上招商承办的道路。汉阳铁厂从1890年开始筹办,到1896年始终未能投产,耗费却达五百多万两,远高于最初给户部奏请的二百万两。华景葵对汉冶萍的记述中有这样一段:"当张请款设厂时,谓得银二百万即可周转不竭,户部允之,乃款尽而铁未出,部吏责言日至,拨款为难,左支右吾,百计罗掘,自光绪十六年至光绪二十二年止工耗母财五百六十余万两,其中马鞍山及各处煤矿耗数十万,厂基填土耗百余万,厂中共用洋员四十余人,华员数倍之,无煤可用,无铁可炼,终日醋嬉,所费者又不知凡几。官力断断不支,于是有招商承办之议。"[1] 由此可见,汉阳铁厂在张之洞手下并未投产,而是实在无法维持,不得不招商承办。张之洞早年曾说经营得利,让商人羡慕,然后再招商承办的初衷与此时的招商承办显然不是一回事。[2]

张之洞的汉阳铁厂也非等闲之辈能够承办,从张之洞刻意找盛宣怀招商承办来看,张之洞也是竭尽所能了,这也说明当时经营管理人才奇缺。即使张之洞知道"盛为人极巧滑,去冬因渠事方急,其愿承铁厂之意甚坚,近因风波已平,语意又多推宕,幸现有铁路之说以歆助之,不然铁厂仍不肯接也。(渠已向所亲言之)。盛之为人,海内皆知之,我公知之,晚亦深知之,特以铁厂一事,户部必不发款,至于今日,罗掘已穷,再无生机,故不得已而与盛议之,非此则无从得解脱之法,种种苦衷,谅蒙垂鉴。且铁厂如归盛接班,则厂中将来诸事,大农俱可不挑剔,此当早在明察之中矣"。[3] 有趣的是,作为张之洞早年竞争对手李鸿章的得

① 汪敬虞:《中国近代工业史资料(1895—1914)》第二辑,上册,中华书局1962年版,第469页。

② 袁为鹏:《汉阳铁厂之"招商承办"再探讨》,《中国经济史研究》2011年第1期。

③ 汪敬虞:《中国近代工业史资料(1895—1914)》第二辑,上册,中华书局1962年版,第471—472页。

力干将盛宣怀似乎不愿接办汉阳铁厂,而是为了还张之洞人情"盛方以某案事交张查办,张为之洗刷,而已承办铁厂属之"。因为盛宣怀在甲午战争中涉嫌"运粮资敌"而被告发,如果不是张之洞为之洗刷,盛难免被贬,甚至有牢狱之灾,因此盛宣怀自然尽力,而盛宣怀有多年兴办实业的经历,也是最为合适之人。至于盛宣怀主持后,将其改为官督商办,并于1908年将其改为完全商办,与盛宣怀接办之初官督商办已恶名累累,加之盛宣怀贪污形象,招股不力,原计划招股1500万两,实际仅招股100万两,而不得不向外国借债,并最终导致最大债主日本控制企业的情况,那是后话,这里不再赘述。

张之洞将湖北纱、布、丝、麻四局招商的原因凸显出政府无力继续担任资方。四局承租合同,规定每年商人须缴租金10万两,其中最重要的一部分则是承租的应昌公司首先需要一次性拿出50多万两替四局偿还瑞记洋行的债务,可见作为政府的资方并不是不想坚守"资方地位",而是无法自保的结果。

第五章　晚清的劳方

第一节　晚清劳方概述

一、洋务运动到甲午前

（一）劳方规模

甲午战争前中国劳方个体数量目前并没有定论。据陈真、姚洛统计和估算，甲午战争以前中国官办和商办工厂有工人 84571 人。陈真、姚洛的数据是保守的，其统计对象所涉及工厂是指有动力的工厂，难以分清是否采用动力的则以雇佣 30 人为标准，行业也并不完整。比如，化学工业仅指火柴、西药和造纸，且局限于华商。[①] 相对而言，孙毓棠的统计可能更全面些（见表 5-1），但孙毓棠数据可能仍趋保守，因为据他统计，当时电力工业、钢铁工业、金属加工业、纺织工业、食品工业，以及其他工业 500 人以上的工厂工人数就有 73000 人，约占总人数91850 人到 98060 人的四分之三。笔者推测大量无名小厂的工人可能被遗漏，因为有历史留存资料，或者历经半个多世纪还能被后人记住的早期中小工厂应该只是凤毛麟角，虽然其单个企业雇工人数不是太多，但总数未必比大企业的少多少。

[①] 陈真、姚洛：《中国近代工业史资料》，第一辑，"民族资本创办和经营的工业"，生活・读书・新知三联书店 1957 年版，第 54 页。

表 5-1　1894 年近代工业中雇佣工人人数估计

类　别	工人人数
外国资本在中国经营的近代工业	34000
清政府经营的近代军用工业	9100—10810
清政府经营的炼铁与纺织工业	5500—6000
清政府经营的近代矿业	16000—20000
民族资本经营的近代工业	27250
共计	91850—98060

孙毓棠:《中国近代工业史资料(1840—1895)》第一辑,下册,中华书局 1962 年版,第 1201 页。

　　甲午战争前工人数比较可信的还有刘明逵、唐玉良在孙毓棠、许涤新、吴承明等基础上的估计。刘明逵、唐玉良《中国工人运动史》除保留外国资本大约在华雇佣中国工人 34000 人外,认为加上航运等,外资企业总雇佣工人在 39000 人以上。① 刘明逵、唐玉良对许涤新、吴承明主编的《中国资本主义发展史》第二卷有关洋务企业工人的数字进行了修正,认为其至少没有包括规模较大的上海机器织布局、湖北纺纱局、轮船招商局、天津电报总局和大清邮政等企业职工,加上这些洋务时期官办工矿交通企业工人总数 4.5 万人左右。② 刘明逵、唐玉良在孙毓棠估计近代加工工业雇佣工人约 27250 人的基础上,认为加上民族资本经营的 5000 人左右的矿业,以及民族航运和公用事业等工人,总数应该在 33000 人以上。整体而言,1840 年到 1894 年全国产业工人总数大约有 11 万人。③ 此外,马超群领衔的中国劳工运动史编纂委员会编写的《中国劳工运动史》,并未涉及 1894 年前中国产业工人数量。④

　　前面涉及工人,基本是机器工业工人,对商业,尤其是可能广泛存在雇工的

---

　　①　刘明逵、唐玉良:《中国工人运动史》第一卷,"中国工人阶级的产生和早期自发斗争(1840 年至 1919 年 4 月)",广东人民出版社 1998 年版,第 21 页。

　　②　刘明逵、唐玉良:《中国工人运动史》第一卷,"中国工人阶级的产生和早期自发斗争(1840 年至 1919 年 4 月)",广东人民出版社 1998 年版,第 27 页。

　　③　刘明逵、唐玉良:《中国工人运动史》第一卷,"中国工人阶级的产生和早期自发斗争(1840 年至 1919 年 4 月)",广东人民出版社 1998 年版,第 31 页。

　　④　中国劳工运动史编纂委员会:《中国劳工运动史》,(台北)中国劳工福利出版社 1959 年版。

手工业并未提及。不过,考虑到这一阶段大规模的手工作坊和手工工场并不普遍,虽然有相当部分可能存在雇工,但其与雇主、政府之间的关系可能更多停留在传统的劳工关系水平,较少近代劳资关系因素,还是有一定合理性。不过,官办、民营手工业工人数量应远超过近代产业工人。比如,19世纪80年代:"西樵一带,机工至三四万人……"①虽然有夸张因素,但还是比较客观的反映了手工业人数众多的事实。

(二) 来源与分布

早期中国产业工人伴随外商"非法"在华投资②,最早出现于通商口岸外商企业。从《南京条约》开始到1870年上海、广州等通商口岸陆续投资工业企业43家,其中船铁厂19家,雇用1万人左右。③紧随其后的是19世纪六七十年代的洋务官办、官督商办、官办企业的工人。由于政府长期"抑商"政策,广大民众的抵制④,频繁的战争等因素,直到19世纪70年代近代民营企业才零星出现,到1894年民营企业雇工仍很少,不过,早期民营企业相对边缘化,资料"失传"可能性大,其数据可能被低估。早期工人主要来源于失地、破产农民、城市流浪者,鉴于当时交通状况,更多是邻近地区流动。例外就是轮船招商局、开平煤矿等由北上的广东大买办主持的洋务企业粤人较多。

外国资本率先进入船舶修造,广州、上海、香港、厦门等地的第一批船舶修造厂,率先雇佣中国工人,工人多是当地破产的农民或者手工业者。⑤到19世纪60年代不但外商投资的船舶修造、砖茶业、出口打包业等迅速增加,雇佣中国工人,清政府洋务派倡导兴办的洋务军事企业,其雇工来源有裁汰的士兵,以及农民、破产手工业者,还有一些外资工厂失业工人,乃至洋人。⑥洋务军事企业的

---

① 徐赓陛:《不自慊斋漫存》第六卷,"学堂乡滋事情形第二禀"。

② 有趣的是,虽然直到1895年《马关条约》之后西方才首次在华取得直接投资权,但外国在华投资却几乎在第一次鸦片战争之后即开始在华通商口岸设立企业,甚至一度华商"诡寄"洋人经营成为一种风气。

③ 引自姜铎:《中国早期工人阶级状况初探》,《上海社会科学院学术季刊》1994年第4期,第150页。但笔者对照其注释,并未找到相关数据,笔者怀疑可能是原作者笔误。

④ 比较典型的比如19世纪80年代初,广东南海手工业者对机器缫丝厂的抵制、冲击,乃至暴力破坏。参见段雪玉:《锦纶堂:近代蚕丝业行会组织的社会史考察》,载郑德华主编:《海洋史研究》第三辑,社会科学文献出版社2012年版。

⑤ 郑学檬:《中国工业无产阶级及其早期的状况》,《史学月刊》1960年第4期。

⑥ 王处辉:《中国近代企业组织形态的变迁》,天津人民出版社2001年版,第70、74页。

雇工有的已上千,江南制造局有 1200 多人,福州船政局更有两三千人。工人分布进一步扩大到新辟通商口岸,尤其是福州和武汉,近代产业工人总人数估计上万。19 世纪 70 年代后以广东南海继昌隆机器缫丝厂为先导,近代民营企业工人也相继出现,这一阶段无论洋务企业还是外商投资均迅速增加,因此近代工人增加也更为明显,地域分布更广,涉及产业更多。当时中国重工业基本没有发展,轻工业中的工人所占比重较高,据估计,1894 年,仅上海和广州的机器缫丝业就有雇佣工人 13600 人左右①,轧花与棉纺织业 7 家工厂就约有6450 人②。

近代早期工人与传统手工业雇工的最大不同是女工和童工的相对普遍化(见表 5-2)。这一方面是移风易俗的结果,另一方面是资方发现女工和童工对工作条件、工作待遇的期望较低,而对权威较为服从,因此早期资方从一开始就瞄上了童工和女工的管理优势。19 世纪 80 年代初著名的南海反对机器缫丝运动其理由之一就是男女在同一工厂做工,藏污纳垢,有伤风化。虽然这有地方士绅、传统手工业者,以及锦纶堂等夸大事实的成分,但动辄上百的女性从家庭到工厂,从男女授受不亲,到相对开放的工厂,相对于传统确实是巨大的改变。江苏公平洋行缫丝厂,1882 年已有女工头。有趣的是,上海旗昌丝厂还有意大利女监工,怡和丝厂有欧籍女监工。女工的使用主要在轻工业,除了南海民族资本的缫丝业外,上海的旗昌、怡和等洋行的机器缫丝厂雇佣了成百上千的女工,民营的通久源纱厂雇工达一千多人。茶叶加工,尤其分拣环节等普遍使用女工。其他行业女工也不少,1893 年《北华捷报》估计,仅上海就有"一万五千或两万妇女被雇佣,从事清理禽毛以便载运出口,从事清拣棉花与丝,从事制造火柴与卷烟"。当然使用女工还是不被主流所认可,以至湖北织布局到 1894 年还不用女工而只用男工。③ 早期使用女工的洋务企业很少,这说明政府可能更在乎社会影响,因为中国传统社会妇女的基本角色是"家庭"。

---

① 刘明逵、唐玉良:《中国近代工人阶级和工人运动》第一册,"鸦片战争至大革命时期工人阶级队伍和劳动生活状况",中共中央党校出版社 2002 年版,第 104 页。

② 刘明逵、唐玉良:《中国近代工人阶级和工人运动》第一册,"鸦片战争至大革命时期工人阶级队伍和劳动生活状况",中共中央党校出版社 2002 年版,第 106 页。

③ 孙毓棠:《中国近代工业史资料(1840—1895 年)》第一辑,下册,中华书局 1962 年版,第1232 页。

表 5-2 1894 年前近代工厂雇佣女工概况

时 间	地 点	女工概况	资料来源
19 世纪 60 年代初	上海	1860 年上海怡和纺丝局的缫丝女工每天工作 11 小时,日工资 0.09 元。	张茂元:《社会地位、组织能力与技术红利分配》,《中国社会科学》2013 年第 7 期
1872 年	广东南海简村	继昌隆缫丝厂,女工六七百人。	《南海县志》21 卷,第 4—6 页
19 世纪 70 年代	广东南海	每间丝偈,打折女工六七百位,少者亦二三百位。	《南海县志》26 卷,第 56 页
1882 年	广东南海	裕昌厚丝厂雇用女工 400 余人。	徐赓陛:《不自慊斋漫存》第六卷,"学堂乡滋事情形第一禀"
1882 年	广东南海	每偈约用女工四百余人,男工一百余人。	徐赓陛:《不自慊斋漫存》第六卷,"学堂乡滋事情形第二禀"
1882 年	江苏	公平洋行机器缫丝厂共有缫机二百车,每车女工 1 人。全厂由外国经理或监督管理,配备有技艺的工头和女工头。	《北华捷报》1882 年 1 月 17 日
1883 年	上海	上海机器缫丝局雇佣妇女极多,每日用女工数百人,完成剥茧、拣茧、司机、司缫诸事。	《申报》光绪八年十一月二十一日
1884 年	上海	华章造纸厂有一大群老幼不同、褴褛贫苦的中国女工拣选肮脏旧布。	《北华捷报》1884 年 12 月 17 日
1887 年	上海	英国领事商务报告,外国机器缫丝厂,雇请中国女工约二千人。	《北华捷报》1888 年 8 月 24 日
1888 年	上海	旗昌、怡和洋行皆设有机器缫丝局,募千百华人妇女,工贱而丝极美。	《李文忠公全集》海军函稿,3 卷,第 2—3 页
1888 年	上海	燧昌自来火局常雇佣女工三百人,男工一百人以上。女工每染燐一匣得工资六文,还有场外糊制火柴盒的数以百计的女工和童工。	《北华捷报》1888 年 6 月 9 日。另据《中国资本主义发展史》
1890 年	上海	旗昌丝厂雇佣几百中国女工,意大利女监工监督。全厂由黎瓦经理。	《北华捷报》1890 年 8 月 29 日
1891 年前	广州	蒸汽厂丝是五六十家大厂的出品,其中有几家丝厂雇佣女工达 800 人之多。	《海关十年报告》1882—1891 年分,第 576—577 页
不详	上海	怡和丝厂雇佣剥茧与拣茧女工二百,缫丝女工五百,刷丝女工二百五十,清理废丝女工一百,欧籍女监工六人。	莱特:《商埠志》,第 573 页
不详	上海	上海缫丝厂女工人等,一呼可集。	《陈炽论上海缫丝厂》

续表

时　间	地　点	女工概况	资料来源
1892 年	上海	上海机器织布局大小女工,多自上海周围二三百里之远,其中上等女工能司两机。	《字林西报》,光绪十三年三月初二
1893 年	上海	上海机器织布局着火时,有两千多女工正在厂里做工,幸而都逃脱,没有伤亡。	《北华捷报》1893 年 10 月 20 日
1893 年	上海	估计上海有一万五千或两万妇女被雇佣,从事清理禽毛以便载运出口,从事清拣棉花与丝,从事制造火柴与卷烟。	《北华捷报》1893 年 11 月 24 日
1894 年	上海	上海机器织布局搭伙,居中男女各工约二千多人,啼哭盈途,奔避不暇。	《益闻录》,光绪十九年九月十六日
1895 年	宁波	通久源纱厂共雇用女工一千二百人,另有女工三百五十人,在清花部协助工作	《关册》1895 年分册
1895 年	上海	美国烟草公司卷烟包装主要靠女工。	《北华捷报》1895 年 6 月 14 日
不详	重庆	火柴盒由女工和童工,在厂或家内糊制,每制百盒付工价四十文。女工糊制火柴盒,平均每人每天可得钱六十文。	《海关十年报告》,1882—1901 年份,上卷,第 133—136 页

资料来源:主要参考孙毓棠:《中国近代工业史资料(1840—1895)》第一辑,下册,中华书局 1962 年版,第 1229—1231 页。笔者补充部分资料。

　　雇佣童工也较普遍,且与女工类似主要分布在轻工业(见表5-3)。19 世纪 80 年代初,上海英美三缫丝厂雇佣的工人,以女工和童工为主;张之洞创办的湖北织布官局,竟然多系幼童;劳动条件恶劣,工作繁重的开平矿务局也雇佣了不少童工。

表5-3　1894 年前工厂童工概况表

时　间	地　点	童工情况	资料来源
约 1878 年	唐山	不准雇佣十三岁以下男童及大小妇女;其十三岁至十八岁幼童,虽准雇佣,须分别管束。	开平煤矿煤窑规条三十三则,《开平矿务局创办章程案据汇编》,第 28 页
约 1878 年	唐山	窑内做工幼童,由工人带做。做工时刻完后,该工人须着幼童出窑。	开平煤矿煤窑规条三十三则,《开平矿务局创办章程案据汇编》,第 41 页

时　间	地　点	童工情况	资料来源
1882 年或 1883 年	上海	上海英美三缫丝厂都用中国蚕茧缫丝，雇佣数百中国工人，主要是女工和童工。	《英领事商务报告》1882—1883 年份，第一篇，第 12 页
1895 年	上海	本邑人杨吉生年甫十四龄，在杨树浦某缫丝栈习司机之役。	《申报》光绪二十年十二月十八日
1888 年	宁波	通久源轧花厂小的踏板轧花机器竟由一些年方八岁童工操管。	《北华捷报》1888 年 7 月 13 日
不详	重庆	两家火柴厂都开着工，火柴盒的糊制，雇佣了许多女工和童工。	《海关十年报告》1882—1891 年份，第 110 页
不详	宁波	通久源纱厂雇佣工人七百五十人，主要是女工与童工。	《海关十年报告》1892—1901 年份（下卷），第 64—65 页
1893 年	武昌	现在雇请的工人多是幼童，他们不懂英文，机器运用不大好。	《北华捷报》1893 年 3 月 10 日
1893 年	湖北织布官局	工厂都是男工与幼童，没有女工	《北华捷报》1893 年 11 月 3 日
1894 年	上海	十五岁左右之童年纪太小，恐难成就，令再招十六岁以上五十名。	《益闻录》，光绪十九年正月二十三日
1895 年	湖北	现招齐艺徒，即开纱厂夜工。	光绪二十年十一月初十，蔡锡勇致张之洞电

资料来源：主要参考孙毓棠：《中国近代工业史资料（1840—1895）》第一辑，下册，中华书局 1962 年版，第 1232—1233 页。

二、甲午战争后劳方概况

（一）数量、行业、地区分布等

辛亥革命前究竟有多少产业工人，尚无定论，但可以肯定，这一阶段伴随工商业迅速发展，产业工人数量明显增加。据汪敬虞粗略估计，民国之初的 1913 年，全国中外工矿企业工人在 50 万到 60 万间，也就是说产业工人增加到甲午战争时期的四到五倍。[1] 汪敬虞的估计应比较合理，据他整理 1900—1910 年间集中于单厂 500 工人以上的工人就有 24 万多。[2] 汪敬虞不但对中外企业进行划

---

[1]　汪敬虞：《中国近代工业史资料（1895—1914 年）》第二辑，上册，中华书局 1962 年版，"序言"，第 38—39 页。

[2]　汪敬虞：《中国近代工业史资料（1895—1914）》第二辑，下册，中华书局 1962 年版，第 1183 页。

分,而且还细化到省份、行业(见表 5-4),甚至企业,可信度相对较高。① 从规模以上企业的情形看,江苏省(含上海)产业工人最多有 10 万多人,占五分之一多,与此相对的是上海有规模以上企业 66 家,占当时规模以上工业企业的 40%强。其次是奉天,虽然只有 8 家大企业,但都是日资企业,居然有 3 万多工人,产业工人数仅次于江苏。广东和湖北规模以上企业工人 2 万人左右,分列第三、四位。有趣的是,广东有 38 家规模以上工业企业,远远高于除江苏以外的任何省份,但平均工人数整体不多,与其是本土或华侨投资企业,实力相对不强有关系。除江苏、广东、奉天外,湖北 12 家、山东和直隶均为 9 家,浙江 5 家,江西 3 家,河南 2 家,湖南、福建、蒙古和贵州各 1 家。与奉天类似,蒙古和贵州规模以上企业均是外资。从行业分布来看,纺织业有 111 家,超过总数的 70%,钢铁机器工业15 家,接近总数的 10%,其他行业最多的不过 9 家,这凸显出中国工业化尚处于初级阶段,以轻工业为主,几乎没有重工业的事实。

表 5-4　1900—1910 年 500 工人以上的各行业人数统计

行　业	中　国		外　国		合　计	
	厂矿数	工人数	厂矿数	工人数	厂矿数	工人数
钢铁机器工业	9	13450	6	21333	15	34783
纺织工业	98	99560	13	24480	111	124040
食品工业	1	700	7	14638	8	15368
金属矿工业	1	700	2	8000	3	8700
煤矿工业	2	6600	7	31609	9	38209
铁矿工业	1	3000	0	0	1	3000
木材工业	0	0	1	7000	1	7000
其他工业	4	4265	4	2350	8	6615
合计	116	130985	40	109410	156	240395

资料来源:根据汪敬虞:《中国近代工业史资料(1895—1914)》第二辑,下册,中华书局 1962 年版,第 1184—1192 页明细整理。

除汪敬虞外,其他对清末产业工人估计的资料较为有限,而且可信度并不高。其中比较有代表性的是,中华全国总工会中国工运史研究室估计 1913 年中国共有产业工人近 120 万,远远超过汪敬虞的估计(见表 5-5)。不过,该数据主

---

① 汪敬虞:《中国近代工业史资料(1895—1914)》第二辑,下册,中华书局 1962 年版,第 1183—1191 页。

要采用民国以后资料,且对工人的分类较为随意,数据可能偏高。

表 5-5　1913 年中国产业工人总人数

行　　业		工人人数	说　　　　明
工厂工人	织染工业	249304	摘自 1916 年第五次农商统计表,其中不包括外国在华工厂的工人,但包括部分工场手工业的工人。
	食品工业	181732	
	化学工业	94745	
	其他轻工业	64352	
	机器器具工业	36697	
	金属冶炼工业	3648	
	电气自来水工业	392	
	合　计	630890	
矿业工人		407192	摘自 1916 年第五次农商统计表,数字偏高。
铁路工人		57318	曾鲲化:《中国铁路史》1924 年,仅国有各路职工。
邮电工人		11000	摘自 1931 年《中国邮政统计专刊》。
海员		7000	据 1913 年轮运船只和吨位,并参照邓中夏估计。
总　计		1176400	

资料来源:中华全国总工会中国工运史研究室编:《关于解放前中国产业工人人数发展变化的初步估计》,未刊稿,1959 年 4 月。

(二)籍贯、性别与年龄分布

除技术工人外,普通工人基本来自邻近地区,这既说明技术工人缺乏,又折射出交通不便,劳动力流动成本高。即便被时人视作工人来源地分散的上海纱厂,工人不过源自上海附近及安徽等地,而技术人员及其管工则多为广东或宁波人,"他们多年积习相沿,结成帮口,藉谋保护和增进相互利益;这在纺织公司的劳动者中也是盛行的"[1]。萍乡煤矿以当地人为主,其次是相邻的湖南、湖北人。一些技术含量较高行业,创办者曾辗转多地的企业工人来源地较杂。比如,先后在两广、湖广、两江任职的张之洞创办的鄂省铁政局"制造各匠,除洋匠外,多系粤东及宁波、上海等处人"。[2] 同样,汉阳铁厂、新化铁炉广东、宁波人较当地人

----

[1]　汪敬虞:《中国近代工业史资料(1895—1914 年)》第二辑,下册,中华书局 1962 年版,第 1173—1174 页。

[2]　汪敬虞:《中国近代工业史资料(1895—1914 年)》第二辑,下册,中华书局 1962 年版,第 1174 页。

为优。此外,因为闯关东缘故,辽宁企业工人,尤其苦力多源于山东,抚顺煤矿采煤苦力,主要是山东籍。[①]

女工和童工并不少,除了一些苦力,只有成年男性能担任的工作外,资方尽可能利用女工和童工,以降低成本和方便管理。据 1907 年《字林西报》载上海租界内的年轻女子有 64000 人,各厂做工者有 3 万人。[②] 1908 年 7 月《北华捷报》就指出:"如果提出了幼年儿童不许在工厂作工的建议,我们就立刻遇到了难关。雇用童工在不卫生条件下作长时间工作的,不仅是上海的工厂,在上海租界每一条街道上,在上海每一行业里,无不雇用童工。因此,取消工厂雇佣童工,显然只是触及问题的皮毛。要知道上海工厂雇用童工并不是像在西洋城市一样,剥夺了儿童的教育和娱乐,即使工厂不雇用,童工他们也不会有上学校和玩耍的自由。"[③]《北华捷报》的描述并非空穴来风,而有一定事实依据。1908 年《中国经济全书》描述:"工场募集劳动者,必募集能堪于劳动之人。故最年少者,以十二三岁为限,老年者,则以五六十岁为限。其劳动之要大劳力者,例如铁工场、船渠工场等,则大抵使役壮年者;如自来火公司、纺织公司,则大抵使役年幼及年老者,而女工为尤多。余向者参观工场,其最感异样者,则上海之燮昌自来火公司也。此公司之女工中,其有儿女者,则大都携之并至。其最幼者,则载于摇篮中,置之于旁,其少解劳动,六、七岁之儿童,则置于旁,使参加劳动之事。又于其中,曾见有白鬓盈额,约七十余岁之老妇焉。"[④]可见,资方雇佣男工、童工、女工与否,取决于经济利益,即使进入企业的妇女,也还承担照顾子女责任。一些新式纱厂最初曾公开雇佣五六岁幼童,但因其工作没有效率,工厂不再雇佣,幼童父母却还千方百计将其带进去。

武昌纺纱厂雇佣的劳工分为六个等级,劳工年龄从七八岁到十七八岁,主要通过亲友请托而雇用亲戚、朋友子弟,七八岁小孩子充当学徒练习,通过所谓"查车",一二年成为帮车,四五年成为正车,逐渐升级,因此"看起来,工厂内十

---

① 汪敬虞:《中国近代工业史资料(1895—1914 年)》第二辑,下册,中华书局 1962 年版,第 1174—1175 页。

② 汪敬虞:《中国近代工业史资料(1895—1914 年)》第二辑,下册,中华书局 1962 年版,第 1192 页。

③ 汪敬虞:《中国近代工业史资料(1895—1914 年)》第二辑,下册,中华书局 1962 年版,第 1193 页。

④ 《中国经济全书》,1908 年,第 1 辑,第 108 页。

二三岁的小孩子实在多得很"①。武昌纺纱局移交官办后,立即解雇了女工,由男工接替。《北华捷报》对此评论说"中国政府执行'妇女应料理家务'的原则,因此所有公共事务从来不用女人,只有唯一的例外,即看管女犯的女监"②。这反映出中国传统伦理妇女"家人"的角色,早期洋务企业几乎没有女工,开平矿务局创办之初就规定不准雇佣女工。

第二节　晚清劳方工资待遇

一、工资概况

劳方核心利益是工资,特别是近代交通、通信不便,多数工厂工人做工往往不能兼顾其他,又几乎没有其他福利待遇,工资就显得尤为重要。早期工资,主要是计时,有按月支付工资的,有按日支付的,官办企业也曾借鉴西方每周六天工作制,工资按周付。此外,尚有部分计件,比如 1882 年上海熟皮公司。采矿业计件工资可能更为普遍,因为矿业产值与产量密切相关,井下采矿工作不易监督,计件更为有效。1877 年《开平矿务局招商章程》成本总论部分,就将工资与产量紧密联系,有"中国每人每日工食银一钱有零,可挖煤千勚。若用内地工人,引以西法,每人工食二钱,可取煤二吨半"。③ 具体执行还考虑产品质量差异,工作难度,煤块越大,质量越好,工价似乎越高,因此 1882 年工资是大块每吨0.45 元,中块 0.30 元,小块 0.15 元,凿石工资则依据石头硬度,价格从 2 元到 4元不等。矿业勘察等难以计件的工作,则只能采取计时方式。

对 1894 年以前工人工资资料比较权威的统计是孙毓棠整理的资料,日工资在 0.055—0.333 元间(见表5-6),有的还有工食。但只涉及上海、福州、武昌、汕头,就企业所有权而言,祥生、耶松是外资在华最大船厂,福州船政局既是中国

---

① 汪敬虞:《中国近代工业史资料(1895—1914 年)》第二辑,下册,中华书局 1962 年版,第1194 页。

② 汪敬虞:《中国近代工业史资料(1895—1914 年)》第二辑,下册,中华书局 1962 年版,第1194 页。

③ 汪敬虞:《中国近代工业史资料(1895—1914 年)》第二辑,下册,中华书局 1962 年版,第1214 页。

最大造船厂,又与苏州洋炮局、湖北织布官局、上海机器织布局一样是财务软约束的官办企业,相对财大气粗,工资水平应高于一般工厂。

表 5-6　1894 年前中国工人的工资

地点	工厂	时间	工人种类	工资记载	日工资(元)	资料来源
上海	一般工资	1880	一般男工	每工二三百文	0.185—0.2777	《申报》
上海	祥生船厂	1881	有训练男工	三百文	0.2777	《申报》
上海	祥生船厂	1881	普通男工	二角	0.20	《申报》
上海	祥生船厂	1881	普通男工	二百文	0.185	《申报》
上海	祥生船厂	1881	普通男工	一百九十文	0.1759	《申报》
上海	耶松船厂	1892	有训练男工	三百文	0.26	《北华捷报》
上海	耶松船厂	1881	男工头	每月八元	0.2667	《申报》
上海	机器织布局	1880	男女工平均	二百文	0.185	《申报》
上海	机器织布局	1890	男女平均	二百文	0.174	《张之洞电稿》
上海	某纱厂	1894	普通男工	4 至 6 便士	0.15—0.23	沙见德:《中英商务与贸易》
上海	某纱厂	1894	普通女工	每日 1.5 至 4 便士	0.05—0.15	
武昌	织布官局	1893	有训练男工	月工资 7 到 10 元	0.233—0.333	《北华捷报》
上海	各缫丝厂		有训练女工	月 1 角 6 分	0.16	《皇朝经世文新编》
汕头	豆饼制造厂	1893	有训练男工	每月 3—4 元,给饭食	0.12	《关册》,1893
苏州	苏州洋炮局	1864	有训练男工	少者七八元	少者:0.233—0.266	《同治朝夷务始末》
福州	福州船政局	1874	木工、铁工	每月 300 至 400 文	0.20—0.277	日意格:《福州船政局》
福州	福州船政局	1882	匠作小工	月四两二钱	0.194	《船政奏议汇编》
福州	福州船政局	1882	运夫	月三两三钱	0.153	

资料来源:孙毓棠:《中国近代工业史资料》第一辑,1840—1895,中华书局 1962 年版,1212—1213 页。

　　不同岗位,不同性质,不同企业的工资差异明显,李鸿章亦认为"中外匠役,量才给值,高下悬殊;又复随宜损益,均无例价可循"①。同一企业,不同部门,不同工种工资差异也较大,这在江南制造局各厂表现得尤其明显(见表 5-7)。不过,这种差异应该主要基于市场因素。

---

　　① 《李文忠公全集》,奏稿,20 卷,第 13 页。

表5-7　早期江南制造局各厂工人工资简表

厂名	工匠(人)	日工资(元)	幼童(人)	日工资(元)	小工(人)	日工资(元)
机器厂	工匠幼童共298人,日人均工资0.255元				19	0.14
铸铜铁厂	24	0.902	8	0.187	21	0.156
熟铁厂	60	0.561	11	0.212	8	0.156
轮船厂	105	0.3244	无		72	0.147
锅炉厂	59	0.816	无		44	0.156
炮厂	166	0.638	65	0.22	59	0.128
炮弹厂	工匠幼童共计237人,人均日工资0.208元				42	0.158
炼钢厂	149	0.469	38	0.21	69	0.282

注:江南制造局当时工资是以周为单位结算,每周工作六天,工资支付时按各种工人整体支付,数据为平均每周按实际工作天数平均所得。
资料来源:魏允恭:《江南制造局记》第二卷,1905年,第3—11页。

同一企业内部工资差异在1895年的吉林制造局体现得非常明显[1],日工资平均为0.378元,其中最高为轧铜处0.62元,其次为强水厂0.539元,最低为木厂0.152元,其中轧铜处和强水厂均只有1名工匠,且是技术性较强部门,高工资并不意外,最低木厂则有工匠47人,且是传统行业,工匠并不缺乏,因而工匠平均工资较低。从单个工匠来看,最高的是火药厂1.400元,可能与火药厂危险性、技术性均较高有关。这在个别环节尤其突出,加之该厂规模较大,技术负责人责任重大,故而工资较高,而其中普通工匠则相对较低,故而整体平均工资只是相对较高。整体而言,吉林机器制造局的工资考虑了市场因素,以及岗位的难度。至于兵弁最高达7元,最低5元,平均高达6.5元,相对于工人来说是巨额工资,也是可以理解的,兵弁毕竟不是"雇佣"的,而是享受政府薪俸,自然该另当别论。

整体而言,工资随着时间推移,即便剔除通货膨胀率因素,工资仍然明显上升,工资往往体现出行业和工种差异,但各种类型工资额相对平均,1905年前后上海、天津两地工厂工资水平就是这样一种状态(见表5-8)。

---

① 汪敬虞:《中国近代工业史资料(1895—1914)》第二辑,下册,中华书局1962年版,第1224页。

表 5-8　1905 年前后上海、天津日工资额简表

工　别	每日工资额（元）	
	上　海	天　津
石工	0.50—0.60	?
泥水工	0.40 以上	0.40—0.50
船渠工	0.60—0.85	0.55—0.65
木工	0.40	0.35—0.40
建筑中式房屋木工	0.55	0.40
建筑西式房屋木工	0.60—0.85	?
西式家具之木工	0.60—0.85	?
砖窑厂	0.45	每一万块 20 元
漆工	0.45—0.55	?
铁工	0.60—0.85	0.40—0.70
染工	0.40—0.50	每年 40—100
纺纱男工	0.25	?
纺纱女工	0.22	?

资料来源：汪敬虞：《中国近代工业史资料（1895—1914）》，第二辑，中华书局 1962 年版，第 1226 页。

　　汉口各工厂工资，由于产业差异和地域差异，工资额似乎远低于上海和天津，比如纺纱局日工资只有 0.27—0.28 元，织布局工资 0.32—0.33 元，砖茶制造局 0.20 元，缲丝局 0.05—0.25 元，牛皮厂晒皮工和牛皮厂漆皮工均是 0.20 元，蛋厂女工 0.15 元。当然，汉口行业与上海、天津的并无可比性，并不能简单判断其工资水平低。①

　　同类型的工人工资还与熟练程度有关。以上海纺织工人为例②，上等的 16 支以上的细纱女工日工资为 0.3—0.4 元，下等仅 0.15—0.18 元；上等"整理女工"日工资在 0.28—0.30 元，下等为 0.10—0.15 元；上等打包、选棉、混棉男工日工资在 0.35 元—0.40 元，下等仅为 0.15—0.25 元。火夫月薪为 10—20 元，稀缺的机械师月薪达 40—50 元。

　　除工资外，部分企业还可能提供工食。对于矿业，可能还提供住所等。纱厂一般不提供宿舍，但上海鸿源纱厂就破例将房屋租给工人，每月租金 1 元。

---

　　①　汪敬虞：《中国近代工业史资料（1895—1914）》第二辑，中华书局 1962 年版，第 1226 页。
　　②　汪敬虞：《中国近代工业史资料（1895—1914）》第二辑，中华书局 1962 年版，第 1227 页。

学徒基本没有工资,更多是工食,随时间推移才略有工资。学徒期满后多转为自由雇佣,学徒制培养了大量熟练甚至技术工人。当然,学徒制一定意义上是双向自由选择的,甚至要托关系,《支那经济全书》载:"徒弟都是培养朋友、亲戚托给的孩子。上海是学徒三年,义务劳动三年,汉口则有工作五年的义务;大多不要保证书,只由推荐人负责。义务年限终了,即成为普通职工,或仍留师傅收下帮忙,或另找雇主自为生计,各随其便。"①

学徒虽然是亲戚、朋友请托,也是相对规范和自由的,除了保证书和推荐人外,"在上海,各年限所习技术是有限制的,第一年教什么,第二年教什么,都有规定,即使徒弟中有俊秀的,也不能超过规定多学。据说汉口、天津都有这种情形,按照徒弟的技能允许随意多学。期限内主人供给每日饮食和四季衣服,有时给些剃头钱,不给工资。又,衣服并非给新衣服,而是给主人穿旧了的"。②

二、理性看待工资水平

首先,女工、童工与学徒工资相对较低,属情理之中,因为其生产效率相对较低,并无歧视因素,而且当时工资普遍较低,放眼世界也具有普遍性。

其次,中国工人工资与西方企业工资相比较低也是相对合理的。根据1910年美国绸业协会调查报告对各国织工的比较,中国无论男女织工,劳动时间最长,收入最低(见表5-9),这应该是相对客观的。美国织工确实劳动时间最短、工资最高,估计其劳动条件、劳动保障也优于中国,乃至当时西方主要资本主义国家。这主要是由美国工业化水平,劳动生产率水平所决定的。这从产业革命后起的东邻日本,不但与中国劳动时间相仿,而且工资与中国最为接近可见一斑。

表5-9　中外普通织工日工资与劳动时间比较

国　别	男工日工资（弗）	女工日工资（弗）	工作时间（小时）
美　国	1.50—3.00	1.00—2.50	8—10
法国和瑞士	0.75—1.50	0.50—0.90	9—12
意大利	0.50—0.80	0.30—0.60	9—12
日　本	0.15—0.20	0.10—0.12	10—14

① 汪敬虞:《中国近代工业史资料(1895—1914)》第二辑,中华书局1962年版,第1235页。
② 汪敬虞:《中国近代工业史资料(1895—1914)》第二辑,中华书局1962年版,第1235页。

续表

国　别	男工日工资（弗）	女工日工资（弗）	工作时间（小时）
中　国	0.10—0.12	0.06—0.09	10—14

资料来源:根据汪敬虞:《中国近代工业史资料(1895—1914)》第二辑,下册,中华书局 1962 年版,第 1231 页整理。

1914 年《中国财政》的数据也显示中国工人工资较低。1913 年左右中国城市里的普通工人日工资大约是 0.15—0.25 元。纱厂非技术工人的平均工资约为每月 6 元到 7 元。技术工人则视其所担任工作决定高低,不过一般至多每月不过收入 15 元至 20 元,大概只是英国做同样工作工人的六分之一到四分之一。[1]

《布莱克本商会访华团报告书》就 19 世纪末中国纱厂工人与兰开夏工人效率比较结果发现,中国工人确实生产效率较低,即便一些场合中国工人达到的熟练程度,特别是质量方面,可能并不比英国及欧洲工人差。[2] 这与一些西方人所注意到的中国工人的聪明并不矛盾,"华工之天性,善于使用西国之工具,用之罕有受损者,且锻炼之工,无有出其右者。电机处为华人所专管,修理、驶机等事,皆其所掌,毫无错误。杜君将一亲历之事告余,以证华人之灵敏……"[3]但不能简单据此认为中国工人的工资相对低,不公平,因为工资水平除了看个人生产效率之外,还要看经营管理水平,企业效率。外人对中国工人高效率的个别描述从侧面佐证了当时中国工人效率普遍偏低。

最后,这一阶段中国工人工资水平在企业产值所占比例,以及相对于物价都有下降趋势,并不乏合理性。比如,1895 年英国人创办的上海煤气公司,1895 年工资占企业总收入的 14.21%,其后的年份最高的是 1896 年为 12.44%,其他年份,占企业净收入的 34.18%,此后一直低于这个比例,尤其是占净收入的比重其他年份一直低于 30%。[4] 张謇大生纱厂,1907 年时工资在纱价中所占比例为 2.6%,工资在纱棉差价中的比例为 16.4%,此后直到 1911 年,工资在纱价中所

---

① 汪敬虞:《中国近代工业史资料(1895—1914)》第二辑,中华书局 1962 年版,第 1232—1233 页。

② 汪敬虞:《中国近代工业史资料(1895—1914)》第二辑,中华书局 1962 年版,第 1232 页。

③ 汪敬虞:《中国近代工业史资料(1895—1914)》第二辑,中华书局 1962 年版,第 1222—1223 页。

④ 汪敬虞:《中国近代工业史资料(1895—1914)》第二辑,中华书局 1962 年版,第 1240 页。

占比例最高不过 1.6%,尤其在纱棉差价中的比例最高才 6.5%,仅为 1907 年的
三分之一强。① 抚顺煤矿也类似,以 1907 年时每工每日工资与每工每日产煤量的
比值为 100,则次年为 74,不到 1907 年的四分之三,1909 年以后竟然只有 50 多。②

这段时间名义工资是上涨的,但涨幅远落后于物价。比如,1902 至 1911 年
的 10 年间上海"工厂普通工人的生产效率已经大大地增加。……工资是在逐
渐地上升,和上次写报告的时候[1901 年]比起来,至少上升了 10%"。③ 物价以
与上海较近的南京为例④,从 1902 年起,几乎每种东西都贵多了,尤其是食物价
格上涨最为明显,到 1911 年大约是 1902 年的 3 倍。制造品如绸、缎及土布,也
都涨价了,虽然没有涨到与食物相同的程度,但幅度也不低,比如绸缎价格就提
高了 36%—50%。南京的工资从 1902 年起也略有上涨,但与物价相比,上涨的
百分比很小。⑤ 工资的上涨远远滞后于物价的情况不但发生在江南,也发生在
华北、华南,这导致工人生活水平的普遍下降。虽然工人也进行了争取,甚至罢
工,但增加的工资仍然极为有限,工人的生活水平比之于早期出现了下降。⑥

此外,由于法律的缺失,工人缺乏组织,工资被拖欠和克扣的现象屡见不鲜。
即使是上海英商祥生船厂也不例外,1881 年其工头就曾克扣工资。⑦ 1878 年淡
水与基隆煤矿工资很低,官员还千方百计搜刮,以致难以雇觅工人。1885 年开
平煤矿因入夏以后,雨水过多,无法出煤,并拖欠工人大量工资。1887 年平度金
矿拖欠工人工资时间较长,引起愤慨。1888 年中秋节时淄川煤矿因欠工资过
多,而不得不求助于长生库。⑧ 就相关资料而言,中国企业拖欠工资似乎是因为
企业经营不善所致,而非恶意欠薪,外资克扣则是由于工头,个别官办企业的代

---

① 汪敬虞:《中国近代工业史资料(1895—1914)》第二辑,中华书局 1962 年版,第 1241 页。
② 汪敬虞:《中国近代工业史资料(1895—1914)》第二辑,中华书局 1962 年版,第 1241 页。
③ 汪敬虞:《中国近代工业史资料(1895—1914)》第二辑,中华书局 1962 年版,第 1245 页。
④ 以当时上海工商业中心的地位,物价上涨速度应该高于南京。
⑤ 汪敬虞:《中国近代工业史资料(1895—1914)》第二辑,中华书局 1962 年版,第 1245—
1246 页。
⑥ 汪敬虞:《中国近代工业史资料(1895—1914)》第二辑,中华书局 1962 年版,第 1243—
1254 页。
⑦ 孙毓棠:《中国近代工业史资料(1840—1895)》第一辑,下册,中华书局 1962 年版,第
1218—1219 页。
⑧ 孙毓棠:《中国近代工业史资料(1840—1895)》第一辑,下册,中华书局 1962 年版,第
1219—1220 页。

理人也可能有恶意行为,但主导的资方似乎没有主观恶意。

三、其他待遇

　　早期部分工人还享受到伤亡抚恤、住房和工食等方面待遇,但受众应该相对有限。伤亡抚恤方面,1892年,耶松船厂的玛丽号冻死老船澳工人,资方打算给工人家属部分抚恤费,但工人家属拒绝接受,坚持要求船厂为每名死难工人支付100元,并按每日300文的标准付三年工资。工人家属为了达到目的把死者棺材抬到老船澳码头,耶松船厂只好求助于警察,警察和工部局介入后,家属被驱散。由此可见,至少一些工厂对因工死亡的工人是有抚恤的。对于工人一方来讲也是期望更多待遇,但是由于早期劳方组织性较差,并未见到劳方集体的力量,而只是死亡工人家属自发行为。同时,从此案例中还可以看出资方当时也是无法可依,只能简单求助于政府,尤其是暴力机关。

　　住房主要是为了企业发展需要,更是为了方便管理劳工,吸引劳动力。早期官办企业往往给员工提供住房,早在1868年船政大臣沈葆桢就在《机器到工已齐并船厂现在情形折》中提到,原来各类工匠有两三千人"五方杂处,漫无统纪,易滋事端,栖息无从,亦难号召",于是又建了东考工所和西考工所给他们居住。后招年轻的"艺徒",为方便其憩息,修建"坞内官厅",并为佣工和杂作傍山建"健丁营"。①

　　传统行业,以及早期军事工厂和一些较为偏远的矿山应该普遍供给工食。由于市场化水平有限,外国在华企业也建立了一些食堂,即便上海也不例外,比如上海有家日本纱厂有几座简陋的工人食堂,准许正午和午夜各有半小时吃饭时间。一些纱厂午夜只准有一刻钟的吃饭时间,可能也有自己的食堂,但这些食堂是全部还是部分免费等尚不得而知。

第三节　晚清工人劳动条件

一、劳动时间

　　1894年前中国工人普遍每天工作10小时以上,每周能休息一天已不错,相

----

　　①　孙毓棠:《中国近代工业史资料(1840—1895)》第一辑,下册,中华书局1962年版,第1241—1242页。

关资料显示只有上海机器织布局招股章程规定每周日停工,实际执行却不得而知(见表5-10)。

表5-10　1894年工厂工人工作时间概况表

工　厂	时　间	工人劳动日	休息日
上海机器织布局	1880	11小时(大概包括1小时吃饭时间)	每星期日停工
上海机器织布局	1891	11小时(大概包括1小时吃饭时间)	?
湖北织布官局	1893.3	10—12小时	每两星期停工一日
湖北织布官局	1893.11	13小时	每两星期停工一日
宁波通久源纱厂	1895	12小时	?
上海各缫丝厂	1896前后	11小时或以上	?
江南制造局	1890	9小时	?
金陵制造局	1880	11小时以上(?)	每两星期停工一日加工时不休息
天津机器局	1880	11.5小时	加工时不休息
汉阳铁厂建筑工人	1891	12小时	?

资料来源:孙毓棠:《中国近代工业史资料(1840—1895)》第一辑,下册,中华书局1962年版,第1222页。

1895年前后中国所有纱厂均日夜开工,必须有两班工人换班。每周大概开工71.5至72小时,每年有200至320个工作日。午餐休息1小时,夜间不休息。上海工人分成两班,每周工作144小时,每天日夜换班开工21—22小时,每年除假开工300天到320天。[1] 此外,休息时间大致是初一、十五、端午、中秋、冬至、新年等传统节日。

1905年前后劳动时间已相对规范,即"不问为外国人与内国人,其所设立之工场,皆有确然之劳动时间。就中有外人之关系者,尤为严守。虽其所规定,由于各公司与工场多有不同,然一般多为每日12小时乃至14小时。最普通者,则朝六时登场,自午前十一时至十二时,则为休息之时,自零时再就业至午后六时退散;若在夏天则自朝五时始云"[2]。当然,实际上小班时间,工时长短又有中外

① 汪敬虞:《中国近代工业史资料(1895—1914)》第二辑,下册,中华书局1962年版,第1198—1199页。

② 汪敬虞:《中国近代工业史资料(1895—1914)》第二辑,下册,中华书局1962年版,第1198—1200页。

差别,行业和地区差异。

二、劳动条件

(一)有限劳动保护与粗暴管理

1. 有限劳动保护

早期缺乏劳动安全规章制度,但在各种管理规定中有一定体现。[1] 较早有专门安全保障的章程的可能是江南制造局,《江南制造总局保险章程》八条就涉及火药库的安全保护[2],火药库建造选址、建造方式、禁止行为、日常管理、人员选用、药箱材料、火药堆放等,其虽然不是典型工作现场,却也开风气之先。

一般认为工矿业是近代支柱产业,由于中国矿业发展优于工业,在劳动安全保护方面也有所体现。早期矿业中劳动保护最好,也是早期新式煤矿唯一盈利的官督商办开平煤矿在创办之初就借鉴了当时世界上最先进的英国煤矿章程,劳动安全自然是其应有之义。具体而言,1979 年的《开平煤矿章程》三十三条几乎都涉及煤矿安全和卫生,其中第一条强调煤矿"秽气"的基本解决方法是保持空气流通。第二条规定为防止"煤气"燃烧,在开工之前用防火灯探测,并根据做工时间情况将通风透气状况每天记录一年。第三条补充所有煤矿经察没有可燃气体或有气体但已过一年仍需携灯查看一年。第四条规定不做工之处,设围栏免使行人误入。第五条,从井底到各段煤槽分设站所,矿工按站问明守站之人能进才进。第六条,一经察觉矿内煤气过重或其他危险,必须尽快让工人退出,确认安全后方准进入。第七条规定闻到秽气,必须立即更换防火灯,防火灯使用前必须检查合格方可,且只能专人开锁等。第八条对携带、安放、使用火药做了严格规定。第九条规定了矿内涌泉时的操作规定。第十条是矿内平埔工人安全避让的规定。第十一、十二条则规定矿中煤车、人车安全避让的保障措施。第十三条规定井口通风设施停用后要加强安全,避免误陷。第十四、十五条是对煤井、水井的安全保障措施。第十六条是对所有路顶、路墙、槽顶、槽墙安全保障的规定。第十七条是提煤或上落工人井,深度达到十五丈者信息畅通保障。第十九、二十条则是有关工人上落箱笼、机器的安全保障措施等等。另外,不能雇佣

---

[1] 孙安弟:《中国近代安全史(1840—1949)》,上海书店出版社 2009 年版,第 13 页。

[2] 引自:孙安弟:《中国近代安全史(1840—1949)》,上海书店出版社 2009 年版,第 11—12 页。

13 岁以下童工及女工等客观上也有助于安全。总之，1879 年的《开平煤矿章程》多与安全保护相关。

1888 年出台的《开平煤矿意外须知五则》则将发生意外伤害救护制度化，同年的《开平矿务局通风煤气用灯专条十五则》、《开平矿务局窑里放炮专条十四则》专门就当时煤矿安全最为突出的灯光、通风，尤其是放炮等问题做出专门规定，以实现对劳方和劳动的有效保护。此外，1888 年出台的《开平煤矿煤窑要略十九则》就煤矿日常管理做出详细规定，这对其劳动安全，劳工保护起着补充和保障作用。

再看其他矿业企业，1887 年湖北兴山县矿务各厂章程第七条："矿丁入洞掘挖，应照各煤厂向例，凭保书下凭据，设有不幸之事，各安天命，不与本局相关。"当然，这也是 1895 年以前手工采矿业的普遍现象。即使到 20 世纪初的 1904 年《北华捷报》还有这样的描述："目前采矿方法，对矿工是很危险的，这也是使矿主伤脑筋的根源。"①

矿业危险性，加上有开平煤矿等相对充分的劳动保护实践，促进了中国矿业劳动保护法制化。1896 年盛京将军就奏呈《奉天矿务章程》规定了矿难工伤处理方式，1897 年直隶总督奏定的《磁属彭城镇煤章程》也有类似规定，而且可能由于矿难频发，或者官员认为矿难不可控，除了抚恤金外，工伤毙命均是"各安天命"。1898 年《矿务铁路公共章程》强调商办，以华商为主，承办路矿者均须自办学校，却无安全和抚恤标准。1902 年《矿务章程》规定外商可独资开矿，其中除管理机器经理账目必须聘用洋人外，其他一切工作应多用华人，工资从优，矿难伤亡公司应给抚恤。当然最为完善的还是 1907 年出台的《大清矿务章程》，也是近代中国最为完备的矿务管理制度，专门规定了矿工的辞职和抚恤条件，其中第十四章矿工，以及第十五章矿务警察对劳动安全、劳动保护做出明确责任，尤其明确了矿主的安全责任，打破了各由天命的传统。

就普通工厂而言，劳动保护极为有限。日本人所编《支那经济全书》发现中国工厂劳动者的救济法很不完善，疾病或其他事故而歇工要扣除工资。比较人性化的是，工作负伤或不得已因公旷工，送入医院或供给医疗费，照常发给工资或者发

_____

① 汪敬虞：《中国近代工业史资料（1895—1914）》第二辑，下册，中华书局 1962 年版，第 1216 页。

给一半,但并不一定得到落实。比如,武昌纺织局与雇主的关系,仅是雇主出劳动报酬,除此之外没有分红,没有俱乐部设施,没有劳工保护法,没有疾病治疗设备。稍微带点抚恤意味的只有一样,相比于因病旷工要扣工资,在机器上负伤则不扣薪。上海纺织公司劳动时负伤,除稍微给药钱外,没有其他保护。当时开滦矿务局虽然伤亡频发,但就技术和管理而言,应该是最先进的,而且还有自建医院。[①]

2. 粗暴的管理手段

首先,早期地方大员倡导官办厂矿、军事企业,自然会将官僚体系的管理模式移植到相关企业。军用企业普遍有军队驻扎以管束工人,不可避免地将军队的管理用到企业。比如,1868 年沈葆桢指出福州船政局"佣工、杂作是有健丁,日每八九百人,非以兵法部勒,则散而难稽,呼而不应,于是每十人以什长一人束之,每五什长以队长一人束之,特派勤能之武弁统焉"[②]。在矿区,由于地处偏僻,传统势力影响较大,雇员成分良莠不齐,来源复杂,官办矿多有兵勇。比如,热河三山煤矿由都统与道宪督察矿局,以监督矿工,不致借故生非、滋扰地方。1887 年李鸿章《漠河金矿章程折》指出原有兵丁无法应付漠河金矿招收的流民,因此保护宜募勇,由金矿自行筹集饷银,总办统领,用西法西械勤加训练,既可以弹压矿丁,又可以与正规部队一起,壮大声势,兼顾边防。次年,总理衙门又奏勇营编成后,应造车报给将军,以备核查。即使上班,也需兵弁保护,比如,广西平天寨银矿商人与地方士绅商允捐勇饷一营,由地方官派员带,矿上有勇有弁,以免滋事。[③]

其次,早期厂矿的封建刑罚较为普遍。1882 年唐廷枢即奏请李鸿章在开平矿务局设立刑具,以避免土棍勾引外来工匠聚赌,土匪偷窃情节较重者继续移交滦州、丰润地方官处理,而对情节较轻的,诸如酗酒斗殴、外匪潜集、赌博行窃等,凡须枷示一月或三月的犯人,由吴炽昌就近审理,以省案牍。唯刑具不能私设,故而申请,李鸿章几天后即准奏。[④] 英国人马格里在金陵制造局因工人沈筹福

---

① 汪敬虞:《中国近代工业史资料(1895—1914)》第二辑,下册,中华书局 1962 年版,第1215 页。

② 孙毓棠:《中国近代工业史资料(1840—1895)》第一辑,下册,中华书局 1962 年版,第1241 页。

③ 孙毓棠:《中国近代工业史资料(1840—1895)》第一辑,下册,中华书局 1962 年版,第1242—1243 页。

④ 孙毓棠:《中国近代工业史资料(1840—1895)》第一辑,下册,中华书局 1962 年版,第1242—1243 页。

的儿子擅自做锤子,屡教不改,马格里呵斥、痛骂,并驱逐出厂,还有痛打五十大板的刑罚,说明当时刑罚有一定普遍性。1887 年杭州军工厂失火,虽未造成大的损失,但工匠胡泰忠等疏于管理,遂被发往杭州府枷责。

在外资企业,暴力化管理似乎得不到支持。1881 年英商耶松船厂,工头汤亚二无故殴打工人顾阿三右眼,顾阿三将其诉讼到英国公堂,公堂即诉捕汤亚二,结果是顾阿三继续送医,汤亚二不得报复说出实情的工人郑忠梅,暂押,可以保释,一月后看顾阿三恢复情况,再决断。①

工头与雇主往往是一伙的,但有时工头却倾向于工人。比如,1879 年《申报》就有硝牛皮厂洋人老板与雇佣工头对簿公堂的情况,这与工头和工人之间往往有传统的同乡、同族关系有关。另外,工头还要求洋东不得殴打,说明洋东平常有殴打工人的情况,能够诉诸公堂,说明官方反对这种暴力化的管理方式。

(二)因工伤亡事故

早期工人劳动条件恶劣,缺乏基本劳动保护,劳动灾害或者说工伤事故频发,这无论工厂还是矿山都很普遍,工厂采取部分补救措施,但作用有限。早期群死群伤主要发生在军工厂及其仓库,以及矿业(见表 5-11),虽然这两个行业是当时劳动保护、安全保障规章制度最为完备的,但由于受技术和管理水平所限,群死群伤的事件时有发生。普通工厂由于没有申报制度和统计数字,因此相关统计数据肯定被低估。②

表 5-11 1895 年前主要的工矿业伤亡事故

时间	工 矿	事 件	来 源
1879	浦东祥生铁厂	某小工从高处不慎跌下,能否痊愈月后方可定。	《申报》
1894	某缫丝栈	十四岁机器工人杨吉生,不小心机器将右手五指轧去,痛晕。被同伙送到医院,能否保命不得而知。	《申报》
1893	武昌织布局	几个幼童因工作不慎,一个把手搅进机器,轧落了一个手指;另一个的手背皮被全部碾掉。	《捷报》
1887	福利公司	一个工人工作时梯子滑倒,被皮带卷到花车上,胳膊立即被卷断,抢救但死亡。	《捷报》

① 孙毓棠:《中国近代工业史资料(1840—1895)》第一辑,下册,中华书局 1962 年版,第1245 页。
② 孙安弟:《中国近代安全史》,上海书店出版社 2009 年版,第 76 页。

时间	工 矿	事 件	来 源
1875	益报	最近印刷工人好几次被机器砸伤。	《捷报》
1874	金陵机器局	石磨与铁器相碰,撞出火花,引起火箭发射,火药爆炸,连人带屋冲上云霄,三个工匠被炸为飞灰。	《申报》
1874	南京制造局	南京制造局造火箭不慎,引起爆炸,数人毙命。	《申报》
1882	天津火药局	爆炸,炸去药房一座,一个研药的右手、右脚一半炸掉,脑袋也炸掉一半,惨不忍睹。	《益闻录》
1886	天津火药局	学徒操作不当,当场爆炸。屋内9人,除当场由窗跳出2人外,其余7人相继毙命。	《申报》
1883	福州船厂	工匠因工作受伤,每日给药费二钱,伤愈停给。如历久未愈,亦唯给至三个月,以示限制。	《船政》
1882	开平煤矿	有木工从开平煤矿来,言工人中每有受伤毙命者。	《益闻录》
1882	开平煤矿	以往四年丧生事故12起:四个凿井工人,1个跌井而死,3个因爆炸而死;8个采煤工人,5个因坑道崩塌而死,1人因坠入倾斜坑道时碰伤而死,1个提笼时碰伤而死;1个工人因坑道煤气爆炸而死。	《英领事商务报告》,1882年,1883年
1883	开平煤矿	矿井中的丧生事故如下:3个工人因煤与石块的崩塌被压而死。4个工人因爆炸而死,18个工人重伤。	
1893	开平煤矿	去年旧历九月中旬6个工人工作时,提煤机器垮了,当场把他们砸死。	《捷报》
1893	开平煤矿	换班时坑道土石崩塌,除部分逃出外,压在里面的有50个工人,大约都已死掉。	《捷报》
1895	马鞍山煤矿	换班时崩塌,约七八十人,已起尸身,给棺,有经家属领去者,没人给抚恤金三千。	《张之洞电稿》
1895	马鞍山煤矿	伤毙工匠蒙恩优恤,群情鼓舞,一切安静。除工款各恤三千外,又加恤各洋九元。	《张之洞电稿》

资料来源:孙毓棠:《中国近代工业史资料(1840—1895)》第一辑,下册,中华书局1962年版,第1237—1240页。

1895—1898年中外投资热潮,以及1905—1908年的投资热潮,工厂数量迅速增加,工人增多,劳动条件并没有明显改善。上海燮昌自来火厂的劳动条件"到此工场者,足一入门,最先吃惊者,则工厂之不清洁也,不整顿也,不规律也。器具纵横散乱,药类附着于四方,床板则满以污土,房屋处处有破坏,曾不一加修理。次见成群之男、女织工,则尤使人吃惊,负儿之母,倚姊之妹,妨父兄工事之子弟,有喧哗者,有好泣者,有嬉笑者,有戏谑者,如登万怪之堂,如入百魔之窟。

其得认为工场者,仅赖有数种不整顿之机器耳。"①燮昌自来火厂的情况,在当时中外企业中均具有普遍性。

即使在上海,"大多数纱厂都不许为了休息或吃饭而停车,因此,工人们只是在最饿时才吃饭,一般看着织布机或者守着缫车或纱锭时,一边吃一两口饭"。② 最为艰苦的莫过于缫丝间,因此有"丝厂的疾病集中在缫丝间里。供给沸水的汽管,常年保持着高温,在七、八月间灼炽的热浪里,这个地方,正如一位外籍经理所说:'是一个名符其实的地狱'"。③ 最为人道的丝厂是一个欧洲人办的,由仁慈的意大利经理管理,童工可坐凳工作,将从工人处所得罚款,拨充为病者购药,为死者买棺木及支付住院费。苏州丝厂不但工作条件艰苦,而且工人常遭到监工打骂殴伤。好在纺织业毕竟是轻工业,因此一般不大会有严重的死伤,其他工矿业死伤情况则较为普遍(见表5-12)。

表5-12 1895—1911年工矿业的伤亡事故

时间	厂矿名称	事故概况	来源
1907	新城机器局	爆炸炸死工匠二十六名。	《时报》
1901	汉阳钢药厂	徐建寅等24人,同时毙命。	《张文襄公全集》
1906	武昌白沙洲玻璃厂	锅炉爆炸,1机匠当场毙命,小工被炸伤。	《时报》
1905	长沙南城外铜元新厂	某匠徒被机器压毙,血肉模糊,可惨之极。	《时报》
1899	上海美租界某机厂	工头施某,受伤甚重,恐不免成残废。	《中外日报》
1899	南京制造局	15岁机器匠,不慎将臂轧成粉,半日而亡。	《中外日报》
1900	浦东和丰船厂	许阿大,被车轴轧断两足,不治身亡。	《中外日报》
1900	沪南制造局炼钢厂	工匠某甲,被钢板压损身躯,即因伤毙命。	《中外日报》
1909	祥森火柴厂	工厂爆炸,药料间6个人都被炸死。	《北华捷报》
1898	杨树浦老公茂纱厂	小工张生林,被机轴轧去一耳,痛极倒地。	《中外日报》

---

① [日]端木:《中国经济全书》第一辑,1908年,第94页。
② 汪敬虞:《中国近代工业史资料(1895—1914)》第二辑,下册,中华书局1962年版,第1206页。
③ 汪敬虞:《中国近代工业史资料(1895—1914)》第二辑,下册,中华书局1962年版,第1206页。

时间	厂矿名称	事故概况	来　源
1908	杨树浦上海纱厂	工人汤三郎不小心被机器轧毙。	《时报》
1899	武昌织布局	汲水机器锅炉，因上煤太多，轰毙4人。	《中外日报》
1898	杨树浦怡和缲丝厂	王永林不小心被机器轧落手指二根。	《时务日报》
1907—1911	抚顺煤矿	灾害次数唏嘘上升，5 年依次为 125 次、203 次、356 次、581 次和 1233 次，死伤人数也直线上升，分别是 141 人次、209 人次、443 人次、600 人次和 1247 人次。	《满铁十年史》
1907	本溪湖煤矿	十月间淹毙 20 余人	《奉天矿务委员孙海环调查日记》
1900 年前	辽阳黄堡煤矿	先有大水暴至，淹毙数人。后有爆炸，洞中之人，当场从火中逃出的，焦头烂额，焚身之祸。只有部分人得法而未受伤害。	《中外日报》
1903	灌县白沙河三合煤厂	瓦斯爆炸，死亡 32 人，伤 20 人。	《中国煤炭志·四川卷》
1906	开平矿务局	随时有伤亡之事，但多是工人自身原因。一次，一个矿工不用安全带，跌得粉身碎骨，还有不用"临时支柱"而丧命的。	《北华捷报》
1908	唐山煤矿井	发现疫症，据云每日死亡者竟有 20 人之多。	《关册》
1905—1911	开滦煤矿	各财务年度依次死亡 43 人，46 人，58 人，77 人，55 人，56 人。	《旧中国开滦煤矿的工资制度与包工制度》
1899	德国在济南煤矿	日前框内突然塌下，压毙多人。	《中外日报》
1906	本溪湖煤矿	重大透水事故，死亡 22 人。	《辽宁劳动大事记》
1906	本溪湖煤矿	瓦斯爆炸，死亡 25 人。	不详
1907	山东坊子煤井	炸药爆发，炸毙西人 2 人，炸毙华工 110 人。	《关册》
1907	山东潍县煤井	轰毙煤井，共死 100 余人，而不是 300 余人。其中有尸者 99 人，无尸者 59 人。	《时报》
1895	马鞍山煤矿	近日炸裂，伤毙人丁 60 余口。另报道，轰坏运煤工人七、八十名，尚有散工未知其数。	《申报》

时间	厂矿名称	事故概况	来　源
1908	萍乡煤矿	火灾,焚毙人口 100 余,损失约数十万。	《时报》
1900	美租界某乾丝厂	王天赐不慎被铁轴滚断右手,生死未卜。	《中外日报》
1895	湖北城平湖门外机器织布局	接换纱头的小孩,不知何故被机器所伤,当场毙命。	《申报》
1909	扎赉诺儿九号井	发生火灾,沙俄资本家不顾矿工安危,把井口封死,数十名矿工惨死在井下。	《中国煤炭志·内蒙古卷》
1909	四合煤矿	杨圪楞石灰沟刘三九的四合煤矿发生特大透水事故,死亡 108 人。	《中国煤炭志·内蒙古卷》
1910	萍乡煤矿	发生大火灾,烧死百余人。	《萍乡矿务局志》
1911	山东枣庄金三窑	发生火灾,死亡 35 人。	《枣庄煤矿志》
1911	湖北荆门学堂沟矿井	山洪暴发,洪水灌入井内,淹死 12 人。	《中国煤炭志·湖北卷》
1910	山西保晋公司	阳泉燕子沟矿瓦斯爆炸,死亡 8 人。	《中国煤炭志·山西卷》
1911	四川大邑龙王沟	龙王沟碳厂,井下发生涌水,淹死工人 22 人。	《中国煤炭志·四川卷》
清朝末年	贵州岩屋坪牛鼻子洞	垮塌,压死工人 30 多人。	《贵州省劳动志》
1902—1904	山西交城县	1904 年一个煤矿发生沼气爆发造成死亡。1902 年 1 个矿商为 160 条人命支付抚恤。	《北华捷报》

资料来源:主要依据汪敬虞:《中国近代工业史资料(1895—1914)》第二辑,下册,中华书局 1962 年版,第 1208—1214、1216 页;孙安弟:《中国近代安全史》,上海书店出版社 2009 年版;南开大学经济研究所经济史研究室:《旧中国开滦煤矿的工资制度与包工制度》,天津人民出版社 1983 年版。

仅就表 5-12 而言,伤亡事故似乎并不太频繁,但这只是冰山一角,遗漏的可能比表 5-12 要多得多。在矿业,《满铁十年史》对当时较为先进的抚顺煤矿矿难的统计显示当时工伤事故频发。当时可能技术最先进,管理最为规范的开滦煤矿尚且随时有伤亡之事,其他煤矿的情况可想而知。就工厂而言,最典型的莫如汉阳钢药厂督办徐建寅与委员一起试制无烟药时尚且发生爆炸,24 人全部毙命,可以说这类事故已经超出当时资方控制能力,这也可以推断出普通工人工伤事故发生的概率较大。

第六章　晚清劳资关系剖析

第一节　洋务机器工业劳资关系

洋务机器军事工业虽然在诸多方面与近代劳资关系所需的要素还有很大差距,但至少近代早期其在中国与近代劳资关系最为接近。一方面,洋务军事企业采用近代机器设备和科学技术,是近代机器工业的始作俑者,而机器企业恰恰是近代劳资关系最为基础的微观组织载体;其次,绝大多数工人通过招募,甚至部分经营管理者,均实行货币工资、差别工资,蕴含近代劳资关系的基础自由雇佣及工资的市场化。此外,虽然企业产品绝大多数是自用、调拨,但有部分工厂实行有偿加工订货,出卖机具和原料等市场化行为。

一、洋务军事工业概述

中国人自己创办的机器工业,最早是洋务派以自强为目的,学习西方船坚炮利而创办的军事工业。早在 1861 年曾国藩就建立了安庆"内军械所",但没有使用机械动力,也未雇佣洋匠,依赖手工技术且于 1864 年裁撤。1862 年李鸿章到上海后,设立了三个洋炮局,规模较大,仍手工制造,但其中的松江洋炮局雇佣洋匠,开官办企业历史先河,而稍后的洋务军事企业都雇佣洋匠。

1863 年李鸿章创办的苏州洋炮局(1865 年并入金陵制造局)率先使用机器动力,马格里[1]任总办,并于 1864 年初买下英国阿思本舰队留下的汽锅、发动

---

① 马格里是洋人,后来加入中国籍,被称作第一个外籍厂长,但其何时加入中国籍,是脱离英国军队后即加入中国籍,还是追随李鸿章时加入中国籍,无从确认。不过,这对本书的研究并不产生实质性影响。

机、车床、风扇、融铁炉、铸型机和造型机等设备,成为中国近代第一家机器工厂。① 苏州洋炮局"所用外国匠人四五名,每月工食,多者三百圆,少者一百数十圆。……所用中国匠人五六十名,每月工食,多者三十圆,少者七八圆不等"②。可见,苏州洋炮局虽是官办,且造军火,但由于属技术密集型产业,对雇工要求较高,一般是具有自由雇佣性质的中外工匠,工食按月支付。即便资方是政府及其代理人,企业产品没有面向市场,企业不以营利为目的,但在机器使用,工厂制度,以及雇佣劳动,工资支付③等方面已具有近代劳资关系的雏形。苏州洋炮局的工资数量和支付方式与外资民用企业相仿,或者略高。1865 年前后,上海英商耶松船厂、祥生船厂最低日工资为 6 元左右,苏州洋炮局日工资最低为七八元。④ 笔者认为,之所以略高是因为技术工匠稀缺,加之军工企业管理较严,客观上需要经济补偿。

洋务派 1865 年到 1890 年间创建的军用企业主要有江南制造总局(1865)、金陵制造局(1865)、福州船政局(1866)、天津机器局(1866)、西安机器局(1869)、福建机器局(1869)、兰州机器局(1872)、广州机器局(1874)、山东机器局(1875)、四川机器局(1877)、吉林机器局(1881)、神机营机器局(1883)、浙江机器局(1883)、台湾机器局(1885)、云南机器局(1885),以及湖北枪炮厂(1890)等 22 家。⑤ 这些企业是由洋务大员请奏督办而成,这就不难理解除 1890

---

① 许涤新、吴承明:《中国资本主义发展史》第二卷,"旧民主主义革命时期的中国资本主义",人民出版社 2003 年版,第 341 页。

② 孙毓棠:《中国近代工业史资料(1840—1895)》第一辑,上册,中华书局 1962 年版,第 260 页。

③ 虽然仍是工食,且无法得知其比例,但当时社会化服务体系有限,工厂又是与外部市场隔绝的兵工厂,提供伙食就很正常。

④ 也有说最低 5 元左右,却未注明出处,即便真的,也与外资企业差不多。参见:许涤新、吴承明:《中国资本主义发展史》第二卷,"旧民主主义革命时期的中国资本主义",人民出版社 2003 年版,第 384 页。

⑤ 比较权威的是洋务军事企业共 24 家,除安庆内军械所和上海洋炮局外,共 22 家洋务机器军事企业。见张国辉:《洋务运动与中国近代企业》,中国社会科学出版社 1979 年版,第 24 页。也有一些学者认为是 19 家,见孙毓棠:《中国近代工业史资料(1840—1895)》第一辑,上册,中华书局 1962 年版,第 565—566 页;许涤新、吴承明:《中国资本主义发展史》第二卷,"旧民主主义革命时期的中国资本主义",人民出版社 2003 年版,第 347—348 页。白寿彝:《中国通史》第十一卷,"近代前编(上册),1865—1894 年"就有 22 个之多,总数应为 25 个,但笔者查阅相关资料发现 1894 年的奉天机器局有误,其实应为 1896 年,且不是军用,而是铸造银元,1919 年并入奉系军械厂,1926 年又独立,《中国通史》其产品一栏"不详"佐证了这一点。

年成立的湖北枪炮厂外,其他企业冠名为"局""所",企业日常负责人是具有官僚性质的总办、会办、襄办等。这些企业主要生产军火和战船,以及部分机器等,采取准军事化管理顺理成章。其他洋务军用企业的工资与苏州洋炮局类似,与市场基本相当,按日计工资。因此,有学者认为机器军事工业的雇工基本是自由工资劳动者,工资基本体现劳动力价值,已经具有出卖劳动力的无产者身份并不为过。①

二、政府劳资角色

洋务派,清朝内外交困,统治集团内部一些有实力的地方大员主张学习西方先进生产技术,以实现自强求富目的而形成的。洋务派当时地位尴尬,可以说是边缘化的,遭到以最高层,核心统治者慈禧太后为首的顽固派处处刁难②,无论从权力控制还是人数来讲都处于明显劣势地位,其势力和影响相对有限。除中央的恭亲王奕䜣、醇亲王奕譞,曾担任三口通商大臣、直隶总督等职的崇厚外,洋务运动主要推动者和实施者曾国藩、李鸿章、左宗棠、张之洞等地方督抚和大员均是军功卓著者,洋务大员们还各自从自身利益出发,进而形成不同派系,力量分散。洋务政策尚无法统一,就更说不上也不可能制定出系统的劳资关系政策,规范劳资关系,更多只能延续旧制、则例。

就当时而言,以顽固派为主的中央政府乃至整个社会都尚迷恋于传统的以农立国,洋务军事企业等新事物显然触动了他们的神经,引起恐慌,并进而遭受攻击和抵制在所难免。从机器无用论到机器是西方所长,学习西方所长永远无法与西方并驾齐驱,发展清朝之所长礼义、人心才是出路,以及中外情形不同,西方机器不适合我国等观点,虽然从现代人视角,以及历史发展事实来看是无知的,但"反动"恐怕也谈不上,洋务派之所以走上洋务之路,最根本的在于他们在镇压农民起义、两次鸦片战争中切身体会到西方以机器工业为基础的船坚炮利而产生的相对理性行为,而清政府统治集团的绝大多数成员,乃至绝大多数国民都缺乏这种经历,排外就理所当然。以至洋务运动失败后多年,还有"当团匪起

---

① 许涤新、吴承明:《中国资本主义发展史》第二卷,"旧民主主义革命时期的中国资本主义",人民出版社2003年版,第384页。
② 杨天石在央视《百家讲坛》所作《传奇太后之慈禧》中认为慈禧是支持洋务运动的,但列举事例却只有天文算学馆,如果仅凭此而判断其支持洋务的话,可能有断章取义之嫌。

时,痛恨洋物,犯者必杀无赦。若纸烟,若小眼镜,甚至洋伞、洋袜,用者辄置极刑。曾有学生六人仓皇避乱,因身边随带铅笔一支,洋纸一张,途遇团匪搜出,乱刀并下,皆死非命。罗稷臣星使之弟熙禄,自河南赴津,有洋书两箱,不忍割爱,途次被匪系于树下,过者辄斫,匪刀极钝,宛转不死,仰天大号,顾以为乐;一仆自言相从多年,主人并非二毛,亦为所杀,独一马夫幸免。其痛恨洋物如此"①。因此,洋务运动各项举措一直在统治集团内部乃至整个中国受到争议,自然难以得到清政府的有力支持。

不过,就资金来源看,洋务军事企业虽然由政府筹集,但其资金已非完全来自传统渠道,传统官办企业资金基本是财政拨款,其中无论田赋、丁税、盐斤、杂课,还是官吏捐廉、绅粮报效,以及各种勒索,乃至商税都由地租转化而来,用这些封建收入创办的官营手工业,即使雇佣的自由工,也不是马克思所说的经济(资本主义)意义上的雇佣劳动。②洋务军事企业资金来源已拓展到近代关税,甚至洋商借款,尤其关税占其投资绝大多数,这既说明洋务军事企业的庞大支出并非传统财政所能承担,只好利用洋务大员控制的关税,又说明被动打破闭关自守政策客观上拓展了政府财源。

就洋务军事企业经营管理性质而言,已经具有资本主义性质。与传统官营事业生产满足统治者自身消费不同,洋务派先是有感于清军被西方船坚炮利打得体无完肤,后又得益于西方的船坚炮利有效镇压义军,目的是为自强,维护封建统治。当然,其初衷应该是倡导之洋务大员个人或者集团之利益,尤其是政治仕途。除对内统治需要外,也有师夷长技以制夷目的。就生产方式而言,更多使用机器动力,最初机器设备、技术,甚至一些原料都依赖于西方,但以市场交易为基础。就员工而言,除总办、会办等有官僚性质,少数肩负政治使命的兵弁外,其余人员,包括洋匠,甚至负责生产、技术的高级洋员都是自由雇佣。应该说洋务派在当时能够大胆学习西方,是难能可贵的。因此,即使是对洋务官僚集团颇受经典社会主义意识形态影响的张国辉认为洋务军事企业行为和后果均是封建的同时,也承认了洋务官僚集团是官僚资产阶级③,既然是"资产阶级"自然意味着

---

① 国家档案局明清档案馆:《义和团档案史料》上册,中华书局1959年版,第656页。

② 许涤新、吴承明:《中国资本主义发展史》第二版,第二卷,"旧民主主义革命时期的中国资本主义",人民出版社2003年版,第380页。

③ 张国辉:《洋务运动与中国近代企业》,中国社会科学出版社1979年版,第346—352页。

其行为的资本主义因素。

这一阶段外国政府已经对中国劳资关系产生影响,洋务派官僚倡办、政府投资的洋务企业也概莫能外,外国政府主要为洋务企业的外国雇员提供治外法权。此外,还给其本国商人与中国洋务企业的交易提供片面保护。这也是传统劳动关系所不具备的要素,是国门洞开的必然结果。

因此,从政府视角考察,洋务军事企业劳资关系具有封建性、买办性、官僚性,但也有了近代自由雇佣性质,或者说资本主义性质。洋务军事企业劳资关系的复杂性,注定效率低下,无法为整个洋务运动,尤其是"御侮"提供有力的"器物"支持。

三、洋务军事企业资方

资方一般包括投资者及其代理人,中层以上管理者,针对洋务企业而言,资方包括投资的政府,代表政府兴办企业的洋务大员,负责日常管理的官僚、捐官纳衔者,以及包括高级洋员在内的中高层管理者。

政府是资方的基本依据是企业资金源自政府,但其与传统军事企业资金来源的内容和实质不同,纯封建收入如户部拨款、地方拨款、军费,以及各类罚款、捐款虽存在,但比例相当低。1863 年到 1894 年间 7 家代表性的洋务军事企业苏州洋炮局、江南制造总局、金陵制造局、福州船政局、天津机器局、山东机器局和湖北枪炮局的经费源于传统封建收入的地方拨款占 7.86%,捐款和罚款占 2.54%,军费占 1.22%,合计不过 11.62%,户部拨款 2.34%却是从海关洋税划分出来,与传统封建收入无关,加上 83.70%海关洋税,来自五口通商的海关税占到 86.04%。尤其洋商借款占到 2.34%①,这些是完全的近代资本。在市场经济条件下,企业产权具有状态依赖特征,作为市场化的洋商,为借贷资本安全性,对洋务军事企业日常的运营进行监督,甚至参与决策,特定时期并无可厚非,早期学术界有过强的民族意识,对洋商资本乃至洋商的评价有失客观,过于强调其政治属性,忽略资本逐利本性。

企业内部人员可算资方的高层包括主持局务的总办,襄理局务的会办,主司

---

① 许涤新、吴承明:《中国资本主义发展史》第二卷,"旧民主主义革命时期的中国资本主义",人民出版社 2003 年版,第 379—380 页。

事的提调，以及负责具体事务的委员司事。其中总办、会办、提调、委员司事基本具有正式或非正式的官僚身份，他们受命于政府，总办或会办一般由倡办该洋务企业的地方大员直接任命，其他源于政府官员的提调、委员司事一类则往往由总办、会办直接遴选。他们是资方的高级代表，洋务军事企业属于政资一体，但更多代表洋务派，甚至只是支持洋务的地方督抚个人。

现代学者一般将企业管理者作为资方代表，因此洋务军事企业监督、监工等也属于资方。洋务军事企业负责技术之监督、工程师等，最初技术基本依赖外国人。这与洋务派崇洋的心理有关，但更多是技术管理人员严重缺乏的不得已。事实上，洋务官员未尝不知使用中国技术人员可以节约工资待遇成本、语言沟通交流等交易成本，而且还可以保持官员权威，而来自西方的洋匠，管理人员则享有治外法权，以及西方相对民主的文化，必然对其权威形成挑战。国人技术能力不足的集中体现是著名科学家华蘅芳与徐寿也无法在江南制造局的生产制造发挥主导作用，只是偶尔辅助，华、徐的多项"科技发明"①基本是仿造。虽然早期外国技术人员也曾有失误，但不得不承认，由于其溢出效应，促进中国技术人员成长，后来兴办的规模较小的山东机器局、汉阳钢药厂等就由徐建寅主持。

实际上，洋务派早期几乎是排外的，但随实践深入，才意识中西技术差距绝非主观努力所能短期弥补。比如，徐珂《清稗类钞》记载："文正尝愤西人专揽制机之利，谋所以抵制之，遂檄委雪村创建机器局于安庆。"②同治元年曾国藩看徐寿仿照西方制造的火轮船试演时"窃喜洋人之智巧我中国人亦能为之，彼不能傲我以其所不知矣"③。同年，曾国藩"出北门看华蘅芳所作炸弹，放十余炮，皆无所见"④。同治七年曾国藩回忆"同治二年间驻扎安庆，设局试造洋器，全用汉人，未雇洋匠，虽造成一小轮船，而行驶迟钝，不甚得法"⑤。这一小轮船即为曾经引以自豪的黄鹄号。

---

① 参见朱松乔：《双星耀江南科技救中华——徐寿、华蘅芳在江南制造局与格致书院业绩述要》，《船史研究》2005年第19期；孙孝恩、修朋月：《徐寿、华蘅芳与近代科技》，《史学月刊》1983年第5期。

② 孙毓棠：《中国近代工业史资料》第一辑，上册，中华书局1962年版，第251页。

③ 《曾文正公手书日记》，卷14。引自孙毓棠：《中国近代工业史资料》第一辑，上册，中华书局1962年版，第250页。

④ 孙毓棠：《中国近代工业史资料》第一辑，上册，中华书局1962年版，第249页。

⑤ 孙毓棠：《中国近代工业史资料》第一辑，上册，中华书局1962年版，第250页。

不过,华人工匠确实是学习西方技术的先行者。据《清史稿》载,徐寿本欲走科举之路,但太平天国运动迫使他转而钻研科学技术,"时泰西学术流传中国者尚未昌明,试验诸器绝勘"。于是徐寿与华蘅芳共同讨论搜求,才"久之,于西学具窥见原委,尤精制器",直到 1861 年成为曾国藩幕僚,参与曾国藩早期创建的洋务军事企业。但无论是徐寿、华蘅芳,还是吴嘉廉、龚芸棠,早期基本依赖于手工。后来被曾国藩招入幕府,协助创设上海制造局后,与西方人员一起成立译馆,虽就船、炮、枪、弹多有发明①,并最终意识到传播西方的科学知识才是"制造根本"。以致后来山东、四川仿设机器局争相聘请其去主持,均被其谢绝。② 中国技术人员的成长还体现在江南制造局高薪聘请洋人沙理温一年造不出无烟火药,还诡辩中国天气与西方不同,不适合,后来其工艺学堂的王世绥等却研制成功。

由于早期熟悉西方技术的华人工匠屈指可数,曾国藩已将其罗致,因此其他洋务大员只能借助于洋匠。同治元年,李鸿章上书曾国藩:"鸿章尝往英法提督兵船,见其大炮之精纯,子药之细巧,器械之鲜明,队伍之雄整,实非中国所能及。其陆军虽非所长,而每攻城劫营,各项军火皆中土所无;即浮桥、云梯、炮台,别具精工妙用,亦未曾见。……深以中国军器远逊外洋为耻,日戒谕将士虚心忍辱,学得西人一二秘法,期有增益。……若驻上海久而不能资取洋人长技,咎悔多矣。"③英国人马格里投靠李鸿章之后就建议自造枪炮,不过,李鸿章相当谨慎,在马格里制成的军火得到西方军人首肯后,才让马格里生产。④ 当时用洋人还因为其对新式武器更为熟悉,可以帮助训练中国军队使用新式武器装备等,因此马格里早期不但负责上海洋炮局的生产,还负责炮兵训练,甚而统领军队,还一度取得不错战绩。⑤ 与此类似,福州船政局聘请法国人日意格和德克碑为正副监督,其船政学堂聘请法国教习教授制造舰船的技术,英国教习教授驾驶技术。⑥

---

① 笔者认为严格意义上,徐寿等早期中国技术人员的"发明"可能更多只是仿造西方制造。

② 孙毓棠:《中国近代工业史资料》第一辑,上册,中华书局 1962 年版,第 251 页。

③ 孙毓棠:《中国近代工业史资料》第一辑,上册,中华书局 1962 年版,第 252 页。

④ 孙毓棠:《中国近代工业史资料》第一辑,上册,中华书局 1962 年版,第 253 页。

⑤ 孙毓棠:《中国近代工业史资料》第一辑,上册,中华书局 1962 年版,第 253 页。

⑥ 王家俭:《国际科技转移与北洋海防建设——论洋员在洋务运动中的角色与作用》,载《中华文史论丛》第 58 辑,上海古籍出版社 1999 年版。

洋务官员普遍有民族意识,这从李鸿章的洋务经历可见一斑。李鸿章创建上海洋炮局之初就尝试洋人与国人分别管理炮厂,但1865年洋务官员韩殿甲、丁日昌负责的两个炮厂均并入上海机器局,而马格里的厂则辗转苏州洋炮局,并以其为班底组建金陵制造局,成为李鸿章淮系"命脉所系"的金陵制造局督办,其在金陵制造局地位甚至超过总办刘佐禹。但1875年李鸿章免去马格里金陵制造局督办后,该局就不再使用洋匠,而由中国人主持。1865年李鸿章、曾国藩奏请开办上海机器局时即有:"现拟于华匠中留心物色,督令操习,如有技艺与洋人等者,即给以洋人工食;再能精通,则拔为匠目,以示鼓励。"①

由于洋匠不远万里来到中国,加之其技能的稀缺性,因此"重金聘请"就成了必然选择,这不但是清政府洋务派的主张,也是清政府聘用洋员的总政策,同时根据其能力和稀缺性实行差别待遇。②

洋务派延聘的洋员多以技术训练为主,虽然物质待遇较高,但较少涉及决策,这符合洋务运动"权自我操"的最高指导原则。在"权自我操"原则指导下,为了维护国家主权与尊严,一切掌控权,不容许外人干涉。③ 事实上,即便是身为北洋海军总查的琅威理,也不过是丁汝昌的一名高级助手,朝廷虽曾授以总兵或提督等,但只是虚衔,更毋论仅仅负责技术的洋员。

比之于其他企业,江南制造局长期依赖西方技术、管理人员(见表6-1),从1865年开始一直到甲午战后,甚至20世纪初高级外籍技术、管理人员一直存在。20世纪60年代有人认为"江南制造局从设立开始,到1905年以后改组为制造局与商务厂两部分,从设备技术以至管理业务,莫不处处依赖洋人,实际大权,完全操诸洋人之手"④,这一观点在新中国成立到20世纪80年代初有一定代表性。但上海制造局之所以长期依靠洋员,主要因为它是当时最先进的军工企业,成立之初的定位就是"制造机器之机器"的母厂,这显然是其他洋务军事企业无法相比的,其对技术、管理的需求自然

---

① 孙毓棠:《中国近代工业史资料》第一辑,上册,中华书局1962年版,第273页,
② 向中银:《晚清时期外聘洋员生活待遇初探》,《近代史研究》1998年第5期。
③ 王家俭:《国际科技转移与北洋海防建设——论洋员在洋务运动中的角色与作用》,载《中华文史论丛》第58辑,上海古籍出版社1999年版。
④ 上海市工商行政管理局、上海市第一机电工业局机器工业史料组:《上海民族机器工业》,中华书局1966年版,第49页。

也更高。

表 6-1　上海制造局分割前外籍高级技术人员简表

时间	姓　名	职　位	说　明
1865	科而	总监工	旗记铁厂八洋人匠目,该局制造军火的早期负责人
1868	伟列亚力、傅兰雅、玛高温	翻译	
1872	史蒂芬生	总监工设计师	设计船坞
	罗尔斯	总监工	
	梅因兰	监工	
1874	备理	监工	监制料理制炮
1878	麦根泽	总监工	监制阿姆斯特朗炮
1879	林乐知	总工程师	监制炮
1884	艾根生	总监工	监制黑药
1898	彭他	督办顾问	负责全部工程尚有制火药二外人
	柯尼施	监办顾问	负责制炮装炮
1905	巴斯、摩根		专办江南船坞

资料来源:上海市工商行政管理局、上海市第一机电工业局机器工业史料组:《上海民族机器工业》,1966年,第 49 页。个别人名笔者根据现代翻译习惯进行了调整。

　　整体而言,高级洋员的作用主要是辅助洋务大员,相当于中国洋务派雇佣的职业经理或者高级雇员,他们的命运取决于中方需要,但因其客观上拥有稀缺的知识、技术,以及洋务大员与他们之间的信息不对称,投机取巧,飞扬跋扈,中饱私囊,任人唯亲在所难免。在利用洋员过程中,一方面是洋务军事企业的中国人学习、掌握了洋员的技术,另一方面洋务军事企业的督办、帮办等高级洋员就军工企业技术、生产、管理等相对于西方当时最先进技术而言并非领先的,即使有心推动中国军事工业发展,往往也心有余而力不足。洋务官员发展军事工业之初,中外军事工业差异是明显的,对西方军事工业注定是缺乏了解的,更多是鸦片战争和太平天国运动中对西方船坚炮利的感性认识,期望其对当时西方前沿军事技术明察秋毫无异于痴人说梦。因此,不能以洋务官员利用洋员出现各种问题就推断早期洋务官员引进西方技术人员和管理者的随意性,甚至假定他们主观上有主动媚外,设租、寻租动机,客观而言他们已经是当时政府官员中第一批具有开阔视野的当局者。关于这一点，胡滨早年的研究就是很好的佐证。①

以福州船政局为例，左宗棠筹办时曾经任命法国人日意格、德克碑为正、副监督，并与其订立《保约》《条议》《合同规约》等，就职责范围、工作期限及义务做了详细规定。1874 年春合同期限届满，沈葆桢除因事暂留日意格等 3 名洋员外，将其余所有洋匠 40 余人全部遣散，次年日意格等三人亦回国。外籍技术管理人员基本在洋务大臣的控制之下，无论是法国驻福州领事巴士栋，还是监督日意格等都没有操纵船政，福州船政局的大权始终牢牢掌握在船政大臣手中。巴士栋曾挑动造船厂总监工达世博"遇事刁难"，"居奇挟制"，1869 年 9 月第一艘轮船"万年清"号试演时，达世博不但不上船，而且还"笼络各洋匠为其党援，冀相掣肘"。在船政大臣沈葆桢强烈坚持下日意格将达世博辞退。巴士栋竟出面干预，激起了福建地方官员和船政大臣的一致抵制。时任闽浙总督英桂较为愤慨"日意格充中国监督，为中国办理船工，已非领事官所应钳制，而船政系中国所设，尤非领事官所得干预"②。沈葆桢批示日意格："船政为中国工程，中国有大臣主之，若法国领事可以任意把持，则是法国船政，非中国船政也。监督有约束外国员匠之责，员匠不遵约束，监督理应检举。至撤与不撤，本大臣自有权衡，非监督所能专擅也。"③在这种情况下，最终达世博不得不怏怏离去。

再看 1867 年成立的天津机器局最初聘用美国驻津领事密妥士"总司其事"。后来，李鸿章派沈保靖为总办，密妥士对沈保靖处处加以掣肘，使其难以开展工作。1871 年秋，李鸿章以密妥士"于机器未甚精核"且"患病"为理由，撤销了他在天津机器局的职务。④

此外，早期上海制造局："该局试办卷筒枪机器经营数月，糜费巨万，总未得手，冯丞相初信洋匠未士科之逛语，以为必可得心应手，今竟何如耶，未士科归咎于火炉烟囱等器，若不拆造，无以折服其心，既经改造，断不得再有推诿，自大炉工竣为始限一个月期，如洋枪不成，委员则罚去薪水，未士科则令将所得薪工缴

---

①　胡滨：《洋务运动与中国近代化——兼论洋务运动与外国资本主义的关系》，《文史哲》1987 年第 5 期。

②　《海防档乙》，《福州船厂》（一），第 202 页。

③　《海防档乙》，《福州船厂》（一），第 213 页。

④　《李文忠公全集》，奏稿，卷 20，第 12 页。

出并札行该领事说伊手艺恶劣,不顾体面,专好骗人,押回本国,看该洋匠尚要顾脸否,仰随时察度。"①这就说明,至少就正式制度而言,洋员在上海制造局内并不是处于控制地位,而更多负责技术,洋员类似于现代经理人员,他们为所有者服务,对所有者负责,受所有者制约,而洋务大员、总办等则是上海制造局所有者的最直接代表,洋员直接对他们负责。

事实上,洋人往往享受高物质待遇,但他们的权力往往只是在他们业务范围之内,但是,在实践中洋人由于对相关业务更为熟悉,具有明显信息优势,中国官员与主要的洋匠之间存在严重的信息不对称,这客观上增加了洋匠等西方技术管理人员在决策中的影响力,这很大程度上是由当时技术管理人员的稀缺性所决定的。至于其武断专横等,如果考虑到当时全世界都盛行家长式管理风格,其实也就无可厚非了。

资方内部,掌握企业日常经营管理权的往往是总办,洋务大员一般是倡导、推动,主要精力在政务,而不在企业。政府对洋务企业没有专门监督、考核部门,因此总办往往存在权力滥用、管理的随意性。外部制衡主要是舆论,尤其顽固派,内部则是高级洋员、本土经营管理者、洋务大员等。

整体而言,洋务军事企业资方效率低下。比如,上海制造局总办权大于法,资方内部缺乏有效制衡,费用浪费,规章制度虚置等,结果是管理混乱、人才流失、效率低下、经营困难。② 以采购为例,早期冯焌光担任总办时采购由采办委员负责,后来潘镜如怀疑采办有贪污腐败行为,采办制度在厂内也遭受颇多微词,于是奏请左宗棠撤去采办委员,设报价处,后来改成议价处。但聂缉椝担任总办后,勾结供应商任某,购买价值"巨万"的普通英国产铁冒充罗马铁(后者价格是前者3—8倍),结果英国普通铁竟然在库房存放十多年。更糟糕的是,恶例一开,供应商与总办勾结兜售货物,议价处形同虚设。当然,由于资方整体处于有利地位,因此资方内部个人利益相对有保障,而且规模和待遇呈扩大之势,因此"当冯、郑、林署总办时,局中委员司事不过四五十人,尚疑人浮于事,屡思裁汰,再三考核然后罢议。至潘镜如观察时已添至八九十人。刘某时更添至一百七八十人,坐食者三分之二矣。从前委员司事除总办每月湘平银2百两,会办

① 魏允恭:《上海制造局记》第三卷,1905年,第58—59页。
② 陈真:《中国近代工业史资料》第三辑,生活·读书·新知三联书店1961年版,第73—80页。

每人 150 两,提调 80 两外,余不过二、三十两,司事之少者仅 6 两或 8 两耳。自刘某主张破格鼓励之说,有竟加至七八十两者,少亦二三十两,至于 8 两、6 两之薪水几乎绝无仅有矣"①。

四、洋务军事企业劳方

洋务军事企业前的清政府官工业,虽然内务府匠籍制度已废除,所有工匠都雇募,但无论旗匠,还是汉匠、南匠都有定额,旗匠还是典型的官匠,都不具自由雇佣性质。汉匠分为食饷的长期工,招募的临时工;南匠则由各省大吏"送进",有永不归南的"抬旗",年老放归的"供奉",完工放回之"传差"。辖东西炮局、火药厂的工部工匠则由都察院在北京五城区选定。所有工匠粮食、银钱等待遇按"则例"固定。各省军械局的工匠及官员已没有满汉的名额限制,除招募本地人外,还有部分兵丁充当,无论匠工还是杂工(壮夫),其工资都由工部核定,然后报销,实际是固定。②

洋务军事企业雇员不但有中国工匠,还有洋匠,另外还由破产、失地农民,孤儿,部分兵弁等构成。洋务军事企业的兵弁有的是作为弥补劳动力不足的普通劳动者,比如初期曾调用部分湘军、淮军的兵士充当劳动力。兵弁性质很复杂,除因临时缺人,而由兵弁充当的部分可能具有雇佣性质外,有相当部分是为了偷师西方以便自主生产,实现自强,甚而"师夷长技以制夷"。兵弁在其中的作用,从当时负责总理衙门的恭亲王奕䜣奏折可见一斑:"因思咸丰九年,僧格林沁在大沽击败英、法两国,得其所遗炸炮炸弹,苦心研究,督令火器营弁兵依样仿制。现在臣奕䜣及管理火器营王大臣,亦均极力讲求……惟是无师自学,仅能得大概,而不克究其精微。若于此项弁兵内酌拣数十名,派往江苏学习,客气事半功倍。且有洋人指授,必能精益求精。现在江浙尚在用兵,托名学制以剿贼,亦可不露痕迹,此诚不可失之机会也。若于贼平之后,始筹学制,则洋匠虽贪重值而肯来,洋官必疑忌而扰阻,此又势所必至者。是宜趁南省军威大振,洋人乐于见长之时,将外洋各种机械火器实力讲求,以期尽窥其中之秘。"③也就是说要"自

---

① 陈真:《中国近代工业史资料》第三辑,生活·读书·新知三联书店 1961 年版,第 77 页。

② 许涤新、吴承明:《中国资本主义发展史》第二卷,"旧民主主义革命时期的中国资本主义",人民出版社 2003 年版,第 382—383 页。

③ 《筹办洋务始末》,第 25 卷,第 2 页。

强"就必须"讲求洋器",但洋人必不肯轻以"秘法"授人,必须抓住时机,以"剿贼"为名,不露声色地学习西方的"长技",因此这些兵弁显然具有政治目的,不同于一般工人。至于其管理,总理衙门的描述具有代表性"相应请旨饬下火器营,于曾经学制军火弁兵内,拣派心灵手敏之武弁八名,兵丁四十名,发往江苏,交抚臣李鸿章差委。专令学习外洋炸炮炸弹,及各种军火机器,与制器之器。如能留心学习,著有成效者,准该抚臣从优请奖,超级保升。其有怠惰偷安,不听约束者,准该抚臣按照军法治罪。务期各弁各兵,尽心尽力,朝夕讲求,务得西人之秘。……如蒙俞允,除该弁兵川资由京发给外,其应给薪水等项,拟由苏省酌定支给,准其做正开销"①。从这也看出作为工匠或者学徒的兵弁中有部分是肩负政治使命,直接受洋务大员指挥,享有正规兵弁才有的川资,尤其从其升迁机制,薪酬机制来看都无异于传统军队,这也凸显其政治目的,不同之处是他们服役方式是学习西方技术,场所在工厂,还领地方政府发的薪水。

洋务军事企业劳方构成的多样性从上海制造局可见一斑,成立之初,收购的洋商旗记铁厂洋匠留任,原企业主科尔留任总监,负责生产,直到1905年拆分前一直是洋员负责生产。就国人而言,除洋务大员派遣的部分兵弁外,高昌庙圈地的失地农民,还有一些孤儿院孤儿当学徒。后来的工人,不少由学徒递升而来。学徒则来源于招考和介绍,招考的多数是上海、宁波人,介绍而来的则以湖南人居多,这主要是由于早期高层管理者以湖南人为多,而当时农业生产效率较低,农民生活较为困苦,自然更愿意成为工人,而中国人传统的同乡、家族意识决定了经营管理者会介绍更多同乡。

这些企业由于是军事企业,基本是军事化管理。即使雇佣劳动者也"不令随意去留",工人要受"兵法部勤",有过失"均按军法从事"。比如,江南制造局有专门拷打、镇压工人的稽查、"防卫营"兵丁100人左右,并在办公厅和各厂办公所门口都悬挂两块虎头牌和拷打工人的刑具水火棍,工人常被鞭挞、"枷号示众",甚至进监狱,被开除。早期观察冯焌光还每天到各厂视察,用军棍打偷懒和浪费材料的工匠。福州船政局与此类似,两千多工人的生产和生活都受员绅统制,工人往往被高墙隔开在一些住宅区内,天黑后,区与区之间的交通就被割断了。担任辅助劳动的佣工、杂作,更受兵法部勤,每十人设一什长管理,每五什

---

① 《筹办洋务始末》,第25卷,第3页。

长设一队长管束,什长、队长均由武弁担任,维持机器军事工业企业内部劳动关系的只是皮鞭、棍棒和刑律。

一般认为当时劳动条件是相当恶劣的,比如,福州船政局严冬时节兴工,强迫工人在天寒地冻的环境下填土打夯;盛夏,工人又在"下蒸上曝,敲火生光"的情况下露天操作;雨水连绵,经旬累月,操作颇难时也必须烟蓑雨笠,运刀挥斧。① 不过,笔者认为并不能按现代人的标准,而应放到当时的历史条件下去比较,况且根据气候常识福州船政局严冬时节天寒地冻并不大可信,当地民间即使现代在冬天劳作的情况并不乏见。再如江南制造局,自成立之初就按照西方方式每天工作八小时,而且得到了坚持,以至1890年刘麟祥任总办,打算延长一小时工作时间而引发全员罢工。

五、洋务军事工业劳资三方关系

从本节分析可以看出洋务机器企业劳资三方,具有一定特殊性,一定程度上具有近代劳资关系性质,但就整体而言,这种劳资关系是脆弱的,劳资三方均是脆弱的,并未体现出早期劳资关系普遍的"强资本,弱劳动"的特征(见表6-2)。

表6-2 早期洋务机器企业劳资三方关系概况

劳资主体	构　　成	劳资体系表现
政府	无专门机构,以地方洋务大员为主;顽固派时有裁撤洋务军事企业呼声。另外,外国政府对洋员提供领事裁判权等,并对其商民与中国洋务军事企业交易提供片面保护。	封建政府以自强为目的,并非以发展经济、满足消费,壮大企业,解决就业等为目的,并未出台相关法律对劳方、资方管理,也没有管理资方、劳方的专门部门,基本沿用传统封建法律。
劳方	中外工匠,本国杂役、仆从、学徒等,来源有失地农民,农村破产者,流浪者,甚至还有兵弁构成,员工松散传统联系,无正式组织。	中外工匠不同酬,也不同工,劳动条件恶劣,工资支付与市场挂钩,劳方构成复杂,无组织,内部偶有冲突。
资方	基本政资合一,以洋务官员为人格化代表,总办等为代言人,包括部分高级洋员、华匠等经营管理者。	企业不以营利为目的,产品没有面向市场,预算软约束,衙门作风明显,普遍采取准军事化管理,效率低下。

① 张国辉:《洋务运动与中国近代企业》,中国社会科学出版社1979年版,第73—74页。

续表

劳资主体	构　　成	劳资体系表现
劳资三方整体关系	整体而言不是以经济为目的,政府军事主导下的劳资关系,准军事化管理。政府没有达到自强目的,资方效率不高,最终洋务运动破产。劳方不是纯粹的产业工人,也没有自己的组织,境况堪忧。表面看资方高高在上,但其实他们并没有达到目的,离其期望很远。劳资关系三方的处境都非常被动,甚至无所适从,三方在劳资关系中的活动均较随意且被动。	

资料来源:笔者根据洋务机器工业情况整理。

有限的资料记载,洋务军事企业,劳资冲突似乎并不激烈,尤其剧烈劳资冲突并不太多,据相关资料甲午战争前的罢工不过 6 次,相对于 24 家洋务军事企业,每家企业平均仅发生 1/4 次。即使考虑到这些罢工信息最初更多来源于媒体,而军事企业相对封闭,可能有所遗漏,也不算多。但整体而言,劳资还算相对和谐,工资待遇问题并没有形成劳资剧烈冲突的直接诱因,其中居然没有一例针对近代劳资关系的基础——工资,而更多是针对个别管理人员的粗暴行为,延长工时,偶尔的正常假期加班等。此外,洋务军事企业剧烈的劳资冲突并没有出现劳方和资方组织,企业还时有将违规雇员送官究办的情况,这说明洋务军事企业可能由于预算软约束性质,工资待遇相对较好(见表6-3)。

表6-3　洋务军事企业剧烈的劳资冲突表

时间	地点	厂矿名称	原　因	规模	结　果	资料来源
1872.1	上海	江南制造局	总办冯焌光因一名小官吏和造船工不服从命令而对其殴打和监禁。	600人	持续三天,释放被监禁人员后复工,资方可能付出金钱。	《罢工报告》1872年1月12日,第34页
1881.12	福州	船政局	总监工将上工时间改早一二刻。	不详	工人鼓噪,结果不详。	《申报》1881年12月23日
1882.8	福州	船政局	一委员脚踢童工,致郁闷自杀,村民蜂拥围住船政局。	不详	委员被正法,村民获胜,推测小孩为村民子弟。	《沪报》1882年8月1日
1883.5	上海	江南制造局	总办亲信不顾机器转速限制,强令工人加快机器运转,导致一工人"锉刀顿断",总办亲信反而责怪殴打该工人。	不详	工人被激怒扭打总办亲信。局方欲将"滋事者"送县究办,受抵制未得逞,次日工人罢工,局方保证不追究。	《沪报》1883年5月8日。《捷报》1883年5月11日
1890.8.31*	上海	江南制造局	反对总办刘麒祥,每天延长工人工作时间1小时。	2000余人	冬秋不延长,春夏延长,增加饭钱。	《上海工运志》,上海社会科学院出版社1997年版

续表

时间	地点	厂矿名称	原　　因	规模	结　　果	资料来源
1891.12	台湾	基隆兵工厂	工人向代理总督要求辞退所有外国技师。	不详	未获同意而搞破坏。最终结果不详。	《字林西报》1891年12月1日,第527页
1895年3月下旬	南京	金陵制造局	反对常规假期工作。	不详	被镇压,为首二人各军棍100。	《申报》1895年3月28日
1895.3	上海	江南制造局	不详	不详	周顺顺等3人,被以不守局规罪名,送官究办。	

资料来源:刘明逵、唐玉良:《中国近代工人阶级和工人运动》第二册,中央党校出版社2002年版。

＊刘明逵、唐玉良:《中国近代工人阶级和工人运动》第二册,中央党校出版社2002年版,第103页,所列1904年6月6日《中外日报》上《论制造局续篇》所说的反对增加工时的罢工,应该1890年的这次。

其中,1882年福州船政局因童工犯错,而被一广东委员踢,小孩郁闷而自杀,进而引起村民围攻,福州船政大臣黎星使不得不将该委员处决,满足村民的要求。这说明当时同乡、本土员工在劳资谈判中发挥着重要作用,更为关键的是作为这一民事军用咸宜的企业,由于"内无护勇,外无救兵",船政大臣"无法可施",遂令将踢人的广东买办处决,以首示众,方才平息。《沪报》的报道中船政大臣的"无法可施",仅仅针对内无护勇,外无救兵,这意味着一般情况下得依赖护勇、救兵武力威慑下解决,而不是法律,更没有专门的劳资法律,这个例子说明民刑不分的传统依然存在。

第二节　清末华商与外资企业劳资关系

一、华资企业劳资关系

这一阶段除3次剧烈冲突不能确定国别外,其余有62次可以确认是中国投资者(见表6-4),40次是外资,可以确定投资者国别的,中国企业的次数竟然超过外资的50%,这可能与中国企业数量较多有关。华资企业剧烈劳资冲突至少有35次直接与工资有关,达总数的50%以上,完全不知原因的有6起,12起原因不甚清晰的,可能和工资收入有关,可以确认与工资没有关系的仅9次,不到总数的15%,这说明工资收入在劳资关系中的基础性地位。

表6-4　清末民族华资企业剧烈劳资冲突情况简表

时间	地点	企业	原因	人数	过程	资料来源
1898.6	上海	华盛纺织厂	克扣工资		一女工被殴伤	《时务日报》
1898.11	上海	纶华纱厂	厂方减工资	数百人	罢工半日，巡捕驱散	《中外日报》
1899.8	营口	各油厂、油坊	要求增加工资	2000余	19人被捕，厂方允加工资	《中外日报》
1899.夏	芜湖	晋康煤矿	不详	不详	停工甚久	《关册》
1899.11	福州	船政局	反对洋匠歧视	不详	与洋匠冲突，经劝解复工。	《中外日报》
1900.4—1901.5	营口	各油坊	与乔营兵士冲突	不详	4名工人被捕，停工甚久	《中外日报》
1900	安徽	繁昌煤矿	劳资争执	不详	不详	《海关报告》
1901.7	营口	中外榨油厂	要求提高工资	不详	不详	《北华捷报》
1902.5	上海	裕源纱厂	反对任意罚款	不详	工头被拘	《中外日报》
1903.3	苏州	丝厂	要求存工工资		照给	
1903.5	天津	官报局	反对滥罚工资	不详	不详	《天津大公报》
1903.7		粤汉铁路段	要求增加工资	不详	不详	
1903.10	杭州	造币厂	要求增加工资	不详	停工1月	《关册》
1904.6	上海	江南制造局	反对工作时间	不详	增加工资后复工	《中外日报》
1904.10	苏州	制造衙门总局	反对克扣工资	不详		《中外日报》
1904.11	成都	兵工厂	反对克扣工资	600	罢工坚持16日多	《北华捷报》
1905.4	上海	新华纱厂	反对厂方将工厂让与日人	不详	工人击伤承买中间人，为首五人被拘	《时报》
1905	上海	增裕面粉厂	反对外国监工殴打工人		行凶外国监工辞歇后复工	《中外日报》
1905.4	上海	集成纱厂	反对领班司事压迫	南北二厂2000余人	毁坏部分厂房和机器，同中外巡捕搏斗，为首2人被捕	《时报》
1905.4	上海	集成纱厂	反对工头盘剥、压迫	4600	工人毁坏部分厂房和机器，结果不详	《北华捷报》
1905.5	闸北	裕源纱厂	不详	不详	为首二人锁系示众	《时报》
1905.10	湖南慈利	黄厂矿务公司	矿坑崩石压毙工人	300~400	捣毁公司房屋，旬日后，又聚数百人，夺取军械等物	《时报》
1906.4	金华	工艺局	督办侮辱女工	千余人	焚烧工艺局	《时报》
1906.4	汉阳	兵工厂	反抗驻守营兵压迫		张彪、黎元洪闻讯弹压，迫令复工	《时报》
1906.6	安庆	丰盈榨油厂	开工时厂主与工人发生龃龉	不详	停工若干时日	《时报》

续表

时间	地点	企　业	原　因	人数	过　程	资料来源
1906.7	萍乡	煤矿	反对由三班改为两班		罢工首要木匠头交捕厅枷责游示惩儆	《近代史资料》1958年第1期
1907.4	镇江	沪宁铁路小工	不详	数百	砸毁镇江洋务局	《时报》
1907.5	江西	九江南昌铁路	索取工资		捣毁新坝分局	《时报》
1907.8	上海	瑞顺丝厂	反抗总管事压迫	百余	工人群集公廨控告	《时报》
1907.12	苏州	沪宁铁路小工	要求增加工资		允为从长计议	《时报》
1908.7	杭州	电话局	要求改善待遇		酌给月薪	《衡报》
1908.11	长春	瑞林东工程局	反对积欠工资			《盛京时报》
1908.12	青岛	木工	德国人扣工资			
1908	铁岭	榨油厂	不详	三百余	被地方当局镇压	《近代东北人民革命运动史》
1909.5	上海	裕慎丝厂	积欠工资	数百	工资照发	《时报》
1909.6	汉口	江岸铁路工厂	反对工程司克扣工资		要求邮传部辞退工程司,结果不详	《上海民呼日报》
1909.8	上海	勤昌丝厂	反对增加工时	100余	不详	《时报》
1909.9	本溪	铁路工人	不详	不详		《时报》
1909.9	上海	同协祥丝厂	不详	100余	不详	《申报》
1909.9	上海	新大丝厂	反对积欠工资。	100余	不详	《申报》
1910.1	上海	元丰纱厂	要求清偿积欠工资。	数十	群至公廨要求追还,结果不详	《申报》
1910.1	上海	长纶丝厂	营救被押工人	100余		《申报》
1910.1	上海	元丰纱厂	反对扣压工资	100余		《时报》
1910.2	上海	瑞顺丝厂	反对克扣工资	100余		《时报》
1910.3	上海	协和丝厂	反对克扣工资	200余		《时报》
1910	上海	久成丝厂	反对开除,反对克扣工资	100余	不详	
1910	上海	恒丰纱厂	反对工头压迫	100余	为首被体罚,工人捣毁工厂	
1910.5	上海	美纶丝厂	抗议拖欠工资	100余	控告厂主	《时报》
1910.8	上海	裕康丝厂	抗议厂主压迫	100余		《时报》
1910.12	满洲	煤矿	矿坑劳动灾害	不详	不详	《上海民立报》
1911.1	上海	某湖丝厂	反对厂主扣存半月工资	60至70	工人到捕房控告,结果不详	《时报》
1911.1	广州	印刷所	不详	不详	不详	《神州日报》
1911.2	上海	协和丝厂	反对减发工资	300余	为首四人被拘,被体罚	《时报》

时间	地点	企业	原　因	人数	过　程	资料来源
1911.4	上海	又新丝厂	要求发给工资		为首四人被拘,后工资照发	《时报》
1911.5	上海	宝和丝厂	要求发给工资	100余	首五人被拘,后释放、工资照发	《时报》
1911.8	上海	晋昌、长纶、锦华、协和丝厂	要求每月增加三分工资,反对增加工时	2000余	与厂主评理,女工数人被伤,允日增一分	《时报》
1911.8	上海	勤昌丝厂	要求增加工资	100余	到公廨控诉,工资未能增加	《时报》
1911.8	上海	久成丝厂	要求缩短工时或者增加工资		聚集厂门扣,要求增加工资	《时报》
1911.8	繁昌	协和煤矿公司	反对克扣工资	数百	遭驻军镇压	《时报》
1911.8	江西	富贺煤矿	反对矿局压迫	不详	与局勇冲突	《申报》
1911.9	上海	中外各船厂木工	日工资由0.75元增至0.90元	300(广东)	增加工资13%	《北华捷报》
1911.10	哈尔滨	邮政局	反对邮局总理		奉天总局派邮政司	《远东报》
1911.11	上海	制造局炮厂	反对苛待,要求增加工资	不详	不详	《民立报》

资料来源:主要根据刘明逵、唐玉良:《中国近代工人阶级和工人运动》第二册,"中国工人阶级早期的斗争和组织",中共中央党校出版社2002年版,第342—350页整理,在不影响原意的情况下个别地方做了调整。

　　华资企业剧烈劳资冲突普遍与工资有关,工资问题成为劳资关系中最为敏感的话题,工资问题成为劳资冲突最主要的导火索。这并不意味着工人争取到高工资,而是基本的生存均缺乏保障时的必然的无奈反应。既然生存都难以维持,可以说劳方力量是脆弱的。表6-4也显示劳方在剧烈劳资冲突完全处于自发状态,基本局限在单个工厂内部,而工厂内部的罢工也没有明确的组织,更多是个别精英的带动。这说明这一阶段华资企业中的劳方非常脆弱,处于无助的状态。

　　除与工资有关外,明确了劳资冲突原因的有1900年4月营口各油坊工人与乔营兵士冲突,1905年上海杨树浦新华纱厂工人反对将工厂转让给日本人,增裕面粉厂反对外国监工殴打工人,4月下旬集成纱厂反对领班、工头压迫的两次罢工,10月湖南慈利黄昌矿务公司因崩石压毙工人而引发的剧烈劳资冲突,1906年金华工艺局督办侮辱女工而引发聚众数千人焚毁工艺局,汉阳铁路局还因为反抗驻守营兵压迫而爆发的剧烈冲突,以及萍乡煤矿工人反对由三班工作日改为两班工作日。1907年瑞顺丝厂反对总管事压迫,可能包含诸多因素,而1908年杭州铁路局要求改善待遇,1909年勤昌丝厂反对增加工作时间,1910年上海长纶丝厂营救被押工人,恒丰纱厂反对工头压迫,裕康丝厂抗议厂主压迫,满洲黑南察汉熬拉发生矿坑劳动灾害,1911年有江西富贺煤矿工人反对矿局压迫,以及哈尔滨邮政局工人反对总办压迫。整体而言,这一阶段并没有出现前一阶段较多的暴力(比如杀害工人),较多的非正常雇佣(比如奴隶待遇等),从这个角度考察资方雇佣管理方式比前一阶段更加人性化了,工人地位有所上升。

相关事例并没有见到相关法律适用,政府出面协调的也几乎没有,但在租界内中方企业出现劳资冲突却有工人主动求助于公廨的情况。其中比较典型的有:1907年8月上海英租界瑞顺丝厂的工人反抗总管事压迫而群集公廨控告;1910年的元丰丝厂工人要求清偿积欠工资,工人到公廨要求追还;1911年上海勤昌丝厂受晋昌等丝厂罢工影响,要求增加工资而到公廨"喊控",说明中国工人并非天生没有法制意识、仲裁意识,而是没有相关机构。另外,1911年1月上海新租界某湖丝厂,工人拥至巡捕房控告反对厂主扣存半月工资。而租界之外,更多的是暴力对抗,尤其官办工厂还有营兵、局勇把守,冲突激烈时往往有军队、巡捕介入,除了武力镇压、调停外,劳方发起人常被拘押,因此,由于近代劳资关系西风东渐的结果,租界劳资冲突可能更有章可循。

就华资企业而言,剧烈劳资冲突事件次数和参加人数,涉及行业和地区都超过了前一阶段,从这个角度看无论是劳方还是资方都比前一阶段更壮大,而政府很少介入,也没有专门管理劳资关系的机构,政府劳资角色并不明显,但还是出台了系列促进劳资关系基础——工商业发展的政策。

清季华资企业的剧烈劳资冲突数量几乎是1894年前16次的4倍,地域、行业范围,参加人数都远远超过了前一阶段,但并不能据此简单判断劳资冲突更加剧烈。这主要有三方面原因,一是近代工矿业迅速发展、投资、企业数量、工业企业雇佣可以说取得了飞跃式发展;二是报纸等近代媒体逐渐发展,剧烈劳资冲突曝光的可能性增强;三是资方可能采取了更为近代化的方式,至少对劳方暴力有所减弱,因而劳方敢于表达对劳资的不满。

二、外资企业劳资关系

从表6-5可以看出,清末外资企业发生的剧烈劳资冲突有40起,是1894年前的2.5倍,且这一阶段时间跨度比甲午战争前短得多,前一阶段近30年,而清季从第一次剧烈劳资冲突发生,到这一阶段结束只有区区14年。这一阶段外商投资有三个特征:一是外商在华投资总量迅速增加;二是投资行业明显突破上一阶段为西方商品输出服务的船舶修造等相关行业,普遍扩大到工矿业;三是投资区域迅速从沿海通商口岸附近拓展到内陆腹地,并且打上各国势力范围的烙印。

表6-5 清末的外资企业在华剧烈劳资冲突表

时间	地点	厂矿	原因	人数	过程	资料来源
1898.1	上海	协隆纱厂	反对减少工资,要求提高工资	不详	经劝解,允照加工资,始行复工	《中外日报》
1898.9	上海	瑞记等纱厂	反对由计日制改为计件制	不详	瑞记纱厂工人发起,结果不详	《北华捷报》
1898.11	上海	协隆纱厂	不详	二人	企图放火烧毁厂房棉花,被判处囚禁一月	《北华捷报》
1899.1	上海	宝昌丝厂	要求发给工资	100余	女工8人被捕	《中外日报》
1899.6	上海	怡和纱厂	减少工资二成	不详	工资照旧发给	《中外日报》
1899.8	应扣	中外各油厂油坊	要求增加工资	2000余	19人被捕,调解,允加工资	《中外日报》
1901.7	营口	榨油厂	要求提高工资	不详	不详	《北华捷报》
1902.5	上海	耶松船厂	要求增加工资	不详	为首4人被拘,罢工失败	《北华捷报》
1902.9	上海	礼和洋行	要求增加工资	不详	不详	《中外日报》
1902.10	上海	耶松船厂	反对工资过低	八人	一人被拘二周,并判答100	《北华捷报》
1903.4	苏州	延昌永丝厂	反对扣罚"存工"工资		厂主拒绝要求	《北华捷报》
1904.1	上海	耶松船厂	反对工头盘剥	120余	二人被拘押	《北华捷报》
1904.5	上海	源发丝厂	反对扣发跳厂工人三周工资	不详	捣毁财产,为首二人被处罚金	《北华捷报》
1904.7	云南	滇越铁路	法工程师压迫	不详	聚众抗议	《中外日报》
1905.6	上海	谋德利	不详	71—80人	不详	《中外日报》
1905.10	山东	坊子煤矿	总办恣意虐待		不详	《中外日报》

续表

时间	地点	厂矿	原因	人数	过程	资料来源
1905.11		中东铁路	要求铁路局实现11月11日罢工要求		全线停运罢工,谈判无果。28日办公大楼部分被焚	《36棚——哈尔滨车辆工厂史》,1980
1905.11	上海	新关造册处印刷厂	要求增加工资	不详	不详	《时报》,1905
1905.11		中东铁路	反对铁路当局实行军管,军警监视工人,强迫工人加班加点。	1000 400名中俄工人	包围办公大楼,反对镇压工人,要八小时工作制等。后轻信诺言复工	《36棚——哈尔滨车辆工厂史》,1980
1906.6	上海	瑞纶丝厂	反对克扣工资	1000	工资照发	《时报》
1906.6	上海	英美烟厂	要求增加工资	不详	为首三人被捕,工人被迫复工	《时报》
1906.6	上海	工部局	要求增加工资			《时报》
1906.7	上海	三泰纱厂	日本工头虐待			《时报》
1906.9	上海	煤气公司	要求增加工资	64	罢工前,曾信函要求,结果不详	《北华捷报》
1906.9	上海	自来水公司	要求增加工资	60	罢工前,曾信函要求,结果不详	《时报》
1907.2		斯基捷利斯基林场	要求增加工资5%	3000	部队到林场干涉。罢工六天,要求加工资,获胜	《舒米雅茨基1905年与东方》
1907.8	山东坊子	煤矿	矿坑爆炸死伤100名工人	不详	持续数星期,结果不详	《关册》,1907
1908.3	上海	聘自尔电车公司	要求缩短工作时间			《时报》
1908.5	哈尔滨	各业工人	纪念五一国际劳动节		举行集会	《史学译丛》,1957年5月
1909.7	汉口	阜昌、新泰、顺丰等俄茶厂	要求增加工资	7000到8000	数千人聚集,为难阻止停工工头,俄领事照会派兵弹压,结果不详	《汇报》
1909.8	上海	瑞纶丝厂	要求增加工资		罢工群众至捕房控诉,结果不详	《民呼日报》
1909.9	上海	乾康丝厂	反对克扣工资	数百	不详	《时报》
1909.10	上海	电车司机	行车时间过长		公司另募司机	《醒华》
1910.7	上海	自来水公司	要求增加工资	不详	为首三人被捕,结果不详	《申报》
1910.11	鸭绿江	中日合办鸭绿江木植公司	反对日本资本家拖欠工资	不详	不详	《近代东北人民革命运动史》,1984

时间	地点	厂 矿	原 因	人数	过 程	资料来源
1911.7	长春	松茂洋行	因工作任务繁重，要求增加工资	300	罢工一天，无结果，复工	《关东厅警务局：劳动争议调查书》
1911.7	上海法租界	法兴印字馆	要求增加工资		为首工人被判押，工人组织西字联合会，再度罢工，被押工人获释	《我的工运远在40年前》，1949
1911.7	上海	某外国成衣公司	反对增加工作时间	不详	不详	《时报》
1911.9	上海	某日商纱厂	不详	不详	工人破坏机器，为首二人被拘。	《北华捷报》
1911.9	上海	中外各船厂木工	要求增加工资	300（广东籍）	增加工资13%。	《北华捷报》

资料来源：主要根据刘明逵、唐玉良：《中国近代工人阶级和工人运动》第二册，"中国工人阶级早期的斗争和组织"，中共中央党校出版社2002年版，第342—350页整理，个别地方做了调整。

从表6-5可以看出，外资企业总共有26次剧烈劳资冲突与工资直接相关，占可以明确原因的37次的70%强，而与华资企业普遍反对已有工资过低不同，外商企业工人虽然仍普遍反对已有工资过低，但还有反对将已有计时制改为计件制的，还有反对工资下降的①，拖欠工资的，而扣压工资的有多起，这客观上说明外商将西方灵活的工资制度移植到中国，以便更好控制工人，中国劳方也自发对资方进行抵制。此外，反对已有工作时间过长，反对增加工作时间的，反对加班加点的，还有一些诸如反对虐待、压迫、盘剥等内容未明，甚至原因不详的可能都间接与工资有关。

这一阶段，外商在华企业的劳方与资方间沟通渠道似乎更为多元化。比如1906年9月上海自来水和上海煤气公司工人罢工前，工人给公司写信，要求增加薪资，说明工人当时与资方已经有了书面沟通渠道，这在华资企业尚未见到。相对于华资企业剧烈劳资冲突时劳方是由自发的为首数人发起，而在外商投资企业中则出现了罢工委员会、西字联合会等相对组织化的机构对付资方，虽然这种组织可能还只是临时性质。另外，外资企业劳资冲突的原因除了与自身日常相关的工资、待遇、工作条件外，1905年11月中东铁路工人为了争取11月11日

---

① 这客观上可能与外商在华投资之初为了吸引中国人，加上乐观估计了自身的竞争优势，而定了较高工资，但工资具有刚性特征，一旦下降往往会遭到抵制。

罢工要求而与资方冲突,1908 年 5 月哈尔滨外国在华企业各业工人因为纪念国际五一劳动节而集会,华资企业均未见到。除哈尔滨各业工人为纪念五一国际劳动节而集体罢工外,与华资企业类似之处,基本发生在单个行业,也有某个地区同一行业的。种种迹象表明,外资企业的劳方似乎更有权利意识,这可能也是西方雇主和源自西方雇员影响的结果。外资企业发生剧烈劳资冲突时,较多以劳方失败而告终。惩罚对象主要是对抗资方的发起者,方式几乎是刑事的,诸如被捕、被拘,这与传统并无二致,但有趣的是还有处罚金的,这在华资企业并未见到,也是相对于暴力、拘捕等更为温和的一种方式。

这一阶段是外国在华投资的黄金时期,外商在华投资工矿企业从经济效率的角度看获得了巨大成功,虽然有条约特权等的作用,但相对较和谐的劳资关系应该也起着保障作用。另一有趣现象是,甲午战争前工伤事件频发,死伤严重的开平煤矿这一阶段并未发生剧烈劳资冲突,这可能与其较高的抚恤,较为有效的善后,以及工人日常工资待遇相对较高有关。

北　洋　篇

第七章 北洋政府与劳资关系

第一节 北洋政府概述

一、北洋政府:羸弱的政府

(一)动荡的政府

一般认为北洋政府是典型的弱政府,综合各方面因素,其集中体现是政权极不稳定。据统计,1912 年至 1927 年 16 年间,北京政府先后更换了 47 届内阁,平均每年居然更替近 3 次,寿命最短的居然只有 6 天。[①] 辛亥革命后短短几个月,以孙中山为代表的资产阶级知识分子不得不交出政权,随后袁世凯在位的四年多虽然一直风声鹤唳,但却是北洋时期在位时间最长的政府(见表 7-1)。自袁世凯之后,全国陷入军阀割据局面,中央政府名存实亡,朝令夕改,政策得不到执行,或者说政府失灵是这一阶段的主旋律。

表 7-1 1912—1927 年的历届总统

姓名	时　间	概　述
孙中山	1912 年 1 月 1 日	孙中山在南京就任中华民国临时大总统,几乎没有政令,具过渡性质,两个多月后让位给袁世凯,影响不大。
袁世凯	1912 年 3 月到 1916 年 6 月	因共和有功,1912 年 3 月成为临时大总统,并接受《中华民国临时约法》,定都北京。1913 年当选为大总统,1914 年解散国会,公布"新约法",年底公布《修正大总统选举法》。1915 年 12 月参议院承认帝位,1916 年 3 月申令撤销承认帝位案,1916 年 6 月袁世凯去世。

① 孙健:《中国经济史——近代部分》,中国人民大学出版社 1989 年版,第 263 页。

续表

姓名	时　间	概　述
黎元洪	1916 年 6 月 7 日到 1917 年 7 月	上任不久宣布撤销袁世凯新约法,仍遵行《临时约法》。1917 年 6 月非法解散国会,7 月初遭遇张勋复辟,被迫外逃,并不得不让冯国璋担任临时大总统,随后通电去职。
冯国璋	1917 年 8 月 1 日到 1918 年 8 月	北洋三杰之一,反对袁世凯称帝的中心人物。张勋复辟次日黎元洪即电请冯国璋代理大总统,次月正式上任。他出任总统导致北洋政府进一步分裂,后成为直系军阀首领。
徐世昌	1918 年 10 月到 1922 年 6 月	就任被皖系军阀控制的安抚国会选举的总统,上任后"偃武修文",下令对南方停战,次年召开"议和会议",未成功。任上遭遇了五四运动等,1922 年直奉战争结束后,被逼离职。
黎元洪	1922 年 6 月到 1923 年 6 月	执政一年,因曹锟贿选,不得不离职。
	1923 年 6 月到 1923 年 10 月	国务院摄行大总统职务,直到曹锟就任。
曹锟	1923 年 10 月到 1924 年 10 月	公布《中华民国宪法》,就任大总统后,直系的实权转由吴佩孚操控。1924 年 10 月,第二次直奉战争爆发。随后,冯玉祥等人发动北京政变,将曹锟软禁。
段祺瑞	1924 年 11 月到 1926 年 4 月	1924 年 10 月冯玉祥发动政变,推翻曹锟,先邀请孙中山,后与奉系妥协,由段祺瑞任中华民国临时执政府。1925 年 4 月废除中华民国第一届国会,由临时参政院替代之。1926 年 3 月 18 日发生"三一八惨案",同年 4 月 9 日被冯玉祥驱逐下台。
	1926 年 4 月到 1927 年 6 月	摄政时期
张作霖	1927 年 6 月到 1928 年	张作霖就任陆海军大元帅,成立军政府,实际执掌北京政府政权,1928 年回奉天标志着北洋政府彻底结束。

资料来源:钱实甫:《北洋政府时期的政治制度》上册,中华书局 1984 年版,第 79—81 页。

此外,民间还有五四爱国运动、五卅运动等声势浩大的政治运动,各种政党、思潮层出不穷,尤其是与北京政府直接对立的孙中山建立的三次广州政府①,武汉国民政府、南京国民政府,相比于北洋政府的频繁更迭,以国民党为核心的国

---

① 孙中山在广州成立的三次政府依次是:1917—1918 年的护法运动时期在陆荣廷、唐继尧等支持下成立的中华民国军政府,以护法运动的失败而告终;1921—1922 年,在陈炯明的推动下通过《中华民国政府组织大纲》,改大元帅制为总统制,选孙中山为大总统,后以陈炯明的叛变而告终;第三次是 1923 年成立的军政府性质的中华民国陆海军大元帅府,自任大元帅,是一个军政府性质的革命政府,并改组国民党,联俄联共,将国民革命推向高潮,孙中山死后,汪精卫、胡汉民、蒋介石组成广州国民政府,1926 年蒋介石控制国民政府党政军大权。

民政府相对稳定,同样以军事武装为基础,并直接与北洋政府武力对抗,形成军事对峙,直至南京国民政府取代北洋政府,充分突显出北洋中央政府控制能力较弱,自身统治岌岌可危,决定了其没有也不可能对劳方与资方关系充分调节。

（二）羸弱的财政经济

北洋政府一方面继承清朝外债重担,本身又有新的外债;另一方面关税依然控制在列强手中,地方的各项税收又为国内军阀所截留。此外,由于战争频仍,军费开支庞大,政府虽千方百计缓解财政危机,但国家财政始终处于破产边缘。因此,北洋政府为维持统治,只能继续"仰给外债,以度岁月"。[①] 举债的结果是外国银行团对中国财政控制加强,尤其 1912 年到 1914 年地方没有给中央提供财政支持,全靠外债度日,1913 年《财政部布告善后借款情形文》有"设非输入外资、润我金融,则上下交瘁,恐将索诸枯鱼之肆",反映出当时政府窘境。1915 年后地方财政开始解往中央,但由于各派军阀扩军备战,财政收支难以相抵。这种情况下,政府自然没有资金支持企业发展,国家资本比晚清还有明显退步,杜恂诚甚至认为国家资本主义出现了中断。[②]

杜恂诚否定传统"洋务官僚资本——北洋军阀官僚资本——国民党政府官僚资本"一脉相承的观点,认为从国家资本的角度考察北洋政府时期是解体的。[③] 北洋政府对近代工业的态度从直接控制到扶植民营企业大转变,政策与清政府有了背离,因此导致国家资本主义地位从主导地位沦为从属地位。其原因是,袁世凯之后,全国各地军阀割据,中央政府名存实亡,政权更迭频繁,但无法实现对国家的统一,政治权威受到严重挑战,中央对地方失控,更别说企业。袁世凯时期,张謇任农商部总长将农商部所属企业全部停办或者招商承办。北洋政府直属工厂,1912 年 58 家,1915 年有 80 家,1917 年下降至 68 家,从能源消耗看大不如前,煤炭消耗量只有 1912 年 58 家的 37.9%。[④] 中央直属企业效率之低,以致《申报》曾有"积弊甚深,岁耗百万而所出之军火以时价合算,较之舶来货

---

① 马振举:《北洋军阀政府时期的关税与财政》,《南开学报》1987 年第 5 期。
② 杜恂诚:《民族资本主义与旧中国政府(1840—1937)》,上海社会科学院出版社 1991 年版,第 189—205 页。
③ 杜恂诚:《民族资本主义与旧中国政府(1840—1937)》,上海社会科学院出版社 1991 年版,第 189—194 页。
④ 引自杜恂诚:《民族资本主义与旧中国政府(1840—1937)》,上海社会科学院出版社 1991 年版,第 190 页。

尤为昂贵,约有数十倍之多"的描述,当局虽请虞洽卿设法维持,但收效甚微。北洋政府曾有将江南制造局商办之意,岂料该厂资不抵债,政府不得不苦苦维持。各地的造币厂属于北洋政府财政部,按常规情况政府无疑会严加控制,但广东造币厂、江西造币厂、南京造币厂、杭州造币厂、上海造币厂因为政府财政不能提供基本的支持,要么被中外商人控制,要么筹办失败,要么中央与地方关系断绝而改为地方办,要么因向银行借款过多而被银行控制,谈不上国有。有相当部分民用工业的官办与官商合办企业也处于失控状态,有部分已完全商办。北洋政府将一些国家资本企业招商承办常无人接手,这与国家资本企业招商承办往往产权不清有关,即使招商承办后,也因为政权更迭过快,投资者权益往往无法得到保障。

北洋政府也曾有将部分民营企业收归官办的尝试,但因为政局不稳,加之财政拮据,而不得不作罢。其中最为典型的莫过于汉冶萍公司董事会和政府都希望将其收归国有,但因为无法筹集资金,变通后虽暂时不需要增加财政负担,但却因漠视商人权利而失败。汉冶萍公司董事会与政府又尝试将其官商合办,并得到农商总长张謇的积极支持,但还是因为政府财政拿不出钱而流产。随即汉冶萍公司无法解决债务而被日本控制,导致民族利益进一步受到损失。同样,清末改归商办的轮船招商局,袁世凯任上也竭力控制,以期国有,但同样因为财政无法提供基本的资金支持而失败。铁路方面,虽名义国有,但因军阀割据造成分割。

北洋政府时期三家传统国有银行,中国通商银行在北洋政府时期已完全商办,中国银行和交通银行虽然继续是国家银行,但商办趋势越来越强,政府控制逐渐削弱。中国银行在 1915 年 9 月后逐渐失去国家资本特征,从资本构成而言,由于财政无法支持,中国银行 1915 年 9 月招募商股,商股比重达到 17.01%,1917 年商股比重达 59.29%,1921 年则是 72.64%,1923 年更是高达 97.47%,有限的官股还被抵押。自从引入商股之后,中国银行经营者逐渐脱离国家控制。1916 年沪、宁分行就对抗了北洋政府的钞票兑换活动,1917 年通过自主商办的新则例,1918 年中国银行董事会经过多次博弈,停止对财政部的京钞垫借款。此后,中国银行独立性进一步增强,即便遭到政府抵制。1919 年北京政府参、众两院就通过议案,否决 1917 年中行新则例,恢复旧则例,并通过江苏省长劝导中行的上海工商界股东。这激起了中国银行股东和工商团体的强烈反对,上海中行股东电告北京政府誓不承认,北京、山东、汉口、安徽等地股东也一致反对,并不惜以撤股、另组商办银行威胁,而政府则没有财政做基础,无奈承认中国银行

"新则例"。此外,当时中央政府在北京,中国银行业务重心也逐渐由北京转移到上海。当然,中国银行由于历史渊源,在业务等方面还有别于普通商业银行。交通银行情况与中国银行类似,这里不再赘述。

北洋政府币制相当混乱,政府成立之初,中国金融市场、币制及货币流通相当混乱,仅通行的银元就有 10 多种,仅外国银元就有鹰洋、站人、本洋等;本国货币种类更是五花八门。混乱的货币体系,对近代劳资关系的产业支撑——工商业有极大制约。北洋政府也采取了一些尝试,1913 年《中国银行则例》授予中国银行发行钞票的权利。袁世凯于 1914 年颁布《国币条例》,确立了银本位的"袁大头"主体地位,以及铸造银、铜辅币。虽然"袁大头"确实逐渐发挥了主导作用,但银辅币、铜辅币迅速贬值。

二、北洋政府修约:心有余而力不足

相比于晚清政府被动单向接受一系列不平等条约,北洋政府时期则进入修约时期,力图废除不平等修约,这对中国政治经济具有深远意义。虽然收效甚微,但客观上激起了国人的民族意识,这一阶段中国政府积极参与国际政治,尤其是参加第一次世界大战,这也是此阶段劳方和资方力量迅速壮大的重要因素。其中对劳资关系影响最为直接的,可能是关税自主,因此这里以其为中心,简要介绍修约运动。

其实,清末已有国人,不乏上层人士对不平等条约带来的协定关税等表达了不满。1890 年,陈炽《庸书》提出关税自主的思想,1896 年户部尚书敬熙上奏朝廷,就关税问题建议"候机逐渐收回利权",1901 年张之洞、刘坤一对总税务司英国人赫德独掌大权进行了激烈谴责。[1] 辛亥革命后,关税自主运动最初目的只是提高税率和修改税则,1912 年 8 月中华民国临时政府照会各国公使,要求提高税率,修改税则,遭到各国公使拒绝。1913 年袁世凯政府向列强建议成立税则修订委员会,经过多次交涉,英、美等国勉强同意,日、俄等国则以各种借口阻挠,随即因为一战爆发而搁置。1917 年北洋政府对德国和奥匈帝国宣战,作为交换条件,协约国同意中国修改税率,提高关税税率,当年底制订计划,对没有与

---

[1]　乔乐林:《北洋军阀统治时期的关税自主运动述评》,《新疆师范大学学报》(哲学社会科学版)1999 年第 4 期。

中国签订协定关税的国家征收普通关税,并颁布《国家关税条例》,但因遭到抵制而作罢。

1919 年中国以战胜国身份参加巴黎和会,北洋政府提出废除势力范围、撤出外国军队、巡警,裁撤外国邮局及电报机关、撤销领事裁判权、归还租借地、归还租界,以及关税自主权,但并未被控制会议的英美法采纳,相反却连收回战败国德国在山东攫取的主权的基本权利都被剥夺,进而引发五四反帝爱国运动,中国政府拒绝在《凡尔赛合约》签字。

1921 年由美、英、日、法、意、中、荷、葡、比参加的华盛顿会议中心议题是中国问题。中国参加会议的 3 个全权代表为驻美公使施肇基、驻英公使顾维钧和前司法总长王宠惠。1921 年 11 月 26 日,施肇基提出《十项原则》,要求尊重并遵守中国"领土之完整及政治与行政之独立",但认同美国要求中国实行的"门户开放"政策。随后又提出废除 1915 年日本向中国提出的"二十一条要求"以及山东问题。经谈判,中日签订《中日解决山东悬案条约》和《附约》,日本被迫交还前德国胶州租借地,但仍保留许多特权。日本代表声明,"二十一条"的部分条款得以废除。会议期间顾维钧还提出关税自主、取消在华领事裁判权、撤退外国军警、撤销外国在华电台和邮局、废止各国在华租借地、取消势力范围、公布秘密条约并由大会决定有疑点条约的效力等议案。与会各国只同意将来不划分势力范围,公开秘密条约与契约以及有条件地裁撤外国邮局,其他议案均被否决。1922 年《九国公约》规定:尊重中国之主权与独立及领土与行政之完整;给予中国完全无阻碍之机会,以发展并维持一有力的巩固之政府;施用各种之权势,以期切实设立并维持各国在中国全境之商务实业机会均等之原则。《九国公约》实质是要挟中国政府继续"门户开放""机会均等"。

华盛顿会议中国为关税自主权与美英等国展开了艰苦谈判,美国人威罗贝对此做了阐释。① 华盛顿会议的太平洋与远东问题委员会第四次会议,中国提出取得海关征税和各种货物税额的控制权。第五次会议,顾维钧正式提出议案,议案强调 1842 年协定关税之后因物价变化导致税率实际高于 5% 时,西方国家往往第一时间要求调整以维持在 5% 以内,中国政府予以满足,但实际税率低于

---

① [美]威罗贝:《外人在华特权和利益》,王绍坊译,生活·读书·新知三联书店 1957 年版,第 480—514 页。

5%中国政府按约调整到5%则往往遭到抵制,此前的1918年终于修订成功一次,但到华盛顿会议时相对于物价,实际只有值百抽三点五。世界各国均有自主定税权,现有的协定关税制度侵犯了中国关税自主权,剥夺了中国与各国订立相互协定的权利,且与相互平等原则抵触,即中国进口的外国货物税率只有百分之五,而出口到外国的货物则在该国纳最高税率,阻碍中国商品输出与经济发展。协定关税没有考虑不同商品特性,也不科学。协定关税使中国财政收入大受损失,而关税被抵押以偿还外债,还削弱中国政府财政。恢复到真正的值百抽五也几无可能,事实上1902年和1918年的修订因为时间的滞后,最终结果都远低于值百抽五,尤其1902年修订的结果居然只有2.5%。基于以上考虑,顾维钧请求各国允许将关税自主权交还中国。罗脱则指出,早在20世纪初的1902年、1903年中美、中英、中日条约都有裁撤厘金的条款,其中中英、中日条约将关税增至12.5%以作为裁撤厘金的交换。顾维钧回应厘金对中国内外贸易均是障碍,中国各阶层都主张废除厘金,如果中国关税自主,增加关税能够补偿厘金的裁撤,中国政府愿意废除厘金,但由于政府支出增加,已经不够。美国参议员恩特华特认为关税自主有利于中国安定,而这又有利于和中国贸易的国家,并认为货运税不应作为进口货的税,调整和修改不应打破已有的贸易状况,不应任意确定税率,修改的目的是让中国政府能获得充足税收免于负债。

经过多轮谈判,但最终由于日本坚决反对中国提高税率,仅由3.5%提高到5%,《中国关税条约》于1922年2月6日在华盛顿会议通过。1922年在上海成立了修正税则委员会,1926年根据1925年《九国间关于中国关税税则之条约》召开会议,但没有达成任何协议而休会。中国关税自主运动遂告一段落。

三、有限的资方行为规范

北洋政府出台的工商矿业政策,客观上有利于壮大并规范资方行为。其中代表性的有1912年《暂行工艺品奖励章程》、《农商部奖章规则》,1914年《公司条例》、《公司保息条例》、《公司注册规则》、《商人通例》、《商业注册规则》、《矿业条例》、《矿业注册规则》、《征收矿税简章》,1915年《审查矿商资格规则》、《调查矿产规则》、《小矿业暂行条例》,1918年《电气事业取缔条例》、《募工承揽人取缔规则》、《侨工出洋条例》、《侨工合同纲要》、《不动产登记条例》,1922年《登记通例》、《暂行工厂通则》，1924 年《商标法》等。[1]

除工商矿业政策外，与劳资关系载体——工商业相关的还有交通运输、银行金融、税收等政策法规。[2] 交通法规主要有 1914 年的《修正轮船注册暂行条例》、《民业铁路条例》，1915 年《民业铁路法》，1918 年《长途汽车公司条例》、《长途汽车公司营业规则》，1920 年《航业奖励条例》。银行金融业主要体现在币制和银行证券法规，且集中在 1914 年和 1915 年，其中 1914 年有《国币条例》、《劝业银行条例》、《典当业条例》、《证券交易所法》，1915 年有《农工银行条例》、《取缔纸币条例》、《证券交易所法施行细则》、《证券交易所法附属规则》。1912 年到 1919 年间北洋政府还先后出台印花税、所得税、关税、特种货物税等 11 种特别税则与减税特典。

北洋政府还出台规范工商业发展的《权度条例》、《权度法》、《权度营业特许法》、《权度委员会章程》等权度法规。1912—1917 年间北洋政府还至少出台 14 件农林牧渔法规，其对劳资关系影响有限，这里不再赘述。

以上是促进近代劳资关系基础的工商业法规，除此以外，北洋政府出台社团法规，尤其《商会法》保证了商会成立和存在的合法性，有利于资方组织化，保证了资方利益，客观上成就了中国资产阶级。

四、英国政府与中国劳资关系

1919 年巴黎和会出于人道、政治和经济目的通过了《国际劳工组织章程》，同年在华盛顿召开的第一次国际劳工大会通过了《限制工业企业工作时间每日为 8 小时及每周为 48 小时的公约草案》、《雇佣妇女夜间工作之雇佣最低年龄之公约草案》等六个劳工福利公约。中国作为战胜国参加了巴黎和会，遂成为国际劳工组织的一员。为贯彻国际劳工组织的基本精神，北洋政府农商部于 1923 年通过了《暂行工厂通则》，并于 1924 年初通知驻华各国公使，希望各国在华设立工厂遵守。[3]

---

[1] 徐建生、徐卫国：《清末民初经济政策研究》，广西师范大学出版社 2001 年版，第 130 页。

[2] 徐建生、徐卫国：《清末民初经济政策研究》，广西师范大学出版社 2001 年版，第 131—132 页。

[3] 刘明逵、唐玉良：《中国近代工人阶级和工人运动》第一册，中共中央党校出版社 2002 年版，第 781 页。

英国劳工部咨请英国外交部驻华使馆对中国劳工状况及各厂执行《暂行工厂通则》等中国当时存在的劳工法规,以及国际劳工组织公约草案和建议的情况进行调查,同时并调查各国在华工厂企业。英国遂通过各地英国领事负责调查,调查所涉及的省区共13个,大中城市24个。英国政府和英国资产阶级预想外国在华工厂,特别是英国在华工厂要比中国工厂落实《暂行工厂条例》好得多,但其调查结果否定了这一点。

从法律层面说,外国政府并无调查中国劳资关系的权利,至少应该知会中国政府,即便调查国际劳工组织公约草案和建议执行情况,也应得到国际劳工组织的授权和知会中国政府,但即便按1925年英国蓝皮书中国第一号《关于中国劳工状况的文件》①也未知会中国政府,可以说是干涉中国内政,但考虑到当时中国的半殖民地性质,也就不足为奇。从1924年3月开始到1925年6月英国政府共出台了10号文件,其基本情况见表7-2。

表7-2 1924—1925年英国关于中国劳工状况文件概况表

时间	文件号及名称	内 容
1924.3	第一号文件 劳工部致外交部文	英国劳工大臣拟请外交部和通商口岸领事机构,就中国劳工法和劳工状况进行调查,并着重联系国际劳工组织公约草案和建议,以及中国工会的组织和发展情况,提出专题报告,尤其关注各地外资投入中国的规模和国籍。
1924.4	第二号文件 麦克唐纳致麦克利文	要求联系国际劳工组织公约草案和建议,提供中国劳工法和劳工状况的情况。要求中国各地的英国领事官员,按照劳工部的文件写出报告,并要求麦克利总评。
1924.4	第三号文件 麦克利致麦克唐纳文	麦克利就《暂行工厂通则》进行评述。
1924.6	第四号文件 麦克利致麦克唐纳文	强调布雷特观点中国只有5家英国纱厂,其劳资状况比华资纱厂良好。附件一是代理商务参赞布雷特给麦克利文。附件二、附件三是相关统计资料。
1924.6	第五号文件 巴顿致麦克唐纳文	关于麦克唐纳3月22日上海童工问题文的回复。
1924.7	第六号文件 巴顿致麦克唐纳文	给麦克唐纳童工委员会报告并简要介绍童工委员会报告内容。

① 由英国伦敦皇家文书局1925年出版,后由肖传经、黄祯寿、贺乃斌、刘明正等翻译成中文。

时间	文件号及名称	内　容
1924.11	第七号文件　麦克利致张伯伦文	报告劳工部中国劳工法和劳工状况调查的执行情况,英国驻中国各地的领事均对当地进行调查,并分别写成报告。麦克利还要求各地领事关注《暂行工厂条例》的精神与国际劳工组织的公约草案和建议相符的法律可能。
1925.2	第八号文件　张伯伦致麦克利文	附上基督教女青年会的信件抄本,该信件督促上海领事团运用其影响,制定条例,以便童工委员会建议付诸实践,如无不妥请麦克利指示总领事支持基督教女青年会建议。
1925.4	第九号文件　普拉特致张伯伦文	上海工部局同意了童工委员会报告第三部分的建议,并决定制定立法,并附上已草拟的新条例(因纳税人特别会议不到法定人数而未表决),并认为没有达到特别会议的法定人数是正常的,经过努力可以达到法定人数,童工法规能通过。
1925.6	第十号文件　外交部致上海总领事巴顿文	外交部对第九号文的回复,请工部局据第三部分各项建议方针做进一步的解释。肯定巴顿及普拉特工作,关注事态进一步发展,尤其关注纳税人特别会议不足法定人数,如何处理。

注:据笔者核实相关人员身份,麦克唐纳是首相兼外交大臣,张伯伦是外交大臣,巴顿、普拉特均是总领事,布雷德代理商务参赞,麦克利(驻华大使)英国外交部。

资料来源:详见刘明逵、唐玉良:《中国近代工人阶级和工人运动》第一册,中共中央党校出版社2002年版,第781—908页。

第二节　劳资相关法令与政策

本节只讨论直接与劳资关系有关的劳资法规,且考虑到劳方的相对弱势,这里主要以劳方为中心。这一阶段由于政权更迭,姑且不论革命的共产党①,先后有南京临时政府、北京政府、国民党国民政府的劳动政策与法规。另外,这一阶段中国劳资关系不但受外国在华企业、学校、雇员影响,还受到外国政府的直接关注,尤以英国为甚。中国政府的法规大致包括各种有关工人的条款,以及专门性的工厂相关规范、矿业交通的相关规范、工会法和劳动争议处理法等。限于篇

---

① 这里主要考虑政府的法规,这一阶段中国共产党并未建立政权,即便北洋政府后期,参加国民党的国民政府也处于辅助地位。

幅以及工厂在近代劳资关系中的主导性、典型性,本节以其为核心。矿业交通相关法规不再介绍,相关资料可以参考 1914 年北京政府公布的《矿业条例》、《矿业条例施行细则》、1923 年北京农商部部令《矿工待遇规则》,以及 1925 年北京交通部发表的《国有铁路职工通则草案》。

一、一般性法律规定

(一)国家层面

国家层面主要体现在工人集会等的权利,管理、处罚规定,罢工权一般被视为近代工人维护自身权利,与资方谈判的最为基础、重要的权利,故作详细介绍。

1912 年 3 月 11 日的《中华民国临时约法》第六条规定包括工人在内的人民享有三项自由权:一是"身体非依法律不得逮捕拘禁审问处罚";二是"保有财产及营业之自由",这条似乎对资方更有利;三是"言论著作刊行及集会结社之自由",其中集会结社对劳动尤其重要。虽然这三条在实践中基本沦为空文,尤其突出的是这与当年 4 月颁布实施的《中华民国暂行新刑律》明显冲突,而在司法实践中往往以专门法律为准,因此工人集会等权利被扼杀,对工人的拘捕、处罚合法化。具体而言,《中华民国暂行新刑律》第 224 条对工人罢工,聚众以暴力威胁的情况做了专门规定;对聚众强暴胁迫或者为首者,按照新刑律第 164 条到167 条的骚扰罪处罚。

1914 年治安警察条例,第 9 条、第 15 条、第 22 条直接或间接涉及罢工。具体而言,第 9 条规定行政官署对有扰乱安宁秩序、妨害善良风俗结社宗旨,以及秘密结社者予以解散;第 15 条规定警察对屋外集合及公众运动游戏或群集,有扰乱安宁秩序、妨害善良风俗的加以禁止或者解散;第 22 条更是直接针对劳动工人聚集,列出 5 项禁止。相关法律规定边界模糊,而资方相对处于强势地位,其往往能够俘获政府,因此工人行使相关集会、罢工的权利往往遭到武力镇压、逮捕、拘留,甚至杀害。

罢工权被视为近代劳方权利保障的基础,也是劳方维护自身利益的有力武器。中国近代劳资关系很大程度上是西风东渐的产物,尤其在五四运动和中国共产党成立后更为明显,这从罢工处刑罚的废止可见一斑。1922 年 2 月的国务会议提议废止新刑律,废止原因为"略谓近今各国劳工问题,日益主张,各种业务工人同盟罢工之事,层见迭出,惟各国刑法从未对于罢工之人,并无其他犯罪行为而规定处刑者,即前俄帝国及日本现行刑法亦无之,可见世界各国皆不认同罢工为有罪,其认为犯罪者,独吾国暂行新刑律而已,该律一不合刑法主义,二不合犯罪观念,三不合世界刑法通例,四不合时势趋向,应亟行修正等语,经众讨论之后,决议将全文咨请过会修正"①。当然,虽然罢工处刑法被废止,但由于当时政局动荡,地方割据,中央对地方几乎失控,实践中军事、暴力还是处理各种事务的重要手段,包括罢工不再处以刑法往往被无视。

(二)地方相关规定

国家层面有关工人法律极为有限,且较为模糊,决定了地方相关法规的碎片化。广东省议员的选举最初设置了很多门槛,将工人排除在外,但是由于劳动者的示威运动,改为普选制。此外,按照该省宪法第 19 条,有要求职业权利,以及依法服劳役的义务。

湖北省临时约法规定的第 2 条,人民权利要求,法律上一律平等,没有男女宗教阶级区别,包括工人在内的湖北省人民有最低限度生存权;要求就业的权利;分配享受劳动产生纯利的权利。湖南省宪法第 5 条,人民在法律上一律平等,无男女种族宗教阶级区别,任何人不得买卖,依法保护人民身体、生命自由权不得受到限制、剥夺、虐待或者刑讯。第 20 条涉及包括工人、资方等的人民选举权等。其与劳资、工人关系最为密切的当属第 85 条,规定省政府监督私营企业,劳动者保护,劳动者赔偿,劳动者卫生等权利。

四川省宪法更多涉及工人及劳方。具体而言,第 8 条是省保险制度;第 10 条是公益及救贫制度;第 13 条是劳动者保护制度。第 84 条更是明确涉及资方团体和劳方团体,规定了资方团体及劳动团体的契约权,受省法律保护。

二、工厂劳资规范

(一)中央政府工厂规范

北洋政府时期,北京政府于 1923 年 3 月通过《暂行工厂通则》,共 28 条,其适用范围是使用工人 100 人以上,具有危险性质和有害卫生的本国工厂和外国在华工厂。《暂行工厂通则》以"幼年工"取代"童工"称谓,规定男子 17 岁以下,女子 18 岁以下为幼年工,只能从事轻便工作。厂主不得雇佣 10 岁以下男工,12

---

① 《民国日报》1922 年 3 月 7 日。

岁以下女工。

《暂行工厂通则》就工人工作时间做了较多规定。其中幼年工除休息时间外，至多不超过 8 小时，成年工不超过 10 小时。厂主不得让幼年工在午后八时到第二日四时工作。无论哪种工人，每天都应给予至少一次休息，休息时间应在一小时以上。成年工每月应该至少休息两天，幼年工至少休息三天，若遇到紧急情况停止适用，得三日内呈报行政官署。需要昼夜上班的，职工班次至少应该每 10 日轮换一次。

工资是近代劳资关系基础，因此《暂行工厂通则》对工资问题着墨较多。针对当时货币混乱，导致工人实际收入常出现剧烈波动，以及一些工厂以实物代替货币工资的做法，《暂行工厂通则》规定工资支付应全部付给通用货币，并且不得以物品抵折。工资支付至少每月一次，延长工作时间，应按照时间，给予较"优"工资。《暂行工厂通则》规定即便为职工储蓄，为职工谋福利提存工资一部分时，也必须征得工人同意，并详拟办法呈经行政官署核准方可。对于解雇或者死亡的工人，《暂行工厂通则》规定厂主应将该职工所得全部工资，即时付给本人或者遗族，同时一并发还企业储蓄部储存的资金。

工资之外，《暂行工厂通则》规定各厂主按照工厂实际情况，拟定抚恤规则，奖励金及养老金等，并呈请行政官署核准。规定厂主对于幼年工和失学职工，工厂应该在场内予以补习教育，并承担费用，其中幼年工每星期应补习 10 小时以上，失学职工每星期 6 小时以上。伤病职工，应酌量限制或停止工作。因工作致伤者，工厂应承担医药费，且不得扣除伤病期间应得工资。女工产前、产后应各停止其工作五星期，并酌给扶助金。

《暂行工厂通则》做出多项劳动保护规定。第 21 条在机械运转中，或传导动力装置危险部分，不得令幼年工、女工从事扫除、注油、检查、修理及带索之调整上卸等其他危险事务。第 22、23 条规定不得令幼年工从事处理毒药、剧药、爆发性药，或其他有害物质，不得令幼年工到有害卫生或危险处所，以及尘埃粉末或其他有害气体散布最烈处所工作。不仅厂主，官署也有相关责任。第 24 条不但规定工厂应该有工人卫生、危险预防的设备，而且要求行政官署随时派员检查之；第 25 条规定行政官署认为工厂及辐射建筑物机器设备易生危险，或于卫生及其他工艺上有妨害之虞时，厂主应该立即遵照官署命令，速施改革。行政官署认为必要时，得将其全部或一部分，停止使用。

第 26、27 条是有关资方微观主体——厂主及其代理人的。第 26 条规定,厂主需要遴选人员,担任工厂管理人,主持厂内一切事务,并报行政官署备案。第 27 条界定了厂主和代理人关系,工厂管理人应代厂主负一切资方的责任。这有利于专业化管理,所有权与经营权分离,符合历史发展趋势。

(二)其他工厂法规

1926—1927 年间地方政府乃至蒋介石为首的南京政府出台或拟定了一些劳资法规,其中比较典型有湖北政务会议通过的《湖北临时工厂条例》、蒋中正于上海公布之《上海劳资调节条例》,最为详细的则是冯玉祥的《陕甘区域内之临时劳动法》,以及 1927 年广东农工厅拟定的《工厂法草案》。虽然这些法规更多停留在纸面上,并未真正落实,但也部分反映了地方统治者,以及民间对劳资关系的诉求,为 1928 年以后南京国民政府相对完备的劳资法规体系提供了借鉴。这些地方当时已部分或全部被国民党控制,相关法规可能受孙中山三民主义思想影响。

1926 年 12 月《湖北临时工厂条例》共 23 条,第 1 条明确其目的“解决劳资纠纷起见”。笔者认为,其对工厂工人规模 20 人的限制应该比 1923 年的北洋政府的《暂行工厂通则》更具现实意义。条例的亮点之一是第 3 条“工厂主须承认工人之团体契约权”,赋予了工人团体契约权;条例的亮点之二是突出工会作用。具体而言《湖北临时工厂条例》的相关规定有:第 7 条“如物价增高时,由工会与工厂主协商增加”;第 13 条规定,工厂主进退工人,须得工会同意;第 15 条,工人或工会对危害工人正当利益者,可提出抗议;第 17 条规定工会以书面或口头向工厂主或者管理人员要求答复的解决工人困难的,不得超过 48 小时要做出答复;第 18 条规定工厂主或管理人员或工会,遇有工人困难问题发生,经过双方对等会议,不能解决时,即须详细报告于党部官厅及总商会及总工会所组织的仲裁委员会……相关规定将工厂工会与资方置于同等地位,将总工会与总商会置于同等地位。亮点之三是诸多条文涉及政府,比如工厂主自主停工,应该支付工人停工期间所有应得工资,万不得已时,可以寻求政府补助;规定工厂主在劳动保护、劳动抚恤、劳动福利等方面违反规定的,要被政府处以罚金;工厂主及工会均须接受官厅调查及按照条例发布的命令;未尽事宜归政务委员会解释,从根本上保证了政府的权威性。

此外,《湖北临时工厂条例》更加体现和维护工人利益。工厂不得雇佣未满

12 岁者,而与《暂行工厂通则》的男 17 岁、女 18 岁的幼年工相对应的童工年龄统一规定为 15 岁应该更符合实际。对工厂主不得使用童工及女工从事危险性及有妨害卫生的工作则规定得相当详细。男工、女工与童工同工同酬,及最低工资制度都是《暂行工厂通例》所没有的。劳动福利、劳动抚恤、劳动权利等方面不但标准提高,而且相关条文更加详细,更具操作性。

1927 年 4 月蒋介石公布的《上海劳资调节条例》虽然只有 15 条,相关内容也相对笼统,但却比此前的相关法规更为科学,突出民权与民生,尤其突出劳方利益、政府作用,一定程度上可以视作 1929 年《工厂法》的前身。第 1 条即明确承认工人本身利益之集团,但须在当地政府与国民党部备案。具体而言主要包括以下内容:按照生活品物价指数规定最低工资,每年至少按生活物价指数增进率增加工资,政府和国民党部须设法限制物价高涨。依据国民党政纲,参考新旧工业状况,规定各种工业之最大工作时间,更符合实际。废除工头垄断的包工制,厂家派管理员。就企业而言,雇用契约等的保管及核准于政府设立之劳资问题委员会,而劳资问题委员会可以视作中国近代第一个政府管理劳资关系的专门机构。节假日休息,并给工资,加班给双倍工资。雇主不得因罢工开除工人,不得打骂工人或滥罚工资,并由政府制定实行劳动保险及工人保障法,规定因工作而死伤的抚恤金,工伤厂主得医治,并需发给半数以上工资。男女工人同工同酬,改良女工与童工待遇。女工生产前后休息六星期,工资照给。童工不得做过重工作。工厂还要设法改良设备,如增设门窗、天窗、厕所等。政府及工商两界设法安置失业工人。

稍后冯玉祥《陕甘区域内之临时劳动法》,包括总则、工作时间、工作之年龄及性别、工资、休息日假期及告假 5 章,共 41 条,各章内容均较详细,相对具有可操作性。但其总则基本局限在劳动合同范畴,其他几章虽然较为详细,但对劳动保护等几乎没有涉及,可以说存在结构性缺陷,诸多条文对资方和劳方也缺乏硬性约束。即便对于劳动合同,只有一条"劳动合同如工会视为应取消时得取消,如企业家不愿意,工会得指控于法庭"。陕甘区域工商业,尤其近代工商业不发达,劳资问题并不突出,因此没有典型性。不过,也确有可借鉴之处:一是强调合同规范约束;二是在最低工资部分强调以四口人(一家四口)为最低限制,确定最低生活标准,考虑到了中国家庭结构,有利于维持家庭生存,也能够保证工人的社会再生产。另外,就工人休息、请假制度等方面做了前所未有的详细界定。

1927 年 4 月广东农工厅拟《工厂法草案》有 41 条之多,初衷是"政府为保护劳动者之生活及安全",其适用范围是中外工厂。虽然其内容丰富,但由于只是草案,这里不再讨论。

三、工会组织法

有没有工会、工会发挥作用如何是近代劳资关系发展程度的重要依据。虽然近代劳资关系早在 19 世纪末就伴随近代工业的西风东渐而逐渐登陆中国,但是早期工人一直处于自发状态,即便北洋政府之初资本主义工商业得到迅速发展,但其发展更多体现在资方的发展,劳方更多局限于数量扩张,组织发展有限,直至 1919 年五四运动以后,尤其中国共产党成立及国民党改组后,工人组织才迅速发展起来。与此相适应,无论是北洋政府还是国民党国民政府均出台了诸多法规,既是对劳方发展事实的承认,也有限制、规范、促进之意,这从上部分的工厂法规已见一斑,接下来介绍的工会法则专门规范工人组织。

(一)中央工会组织法规

近代中国政府出台的第一部工人组织法律是 1923 年大总统咨请国会审查的《工人协会法草案》,共 15 条,除去最后两条规定实施细则以教令定之,以及公布之日起生效外,只有 13 条。第 1 条规定从事某一事业(行业)的工人,为谋增进地位、维持利益起见,得按照《工人协会法草案》组织协会。第 2 条承认工人协会的法人地位。第 3 条规定了工人协会事务的五个方面。第 4 条强调工人协会应该设分会。第 5 条细化了工人协会的标准和程序。第 6 条规定工人协会会章至少应包括的八项内容。第 7 条规定会章修改时按第 5 条办理。第 8 条规定工人协会决议与《工会协会法草案》冲突时,负责管理的官署应命其撤销。第 10 条规定未经官署核准的工人协会,对发起人处以罚金后仍依法核准成立。第 11 条规定没有呈报相关事项的处理方式。第 12 条规定工人协会决议事项,该撤销的不撤销,官署应制止。第 13 条规定工人协会决议或者行动有违四项规定者,官署解散之。整体而言,《工人协会法草案》高度概括,这有法律初成时期的必然性,也有政府无暇顾及乃至主观上应付社会呼声的因素。

1925 年北京农商部拟《工会条例草案》共 25 条,基本是关于工会设立,日常运作的。笔者认为,农商部《工会条例草案》比之于 1923 年的《工厂协会法草案》的大量内容是关于工会日常运作的,从第 8 条开始到 23 条均与工会日常运作有关,其包括工会组织机构,场所,工会职员的选举、任期、会议,工会职员及工会的法律遵守,会费、基金、劳动保险金及会员储蓄金来源、管理、使用,以及工会解散的经济责任。

1925年北京交通部《工会条例草案》修正案,只是针对国有事业及运输事业,但其内容更加翔实,有34条,虽然没有载明具体时间,笔者推测应该是在农商部所拟的《工会条例草案》基础上修正而成,因为其成立最终得咨行农商部核准,注册公告,未经核准而成立的解散,命令解散的同时,也得报农商部,并兼顾了国有企业及交通运输业的。整体而言,除第32条、33条外,更多是农商部内容的扩展。北京交通部修正案比之于1923年国会审查的《工人协会法草案》,1925年农商部所拟《工会条例草案》最大的突破在于第32条和33条明确会员与雇主的关系,而前两者的内容只是局限于工会本身。

(二)国民政府的法令

1927年前国民政府的工会组织法有工会组织、工会团体登记规则两大类,陈玉琴的《工会组织法及工商纠纷条例》有详细整理。工会条例有1924年总理以大元帅名义颁布的《工会条例》[①],广东政治会议决议形成的《各县或独立市工会组织法大纲》[②]、《广州市店员工会章程》[③]。工会团体登记规则有《广东省政府农工厅办理工会立案手续》[④]、《广东省政府农工厅审查工会章程注意之点》[⑤],下面分别加以介绍。

1.工会组织法规

1924年11月孙中山以大元帅名义颁布的《工会条例》是国民政府工会组织的纲领性文件。其在三方面比较突出:一是对工会界定比之北洋政府更为广泛,其不仅仅局限于产业工人、工矿交通业工人,还包括家庭及公共机关、学校教师、政府机关事务员,不仅是体力劳动者,还包括脑力劳动者。二是工会地位得到提高,赋予工会罢工权。三是工会更加开放,职能更多。不但国内相互联合,还可与外国联合;职能进一步得到拓展,比如工会可办教育事业,为救济会员而组织

① 陈玉琴:《工会组织法及工商纠纷条例》,上海民智书局1927年版,第7—10页。
② 陈玉琴:《工会组织法及工商纠纷条例》,上海民智书局1927年版,第10—12页。
③ 陈玉琴:《工会组织法及工商纠纷条例》,上海民智书局1927年版,第12—14页。
④ 陈玉琴:《工会组织法及工商纠纷条例》,上海民智书局1927年版,第17—18页。
⑤ 陈玉琴:《工会组织法及工商纠纷条例》,上海民智书局1927年版,第18—19页。

医院等。

国民政府不但出台纲领性的工会条例,而且专门对基层工会组织做出规范,其中以广东政治会议议决的《各县或独立市工会组织法》为典型。《各县或独立市工会组织法大纲》共 14 条,核心内容是关注各县或独立市总工会及其下属各职业支部的日常运作,具体包括职业或产业工会的组织形式、条件,单一职业或产业工人不足工会规模等组成支部,各种支部及各工会共同组织县或独立市总工会。此外,《广州市店员工会章程》包括总则、会员、组织、会议、经费 5 章18 条。

整体而言,国民政府的工会组织法规体现了孙中山先生所提倡的三民主义思想,以及联俄、联共、扶助农工的基本思想,资方利益得到很大维护,资本利益得到抑制。

2. 工会团体登记规则

工会组织法规更多关于工会组织构成、会员、组织、会议、经费等方面的规定,其要成为合法组织,还必须登记、备案。登记规则法制化,意味着工会团体的成立规范化,因此广东国民政府出台的《广东省政府农工厅办理工会立案手续》和《广东省政府农工厅审查工会章程注意之点》意义非凡。

《广东省政府农工厅办理工会立案手续》共 20 条,前 3 条是工会立案名义规范,第 1 条规定未经核准的工会,需用筹备名义具呈,第 2 条规定除具流动性质工会组织外,应以所在之县市为限,不能冠用包括全省或数县市的名字,第 3 条规定不是数种工人联合、属工会联合组织的工会,不得用联合会或总工会的名字。第 4、5、6 条规定不准受理的三种情况。第 7 条是外县或市工会到本县市呈请立案的规定。第 8 到 11 条是工会注册查复到厅以后对工会章程的审查事宜。第 12 条规定除因纠纷或其他原因外,随到随办。第 13 条是同一区域有两个同性质工会,应设法使其联合,以免纠纷。第 14 条规定每周应将批准或批驳工会统计报告厅务会议。第 15 条是提交厅务会议的如有特种意见或特别情况,应该加以说明。第 16 条是农工厅颁发工会证书和图记的规定。第 17 条规定呈请立案需要章程,50 人以上连署花名册各两份。第 18 条,手续不符合或无组织工会即时批驳。第 19 条呈请立案手续完备者,发给调查股排查后核办。第 20 条规定,批准后才能开成立大会。《广东省政府农工厅审查工会章程注意之点》则是农工厅调查股核查内容,共 15 条,这里不再赘述。

四、国民政府劳资争议法令

北洋政府并未出台任何劳资争议处理法令,北洋时期的劳资争议法令主要是国民政府及其领导的各地方出台的。伴随这阶段国民政府中心不时转移而相继在广州、武汉、上海、南京等地掀起劳资争议法规的高潮,这客观上与当时国民党政权相对薄弱,而其建立的政府又通过军事斗争而来,工商界受其影响,因而工潮不断,国民党政权又需要工人支持有关。

国民政府对劳资争议法令处理思想的核心是"仲裁",因此相关法规均以此为主线。1926年国民政府公布的《国民党政府组织解决雇主与雇工争执仲裁会条例》和《劳工仲裁条例》均直接以"仲裁"为题,而且国民政府到武汉、上海、南京、杭州后均成立相关委员会作为劳资仲裁机构,以劳资仲裁为中心通过相关法令。

具体而言,《国民政府组织解决雇主与雇工争执仲裁会条例》①规定以政府为主导设立"仲裁会",仲裁会的设立由雇主申请。仲裁会解决雇主与雇工间双方不能解决的各种争议问题。提请仲裁后,双方对仲裁结果均须接受。公共事业或政府所办企业,发生争执后,如对仲裁结果不满意,由国民政府最后裁决。仲裁期间,雇主与雇工不得擅自行动。同日公布的《劳工仲裁条例》②似乎是《国民政府组织解决雇主与雇工政治仲裁会条例》的细则,但又与其有所冲突,比如《劳工仲裁条例》规定有一方不服仲裁时,就可上诉国民政府,由其最终仲裁,但《国民政府组织解决雇主与雇工政治仲裁会条例》则规定公共事业或政府所办企业才有这一权利。

整体而言,前两个法令都过于笼统,这与国民政府为应付此起彼伏的工潮仓促出台不无关系,结果"工潮仍起伏无常",到1926年12月"劳资双方,发生纠纷之事益多"。于是国民政府委员会召集临时会议,重新讨论工会纠纷问题,强调仲裁委员会的裁判绝对有效,强化国民政府权威。③

1927年初《广东省暂行解决工商纠纷条例》就商人、工会、手工业、小商人,以及公共事业解决劳资纠纷方式做出规定。④ 除一般性规定外,各部分比较有

---

① 陈友琴:《工会组织法及工商纠纷调理》,上海民智书店1927年版,第23页。
② 《铁道时报》1926年8月19日。
③ 《新申报》1926年12月18日。
④ 陈友琴:《工会组织法及工商纠纷条例》,上海民智书店1927年版,第24—25页。

特色的是:商人不得"阴谋掇设工会",大商人不许加入工会,加入工会的小商人只有选举权而无被选举权,有发言权,但无表决权;工人巡行时不得携带器械,更不能聚众械斗;自兼操作的手工业小商人可以选择自由入会;公共事业的劳资纠纷,仲裁委员会的裁决"绝对有效",由政府强制执行。此外,《解决工商纠纷六项办法》更多关注离职工人权益维护。

1927年6月广东省政府出台的《广州暂行解决工商纠纷条例》不但是国民政府在广州,也是当时国民政府最为完备的劳资法规。条例共23条,第1条就强调了其法律地位:"本条例之制定,所以解决工商纠纷,工人及商人必须绝对遵守。"第2、3条规定了工人与商人发生纠纷时政府处理程序及时限。其余各条基本是广州此前各种劳资纠纷处理条例的综合,相对此前的各种条例而言更符合法理。

北洋政府末期,国民政府出台的劳资争议条例(见表7-3),一是时间仓促,可能往往是对广州所出台政策的复制;二是往往是在政府立足未稳时制定,没有结合当地劳资特点,故不详细介绍。

表 7-3　广州以外国民政府制定的劳资争议相关条例

地区	条 例 名	出 处
武汉	湖北劳资问题临时委员会简章	《商报》,1926 年 6 月 17 日
	调节劳资斗争的训令与决议案	《大公报》,1927 年 6 月 2 日
上海	上海劳资仲裁委员会暂行条例	《银行周报》,第 498 期,1927 年 5 月 10 日。
	上海解决工商纠纷条例	
南京	南京劳资仲裁委员会暂行组织条例	《银行周报》,第 511 期,1927 年 8 月 9 日。
	南京劳资仲裁委员会仲裁条例	
杭州	杭州临时劳资仲裁委员会组织条例	《银行周报》,第 502 期,1927 年 6 月 7 日
	杭州临时仲裁委员会劳动仲裁条例	《中外经济周刊》,第 218 期,1927 年 7 月 2 日
南昌	南昌取缔工商纠纷办法	《申报》,1927 年 3 月 1 日

资料来源:刘明逵、唐玉良:《中国近代工人阶级和工人运动》第一册,中共中央党校出版社 2002 年版,第767—780 页。

第八章 北洋政府时期的资方

第一节 中国资方整体力量考察

辛亥革命推翻帝制,为资产者的壮大扫清了政治障碍,随后的第一次世界大战则成为外因,中国新兴资产者真正登上历史舞台,大战期间,外国竞争者部分退出中国市场,为中国资产者让出部分国内外市场,并促进新型企业家——银行家和实业家夺取了旧式商人领导权,大战时期和战后的年代成了中国资产阶级的黄金时代。①

从数据上看,民族资本在一战开始后明显扩张,1911 年中国国家资本的工业为 8417 万元,交通运输业为 39390 万元,产业资本合计 47807 万元,金融业资本为 4489 万元,总资本为 52296 万元,而到 1920 年则分别为 11414 万,55538万,66952 万,23253 万,90205 万。考虑到 1912 年和 1913 年政局不稳,国家资本应该增加不多,9 年间国家资本增加不到 0.7 倍。就民族资本而言,1913 年底分别有工业资本 20515 万,交通运输业 8226 万,两者合计 28741 万,金融资本52000 万,相比于国家资本,民族资本还有 166200 万商业资本,总资本为 246951万,是 1911 年官僚资本的 4 倍多。到 1920 年民族资本的工业和交通运输业分别有 45070 万,12907 万,产业资本有 57977 万,是 1913 年的 2 倍强,但由于交通运输业被政府垄断,且其基础较好,因此民族产业资本总量到 1920 年仍然不如国家资本,但就工业资本而言 1913 年的民族工业资本大约是 1911 年官僚工业

---

① [美]费正清:《剑桥中华民国史(1912—1949)》上卷,杨品泉等译,中国社会科学出版社1994 年版,第 712—713 页。

资本的 2.3 倍,而到 1920 年由于国家工业资本增长缓慢,民族工业资本增长迅速,民族工业资本几近国家工业资本的 4 倍,加上商业、金融业的扩张,1913 年的民族资本为 1911 年国家资本 4 倍多的状况,到 1920 年大致得以维持。[①] 显然,从资方的视角考察,北洋政府时期居于基础地位的工业资本,民族资方远强于国家资本,这与当时弱政府的实际匹配。

鉴于工业在近代经济社会中的基础性支撑作用,以及在劳资关系中的主导地位,这一节的研究以工业资本为核心。

一、民族资方整体发展

(一)被忽视的战前

除非以政治事件为起点,近代经济、工人、资产阶级的研究一般会选择 1914 年为分界点,其依据是 1912 年、1913 年民国伊始、政局动荡,工商业发展有限。但笔者发现这一分界略显轻率,1912 年和 1913 年中国民族资本设立的厂矿有 42 家(见表 8-1),年均 21 家,其中 1912 年 17 家,1913 年 25 家,并不低。

表 8-1 1912—1913 年设立的厂矿

时间	地点	企业名称	创办人	性质	变迁	资料来源
1912	广西南丹	南丹锡矿		商办		《关册》,1912
1912	上海	新祥机器厂		商办		《名鉴》,第 826 页
1912	广东顺德	容桂电灯厂	容庆璇	商办		《支那年鉴》,1927
1912	云南昆明	昆明电灯厂		商办		《关册》,1912
1912	上海	中华染织厂		商办		《时报》
1912	广东香山	永昌鸿丝厂		商办		《支那之工业》
1912	湖北荆州	荆州织业厂		商办		《统计》,上卷
1912	安徽芜湖	同丰碾米厂		商办		《关册》,1912

① 根据许涤新、吴承明:《中国资本主义发展史》第二卷,"旧民主主义革命时期的中国资本主义",第二版,人民出版社 2003 年版,第 1063 页整理,原文是官僚资本,本书认为其多是国家资本,故以国家资本代之。

续表

时间	地点	企业名称	创办人	性质	变迁	资料来源
1912	湖南长沙	阜湘碾米厂	何佐卿	商办		《时报》,1911 年 8 月 3 日
1912	上海	大有面粉厂		商办	1928 年停工	《中国实业志》,江苏
1912	湖北沙市	信义面粉厂	程克钦等	商办		《海关十年报告》,1912—1921
1912	哈尔滨	庆源盛火磨	张子万	商办	收买第一制粉所而成	《支那之工业与原料》,下册
1912	富拉尔基	庆元吉火磨	刘云义	商办		《支那之工业与原料》,下册
1912	直隶宣化	中国果酒公司	刘葆等	商办		《太平洋报》,1912
1912	广东江门	江门造纸厂	某商人	商办		《海关十年报告》,1912—1921
1912	湖南	湖南制革公司		商办		《经济杂志》,1913
1912	四川成都	亨利草帽厂		商办		《海关十年报告》,1912—1921
1913	江苏武进	厚生机器厂		商办		《名鉴》,825 页
1913	江苏镇江	慈幼织布厂		商办		《海关十年报告》,1912—1921
1913	浙江温州	普华电灯厂		商办		《关册》,1913
1913	江苏扬州	振杨电灯厂	祝大椿	商办		《支那年鉴》,1927
1913	山东烟台	烟台电灯厂		商办		《支那年鉴》,1927
1913	广东佛山	光华电灯厂		商办		《支那年鉴》,1927
1913	山西太原	太原电灯厂	刘笃敬	商办		《支那年鉴》,1927
1913	湖北沙市	普照电灯厂	李笙辅	商办		《支那年鉴》,1927
1913	四川成都	启明电灯厂		商办		《支那年鉴》,1927
1913	山东济南	振华火柴厂		商办		《海关十年报告》,1912—1921
1913	广州	华兴火柴厂		商办		《支那之工业》

续表

时间	地点	企业名称	创办人	性质	变迁	资料来源
1913	河南开封	大中火柴厂		商办		《支那之工业》
1913	南京	利民柞绸纺织工厂	唐宗郭、周玮文	官商合办		《时报》,1913
1913	吉林	成泰义火磨	吕子兰	商办		《支那之工业与原料》,下册
1913	黑龙江	永荣火磨	张荣亭	商办		
1913	吉林	新华机器面厂	孙彦卿等	商办		
1913	吉林	阜宁面厂	凌介亭	商办		
1913	北京	德丰面粉厂	董云生	商办		
1913	山东济南	兴顺福机器磨面公司		商办		
1913	上海	福新一厂	荣宗敬、荣德生等	商办		
1913	江苏无锡	保新面粉厂	唐保钱	商办	1918 年出卖	
1913	江苏无锡	惠元面粉厂	孙复瑞、祝大椿等	商办		
1913	上海	立成面粉厂		商办		《中国实业志》,江苏
1913	江苏镇江	大源榨油厂		商办		《海关十年报告》,1912—1921
1913	湖南长沙	章楚造纸公司		商办		湖南实业杂志,1912

注:何佐卿创办的阜湘碾米厂《时报》记载时间落后于创办时间,笔者估计有误。
资料来源:根据汪敬虞:《中国近代工业史资料(1895—1914)》第二辑,下册,中华书局 1962 年版,第869—919 页整理,凡原表中年份不详的均未列入。

反映近代工业化水平程度的重要指标是机器制造机器的程度,就这一方面而言,1912 年和 1913 年并不逊色,至少从这两年创办的机器工厂数量而言并不逊色于此前阶段。1895 年到 1913 年的 19 年时间民族资本共创建 25 家机器厂,平均每年不过 1.3 家,最多的 1901 年不过才三家,1896 年到 1900 年的 5 年,及1903 年、1908 年、1909 年均没有,相邻的 1910 年和 1911 年合计也只有 3 家,而1912 年、1913 年这两年分别创建了 4 家和 5 家,超过总数的三分之一。再看投资规模,这 19 年间机器工厂的总投资为 1480300 元,10000 元以上仅 6 次,而

1912年和1913年各有一次(见表8-2)。

表8-2 1895—1913年机器工厂名单

成立时间	厂　名	资本(元)
1895	上海鑅昌机器厂	1000
1901	上海广泰机器厂	5000
1901	宁波顺记机器厂	5000
1901	上海森记制造机器轮船厂	2300
1902	上海大隆铁工厂	?
1902	上海求新机器轮船制造厂	699000
1904	上海协大隆铁工厂	?
1905	南通资生铁冶厂	70000
1905	宁波汇昌机器厂	4000
1906	上海万昌镕铸钢铁厂	84000
1907	汉口扬子机器厂	490000
1907	上海义昌铁厂	2000
1910	上海彩道机器厂	5000
1911	无锡渭鑫机器厂	3000
1911	上海史恒茂机器厂	4000
1912	上海新祥机器厂	60000
1912	上海陈斌记机器厂	3000
1912	上海经昌机器厂	7000
1912	汉口发昌机器厂	2000
1913	上海瑞生机器厂	2000
1913	镇江茂昌机器厂	2000
1913	镇江宝昌机器厂	5000
1913	上海蒋长兴机器厂	1000
1913	武进厚生制造机器厂	15000

资料来源:汪敬虞:《中国近代工业史资料(1895—1914)》第二辑,下册,中华书局1962年版,第920页。

　　1912年到1914年中国民族工业的普遍发展主要是因为政府解除开办企业的若干限制,废除厂矿设立的"专利"垄断等,加上国货运动等,大大激发了民间投资兴办企业、振兴实业热情,原有工厂经营状况也大为好转。除大型工厂外,中小企业受到政府鼓励增设多、发展快。就地区而言,则由沿海大城市逐渐向内地中小城市发展。①

1912 年到 1914 年间几乎每天都有新公司注册,而且明显多于此前几年。辛亥革命前后历年设厂数,1910 年为 986 家,1911 年为 787 家,1912 年为 1504 家,1913 年为 1373 家,1914 年为 1123 家。就行业而言,面粉、火柴、卷烟、印刷等轻工业部门取得明显发展,1912 年到 1914 年面粉共创办工厂 28 家,此前三年则只有 11 家。从资本额考察,清末最后三年投资资本额为 181.2 万元,年均 60.4 万元,而民国头三年投资总额则突破 300 万元,达到 320.2 万元,年均 106.7 万元。② 再看火柴业,清末最后 7 年,设厂有 36 家,但资本总额不过 163 万元,而 1912 年到 1914 年,全国新建火柴厂 25 家,资本额 112 万元,年设工厂数和投资额都远超过此前,工厂规模明显扩大,尤其是 1913 年济南创设的振兴火柴厂,注册资本达 20 万元,成为全国实力最强的火柴工厂。卷烟业类似,仅就上海而言,1912 年到 1914 年就有 6 家卷烟企业创办,此前中国总共才 7 家卷烟厂。印刷工业发展迅速,同样是上海,1912 年后的两三年新建印刷厂有 6 家。

就采矿企业而言,向农商部领取矿照的 1912 年有 21 家,1913 年为 32 家,1914 年达 58 家。其中以煤矿业为典型,1912 年有 14 家,1913 年有 19 家,1914 年达 27 家,呈现迅速增加之势,煤炭产量亦由 1912 年的 906 万吨增加到 1914 年的 1418 万吨,增长 50% 以上,而煤炭是近代工业的主要能源,这也折射出工业发展迅速。

民国前中国的棉纺、面粉和卷烟工业,在外国商品大量涌入、外商投资直接竞争下,相当部分处于停产、半停产状态。中华民国成立后,政府倡导国货,民众积极响应,这些企业产品销路大增,经营状况大为改善。比如棉纺织业,1905 年到 1908 年间出现设厂高潮,但很快衰退下来,1911 年时停工厂家超过三分之一,民国后则迅速恢复并发展。比如,大生纱厂,1912 年出纱大增,获利之丰,为近七年来所未有,到 1914 年,大生纱厂添购纱锭 2 万两、织机 400 架,企业规模大为扩展。荣家企业此前仅有茂新面粉、申新纱厂,茂新面粉因外国面粉竞争,

① 黄逸平、虞宝棠:《北洋政府时期经济》,上海社会科学院出版社 1995 年版,第 95—100 页。
② 黄逸平、虞宝棠:《北洋政府时期经济》,上海社会科学院出版社 1995 年版,第 96 页。

颇多亏折,1912 年迅速扭亏为盈,获利 12.8 万两,荣家当即扩大产量,以应市需,添造厂房,增置机器,新设了福新一、二、三厂,为荣家面粉工业发展奠定了坚实基础,被荣氏家族视为"经营事业发轫之始不可不记"的大事。① 因资本周转不灵,1911 年一度停工歇业的振新纱厂,民国时期形势明显好转,1912 年经营大为改观,获利达 10 万元,扭亏为盈。南洋兄弟烟草公司 1905 年成立后一直举步维艰,销路不畅,资本亏蚀甚多,一度歇业,而民国后,由于倡导国货,其产品畅销于国内,打破了英美烟公司的垄断,公司盈利迅速增加,1912 年为 4 万元,1913 年为 10 万元,1914 年增加到 16 万元,并在多地设立分公司,资本额超过 100 万元。除这些较大规模企业外,许多中小企业产销状况也大为好转,如原来处于停产状态的宁波电灯厂、正太火柴公司、通久源与和丰纱厂在 1912 年和 1913 年相继复业,业务也是蒸蒸日上。

辛亥革命前,中小企业生存和发展往往难以为继,民国以后政府对中小资本开办企业给予了鼓励和支持,中小工厂大量开设。以上海私人资本机器工业为例,民国前上海不过有 65 家机器厂,平均每年不足两家。而 1912 年上海新设 15 家机器厂,1913 年新设 11 家,1914 年又有 17 家开业,但规模不如前,民国以前每家创设资本额平均为 1159 元,但民国初年仅为 516 元,客观上说明中小机器厂发展迅速。②

就地区分布而言,民国后,除原有火柴厂的江苏、浙江、湖北、四川、广东、云南、河北、吉林外,黑龙江、辽宁、山东、山西、甘肃、陕西、河南、安徽、江西、福建、广西、贵州等省均有新厂创设,1912 年到 1914 年,全国新设火柴厂 25 家,其中地处内地的四川,新投产 8 家,几近全国的三分之一。面粉工业早年主要集中东北、江苏、上海、天津和汉口等地,民国伊始扩散到山西、河南、湖北、云南等地,大同、开封、沙市、昆明等均出现机制面粉厂。

当然,不能对这种发展估计太高,这有两方面原因,一是大中型企业的设立并不多,以资本万元以上的企业为例,1910 年尚有 32 家,1911 年有 16 家,1912 年和 1913 年并没有明显增加,分别为 17 家和 25 家。二是工业主导的棉纺织业整体发展缓慢,更多是原有停产工厂,得以恢复,充分利用已有设备加紧生产,企

---

① 上海社会科学院经济研究所:《荣家企业史料》上册,上海人民出版社 1980 年版,第 29—37 页。

② 上海市工商行政管理局等:《上海民族机器工业》,中华书局 1979 年版,第 196—200 页。

业扭亏为盈而已。①

(二)一战对民族资方的促进

其实,一战期间资方扩张并没真正体现出"黄金时代"的迹象。更多是短期因素,西方国家因为战争,无论商品、资本输出,还是条约特权,均无暇东顾,从而导致市场竞争相对缓和,加上西方国家对中国产品的需求增加,导致国内物价上涨,促进工商业发展。白吉尔则认为当时由于本国政府及殖民机制相对失效,带来中国民族资本自治,进而自发发展。② 就长期因素而言,则主要是由于自然经济解体和国内市场的扩大,现代金融业和交通运输业的发展,中国人民的反帝爱国斗争而掀起的国货运动等。③ 其发展的突出表现是利润丰厚,按生产能力、产量抑或投资来看,一般在12%—13%,这相对民国以前并没有明显提速,但领域已经拓展(见表8-3)。因此大战时期的民族资产阶级黄金时代之说并不充分,可能更多指利润而不是增长速度。④ 当然,西方学者有不同看法,比如白吉尔就认为20世纪头二十年是中国民族工业几乎仅存的十年黄金时间。⑤

表8-3 第一次世界大战前后民族工业发展速度简表

行　　业		1912	1920	期末指数	年均增长率
棉纺织业	纱锭数(枚)	509564	1598074①	313.6	12.1
	布机数(台)	2616	6675	255.2	11.0
机制面粉业	日产能力(包)	66470③	203950	306.8	17.4
	产量(万包)	1966③	8316②	423.0	19.8
缫丝业	上海、广东、无锡丝车数(台)	80140	112654	140.6	0.04
	厂丝出口量(即产量、担)	59157	77855④	131.6	0.03

① 黄逸平、虞宝棠:《北洋政府时期经济》,上海社会科学院出版社1995年版,第100页。

② [法]白吉尔:《中国资产阶级的黄金时代(1911—1937)》,张富强、许世荣译,上海人民出版社1994年版,第77—78页。

③ 许涤新、吴承明:《中国资本主义发展史》第二卷,"旧民主主义革命时期的中国资本主义",人民出版社2003年版,第870—872页。

④ 许涤新、吴承明:《中国资本主义发展史》第二卷,"旧民主主义革命时期的中国资本主义",人民出版社2003年版,第874页。

⑤ [法]白吉尔:《中国资产阶级的黄金时代(1911—1937)》,张富强、许世荣译,上海人民出版社1994年版,第77—78页。

续表

行　　业		1912	1920	期末指数	年均增长率
卷烟业	资本额(万元)	138	1680	1219.4	36.7
火柴业	资本额(万元)	361③	746	206.6	10.9
水泥业	启新产量(吨)	59405	109741	184.7	8.0
机械采煤业	产量(吨)	416558	3279757	787.3	29.4
6种矿冶产品指数(1913=100)		76.3	165.1	216.4	10.1

注:①1922年;②1921年;③1913;④1919—1921年平均。

资料来源:许涤新、吴承明:《中国资本主义发展史》第二卷,"旧民主主义革命时期的中国资本主义",第二版,人民出版社2003年版,第875页。

从表8-3可以看出1912年到1920年间中国主要工业产量,生产能力、投资额,除缫丝业外,均有较明显增长。缫丝业主要是由于19世纪末日本生丝的崛起,在国际市场逐渐替代和挤占中国丝,且战争期间西方由于局势紧张,对丝需求有限,而且缫丝业整体已经失去主导地位。不过,从利润的角度考察战时缫丝业利润并不低。

各行业发展原因各有不同,发展速度也有所差异。棉纺织业是因进口锐减而发展迅速的典型,也是私人资本最主要的部门,因此这里详细介绍。一战爆发后,原来占主导地位的英国棉纱因忙于战争,对华出口明显减少,而日纱则先是受到反帝爱国运动抵制,后是遭遇关税壁垒,因此1921年的棉纱进口量不到1913年的一半。整体而言,1916年以后,中国市场几无进口棉纱,有利于民族资本产量,生产增加同时意味着利润增加。棉纺织业在民国之初并未有明显起色,1914年纱锭反而有所减少,1915年才有起色,增长主要发生在战后几年,其中最为明显的是1921年和1922年的增长,1920年尚只有842894纱锭,1921年迅速增加到1238882纱锭,1922年进一步增加到1598074,无论是绝对还是相对数都远远超过前几年,步机台数也类似。① 这主要是由于机器装备依赖进口,运输及安装周期较长,路途遥远受外部因素影响较大,加上民国之初中国政局动荡,西方战事频频。既然战时需求较多,而产能设备跟不上,那就意味着产品供不应

① 许涤新、吴承明:《中国资本主义发展史》第二卷,"旧民主主义革命时期的中国资本主义",人民出版社2003年版,第874—876页。

求,这决定了棉纺织业在战时和战后初期具有高额利润,16 支纱 1915 年每包尚亏 3. 13 两,1916 年每包盈利已达 26. 40 两,1919 年竟然超过 50 两,20 年代初迅速下降,1921 年每包利润不过 7. 30 两。棉纺织业整体趋势也是这样,只是盈利稍早,而进入 20 世纪 20 年代以后盈利下降没有棉纱剧烈而已①,1914 年全国纱厂亏损 53 万元,到 1915 年陡然盈利 1240 万元,1916 年达到 4362 万元,大致稳定三年后,1919 年达到顶峰,突破亿元,此后三年均直线下降。②

其他工业行业大致与棉纺织业类似,总体轨迹一致,只是发展程度,快速发展和衰退的时间上略有差异。③ 比如火柴业,民办企业厂家数量和资本额从 1913 年起到 1922 年一直保持上升态势,厂家依次为 52 家、64 家、74 家、83 家、87 家、95 家、98 家、106 家、129 家和 135 家,历年总资本额为 294 万、361 万、410 万、440 万、445 万、489 万、491 万、524 万、746 万、800 万。④ 战前入超的面粉,战后迅速转为出超,加之国内市场扩大,1914 年到 1920 年间开设厂数,新设厂资本金和日生产能力每年均明显增加,1914—1920 年共开设 86 家工厂,其中 1918 年、1919 年、1920 年分别为 16 家、12 家、16 家,占到这一阶段新设厂的 50% 强。与其他行业 1916 年增长明显类似,该年新设 17 家,为历年最多。1920 年,保留下来的面粉厂总共有 123 家,资本 2750 万,日生产能力 266568 包。⑤ 水泥、卷烟、缫丝、水泥、化工等亦有类似情况,这里不再赘述。

近代的显著特征是工业化,一战带来的民族资本主义大发展,还体现在商业资本向工业资本的转化。一战后不少商业资本竞相投资工业,1916 年到 1922 年间新建的 32 家华资纱厂,其中创建者或大股东有 19 家是商人。集煤炭大王、火柴大王、毛纺大王、水泥大王于一身的企业大王刘鸿生则是在 1920 年前后才投资工业,此前只是从事买办和煤炭,郭氏家族的永安资本集团从百货业向纺织

---

① 这可能与工业化进程中棉纱效率的提升比织布要高有关。

② 许涤新、吴承明:《中国资本主义发展史》第二卷,"旧民主主义革命时期的中国资本主义",人民出版社 2003 年版,第 883 页。

③ 许涤新、吴承明:《中国资本主义发展史》第二卷,"旧民主主义革命时期的中国资本主义",人民出版社 2003 年版,第 884—906 页。

④ 青岛市工商行政管理局史料组:《中国民族火柴工业》,中华书局 1963 年版,资本额四舍五入。

⑤ 许涤新、吴承明:《中国资本主义发展史》第二卷,"旧民主主义革命时期的中国资本主义",人民出版社 2003 年版,第 886 页。

印染拓展则肇始于 1920 年底。①

近代劳资关系的基础和前提是工业化,而机器工业的发展程度是其水平的重要标志,因此这里专门讨论机器工业,且只关注当时民族机器工业的集中地上海。机器工业战后持续发展的时间更长,大致为 1914 年到 1924 年,工厂由 91 家增为 284 家,除期内停业者外,新设 193 家。② 其发展不但表现在量上,还体现在质上,首先表现在车床商品市场的出现和工作母机制造专业的产生,1914 年到 1923 年共新建 9 户工作母机制造专业工厂(见表 8-4),且主要是 1918 年到 1923 年。机器工业迅速发展的第二个表现是以内燃机为代表的小型动力机和农产品加工机器制造的发展。第三个突出之处是针织业、印刷业及其他若干机器制造行业的发展。当然,发展的同时也有三方面不足,首先是就整个机器行业而言,仍然以修配为主。其次,所制造的机器,仅仅局限于小型和比较简单的产品。最后是民族资本机器厂,基本是小型工厂,1920 年对 114 家厂的统计,每家平均有机床不到 6 台,工人不过 25 人,尤其是约 30% 的工厂不使用动力,而是靠人力。③

表 8-4　1913 年到 1924 年上海民族机器业新建工作母机制造厂概况

年份	厂　名	创办人	创办人出身	机床	雇工(人)
1913	荣昌泰机器厂	孙荣泉	纱厂油厂管车	2	2
1914	茂源机器厂	冯财运	汉阳兵工厂车床领班		
1918	福昌祥机器厂	姚享福	小包工作坊主	4	15
1918	鸿兴机器厂	金珊林	小包工		
1918	李槐记机器厂	李阿槐	弯管小包		
1919	明华机器厂	郑财荣	瑞镕厂头脑		
1920	陈顺兴机器厂	陈荣宝	打铁小业主	2	5
1922	唐达源机器厂	唐朝泰	唐通源铁行主	5	12
1923	协昌祥机器厂	曹子瑾	安迪生电气厂机修间二头脑	8	20

① 王金铻:《中国现代资产阶级民主运动史》,吉林文史出版社 1985 年版,第 9 页。
② 中国科学院经济研究所、中央工商行政管理局资本主义经济改造研究室编:《上海民族机器工业》上册,中华书局 1966 年版,第 201 页。
③ 中国科学院经济研究所、中央工商行政管理局资本主义经济改造研究室编:《上海民族机器工业》上册,中华书局 1966 年版,第 201—230 页。

资料来源:中国科学院经济研究所、中央工商行政管理局资本主义经济改造研究室编:《上海民族机器工业》上册,中华书局 1966 年版,第 209 页。

　　除工业之外,矿冶业也发展迅速。机器采煤和铁矿砂产量,1912 年指数分别为 67.3 和 48.0(以 1913 年为 100),1920 年分别达 184.0 和 290.4,年均增长 13.4% 和 25.2%,其中煤一直持续增加。铁矿石由于大量被运到日本,因此中国钢铁产量增长速度明显滞后于铁矿石,同样以 1913 年为 100,1912 年钢铁产量指数为 58.2,到 1920 年不过 160.5,年均增长 13.5%,增长速度比机器开采铁矿石年均慢 11.7%。钢铁的广泛采用是近代工业发展的标志,因此钢铁产量的持续稳定增加,折射出近代劳资关系的基本产业载体工业发展迅速。

　　当然,一战对民族资本的发展还是有阻碍,尤其是可能埋下了一些长期祸根。[1] 这主要体现在四方面:第一,日本在华势力大为增强。一方面是日本在华,尤其是在东北直接投资迅速增加,另一方面是日本对中国市场商品输出增加,其市场占有率明显提高,挤占了民族资本企业的市场。第二,一部分企业战时直接受损,比如烟台的罐头厂因马口铁等原料不足而遭受损失,地毯厂等战时因为运费高昂,西方需求减少,因而滞销,而战时运费的增加也抑制机器进口。第三,战时市场难以把握,投机之风盛行,客观上制约民族企业的健康发展。第四,广大民族资本投资者误将短期异常状态看作常态,战时乃至战后初期投资过度,这为 20 世纪 20 年代初期开始的经营困难埋下了伏笔。

　　整体而言,战时及战后初期,私人资本主义的发展基本是量的增长,经营管理并未有明显进步。以棉纺织业为例,"虽锭数增加甚多,然工厂管理仍未得人,仅汲汲于产量之扩充,而于成本之减少,品质之改良,资金之运用,毫无计算"[2],只是暂时被竞争不足所掩盖。质量不佳主要有三方面体现,一是资本积累少。比如,大生纱厂长期"得利全分,不提折旧"。二是日常管理粗放。比如申新三厂车间操作随意,散乱,日产量几乎与规定标准相差一半,其成本、产量、质量与日本在华纱厂相去甚远。三是不重视技术、研发。这与人才缺乏,而资方多是官僚、传统商人转化而来,以及战时及其随后几年竞争不足等不无关系。

----

① 杜恂诚:《民族资本主义与旧中国政府(1840—1937)》,上海社会科学院出版社 1991 年版,第 140—142 页。
② 朱仙舫:《三十年来中国之纺织工业》,载中国工程师学会编:《三十年来之中国工程》,《中国工程师学会》1946 年第 2 期。

（三）北洋政府后期的民间资方

20 世纪 20 年代中国工业发展有一个争议的过程。1933 年龚骏指出，1922—1927 年的中国新工业到了山穷水尽的地步。[1] 朱斯煌认为 1914 年到 1929 年间是中国国货工业充分发展时期，此后才陷入凋敝境地。20 世纪 50 年代起到 20 世纪 70 年代几乎又回到龚骏时代，认为 1922 年以后中国民族工业繁荣彻底结束，并陷入长期萧条。20 世纪 80 年代初以吴承明为代表的学者摒弃此前观点，认为私人资本主义工业在 20 世纪 20 年代整体有所发展，即便 1922 年到 1924 年某些行业发生了萧条和危机。20 世纪 90 年代，有学者认为 1925—1927 年间私人资本工业发展超过大战期间和战后初期。[2]

1922—1924 年间一些传统工业确实陷入困境，尤以棉纺和面粉工业为甚。[3] 1922 年棉纺织业出现棉贵纱贱，利润极为有限，一些华商纱厂被迫减少工时，甚至停工歇产，有的出售、出租，甚至被债权人接管。面粉则自 1922 年开始出现进口剧增，出口剧减的局面，即使民族面粉业的中心上海，1922 年、1923 年产销也普遍下降，出现利润减少和开工不足的局面，全国最大面粉厂福新公司还出现亏损。卷烟业发展势头减弱，这主要是由于英美烟公司扩张所致，但由于国内需求有增无减，整个行业发展尚可。水泥业则由于国内市场需求持续增加，产能扩张，年生产能力从 1921 年的 15.2 万吨迅速增加到 1924 年的 37.3 万吨，增加 1.45 倍。机器缫丝业则由于国外需求增加和金贵银贱等因素，国内生丝价格迅速上涨等促使产量增加，利润丰厚。榨油业也因出口增加而产量和产能均明显增加，且相对外资处于优势。火柴业则因进口持续减少，外商直接投资有限，华商产销两旺。

传统工业之外，战后化工、电气等民族新兴工业逐渐形成和发展，民族工业结构得以优化。1922—1924 年间，制碱、味精、制药、橡胶、肥皂和搪瓷工业取得重大突破。1922 年永利碱厂安装调试，1925 年正式投产，属亚洲首创。1923 年吴蕴初创办天厨味精，打破日本生产垄断。1922 年五洲大药房吞并德商固本药皂厂，进而组成五洲第一制药厂，一改此前西药小打小闹的状况，技术和设备均

---

① 龚骏：《中国新工业发展史大纲》，上海商务印书馆 1933 年版，第 113、118 页。

② 黄苇：《中国民族资本主义经济的发展和破产问题》，《学术月刊》1982 年第 2 期。

③ 黄逸平、虞宝棠：《北洋政府时期经济》，上海社会科学院出版社 1995 年版，第 116—131 页。

近代化。上海、广州等地的橡胶厂明显增加。搪瓷业发展显著,1921 年全国才三家搪瓷厂,1922—1924 年间仅上海、天津就先后创建了 13 家。民间染料工业、塑料工业开始兴起。作为工业近代化重要标志之一的电力工业在 1922—1924 年发展也较迅速,1921 年全国发电厂发电容量不过 54022 千瓦,到 1924 年已经翻番,达到 118337 千瓦。此外,肥皂工业、电器工业也得到较大发展。

20 世纪 20 年代以后,民族资方一度发展受阻。虽然也逐渐形成了一些较大的家族企业集团,比如荣氏兄弟家族企业、刘鸿生家族企业、简氏兄弟的南洋烟草、郭家的永安百货与纺织,以及张謇大生系统等,但整体而言,利润并不乐观,更多体现在规模扩张。以纺织工业为例,上海永安纺织印染公司,上海申新一厂、八厂,无锡申新三厂,南通大生一厂,海门大生三厂,天津华新、裕元北洋,青岛、唐山、卫辉的华新,武昌裕华、石家庄大兴、榆次晋华,从 1922 年到 1927 年每年的资本纯益率①分别为 12.7%,6.0%,3.4%,12.9%,6.2%,6.8%,与 1914 年到 1921 年的超高利润(见表 8-5)形成强烈反差。

表 8-5 一战期间主要华商纱厂利润率

单位:%

时间	南通大生一厂	崇明大生二厂	武昌楚兴公司	上海申新一厂	天津华新纱厂
1914	30.8	35.0	64.3		
1915	10.7	15.5	64.3		
1916	3.2	2.3	64.3	2.07	
1917	39.8	34.1	85.7	11.81	
1918	31.9	15.5	64.3	22.25	
1919	106.1	113.0	285.7	104.81	68.9
1920	84.4	91.0	571.4	127.59	50.3
1921	35.4	34.5		72.81	45.4

注:利润率为盈利与资本的比值。
资料来源:许涤新、吴承明:《中国资本主义发展史》第二卷,"旧民主主义革命时期的中国资本主义",人民出版社 2003 年版,第 187 页。

北洋政府末期的机制面粉工业与棉纺织业类似,利润和投资与战时阶段不

---

① 许涤新、吴承明:《中国资本主义发展史》第三卷,"新民主主义革命时期的中国资本主义",人民出版社 2003 年版,第 140 页。其中资本纯益率指纯益占实有资本的百分比。

可同日而语,战时由于出口增加,外商竞争减少,利润丰厚,投资踊跃,1920 年比 1913 年生产能力增加 2.5 倍。不过,投资似乎有所下降,产量也没有很明显的增加,尤其是新建工厂,无论数量还是资本额都呈现下降趋势,实存工厂数量、资本额,产能到后期均出现下降趋势,上海厂产量更是一开始就出现下降。[1]

缫丝和卷烟与此类似,其与棉纺工业、面粉工业构成学术界常讨论的四大工业部门,但可能低估了其他工业,尤其是新兴工业。此外,早期更多关注量,对"质"关注不够。[2] 因此下面借助黄逸平、虞宝棠的研究加以进一步说明。

1922—1927 年民族资方进一步发展,这主要体现在三方面:首先,资本额有所增加,但没有上阶段多,且主要集中在 1925 年以前,比如资本额最高的棉纺织、面粉与发电这三大行业,1922—1927 年资本总增长额为 9026.5 万元,其中有 6576 万元是在 1922—1924 年增加的,所占比重达 73%。其次,6 年增加的生产设备并不比前一阶段 8 年少,棉纺织、面粉、发电、水泥超出量分别为 6%、25%、133% 与 1700%,新兴产业增加尤为明显。其增长也主要集中于 1922—1924 年,1922—1924 年纱锭增加 72%,布机增加 52%,发电容量增加 66%,水泥生产能力增加 100%,钢磨甚至增加 102%。最后,从产销量来看,1922—1927 年也比战时及战后初期多,其中 1925—1927 年的增长量又比 1922—1925 年略多。[3]

除量的增长外,20 世纪 20 年代民间企业质变明显。20 世纪 20 年代初资方的自救,在三方面做出了努力,做到了质变。就资金而言,主要是执行多积累少分配的方针,增加生产资金来源,扩大再生产能力。比如裕大华企业,每年提取公积金、自提保险费,减少账面利润,股东分红采取公司债、分期付款方式,减少现金支出,增加资金流动性,保证了公司的顺利发展。其次,强调技术规范的作用,总工程师负责制代替传统的总工头制,受过专业训练、懂生产技术的工程师、技术员取代原来的领班,负责日常经营管理,以提高产品质量和劳动生产率,这在申新纱厂、永安纱厂、永利碱厂都取得显著成效,其直接结果是生产管理大为

① 许涤新、吴承明:《中国资本主义发展史》第三卷,"新民主主义革命时期的中国资本主义",人民出版社 2003 年版,第 144 页。
② 黄逸平、虞宝棠:《北洋政府时期经济》,上海社会科学院出版社 1995 年版,第 116 页。
③ 黄逸平、虞宝棠:《北洋政府时期经济》,上海社会科学院出版社 1995 年版,第 144—146 页。

改善,企业生产效率大大提高。最后,技术,研发得到重视,技术人员得到重用的同时,一些企业建立专门研究机构①。整体而言,战后到 1927 年间传统工业部门的增长,加上新兴工业部门的形成和发展,以及企业经营管理等方面质的提升,彰显出资方力量明显增强。

二、国家资本的资方

这一阶段国家资本相对处于衰退状态,虽然国家资本绝对量有所增加,但相对于晚清的强势和同期民间资本的发展而言相去甚远,这似乎与当时的弱政府匹配。不过,也有观点认为就经济而言,国家资本并非和政权一样软弱,并在时段、行业方面,国家资本形式具有特色,较为突出的是政府官员以私人身份投资创办企业,即国家资本转化为官僚私人资本。②

(一)有限发展的军事工业

以 1916 年袁世凯去世为界,军事工业表现出不同的特征。从行业而言,国家资本中军事工业发展较为迅速。北洋政府接手的 10 多家清政府军事企业,除规模较大的湖北枪炮厂和江南船坞有所发展外,其他军工厂日趋衰落,尤以江南制造局为最。袁世凯当政时期为了军事和经济需要,新建了一些兵工厂。1915年为改变此前兵器制造厂各自为战的局面,在全国选地点适中的汉阳兵工厂,打算将其扩充,并将上海兵工厂并入,作为全国制造枪械弹药的总枢纽。不过,由于袁世凯称帝四面楚歌,怕军械弹药落入南方革命党之手,以汉阳兵工厂为中心计划流产,转而设立巩县兵工厂。袁世凯称帝失败后,北洋政府将巩县兵工厂改为中型兵工厂,并逐渐发展成占地 700 多亩,职工达 2200 余人,北洋后期较重要的兵工厂。

北洋政府时期全国处于割据状态,各地方军阀拥兵自重,需要近代军事工业支撑,因此,地方军事工业在这一阶段得到明显发展,其中最为典型的是原清政府的山西制造局,历经山西陆军修械所、军人工艺实习厂、太原兵工厂,规模不断扩大,成为阎锡山割据山西的军火支撑。张作霖兴建的东三省兵工厂,规模大,军火产品门类全,成为奉系军阀的重要军火供应地。太原兵工厂与东三省兵工

---

① 最为典型的是 1922 年范旭东创建的黄海化学工业社为其永利和久大两厂的研究中心。
② 吴太昌、武力:《中国国家资本的历史分析》,中国社会科学出版社 2012 年版,第 196 页。

厂的成功主要应归因于阎锡山与张作霖长期控制了地方局势。

军事企业的管理相对而言比较严格、规范,技术较为复杂,操作较为规范,其技术和人员的溢出对民间工业发展显然有溢出效应。

(二)民用资本个别领域的加强

北洋政府提倡民间发展实业的同时,在铁路等领域明显加强国家资本的作用。袁世凯当政后通过种种方式,解散民间铁路公司,统一路政。1912 年 8 月到 1915 年 1 月,四川、湖南、江苏、河南、山西、安徽、浙江、湖北铁路收归国有。政府并未与民间等价交换,先以政府债券支付,到 1924 年竟然停止兑现①,实际归还的金额,股款只有一半,利息更只有三分之一,按总股款 5100 余万元,利息1700 余万元计,民间可谓损失惨重。② 原有铁路收归国有的同时,完全排斥民间申请投资兴建铁路的诉求。这一政策始于袁世凯政府,并在后来的北洋政府得以延续。但是,北洋政府由于政治动乱,战争频繁,财政有限,修建铁路里程远逊于清政府,晚清平均每年修建 319 公里,北洋时期年均仅 212 公里,如果考虑外资修建铁路因素,则北洋政府时期与清政府时期差距更大,晚清时期每年 525 公里,北洋时期仅 229 公里。不过,北洋政府基本完成了京奉、京汉、津浦、陇海、京杭、沪杭甬等铁路干线,铁路设备增长也较为迅速。

(三)以私人身份投资的国家资本

北洋政府时期出现了官僚资本的滥觞③,瞿秋白最早提出官僚资本的概念,而后来马寅初、许涤新等著名学者也做了专门论述,官僚资本有时与国家资本混淆,中国共产党早在胜利前夕就用官僚资本来概括国民党的国家资本和官僚资本,后又根据政治需要不断调整,这在新中国成立后尤其明显。④ 不过,官僚私人资本是否算国家资本历来众说纷纭,但逐渐意识到官僚资本即使是后来的国民党四大家族官僚资本均包含国家资本和官僚个人资本的因素。⑤

有关近代官僚私人资本的研究以陈自芳的研究最为系统,陈自芳在归纳整

---

① 除河南铁路可能因为是袁世凯原籍,在其任上支付了 400 万元现金外,其余都只是发给铁路债券。

② 宓汝成:《帝国主义与中国铁路》,上海人民出版社 1980 年版,第 224、225 页。

③ 吴太昌、武力等:《中国国家资本的历史分析》,中国社会科学出版社 2012 年版,第 202 页。

④ 武力:《"官僚资本"概念及没收过程中的界定问题》,《中共党史研究》1991 年第 2 期。

⑤ 李少兵、王莉:《20 世纪 40 年代以来中国大陆"四大家族官僚资本"问题研究》,《史学月刊》2005 年第 3 期。

理近代 210 多位官僚(含军人)资料的基础上,将官僚私人资本分为四类:第一类是在职官吏投资于企业,同时担任企业董事长、总经理或董事职务;第二类是官吏退职后成为企业投资人或经营者,多利用其在职时的基础从事经营活动;第三类是官僚亲属为投资者,依靠官僚特权积累资本;第四类是通过捐纳等途径获得官衔的绅商,虽大多无行政实权,但是"介官商之间,兼官商之任,通官商之邮"的人物,不同程度享有经济特权。① 当然陈自芳的研究也没有很好地区分其中的国家资本与官僚私人资本。此外,杜恂诚认为,军阀和官僚的投资与商人、买办、地主等投资一样,是中国民族私人资本的来源之一,尤其在北洋政府时期,这种转化显得比较突出,它与国家资本主义并无共同之处。② 就这一问题本书并不做深入讨论,这里主要介绍北洋政府时期官僚以私人身份投资的企业。

官僚私人资本企业在当时对商办企业的影响可谓明显,陈自芳根据杜恂诚《民族资本主义与旧中国政府》附录整理的结果,1927 年前全国资本 100 万以上的商办工矿企业有 29 家是官僚为主创办的,35 家银行中有 17 家是官僚为主创办,官僚为主创办的企业在北方无论是工矿业还是银行都占绝对多数(见表8-6),南方官僚相对比重较低,这可能与北方的东北、山西等被大军阀牢牢控制,中央政府又在北京有关,而南方则相对政局更加动荡,且远离政治中心。

表 8-6　北洋政府时期资本 100 万以上以官僚为主创办企业概况

行业 \ 地区	全　国			北　方			南　方		
	全部	官僚办	比例(%)	全部	官僚办	比例(%)	全部	官僚办	比例(%)
工矿业	111	29	26	41	23	56	70	6	8.6
银　行	35	17	49	24	14	58	11	3	27

资料来源:陈自芳:《中国近代官僚私人资本的比较分析》,《中国经济史研究》1996 年第 3 期。

就个人而言,据 1926 年《民视日报》载,71 个官僚、军阀、政要共有私产 6.31亿多元,其中张作霖、曹锟各有 5000 万,王占元 3000 万,倪嗣冲 2500 万,梁士饴3000 万。这可能是地方大军阀利用武力巧取豪夺民间资本,以及将国家资本据为己有的结果。

---

① 陈自芳:《中国近代官僚私人资本的比较分析》,《中国经济史研究》1996 年第 3 期。
② 杜恂诚:《民族资本主义与旧中国政府(1840—1937)》,上海社会科学院出版社 1991 年版,第 205 页。

吴太昌、武力等则指出除了北洋政府官僚军阀投资创办企业活动普遍,投资金额可观外,更重要和更具国家资本代表性的企业是通过官商合作和官助商办形成的企业集团①,其中以周学熙创办的企业集团尤为典型。② 周学熙之所以能大有作为,主要有三方面因素,一是他早年有经营国有资本企业的丰富经历和成功经验,这既包括直接管理,又包括统筹清末袁世凯治下直隶的实业事务;二是他早年即在袁世凯手下办理官方实业,深得袁世凯信任;三是其两度出任北洋政府财政总长,能够调动国家财政及社会资源。

具体而言,周学熙不但接管了开滦煤矿、启新洋灰公司等重要企业,而且还陆续创办了华新纺织公司、唐山电力公司、耀华玻璃公司、兴华棉业公司等工业,并创办了中国实业银行和华兴银行,形成工业企业与金融企业相结合的资本集团,资本额超过 4000 万元。资本主要是官方资本、官僚军阀和商股资本,其中,真正意义的商股微乎其微。就官方资本而言,虽然所占比例不是多数,且后来还清,但其所起的扶持、示范、信用作用明显。即便商股也往往有政府的影子,比如中国实业银行召集商股时就明确规定"由北洋政府指令长芦、东纲和两淮三大盐引的商人必须投资",当筹办受阻,盐商要求退股时,北洋政府又强令"已入股款不能自由退股,未缴股款设法照缴"。③

除资本外,官商一体化的人物掌握企业经营管理权,1922 年周学熙企业集团的核心企业滦州煤矿、华新、中国实业银行的董事、总理、协理主要的有 18 人。其中,以周学熙、孙多森为首的 9 人是典型的曾担任官职或者有官衔者,在任职前曾创办企业,或卸任后从事实业。还有一类是官僚军阀,也是 9 人,只担任董事职务,并不负责企业日常经营管理。

资本与企业经营管理者特征决定官僚私人资本企业享有以下特权:一是垄断的专办权;二是税收减免权;三是运输等方面的便利;四是政府推销。这些是一种将国家资本以及特权赋予官僚,再以民间企业身份出现,实际是国家资本性质的企业。这类企业不但创办、经营得到政府支持,而且在经营不善,亏损时也往往不由自身承担责任,而是由国家承担,1919 年成立的哈尔滨戊通航业轮船

---

① 言下之意,吴太昌、武力等认为北洋政府时期的官僚军阀兴办的企业具有国家资本性质。
② 吴太昌、武力等:《中国国家资本的历史分析》,中国社会科学出版社 2012 年版,第 203—205 页。
③ 参见虞和平、夏良才:《周学熙集》,华中师范大学出版社 1999 年版,第 9—10 页。

公司就是一个典型。[①]

第二节　外国在华资方概况

一、整体情况

1902 年英、德、俄、法在华投资占外国在华投资的 95.9%,其中英德和俄法各约占一半。1905 年日俄战争后,俄国在华投资削弱,美国提出门户开放政策,在华投资迅速增长。到 1914 年英、法、俄、德、日、美,在华投资已达 1096.4 百万美元,其他国家则几乎为零,日本 1902 年在华直接投资仅 1 百万美元,而到 1914 年已达 186.6 百万美元,仅次于英俄两国。美国 1902 年仅 22.5 百万美元,1914 年有 53.9 百万美元,只有俄国出现负增长。一战后,各国在华投资地位发生了明显变化,俄国因十月革命,在华投资基本停滞不前,日本则利用其地缘优势,加之欧洲国家无暇东顾的机会加快了对中国的投资,到 1920 年投资达到 351.9 百万美元,仅次于英国,而明显领先于其他国家,而德国由于战败,以及其他因素,1920 年在华投资只有 1914 年的一半。[②]

北洋政府时期外国在华投资增长速度也相当快。以上海为例,1913 年,洋商工业总资本为 6346 万元,到 1928 年增至 2.2 亿元,约为 1913 年的 3.4 倍,虽然平均增长速度不如 1895 年到 1913 年,但如果考虑到民国初的政治动荡,以及一战的因素,外商在华投资较为正常的不过几年,增加可以说非常明显了。1928 年洋商工业资本额竟然占总额的三分之二强。[③]

在时局整体对外国在华投资不利的情况下,其无论从投资数量还是质量等看均有明显提高,究其原因,笔者认为最核心的有两个:一是当时中国是一个庞大市场,且没有完全沦为某国殖民地,对西方政府、西方资本均有天然的吸引力;

---

① 吴太昌、武力等:《中国国家资本的历史分析》,中国社会科学出版社 2012 年版,第 205—208 页。

② 许涤新、吴承明:《中国资本主义发展史》第二卷,"旧民主主义革命时期的中国资本主义",人民出版社 2003 年版,第 739—556 页。

③ 张仲礼:《近代上海城市发展研究:1840—1949》,上海人民出版社 1990 年版,第 339、342 页。

二是西方企业凭借其政府在华攫取的特权,加之技术、管理、资金优势,有较为充足的资本。

二、战时及战后初期概述

民国开始到战后初期,外资企业有所增加,但相对有限,1914—1920 年外国在华投资平均年增长率为 3.2%,既低于 1902—1914 年的 6.2%,也低于 1920—1930 年的 6.1%[①],尤以 1914—1918 年的投资为少。战后则迅速增加,这除外资母国加强对其商人的支持与保护外,1918—1922 年中国关税税则修订,提高关税,外资为绕开关税壁垒,遂在中国直接建厂。[②]

战时外国在华投资企业似乎利润并不比中国企业低。比如,日本内外棉与怡和纱厂 1912—1922 年间一直保持了较高利润,其中内外棉纱厂从 1918 年到 1922 年间,每年的利润率均在 100% 以上,1919 年和 1920 年利润更分别为 193.0% 和 259.2%,怡和纱厂 1919 年和 1920 年的利润高达 126.3% 和 152.1%,其利润率并不逊色于中国的大生一厂等。[③]

据此可以推断,当时外商投资的减少,主要体现在中小企业。在造船业,外资一直处于优势,卷烟业的英美烟公司建立了原料基地,实现了对生产和销售的全面控制,各主要通商口岸的水、电、气等公用事业则几乎一直控制在外资手中。

三、20 世纪 20 年代概述

北洋政府后期外国在华投资缺乏系统统计,但有限的资料显示发展还是比较明显。比如,1920—1930 年间外国在华直接投资年均增长达 6.1%,而 1930—1936 年间仅增长 1.3%,虽然 1930—1936 年间有经济危机的因素,但中国当时受危机影响较小,考虑到南京国民政府时期系列收回利权的措施,加之国家资本作用加强,外国在华投资应该受到抑制,因此可以推断 1920—1927 年间发展迅速。

---

① 许涤新、吴承明:《中国资本主义发展史》第三卷,"新民主主义革命时期的中国资本主义",人民出版社 2003 年版,第 40 页。

② [美]费正清编:《剑桥中华民国史(1912—1949 年)》上卷,杨品泉等译,中国社会科学出版社 1994 年版,第 45 页。

③ 汪敬虞:《中国近代经济史:(1895—1927)》,人民出版社 2000 年版,第 537 页。

1924 年中苏协定取消了帝俄在中国特权和在华债权,结束在华投资。而俄国侨民经营的企业,以及革命中和后来携资逃亡来华的白俄还曾形成 20 世纪 20 年代哈尔滨的空前繁荣,但其显然不属于苏联的合法投资。其他包括德国在内的西方国家,20 世纪 20 年代开始都竭力恢复和扩大在华投资,但从 1925 年又遭到国人掀起的国货运动等的抵制,因此从某种意义上说也并不是一帆风顺的。

整体而言,外国在华资方,到 1927 年为止,外国在华工业已经遍及木材、机械、金属品、电气用具、交通用具、建筑材料、水电气、化学品、纺织品、服装用品、胶革制品、饮食品、制纸印刷、饰物仪器、杂项物品等 15 大行业,其中占重要地位的有纺织工业的棉纺织、机械工业的船舶修造、饮食工业卷烟,以及公用事业的水电气工业。① 此外,伴随西方侵华就有的金融、商业方面的西方在华投资与工业相比可以说有过之而无不及,比如西方侵华先行者的商业无论是投资额,还是洋行户数,以及在华商人垄断组织的发展,中国进出口对洋商的依赖方面考察,西方在华商业投资都有明显发展。② 金融是现代经济的动脉,早在鸦片战争后国门洞开之始就进入中国(如 1842 年的丽如银行),在这一阶段有四个显著特征,一是本国政府支持的强化,西方在华银行家与其政府关系密切,20 世纪初叶吉布森的如此描述较为客观地反映了这一事实:"中国是一个奇异的国家,那里的银行家能变为外交家、外交家又能变为劫掠家。"③二是中外合办成为主要投资形式(虽然从 1895 年就开始了),这应该是本土化的需求,这一阶段的末期1926 年美国商业部的官方报告就一针见血的指出:"这个机构(指合办银行)力量之所在,在于和那些独资的外国银行比起来,它们能够在较大的范围内参与中国的内部事务。"虽然也有一些外国银行由中外合办改为独办,但在军阀割据背景下,外国银行由独办到合办,由民间合办到官方合办是一个基本规律,也是对军阀统治的一种适应。④ 三是金融业务大大拓展,尤其加强了对中国财政的控制。四是 1910 年开始的多国银行团扮演着重要角色,且在 1920 年前尤为活

---

① 汪敬虞:《中国近代经济史(1895—1927)》上册,人民出版社 2000 年版,第 514—515 页。
② 汪敬虞:《中国近代经济史(1895—1927)》上册,人民出版社 2000 年版,第 137—154 页。
③ 引自汪敬虞:《中国近代经济史(1895—1927)》上册,人民出版社 2000 年版,第 330 页。
④ 汪敬虞:《中国近代经济史(1895—1927)》上册,人民出版社 2000 年版,第 344 页。

跃。① 不过,商业和银行在近代劳资关系中的地位无法与工业相比,因此本书并不展开讨论。但值得注意的是,外国在华商业、金融系统的发达,是其工业投资的坚实后盾。

第三节　民间资方来源与组织

由于这一阶段国家资本与官僚资本多与政府关系交叉,因此这一部分主要分析民间企业的情况,而外国投资企业毕竟不能代表主流,而且这一阶段一般被看作中国资产阶级的黄金时代,因此这一部分主要关注中国民间资方的情况。

一、资方来源与地位:以企业家为中心

辛亥革命以前中国工商业者的来源主要是买办、官僚、绅士、地主,少量华侨,到辛亥革命后这一情况发生了明显变化,当时的企业家更多是非专家化的,而辛亥革命后的情况则发生了转变。

伴随 1905 年科举制废除,清末资产阶级知识分子发动的资产阶级革命,以及辛亥革命的成功,往前追溯则清末洋务官办企业、外资企业,以及国门洞开之后政府与民间都派了不少人到西方留学,这一阶段伴随资产阶级革命的成功归国创业。另外,晚清时期蹒跚学步的职业教育,尤其是实业教育发展,为工业的发展提供了专业技术人才,专业经营管理者,这也就导致资方来源和结构发生了重大变化。

这一阶段近代知名企业几乎初具雏形,资方中坚力量企业家构成发生明显变化。穆藕初、范旭东、陈光甫、张嘉璈、宋汉章等留学西方的回国创业者可以说卓有成就,与此相应的是将西方盛行的科学管理移入中国,带动了中国企业经营管理的近代化。而马应彪、郭乐、简氏等则移师内地投资并取得成功。荣氏兄弟等企业家,虽然是草根,但却是专业的企业家,不是官僚,也不是士绅,更不是地主,而是典型的企业家。企业大王刘鸿生早年受过西方教育,虽有买办经历,且担任买办时相对独立,但时间不长,可以说是职业企业家。受过专业教育,有多

---

① 汪敬虞:《中国近代经济史(1895—1927)》上册,人民出版社 2000 年版,第 360 页。

个企业经历的吴蕴初在这个阶段也崭露头角，与范旭东并称"南吴北范"，一起奠定了中国的化工工业。与此相对的是，晚清以张謇为代表的绅商却衰落了，或者民国早年大生系统的扩张只是借助旧官僚袁世凯的支持而回光返照，而与张謇并称"南张北周"，出身官僚世家的周学熙同样在袁世凯支持下担任要员，在这一阶段同样在实业界大有作为，继在袁世凯政府之后淡出政界后，在北洋政府末期周学熙也淡出实业界。显然，张謇和周学熙代表的更多是士绅与官僚。当然，这一时期企业家队伍的重要特征还有以周学熙为代表的中央，张作霖、阎锡山为代表的地方官僚私人资本所有者游走于国家资本与私人资本间，也大大彰显出资本的社会影响力。

新兴企业家类型分析方面，主要借鉴白吉尔选择的近代先行的两个行业机械工业和纱厂加以分析。[①] 第一次世界大战之前上海有 91 家机器工厂，到 1924 年增加到 284 家，能够制造小型车床和马达，这些企业家往往出身于个体小店主或船厂工人，多有铁匠或木匠的手艺，1913 年机器厂主的实有人数中，出身于普通技术阶层的企业家占 80%，这主要是机器工厂相对其他行业是技术密集型的，但对现代纱厂、面粉厂、卷烟厂所需设备则才刚刚起步。由于手工业者和工人资金有限，因此早期资金非常微薄，即使到 1913 年机器厂平均开办资本也不超过 1000 元，这与这些创业者家产薄弱，又独自经营不无关系，事实上直到 1913 年 21% 的企业采用合伙方式，但随着竞争加剧，资本开办额的提高，个体手工业者开办机器厂的情况就减少了，逐渐转变为船厂等的领班或工头创办。这些领班或工头创业资本相对充裕，而且其创业往往会得到其原来服务的船厂等机器厂业务和财政上的支持，另外尤为关键的是领班、工头等创办的机器厂较为普遍地采用了合伙或者股份制性质。当然官僚和商人创办的机器厂虽然数量少，但资本雄厚，比如 20 世纪初创办的求新机器厂和大隆机器厂在 1913 年前就占了上海机械工业总资产的绝对多数，同时他们拥有较多的社会资源，相对能够成功，即便 1904 年朱志尧创办的求新机器厂在 15 年后被收购。而一些留学工程师创办的机械工业企业由于缺乏资金支持，往往难以为继，不过也有胡厥文的新民机器厂的成功。

---

① ［法］白吉尔：《中国资产阶级的黄金时代（1911—1937）》，张富强、许世芬译，上海人民出版社 1994 年版，第 180—201 页。

但对于早期外国商品倾销的大宗产品,后来外资热衷于投资,技术较为成熟,适合规模化生产的棉纱业而言,则对资本需要量较大,因此有影响的企业其企业家多半是家产充裕的商人、官僚,以及资本积累较为丰富的实业家(见表8-7)。

表8-7　上海纱厂主的出身

姓　名	厂　名	出　身
陈王亭	纬通	商人
刘伯森	宝成一厂、二厂	未明
盛恩颐	三新	官僚
穆藕初	厚生和德大	商人
穆恕再	得大	商人
聂云台	恒丰和大中华	官僚
荣宗敬	申新	现代工业家
王启宇	振泰	商人
吴麟书	统益	商人
徐静仁	溥益	商人
许松春	永豫	商人
薛文泰	振华	商人
郑培之	鸿章	商人
朱志尧	同昌	现代工业家

资料来源:[法]白吉尔:《中国资产阶级的黄金时代(1911—1937)》,张富强、许世芬译,上海人民出版社1994年版,第190页。原表中盛恩颐有重复,本课题将其剔除。

二、民间资方组织变化

再讨论民间资方组织变化之前,首先需要关注资方微观个体的情况。在第一次世界大战期间,上海等大都市出现了献身于振兴实业,自由企业经营和合理化思想的真正现代化的资产阶级,其中除了由买办及传统商人,官僚、社会名流转化而来的,更有海外留学归来创业者如穆藕初、陈光甫等,华侨商人归国创业者如照南兄弟、郭乐、马应彪等,尤其后者将西方劳资关系,近代资方组织的理念和实践通过中国人移植到中国。此外,胡适等留学西方、蔡元培等接受西方思想的知识分子也加入到资产阶级行列。这些形成了北洋政府时期资方的基本构成。

  1911 年的辛亥革命，虽然不是完全意义上的资产阶级革命，但政府出台了一系列鼓励发展事业的政策，以及帝制的推翻，都大大鼓舞了民间发展工商业的热情，可能也受辛亥革命资产阶级早期政党的影响。民国成立之初的 1912 年和 1913 年有据可查的新成立实业团体 11 家，即 1912 年成立的中华民国工业建设会、工业建设会、中华实业团、民生团、经济协会、西北实业协会、安徽实业协会、苏州实业协会、镇江实业协会、黑龙江省实业协会、同仁民生实业会，其中既有全国性，也有区域性的，还有地方性的。值得注意的是，13 家中有 12 家建立在 1912 年，1913 年只有一家，这可能与民国刚成立时民间发展实业热情高涨有关，而 1913 年的实际情况远低于预期的结果。

  民国以后，工商业组织发展的突出表现之一是同业公会的普遍设立。以上海为例，北洋政府时期成立的比较有影响的行业公会主要有上海银行公会、华商纱厂联合会等同业公会，另外还有具有民族工业行业组织性质的国货团体，它们都是市场内生性的行业公会。① 1915 年张嘉璈等人就有组建银行公会的想法，经过多年酝酿于 1918 年正式成立上海银行公会，拥有 12 家银行会员单位，上海银行公会是典型的市场内生型行业组织，市场化的私人关系发挥着重要作用，不少会员间有地缘、乡缘等社会关系，由此结成江浙财团，值得注意的是当时上海银行公会的会员多有留学经历。

  民国年间资方组织的发展，不但体现在新的组织的成立，还体现在原有行业组织的分化重组，原有的行业公所、工商会馆大都改名为同业工业公会。1911 年上海有同业同济组织共 124 个，其中同业公所 102 家，到 1926 年上海同业公会有 179 个，比清末增加了 77 个，其中约有 30 家是新成立的同业组织，其余则是原有同业组织的分蘖所致。②

  资方对传统行会的影响从上海总商会领导权的变更可见一斑。③ 直到 1918 年上海总商会仍然只是行会性质，其中宁波帮起着领导作用，加之会费较高，真正参加的企业家较少，其决策权由董事会掌握，商董名额虽然在辛亥革命后有所

---

  ① 樊卫国：《民国上海同业公会与企业外部环境研究》，上海世纪出版集团、上海人民出版社 2014 年版，第 87—91 页。

  ② 樊卫国：《民国上海同业公会与企业外部环境研究》，上海世纪出版集团、上海人民出版社 2014 年版，第 93 页。

  ③ ［法］白吉尔：《中国资产阶级的黄金时代（1911—1937）》，张富强、许世芬译，上海人民出版社 1994 年版，第 147—151 页。

增加,但只是从 21 名增加到 35 名,仍旧无法改变其性质,1918 年选举的 35 名会董,王一亭、席立功、杨新之、祝兰舫等位个买办为主的商人获得连任,而且当年当选的董事会成员几乎都是前一届的会董,这些企业家既从事传统领域,又参与现代经济领域活动,可以说代了时代潮流。不过,1918 年已经有宋汉章、穆藕初和傅筱庵三个新式企业家,虽然其所占比例尚不足会董总数的 10%,而这些新式企业家的资历也相对较浅。五四运动中与上海商业公团联合会等积极维护国家民族利益不同,长期以"领袖众商"自居的上海总商会发生违背国家民族利益乃至工商业爱国人士意愿的"佳电"风波①,上海总商会几近瘫痪,这直接导致了联袂担任上海总商会正副会长四年之久的朱葆三、沈联芳辞职,以及 1920 年上海总商会的改组,改组的结果意味着上海总商会的历史转折,即上海工商界以绅商为代表的传统势力的衰落,企业家时代的到来。事实上,改组后新兴企业家在上海总商会的影响迅速占据决定性地位。首先,41 岁的恒丰纱厂聂云台取代 73 岁的朱葆三成为总商会会长;其次,领导机构几乎全部更新,1918 年的领导人只有两个继续当选,其中一个是新式企业家穆藕初,最为关键的是随后不久改原来的会董职司分工为委员制的专门机构;最后,会董普遍年轻化,而且首次担任会董的企业家中有方椒伯、钱永铭、简玉阶、孙梅堂、荣氏兄弟等民国以后影响很大的企业家。此外,在业务上逐渐走向开放,即开办商业图书馆和商业补习学校;设立商品陈列所,举办商品展览会;积极组织国货工业品出国参赛;出版《总商会月报》引导工商界舆论等。②

　　不过,进入 20 世纪 20 年代,上海总商会中传统企业家与新式企业家的竞争一直存在,1922 年的选举新式企业家的认可度降低,掌权的旧式企业家虞洽卿、劳敬修、顾馨一、沈联芳等。不过,经过多年努力,到 1928 年总商会代表人数增加了 62%,达到 488 名,总商会会董增加至 58 名。在其实际构成中,行会公所代表已不再占有优势,其实际人数已不到代表总数的 23%。这种权力的争斗也是

---

① 早期对上海总商会在"佳电"风波中的作用是全盘否定,进入新世纪后有学者表达了不同看法,本书主要持传统观点。各主要观点参见:徐鼎新、钱小明:《上海总商会史(1902—1929)》,上海社会科学院出版社 1991 年版,第 232—233 页;朱英:《重评五四运动期间上海总商会"佳电"风波》,《历史研究》2001 年第 4 期;熊玉文:《也评上海总商会"佳电"风波——兼与朱英先生商榷》,《江汉论坛》2010 年第 8 期。

② 徐鼎新、钱小明:《上海总商会史(1902—1929)》,上海社会科学院出版社 1991 年版,第 256—288 页。

近代化过程中的必然,是传统与现代竞争的必然结果,在这个过程中新兴的资产阶级或者说资方逐渐站稳脚跟,与传统组织逐渐结成联盟,也由于中国社会组织传统原则的作用,同乡、同业、同族等关系等仍然构成其社会化的重要部分。值得注意的是,新式商人与绅商等的角逐,并不仅仅体现在总商会内部,还体现在与之相对抗的团体成立。比如,由上海工商界53个团体联合组成的上海商业公团联合会,以及在马路、小地区范围的商界联合会基础上成立的上海各路商界总联合会。①

值得注意的是,民国时期同业组织的业规与早期已不可同日而语,尤其新成立的工商金融业行业组织,多效仿欧美日,其突出表现有三方面。首先,新式工商业行业组织形成很少行帮色彩,打破了传统会所区域,而具有社会化色彩;其次,行业组织筹建及决议均实行民主表决的"公议",内部日常组织、管理已经近代化;最后,新兴行业组织的领导人,主要是行业中的企业家或实力派人士,而传统会所则是士绅等社会名流,尤为关键的是其领导人产生程序已经普遍摒弃了传统的推举制,而采取选举制,行业领导由专业权威替代社会权威。②

三、资方政治参与

北洋政府时期及清末的基本特征是政治动荡,这在大城市表现得尤其明显,而逐渐崭露头角的工商业在政治旋涡中既有积极主动的一面,更有随波逐流的无奈。而现代公共管理学的俘获理论表明企业家总是千方百计影响和左右公共政治,以期让自身利益最大化,这似乎意味着政治动荡的背景下,企业家更有动机参政。

事实上,自清末资产阶级改良和资产阶级革命开始,资方的代表就开始努力,如果说19世纪末的戊戌变法尚且只是部分资方代言人——资产阶级知识分子,那么20世纪初的清末新政在这方面也并未有明显突破,但路矿运动,以及清末立宪请愿,反清运动,尤其是辛亥革命,一些典型地区资方的商会和会馆发挥了重要作用,一些资方精英更是直接加入同盟会等。成为辛亥革命导火索的保

---

① 徐鼎新、钱小明:《上海总商会史(1902—1929)》,上海社会科学院出版社1991年版,第231页。

② 樊卫国:《民国上海同业公会与企业外部环境研究》,上海世纪出版集团、上海人民出版社2014年版,第132—133页。

路运动,在 1911 年的春夏之交的四川保路运动,就曾得到重庆和成都商会和会馆的支持,同年十月,武汉商人还积极协助起义军队,维持社会秩序,组织商团,驱赶趁火打劫的暴徒,商会承诺给起义者 20 万两借款的同时,商会会长被任命为警察局长。而在上海,资方的一部分精英早在革命之前就已经展开合作,沈缦云、王一亭等甚至直接参加了同盟会,而 1906 年李平书成立的商团控制着城市,自治公所取代了地方警察机构,商会也直接资助了革命,1911 年底陈其美建立上海临时军政府后,李平书、沈缦云、王一亭、朱葆三、虞洽卿、郁屏翰、顾馨一都担任要职。此外,在其他地方商人和企业家都或多或少在辛亥革命带来的政权更替中发挥了作用,但却没有掌权,可以说只是顺应了潮流,即便 1911 年底和 1912 年初中央政权真空期时商人和企业家掌握了城市的管理权。

可以说辛亥革命后,商人参政成为普遍现象,但其参与深度有限,只是在既定的政治框架内提出一些改革设想,而对政权采取了妥协方式,这是辛亥革命中的普遍现象,而政客或者说官吏们在争取稳定后抛弃了他们,也可以说辛亥革命前后的积极参政更多是一种权宜之计。而 1912 年,孙中山不得不将共和国的权杖交给袁世凯后,资产阶级的政治参与显然有所倒退。袁世凯上台后不但解散了国民党,而且解散了议会,随即解散了有大量商人参与的各省咨议局和地方自治机构,以期将地方行政、财政和军事权力收归中央,结果作为资方代表的商人和实业家受到沉重打击,甚至连清末就开始次第建立,在辛亥革命中发挥过一定积极作用的商人自卫组织商团也受到严格限制,作为资方重要力量的民间商人再次被排斥,这几乎也注定了袁世凯的失败。

袁世凯政府失败后,企业家不再被政府控制的同时,也似乎对政治失去了信心,甚至连上海总商会这样早期积极参与政治的商人组织都直接拒绝了 1917 年农商部对其到北京商讨经济问题的邀请。就连张謇、朱葆三这样的参政精英都失去了政治热情而投身传统的慈善。不过,到 20 世纪 20 年代初资产阶级知识分子,以及企业家唐富福和穆藕初都表达了参政的热情,这主要是由于 1919 年的五四爱国运动在知识分子的推动下意识到资方利益要与社会利益协调,以及战时及战后初期资方在经济上获得发展,经济实力增强,但却受制于国内军阀割据,尤其横征暴敛的结果。[1] 值得注意的是,五四运动以后,竟然连公共租界马

---

[1] 汪敬虞、魏金玉:《五四运动的经济背景》,《经济研究》1959 年第 4 期。

路联合会店主都为自己选派的代表进入工部局董事会而展开斗争,发起了反纳税运动。①

五四运动后的 1920 年地方自治运动至少从选举的层面获得了成功,资方希冀利用这一运动实现政治自由与稳定社会秩序的愿望,虽然这种愿望可能本身有所矛盾。资方积极参与自治,并成为重要力量,以期推动各省起草宪法,恢复地方政府机能,巩固已经掌握权力,避免官僚干预,当然资方的参与更多是通过自己的组织——商会,其指导思想则是资产阶级知识分子的自由主义思想,诸如丁文江的"好人""好政府主义"②。资方希望通过自治摆脱政府、官僚束缚,对社会实施有效控制,以确保本阶级利益,而与此相伴的是,向政府请愿,全国商会自建商团,商团的大量涌现。

20 世纪 20 年代初期,资方参与政治的集中体现是 1922—1923 年间提出裁兵、整理财政和制宪三项政治主张,并积极推进,达到政治活动高潮。因饱受战乱以及军费压力之苦,最初只是希望弭兵息战以求自保,但却无法实现,进而发现其根源是督军制,进而提出废督裁军,这居然比思想家还早。而在 1922 年 12 月上海总商会给全国各地商会的一封快邮代电中提出了上海总商会资本家为挽救中华民国提出的政治纲领,即明确了三项政治主张。1923 年更直接致电北京政府,要求在当年 4 月 30 日前实现财政公开,尤其是强硬指出,若不公开财政,则要"起而自决",直接行使民主权利。事实上,早在 1922 年由全国商会联合会和全国各省教育会倡导在上海总商会会长聂云台和江苏教育会副会长黄炎培主持领导的国是会议已经是国民自决的第一次政治尝试,而茹玄在《上海总商会月报》发表的《国是与国是会议》阐明了上海工商界对国是会议的政治立场和政治观点,其基本观点是国是会议并非国民请愿机关,而是"国民谋国家根本之建设之机关也"。而 1923 年以组织"民治委员会"为标志的国民自决第二次政治尝试中,上海总商会以全国工商界领袖的身份担当起政治主角。但在 1923 年曹锟政变后,上海工商界同样反应强烈,只不过这回的主角换成了代表资方中小资本家的上海各路商界联合会发表的《对政潮重要宣言》,率先在政变后提出了直接民权的要求。而上海总商会则在试探后,在商界的推动下,1923 年 7 月 4

① [法]白吉尔:《中国资产阶级的黄金时代(1911—1937)》,张富强、许世芬译,上海人民出版社 1994 年版,第 237—238 页。

② 冯夏根:《丁文江与"好政府主义"》,《湖南大学学报》(社会科学版)2003 年第 5 期。

日,成立了民治委员会,把民治运动推向高潮。1923 年 7 月 23 日上海总商会临时大会上方椒伯发表了激进的观点,而会议形成的前三项决议则几乎是直接干预国家政治,超过了一个社会团体的本分,但却赢来社会舆论的支持。但随着时间推移,由于组织和措施脱离了实际,国民自决和民治委员会都失去了影响力。

继国民自决之后,资方参与政治的主要内容和活动无疑是商民运动,这次活动重心并不仅仅在上海,前一阶段商人参与不积极的广州、长沙、武汉等地的资方也扮演了重要角色,而上海商人则只能算是余波。① 究其原因,与商民运动是广州国民政府发起成立,其运动伴随北伐推进而逐渐向北展开有关,也与商民运动作为国民党群众运动的一部分主要参与者是中小资本家有关。此外,国民党发动商民运动之初就把商会视作传统力量,并希冀对其改造甚至以商民协会取而代之,商会在商民运动中作用有限,甚至被排挤打压。②

1924 年以后,资方政治参与并不仅仅限于商民运动,其中最为突出的是1925 年的五卅反帝爱国运动,当然在这其中商人更多从自身利益出发,比如其中起重要作用的上海总商会最感兴趣的莫过于"收回会审公廨"、工部局投票权案,以及撤销印刷附律、家政码头捐、交易所领照案等,而中小商人受损失较为严重,罢市期间各马路商界遭受的经济损失合银 367.8 万两和大洋 775.48 万元,主要损失是中小企业主。③

在地方政治生活中,资方地位明显上升,包括上海在内各通商口岸城市社会中居于主导地位的不仅仅是地主和官僚、士绅,更有知识分子和实业家,在政治生活中,传统士绅地位明显下降了,而即便是草根的企业家荣宗敬和荣德生也在时代呼唤下参政议政,资方地位的提高更体现在资方不再把企业经营看作积累财富的权宜之计,而把它看作自己的职业。士绅在政治活动中的地位下降,从1921 年浙江省咨议局的人员构成中可见一斑,当年士绅比例仅 2.6%,而在辛亥

---

① 冯筱才:《北伐前后的商民运动(1924—1930)》,台湾商务印书馆 2004 年版;朱英:《商民运动研究(1924—1930)》,北京大学出版社 2011 年版;乔兆红:《中国商民运动的阶段性分析》,《学术研究》2007 年第 1 期。

② 朱英:《商民运动时期商民协会与商会的关系:1926—1928》,《中国经济史研究》2010 年第3 期。

③ 徐鼎新、钱小明:《上海总商会史(1902—1929)》,上海社会科学院出版社 1991 年版,第325—360 页。

革命前则占到了 68.7%。[①] 随着商人的崛起绅商界限变得模糊,在省议会中凝为一体,并在省议会中占绝大多数,在 1921 年到 1926 年间的浙江竟然占到 88%,这些新的知名人士除了继续维护重新组合的地主利益外,更竭力保证商人利益,商人们在省议会中占支配地位,商会会长兼任地方城市议会议长的情况屡见不鲜,甚至有的城市商会会长完全取代城市议会的位置,比如 1922 年的浙江绍兴即如此。在 20 世纪 20 年代商会的数目激增,浙江省嘉兴县原来只批准成立 2 个商会,但到 1924 年,已有 13 个。整体而言,20 世纪 20 年代,商会在地方各种代表机构中逐渐处于主导地位。[②]

第四节　资方对劳方的日常管理

一、两种典型过渡形态的雇佣方式

（一）学徒制

时人骆传华认为学徒制度虽然是古代经济制度的特有产物,但只是中国特殊工人状况之一[③],显然有些言过其实。其实,西方在近代,乃至现代都有学徒制,当代德国的现代学徒制在制造业仍然盛行。中国土地上的近代学徒制恰恰最早出现于在华外资企业[④],这也佐证了西方资本主义国家当时学徒制的存在。只是中国当时学徒制相对更普遍,在国内各种手工业、小工业商店以及新式工业均盛行,尤其在洗染成衣、印刷、制革、制皂、五金、地毯、药店、粮食等工厂商店盛行,在新式工业的许多部门如纺织业、针织业、地毯业、火柴业和机械业中也广泛存在。[⑤] 这与当时中国工业发展较为迅速,且没有产业工人积淀,加上近代教

---

① 引自[法]白吉尔:《中国资产阶级的黄金时代(1911—1937)》,张富强、许世芬译,上海人民出版社 1994 年版,第 138 页。

② 参见[美]费正清:《剑桥中华民国史》上卷,杨品泉等译,中国社会科学出版社 1994 年版,第 744 页。

③ 骆传华:《今日中国劳工问题》,青年协会书店 1933 年版,第 227 页。

④ 赵入坤:《雇佣关系与近代中国》,安徽人民出版社 2009 年版,第 172 页。

⑤ 刘明逵、唐玉良:《中国近代工人阶级和工人运动》第一卷,中共中央党校出版社 2002 年版,第 591—608 页。

育、经济实力所限不无关系,这也是贫家子弟学习谋生技能的唯一途径。即使到20世纪30年代学徒在上海这样的工商业大都市,一些大的公司也保持相当高的比重(见表8-8)。

表8-8　20世纪30年代上海部分行业学徒占工人比例

类　　别	学徒占工人总数(%)
手工业	41.72
日用品	14.19
家具	41.99
冶铁	57.26
交通用具	41.99
机器及金属制品	53.67
土石	13.84
纺织	30.05
造纸印刷	38.85
木材	39.91
橡革	46.49
烟草饮食品	12.9
化学	12.17
饰物仪器	33.72
其他	40.17
机械业	40—50
印刷业	20
棉布店	20
五金店	30—40
大新公司	22.05
永安公司	30.16

资料来源:《上海工运志》编纂委员会:《上海工运志》,上海社会科学院出版社1997年版,第106—107页。

　　学徒期限一般为3年到4年,学徒给师傅或店主的报酬,主要是满师后的特别服务,时间则在开始时商定,学徒对师父或店主基本绝对服从,除了做工外,有时还包括部分家庭服务,除了免费食宿外,有的也会得到一些津贴。满师后一般设谢师宴,然后成为正式工人,加入该业公会,能够自行工作,获得正常工作。学徒成为工厂或商店廉价劳动力的重要来源,学徒超过正式工人数量的情况常有发生。

当然,学徒制在近代相比于传统还是有很大发展,即从早期的口头契约,到书面契约,尤其在大企业更是如此,学徒契约逐渐适应近代工厂制度,大的企业一般有工厂制定的学徒章程、学徒志愿书、担保人出具的保书等三件文书。其中,章程主要规定学徒习艺期间的行为规范。志愿书和保书则是雇主对艺徒进行管教的契约依据,以及保证金制度等,志愿书限定了艺徒在工厂的责任义务,保书则是确保学徒的稳定,主要是保证雇主利益的作用。当然,这些规章制度,现实中有多种称谓和形式。学徒的招收上随着企业的发展,既有企业直接招收的,也有继续利用工头招收的。由于就业岗位有限,学徒的供给超过需求,资方处于有利地位,因此劳资的师徒双方存在严重的权利与责任不对等,比如在学徒期间学徒的死亡竟然与资方无关,企业不用承担责任。当然学徒的这种境况,逐渐引起世人注意,1926年和1927年的第三、四次劳动大会都讨论了学徒问题,并且形成了决议,规定学徒期不得超过三年,禁止学徒为私人私事服务,给予学徒请假和休假制度,学徒期满,一切待遇与成年工人平等。

学徒对产业的最大适应是纱厂等的养成工制度,最先出现在1922年日本的上海工厂,后来扩展到青岛等地日本纱厂,这些养成工基本是童工,在日资企业几乎奴隶化,五卅运动后,日本厂主被迫取消养成工制度,但在1927年以后不但死灰复燃,而且变本加厉。① 中国纱厂原本使用典型的学徒工,后来也逐渐效仿日本企业,因为纺纱技术简单,不需要长期学艺,这在当时的无锡申新三厂、芜湖的裕中纱厂都有较为规范的成功制度。

(二)包工制度

包工制在当时的企业中更为普遍,最初主要是以计件工资为基础,但后来也有非计件的包工,计件工资的包工被称为直接包工制,而非计件雇佣关系的包工则称作间接包工制。间接包工制把管理工人的责任直接交给包工头,实际上是资方管理的高度分权,介于资方与劳方之间的工头享有高度分权。包工制度的产生,按骆传华的观点是完全发源于国内各外国工厂,因为当初外人来华设厂,

---

① 上海社会科学院历史研究所:《五卅运动史料》第一卷,上海人民出版社1981年版,第217页。

风俗语言的差异,直接管理工人困难重重,于是利用流氓地痞及巡捕来招工。[①]这些招工者类似早期西方商人进入中国倾销商品时借助的买办,起着中间纽带的作用。

包工制在矿山、造船、航运业、码头、搬运业等行业很盛行。[②] 对于工厂而言,技术工人一般不使用包工制。比如,新中国成立前的造船厂中,厂方一般把全部生产工人划分成固定工和包工,并采取不同的管理制度,其中固定工以车工、钳工、铜工和电气工为主,一般情况下,固定工人约占全体工人的30%左右,包工一般占70%左右,生产繁忙时包工甚至占到90%以上。[③]

大多数矿山都实行包工制,这与当时市场化程度有限,尤其矿山一般地处偏远,招工困难有关。当然,包工只是工人来源的一部分,企业也往往直接雇佣一些工人,在矿业包工俗称外工,公司直接雇佣的叫里工或雇工。中国当时有矿工200万人,80%以上使用包工制度。包工头的称谓与工业不同的是更多叫把头或组长,连带承担生产责任,对产量负责,是矿区的管理者。在把头和组长之下是工头和监工,通过他们组织完成日常生产活动,矿主对于雇佣包工工人数目,工人待遇并不过问,矿主与矿工间并没有必然联系。工人与工头之间的契约,大多是简单、临时性的,当某一项工作完成后即被解雇。由于矿区地处偏远,包工头一般提供食宿,虽然质量较差,但包头扣除的费用则相当高,一般占到工资的30%到50%。工人往往向包工头借债开销,发工资后往往所剩无几。包工制度的福利、抚恤等也由工头负责。包工头一般会扣除每个工人工资的10%到20%做佣金,如果整个矿区由工头包下,其扣除的佣金,甚至可能达到60%,给予工人的只有40%。由于矿主对包工头的依赖,包工头对包工的控制,包工头在实践中逐渐成长为一种"特殊阶级",势力强大,不但被社会诟病,作为矿主也难以接受,一些矿主就逐渐尝试取消这种制度。

包工制中最为人诟病的莫过于包身工制,在上海纺织工人中最为盛行,其他工业中心的纺织工厂也多采用这种制度。[④] 一般由厂方与工头订立合同,纺织

---

①　骆传华:《今日中国劳工问题》,青年协会书店1933年版,第220页。

②　Jean Chesneaux.*Le mouvement ouvrier Chinois de 1919 à 1927*,Mouton,1962.

③　经江:《解放前上海造船工业的包工制度》,《学术月刊》1981年第11期。

④　刘明逵、唐玉良:《中国近代工人阶级和工人运动》第一册,中共中央党校出版社2002年版,第610页。

数量多少,定明工资,然后由工头再招募工人,工头与工人再拟定工资,而童工相对缺乏议价能力,故而纺织业中童工最为普遍。[1]

整体而言,早期学者对包工制多有诟病,当然主要是从阶级导向的观点,而自20世纪90年代末期以来,以王处辉为代表的学者将包工制置于当时的社会经济政治环境,认为包工制在当时是行之有效和具有现实合理性的劳动组织方式。[2]

二、劳动纪律与管理

北洋政府时期一些大的厂矿已经有了严格的管理制度,其中一个突出的特点就是惩罚较多,奖赏几乎没有,这与资本的相对强势不无关系。在纺织业,近代中国西方科学管理的先进者穆藕初创办的德大、厚生纱厂均实行了严格而系统的罚例,对工人生产规范的同时,更多是限制。其中,厂间普通罚例就有92条,明确的惩罚措施主要是罚款,罚没工时、开除等。在此基础上,针对各厂、生产车间的特点,分别制定了布厂罚例、摇纱间罚例、细纱间罚例、粗纱间罚例、粗细纱间通行罚例、清花间罚例等,其中对于偷窃花纱及糟蹋损坏各种物件的,一般根据其所偷、所损坏物品的价值,加倍惩罚,具体由各车间执事随时定之,故而没用量化惩罚。[3] 德大、厚生两厂是当时同业管理的典范,尤其厚生厂规28种,544条,相当系统完善。除了各部门章规外,还专门有《工人约则》,虽然主要是禁例,但与此前的企业即使有部门章程工人管理的相关制度也往往与操作规程、工资制度混杂在一起相比已经是进步。而1922年创办的永安纱厂,在日常管理上更进一步,厂规已完全从操作规程中独立出来成《办事规程》和《工人约则》,有27种,共375条,其相关内容已经相当完备,无所不包。[4]

其他工厂的管理相对粗放些,比如20世纪20年代初裕华纱厂对工人管理限制就只有10条,而且相当严酷,比如工人遇有机械危险,各安天命,没有抚恤

---

① 方显廷:《中国之棉纺织业》,国立编译馆1934年版,第139页。

② 王处辉:《中国近代企业劳动组织中包工制度新论》,《南开经济研究》1999年第5期。

③ 江苏省实业厅:《江苏省纺织业状况》"附编",1919年,第69—72页。

④ 《旧中国的资本主义生产关系》编写组:《旧中国的资本主义生产关系》,人民出版社1977年版,第223页。

金;工人迟到即除名;工人请假超过 5 日也除名;工人半月内请假一日,倒扣做工工资一日;工人一切假,倒扣工资;夜班不开餐;工人及职员在厂内不得阅只字页纸;工人及职员夜班不得请假,否则除名;工人每日工资不得超过 700 文等。尤其值得注意的是,该厂规定工人有言笑坐席者,管厂者得指责并笞挞之。上述两厂的情况在当时具有普遍性。比如裕华纱厂禁止工人及职员在厂内阅只字页纸的规定,在当今看来有些大题小做,但在当时则有些普遍性。比如,1921 年武昌官纱局工人陈义华工闲看报被"管工"张某发现当场斥责、辞退,结果引起众怒,打算去质问局长。

当时体罚的情况仍然较普遍,即使是外资企业也不例外,汉口英美烟公司的女工在 1921 年就遭遇外国工头或工师对她们动辄采取了严厉的,并有损人格的体罚方式。① 在当时的企业中,南洋兄弟烟草公司的管理制度值得借鉴,对于包烟部的管理除了有各员规则,以及罚则外,还有奖例,虽然惩罚范围和惩罚力度远远高于奖励,但毕竟有了奖励。尤其是其奖例中既有日常的勤务尽职、保存物料、不耗公物,遵守规则、谦恭和顺者,一月不告假及三月不犯过等普通员工只要尽职尽责就能做到的外,也有能留心检出次烟、确有成绩,暗报偷窃查实等需要努力与机缘的奖励。②

三、虐待与体罚的普遍性

前面已经述及北洋政府时期,资方在管理时更多是罚,尤其是货币罚款,这里不再赘述,而主要关注当时普遍存在的并不人道的体罚方式。前一部分已经说到即使是英美烟公司也有对工人严酷的,缺乏人性的惩罚,因此本部分有必要较为详细地介绍当时管理者对劳工的体罚。

当时,日常的体罚可能已经常态化,甚至不少企业的相关规章制度还有体罚的明文规定,不过体罚不应以危及工人的生命安全、身体健康为底线。但是北洋政府时期一些企业的管理者实施的一些明显的暴力体罚,并不得到社会的认可,这一部分主要将当时暴力体罚的事例加以列举,以验证当时暴力监督、惩罚的普遍存在,以及处理方式。

---

① 《民国日报》1921 年 12 月 27 日。
② 中国科学院上海经济研究所、上海社会科学院经济研究所:《南洋兄弟烟草公司史料》,上海人民出版社 1958 年版,第 23—24、286—287 页。

　　一般的体罚,无论是对雇主还是雇工可能均已习以为常,因此这里不再详细论及,只有严重的人格侮辱,存在伤亡,或者诬陷时会引起工人被动的罢工,报官,打官司,才得以为外人所知道。暴力惩罚不被社会认可,尤其导致伤亡,资方及其代理人工头等往往会被官府惩罚,因此"出事"后企业,尤其是实施者总是千方百计保守秘密。比如1923年上海大康纱厂工头王某将工人任大涛打死,并恫吓工人不准泄露秘密,不过1924年5月1日还是被刊载于《民国日报》。① 1924年上海杨树浦裕丰纱厂工头朱金洪将小工胡金宝打死,而打官司。

　　因暴力引起工人罢工,引起巡捕房、警察等弹压,涉及外资企业的往往还有外国领事的介入。比如1924年日商大康纺织厂工人被日本人吊打,致多人受伤,并诬陷工人郭巧官偷窃螺丝钉,激起公愤,进而罢工,杨树浦捕房获悉后,前往弹压,工人投诉日本领事,后经日本领事调解而和解。

　　当然有些暴力事件应该是企业中的管理者的个人行为,而不是资方行为,比如1924年上海东华纱厂的翻译陆大贤对沈树德之妻沈陈氏不遂,恼羞成怒,进而殴打致其受伤,并导致其羞愤而服毒自杀。诬陷而暴力惩罚的情况,往往也诉诸官司,比如1912年,上海统源织布厂女工徐张氏、张陈氏等控该厂诬陷其偷窃滥用私刑而致其受伤而被地方检查厅受理,查明受伤属实后,即将厂伙沈阿四、张阿德收押,再进一步调查。该厂执事史南山到检查厅诉称,徐张氏等唆使全体女工停工已有两三日,损失不小,希望能够考虑。此外,一些政府主办的企业,甚至一些外国企业还有军警维持秩序。

　　外资工厂虽然设备可能更先进,但在体罚侮辱中国员工方面相比中国企业丝毫不逊色。比如,上海日本纱厂,日人口口声声以设备完美向社会宣传与事实不符也就罢了,而且侮辱、殴打工人的情况即使在1925年五卅运动之后也并没有多少改观,而且常与巡捕房勾结。1926年施英《七论上海的罢工潮》中列举了十四条基本上都带有监督、体罚、侮辱,以及不平等性质,其中带有明显恶意体罚、侮辱性质的主要体现在前八条,最后六条诸如待遇不公,尤其童工做大人活,工资却比大人低得多,普通工人与日本工人收入、待遇差距悬殊,随意罚款等。②

---

① 《民国日报》1924年5月1日《五一特刊》。
② 施英:《七论上海的罢工潮》,《向导周报》第172期,1926年9月25日。

这里主要详细介绍前八条。第一条,"日人殴打工人之事,时有所闻,且部分男女童工,稍有不遂,即以恶毒手段痛打"。打人原因不过工人要求增减工资,工人生病、回家欲请假,就遭到暴打,甚至致死等。第二条,"昔日日人直接殴打工人,自顾正红案而后,方决略为变更,即假手于华人,如稽查流氓工头等"。如九厂稽查董友贤,因工人请假过期两天不但打人还开除工人。九厂包探及张阿二等工头毒打工人至晕倒,又用冷水激醒,并送到捕房。九厂还曾买通流氓40余人,分布厂门内,殴捕工人,新近在九厂,拘捕东五、八、十二等各厂进入捕房,任意裁决。第三条,"厂中最为凶恶之手段,即为利用租界势力,雇用巡捕进厂,不仅工厂内横行无忌,即在厂外,复时时伤及无辜"。第四条,"厂中添人时,最近益加苛刻,无论何人,均须拍照验身,女工亦须脱去衣服,受日人男医生之玩弄。女工中之不甘侮辱者,遂不去做工。平时在车间稍有小过,即迫打手印,勒写保单,视我国人如牛马奴隶"。第五条,"在厂中侮辱工人之事,不一而足。日人无好岩棉,开口即骂,动手即打。对于童工,又复拉其耳朵,踢其腰部。对于女工,则调戏胁迫。如十四厂日人小川,往往调戏女工,稍有不遂,即借端寻事"。第六条,"日人中之不良者,如七厂之登山,不论任何工人,彼往往以筒管直击之。又乌海氏不知工作,常与女工谴吵。十二厂田中之滥打工人,十四厂山枝之打骂小工,其他各厂,均有不良之日人逞势胡为,而日厂主不加禁阻,以致与日人间之恶感日深,虽未引起工潮之绝大暗潮"。第七条,日人稍有不遂,常对于工人滥施暴行,使工人受损失以为快。如摇纱女工,稍不如日人之意,即将其工簿撕毁,无论簿子上有多少工资,不予发给,而工人则无如之何也。第八条,工人在工作时,偶有疾病请假,厂中往往不予准许,竟欲其死在车间以为快,即便临产女工临时请假也不例外。此外,第十四条,五卅运动后签订的复工条件,不准带武器进场,但却没有真正得到执行,有工头就看到日本人将手枪藏于抽屉中的情况,这无疑严重威胁中国工人生命安全。

普遍存在的虐待、体罚与自由、平等的近代资本主义理念相悖,早期学者将其视作封建管理,其实,这在西方资本主义初期也普遍存在,可能是资本原始积累时期劳方力量薄弱,政府又没有也不可能提供更多保障或者说协调的结果。当然,资方没有意识到劳资和谐的重要性也是一个重要因素,但最根本的还是生产力水平制约,即便个别资方有怜悯之心,恐怕也身不由己,其突出表现是传统学徒制,包工制盛行,而体罚、侮辱工人更多是出现在工头这些相对拥有分权的个人,有的可能并非资方本意,尤其是体罚致死,体罚致罢工、暴动、打官司等,这也客观上反映出资方的不成熟。即便前面提到的日本工厂的种种体罚,更大程度上是管理失控的结果。

第九章 北洋政府时期的劳方

第一节 劳方概况

一、劳方规模的扩张

(一)一战前劳方规模

由于劳资关系的核心是工业企业,因此这一部分主要关注产业工人,而对商业不做专门讨论。据汪敬虞估计,1913 年全国工矿企业产业工人大约在 50 万人到 60 万人之间。[①] 直接估计 1913 年中国产业工人总人数的是中华全国总工会中国工运史研究室,其结果是 1176400 人(见表 9-1),约是汪敬虞估计的两倍。但其涉及范围比汪敬虞的大,其估计既包括工厂工人也包括矿业工人、铁路工人、邮电工人和海员。后者其实也不精确,一是资料来源多是 1913 年以后资料,二是工厂工人没有包括外国在华工厂,却包括部分手工业工人。笔者认为中华全国总工会中国工运史研究室的数据偏高,产业工人可能不足 100 万。

表 9-1 1913 年中国产业工人总人数

分 类		工人人数	来源及说明
工厂工人	合计	630890	摘自 1916 年第五次农商统计表,其中不包括外国在华工厂工人,但包括部分手工业工人。
	织染工业	249304	
	食品工业	181732	
	化学工业	94745	

---

① 应该说该数据确实是很粗略的,笔者查阅了汪敬虞估计所引资料,发现以 1910 年前数据为基础估计。汪敬虞:《中国近代工业史资料》第二辑,"1895—1914 年",中华书局 1962 年版,第 39 页。

分　类		工人人数	来源及说明
工厂工人	其他轻工业	64352	摘自1916年第五次农商统计表,其中不包括外国在华工厂工人,但包括部分手工业工人。
	机器器具工业	36697	
	金属冶炼工业	3648	
	电气自来水工业	392	
矿业工人		407192	据1916年第五次农商统计表,数字偏高。
铁路工人		57318	曾鲲化:《中国铁路史》,燕京印书馆1924年版,只有各国有各路职工人数。
邮电工人		11000	1931年《中国邮政统计专刊》
海员		7000	据1913年中外轮船船只和吨位,并参照邓中夏《我们的力量》估计数再估计的结果。
总计		1176400	

资料来源:刘明逵、唐玉良:《中国近代工人阶级和工人运动》第一册,中共中央党校出版社2002年版,110页。

(二)战后初期劳方规模

一战期间产业工人伴随工商业发展迅速增加,目前尚缺乏准确数据。较早的研究是刘玉凯、王真的《中国共产党成立前中国工人阶级发展的情况》①,估计五四时期中国工人总数260万人。当然,刘玉凯、王真的工人数只是2项不完备的统计和4项估计推算的结果。其中,不完备的统计有2项,一项是铁路邮电工人约20万人,其依据是北京政府《交通部图表汇编》载1919年中国邮电工人29934人,铁路工人125198人,而滇越、南满、中东、九龙铁路并未在列,而后来的交通部铁路会计总报告,原来未统计的四条铁路1924年共有工人40257人,三者相加195000多人,近20万。当然,后四路1919年时可能人数比1924年少,但1919年邮电、铁路工人总数应该超过17万,说近20万人并不过分。另一项是工厂工人约111万,是以1912年到1919年统计完全地区京兆特别区、直隶、吉林、山东、河南、山西、江苏、安徽、山西八省境内工厂及中央官厅直辖工厂的工人增长指数推算缺乏统计的12个省及绥远特别区境内的工厂工人数补充而成。

估计的内容,一是矿山工人,北京政府实业部估计1927年为872250人,考

---

① 刘玉凯、王真:《中国共产党成立前中国工人阶级发展的情况》,《学习》1951年第11期。

虑到各种矿业在 1919 年到 1927 年间有增有减,1919 年的数据应与 1927 年相近;二是海员工人 16 万,依据李达《中国产业革命概观》1929 年数据;三是外国在华企业工人数,没有记载,根据邓中夏《中国职工运动简史》当时广州工人约25 万,陈达的《中国劳工问题》为 29 万;1925 年 6 月 13 日上海总工会报告,上海英、日帝国主义企业罢工人数共计 136000 多人。以五四时期到 1925 年帝国主义企业的发展情况而言,1921 年前这些地区的帝国主义企业工人数字,不会有明显变化;四是根据李达据英文《中国年鉴》推算,仅码头搬运工就有 30 万,这应该是最低的。

张宗仁的统计有 194 万多人,中国共产党成立前,中国产业工人 190 多万,其中工厂工人为 100 万出头,矿工近 60 万,交通工人 17 万多,海员 15 万(见表9-2)。

表 9-2 中国共产党成立前中国工人人数简表

类 别		工人数
工厂工人	中国工厂	702488
	外国在华工厂	320000
矿 工		596900
交通工人	邮政工人	23154
	电政工人	10741
	铁路工人	142991
海 员		15000
总 计		1946364

资料来源:刘明逵、唐玉良:《中国近代工人阶级和工人运动》第一册,中共中央党校出版社 2002 年版,第113—116 页。

法国人谢诺对 1919 年前后中国工人数量的估计也有一定代表性,但其本人也认为其估计偏保守,特别是部分轻工业连近似数字都没有,外资企业工人仅占44%,比例可能偏小。[1] 谢诺的数据是:1919 年前后中国工人 1489000 人,其中中国企业 83000 人,外国在华企业 655000 人(见表 9-3)。

---

① 不过,相比于刘玉凯、王真,张宗仁的估计,谢诺已经很好地区分了中国和外国工人。

表 9-3　1919 年前后中国工人数字

工　业	工人总数	中国企业	外资企业
棉纺	100000	62000	38000
丝	200000	180000	20000
地毯	10000	7000	3000
袜厂等	25000	20000	5000
面粉厂	12000	8000	4000
油厂	30000	15000	15000
蛋	15000	1000	15000
食糖	3000	—	3000
烟草	50000	20000	30000
火柴	40000	30000	10000
肥皂蜡烛等	5000	3000	2000
冶金	45000	40000	5000
造船军需工厂	45000	20000	25000
水泥	6000	3000	3000
砖瓦厂	15000	5000	15000
印刷	30000	20000	10000
羊毛、棉花加工厂	25000	—	25000
造币厂	5000	5000	—
煤矿	180000	60000	120000
金属矿物矿	25000	—	25000
铁路	120000	74000	46000
邮政	28000	—	28000
电信	10000	5000	5000
海洋运输	115000	30000	85000
船坞等	200000	50000	150000
黄包车	150000	150000	—
总计	1489000	830000	655000

资料来源：Jean Chesneaux.*Le mouvement ouvrier Chinois de 1919 à 1927*,Mouton,1962,pp.24-33.

刘玉凯、王真,中华全国总工会中国工运史研究室,以及谢诺数据,无论从时间下限还是工人的界定标准并不一致,且三者差距较大,但可以肯定的是,中国工人数量相比前一阶段有明显的增加。笔者估计,战后初期中国工人大约有

150 万人到 200 万人。

（三）北洋政府末期劳方规模

1923—1927 年间劳工问题逐渐成为热点问题，调查统计数据等增加明显，因此相关资料较多，2002 年以前就有 7 种来源，即《工人旬报》、邓中夏、李达、西川喜一、片山潜、苏兆征和美国领事的估计。《工人旬报》根据各工会报告，估计全国机械工人 146 万，矿业工人 42 万，交通运输业工人 22 万，各类工人合计 210 万，以及普通劳动者 295 万。李达《中国年鉴》与北京农商部的统计估计各种工人为 275 万人。

个人的估计而言，西川喜一、片山潜和美国领事均是 1923 年，只有苏兆征是 1927 年，就行业而言，苏兆征的缺失最多，缺 7 种工人，美国领事次之，有 6 种，因此苏兆征虽时间最晚，但工人数并不多（见表 9-4）。其中，日本的西川喜一与片山潜的数字最为接近，分别为 1940000 人和 1993000 人，而苏兆征的为 1750000 人。美国领事估计竟然只有 30 万出头，显然过于保守，原因在于只涉及工业，其他工业服务业并未涉及，估计的数据偏低，可能与美国领事相对不专业有关，尤其是造船仅 182 人，可能仅仅一个厂而已。

表 9-4　北洋政府末期工人数个人估计表

工　业	西川喜一	片山潜	苏兆征	美国领事
棉花	160000	100000	280000	75000
丝	130000	130000	160000	142000
编制袜厂等	—	—	—	12000
面粉厂	15000	18000	—	15000
干蛋（打蛋厂）	15000	15000	—	—
烟草	100000	100000	40000	15000
火柴	90000	90000	—	10000
皮革	20000	20000	—	6800
造船	25000	25000	—	182
冶金	200000	200000	50000	12000
水泥	25000	25000	—	15000（砖业）
印刷	80000	80000	50000	4400
电力	100000	100000	80000	

续表

工　业	西川喜一	片山潜	苏兆征	美国领事
栈房船坞等	500000	500000	300000	—
海员	60000	90000	160000	—
邮政等	—	40000	90000	—
矿工	420000	420000	540000	—
合计	1940000	1993000	1750000	307182

注:合计数是笔者整理。
资料来源:刘明逵、唐玉良:《中国近代工人阶级和工人运动》,中共中央党校出版社 2002 年版,第 137—
　　　　138 页。

邓中夏数据,虽然相对较少,不到 186 万,却是唯一比较详细说明数据来源的,可能更有价值。[①] 其中,制造工厂工人近 65 万,运输工人 37 万多,市政工人 12000 人,外国工厂工人 32 万多,政府直辖工厂工人 2 万多,矿山工人 53 万,总计 1859423 人。

整体而言,一战后,尤其 20 世纪 20 年代初开始,工人增加速度可能放缓,但应有所增长,工人总数可能在 200 万左右,上下浮动 25 万,应该比较可信。

二、来源与分布

(一)劳方来源

北洋政府时期工人具体来源相对缺乏统计数据,只有一些零散的调查,当时工人来源应该以农民为主。比如《满洲里日报》对 1925 年 100 名大连码头工人的调查表明,有 69 人来自农村;1926 年林颂河对久大盐业 86 名工人调查发现有 51 名为农民出身,占 59.3%。50 名塘沽碱厂虽只有 22 人是农民出身,但对当时工人主要源自农民的结论并不会产生实质性影响。此外,工人运动的领导者也多出身农村、农民。

除农民之外,手工业工人和城市居民也是重要来源。近代工业吸收传统手工业工人数量,却很难确定,这主要是由于两者之间并不存在明显此消彼长的关系,近代工业更多是西风东渐的结果。当时交通不便,工厂工人一般来源于附近地区,传统手工业与近代工业分布往往存在空间错位,这也导致流向近代工业的

---

① 邓中夏:《我们的力量》,《中国工人》1924 年第 2 期。

传统手工业人数有限。就资方而言,只有在不得已的情况下,才会到外地寻求技术工人。当然,中国各地语言、文化习惯差异较大,异地创办企业的企业家,往往更愿意使用熟悉的本地工人,早期广东籍商人到直隶、上海等地创办企业也多用粤籍人,甚至英国人在京奉路开办铁路修配厂以及在唐山开办工厂时,熟练工人都是从香港带来的广州人。外来的技术工虽然数量有限,但对劳方发展确有重要意义:一是打破以就近地区农民为主的工人的地域观念,促进工人社会化,增强工人跨区域的团结,客观上促进工人的组织化;二是外来技术人员的冲击,可能会引起工人内部地区性的冲突,早在晚清一些劳资冲突就由广东籍资方厚待粤籍工人引起。整体而言,工人以本地、本省和邻省为主,外地的凤毛麟角(见表9-5)。

表9-5　工厂工人地域来源

地区 工厂	本　市		本省各地		邻　省		其他省份	
	数量	比例	数量	比例	数量	比例	数量	比例
天津棉纺织厂 3958 名	987	24.9%	2155	53.3%	702	18.9	114	2.9%
天津地毯厂 354 名	10	2.8%	327	92.5%	15	4.2%	2	0.5%
天津面粉厂 88 名	5	5.7%	47	53.4%	36	40.9%	—	—
天津纺织厂 317 名	12	3.8%	244	77.0%	60	18.9%	1	0.3%
上海邮政 815 名	11	12.9%	53	62.4%	19	22.4%	2	2.3%
上海日棉纺厂 1924 名	231	12.1%	1371	71.2%	239	12.4%	83	4.3%
100 名杨子堡工人	12	12.0%	45	45.0%	35	35.0%	8	8.0%
979 名中兴矿工	—	—	686	70.0%	161	16.5%	132	13.5%
239 名上海纱厂工人	—	—	156	65.4%	63	26.3%	20	8.3%

资料来源:刘明逵、唐玉良:《中国近代工人阶级和工人运动》第一册,中共中央党校出版社 2002 年版,第 174 页。

城市居民,主要是贫苦居民也不容忽视,可能相当部分还与农村保持联系。《南京条约》之后通商口岸的繁荣,商店店主、街头贩卖摊贩、短工苦力、守门、更夫、清洁工、富贵人家的仆人都可能破产失业而希望找到工厂工作。据《满洲里日报》和林颂河的调查,1925 年 100 名大连码头工人有 27 名源于城市。1926 年 86 名久大精盐工人有 25 名来自城市,占 29%,50 名塘沽碱厂工人,有 12 名来自城市,占 24%。① 整体而言,久大、永利两厂到厂前的职业,农民最多,其次是工

---

① 林颂河:《塘沽工人调查》,社会调查所 1930 年版。

匠,还有商店学徒、伙计和行商、苦力等(见表9-6)。

表9-6 1926年久大、永利两厂工人到厂前职业

来源 \ 工厂	久 大		永 利	
	人数	百分比(%)	人数	百分比(%)
农民	51	59.3	22	44.0
商店学徒、伙计和行商	12	13.9	7	14.0
苦力	10	11.6	5	10.0
工匠	9	10.5	12	24.0
公司机关佣工	3	3.5	—	—
士兵	1	1.2	—	—
学生	—	—	4	8.0
合计	86	100	50	100

注:工匠包括技术工人、手艺工人及家庭工人。

资料来源:林颂河:《塘沽工人调查》,社会调查所1930年版,第124、243—244页。

就性别构成而言,虽然近代中国仍然是男权社会,但女工的比例并不低,据1912—1920年的农商统计表,女工比例历年均大于三分之一,即便1915年起相关统计不充分,但仍然可以看到女工占据相当高的比重(见表9-7)。《农商统计表》统计的工厂,大部分是雇佣七人以上不使用原动力的手工工厂,因此表9-7中的工人可能多是手工工场的工人,考虑到使用动力工厂工作节奏较快,有可能男工比例稍高。

表9-7 1912年到1920年工厂男女职工人数简表

性别 \ 年份	职 工 数		合 计
	男 工	女 工	
1912	421994	239790	661784
1913	418304	212586	630890
1914	391126	233398	624524
1915	403448	245076	648524
1916	335078	239954	576032
1917	317847	237745	555592
1918	307320	181285	488605
1919	226690	183589	410279

年份 ＼ 性别	职 工 数		合 计
	男 工	女 工	
1920	245637	167367	413040

注:第一至第九次《农商统计表》,1915 年起历年统计数据均有省份数据不全。

资料来源:刘明逵、唐玉良:《中国近代工人阶级和工人运动》第一册,中共中央党校出版社 2002 年版,第 142 页。

　　从年龄来看,20 世纪 20 年代中国工人主要是青年工人,其原因主要是工厂普遍使用学徒制和包工制。法国人谢诺做了较为详细的整理①,除江苏省的不足 15 岁、50 岁以上的分别占 20% 和 24.2%,童工②和老年人合计占 44.2%③,近一半外,其他的只有上海一个日本纺织厂和青岛的一个中国纺织厂童工比例超过 20%,老年职工比例最高的是中兴煤矿 223 名机工有 13.4% 的 50 岁以上。其他比例最高的是,上海的日本一纺织厂童工 23%,女工 0.4%,合计 23.7%。杭州纺织工人女工年龄均在 30 岁以下,尤其 15—20 岁的占 77.7%,加上 7.4% 的童工,则 20 岁以下的近 85%,这可能与工人更多是未婚打工妹,结婚后返家相夫教子有关。

　　童工在当时具有相当高的比例,这在纺织工业尤其明显,即使上海也不例外。就上海中外丝厂各 39 家工厂调查的显示:39 家外国在华丝厂使用 12 岁以下童工比例最低的是 7 家美国厂,比例也达 28.1%,6 家意大利厂和 5 家法国厂,分别为 48.4% 和 47.7%。中国的 39 家丝厂使用 12 岁以下童工比例尚不到 20%,只有 15.9%。④ 笔者分析,外资丝厂之所以大量使用 12 岁以下童工,主要有三方面原因,一是能够降低劳动力成本;二是外国在华企业相对机械化水平较高;三是外国在华企业处理劳资关系,比中国企业更有经验,手段更为丰富。我国企业虽然也有降低劳动力成本的充分动机,但由于机械化水平相对较低,过多使用 12 岁以下的低龄童工不能胜任工作,反而带来管理混乱、工伤事故,增加

---

　　① Jean Chesneaux.Le mouvement ouvrier Chinois de 1919 à 1927,Mouton,1962,pp.64-66.

　　② 有的地方将童工界定为 12 岁以下,这里将 15 岁以下也视作童工。

　　③ 笔者认为江苏之所以童工和 50 岁以上的老年人较多,可能与当地工商业发达,老百姓就近就业不无关系。

　　④ 刘明逵、唐玉良:《中国近代工人阶级和工人运动》第一册,中共中央党校出版社 2002 年版,第 215 页。

成本。

中国工人普遍文化程度不高。据西川喜一1924年对上海某纱厂工人知识程度调查,发现:目不识丁的男工有60%,能认自己名字的有40%,而能写自己名字的20%;目不识丁女工达85%,能认自己姓名的不过15%,能写自己姓名的才3%。① 不过,这可能与纱厂工人只需要简单劳动有关。据1927年社会调查部对久大住厂86名工人的调查,识字者74人,不识字者12人,识字74人能看报者47人,不能看报者27人。永利住厂工人共511人,调查50人,其中不识字者16人,识字而不能看报14人,能看报20人。② 久大、永利工人之所以文化素质较高,与其企业开展的教育及其行业对文化要求较高应有关系。

(二)行业和地区分布

1919年前后,近代工人主要集中于六个地区,即上海地区和长江口,广州和广东内地以及香港,华中的湖北、湖南,山东的低地中心区,直隶的东北边区,以及东北平原的南部地区。③ 这些地区也是中国产业集中区,集中了外国在华100%、中国95%的棉纺工业,外国在华100%和中国本土98%的现代缲丝厂,外国在华100%和中国75%的面粉厂,外国在华100%和中国绝大多数的榨油厂,75%打蛋厂,100%卷烟厂,100%炼铁厂,外国93%和中国90%造船厂,100%水泥厂,外国在华95%新式砖厂和中国83%土法砖厂,100%毛纱和棉纱厂,外国84%煤矿,以及外国100%和中国70%金属矿场。劳方的分布与资方空间上高度一致,因为近代劳资微观载体——企业将劳资双方紧紧联系在一起。此外,当时日本在华,尤其东北移民已不少,根据南满铁路局调查,日本工人约占11%到15%,这与日本19世纪末加大对东北政治经济侵略,尤其自20世纪初的东北移民有关。④

地区间也有一定差异,其中上海和长江下游地区是工人分布最多的区域,上海既是贸易中心,又是轻工业中心,决定了上海棉纱厂、丝厂、面粉厂、榨油厂、火柴厂、卷烟厂工人占据重要地位,码头工、搬运工、水手、船坞、造船工、仓库工、制

---

① 王清彬、王树勋、林颂河等:《第一次中国劳动年鉴》,北平社会调查所1928年版,第384—385页。

② 王清彬、王树勋、林颂河等:《第一次中国劳动年鉴》,北平社会调查所1928年版,第385—386页。

③ [法]让·谢诺:《中国工人运动(1919—1927)》,第43—47页。

④ 陈达:《中国劳工问题》,商务印书馆1929年版,第19—21页。

革工等也不容忽视。上海当时还是中外文化活动中心之一,印刷业相对发达,印刷工人也不少。上海工人主要集中于杨树浦区公共租界、浦东、苏州河沿岸。1920年左右,上海全部工业和交通运输业大约有工人30万人。长江下游的无锡、镇江、苏州受上海的影响,工业发展迅速,也有数万工人。香港地区由于沦为英国殖民地,加之地缘优势,拥有大量的英国、中国企业,而广州则有对外贸易传统做支撑,因此广州、香港地区工人的核心力量比上海要早得多,但随中国对外经济、工商业中心逐渐转移,工人数量后劲不足。六大地区之外,虽然也有一些工业和工人,但数量和影响极为有限,估计工人不过55000人到70000人。

　　大型厂矿集中大量工人为劳方的团结和组织提供了微观基础,大的劳资事件,往往肇始于大企业。整体而言,外资企业的规模更大。① 比如,唐山开滦煤矿和抚顺煤矿各有雇工5万人左右。事实上,1914年67家雇工超1000人的工厂,本土企业有40家,雇工人数为82615人,平均每家雇工不到2100人,而27家外国工厂,雇工总数100427人,平均3700多人。外资企业集中的上海,1923年有49家雇工1000人以上的工厂,其中15家华资企业雇工总数42702人,平均每家2800多人,而34家外国在华企业有76382人,就平均雇工数而言,似乎还少于本土企业,但外资企业雇工人数较多的工厂数明显多于华资企业。

第二节　工作时间与劳动条件

一、工作时间

（一）劳动日长短

　　就劳动时间而言,理应随时间推移,越来越少,但北洋政府时期工人劳动时间比清末劳动时间有增无减,许多工厂和矿山都采用日夜两班制,每班12小时。比如,上海、天津、青岛、无锡的大棉纺,面粉、卷烟、机械工厂,以及抚顺、鞍山、淄博和井陉煤矿等矿山。丝厂则只有上海、青岛等地的几个厂上夜班,但普遍劳动时间偏长。夜班工厂不仅仅是机械化工厂,就连卷烟业等以手工操作的工厂也

---

　　① 刘明逵、唐玉良:《中国近代工人阶级和工人运动》第一册,中共中央党校出版社2002年版,第204页。

不例外。一战不久，部分现代化工厂，比如杭州武林造纸厂、北京的印刷厂都实行夜工。电厂、水厂、五金厂和开滦煤矿等少数厂矿还实行三班制，每班八小时。这似乎意味着工人工作时间缩短，但事实并非如此，由于工资较低不能维持个人和家庭基本生活，工人不得不连续上两班或隔班上，即便开滦煤矿也比较普遍。

1925 年上海、杭州、无锡工厂劳动时间，除上海外资纺织工、电器工多采用 8 小时工作制，造船厂 9 小时，上海制丝工、制袜工的计件工作时间不好确定，上海铁工多天明工作到日落外，工作时间基本在 12 小时以上，多的达 18 小时（见表 9—8）。

表 9-8　1925 年上海、杭州、无锡工厂日劳动时间表

单位：小时

工作种类	上　海	杭　州	无　锡
纺织工	11—18	12—18	12—18
印刷工	11—12	11—12	11—12
制丝厂	10—12	12—14	11—12
制袜厂	11—12	10—14	10—14
制纸烟工	12	12	12
电器工	11—12	11—12	11—12
造船厂	9	9	9
铁工	10—12	10—12	10—12
面粉工	10—12	10—11	10—11

资料来源：《保工汇刊》，第 196—197 页。

其他地区也有类似情况，据《中国第三次全国劳动大会汇刊》第 7 期，第 8 期的记载，除部分电灯、电话工人外，一般工人工作 11 小时以上，多的有 14 到 19 小时的，其中大致比例为，11 小时的占 40%，12 小时的占 40%—50%，9 小时到 10 小时的占 8% 到 9%，14 小时到 16 小时的占 11% 到 12%，8 小时的不过 1%、2% 而已。[①]

整体而言，当时盛行每天工作 12 小时，甚至更长的长日班。比如上海丝厂

---

① 刘明逵、唐玉良：《中国近代工人阶级和工人运动》第一册，中共中央党校出版社 2002 年版，第 238 页。

是早晨五六点上班,直到下午五六点下班,英美烟公司是早七点到晚七点。天津23 家纺织厂平均每天 11 小时 55 分钟,个别长达 14 小时,甚至 15 小时。山东、无锡四厂,天津、青岛、济南和北京火柴厂都是 12 小时到 14 小时。另据 1923 年调查,北京地毯工业,19 个厂是 14 小时,83 个厂是 13 小时,21 个厂是 12 小时,只有三个厂在 10 小时以内。就行业而言,印刷、机械、造船、铁路和铁路工厂劳动时间稍短,一般 10 小时左右。劳动时间较短的似乎都是技术密集型工厂。资方安排的劳动时间紧张,部分工厂没有吃饭、换班时间。

除此以外,资方还采取各种方式延长劳动日,比如强迫工人加班加点,用增加工资或加班费、年终分红吸引其加班加点,增加劳动强度,做礼拜工等。女工与男工劳动时间差不多,或昼夜轮流,每班工作 12 小时,或者只做日工 12 小时至 15 小时,甚至 17 小时。劳动时间内,仅有少数工厂于中午、夜班及换班时间时,各给 15 分钟至 30 分钟休息。童工与成年工的时间也并没有明显差别,即便上海、天津和北京等大城市也不例外。

早期学者可能受政治意识形态影响,将加班等界定为加强剥削,但客观地说,一些企业的加班制度即使在当代也有借鉴意义。比如,南洋兄弟烟草公司对长工和机器散工开夜工的工资均做了明确规定,长工开夜工的根据月薪标准,每小时给予不同的工资,从 0.04 元到 0.25 元不等共 7 个等级,平均下来略低于月工资,但月工资有时工作不足也会照发;机器散工开夜工则根据工作时间的不同,算不同工时,且比正常上班略多。[①]

(二)年工作日数

除了每天工作时间外,假期也是一个不容忽视的因素。整体而言,北洋政府时期全国各行各业工人全年休息时间极少,方法也各异,在新式工厂和矿山,有采用星期制的,也有按月休息的;铁路职工一般每年有若干假日。一般而言,农历新年、端午、中秋,以及国庆都列入假期。[②] 具体天数,则根据企业、行业及地方习惯而定。除了传统假期之外,平时假期一般有两种方法,一种是每周日休息一天,另一种是每逢阴历初一、十五或初二、十六休息。前一种休息的天数显然

① 中国科学院上海经济研究所、上海社会科学院经济研究所:《南洋兄弟烟草公司史料》,上海人民出版社 1958 年版,第 22 页。

② 刘明逵、唐玉良:《中国近代工人阶级和工人运动》第一册,中共中央党校出版社 2002 年版,第 268 页。

是第二种休息天数的 2 倍有余,现实中的企业两种方式难分伯仲。[①]

矿业休息天数则差异较为悬殊。据虞和寅《矿业报告》记录的五个煤矿,本溪湖煤矿、奉天的打药沟煤矿、直隶的柳江煤矿、山西保晋煤矿和抚顺煤矿休息时间均不一致。[②] 整体而言,即使同一行业劳动日数也相差悬殊,比如纺织工厂最少 240 天,最多达 350 天。[③]

整体而言,各地工厂日劳动时间和年劳动日均不少,李立三的《中国职工运动概论》整理北京、上海、汉口、江苏各地、杭州、天津的纺织、印刷和五金行业的劳动时间验证了工人日工作时间和年工作日数偏长的情况(见表 9-9)。当然,李立三的数据出现年工作 365 天的情况,似乎有悖常理。

表 9-9 各地重要工业工作时间表

产　　业	纺　　织	印　　刷	五　　金
北　京	301 日 12 小时	305 到 350 日 8、22 小时	310 到 365 日 8 到 12 小时
上　海	300 到 350 日 11 到 20 小时	300 到 355 日 8 到 16 小时	310 到 365 日 8 到 20 小时
汉　口	335 到 350 日 12 到 20 小时	320 到 350 日 16 到 20 小时	324 日到 365 日 8 到 20 小时
江苏各地	208 到 350 日 12 到 20 小时	330 到 350 日 10 到 16 小时	324 到 365 日 8 到 16 小时
杭　州	320 日 12 小时	348 日 10 到 16 小时	362 到 365 日 8 到 16 小时
天　津	266 到 312 小时 10 到 12 小时	320 到 350 日 10 到 16 小时	324 到 350 日 8 到 16 小时

资料来源:李立三:《中国职工运动概论》,1927 年,第 36 页。

二、劳动条件与劳动保护

(一)恶劣的劳动条件

一般所言劳动条件,主要指工作环境,北洋政府时期工人劳动条件相当恶

---

①　刘明逵、唐玉良:《中国近代工人阶级和工人运动》第一册,中共中央党校出版社 2002 年版,第 268—269 页。

②　虞和寅:《矿业报告》,第 1—5 册,农商部矿政司,1926 年。

③　[日]宇高宁:《支那劳动问题》,上海国际文化研究会 1925 年版,第 258 页。

劣。以纺织业为例,工厂一般缺少劳动保障设施,厂内不要说休息场所,就连上海一些工厂曾经为女工所设座位,都被撤去。夏天纱厂温度达到华氏九十四五度①,纤弱的妇女不少难以抵抗连续工作,以致出勤率降到3%,而且大都面黄肌瘦,脚部水肿。② 就工作场所而言,《上海妇女组织联合公报》生动地描述了当时情形③,整体而言,工作环境相当嘈杂、恶劣,劳动强度相当大,工人无法实现家庭照顾,而不得不把儿童带到工厂,甚至自行到工厂,而其生理和心理显然都无法承受工作时间长,劳动环境恶劣,晚上往往不得已而"偷懒",而作为普通管理人员可能出身疾苦,故能理解,而采取放任的态度。代表资方的委员会从资方生产效率角度力主取缔年龄过小的童工,而童工何处去?某日本纺织公司的上海多处纱厂给予其初等教育机会的做法无疑更人道和具有现代性。

劳动条件恶劣,没有基本的劳动安全保障,具有普遍性,工人患病时企业一般不管不问。1927年武汉《国民论坛报》调查表明:"工人患病时,厂方一分钱也不给。厂里没有一块地、一间屋可供工人工间休息之用。"厂方把工人劳动看成是尽量压缩开支的必要来源,从不关心工人的死活。④

1925年《青年工人问题》描述的青岛日本工厂,可能具有普遍性。⑤ 做工所受的苦处一言难尽,十三四岁小孩,夜工得站十三四个小时,稍一合眼就会受到各种严厉体罚,并罚工钱。做工时,无论多大的病,均不准请假。裹足的女工,每天工作十三四个小时,不得已稍坐一下,但被日本人发现,马上会遭受体罚和罚款。放工时,都得搜身,要等一个多小时,下雨下雪时工人都会被淋透,尤其对女工,要搜鞋,甚至脱光,满足新来日本人对中国裹脚好奇等。棉纱间冬天开窗,居然以做工不灵活为由,不让工人穿棉衣,冻得做工者失去知觉;夏季怕进湿气,不准开窗,生病也不准请假,吃饭也得做活。饮水处在厕所,而且不是专门饮水。虽然有宿舍,但8人一小间,闷得要命,有病时,厂里医生随便给些药吃。工厂饭

---

① 大概相当于35摄氏度。摄氏度＝(华氏度−32)÷1.8。

② 王清彬、王树勋、林颂河等:《第一次中国劳动年鉴》第一编,北平社会调查所1928年版,第557页。

③ 引自王清彬、王树勋、林颂河等:《第一次中国劳动年鉴》第一编,北平社会调查所1928年版,第566页。

④ 刘明逵、唐玉良:《中国近代工人阶级和工人运动》第一册,中共中央党校出版社2002年版,第282页。

⑤ 《青年工人问题》,上海书店1925年版,第17—19页。

堂,饭菜奇差,经常有变质的,但没有选择。日本工人则待遇优于中国工人,尤其日本人每天尚有两小时休息时间,而中国工人没有。

缫丝业与棉纺织业类似,大量女工和童工存在的同时,而又缺少基本劳动保护。其他行业工作条件并没有比棉纺织业和缫丝业好,相反可能更多使用机器,工人可能被卷入机器等而直接伤残、毙命,大的工厂也不例外,而污浊空气的普遍化自不用说。比如上海大有榨油公司极易碰到机器"不免要受伤",但"其最可惨的,莫若死伤于机轮上,及皮带上的工人,大都非粉身碎骨,即断头臂落。这几年来惨遭这种死伤的,将近20人了"。除了机器直接致人伤亡外,由于空气不流通也会带来致命的职业病,"在盛夏的时候,机器室中发现痧症者,每日必十数起,因而致命的,每年必有好几个"。凡此种种,究其原因,与工厂管理不善有极大关系,工厂对死伤还不给抚恤,残废的还辞退。① 在卷烟业,即使国际托拉斯英美烟草公司劳动条件"实不异于深囚牢狱"。② 此外,印刷、火柴等行业,劳动条件同样恶劣,这里不再赘述。

与工业对应的是矿业,矿业尤其井下劳动条件恶劣。以当时最先进的开滦煤矿为例,井上的上等工匠,相对来说工资高,工作环境之恶劣却超乎想象,1920年《新青年》描述:"这般苦汉,到在煤洞子里,虽是隆冬,也热过盛夏;甚而至于空气不足,窒闷欲死。且常有土地塌陷,或煤石下坠,压成肉饼的。井下的煤,用人工挖,用马车运,要是塌陷的时候,外国工师一定问伤马了没有? 至于人的死活,他们不很注意,因为死一马价值百八十元;死一工人,仅出抚恤40元,工人的生命,比牛马还贱几倍!"③深井之下的情形则是:"大路阔十一尺高八尺,途中昏黑没灯火及种种设备,非常泞泥,路旁有水沟,水深过膝。路中设轨,用骡车运煤,小路阔只七尺,高只四尺半。走的须俯伏行走。顶和两旁用木柱上撑,身首偶触之,煤块纷纷从上下坠。工作的地方非常狭窄,且煤层向上作斜坡,矿工赤身涂炭,屈曲如猬,借一点灯光,在内工作。这种轻装,看见的都要想这是宗教里的地狱,而非人间。并且还有许多危险的工作。虽然里面有通气的风筒,但是一些流动的空气都没有。空气里夹着煤气,水汽,硫磺气和种种重浊的臭气。气温

---

① "大有榨油公司的内幕",《伙友》第2册,1920年10月17日。
② 引自刘明逵、唐玉良:《中国近代工人阶级和工人运动》第一册,中共中央党校出版社2002年版,第289页。
③ 《唐山劳动状况(一)》,《新青年》1920年5月1日,第3页。

的高至华氏 83 度,气压的大大到水银柱 32 寸 7/10(在第八层 14 尺下)地面都是水,伸腰须覆在地上。"①

（二）有限的劳动保护

北洋政府时期工矿业劳动保护不足,更糟糕的是,工人因公伤残后,资方还比较冷漠。1921 年日本内外棉第四厂,女工杨阿娥,被机器轧死,结果被认为自己不小心,厂里毫不负责,没有支付一点抚恤。不久,小工张金兰,快放工时,因劳累,注意力不集中,被机器皮带将手、臂、头各部卷入,顿时轧死,没有抚恤,只是抬到验尸所掩埋。这在当时纺织企业具有普遍性。

上海等大城市一些工厂建立了医院。比如,在美国浸礼会与沪江大学的发起下,上海杨树浦区的若干工厂厂主(主要是纺织厂)支持设立了上海工业医院和药房,各厂提供经费,工人如有受伤患病等情,由厂方给予证明卡片,即可按照病情,享受住院治疗或药房门诊权利,如果病人需要住院,住院费用由厂方提供。②

个别知识密集型企业,可能劳动保护稍多,其中比较突出的是上海商务印书馆。③ 上海商务印书馆女工"产前产后,二个月内,不许到所做工;由所里给予保产金 10 元,让她安心调弄"。印刷所还设有"疗病房",延聘著名西医,在所职员工人,无论男女,都可进去治病。因公受伤,还可在内养病。上海商务印书馆还附设学校,收的学生,有完全免费的,半费的,工友子弟可以享受此权利。还有附设的青年励志会,有种为英文夜校,学费很便宜,好让工人及其子弟,工余补习。还有一所养真幼儿园,给工人子女就学。

矿业由于事故频发,政府历来比较重视,1924 年北京农商部就公布了《矿山保安规则》《煤矿爆发预防规则》等,但即便大矿也难以落实,外资及中国资本控制的大型矿业几乎置之不理,中小矿即便有心也无力,政策法规失灵。前文已述及开滦对因工死亡的工人有抚恤,但在劳动场所却较少劳动保护措施。这里再以中兴煤矿为例加以说明,据刘心铨《山东中兴煤矿工人调查》,工人死伤后,均有抚恤,第一次死者给抚恤京钱 200 吊文(约合大洋 70 余元),伤者由公司负责治愈后每人给京钱 100 吊文。第二、三两次抚恤实情不详;但据公司之规定,

---

① 《唐山劳动状况（二）》,《新青年》1920 年 5 月 1 日,第 6 页。

② 引自上海社会科学院历史研究所:《五卅运动史料》第 1 卷,上海人民出版社 1981 年版,第 239 页。

③ 《上海劳动状况》,《新青年》1920 年 5 月 1 日,第 28 页。

1916 年以后凡因公死亡者,里工、外工一律抚恤 78 元。1927 年工会成立,因公死亡者一律改为 100 元,不久又增为里工 200 元(抚恤金 150 元,丧葬费 50 元),外工 150 元(100 元抚恤金,50 元丧葬费)。因工受伤及餐费,疾病及因病死亡都有明确之规定,并相对此前大为改善。[①]

三、劳动灾害与疾病

由于普遍缺乏劳动保护,劳动灾害和疾病较为普遍。在纺织工业,1924 年戴克耳的《上海工业医院八百八十件纱厂工人病情的分析报告》记载了 1919 年 9 月以后的四年间英商怡和纱厂、杨树浦纱厂、东方纱厂,日商上海纱厂第一、二、三厂,华商厚生纱厂、德大纱厂、恒丰纱厂等纱厂的工人住院治疗情况,虽然其没有涉及死亡工人,涉及企业有限,但还是可见当时较为现代化企业的劳动灾害之一斑。这里借助刘明逵、唐玉良稍有修正的住院疾病人数与工伤事故来加以分析(见表 9-10)。表中不包括轻微的门诊伤病人员,应也不包括工伤当场致死人员,还有一些伤病较重工人在外就诊,更有一些轻微的直接放弃到医院治疗,因此数据相对保守。

表 9-10   住院疾病人数与工商事故的百分比

类别	病人总数	所占比例	工伤人数	占住院比例	其他疾病人数	占疾病比例
男工	566	65%	231	41%	335	59%
女工	164	18%	43	26%	121	74%
童工	150	17%	100	67%	50	33%
共计	880	100%	374	43%	506	57%

资料来源:刘明逵、唐玉良:《中国近代工人阶级和工人运动》,中共中央党校出版社 2002 年版,第 304 页。

表 9-10,童工是 15 岁以下工人,发生工伤事故就医 100 人。工伤事故平均年龄为 12 岁,最小才 5 岁。所有疾病住院的男工占 60%,女工占 40%。工伤事故 231 人,女工为 43 人,童工 100 人,但当时的纺织业应该是大量雇佣女工和童工,男工的比例应该不是太高,戴克耳等的调研得出该医院所服务的工人构成大致为女工 55%,男工 25%,童工 20%。男工伤病住院的相对比例最高,童工次

---

① 刘心铨:《山东中兴煤矿工人调查》,《社会科学杂志》1932 年第 1 期。

之，女工最低，这应该与男工工作岗位比较危险，儿童工作岗位虽然危险性不如女工，但因为童工过于年幼，自我保护能力差，生理和心理都不够成熟，又缺乏工作经验，因此受伤比例相对较高。戴克耳认为，中国工人即使用安全的机器设备，由于既无经验，又无技能，不受伤几乎不可能。男工工作种类多，女工与童工多在机器旁，因此男工受伤部位较为分散，可能涉及搬运、装配等重体力活，男工躯干受伤的比例也相对较高，而女工与童工，绝大多数伤在上肢（见表9-11）。

表9-11　男工、女工、童工受伤部位比较

类别	上肢	下肢	头部	躯干
男工	35%	34%	16%	10%
女工	53%	18%	20%	6%
童工	51%	30%	15%	3%
合计	42%	31%	16%	7%

资料来源：刘明逵、唐玉良：《中国近代工人阶级和工人运动》，中共中央党校出版社2002年版，第306页。

因为缺乏劳动保护，工人患病的情况相当普遍。比如，塘沽久大制盐厂工人比当地人常患全身血液病的感冒、皮肤炎症、外科局部炎症、外科小损伤等。[1]即便机械化程度较高的劳动灾害也较普遍，据上海《民国日报》1921年载上海闸北大郊机器厂曾令工人兼做日夜工，以致工人精神疲劳，常酿惨剧。[2]

由于劳动条件恶劣，劳动危险系数高，虽然政府规制较多，但各种矿业劳动灾害从死亡人数来讲是其他行业无法比拟的。据1929年《矿业周报》第1辑描述，大矿发生灾变，动辄死伤数十人或数百人。1915年中兴煤矿因沼气爆发导致旧窑积水涌出，沼气着火，死458人。1917年、1920年萍乡煤矿因火灾分别死亡27人和48人。1920年唐山煤矿（估计是开滦）沼气爆发，死434人。1923年抚顺煤矿老虎台煤坑爆发，死69人。1925年井陉煤矿第三段沼气爆发，死20余人。

以上只是少数煤矿，其他煤矿曾发生灾变，只是伤亡不详。本溪湖煤矿资料相对详细，1912年到1924年因水火灾变，受伤的有26044人，死853人。[3] 唐山

---

①　林颂河：《塘沽工人调查》，社会调查所，第95—97页。
②　刘明逵、唐玉良：《中国近代工人阶级和工人运动》，中共中央党校出版社2002年版，第318页。
③　中华矿学社：《矿业周报》，第1集，1929年4月，第10—11页。

开滦煤矿伤亡事故频发,1920年《唐山劳动状况》描述"生死率:还没有精确的报告。据说每月因伤死于矿内者平均四人,多的时候十余人,几十人不等(病死者不计),大半因不通风的闷死和中毒死。伤的人数比死的多两倍。生率无从调查"。① 当然这只是冰山之一角,矿业劳动灾害实际比此严重得多。比如,奉天抚顺煤矿1912年起每年死伤的采煤夫在1200人以上,1914年起在1500人以上,其中1915年1901人,1916年、1918年、1919年超过3000人次。本溪湖煤铁矿1918年死亡39人,重伤109人;1919年死亡242人,重伤253人;1920年死亡39人,重伤40人。此外,山东淄川煤矿1927年一次死亡151人。一些重金属矿由于缺乏专业劳动保护,可能导致重金属中毒,劳动灾害尤其可怕,比如云南个旧锡矿共有近五万名矿工,40%的矿工干活三四年以后便砷中毒而死,即便工作几个月,皮肤也差不多变成青色。②

第三节 收入与生活状况

一、收入状况

(一)工资收入

北洋政府时期工人工资水平,最为系统的莫过于1919年北京农商部的工资调查报告。③ 统计包括京兆、直隶、吉林、山东、河南、山西、江苏、安徽、福建、浙江、热河省数据,虽然没有包括全国所有省,但无疑是最为系统的工资资料,并且各省数据具体到"道"④,大致反映了各地日工资大致水平。涉及行业包括制造服用品、制造饮食品、建筑业、器具制造、杂业。农事劳动者工资,男仆、女仆和夫役等与近代劳资关联度并不大。由于当时工资、生活水平比较低,工食显得比较

---

① 引自刘明逵、唐玉良:《中国近代工人阶级和工人运动》第一册,中共中央党校出版社2002年版,第328—329页。

② 洛易斯·惠勒·斯诺:《斯诺眼中的中国》,王恩光等合译,中国学术出版社1982年版,第42页。

③ 农商部总务厅统计科:《第八次农商统计表》,1919年。

④ 民国北京政府时期,曾经在省下设"道"为次级行政区划单位,并曾计划"废省置道",将全国划分为70多个道,但之后并未采用此规划,而之后"道"这个行政区划也被废除。

重要,因此农商部统计表专门提到是否包含工食。

　　整体而言,各省平均工资差距并不大。比如织工男工工资,有工食时全国平均日工资为 0.22 元,统计的 11 个省京兆、直隶、安徽省最低均为 0.16 元,最高吉林省为 0.38 元,其次为福建省 0.33 元,江苏省为 0.28 元,浙江省为 0.25 元,山东为 0.22 元,河南、山西均为 0.19 元,热河为 0.17 元。工资差别不明显反映出工资普遍较低,如果再低可能根本无法维持工人的简单再生产,甚至工厂对附近农民也会缺乏吸引力。各省乃至全国平均工资较低,与大量使用童工、女工、学徒有关,农民的季节性兼职也会大大降低其对工资的刚性需求。此外,相关工资涉及包工的,工资是工人实际所得还是资方给予工头的尚不得而知。不供食的织工男工日工资全国平均为 0.33 元,比提供工食的日平均工资高 50%,各省提供工食与否的工资差在 0.08 元到 0.14 元间。工厂提供工食并非意味着工人待遇提高,而是抵消了工人相当部分工资,提供工食反映出工人工作时间长,没有时间自己准备工食。

　　全国工人月工资的数据只有上海基督教青年会工业委员会调查报告,但原报告已经失传,目前只有《支那劳动问题》转载该报告的数据,而且数据明显有衔接不上的地方,如果说纺织工人中男精工的月最高工资 26 元,最低工资 12 元,平均工资 26 元有一定合理性的话,其他工业的粗工月最高工资为 16 元,最低工资为 6 元,而平均工资居然只有 1.8 元就无法解释了(见表 9-12)。

表 9-12　全国工人工资概况

单位:元/月

种类	粗　　工						精　　工					
	男　工			女　工			男　工			女　工		
	最高	最低	平均	最高	最低	平均	最高	最低	平均	最高	最低	平均
纺织	12	6	9	10	6	7.5	30	12	26	24	8	12
铁厂及机械工	20	10	15	—	—	—	50	20	25	—	—	—
矿厂	18	9	14				40	16	22			
制丝	12	6	8.5	10	5	7.5	22	6	12	22	6	9
其他	16	6	1.8	5	3	5.5	30	9	15	20	7.5	12

资料来源:[日]宇高宁:《支那劳动问题》,上海国际文化研究会 1925 年版,第 227—228 页。

相对于普通工人,新兴邮政、电报业工资相当高,尤其 1925 年以后更是明显,不过即使 1920 年也不低。[①] 就月薪而言,邮务生 1920 年工资为 20—30 元,拣信生 8—30 元,跑码头 20—30 元,信差 11—29 元、听差 10 元,粗工 9 元。到 1925 年 8 月前,邮政局工作人员月薪有所增加,信差增加到 17—35 元(14 个等级),拣信生增加到 18—44 元(12 个等级),邮务生增加更为明显,从试用到超等一级的 16 个等级工资按级别从 28 元到 110 元。1925 年 8 月因大罢工调整工资后,月薪有进一步增加,信差工资增加到 19—48.5 元,拣信生工资增加到 21—71 元,邮务生取消试用一级,增加幅度也更为明显,月薪为 35—150 元。高等级工人工资增加绝对数和相对数更多,这可能与其有技术,在企业服务年限较长有关。相对于邮政业,电报局人员的工资更高,这可能与电报业技术含量高有关,1925 年 9 月前全国电报局工人工资从试用到 24 级工,工资从 10 元到 180 元。[②] 据《民国十四年支那之劳动争议》载,1925 年 10 月 4 日罢工圆满解决后,11 月北京交通部通过的过渡办法,对工人酌加津贴,津贴根据工资水平分为 4 档,第一档工资 15—24 元,津贴 10 元,第二档工资 28—36 元,津贴 9 元,第三档工资 40—60 元,津贴 7 元,第四档工资 70—90 元,津贴 6 元。[③] 这两个行业工资明显偏高,除新兴行业利润较高,对员工素质要求较高外,国家垄断也不容忽视。

再看女工和童工的工资,《中国妇女劳动状况》系统统计了 1914 年到 1921 年缫丝、制棉、纺绩、丝织物、棉织物、麻织物、毛织物、卫生衣裤、染色、陶瓷器、砖瓦、造纸、火柴、造胰、香烟、糕点、碾米制粉、印刷、制帽行业的最高最低工资。[④] 整体而言,无论是最低工资,还是最高工资都有所增长。具体而言,缫丝业 1914 年最高工资和最低工资分别为 0.35 元和 0.15 元,1921 年分别为 0.60 元和 0.22 元;制棉 1914 年最高、最低分别为 0.25 元和 0.15 元,1921 年涨到 0.38 元和 0.20 元;纺绩 1914 年最高、最低分别为 0.40 元和 0.14 元,1921 年则为 0.85 元和 0.23 元;丝织物 1914 年分别为 0.12 元和 0.006 元,1921 年为 0.42 元和

① 唐海:《中国劳动问题》,光华书局 1926 年版,第 162—166 页。

② 唐海:《中国劳动问题》,光华书局 1926 年版,第 495—497 页。

③ 引自刘明逵、唐玉良:《中国近代工人阶级和工人运动》第一册,中共中央党校出版社 2002 年版,第 492 页。

④ 毛一波:《中国妇女劳动状况》,《时事新报》1926 年 5 月 5 日。

0.18 元;棉织物 1914 年分别为 0.33 元和 0.15 元,1921 年为 0.60 元和 0.20 元。

就男女工人工资关系而言,下面以女工比例高,工商业相对发达的江浙两省的上海、杭州、无锡加以说明。男工工资并非普遍远高于女工,比如上海的纸烟工男工为 0.45 元到 0.75 元,女工为 0.35 元到 0.75 元;无锡的普通纺织工为男工 0.18 元到 0.40 元,女工为 0.20 元到 0.30 元,同样的情况也发生在杭州。①这可能与这些工作女工与男工效率相差无几有关,客观上说明男工与女工的工资差异与工作能力关系密切,而性别歧视的因素则较少。

童工生产效率较低,加之缺乏议价能力,工资自然有限。上海工部局童工委员会报告:纱厂童工,每班 0.20 元;丝厂童工每日 0.20 元到 0.25 元;烟厂童工每日 0.20 元到 0.30 元。② 1926 年北京农商部对上海、杭州、无锡童工调查显示,童工工资普遍较低。纺织童工在上海、杭州与无锡分别为 0.15—0.30 元,0.10—0.25 元,0.10—0.20 元;制丝童工分别为 0.15—0.20 元,0.10—0.20 元,0.10—0.20 元。③ 天津几个大纱厂童工工资似乎偏高,恒源纱厂为 0.30—0.40 元,华新纱厂为 0.20—0.30 元,裕元纱厂为 0.2—0.3 元。④

（二）其他待遇

工人除了工资之外还有一些其他收入来源,这在上海等地尤其明显。上海纱厂除工资外,还有勤续奖金、加班津贴、每月奖金、年终奖金、出品奖金,以及茶水费等。其中,勤续奖金可能是为了避免工人流动性过强而对工人给予的奖赏,一般与在该厂工作年限和技术熟练程度等挂钩,比如上海某纱厂勤续赏金最少的 3 元,最高的达 42 元,级别越高的工人获得的勤续赏金越高。⑤

工头是日常工作的组织者,可能比普通工人更重要,其奖金以工资为标准,并考虑其管理发挥的作用,因而奖金不少。比如某纺织厂规定头等工头勤续奖金是其 30 日工资,二等工头是 20 日工资,三等工头是 15 日工资,缺勤一天扣 1/150。

此外,一些工厂有每月奖金、年终奖金和出品奖金。每月奖金标准以工资为

---

① 北京政府农商部:《保工汇刊》,1926 年,第 199—201 页。
② 刘明逵、唐玉良:《中国近代工人阶级与工人运动》第一册,中共中央党校出版社 2002 年版,第 497 页。
③ 北京政府农商部:《保工汇刊》,1926 年,第 199—200 页。
④ 北京政府农商部:《保工汇刊》,1926 年,第 160 页。
⑤ ［日］宇高宁:《支那劳动问题》,上海国际文化研究会 1925 年版,第 197 页。

依据,对不缺勤的员工给予较高奖励,缺勤少的也给奖励,其中缺勤员工往往与满勤的月奖相对悬殊,缺勤多者没有。比如,上海某纱厂规定月缺勤4次就没有,月工资10元的工人每月奖金全勤者为1.50元,缺勤者为0.80元;月工资8元的,全勤奖为1.1元,缺勤者0.60元;工资6元的,全勤奖为0.8元,缺勤者0.4元;工资4元者,全勤奖为0.50元,缺勤者0.25元。

年终奖并不高,上海某纱厂头等年终奖金不过5元,二等奖金4元,三等奖金3元,四等奖金2.5元,五等奖金2元,六等奖金1.5元,七等奖金0.5元。其中,头等限于班长、工头助手;二等限于中等工人及加油助手等;三等以下则是工役等。

计件工人一般产量越高,奖金越高。上海某纱厂,精纺部技术要求较高,附加值相对较高,奖金也比其他各部门高。比如每半月较定额的产品价值多出7元以上的,精纺部奖金为1元,而其他部则只有0.7元,多出2元,少于3元的精纺部为0.3元奖金,其他部为0.2元。企业给予奖金是按产品价值,而不是产量,反映出资方经营能力的提高,要求工人不仅仅是数量,还要保证质量。

此外,部分企业,尤其国有企业还有分红。比如,1913年《时报》有南京造币厂分红不平而引发工人罢工的记载①,推断此前就有工人分红制度,遗憾的是没有详细资料。

(三)工资与物价动态比较

整体而言,名义工资上涨远不如物价上涨。比如上海纺织工人1921年愤慨,虽然物价比以前贵数倍,工资却与以前差不多。② 汪敬虞、魏金玉整理的一战前后广州、汉口、上海、天津四大工商业城市的工资增长均低于物价的增长速度(见表9-13)。

表9-13　广州等四大城市工资、物价变动表

广　州			汉　口			上　海			天　津		
年份	工资	生活	年份	工资	食物	年份	工资	米价	年份	工资	小米
1913	100.0	100.0	1911	100.0	100.0	1913	100.0	100.0	1911	100.0	100.0
1919	105.3	132.9	1921	220.0	250.0	1919	123.1	138.4	1921	133.3	166.7

资料来源:汪敬虞、魏金玉:《五四运动的经济背景》,《经济研究》1959年第4期。

---

① 引自刘明逵、唐玉良:《中国近代工人阶级和工人运动》第二册,中共中央党校出版社2002年版,第352页。

② 《做工是卖身吗?》,《劳动周刊》1921年11月21日。

上海总商会月报记录了 1912 年到 1921 年间机工、木工、成衣工的工资实数与指数,以及煤、铁、棉、布、米等基本生活资料价格的变动情况。就工资而言,1921 年比 1913 年机工工资增加最多,但也只有 30.8%,成衣工增加 11.1%,木工仅增加 5.6%。物价方面,煤炭增加 220%,铁更是增加 411.3%,棉增加110%,布和米相对上涨幅度有限,但均近 60%。① 因此工人虽然工资绝对数增加,但却相对贫困化。1921 年以后到 1926 年上海的物价与工资有唐海的调查,其结论是"在最近四五年内,无有不陡涨者,如电车涨价几二倍,房租约一倍,柴、米、油、盐布匹之类,均自半倍以至一倍,而工人供职,较十余年前之所得者,仍无甚差异"②。可见,进入北洋政府后期工资上涨极为有限,生活成本大涨,因此工人生活出现相对贫困化。

除以上主要工商业城市外,还有必要看看北洋政府所在地北京情况,其物价远逊于上海等工商业城市。孟天培、甘博在《二十五年来北京之物价工资及生活程度》中对 1912 年到 1924 年间当时北京的主要生活资料白面、小麦、小米面、白米、豆面、小米、小米莛售、玉米面、猪肉、羊肉、香油、花生油、盐、腌萝卜、中国布、外国布、煤球等历年平均价格演变进行了研究。③ 这也是相对其他城市而言生活资料最多,跨越时间最长的数据,因此颇具典型性。1912 年除猪肉、盐、香油、腌萝卜、中国布(1914 年才有数据)是 1912 年到 1924 年间最低外,其他即便 1914 年才有数据的白米后来的价格也多次低于 1914 年的 5.80 银元/百斤。④ 整体而言,除小米、羊肉 1924 年的价格低于 1912 年的价格外,其他价格均有不同程度的增长,但整体上涨幅度并不明显。但银元是当时中国硬通货,其贬值幅度相对有限是公认的事实,而工人工资更多支付的是大幅贬值的铜元,因此名义工资虽有所增加,但生活水平还是下降了。工资上涨赶不上物价在北京也是存在的,同样在北京,瓦木匠、小工的工资均以 1912 年为 100,则 1924 年的工资指数分别为 100 和 107,而1912 年的生活费指数为 102,但到 1924 年生活费指数已经达到 126。⑤

---

① 《社会经济及交通农工业状况之调查》,《上海总商会月报》1924 年第 4 期,第 35—36 页。
② 唐海:《中国劳动问题》,光华书局 1926 年版,第 193 页。
③ 孟天培、甘博:《二十五年来北京之物价工资及生活程度》,国立北京大学出版部 1926 年。
④ 考虑到 1912 年前清末的政治动荡,尤其 1911 年底辛亥革命的冲击,大部分物价在 1912 年偏高尚属合理。
⑤ 引自刘明逵、唐玉良:《中国近代工人阶级和工人运动》第一册,中共中央党校出版社 2002年版,第 527 页。

二、工人生活状况

反映北洋政府时期工人生活状况最为系统的是王子建整理的资料,即便其缺1912年到1916年资料。[1] 由于个人生活费部分资料相对不翔实,这里借助家庭生活费调查情况予以介绍,因为工人来源于家庭,又回归家庭,家庭生活费更能反映客观实际。

王子建整理的北洋政府时期家庭生活费资料共有17例[2],还有个别是北洋政府延续到南京国民政府时期的,家庭人数一般2人以上,很少有超过5人的,估计部分家庭总人数达到10人左右,这些家庭规模明显小于当时农户家庭。同样是王子建遴选的农户每家平均人数最低的为4.44人,最高达15人。王子建整理的工人资料,既包括有技能工人,又包括无技能工人;既包括当时主导工业的纺织工人,也包括处于过渡形态的工场工人,近代新兴的非典型产业工人人力车夫,还有伴随工业化空间拓展形成的乡村工人[3]。劳工家庭职业收入多的不过三四百元,只有1925年到1928年的南满铁道会社调查的满铁关系工场工人超过400元,达到453.72元[4],多数仅一二百元,工人还要负责家庭成员的消费,这意味着工人家庭生活的贫困。朱懋澄的调查验证了这种贫困,1926年除上海有技能工人家庭的食品支出占生活费42.0%外,其他工人家庭食品支出均超过50%。

社会调查所调查的1926年北京的车夫及手艺工人,甘博调查的1924年北京人力车夫,狄莫尔调查的1917年北京西郊的乡村工人家庭的食品支出竟然分别占到71.2%、75%和74.3%,食品支出占绝大多数,意味着工人收入除维持生

---

① 王子建:《中国劳工生活程度》,《社会科学杂志》1931年第2期。

② 这里对王子建整理的相关调查结果包含了大量的农夫,本书加以剔除,但保留了乡村工人、车夫等,因此分析结论与王子建的有所出入就比较正常了。农夫的最大特征是家庭规模明显比工人家庭大,这与传统农业社会相适应。由于家庭规模较大,在比较家庭收入,以及家庭支出结构时,而且由于在农村,可能一些食物、用品不需要货币化支出,与规模相对较小,一切支出均货币化的城市工人相比也有很大出入,最为核心的是其生产方式还是农夫,而不是近代劳资关系微观主体之一工人。

③ 他们可能亦工亦农,兼顾乡村的农业。

④ 1925年到1928年南满铁道会社,满铁关系工场工人,这是当时工人中每家人数平均最多的,达到5.73人,可能人均相对较少。还有两点可能导致其数字可能虚高,一是时间跨度长,二是南满铁道会社主观上可能美化其行为。

存基本的食之外,其他方面很难顾及,是工人绝对贫困化的集中体现。事实上,广大工人的生活费,用于食品、衣服、房租、燃料灯火的多数在80%,甚至90%以上,社会调查所调查的1926年到1927年的车夫及手艺工人,甘博调查的1924年北京人力车夫的上述四项开支竟然占到97%。

中国工人家庭住房租金比例不高,一般在10%以下,最高的1926年上海有技能工人才14%,而满铁关系工厂工人家庭的房租竟然只占生活费的2.1%,工人家庭房租占生活费比例超低,并不是当时房租低,而是由于收入较低,工人没有能力考虑改善住房,北洋政府时期全年生活费最高达430.20元的上海技术工人家庭房租比例最高,客观上佐证了这一点。

工人家庭生活费低,生活艰苦集中体现在有明确家庭收入数据的工人家庭职业收入基本有90%用于家庭生活消费,100%以上竟然有7例,占总数11家的三分之二强。此外,乡村工人生活费偏低,可能与其消费有部分为非货币化的家庭自给,以及农村生活成本较低有关。

除家庭外,个人生活费也值得关注。据王子建整理的1918年到1927年13项个人生活费调查数据,平均每人的收入有所缺失①,有数据的10项有两项超过300元,最高达331.92元,但整体而言并不高,200元以上的仅有一项即南满关系工厂工人的210.72元,其他均在200元以内,90元以内有2项。个人全年生活费一般低于职业收入,有明确职业收入的,唯一例外是北平海甸人力车夫年职业收入仅为81.27元,而生活费则高达97.08元,出现明显倒挂,可能得到家庭的支持,但其个人年生活费却不是最低的,明确个人职业收入的至少3例年生活费在70元以内,最少仅51元。

就个人生活费与家庭生活费的关系而言,单独个人生活的生活费明显高于家庭平均,家庭平均到个人的,有家庭(平均)人数的,最多的人均生活费不过90元,而且仅有一家2人(可能是年轻夫妻俩,这从其收入全消费可见一斑),少的可能平均30元不到,而工人个人的消费,多的达231.12元,100元以上的占多数,90元以下的仅有3例。究其原因,笔者认为个人单独消费相比于家庭消费

① 但从上海技术工人个人年生活费高达231.12元,远高于其他工人的情况来看,加上是上海技术工人,其个人收入应该在相关调查中属于高收入行列,而另两例年生活费分别为142.20元和109.50元,尤其上海无技术工人一例其年消费在所有调查案例中排名第3,最低的109.50元则排名第6,因此年收入数据缺失的3例,应该收入都不低。

可能更多规模不经济,比如,饮食、住房等生活支出家庭规模平均就明显比个人的低。

　　家庭方面,最大的变化是家庭内部结构的变化。传统家庭三世、四世同堂,早婚,孩子多,妇女处于从属地位的现象极为普遍,但到 20 世纪 20 年代这种多代同居的大家庭在工人阶级中逐渐消失。其中最突出的变化是晚婚现象突出,虽然北洋政府时期的数据缺失,但 20 年代末 30 年代初的婚姻状况与北洋政府时期相比没有明显变化,因此这里借助 1929 年天津纺织厂男工及 1930 年上海纺织厂女工的调查加以分析。其晚婚的直接体现是女工 20 岁以下未婚的接近 90%,男工 20 岁以下的未婚者为 80.8%,比例低于女工,这除了地域差异外,说明其受传统影响较大。男工 25 岁到 29 岁尚未成婚比例高达 35%,即便 30—34 岁的男工也有 26.7%未婚。①

---

　　① 刘明逵、唐玉良:《中国近代工人阶级和工人运动》第一册,中共中央党校出版社 2002 年版,第 588 页。

第十章　北洋政府时期的劳资关系剖析

第一节　五四运动前的劳资关系

一、剧烈劳资冲突概述

这一章以罢工为主线,分析五四运动以前的劳资关系,之所以选择五四运动为界,主要是由于虽然在历史学家、经济史学家的普遍视野下民国开始中国即进入资本主义,尤其资产阶级发展的黄金时代,这不仅带来资方的发展,也必然带来劳方数量和组织的发展,但是从劳方的组织,以及剧烈劳资冲突来看,战后,尤其是五四运动绝对是一个重要的分水岭,尤其是中国共产党、中国国民党等的支持和参与等使劳方组织与活动进入一个全新阶段。

据刘明逵、唐玉良的整理,1912 年到 1919 年五四运动前夕剧烈劳资冲突,中国工厂共发生 75 起。外国企业 57 起,但 1918 年和 1919 年五一前夕居然有 31 起,超过外资企业总数的 50%,如果算上 1917 年的 12 起,则后四年达 43 起,超过总数 70%。1917 年中国企业的 13 起与外资企业基本持平,1918 年外国在华企业达 25 起,中国企业不过 6 起,1919 年五四运动前的外资企业为 5 起,中国企业为 4 起。1917 年以后外资企业发生次数较多,东北地区尤为明显,这可能与 1917 年与东北邻近的俄国发生十月革命的影响扩散到这些地区有关,当然更可能是大战结束前后,参战各国在华企业的经营管理上出现波动,而普通工人对形势的判断也可能出现偏差等原因。此外,中外企业均卷入的地区性、行业性的有 11 起,还有 4 家企业所属国别不明,合计 147 次,平均每年近 20 起。①

---

① 参见刘明逵、唐玉良:《中国近代工人阶级和工人运动》第二册,中共中央党校出版社 2002 年版,第 350—362 页。

民国伊始到五四运动前的 147 起剧烈劳资冲突与工资收入直接相关的居然超过 90 起,有克扣、拖延工资,甚至索取工资被殴打的,有要求加薪的,还有因工资计算方式改变,以及货币混乱导致工人实际收入陡然降低而引起罢工等剧烈劳资冲突。除工资外,与收入相关的还有慰劳金、分红,当然更多发生在国家资本垄断企业,这也凸显出国有企业往往福利待遇较好。比如 1913 年南京造币厂就因分红不均,1916 年财政部印刷局,1917 年 6 月湖南水口铅锌矿工人要求分给红利、红奖,1916 年初汉口造币厂工人要求年终慰劳金而罢工。外资企业的可能也相对较好,1918 年日商川崎造船厂办事处的工人要求春秋两次为工人举行慰劳会,增加救济办法,加班津贴,尤其是增加退职补助说明工人福利范围逐渐拓展增加,其依据是日本工厂法,一定程度上是中国半殖民地性质在劳资关系的体现。此外,1918 年 8 月上海浦东英美烟公司的300 多童工要求按旧章每周六休息半天,后来略加工资后解决,客观上也和收入工资有关。整体而言,当时直接或间接与工资收入相关的剧烈劳资冲突占到 70% 左右,说明劳资关系的基础还是工资,也佐证了工资收入部分的分析,工人工资水平低,生活相对贫困,工资、物价及币制混乱的情况下,稍有波动,工人就无法承受,而被动采取罢工或其他对抗方式。此外,有数起工人索要工资被殴,佐证了资方的强势。工资、福利待遇继续是剧烈劳资冲突的第一诱因,说明 1912 年到 1919 年五四前夕工人的地位仍然相对低下,在工资、福利等方面相对被动。当然,资本主义的黄金时代更多从生产力、自由资本主义的角度而言,如果从政府政策、政府劳资角色的完善而言还谈不上资本主义黄金时代。

除工资收入、福利待遇外,工作时间、劳动强度等相对次要,日常管理,尤其管理者的虐待、侮辱、压迫等引起剧烈冲突的也较多,仅 1912 年就有 4 月杭州印铸局反对局方任人不当,6 月上海翻砂业工人反对工作时间过长,7 月更有祥生船厂、江南船坞,以及瑞熔等十余厂翻砂工人反对厂主所议行规,10 月末有上海浦东统源织布厂工人反对私刑,以及苛待、压迫等而罢工。

还有不少因工人被滥用私刑、殴打、搜身等侮辱性质的管理而引起,即便其更多体现为工人与资方代理人工头与监工的直接冲突。工人与企业负责人(往往是国家资本企业)直接冲突的,这往往与工人与企业负责人长期积怨,借助导火索而爆发,当然导火索的点燃者往往是自认不凡的企业负责人。比如 1913 年

5月汉口模范工厂罢工①，就因总理朱启烈与工人素有仇隙，遇当时各支厂材料堆积如山，经常失窃，朱启烈启用有特别标识的灰色工作服，以杜绝偷窃本无可厚非，但就工作服收取工人每人2元，且从当月工资扣除，工人不满，推举匠目张居山与其磋商，希望能稍微减少工作服款，并分多月从工资扣除。但朱经理竟然当场发怒，破口大骂，故而遭到工人掌击。朱经理居然又打电话给都督府及第二师，谎报被工人打伤，而且工人有放火烧厂的打算，请求救援，结果军队来后引起众怒，工人遂准备与军队拼死一搏，幸而都督府谢参谋及时带兵制止，工人不得不归厂务工，而殴打总理之罪由张居山承担，将其送警厅。还有一种情况就是企业日常负责人是外国人，可能由于民族情结工人易反对，比如1917年9月苏州邮政局，工人就因反对西人局长苛待而罢工。此外，1918年沪宁路段夫役因改变招工方法，引起工人误解而引起罢工，沪宁路小工因车务处订考核小工章程的罢工，上海第二纱厂反对厂方请假制度等间接和工作相关。

　　因工厂人事引起的也不少，依次有：1912年4月杭州印铸局工人反对局方任人不当，8月上海协和丝厂又因反对革除工人；1916年上海浦东英美烟公司反对裁减工人，鸭绿江制材公司反对开除工人；1917年有上海外资祥生铁厂要求更换外籍工头；1918年上海中资三新纱厂反对提升新工头，汉口蛋厂反对选举头目，日华纱厂一次要求调换工头，一次挽留平常包发工资的华人经理，上海电车司机要求更换新工头的罢工。这些说明工人诉求已经突破传统工资待遇，拓展到为同厂其他工人争取利益，或者包括自己在内的群体利益，虽然不排除其间接出于自身利益的考量，但"团结"已经部分成为工人罢工关键词。1917年有上海商务印书局、中华文明印书局反对解雇工人，反对干涉工人组织团体而罢工，突显出工人，尤其是文化程度较高的工人已有组织意识。1915年的江西萍乡煤矿则由哥老会组织，说明传统力量对工人的影响存在。1918年9月的中东铁路要求增加工资和释放被捕工人而举行的罢工则"中东铁路技师工人同业联合会"领导，这一组织本身受十月革命等的影响，有俄国工人参与，说明中国工人并不排斥组织。早在1912年6月、7月间，上海翻砂业工人先后在中华民国工党②总部开会，依次反对工作时间过长和厂主所议行规，说明工人有寻求外部组

---

① 《申报》1913年5月8日。
② 中华民国工党的情况参见梁玉魁：《关于中华民国工党的性质问题》，《历史研究》1959年第6期；李时岳：《辛亥革命前后的中国工人运动与中华民国工党》，《史学集刊》1957年第1期。

织支持动机。1913年3月上海瑞熔等厂中外翻砂工人组织同义会,并达到被押工人释放目的,可能是工人自发组织的结果。[1]

这一阶段因侮辱、虐待、暴力而发生的剧烈劳资冲突,应与部分企业有武装力量维持日常管理不无关系。企业武装力量的广泛存在,是因政局不稳,政府不能履行基本公共安全,这一阶段政府劳资角色自然更谈不上。中国企业有武装力量参与日常管理的多是国家资本控制的贵金属矿和有军工传统的工厂,刘明逵、唐玉良整理的相关资料就有不少,说明有一定普遍性。1914年上海聚纶丝厂女工外出与厂警冲突而罢工;1915年湖北大冶铁矿工人罢工时击伤2名矿警;1916年10月的湖南平江金矿,工人罢工时把矛头直接指向矿警,次月江南造船厂的罢工直接针对厂警搜身;1917年6月湖南水口山铅锌矿罢工也可见矿警身影。有武装力量的外资工厂更多,个别工厂还有军队,这与中国当时的半殖民地性质不无关系。比如,1916年12月哈尔滨的鸡鸭公司工人与厂警发生冲突,1917年抚顺千金寨罢工的直接诱因就是锻工和采煤工抗议日本守备队压迫,1918年先有上海祥生铁厂工人因为巡丁无理搜查和拘留工人而罢工,后有中东铁路工人两次反对苏联的白卫军[2]压迫而罢工,外资工厂自有武装似乎更多在北京政府权力失控的东北。另外,厂矿逮捕工人而引起的罢工,厂矿将罢工为首者"押解"到警署等地,可能也意味着这些厂矿有日常武装管控工人。

二、五四运动前的劳资关系

根据刘明逵、唐玉良整理之1912年到1919年五四前夕的剧烈劳资冲突事件,有明确经过或结果的共有119件,其中没有一件是中国政府行政部门主动调解的,没有见到地方政府调解的情况。[3] 上一部分提到这一阶段企业武装力量的广泛存在,一是政府公共安全基本功能的缺失,二是这种缺失还导致劳资双方暴力、恶性冲突的可能性明显增加。整体而言,政府这一阶段的劳资角色极为有限,与弱政府相匹配,政府的作用是消极的,无为的。

---

① 刘明逵、唐玉良:《中国近代工人阶级和工人运动》第二册,中共中央党校出版社2002年版,第114—116页。

② 简称白军,是苏俄国内战争时期的一支武装力量。白军以保皇党派为基础,主要将领有邓尼金、高尔察克等人,后被苏俄红军消灭。

③ 虽然很多没有明确调解方是谁,有无调解,但从有关资料来看,政府并未积极调解。

在主要的剧烈劳资冲突中,1912 年杭州印铸局工人反对局方任人不当,结果竟然是军政府公报等刊停止出版,虽然没有提到政府,但印铸局应该属于政府,停止出版的军政府公报等刊应该是政府的,作为新成立的政府本应利用报刊等阵地增强政府权威,但遗憾的是仅仅因为工人反对局方用人不当的罢工,相关刊物就停止出版。这充分突显出这一阶段政府的"弱",一方面是处理罢工束手无策,另一方面是政府不知如何增强自身影响力。

政府弱的重要体现是"暴",即暴力,即军警、驻军和监狱在剧烈劳资冲突中扮演着重要角色。119 件有过程或结果的剧烈劳资冲突中,除去相当部分没有明确说明参与主体,或者只有劳方的外,出现军警、驻军,被判刑的比例不少。具体而言,1912 年的 16 起剧烈劳资冲突,没有过程或结果的有 5 起,剩下 11 起的过程或结果分别是:"经劝解复工","军政府公报等刊停止出版","为首工人科以六个月拘禁、罢工失败","翻砂工人在工党总部同盟开会","工人在工党总部开会。工党特组织罢工干事会,并进行调停,部分工厂接受条件","工人聚众拥至公廨控告。结果不详","为首四人被捕,工人拥至英公廨控告,所有应领工资照发","为首三人被捕,判各押三日","停工三日以上","汉阳驻军弹压工人,罢工坚持三天,结果不详","被迫复工",其中有四次没有明确工人之外的主体,其余 7 次有 4 次,超过 50%,出现军队、国家暴力,3 次为首工人被捕、关押,1 次驻军弹压。

军队的影响,尤以 1913 年 5 月的 4 次剧烈劳资冲突,竟然出现 3 次驻军弹压的情况最为典型,尤其第三次汉阳兵工厂,因工人反对厂方以跌价纸币发给工资,汉阳驻军弹压,工人聚众向时任中华民国副总理兼湖北都督的黎元洪抗议,黎元洪竟然假意派人调停,故意诱捕罢工领袖,并加以杀害,将政府的无能展现得淋漓尽致,一是多元化的货币,导致货币贬值,二是没有有效地解决劳资冲突方式,而只能采取暴力方式。1913 年 5 月的情况并非个例,1914 年有经过和结果的仅 5 次,结合罢工原因,竟然全部与厂警、警察、拘押有关。[①] 按时间顺序,第一起是上海聚纶丝厂因女工外出与厂警冲突而罢工,结果为首女工被罚款,厂警获胜;第二起上海纶华丝厂原因不明的罢工,为首三人被拘五天,显然用到了国家暴力机关;第三起上海群生福成织布厂因工人要求增加工资而起,结果警察

---

① 刘明逵、唐玉良:《中国近代工人阶级和工人运动》第二册,中共中央党校出版社 2002 年版,第 353—354 页。

拘捕年长女工数人;第四起是上海招商、怡和、太古等中外轮船公司工人要求增加工资,最终结果是在淞沪警察长弹压下,宁波籍和广东籍工人团结不够,而失败;第五起上海安裕丝厂要求发给积欠工资,虽然罢工结果不详,但警察到厂弹压却是确定的。

北洋政府劳资方面的弱与暴还体现在殖民地性质的公廨与外国军警、警察署在劳资剧烈冲突中发挥重要作用,可以说政府的弱与暴是这一阶段劳资关系的主旋律。政府弱与暴的结果是苦了劳方、资方,罢工以及暴力冲突频发,劳方资方都可能遭遇暴力之祸,甚而有生命危险,至于工作机会、市场机会损失,工资收入损失,生产损失更是明显。不过由于当时工商业发展态势良好,缓解了政府劳资角色严重缺位的窘境。

第二节　五四运动后的劳资关系

一、五四运动到中共成立前

五四运动在中国工人运动史、中国革命史、中国政治史均是值得大书特书的一笔,这不仅得到中国共产党,大陆学者肯定,即便国民党也高度评价"所以'五四'运动,唤起全民的奋斗,表现民族的精神,厥功甚伟,而全国劳工的觉醒,更资促进,为尤足称道云"①。即便早期西方人也将其看作中国组织工会的起点"中国工人之组织工会,乃与一九一九年之学生运动有密切的联系。……可见中国的工人组织开始就有政治的重要性"。② 本书将五四运动作为一个时间节点也顺理成章。当然选择其为时间节点,还考虑到1919年巴黎和会之后,国际劳工组织成立,中国劳资关系尤其是剧烈劳资冲突必然受其影响。笔者认为,虽然中国共产党是工人阶级先锋队组织,但早期影响可能并不如国民党,因此本书以国民党改组为界,但兼顾中国共产党的历史贡献。

---

① 中国劳工运动史编纂委员会:《中国劳工运动史》第1卷,中国劳工福利出版社1959年版,第133页。

② 中国劳工运动史编纂委员会:《中国劳工运动史》第1卷,中国劳工福利出版社1959年版,第133页。

这一阶段产业部门发生的剧烈劳资冲突频发,总共达到149次①,比1912年到五四前的剧烈劳资冲突还要多,这与五四运动的推动,中国政府加入国际劳工组织,以及战后欧美对华经济侵略恢复和加强有关。这一阶段有据可查的剧烈劳资冲突之所以多,还可能与统计方法有关,其突出表现是1919年8月19日到21日大连9家外资工厂均因为要求增加工资而罢工,以及1920年5月到6月14家工厂因米贵而要求增加工资而罢工,此前类似情况往往只统计一次,而本期则分别统计。这一阶段,剧烈劳资冲突事例明显增多,主要与报刊媒体明显增多,以及西方人对中国劳资关系记录较多,从而使更多剧烈劳资冲突能够被"曝光"而被记录有关。事实上,主要的剧烈劳资冲突多发生上海,以及日本经济政治侵略明显加强的东北,其他如广东、杭州、北京、香港、武汉、汉阳、苏州、湖南、唐山、镇江、开封等地只是偶有提及,很多地区和城市更是没有涉及,这意味着剧烈劳资冲突依然存在遗漏。

爆发剧烈劳资冲突的工厂,明确国别的外资占51次,中外工厂均有的有2次,占明确国别82次的60%强②。之所以外国在华企业发生较多,与其影响较大,相关资料来源多是外国人控制的报刊或者调查报告、著作不无关系,中国企业的影响则相对较小,社会知名度并不高,难以进入西方在上海等大通商口岸报刊和西方学者的视野。当然,这也与中国企业主出于面子等考虑而不愿意本厂剧烈劳资冲突曝光有关,因此并不能根据以上数据简单判断这一阶段中国劳资关系相对和谐,外资企业发生数量较多从侧面说明西方在华企业并未将其母国基本完成近代转型的劳资关系移植到中国,西方近代劳资关系在华水土不服的因素基本可以排除,更多是西方资本的相对强势,缺乏其国内政府的强约束,劳方的抵制,而采取更多符合自身经济利益行为的结果。外资企业剧烈劳资冲突数量较多的可能原因还有,战后西方国家的经济侵略卷土重来,其对中国工人、劳方的理解可能还停留在战前。

就剧烈劳资冲突诱因而言,工资仍然是第一诱因,这是因为工资待遇过低,难以满足个人及家庭基本生活需求,故成为剧烈劳资冲突的最敏感因素。其中,92起直接与工资待遇有关,占知道原因142起的60%强。此外,诸如延长工作时间、

① 因篇幅所限,这里没有一一列举。主要根据刘明逵、唐玉良:《中国近代工人阶级和工人运动》第三册,中共中央党校出版社2002年版,第407—422页。
② 虽然一些剧烈劳资冲突事件还可以进一步确认其所属企业国别,但这里并不做进一步的分辨。

增加工作量,改变工作,组织方式,而可能减少或不增加工资导致的剧烈劳资冲突,也间接和工资收入有关。还有几例是工人抗议同一资方其他企业的待遇高于本企业,比如 1919 年 8 月 1 日楚兴丝麻布局的男女工人因为其红金低于纺织局而罢工;1920 年 6 月苏州西门外茂新面粉厂工人因为工资低于荣家的保兴厂而罢工。也有其他企业的示范作用,比如 1920 年 1 月底 2 月初的日商日华纱厂就因为英商给工人花红,日华工人欲援例,日厂主不允,反而殴打工人,导致 9000 多工人奋起反抗,捣毁纱厂,虽被警察弹压,但赏给六日工资,工人取得部分成功①;再如 1921 年广东宁阳铁路机器工人要求与省中罢工得胜者权利均等而罢工②。

因工头、资方侮辱、虐待、殴打、迫害工人而导致剧烈劳资冲突的并不多,只有 5 件。1920 年 3 月上海第三纱厂工人反对虐待和罚扣工资而罢工;1920 年 6 月苏州的苏经丝厂,因为监工严厉,殴打侮辱工人而罢工,兼借以要求加工资;1920 年 8 月苏州振亚工厂因为资方虐待工人,撤换工头而进行罢工;1921 年 3 月营口东亚烟草公司,要求解雇打人者,但从有限的信息来看,打人者的身份只能确认是工厂雇员,至于是与资方二位一体的雇员,或者资方代理人,还是介于普通工人和资方之间更多代表资方利益的监工、工头,抑或普通工人尚不得而知;1921 年 4 月中东路总工厂的工人罢工反对迫害③。5 次竟然有两次还和工资有关,是否侮辱、殴打只是要求涨工资的借口尚不得而知,几次模糊的反对苛待可能包含侮辱、殴打虐待。这似乎说明经历过第一次世界大战和五四运动后中国工人权利意识增强,特别是 1919 年以后中国加入国际劳工组织,西方劳方更加有尊严的劳动影响中国劳方和资方,共同作用的结果客观上促进了中国工人能够相对有尊严和体面地劳动。这一阶段工人状况好于此前还体现在,工人罢工有抗议处罚瞌睡、工作处喂奶、坚决要求撤换监工、反对监工压制的,反映出工人这些权利可能在日常已经有了部分体现。1919 年 8 月抚顺煤矿工人拒绝霍乱预防注射的罢工似乎说明资方对工人采取免疫措施,但可能由于沟通不足而引起罢工,但也彰显出资方适应近代化的形势。

---

① 刘明逵、唐玉良:《中国近代工人阶级和工人运动》,中共中央党校出版社 2002 年版,第 411 页。

② 刘明逵、唐玉良:《中国近代工人阶级和工人运动》,中共中央党校出版社 2002 年版,第 421 页。

③ 令人费解的是罢工经过是"工人围打防疫车两名俄人力车夫",似乎是因为厂方对工人或者工作场地实施防疫引起,这种迫害有误解的成分。

就经过与结果而言,并未见有利用相关法规依法处理的情况,除了劳资双方的谈判、极为有限的政府(包含殖民性工部局)的调停,传统公所的调停,更为普遍的是暴力机关,军队、警察、保安队、厂警调停、镇压,却没见相关法律适用。有限数量的经过和结果较为清晰的剧烈劳资冲突,直接显示有军队、警察等参与的有 21 起之多,这与当时政府没有相关法规,尤其军政府缺乏依法管理习惯有关。

这一阶段弱政府的特征得以进一步延续,导致工人权益得不到基本保护,由于劳资冲突频繁,资方利益也无法得到有效保证。北洋军阀政府统治下,军事强权的存在,横征暴敛,动辄采取武力,增加工人和资方的负担,相关权利得不到基本保障,这必然导致相关对抗力量的产生。其实,自北洋政府成立后,代表资方精英阶层——大资产阶级的国民党就一直以各种形式与北洋军阀政府对抗,1924 年以后受共产国际的影响,联俄联共扶助农工,直接以对北洋政府革命为己任。1921 年 7 月工人阶级的先锋队中国共产党成立后广泛发动工人运动,在孙中山改组国民党,实行联共政策后,参加国民政府,也正因为此 1921 年以后的剧烈劳资冲突事件往往与工人运动、政治运动相混淆,以致当代学者编纂的《中国近代工人阶级和工人运动》将 1921 年 7 月中国共产党成立作为分界线。此前更多关注"产业工人经济罢工斗争",从 1921 年 8 月开始则关注的是政治运动,几乎没有单独论及劳方为自身利益与资方抗争的情况。① 国民党早期工人运动的领导人,被称作"中国工运之父",曾任南京国民政府劳工局长的马超俊担任编纂委员会主任的《中国劳工运动史》②则将 1924 年作为一个重要时间节点,主观上有突出国民党工人运动作用的动机,其在论及 1921 年劳工运动时,首先以"粤工界初期防卫赤色工运"为题,描述共产党如何影响国民革命策源地广州工人运动,并指出,"国民党在粤领导工运的高级干部,此时更提高警觉,一面加强所领导的工会,严密组织,巩固基层,防止邪恶势力的侵袭","各工会一直希望机工会首先进行,防止邪恶势力,为各工会开其先路,树其良模",其邪恶势力"盖专指共产党",并对中国共产党领导的"劳动组合书记处部"颇有微词。③ 及至 20 世纪 90 年

---

① 参见刘明逵、唐玉良:《中国近代工人阶级和工人运动》,第二册、第三册、第四册、第五册,中共中央党校出版社 2002 年版。

② 中国劳工运动史编纂委员会:《中国劳工运动史》第一册,中国劳动福利出版社 1959 年版。

③ 中国劳工运动史编纂委员会:《中国劳工运动史》第一册,中国劳动福利出版社 1959 年版,第 157—158 页。

代,尚世昌还指出 1924 年国民党实施联共政策的结果是"中共介入工运的混淆",导致共产党对工会团体的控制、国民党全国劳动会议的变质,以及赤色恐怖的蔓延。[1]

二、中共成立到北洋政府末

近代劳资转型中政党一直发挥着重要作用,最为突出的就是英国工党时至今日仍在英国政坛扮演重要角色。中国近代的两大政党都宣称自成立伊始就积极推动工人运动,早期共产党及现代大陆学者及一些西方学者均强调中国共产党在工人运动中的主导作用,大陆的情况相关著述颇多,这里不再赘述。国民党及台湾学者则是另一种声音,即便承认中国共产党在工人运动方面的作用,也多如《中国劳工运动史》编纂委员会、尚世昌所言共产党只是当时工运的邪恶势力,或者颠倒黑白的混淆。

与大陆学者将工人运动与中国共产党紧密联系相对,台湾学者讨论工人运动时往往与国民革命联系在一起,并一直追溯到晚清同盟会的活动等。比如,尚世昌归纳了中国劳工运动史编纂委员会的描述:"中国劳工运动与劳工参加国民革命运动,实始于归国侨工,但在光绪三十二年以前,尚未派定国内领导工运人员。是时革命力量在国内已日趋旺盛,机不可失,亟须策动全国工人参加革命,而策动方法应从鼓励粤籍军需交通工业机器工人著手。乃派马超俊于光绪三十二年二月赴港,是时在港主持党务者为陈少白、邓荫南两氏,乃与马氏多方设计,先从广东机工中遴选干部,四出活动,并由机工广介各业工人,实赞革命大业。由于粤省机工参加洪门会者甚众,由会党关系进而推挤于各所在区域参加会党之各业工人,得到多方之声援,因此光绪三十三、光绪三十四年间,各地革命党员起义,如潮州黄岗之役、惠州之役、钦廉之役、镇南关之役、钦廉上思之役,在举义烈士行列中,都有广东机器工人与各业工人的参加,但当时并未特别标明劳工团体,而统称会党。"[2]国民党成立后的情况自不待言,尚世昌认为自晚清同盟会发动会党参加工人运动后"中国劳工运动与国民革命运动即结下密不可分之

---

① 尚世昌:《中国国民党与中国劳工运动——以建党至清党为主要范围》,(台北)幼狮文化事业公司 1992 年版,第 191—214 页。

② 尚世昌:《中国国民党与中国劳工运动——以建党至清党为主要范围》,(台北)幼狮文化事业公司 1992 年版,第 11 页。

关系,在任何时期、任何阶段、任何地区的劳工运动都有革命党员的参与策动;而历次革命人物也都有待于中共的参与支援。此一密切关系为不可磨灭的历史事实,然而由于中国共产党的不实宣传与污蔑,使国际上每以中国劳工运动为中国共产党所一手提倡,此一错误观念有待于更多的史料实证、与更多的公正传述予以澄清"。① 虽然尚世昌等台湾学者的观点明显失之偏颇,但也反映出西方世界对中国共产党在工人运动中的作用有更客观的认识。裴宜理对当时上海工人运动的观点较为客观,即在工人运动问题上共产党相对激进,国民党相对保守,而1919 年到 1927 年是共产党激进主义的全盛时期,这说明当时共产党在工人运动方面的影响应该超过国民党。②

中国共产党成立后,先后领导京汉铁路二七大罢工、五卅运动等,以及北洋政府末期的三次工人武装起义,国民党则领导省港大罢工等重要工人政治运动,两大政党都发挥了重大作用。后来,两岸两大执政党中国共产党和中国国民党均将工人政治运动过分渲染,正常的劳资关系,劳资冲突被政治运动取代,1919 年后到 1927 年上海的工人罢工就被西方学者称作党派政治"激进主义的全盛期"③,可见其政治影响之一斑。其实,正常的劳资冲突仍然相对广泛地存在。

罢工内涵具有很大弹性,即便同一研究者,同一论著界定也往往有差异。最为典型的莫过于陈达《中国劳工问题》的界定,他先是将"罢工"分为"罢工、怠工、闭工"三种类型④,接下来陈达指出"罢工须有一种定义,我们可以提出两点简单说明之:(一)停止工作。工人们结了团体,大家停工。(二)罢工工人提出要求"⑤。后者的"要求"又分为两个方面,一是要求增加工资,改良工人生活待遇,改良工人生活,或参加社会运动;二是要求维持工资,待遇或工人生活情形。上海市政府社会局则提"罢工停业",其区分视冲突事件由劳方主动还是资方主

---

① 尚世昌:《中国国民党与中国劳工运动——以建党至清党为主要范围》,(台北)幼狮文化事业公司 1992 年版,第 12 页。

② [美]裴宜理:《上海罢工:中国工人政治研究》,刘平译,江苏人民出版社 2001 年版,第99—121 页。

③ [美]裴宜理:《上海罢工:中国工人政治研究》,刘平译,江苏人民出版社 2001 年版,第99—117 页。

④ 陈达:《中国劳工问题》,商务印书馆 1929 年版,第 141 页表格。

⑤ 陈达:《中国劳工问题》,商务印书馆 1929 年版,第 142 页。

动而定,凡是由劳方提出条件的,称为罢工,由资方提出条件的称为停业。上海市政府社会局认识到"可是在事实上,二者的区别,往往极难断定。一起案件之为罢工或停业,有时随观点的不同而异;在劳方立场看来,或许以为起因于资方,在资方看来,又以为当归过于劳方"①。本书并不详细区分罢工停业,而更多关注与工人工资、待遇等密切相关的劳资剧烈冲突。

　　姑且不算 1921 年下半年情况,据陈达《中国劳工问题》统计 1922 年有罢工 91 起,1923 年为 47 起,1924 年为 56 起,1925 年为 183 起,加上五卅运动的 135 起则达到 318 起,1926 年为 535 起。② 就罢工数量而言,与上海市政府社会局编的《近十五年来上海之罢工停业》将 1923 年前称作罢工的宁静时期,1924 年到 1927 年初为工潮汹涌时期的分期相符。③ 陈达的统计可以看出,政治确实对工人运动影响较大,1925 年五卅运动相关的运动居然达到 135 起,占总数的三分之一强。上海市社会局的《近十五年来上海之罢工停业》,1922 年到 1927 年的罢工停业数依次为 19 次、29 次、14 次、16 次、75 次、257 次和 117 次,虽然总次数与陈达《中国劳工问题》统计口径不一致,但还是体现出 1925 年以前较少,1925 年开始明显增多的趋势。1925 年明显增加,但尚不是最高峰,1926 年为最高峰,从上海市政府社会调查局的研究看,此后又明显回落,1927 年到 1932 年上海罢工停业最高不过 122 次(1931 年),最低才82 次(1932 年)。④

　　就原因而言,从 1922 年开始,政治活动似乎并未占据主流,群众运动数量极为有限,五卅运动外仅仅 29 起(见表 10-1),即便加上五卅运动也不过 183起⑤。其中,经济压迫的有 476 起,待遇问题的有 248 起,群众运动的有 29 起,组织工会的有 21 起,与外界冲突 27 起,同情而罢工的有 20 起,杂项原因的有 41起,原因不明的有 40 起,合计 912 起。整体而言,经济生活待遇、劳动条件等为主要原因。

---

① 上海市政府社会局:《近十五年来上海之罢工停业》,中华书局 1933 年版,第 11 页。
② 陈达:《中国劳工问题》,商务印书馆 1929 年版,第 147—148 页。
③ 上海市政府社会局:《近十五年来上海之罢工停业》,中华书局 1933 年版,第 6 页。
④ 上海市政府社会调查局:《近十五年来上海之罢工停业》,中华书局 1933 年版,第 61 页。
⑤ 这一数据根据陈达:《中国劳工问题》,商务印书馆 1929 年版,第 156—157 页间表格整理而成,但在《中国劳工问题》的第 146 页五卅运动则是 135 次有些令人疑惑。

表 10-1 1922—1926 年工人罢工原因分析

原因 时间	经济 压迫	待遇 问题	群众 运动	组织 工会	外界 冲突	同情 罢工	杂项	不明	合计
1922	61	9	1	4	3	1	3	5	91
1923	27	4	1	2	3	2	4	3	47
1924	34	9	1		2	1	7	2	56
1925	104	52	7	4	4		11	1	183
1926	250	172	19	11	15	16	23	29	535
合计	476	248	29	21	27	20	41	40	912

资料来源:根据陈达:《中国劳工问题》,商务印书馆 1929 年版,第 156—157 页间表格整理。

　　具体而言,912 起罢工,734 起是因为经济压迫和待遇问题,超过总数 80%,即便加上 1925 年五卅运动相关的 135 件群众运动,经济和待遇方面的因素仍然超过 70%。一般认为,1924 年开始工人政治运动明显增加,因此有必要对 1924 年以后的罢工进行较详细的分析,就表 10-1 而言,1924 年罢工总次数为 56 起,经济和待遇诱因占 43 起,接近 80%,1925 年若不考虑五卅运动共 183 起罢工,其中经济和待遇引起的 156 起,占到总数的 80% 左右,即便加上五卅运动相关的 135 起,经济待遇相关的也几近 50%。1926 年经济和待遇原因占 422 次,经济和待遇占总数 80% 强。表 10-1 的原因只是主要原因,往往还掺杂其他因素,即便五卅运动导火索——顾正红被杀,最初也是工资待遇问题。

　　上面的观点得到上海市政府社会局数据的佐证,1922 年到 1927 年因为雇佣引起的罢工停业分别为 25 次、14 次、15 次、59 次、216 次和 69 次,前 3 年基本是雇佣原因,尤其 1923 年和 1924 年分别为 100% 和 93.3%,1925 年以后雇佣因素也不低,1925 年几近 80%,1926 年超过 80%,1927 年比例尚近 60%。[①] 由此可见,北洋政府后期工人罢工停业更多停留在正常的劳资冲突层面,政治方面的影响则相对有限。虽然只是上海的情况,但从陈达 1925 年后数据已经扩展到其他地区,以及上海既是中国经济中心,又是工人运动中心,可以推断其他地区的罢工等应以劳资冲突为主。

---

① 上海市政府社会局:《近十五年来上海之罢工停业》,中华书局 1933 年版,第 63 页。

三、从经过结果看劳方、资方与政府关系

陈达将经过分成六种情况,前三种是劳方或者资方单独处理的,第四种由劳资双方共同处理。第一种是雇主开导或处理,主要适用于性质比较简单的罢工,经雇主开导之后,工潮或者平息。第二种是工人开会,即对于性质比较复杂的罢工,工人开会,选举代表,提出要求,维持罢工期内秩序等。第三种是雇主开会,指牵连雇主或几种工业的罢工时,雇主们开联合会磋商解决办法。① 第四种是雇主和工人认为罢工可以由双方代表解决,故开联席会议共同商议解决。

第五种是第三方调停,即劳资双方不能解决的,由劳方或资方第三方调停,还有第三方主动调停的情况,而第三方一般不外乎五类情况。② 第一类是官厅或者说政府,官本位的中国,官方权威性毋庸赘言。第二类是商会,商会对调解往往由劳资双方引发的罢工有一定优势。第三类是本行公所或本业工会,行业公所的司事或董事常召集劳资代表商议解决冲突办法,工会职员有时也为工友调停。第四类是他行公所或总工会调停。主要是避免偏见,请他行董事或总工会调停,较为公允。最后一类是个人调停,适用于雇主或工人对于某个人有信用,双方同意时,请其做调解人。

第六种情况是看罢工有无暴动。有工会组织的罢工相对谨慎,工会职员并不愿意工友任意扰乱秩序,触犯法律,以免使其无法达到工会罢工目的,但工人罢工时,工人容易感情用事,工会领袖往往无法有效控制而导致暴动。判断暴动与否的标准是军警或者捕房拘人,并详细列举了警察、军队、捕房弹压的 8 种情况。③ 陈达作为一个当时较为客观、中立的学者,对警察、军队和捕房作用评价相对客观,没有将其简单阶级化或者政治化。

陈达对 1918 年到 1926 年罢工经过进行归类,虽然没有具体到年份,且包含中国共产党成立前的 1918 年到 1920 年,但仍可看出 1922 年到 1926 年劳方、资方与政府的大致关系。1918 年到 1926 年间,不包含五卅运动,厂方开导和处理的有 84 起,工人开会的有 120 起,雇主开会的有 42 起,劳资代表协商的有 114 起。第三方调停的 327 起,其中政府 130 起,商会 30 起,学生会 4 起,本行公所

---

① 陈达:《中国劳工问题》,商务印书馆 1929 年版,第 155 页。
② 陈达:《中国劳工问题》,商务印书馆 1929 年版,第 156—158 页。
③ 陈达:《中国劳工问题》,商务印书馆 1929 年版,第 157 页。

或本业工会 68 起,他行公所或总工会 41 起,民间个人调解的 54 起。罢工工人有暴动的 265 起,其中警察、军队、捕房参与的竟然有 202 起,警察弹压及拘人的有 133 起,军队弹压拘人的有 35 起,捕房弹压及拘人的有 34 起。① 其中有政府调停及国家暴力机关弹压及拘人(含租界巡捕房)的有 332 起,占有经过的 958 起(不包含五卅运动)之三分之一强,但这并不能佐证政府调节劳资关系的能力较强。因为,一方面 130 起调停中,警厅的调停是因为其是地方治安治理机构,地方长官的调停是因为传统信任,很大程度上是劳资双方对传统"官威"敬畏而求助的结果。另一方面,利用国家暴力弹压的 202 起是因为工人暴动,国家暴力机关不得不以暴制暴,并非正常调解。

陈达数据显示,调解而未发生暴动的有 693 起,占总数 72.2%,说明劳方和资方并不愿发生暴动,有调解的主观动机。调解中劳资代表双方协商的共有 114 起,说明劳资双方有利益共同点,虽然存在分歧,但在共同利益驱使下坐到一起谈判,劳资内部(劳方、资方单方或共同协商)调解的有 366 起,超过总数 38.3%。虽然近代中国商会在北洋政府时期处于黄金时期,但其劳资角色极为有限,958 起罢工只有 30 起是商会调停的。本行公所或本业工会调解有 68 起,他行公所或总工会调解有 41 起,商会作用似乎还不如工人组织②。商会作用之所以有限,笔者认为主要是由于商会聚集的是资方上层,罢工对资方来讲并不是体面的事,而劳方可能也对商会具有天然排斥,故而劳方和资方并不愿求助于商会。

政府的弱,还体现在 958 起有经过的罢工 265 起出现暴力,占总数近 28%,这虽然有包括中国共产党在内的政党"左"的思想影响,但也客观上凸显出政府缺乏必要的调控能力和方法。罢工的频繁发生,无论结果如何,均影响资方正常生产经营,即便劳方取得胜利,但生产经营受到的冲击,必然最终更多转移给相对弱势的劳方。

公所以及工会在第三方调停中仅次于政府,客观上说明工人组织或者劳资混合团体的影响较大,客观上说明工人有组织起来的需求,对政府和典型的资方组织缺乏信任。但暴力事件更多,则说明资方的组织化程度,资方和政府调节劳

---

① 陈达:《中国劳工问题》,商务印书馆 1929 年版,第 158—159 页。
② 之所以说"似乎"是因为不知道商会参加调整的罢工规模、影响等情况,因此从某种意义上说仅凭罢工商会参与调解的罢工数量判断商会在劳资冲突中的作用失之偏颇。

资关系能力极为有限。

就结果而言,只考虑直接结果,劳方取得部分甚至全部成功的占相当比例。具体而言,不包含五卅运动,结果不明的罢工占 1918 年到 1926 年罢工总数的 37%,保守估计劳方取得成功的有 448 起,占 64.83%,半成功的 129 起,占 18.68%,失败的只有 114 起,占 16.49%。算上五卅运动,有结果的 728 起,成功 449 起,占 61.68%,半成功 164 起,占 22.53%,失败 115 起,占 15.79%。

当然劳方的成功或失败并不意味着资方,甚至政府失败或成功,劳资关系本身涉及多方利益。从西方"产业关系系统"的角度考察,提高三方构成的产业关系系统效率才是关键,而劳方的胜败,只是局部影响产业关系系统,不能简单据此判断劳资关系系统有效与否。但整体而言,北洋政府后期,剧烈劳资冲突频发,说明劳资关系或者说产业关系系统并不和谐,这与政府弱与暴之下的劳资角色缺位,劳方和资方组织化程度有限,普通争议和冲突难以及时化解,而逐渐演变成恶性事件有关。

南京国民政府篇

第十一章　南京国民政府与劳资关系

第一节　南京国民政府的形成

南京国民政府的基本制度是以孙中山三民主义为基础,在北洋政府军政的基础上建立的训政制度,其基本特征是国民党一党专政,由于蒋介石的突出作用,其个人色彩也不容忽视。整体而言,南京国民政府,尤其训政开始一直保持了相对稳定。

一、南京国民政府的前身

南京国民政府的执政党国民党是在孙中山所领导的同盟会的基础上形成的,辛亥革命后迫于形势将政权交给袁世凯为首的北洋军阀政府。此后,同盟会内部发生分裂,加之发现北洋军阀政府并不能保护革命果实,1913 年以孙中山为首的资产阶级革命派发动"二次革命",开启大规模反对北洋军阀反动统治的开端,1915 年国民党人李烈钧等创建军务院反对袁世凯称帝。1917 年张勋复辟失败后,段祺瑞拒绝恢复国会和《中华民国临时约法》,孙中山南下广州护法,并成立护法军政府,但很快失败。1920 年孙中山重返广州,继续护法,并于 1921 年建立中华民国政府,1922 年因陈炯明的叛变又失败。军务院、中华民国军政府、中华民国政府虽均以保护辛亥革命果实为宗旨,但均以失败告终。① 这一阶段国民党主要以联合各派军阀胁迫、反对北洋军阀为核心,注定其政权并不稳固,屡败屡战。就其内部而言,只是各种各样政客组成的集团,大多并不大关心

---

① 陈瑞云:《现代中国政府(1919—1949)》,吉林文史出版社 1988 年版,第 103—119 页。

孙中山所拥护的主义,更多为私利而利用孙中山的威望。[①]

1922 年陈炯明叛变后,孙中山从广州到上海,部分接受了共产国际和中国共产党的思想,由早期利用军阀间矛盾,让其相互制衡,转而寄希望于工农大众,实行联俄、联共、扶助农工三大政策。其宗旨也发生了转变,不再以维护《中华民国临时约法》和国会为斗争目标,并于 1924 年 1 月的国民党第一次全国代表大会制度化。国民党改组和国共合作后,以国民革命为己任,建立陆海军大元帅大本营。1925 年 3 月孙中山壮志未酬身先死后,6 月适应新的形势改组陆海军大元帅大本营为"国民政府"。随后出台《中华民国国民政府组织法》和宣言,改组军队为国民革命军,于 1925 年 7 月 1 日正式成立国民政府。1926 年国民革命军北伐,于 10 月基本消灭直系军阀吴佩孚主力,在湖南、湖北取得决定性胜利,革命中心由两广转移到两湖,加之国民政府内部汪精卫与蒋介石等的矛盾,于 1927 年 1 月正式迁都武汉,成立武汉国民政府。但 1927 年先有蒋介石的"四一二"反革命政变,后有夏斗寅叛变和汪精卫"七一五"马日事变,扶助农工的政策急速倒退,尤其禁止工农革命。

二、南京国民政府正式成立

1927 年"四一二"反革命政变之后,国民党分为 3 个中央党部,南京、武汉和上海的西山会议派,以及武汉和南京两个中央政府,汪精卫武汉"七一五"反革命政变后,清党迅速形成共识,但国民党内部矛盾重重,掌握实权的蒋介石、汪精卫都遭到反对,而相继辞职。随即由孙科提议,设立中国国民党中央特别委员会(简称特委会),遂按党治原则产生政府,新政府的基础是《国民政府组织案》。《国民政府组织案》规定国民政府由委员若干,常务委员 5 人组成,国民政府设内政、外交、财政、司法、农工、实业、交通 7 部和大学院、军事委员会、检察院。特委会及其推举成立的国民政府结束了国民党自 1927 年 4 月后的三个中央,两个政府的严重割裂局面,但其内部矛盾无法解决,尤其得不到国民党首要人物蒋介石、胡汉民和汪精卫支持。[②]

---

① 汤良礼:《中国革命秘史》伦敦版,1930 年,第 330 页。转引自[美]费正清、费维恺:《剑桥中华民国史(1912—1949 年)》下卷,刘敬坤等译,中国社会科学出版社 1994 年版,第 119 页。
② 陈瑞云:《现代中国政府(1919—1949)》,吉林文史出版社 1988 年版,第 177—180 页。

1927 年 11 月蒋介石邀请汪精卫商谈党务,商定于次月开预备会商议召开国民党二届四中全会,由蒋介石负责筹备,不久特委会宣告结束。1928 年初,蒋介石复任国民革命军总司令,国民党中央委员会恢复办公,中央政治会议恢复。1928 年 2 月 2 日国民党二届四中全会正式召开,全面否定了中国国民党第一次全国代表大会确定的纲领和政策,尤其废除了联俄联共的基本纲领,全面改组了国民党,中央党部也被改组。地方党部活动一律暂停,党员重新登记,曾加入国民党以外政治团体者,必须与该政治团体脱离关系;登记期间暂停组织发展。此外,还对省级、县级党务做出重新规定。二届四中全会确立了蒋介石的领导核心,虽然其没有入选国民政府常委。

随后在《中华民国国民政府组织法》指导下改组了国民政府,坚持党治原则,国民政府受中国国民党中央执行委员会指导与监督,掌理全国政务;政府委员由中央执行委员会推举,实行合议制,选举 5 到 7 人为常委。国民政府内设部、院、委,比广州时期有所增加,但取消了武汉国民政府时期的劳工部等。这一政府得到原宁、汉、沪三方承认,就程序而言是合法政府。随着 1928 年 6 月国民党军队进入北京,宣告北洋军阀政府统治正式结束,国民党随即宣告军政时期结束,开始训政时期,并以法律形式确立了国民党一党专政。同年底,张学良宣布"东北易帜",南京国民政府形式上实现了全国统一。

此后,国民党二届五中全会原则上通过训政时期颁布约法案和训政时期设立五院案,国民党中央委员会于 1928 年 10 月通过《训政纲领》和《中华民国国民政府组织法》,其中《训政纲领》是国民党训政时期的纲领性文件,也奠定了南京国民政府到抗战前的基调。

《训政纲领》共 6 条,旨在确定训政时期政权和治权。[1] 第一条规定,由中国国民党全国代表大会代表国民大会,领导国民行使政权;第二条规定,国民党全国代表大会闭会时,由中国国民党中央执行委员会执行;第三条规定,国民党训练国民逐渐推行,以立宪政之基础;第四条规定,职权之行政、立法、司法、考试、监察五项,付托于国民政府总揽而执行之,以立宪政时期民选政府之基础;第五条规定指导监督国民政府重大国务之施行,由中国国民党中央执行委员会政治会议行之;第六条规定国民政府组织法修正与解释权归中央政治会议。

---

[1] 荣孟源:《中国国民党历次代表大会及中央全会资料》上,光明日报出版社 1985 年版。

《训政纲领》旨在确定训政时期国家政权和治权中党、政府、人民之间的关系，其中心和关键是国民党一党专政，1929 年国民党第三次全国代表大会通过的《确定训政时期党、政府、人民行使政权治权之分际及方略案》进一步将其细化和明确。

训政开始后的第一届国民政府始于 1928 年 10 月，国民政府根据《中华民国国民政府组织法》设主席委员 1 人，委员 12 至 16 人，国民政府由行政、立法、司法、考试和监察五院组成，五院院长、副院长由国民政府委员担任，蒋介石进一步当选为国民党中央常务委员会主席、国民政府主席，集党政军大权于一身，进一步确立了核心地位。随即国民政府主席、委员及五院院长宣誓就职，南京政府正式确立。此后，虽然国民党政权内部还有矛盾和冲突，但基本保持了蒋介石的核心地位，政权相对稳定。

国民党政府虽然建立了统一的政府，但军事危机长期存在，帝国主义尤其日本的威胁自不待言，国内则有中国共产党领导的工农红军等对抗，而地方军阀也有口服心不服，国民党领导核心蒋介石也热衷于军事。因此，其统治军事色彩浓厚，比如，1929 年，国内国民党一半以上是军人，1935 年中央执行委员有 43% 是军官，1927 年到 1937 年间，国民党人控制的 33 个省份的省主席，有 25 个省是将军。在 1927 年到 1937 年间，政府支出三分之二是拨充军费和偿还债务，其中大部分又是应付军事费用。①

南京国民政府之初，对资产阶级尤其江浙资产阶级采取了拉拢、聚合的政策。蒋介石集团与江浙资产阶级之间，形成不成文的默契，即江浙财团资助新政权的军事政治行动，包括继续北伐和清洗共产党、镇压工人运动及打击"改组"国民党左派等，政府则从政策上对其予以回报。此前，1926 年下半年和 1927 年初，中国共产党在上海组织领导的三次工人武装起义，客观上推动了以蒋介石为首的国民党右派与江浙资产阶级的结合，资产阶级先是联名上书蒋介石，然后是直接向蒋介石提供资金支持，以镇压共产党领导工人武装起义，继而蒋介石发动了"四一二"反革命政变。政变后，资本家按最初承诺继续给蒋介石资金 700 万支持，但无法满足蒋介石财政需要，蒋介石直到 1928 年中期以前都要求上海诸

---

① ［美］费正清、费维恺：《剑桥中华民国史（1912—1949 年）》下卷，刘敬坤等译，中国社会科学出版社 1994 年版，124 页。

厂、诸店捐款,以解资金之急,而当资本家回避时,蒋介石及其代理人往往采取一些非常手段。① 当然,蒋介石为中心的南京国民政府形式上还是给予了资本家相对充分的尊重。1928 年到 1930 年间,全国财政经济会议及工商等,都有大批商界领袖、经济专家等参加。②

就部门设计而言,南京国民政府先后有十多个有关部门、委员会管理经济行政、建设及经营。效仿西方资本主义国家,形成了一套相当完整的财政、经济管理体制,对经济建设、经济发展的管理不但远远超过清末,而且比北洋政府时期大为改进,这从根本上保证了劳资关系近代转型。这些部门除南京政府成立伊始设立的交通部外,经济方面最重要的是 1930 年 12 月合并南京政府之初的工商部、农矿部而成的实业部,其包括总务、农业、工业、商业、矿产、渔牧、劳工 7 个司及林垦署,以及全国度量衡局、工业标准委员会等部门。各省则相应设立实业厅或建设厅。

这一阶段政府明显加强了财政控制能力,并积极出台一系列劳资政策,因此一般认为国民党政府在这一阶段体现出强政府的特点。究其原因,与国民党政府在经济政策制定和实施中将财政问题置于重要地位有关。1927 年国民党成立的财政部,下设关务、盐务、税务、总务、赋税、公债、钱币、国库、会计等司署及参事厅、秘书处,以及币制、金融等专门委员会,管理全国财政工作。

除了隶属于行政院的上述各部门外,还有独立于行政院之外、级别更高的经济管理机构,其中 1928 年 2 月成立的建设委员会负责经营国有实业及计划建设方案,并指导一切建设实施之责,后于 1932 年改组。1931 年开始筹备,1933 年下半年成立的全国经济委员会"统筹全国经济事业",经济委员会委员由政府特派,下设多个处和专门委员会。早期成立的还有农村复兴委员会,最晚的是资源委员会,其在后期的影响深远。资源委员会前身国防设计委员会九一八事变后产生,隶属于参谋本部,1935 年不但改名为资源委员会,而且由军事委员会直接管理,有秘书、设计、调查、统计 4 处和专员、矿业、冶金、电器 4 室,还有会计设计、建筑设计委员会,以主管国营重化工业建设。③

---

① ［美］费正清、费维恺:《剑桥中华民国史(1912—1949 年)》下卷,刘敬坤等译,中国社会科学出版社 1994 年版,131—132 页。
② 徐建生:《民国时期经济政策的沿袭与变异》,福建人民出版社 2006 年版,第 24—25 页。
③ 钱昌照:《国民党政府资源委员会的始末》,载《文史资料选辑》第 15 辑,1961 年 3 月。

第二节　南京国民政府工商业经济政策概述

1927 年到 1937 年间,国民党政府先后颁布中央或全国性重要经济法规 200 余项,法规数量、涵盖范围、内容广度与深度,尤其法规作用与影响均远超过北洋政府时期。[①] 这一阶段不但对法规做了大量修订和增补,还填补了一些重大空白,与劳资相关的海商法、保险法、工厂法、职业介绍法、劳资争议处理法、破产法等,形成较为完备的法律体系,政策和法规水平达到历史最高。

一、企业的法律建构

工商业法规政策及宏观经济政策对经济发展有促进或者抑制作用,其直接作用微观对象是工商企业,即资方微观载体,间接则涉及劳方的工作待遇,劳资协调者政府的财政收入、国家权威等。

南京国民政府成立后不久,就加强了公司的立法。1929 年夏,立法院院长胡汉民起草了《公司法条例》,8 月又提出《公司法立法原则》,同年 12 月中国历史上第一部《公司法》正式诞生。[②]《公司法》适应当时工商业普遍发展,有纵向或者横向兼并,扩大规模需求的时代潮流,由于公司法的研究成果在学术界已广为流传,这里不再展开。与公司法相对应的是《破产法》,早在晚清,就有一些奸商虚设公司行铺倒骗钱庄钱款,而传统治理方式无效的情况下于 1905 年出台《大清破产律》9 节 69 条,虽然日本破产法权威加藤正次还是给予其较高评价,但由于过多照搬西方,尤其第 40 条规定破产的清偿中资、外资、官款、洋款公平清偿虽然符合近代破产法的精神,但却与当时中国先洋款后官款,然后华洋商按比例分摊的习惯相悖,虽然钱庄等商人拍手称道,但还是于 1908 年 10 月被明文

---

①　刘克祥、吴太昌:《中国近代经济史(1927—1937)》上册,人民出版社 2010 年版,第 59 页。

②　虽然 1904 年出台的《公司律》对公司做了法律界定,1914 年的《公司条例》明确了公司法人地位,并将公司分四类,但这两次均没有以《公司法》命名,客观上凸显出当时法律制定者意识到其法理缺陷。而 1929 年南京国民政府不但进一步明确了公司定义,首次承认了法人持股的合法性,而且对 1914 年的《公司条例》做了较为充分的修改,尤其对相关法律冠以《公司法》之名。参见张忠民:《近代中国的"公司法"与公司制度》,《学术月刊》1997 年第 4 期;魏淑君:《近代中国公司法史论》,上海社会科学院出版社 2009 年版。

废止。北洋政府时期,在清末日本法学博士为清政府起草但未经审定的《破产法草案》的基础上删定的《破产法草案》共 3 篇 337 条,这一草案不但学界评价不高,而且司法实践普遍失灵,可能与其多抄袭日本、德国破产法有关。国民党政府时期 1934 年的《破产法草案》与现实脱节,而《商人债务清理暂行条例》作为没有破产法时的权宜之计有一定积极意义。立法院于 1933 年 2 月开始起草的《破产法》经确定原则、草拟初稿、征求意见、立法院通过,与《破产实施法》一起于 1935 年 10 月实施,其从实践来看有比较强的适应性,从 1935 年起到现在,无论是南京国民政府还是台湾国民政府均沿用该法律,只是偶尔适应形势对个别条款加以调整、补充、修订,可以说相对完备。①

《公司法》和《破产法》对微观经济组织的行为进行了相对有效的规范,为工商业的稳定发展奠定了基础,这可能是这一阶段工商业发展受世界经济大危机影响有限,中国资本主义或者说资产阶级仍然延续黄金时代状态的重要支撑。在劳资关系体系中,《公司法》《破产法》基本规范、保护的是资方利益,利于资方稳定,有利企业发展,间接助于实现工人、劳方利益。

规范微观劳资场所,涉及劳资双方,乃至政府利益的是《工厂法》及其配套法规。这些法规主要针对工厂内部的经营管理,其被视作资本主义黄金时代,工厂增多和劳资矛盾激化,工人运动超出经济领域而成严重社会性问题的结果②,与劳资各方关系更为密切,因此后文将做专题讨论,这里不再详细介绍。

从清末到袁世凯执政初期政府一直鼓励发展工商业,得到资产阶级支持的南京国民政府,自然也对工商业发展予以普遍支持。1929 年《训政时期国民政府施政纲领》要求工商部对工商业实行保护奖励工商业,并且明确了从工商保护政策、奖励政策和提倡国际贸易三大方面入手。此外,一些行业出台了规范、鼓励民间资本的政策,比如 1930 出台的《矿业法》及随后的配套法规,严格限制外国人参与采矿,明确界定国营和民营的范围。

南京国民政府出台的一系列民营工业奖励法规,激励了资方和资产阶级。其中最为典型的是 1929 年的《特种工业奖励法》,就基本化学工业、纺织、建材、机器制造等重要工业予以奖励。为提高可操作性,随后还公布了《奖励特种工

①　陈夏红:《近代中国的破产法制及其命运》,《政法论坛》2010 年第 2 期。
②　徐建生:《明国时期经济政策的沿袭与变异(1912—1937)》,福建人民出版社 2006 年版。

业审查暂行标准》。1934 年公布的《工业奖励法》不但扩大受奖工业范围,还增加了奖励力度,奖励方法得到进一步明确。1936 年的《造船奖励条例》对民营造船予以鼓励和提倡。相对于《工业奖励法》等主要奖励符合工厂法的较大型、使用机器生产的企业,1931 年出台的《小工业及手工艺奖励章程》,不但对小厂,而且对手工工场改良制造工艺、采用外国新方法,或擅长特别技能而制品精良者,给予奖金、奖章等奖励。1932 年出台的《奖励工业技术暂行条例》首先发明工业品或者方法的集体或个人,予以全国性专利权奖励。1934 年南京国民政府出台了《工业奖励法》废止原《特种工业奖励法》取消特种二字,扩大受奖工业范围,增加奖励金。除工矿业外,南京国民政府还对民营公用事业予以提倡和鼓励。

微观的奖励政策方面,除奖励制度之外,专利制度、商标法,改进试验示范,商品检验制度等都会促进工商企业发展。19 世纪 30 年代伴随西方肇始于 20 年代末的世界经济危机波及中国,民营工商业陷入困境,南京国民政府对其保护救济。1930 年出台《救济目前已濒危殆各种实业的办法》,在分析丝、茶、火柴、肥皂、卷烟及丝棉各业陷入危机原因的基础上,通过裁撤厘税、关税自主、兴办交通电力水利和减免苛捐杂税等救济外,还针对行业提出具体救济办法,并由上海市政府先试行,其后的实践对棉纺织业的救济较为充分。

民营资本历来被视作近代劳资关系的主体,因此这里专门关注民营资本的政策。整体而言,南京国民政府确立了国家资本主要、主导地位,实行节制私人资本、扩张国家资本的方针,这构成强政府的经济基础,但是这无法否认政府鼓励、支持、规范民营企业发展的作为,而且相关政策对民营企业的鼓励、支持和倡导也是晚清和北洋政府时期无法相比的。早在 1928 年的《建设大纲草案》就明确指出,凡政府批准个人经营之建设事业,政府当予以充分之法律保障,除受法律上应有之节制外,政府不得无故收回管理,即便国防建设,也逐渐希望有民营资本参与,《关于国防经济建设案》就规定,各种建设固应由政府提倡,同时必须鼓励国民投资。此外,国民党政府还特别注意奖励华侨资本。1928 年 10 月颁布的《华侨投资国内矿冶业奖励条例》规定华侨支持国内矿业经营或直接经营有成绩者予以奖励,1929 年颁布的《华侨回国兴办实业奖励办法》鼓励、保护奖励华侨回国兴办交通以及实业。①

---

① 陈明辉、史亚楠:《1927—1937 年国民政府工业奖励政策初探》,《中国矿业大学学报》(社会科学版)2009 年第 4 期。

国民党政府还确立了平等、互惠互利,吸收外资,借用外国专门人才,以发展实业的基本方针和解决资金来源的基本政策。[①] 这在《国民政府宣言》《建设大纲草案》《关于建设之方针案》中均有体现,特别是 1931 年的《实业建设程序案》《遵照总理事业计划,应用外国技术资本,以发展国民经济增进国际福利案》。当然,国民政府利用外资主要针对国营事业与外资的合作,主要采取合资、特许、借贷三种方式,不过其在人才、技术方面、管理等方面具有溢出效应,对劳资关系应有直接、间接的影响。

国民政府利用外资同时,对其实行严格的限制,这无疑对民族资方有保护作用。除《公司法》《矿业法》,以及《民营公用事业监督条例》《管理外资及中外合资法》等涉及限制外资的法规外,1930 年国民政府发布《外国公司注册准驳,以对方国家允否我国同类公司在彼国注册为先决条件令》,希冀外国平等对待中国公司并对外国公司稍加限制,但几乎失灵。此后,实业部拟定了《限制外人设厂办法草案》要求:外资工厂按《工厂登记规则》登记,并从工厂大小、年限、长期还是短期、工厂数等加以限制;绝对禁止外资进入一些重要的国防、公用事业、基础工业;限令其缴纳税收,中国工厂则可以通过奖励金或补助金方式得到返还。但《限制外人设厂办法草案》违背历史趋势,后经修订,不再明显歧视外资,但也没有真正公布。

不但如此,南京国民政府还对商会这一资方组织进行重新规范和限制。1929 年《商会法》让商会会员由个人变成不具法人地位的工商同业公会,或商业企业法人,并规定同省商会合组全省商会联合会,各省商会联合会和特别市商会组成全国商会联合会。继 1928 年的《商民协会组织条例》组织商民协会抵制原有商会外,《商会法》还要求已有商会限期一年改组。即便是上海总商会,也被上海市商民协会筹备会攻击为不革命之商人,1929 年国民党第三次全国代表大会,上海市代表更是提出《请解散各级商会以统一商民组织案》认为上海总商会"反抗党国,逆迹昭著,应予解散"。当年 5 月,又成立了上海特别市商人团体整理委员会,以对抗上海市总商会和其他工商团体,并促使上海总商会于 1930 年 6 月改组为上海市商会,并重订章程。因此,作为资方上层组织商会的权力和威信大不如前,这也符合国民政府节制私人资本的指导思想。有趣的是,在商会改

---

① 国民政府立法院:《中华民国法规汇编》第一编,中华书局 1936 年版,第 44 页。

组,新《商会法》出台后,商民协会被政府取消。

整体而言,南京国民政府对资方显然比北洋政府时期更为强势。因此,学术界普遍认为国民政府改组商会后,商会成为政治附庸,但据朱英近年的研究表明,依据《商会法》改组后仍然基本保留了独立民间工商团体的性质,而且新《商会法》的出台,客观上有商人为保护自身利益的主动诉求。[①]

二、宏观工商业政策

(一)统一财政金融货币

南京国民政府时期的财政政策具有重要经济地位,这与南京国民政府成立之初面临财权分散,省自为政,管理紊乱,国库空虚,出多入少不无关系。即便1928年2月张学良宣布易帜全国统一后,中央能够支配的财政只有江浙、安徽、福建、江西五省。1927财政年度,国民党政府竟然超过75%的支出从江浙两省挪借。[②] 有鉴于此,1928年6月国民党北伐成功后旋即在上海召开全国经济会议,除中央和地方财政官员外,还有数十位银行家和财政专家出席,广泛征求财政金融以及发展工矿贸易的意见、建议,次月又召开第一次全国财政会议,重点讨论财政税收及债务整理问题。以此为基础,国民党二届五中全会通过的《统一财政、确定预算、整理税收,并实行经济政策财政政策以植财政基础而利民生建议案》成为南京国民政府处理财政经济的总方针。国民党第三次全国代表大会通过的《对于政治报告之决议案》,进入训政时期,针对“行政久不统一,国家财政与地方财政之分配素不稳定,国家耗费过滥,而军费尤为膨胀;全国税制杂乱,而系统破坏无余”使中国财政积重难返的事实,强调政府的当务之急是确定财政具体之计划与政策。进而确定以下目标:统一全国财政行政;确定国家、省、县及地方行政经费分配;编制全国预算,确立预算制度;划分国家税与地方税,并进行整理,杜绝税收机关积弊;整理外债,筹备偿还方法;整理币制,统一货币铸造与纸币发行权等。[③]

南京国民政府首先确立了财政部执掌全国财务行政总机关和枢纽的地位,

---

① 朱英:《二十世纪二十年代商会法的修订及其影响》,《历史研究》2014年第2期。

② 秦孝仪:《中华民国京畿发展史》上册,(台北)近代中国出版社1983年版,第382页。

③ 刘克祥、吴太昌:《中国近代经济史1927—1937》上册,人民出版社2010年版,第61—62页。

将原来分散的税务、币制等职能统归于财政部。不但如此,以蒋介石为核心的南京国民政府经过激烈斗争和军事较量,将地方收于中央。当然这个过程是漫长的,贵州是 1935 年,广东则是 1936 年陈济棠下野后,四川名义上 1935 年"川政统一"后就统一归于中央,但反复不断,直到 1937 年底废止四川的"国省联合预算"才告一段落。①

国民党政府建立伊始就关注财政与税制改革,理顺国家收支和地方收支,国家税与地方税的关系,以改变各省任意截留中央税款的状况。1927 年的《划分国家收入地方收入暂行标准案》和《划分国家支出地方支出暂行标准案》在江浙等五省试行。1928 年 6 月经修订后合并为《划分国家收支地方收支标准案》,确立了中央和地方两级财政。通过改革缓和了中央和地方矛盾,其中省是地方财政主体,控制了全部地方税源,而县则无独立经费来源,只能通过非正常的方式筹集经费,对县政改革与县级自治极其不利。因此,1934 年《财政收支系统法》赋予县一级财政权,将原来的中央、地方(省)二级财政改为中央、省、县三级财政。从原属省财政的地方收入划出相当部分田赋和营业税给县,增强县政权的地位。

金融方面,国民党政府构建了国家银行体系,还成功实行币制改革,统一货币,推行法币政策。早在北伐时期,国民党就在汉口创建了中央银行,1927 年宁汉合流后,汉口中央银行结束,此后另行组建中央银行。1928 年 10 月的《中央银行条例》确立中央银行的国家银行地位。另外,将原商办的中国银行和交通银行改组改制,加入官股,分别改为国际汇兑银行和发展全国实业银行。1935 年将原为"围剿"苏区所设的"豫鄂皖赣四省农民银行"改组为"中国农民银行",其除一般银行业务外还有发行兑换券、农业、土地债券等特权。以上四行加上 1930 年和 1935 年国民党政府改组、成立的邮政储金汇业局和中央信托局,构成南京国民政府政府时期银行和金融体系的核心。

除机构设置外,国民党政府金融领域的最大成就是废两改元、发行法币等为核心的币制改革。此前,中国货币不但种类繁多,而且发行主体众多,甚至有大量外国货币,阻碍了工商业及其资方与劳方的发展。南京国民政府成立伊始,币

---

① 刘克祥、吴太昌:《中国近代经济史 1927—1937》上册,人民出版社 2010 年版,第 62—64 页。

制改革就被提上日程。先有 1928 年 3 月马寅初提出的《统一国币应先实行废两用元案》，得到国民政府重视。随后全国经济会议和财政会议，提出并通过《国币条例草案》、《取缔纸币条例草案》、《造币厂条例草案》、《废两用元案》等系列改革议案，确认实行金本位，改革的起点是废两改元，计划从 1929 年 7 月起实施。① 1929 年初出台《中国逐渐采行金本位币制法草案》报告，规定中国实行金本位，规定金币单位及其纯度，当然金币只是虚拟货币，实际流通货币则是银币，银币价值随金银比价浮动等。但方案忽视了中国非产银国，以及黄金产量、储量均不充裕，国民党政府财力不足等事实，加之上海造币厂尚未完工，决定其必然胎死腹中。②

1931 年下半年起，因世界经济危机对中国影响越来越明显、九一八事变东北沦陷，加之天灾，银价大跌，银元大量涌入城市及此前两年的白银大量进口，上海造币厂的落成，客观上具备了废两改元的条件。1932 年 7 月财政部长宋子文两度到上海与银钱业商讨币制改革，并达成一致。1933 年 3 月，国民党政府正式出台《银本位币铸造方案》，确立银本位制，新铸货币沿用原有银元标准，作为流通货币，而银两则退出流通市场，在上海短暂试行后，于 4 月 6 日推广到全国。废两改元，宣告延续两千多年的成色不一，多元化的称量货币时代的结束，具有革命性意义，有利于工商业、银行金融业的发展。③

废两改元自身局限性，以及国际经济形势、货币制度的剧烈变化，注定废两改元的昙花一现，尤其美国白银政策导致中国大量白银外流、银根紧缩，市场物价和国民经济近于崩溃。三年后，国民党政府顺应形势，实施货币改革，用法定国家信用纸币取代单元金属货币。法币的推出主要思想来源于美国顾问杨格，其基本思想是以现金为准备金，对内不兑现纸币，对外则采取无限制买卖外汇方式，稳定纸币汇价，货币发行的主体是四大国有银行（最初没有中国农民银行）。就民间而言，完粮纳税及公司款项，概以法币收付；原有以银币为单位之契约，到期以法币结算；白银国有，民间白银限期三个月内兑换成法币。法币政策很快得到推行，外国在华主要银行，也陆续兑换了法币。中国一些地方兑换法币踊跃，

---

① 全国经济会议秘书处：《全国经济会议专刊》，1928 年 9 月，第 114—141 页。
② 卓遵宏：《抗战前十年货币史资料》（一），"币制改革"，台湾"国史馆"1985 年版，第 135—163 页。
③ 刘克祥、吴太昌：《中国近代经济史 1927—1937》，人民出版社 2010 年版，第 68—69 页。

一些地方初期曾抵制,后逐渐接受。到抗战爆发前,除日本占领的东北和华北部分地区外,法币已成全国通行货币。法币政策的实行,为长达数十年的中国货币近代化改革画上了句号。该制度客观上符合货币制度的长期演化趋势,及时缓解了中国金融,尤其是商品流通面对的危机,对工商业,乃至整个国民经济都有积极推动作用。虽然法币制度也有缺点,但瑕不掩瑜。

(二)国货保护与关税自主等

南京国民政府在维护民族利益方面,最为突出的就是以国家制度的形式提倡保护国货,以及关税自主运动。1929 年的《服制条例》明确规定男女礼服、男女公务员制服,质料限用国货。1931 年实业部发布《取缔洋货冒充国货令》,公布核查的假冒厂商及产品,将外货伪造商标冒充国货情节严重者移交法院从严法办,并认为其比普通假冒商标为重,且要求各商业团体协助查办,铲除内奸。如果说《取缔洋货冒充国货令》只是临时法令的话,1932 年的《中国国货暂定标准》,则将保护国货的法规系统化,从资本、经营、原料和工人四个方面,界定了国货与外国货,乃至参国货标准,建立国货审查委员会。后来,实业部部长吴鼎昌甚至倡议建立国货联合营业公司,打造全国国货贩卖网。① 与保护国货相适应,国民党政府还出台一批博览会、国货展览、陈列馆所等法规,其中 1928 年的《全国举办物品展览会通则》和 1931 年的《部辖国货陈列馆章程》比较有代表性。不仅在国内推动国货的发展,还积极将国货推向世界。

早期进口替代策略除推行国货运动,鼓励技术创新外,主要是关税保护,但中国自国门洞开伊始就逐渐丧失了关税自主权,在早期普遍采取关税保护背景下,中国民族工业极为被动。其实,北洋政府时期就曾有关税自主方面的行动,但收效甚微。② 早期大陆学术界有人受政治意识形态影响误认为其是欺骗性的虚假宣传,现代学者则更多将其归因为增加财政收入,解决内战急需的军费和其他庞大支出,而没有充分考虑对民族工商业的保护作用。③ 当然否定其对民族工商业的保护作用,也有一定客观原因,除前三次税率自主性等因素外,主要是 1934 年新税则棉纺织品税率相对较低,棉花、机器等税率高,尤其是大公报指责

---

① 吴鼎昌:《创办国货营业公司之意义》,《事业部月刊》第 9 期,1936 年 12 月 10 日。
② 乔乐林:《北洋军阀统治时期的关税自主运动》,《新疆师范大学学报》(社会科学版)1999 年第 4 期。
③ 高德福:《试论国民党政府的关税自主政策》,《史学月刊》1987 年第 1 期。

其是"覆灭实业之先声"①,但考虑到南京国民政府一直面对强大国际压力,以及20世纪30年代中国工业的相对发展,似乎情有可原。一般认为,南京国民政府的关税自主运动主要发生在1928—1934年。② 其实,1927年就宣布实行关税自主,即7月20日实行关税自主,实行裁厘加税政策,并颁布《国定进口关税暂行条例》,在值百抽五的基础上,将商品分成普通商品、奢侈品分别增加不同税率,但遭到西方国家,以及上海总商会的抵制而推迟实行。1928年6月,国民政府外交部发表"修约宣言",宣布原有条约,期限已经届满的,废除,另订新约;期限未满者,国民党政府解除重订;旧约已期满,新约尚未订立的,由国民党政府另订适当办法处理一切。1928年9月南京国民政府再次宣布1929年2月1日起实行关税自主,并令外交部、财政部与各国商定新约。此前国民党政府已经和各国进行了谈判,尤其与各国集体谈判失败后,采取个别谈判方式取得突破。美国首先响应修约宣言,并第一个承认中国关税自主权,到1928年7月中美签订《整理中美两国关税关系之条约》。美国之后,与其他各国的谈判相对顺利,当年完成了与德、英、法等11个国家关税条约的签订,承认了中国关税自主权,同时均提出最惠国待遇。但并未得到日本支持,因此1929年2月实行的关税新税则并没有完全自主,主要还是北洋政府后期提出的七级等差税率,但也一改《南京条约》以后值百抽五的惯例,上升到7.5%到27.5%。③ 南京国民政府1929年5月与日本签订《中日关税协定》,有效期三年,日本形式上接受中国的关税自主,但保留部分特权,而根据利益均沾原则,其他国家共享。因此,即便一般视作中国真正实现关税自主的标志——1931年实施的新税则,遭遇《中日关税协定》也部分失灵。

直到1933年《中日关税协定》期满后,中国关税才真正实现了自主,国民政府自主修改了关税,整体税率明显提高,并考虑到产品差别,实行税率从5%到80%不等的十四级税率,平均达到25.4%,与当时西方发达国家比率相比并不低,1934年经过调整后税率进一步提升,平均税率达到34.3%,实际税率近30%,民族保护,进口替代的特征更为明显,同时也增强了南京国民政府的财政

① 《沪工商界之呼吁》,《大公报》1934年7月8日。
② 黄逸平、叶松年:《1929—1934年"国定税则"与"关税自主"剖析》,《中国社会经济史研究》1986年第1期。
③ 高德福:《试论国民党政府的关税自主政策》,《史学月刊》1987年第1期。

实力。当然,南京国民政府关税自主的内容还在于让海关行政和控制权回归中国政府,关税收入不再受外人控制,直接成为财政收入的重要组成。

第三节　南京国民政府劳资法规政策

从现代的视角来看,到南京国民政府时期已有较为系统的劳资争议[①]处理制度,因此其成为当代研究热点之一,就其劳资争议处理系统性的研究以田彤《民国劳资争议研究》[②]、彭贵珍《南京国民政府时期上海劳资争议处理研究》[③],以及周卫平博士论文《南京国民政府时期劳资争议处理制度研究——以上海为主要视角》[④]为代表,虽然学者对当时政府劳资角色研究结论有所分歧,但政府劳资角色明显已成共识。

一、一般法令就劳资关系的涉及

1931 年 6 月实施的《中华民国训政时期临时约法》第 39 条到第 42 条,就人民促进劳资互助组织职业团体,劳资双方应遵循协调互利原则,国家实施保护劳工法规及从事劳动的妇女儿童保护,以及对丧失劳动能力的工人等实行劳动保险制度做出原则性规定。

1936 年《中华民国宪法草案》从第 121 条到第 128 条,均涉及劳资关系问题。[⑤]第 121 条规定了国家有权节制私人财富及私营事业,即节制私人资本;第 122 条规定对国民生产事业及对外贸易,应奖励指导并保护之;第 123 条规定公用事业

---

① 这里的劳资争议是广义的,即包括罢工,停业,怠工,争议等。
② 田彤:《民国劳资争议研究》,商务印书馆 2013 年版。
③ 彭贵珍:《南京国民政府时期上海劳资争议处理研究》,江西人民出版社 2014 年版。
④ 周卫平:《南京国民政府时期劳资争议处理制度研究——以上海为主要视角》,华东师范大学 2008 年博士学位论文。
⑤ 有人认为:第 120 条"国家对于土地之分配整理,以扶植自耕农即自行使用土地人为原则";第 126 条"国家为谋农业之发展及农民之福利,应充裕农村经济,改善农村生活,并以科学方法提高农民耕作效能。国家对于农产品之种类数量及分配,得调节之",也是有关工人劳动问题的条文,但笔者认为过于泛化。120 条是关于土地,而 126 条只是有关农业、农民、农村及农产品问题,与典型的劳资关系相去甚远。参见刘明逵、唐玉良:《中国近代工人阶级和工人运动》第七卷,中共中央党校出版社 2002 年版,第 216—217 页。

和其他独占性企业(自然垄断行业)以国家公营为原则,但必要时可以特许私营,特许私营后若国防需要可临时管理甚至依法收归国有,但应适当补偿;第124条则与《中华民国训政时期临时约法》第41条的规定类似,国家为改良劳工生活增进其生产技能,救济失业,应实施保护劳工政策,同时对从事劳动的妇女儿童做出规定;第125条则规定劳资双方应本着协调互助原则,发展生产事业。第127条和128条均是照顾弱者的规定,即国家不但给予因服兵役、工役或公务而伤残者适当救济或抚恤,而且还给予老弱残废无力生活者适当救济。

1929年颁布实行的《中华民国民法》债编①第七节《雇佣》从第482条到489条就雇佣相关问题则进行了纲领性规范。具体而言,界定了雇佣者,主要依据看是否需要付酬。受雇者和雇主不得随意变更雇佣关系,受雇人不能欺瞒雇主虚报自身能力。报酬支付方式,雇佣契约终止等方面也做出规定。②

整体而言,一般法令有关工人劳动问题的条文,多是纲领性的,具有导向作用,但针对性和可操作性弱,但也可大致管窥当时劳资政策。这些法律制度,直接针对工人,但起着规范、约束政府和雇主行为的作用,也是维护资方和政府利益的需要,客观上对经济社会发展具有促进作用。

二、《工厂法》及其相关法规

(一)工厂法概述

南京国民政府时期最具决定性的劳资关系莫过于《工厂法》,是我国历史上第一部比较全面调整劳资双方关系、维护劳工权利的全国性劳动立法,其甚至将中国现代国家的建构往前推进了一步。③《工厂法》的出台有个过程,南京国民政府成立伊始就开始筹建劳工法起草委员会,随机构更迭,直到1929年立法院成立邵元冲、王葆真、史尚宽等5人组成的劳工法起草委员会,并由邵元冲负责召集,并最终于1929年拟就《工厂法》,并于1931年8月1日施行,1932年12月30日修正公布,同日施行。

1929年《工厂法》包括总则、女工与童工、工作时间、休息及休假、工资工作

---

① 《中华民国民法》是分编草拟,分编公布的,1927年颁布民法总则,1929年颁布民法债编和物权编,1930年颁布亲属、继承编。

② 邢必信、吴铎、林颂河等:《第二次中国劳动年鉴》,北平社会调查所1932年版,第165—166页。

③ 彭南生、饶水利:《简论1929年的〈工厂法〉》,《安徽史学》2006年第4期。

契约之终止、工人福利、工厂安全与卫生设备、工人津贴及抚恤、工厂会议、学徒、罚则和附则,共 13 章,77 条,从法理来讲是一部相对完善的劳资关系法律,详细规定了劳资双方在劳资活动的基本载体工厂的权利与义务,以及主管官署的责任,构成南京国民政府时期劳资关系法律体系的基础和核心(见表 11-1)。

表 11-1　《工厂法》各章概述

章　节	法律条数	基　本　内　容
第一章 总则	第一条到第四条	规定适用工厂标准;界定主管官署;工厂应备并呈报官署备案的工人名册基本内容;工厂每六个月须呈报主管官署的事项:工人名册变更、伤病及其治疗、灾变与救济、退职及其原因。
第二章 童工女工	第五条到第七条	规定雇工最低年龄标准及既成事实的过渡;童工标准及其工作的规定;童工及女工工作禁止事项。
第三章 工作时间	第八条到第十三条	就工人工作时间做出规定,并特别对童工和女工工作时长,工作时段做出规定。
第四章 休息及休假	第十四条到第十九条	就每天、每周、法定节假日休息等做出规定,尤其规定按工作期限,累进增加休息时间,节假日休息工资照给,工作应加给工资。特别规定军用公用企业,主管官署认为必要时,停止工人休假。
第五章 工资	第二十条到第二十五条	各地最低工资应以工厂所在地生活状况为标准;工资支付应以通用货币;无论计时还是计件,每月至少两次;依照第四章、第五章规定作时间的工资标准;男女同工同酬;工厂不得预扣工资等。
第六章 工作契约之终止	第二十六条到三十五条	定期工作契约期满双方同意,方得续约;无定期工作契约,工厂欲终止契约依继续工作时间长短预告工人,契约规定有较长预告期的除外;没有定期契约,工人欲终止契约,应提前一星期告诉工厂;终止契约的工资支付;因歇业、不可抗力较长时间停工,工人不胜任的可提前终止契约,但须预告工人;工人严重违反工作纪律工厂可不经预告,终止契约;工厂违反工作契约或劳动法令重要规定,不按时发工资,虐待工人,工人在契约期满前可不经预告,终止契约;有争执时,由工厂会议定之;工作关系终止时,工人不得拒绝给予工作证明书。
第七章 工人福利	第三十六条到第四十条	童工及学徒工厂必须进行补习教育,并承担费用,补习时间每周在工作之外不少于 10 小时,其他失学工人,应酌量补助其教育;女工分娩假期及工资发放;工厂应协助工人举办工人储蓄及合作社等;工厂应尽可能建筑工人住宅,并提倡正当娱乐;除股息、公积金外,对于全年工作无过失工人,应给奖金或分配盈余。
第八章 安全卫生	第四十一条到第四十四条	工厂应备的安全、卫生设备;工厂应训练工人预防灾变;主管官署的管理。

章　节	法律条数	基　本　内　容
第九章 工人津贴及抚恤	第四十五条到 第四十八条	劳动保险法施行前,工人因公伤亡、生病的医药补助及抚恤标准,资本低于5万者,呈请主管官署核减其数目;抚恤领取,明确无遗嘱的领取顺序;第四十七条,工人遇到婚丧等大事,可预支一个月工资,或者发还储金全部或一部分;工厂遇灾变有重大伤亡,应将经过情形及善后办法5日内呈报主管官署。
第十章 工厂会议	第四十九条到 第五十五条	工厂会议由工厂代表及官署监督选举的同数工人代表组成,各以3人到9人为限;工人代表的选举与被选举权;工厂会议主席人选,工厂会议召开,出席法定人数,决议通过条件等;工厂会议职责;工厂会议内容,涉及一工场时由工人代表与工场协商,不能解决或涉及多个工场由工人会议决定,无法解决的,依劳资争议处理法办理。
第十一章 学徒	第五十六到第 六十七条	规定工厂学徒契约内容;学徒的年龄限制;学徒与职业传授人关系;学徒期间的膳宿医药费,由工厂负担,并适当给补贴;学徒期间不得中途离场及未得同意离厂的法律责任;学徒占工人人数比,学徒过多,无传授充分机会时,主管官署的制约;学徒严重违反纪律及行为不端,反抗正当教诲者工厂得终止契约;工厂违反法律规定及不履行契约义务时学徒及其代理人得终止契约。
第十二章 罚则	第六十八条到 第七十四条	规定工厂、工头和工人违反相关规定的惩罚。
第十三章 附则	第七十五条到 第七十七条	工厂法施行时间、工厂规则变更程序、制定实行条例。

资料来源:根据顾炳元:《中国劳动法令汇编》,上海会文堂新记书局1937年版,第55—67页整理。

最初的《工厂法》更多借鉴西方国家经验,与中国现实有所脱节,因此1932年12月底修正公布实施新的《工厂法》。修正前后,各有优劣。陈振鹭对修订前后的《工厂法》比较后得出这样的结论:"修改之后,有善与不善,或就立法意旨言,或就立法技术言,皆优劣互见。约而言之,旧条文长于抄袭他帮成法,其善在能适应世界大势,其弊则在与我国国情相离;新条文优于斟酌国情,其优点在欲免重蹈不切实际之弊,其劣点在太重视工厂主之意见。若欲兼顾一切,止于至善,则比较之下,不得不认旧文有削足适履之讥,新条文多安于固陋之习。"[1]应该说陈振鹭的评价是相当客观的,从逻辑上讲,最初南京国民政府急于出台相关政策,难免有仓促之举,难免照搬西方模式,而实践中中国资方的天然强势,以及

---

① 陈振鹭:《工厂法修正后新旧条文之比较》,《大中国》第5期,1933年2月13日。

传统习惯的路径依赖又倒逼国民政府做出相应调整。

(二)《工厂法》施行条例等

为配合《工厂法》实施,1931 年 8 月实施《工厂法施行条例》,并于 1932 年、1935 年、1936 年三次修正,如此频繁的修正客观上说明《工厂法》与现实的剧烈碰撞,这里对最初的《工厂法施行条例》作简要介绍。

与《工厂法》同日生效的《工厂法施行条例》共 38 条。首先,就《工厂法》的工人进行界定,其将雇佣员役与生产工作无关者排除在工人范围外,略显狭隘。规定,负责《工厂法》及《工厂法施行条例》日常落实的主管官署,受最高主管机关的指导监督。具体而言,就工厂日常生产所涉及的工人信息、工作时间、假期及纪念日、工厂意外情况、学徒补习教育办法、设备呈报、营业年度界定、女工分娩证明、奖金或分配盈余选择、大厂对工人的医药卫生保护、童工女工及 50 岁以上工人工作分配、工作场所规范管理、伤亡事故管理、抚恤、工厂会议的操作细节等做出详细规定。特别是,当局预见到工厂法实施的困难,规定了过渡办法。

与《工厂法》《工厂法施行条例》相伴的还有《工厂检查法》于 1931 年 10 月 1 日生效,1935 年又修正执行。《工厂检查法》核心是由中央劳动行政机关派工厂检查员,检查内容涉及工人工作,劳动保护等几乎所有内容,检查员还可以立即纠正安全等事项。工厂人员、工会职员须配合调查,还可让当地官署或警察官署协助。检查员每三月将所检查区域内各行业工厂的工人劳动状况等,详报主管官署。检查员资格要求较高,必须工业专门学校毕业,或工厂工作十年以上,并经中央劳动行政机关训练合格,或者国内外工业专门学校毕业有技师证者。政府对工厂检查员也有严格约束,不能兼任其他公职和营业,遵守相应规范,厂方和工人可以向主管官署举报检查员违法行为。

1935 年 10 月实施《工厂安全及卫生检查细则》(下简称《检查细则》)系统而全面地规定了工厂安全和卫生方面的规范,共 73 条。[1]《检查细则》安全方面涉及厂房空间、机械动力布置,特别强调锅炉相关的安全性,还有有毒、有害物质、易燃、易爆物质规范。还涉及日常卫生、气体、采光、照明、粉刷温度、厕所及便池、食堂、医疗等。

---

[1]　顾炳元:《中国劳动法令汇编》,上海会文堂新记书局 1937 年版,第 75—85 页。

此外,南京国民政府还出台《矿场法》、《铁路员工服务条例》、邮政《技工章程》、《海商法》、《海商法施行法》、《交通部海员管理暂行章程》等系列规范雇主与雇员、劳动场所、劳资关系的法规。①

三、其他劳工法规

(一)工人福利法规

南京国民政府积极推动企业社会化,即企业既给员工提供工作机会,又为其提供生活、居住、教育、储蓄、医疗等方面基本服务与保障,这与新中国成立后国有企业的社会化有些类似,都是对社会化服务缺失的反应。

南京国民政府出台了一系列工人福利的专门法规。1929 年国民政府工商部颁行《工商职工俱乐部计划大纲》共 9 章、20 条。② 第一章《总则》要求工厂、矿产、公司、商店(工会)均应设立职工俱乐部,职工不到 30 人的,加入普通市或特别市俱乐部,工厂、矿产、公司和商店提供俱乐部房屋,企业成立的俱乐部企业负责经费,工会的职工俱乐部则由工会自筹经费。其余还包括《名称》、《宗旨》、《组织》、《部员》、《设备》、《事业》、《时间》,以及《附则》。

早在 1928 年国民党全国教育联合会就通过《实施劳工教育》,提出五条办法,但真正上升到法律层面则是 20 世纪 30 年代初。1932 年 2 月国民政府实业部颁布实施《劳工教育实施纲要》,共 24 条。③ 其目的是增进工人知识技能及其工作绩效,并改进工人生活。劳工教育按工人教育程度分别实施识字教育、公民训练及职业补习,并要求各地教育行政机关督促。工厂公司商店雇工达到一定数量应设劳工班或劳工学校,并规范劳工学校教育内容。学习时间等自然也是政府规范的内容,这里不再赘述。此外,《劳工教育实施纲要》还就劳工学校内部组织、日常管理、主管官署等进行规范。

1932 年南京国民政府出台《工人储蓄暂行办法》,这是一条在今天看来比较特殊的法规,即由工厂或工会附设工人储蓄会,谁先设谁有效,国家对其免除国家和地方税,并详细规定了工人储蓄会的日常组织与运行规范、资金支取等。④

---

① 顾炳元:《中国劳动法令汇编》,上海会文堂新记书局 1937 年版,第 266—295 页。
② 顾炳元:《中国劳动法令汇编》,上海会文堂新记书局 1937 年版,第 266—295 页。
③ 顾炳元:《中国劳动法令汇编》,上海会文堂新记书局 1937 年版,第 221—225 页。
④ 顾炳元:《中国劳动法令汇编》,上海会文堂新记书局 1937 年版,第 261—265 页。

1936 年 4 月国民党实业部依据《工厂法施行条例》还颁布施行《工厂设置哺乳室及托儿所办法大纲》(共 16 条),规定工厂设置哺乳室、托儿所的基本条件,以及设备配备、日常管理、费用等。[①] 1936 年 11 月国民党实业部还依据《工厂法施行条例》核准施行《工厂卫生室设置办法》,对工厂卫生室进行规范。[②]

此外,南京国民政府 1930 年 5 月加入国际劳工大会的《最低工资办法公约》,但由于此后日本侵略加剧,经济危机、自然灾害,国民经济运行维艰,直到 1934 年才由行政院公布实施《国营企业最低工资暂行办法》[③],而其他类型的企业专门最低工资法一直没有出台,即便在《工厂法》等往往有所提及。

(二)劳动契约、职业介绍法规

1936 年 12 月国民政府公布《劳动契约法》(共 5 章 43 条),就雇佣劳动契约进行了规范。[④] 第一章总则规定劳动企业内涵,未成年人的劳动契约以及诸如试用期、公平、符合惯例等合法契约的要件。就总则而言,似乎更倾向于保护劳方利益,比如,规定契约双方合意定之,但违反法令、团体协约或服务规则,于劳方不利者,不利部分无效;一方乘另一方急迫轻率或无经验,为自己或他人订立明显有失公平,与地方习惯、惯例等不相符的无效;劳动者的发明属于劳动者,即便因经营上的共同经验而获得,发明权属于雇方,劳动者也得请求相当报酬,受雇方委托或者以雇方费用而发明,其发明权属于双方共有。第二章是劳动者义务。主要包括劳动者守约、工作地点、应该付出的劳动、节约劳动所用材料、禁止与资方竞争营业。第三章是雇方义务。主要是报酬支付标准、报酬支付方式、报酬支付时间等规定。第四章是劳动契约终了的决定,包括劳动契约终了的几种情况、无定期劳动契约及其解约、劳动契约解约预告、提前解约、雇方与劳动者的不预告解约,劳动契约终止时雇方及其代理人给劳动者证明的义务。罚则涉及违约、违法赔款,及其法律适用范围。

此外,南京国民政府首次立法对华工出国进行规范和保护。1935 年 10 月颁布《华工出国条例》共 9 条,包括条例适用范围,出国工人基本条件、手续,募工承揽人的资格,募工手续、程序、翻译等。次年 11 月出台的《出国工人雇佣契

---

① 顾炳元:《中国劳动法令汇编》,上海会文堂新记书局 1937 年版,第 130—132 页。
② 顾炳元:《中国劳动法令汇编》,上海会文堂新记书局 1937 年版,第 132—134 页。
③ 顾炳元:《中国劳动法令汇编》,上海会文堂新记书局 1937 年版,第 110—111 页。
④ 顾炳元:《中国劳动法令汇编》,上海会文堂新记书局 1937 年版,第 155—163 页。

约纲要》进一步规范出国工人雇佣契约,进一步保护出国工人权利,相关管理机构国内是侨务委员会,国外则是中国使领馆。

(三)失业救济规划与职业介绍所

鉴于城市失业严重的事实,南京国民政府在 20 世纪 20 年代末 30 年代初,出台系列规划政策。1929 年农矿部拟定《失业救济意见》,有维持劳动、增加劳动、介绍职业、扶助失业四方面内容。1931 年 2 月国民会议通过《失业救济案》,涉及六个方面。一是国府应责成各省政府拟拨建设经费 20%,创办国营大规模基本工业,以救济失业工人;二是政府尽快举办工人失业登记,调查工人失业状况;三是各县应举办简易工厂,救济各地失业工人;四是厉行工厂补习教育,提高工人知识,减少失业风险;五是政府应速举办铁路、水利等公共事业,以收容失业工人;六是政府在都市所在地,先行设立公共工作介绍所。1931 年 9 月全国路市会议通过《都市失业者救济案》,"积极"方面提出包括扶助都市工商业发展、提倡节约运动、创办贫民工厂、取缔高利贷等五项办法;在"消极"方面倡导赈济、设立收容所,以及与慈善团体合作等措施。

以上规划,因为财政原因,基本没有落实,而职业介绍的 1931 年底实业部颁布的《职业介绍所暂行办法》得到较为充分落实。[①]《职业介绍所暂行办法》主要包括职业介绍、职业范围、职业介绍所类别、职业介绍所的开业与歇业登记、职业介绍所职业介绍的对象条件、职业介绍所收费规定、私营职业介绍所备置簿册。职业介绍可能适应了市场需要,加之投入较少,各地均有一些设置,1929—1931 年间,至少有南京、北平、天津、汉口、青岛、广州、济南、汕头 8 处。其中北平是唯一保存资料较详者,据 1929 年《北平市政法规汇编》载,社会局于 1928 年冬组织成立职业介绍所,设所长一人、事务员、调查员各数人,并由社会局聘请实业、工人、慈善、及其他团体,组织职业介绍委员会。介绍职业,概不取费,成立之初,职员均由局员兼充。据报告,1928 年前四月,登记求职人数男女共 459 人,求职者所希求之职业,以毯工为最多,共 165 人,工资在 6 元到 10 元间者为最多,共 192 人,5 元以下的有 58 人,另 54 人没说明工资。

---

① 邢必信、吴铎、林颂河等:《第二次中国劳动年鉴》,北平社会调查所 1932 年版,第 201—204 页。

第四节　劳工运动政策法规

一、理论基础

工人运动属于民众运动,1928 年 2 月国民党二届四中全会提出民众运动提案,否定清党以前对待工人运动的理论与方略。1928 年 10 月中央执行委员会发表《对于全国工会及工人之告诫书》阐明国民党对工人工会的五条原则[1]:一是工友是国民之一分子,欲求个人之幸福,必先尽救国之任务;二是工人必须有继往开来的精神;三是中国工人当深切明了国家经济现状,而与全国上下共谋正当的解决途径;四是全国工友应该知道目前工人的生活已经比其他职业生活优裕;五是工友应该形成共识,中华民族、中国工人的生路,必须坚持孙中山先生遗教,而国民党政府处置公用事业工人均具有合法性。

1929 年国民党第三次全国代表大会进一步明确今后民众运动必须坚持四项原则:一、必须以人民在社会生存需要为出发点,从而形成有组织、为人民;二、已有农工组织,必须由国民党协助,增进其智识与技能,提高其社会道德,促进生产力与产量,以改善人民生计;三、民众运动必须关注农村、农业;四、针对男女青年要实施普遍的教育与训练,提倡科学与文艺机会结社与出版,奖励使用科学的研究与发明。[2] 随后的三届三中全会通过《训政时期劳工团体之工作标准》,1930 年蒋介石五一劳动节演讲词则强调中国工人与外国工人不同之处在于外国工人受本国资本家压迫,而中国则不受本国资本家压迫,只受外国资本家压迫,因此中国工人首先应考虑民族利益。其次,工人应该协助国民政府,致力于工商业发展、以求国家经济建设,这也是工人自救唯一出路。[3]

在上述指导思想之下,国民党还出台了一些政策。1928 年出台《中国国民

---

① 　中国国民党中央执行委员会:《中国国民党对于全国工会及工人之告诫书》,《中央党务月刊》1928 年第 4 期。

② 　邢必信、吴铎、林颂河、张铁铮:《第二次中国劳动年鉴》中册,北平社会调查所 1932 年版,第 6—7 页。

③ 　《蒋介石五一劳动节演词》,《南京日报》1930 年 5 月 3 日。

党中央执行委员会民众训练计划大纲(修正案)》就民众运动理论、民众运动原则、民众运动目前纲领、民众运动过去的错误、民众运动今后方针等做出阐释。① 随后,《民众团体运动的组织原则及系统》则进一步将工人组织等民众运动团体的组织原则和系统进行了细化。② 1929 年通过,1930 年修正的《修正人民团体组织方案》③,1930 年的《指导人民团体改组办法》,特别是 1931 年《工人训练暂行纲领》④等将工人训练相关法规细化。

劳工运动不仅是经济问题,还是政治问题,1931 年九一八事变以后,国民党政府进入"国难时期",紧跟其后的是中华苏维埃政权直接与国民党政府对抗,南京国民政府可以说陷入内忧外患的境地。这种情况下,社会安定对于南京国民政府来讲是第一选择,中国共产党具有领导工人运动的历史和传统,而伴随工人运动可能危及国民党政权。因此,南京国民党政府对其相当重视,20 世纪 30 年代加强了对工运、工潮的控制。

1934 年 4 月蒋介石电令国难期间制止工潮,充分说明当时国民党政府的意志。其令全文如下:"现值国难期间,举国应谋一致努力生产,充实国力,而生产事业中,各项工业,实居重要地位。查现有各地工厂,在我国工业发达进程中,仅具萌芽之基础,其弱已极,劳资双方,须知荣枯与共,休戚相关,设厂主不知爱护工人,工人任意罢工,要挟厂主,其影响所及,不惟影响劳资双方,俱陷于不利之状态,而危害社会秩序,削减国家之应有生产能力,在国家全部利害上,尤其不许。嗣后各处工厂,倘有擅自罢工、怠工情事,应由当地主管官署,查找工会法第三十七条第三款之规定,现将该工会勒令解散,使工潮得以迅速解决,此为国难期间之特例。至各厂厂主,尤不准有虐待工人之情事发生,各该管官署,应即特别注意,随时纠正,以期消患无形,除分电外,仰各该省府,转饬该管官署,一体遵照。"⑤

---

① 《中国国民党中央执行委员会民众训练计划大纲(修正案)》,《中央党务月刊》1928 年第 2 期。

② 《民众团体的组织原则及系统》,《中央党务月刊》1928 年第 3 期。

③ 邢必信、吴铎、林颂河等:《第二次中国劳动年鉴》下册,北平社会调查所 1932 年版,第 39—41 页。

④ 《工人训练暂行纲领》,《中央党务月刊》1931 年第 1 期。

⑤ 《军委会蒋委员长电令国难期间制止工潮》,《时事新报》1934 年 4 月 11 日。

二、组织机构

(一)国民党劳工运动指导机构

南京国民政府劳工运动管理机构屡经变迁,1927 年 6 月成立以戴季陶为部长的国民党中央工人部,设指导、组织、宣传三个科和审查委员会,其决策由部务会议作出。稍后,南京和武汉的中央工人部协商,共同推举委员组成中央特别委员会,原宁汉工人部宣告终止,特别委员会采取委员制,主要职能是设计、指导和宣传。[①]

不过,作为过渡机关,1928 年 2 月 7 日国民党第四次中央全体执监会议闭幕后,国民党中央民众训练委员会取而代之。中央民众训练委员会最初有蒋介石等 9 位委员、李石增等 5 位常委,分设七科。1928 年 5 月《暂行组织条例》,规定其下设常务委员会与设计委员会,但设计委员会并未真正成立。当月,民众训练委员会正式成立,除委员会、秘书外,其下设机构与最初筹议时略有变化,工作内容与此前也有所区别。

次年 3 月,国民党中央第一次全体执监会议决定取消民众训练委员会,拟将其组织、训练分别划归中央组织部和中央训练部。第二次全体执监会议则将包括工人在内的民众组织与训练统归训练部办理,并于 1929 年 10 月正式成立,训练部部长为戴季陶,有"中国工运之父"之称的马超俊为训练部秘书兼民众训练部主任。训练部自 1929 年成立到 1931 年宣告结束期间,对全国劳资或"劳劳"纠纷有一定调节和仲裁作用。[②]

(二)国民政府主管的劳工机构

1927 年 8 月,直属于国民政府委员会的国民政府劳工局根据《劳工局组织法》成立,负责全国劳动行政事务,由马超俊任局长、黄元彬任秘书,下属三个处分别为总务处,处长周湘,行政处长,处肖同滋,统计处,处长王光辉。但其存续时间极为有限,秘书和各处长均到 1927 年 10 月 31 日才任命,到 1928 年 3 月就

---

① 国民党中央民众运动指导委员会工人科:《中国国民党领导下之工人运动今昔观》,南京三民印书局 1934 年版,第 44—47 页。
② 国民党中央民众运动指导委员会工人科:《中国国民党领导下之工人运动今昔观》,南京三民印书局 1934 年版,第 64 页。

奉命裁撤,工作并入工商局和法制局。① 其中工商部由孔祥熙任部长,下有专门劳工司,工商部存续期间朱懋澄和严澄先后担任司长。1930 年 12 月国民党撤销工商部、农矿部,将两者合并成立实业部,管理全国实业行政事务,设部长 1 人,下设劳工等 7 个司。其中,劳工司专门负责劳动行政,成立后一直是南京国民政府劳工管理机构。实业部劳工司自成立到南京国民政府结束一直处于劳动行政核心,在工厂法实施,调查整理工会、处理劳资争议、参加国际劳工大会、改善工人生活、提倡工人教育、倡办工人卫生、救济失业、提倡合作事业等方面做了不少工作②。

除中央政府外,省政府依据省政府组织法,设民政、财政、教育、建设等厅,劳动行政由各厅根据职权范围管理处理,劳资争议由民政厅处理,工厂工会等事项由工商厅办理,如果所属省份没有设工商厅,则由建设厅办理。整体而言,各省劳动行政组织系统参差不齐,这主要由于劳动行政分属不同的厅管理,而且各省所设部门不一。有鉴于此,国民党于 1931 年 3 月修订省政府组织法,将农矿工商两厅合并为实业厅。不过,当时与工商业相关的劳动行政更多发生在城市,尤其是特别市。《市组织法》第二章第八条规定,市于不抵触上级机关法令范围内,办理劳工行政,第四章第十四条明确了市劳动行政为社会局职能之一,隶属于省政府的市必要时缩小社会局范围,改为社会科,专职办理劳动行政,而不是省管的特别市则由社会局负责劳动行政。③

从有限的省、特别市的劳动报告来看,各省、特别市的劳动行政似乎各有侧重,机构变迁也有明显时间差异(见表 11-2)。从表 11-2 可以看出,1928 — 1930 年间各省和市(特别市)的劳动行政主要体现在调查、劳资纠纷处理、推行工厂法、工会管理等,各地虽有差异,但现实情况可能趋同,因为表 11-2 的资料仅仅来源于南京政府稳定后的一两年,两三年,且是各地相关部门报告,因此并不全面。

---

① 郭卿友:《中华民国时期军政职官法》上册,甘肃人民出版社 1992 年版,第 508 页。

② 当然,国民党实业部的劳动行政,不仅仅局限于产业工人,还包括农民,在农民、渔民及与此相关的农业、渔业方面也做了不少工作。邢必信、吴铎、林颂河、张铁铮:《第二次中国劳动年鉴》下册,北平社会调查所 1932 年版,第 69—75 页。

③ 邢必信、吴铎、林颂河、张铁铮:《第二次中国劳动年鉴》下册,北平社会调查所 1932 年版,第 78—79 页。

表 11-2　部分省、特别市的劳动行政概况

省市	机　　构	劳动行政概述
河北省	1928 年只有建设厅,当年 8 月增设工商、农矿两厅,1931 年 5 月,工商、农矿两厅合并为实业厅。	除按工商部通令规范相关事宜外,还自行进行各项劳工调查;处理劳资纠纷,调解了一些重要纠纷;河北省工商厅出台《河北省暂行工厂规则》并推行工厂法。
山东省	原有工商厅于 1928 年冬裁撤后,次年又重新设置,1931 年与农矿厅合并为实业厅,负责农矿、工商及劳工事项。劳工行政的实施主要是在政局稳定的 1930 年后。	举办劳工调查;处理劳资纠纷,拟定《劳资两方仲裁委员会产生办法》,省管厅直接随时派员调查真相,调解平息了一些重大纠纷;按国民党中央规定办理工会立案;设置由技术人员担任的各大工厂监理,以资指导监督;派送工厂检查人员养成所学员。
浙江省	1927 年春设省务委员会,设建设科,当年五月省政府成立后,设建设厅,负责全省建设事务及农矿工商事务。	劳工调查统计,专门设有统计科,调查内容包括失业、工作时间、工会名称内容、劳工储蓄保险、劳资契约、工会间纠纷、劳工教育、救济等;办理工会立案;颁行劳动法令。
南京特别市	1928 年 1 月设社会调查处,7 月改为社会处,1928 年改为社会局。	社会调查处时曾编制各业失业工人比较图,社会局后,开展了工人、工会、物价指数等相关调查;调解劳资纠纷;办理工会立案;推行工厂法、修改劳资协约规定等。
上海特别市	1927 年上海特别市政府成立伊始设农工商局,1928 年 8 月,按照国民政府《特别市组织法》,农工商局改为社会局,劳动行政归该局第 3 科。	调查统计:工厂调查、工资指数、罢工、停业、劳资纠纷、生活程度统计,并编译劳工统计丛书;调解劳资争议,尤其专门拟定各种暂行劳工法规,作为调解依据;办理工会立案;管理工厂及推行工厂法;惠工事项。
青岛特别市	1929 年 7 月 20 日正式成立社会局。	举办劳工调查统计;调节劳资争议;办理工会立案;审核各厂工人服务规约;登记失业及工作欠良之工人。
汉口（特别）市	汉口市屡经变更,最初是汉口,自 1928 年设立社会局,社会局长期存在。	举办劳工调查统计、调解劳资纠纷、办理工会立案、举办码头工人登记、改良工人生活。
天津特别市	社会局成立于 1928 年 8 月,劳动行政由该局第三科掌理。	举办劳工调查统计;调解劳资纠纷;办理工会与调查。
广州特别市	广州劳动行政归市社会局社会行政科劳动股管理。	调解劳资纠纷、办理工会立案、保护女工和童工、编制零售物价指数。
杭州市	社会科依照杭州市政府组织规则设三股,劳动行政归第三股管理。	举办劳工调查统计、组织人力车夫职工俱乐部、调解劳资纠纷、整理工会团体、推行工厂法。

资料来源:邢必信、吴铎、林颂河、张铁铮:《第二次中国劳动年鉴》下册,北平社会调查所 1932 年版,第 79—100 页。

三、具体法规政策

（一）工会相关法规

先看《工会法》颁布前情况,1928 年国民党中央常务委员会通过《工会组织暂行条例》,就组织工会条件、会员资格、政府管理、工会内部组织系统及内部权力运行,以及政府、企业、工会间关系等做出规定。[①] 1928 年 7 月的《特种工会组织条例》,还就铁路、海员、矿业、邮务、电务五种特种工会做了特别规范。[②]

1929 年 10 月国民政府公布《工会法》,共 8 节,53 条。[③] 第一节设立,共 14 条。包括法律适用、会员资格、政府主管监督机关、组织工会的流程与规范、工会章程、工会日常运营与管理等内容。第二节任务,共 4 条。界定工会的 13 项职能、会费管理、财产报告,以及一些例外等。第三节监督,共 12 条。涉及工人自由入会,工会对会员的管理,工会对主管部门应备手续和责任、工会职员或会员禁止行为等。第四节保护,共 6 条。涉及工会会员或者职员工作及待遇的保护,雇佣不得有工会歧视,劳资纠纷调解仲裁期间的雇佣权保护,税收和财产保护等。第五节解散,共 8 条。主管官署解散工会条件,工会宣告解散的几种情况,解散程序,工会合并与分立的条件、程序等。第六节联合,共 2 条。国内工会联合之条件、程序,一般不得与外国工会联合。第七节罚则,共 4 条。就工会职员或会员、雇主及其代理人,以及工会违反相关规定的惩罚。最后是附则,除施行日期未定外,涉及已存工会法律问题,与《工会法》冲突的工会合并问题。

与《工会法》相适应,1930 年 6 月国民政府公布《工会法施行法》,共 25 条。[④] 涉及工会名称规范,产业工会与职业工会,雇员与职员的界定,加入工会人员的范围,工会区域划分,政府对工会管理、工会理事和监事规定,工会目的,以及工会法所涉及的其他问题。1931 年 9 月还出台了《某省某县（市）某产业

---

① 中国劳工运动史编纂委员会:《中国劳工运动史》第三册,上,(台北)中国劳工福利出版社 1959 年版,第 815—819 页。
② 中国劳工运动史编纂委员会:《中国劳工运动史》第三册,上,(台北)中国劳工福利出版社 1959 年版,第 819—821 页。
③ 邢必信、吴铎、林颂河、张铁铮:《第二次中国劳动年鉴》下册,北平社会调查所 1932 年版,第 41—46 页。
④ 邢必信、吴铎、林颂河、张铁铮:《第二次中国劳动年鉴》下册,北平社会调查所 1932 年版,第 46—47 页。

（职业）工会章程规则》，规定基层工会的会员规则、组织及职权、会议、经费及会计、任务、附则，共计 7 章 35 条。此外，1931 年 4 月在航运领域出台了组织规范海员和民船船员工会组织规则。①

（二）规范劳资双方关系的法规

劳资争议是劳资关系各种矛盾及外部影响因素的基本体现，也容易引发恶性事件，这引起了南京国民政府高度重视，并表现出高度慎重，这从《劳资争议处理法》试用期一再延长可见一斑。1928 年 6 月国民党公布《劳资争议处理法》试用一年，第二年又先后延长六个月和三个月的试用期，并经立法院修正后，才于 1930 年 3 月 17 日公布执行。

整体而言，《劳资争议处理法》修正前后并没有明显区别，仍然包括总则、劳资争议处理之机关、劳资争议处理之程序、劳资当事人人行为之限制、罚则，以及附则六章，差异仅仅在表述。这里对最终实施的《劳资争议处理法》加以介绍，第一章总则，涉及法律适用对象，主管行政官署，处理的基本方法。第二章劳资争议处理机关，涉及调解机关和仲裁机关。其中，调解机关部分涉及调解委员会的组成、调解委员会与主管官署的关系等；仲裁机关部分则涉及仲裁机关仲裁委员会的组成、仲裁委员会与主管行政官署的关系。第三章劳资争议处理程序，分别就调节程序和仲裁程序做出详细规定。第四章条文最少，只有两条，就劳资争议调解及仲裁期内雇主和工人的行为进行规范。第五章罚则，就劳资争议当事人违反相关规定的惩罚做出规定。最后是附则，包括实施时间，施行细则。

1930 年 10 月还出台针对劳资双方团体的《团体协约法》，共 5 节，31 条。②第一节，总则，就团体协约者、劳动关系的界定，团体协约适用范围，特别规定受团体协约雇主，应在工作场所公开团体协约，否则应受惩罚。第二节，限制，包括雇主、雇工的限制与非限制，尤其规定团体协约不得限制雇主采用新式机器，或改良生产，或限制雇主买入制成品，或加工品之规定者。第三节效力。劳动协约所定条件一般为劳动契约内容，有冲突以团体协约为准，新旧团体协约间劳动条件延续原有。此外，还规定了团体协约当事人及其权利继承人、当事团体的法律

---

① 邢必信、吴铎、林颂河、张铁铮：《第二次中国劳动年鉴》下册，北平社会调查所 1932 年版，第 48—49 页。

② 邢必信、吴铎、林颂河、张铁铮：《第二次中国劳动年鉴》下册，北平社会调查所 1932 年版，第 63—66 页。

权利与义务。第四节是协约团体存续期间的规定。主要包括团体协约定期、不定期或完成一定工作为期的界定，团体协约解散与当事团体、当事人权利义务、经济形势发挥变化后团体协约的适用、团体协约废止遇反对时情况。最后的附则，规定了实施时间，以及已有团体协约适用新法的规定。

20 世纪 30 年代在国难之下，国民党政府对工人运动等控制明显加强。[①] 1932 年 8 月国民党中央执委常务会议通过《修正民众团体组织方案》指出此后民众运动必须遵照五点：首先，必须以人民在社会生存及民族生存的需要为出发点，以形成有组织的民众，以增进民族自卫能力；其次，民众运动以自动组织为原则，省市以下得有纵的组织，所有团体均采用民主集权制，以树立民治基础；再次，凡从事生产组织的民众(更多是资方)应该复制其组织。而第四五条，则强调群众运动中，男女青年和妇女的角色定位，措施、作用。一改国民党第三次全国代表大会确定的民众运动、民众组织原则——改善民众生活，提高民众智识，促进生产力与生产额等。此后，还依据《修正民众团体组织方案》制定了《民众团体组织方案》，1933 年 6 月再次进行了修订。1933 年中央执行委员会还明确军用工厂不用组织工会等。

---

① 参见：刘明逵、唐玉良：《中国近代工人阶级和工人运动》第九册，中共中央党校出版社 2002 年版，第 169—182 页。

第十二章　南京国民政府时期的资方

第一节　资方概述

一、整体情况

长期以来,人们往往将 1927 年到 1937 年视作中国资产阶级的鼎盛时期。这既得到时人的认可,也被大部分西方学者所认可,即便苏联学者也在早期的否定之后,认同了西方学者的主流观点,白吉尔认为其原因是私人资本得益于国家资本主义的相关政策。[①]

工业始终在近代劳资关系体系中居于主导地位,因此考察资方应以工业为主线。工业这一阶段整体发展明显,达到历史最高峰,这客观上说明资方整体经济实力的增强。这一阶段工业的数据最有权威的基础性资料是刘大钧的《中国工业调查报告》[②],此后比较有代表性的研究有巫宝三、汪馥荪[③]等人的《中国国民所得(1933)》[④],巫宝三、汪馥荪 1946 年在英国《经济学季刊》发表,并由杜恂诚教授于 2000 年翻译后在《经济研究》再刊的数据[⑤],以及章长基对 1912 年到 1949 年间工业生产指数的估计[⑥]。

---

① ［法］白吉尔:《中国资产阶级的黄金时代(1911—1937)》,张富强、许世芬译,上海人民出版社 1994 年版,第 309 页。

② 刘大钧:《中国工业调查报告》,经济统计研究所 1937 年版。

③ 汪馥荪是汪敬虞的曾用名。

④ 巫宝三、汪馥荪、章季闳等:《中国国民所得(1933)》,中央研究院社会研究所 1946 年版。

⑤ 巫宝三、汪馥荪:《抗日战争前中国的工业生产和就业》,《经济研究》2000 年第 1 期。

⑥ John K.Chang, *Industrial Development in Pre-Communist China*, *a Quantitative Analyses*, Chicago: Aldine, 1969.

久保亨及章长基对 15 项产品生产指数的估计则显示 1927 年到 1936 年间一直呈上升趋势,具体而言,久保亨的估计从 1927 年的 68.8 持续上升到 126.5①;章长基的估计则从 1927 年的 70.9 持续上升到 1936 年的 117.3。②

最近,也可能最为客观的是日本学者久保亨对民国时期中国工业产值的估计,其以刘大钧数据为基础,结合章长基的生产指数,战时华北工厂二次调查以及南开大学经济研究所的天津工业品价格指数,估计当时的 15 项工矿业生产指数,属于工业的 5 大支柱产业棉布、棉纱、生铁、钢铁、水泥情况与章长基的估计差异较大,但从整个近代趋势来看与黄汉民、徐新吾的研究结果较为吻合,久保亨与章长基关于五项工业的估计结果见表 12-1。③ 从表 12-1 可以清晰地看出,按照久保亨的估计 1927 年到 1936 年间只有 1935 年五项工业产品生产指数相比前一年略有下降,章长基的研究也表明五项工业产品生产指数只是在 1934 年、1935 年有所下降,1936 年则达到最高水平,其他年份均是上升的,而 1937 年则由于全面进入抗战而迅速下降,即便这样 1937 年的数据也高于 1927 年,1927 年数据又高于此前任何一年。这客观上说明南京国民政府时期,虽然节制私人资本,以及其他内忧外患因素,但以工业为主导的资方从经济实力来讲比以前更强。

表 12-1　1927 年到 1937 年中国工业 5 项产品生产指数表

年　份	久保亨推算	章长基推算
1927	65.9	68.3
1928	74.2	75.2
1929	76.5	79.8
1930	78.8	84.5
1931	89.7	90.8
1932	91.2	93.2
1933	100	100
1934	102.5	99.3
1935	101.5	95.6

① 　中间只有 1932 年的 90.8 略低于 1931 年的 90.9。
② 　均以 1933 年为 100。
③ 　[日]久保亨:《关于民国时期工业生产总值的几个问题》,《历史研究》2001 年第 5 期。

续表

年　份	久保亨推算	章长基推算
1936	114.2	102.0
1937	68.5	73.3

资料来源:[日]久保亨:《关于民国时期工业生产总值的几个问题》,《历史研究》2001 年第 5 期。

根据以上分析,似乎 1927 年到 1937 年资方力量较强,但仅仅依据产品生产指数显然并不太全面,为此这里借助巫宝三、汪馥荪的《抗日战争前中国的工业生产和就业》从其生产效率等角度加以进一步分析。[①] 从其考察的 14 个工业行业来看[②],只有机械、金属品制造、电器用具和化学工业 4 个部门的产值占主要地位,其他超过 70%的都是手工业占据主流。当然,这并不是否定资方力量。因为从资方角度来讲,手工业主也有相当部分属于近代资方,只是中国工业化水平略低而已。1933 年中国工业产值约占国民总产值的 24%,其中,工厂只占25%,手工业则占到 75%。工厂工人占全国总人口的 0.25%,手工业工人占全国总人口的 2.3%,也从侧面反映出资方经济力量还有很大提升空间。再看中国工人的生产率,对资方也不利,中国工人的生产率只有德国或英国的九分之一,美国的十八分之一,可能有人会认为生产效率低资方可以通过低工资来实现高效益,但事实绝非如此,这主要是因为工人要维持个人及家庭的再生产,需要有必要的物质保障,以维持基本的生活需要,因此工资不可能过低,否则资方不可能保证劳动力的再生产。这从工资占"净产值"比重可见一斑,1933 年中国工厂工资占净产值 65.1%,而 1936 年德国为 32%,1935 年英国和美国分别为 44.3%和 39.4%。

此外,虽然工业始终是近代劳资体系主体,但近代中国由于工业化程度非常有限,虽然工业有后来居上之势,但商业资本规模一直大于工业,商业资本与工业资本之比,1894 年为 9.7∶1,1913 年为 3.5∶1;1920 年为 3.0∶1,1936 年为 1.5∶1(不包含东北)。[③] 不过,商业用工形式较为灵活而分散,组织化程度也不高,劳资问题似乎也不突出,因此一般难以进入学术视野,偶尔有也更多体现在工商业

①　巫宝三、汪馥荪:《抗日战争前中国的工业生产和就业》,《经济研究》2000 年第 1 期。
②　这 14 个行业分别是木材、机械、金属和金属品、电气用具、船舶和交通工具、土石、化学、纺织、服用品、胶革、饮食烟草、造纸印刷、仪器、杂项。
③　许涤新、吴承明:《中国资本主义发展史》第三卷,人民出版社 2003 年版,第 18 页。

城市之店员。

二、民族资方概述

中国资本主义的发展,基本能反映出资方的基本情况。1927—1937 年中国民族资本主义整体上经历了早期的发展阶段,1931—1935 年间的深刻危机,以及最后两年的明显好转,但整体而言受到南京国民政府抑制。①②③ 当然,这也不排除个别区域政府抑制有限,民族工业保持了持续增长,比如西部的工业工厂数量和创办资本额就在原有基础上有所增长,生产能力、技术力量等均有所增强,工业化水平有所提高。④

1927 年到 1937 年,中国资本主义或者说资方的发展整体受到抑制,但 1930 年以前,由于内战结束,以及南京国民政府的建立,一方面是给予民间资方信心,另一方面政府出台一系列有利经济发展的经济财政、金融法规,客观上促进了资本主义或者资方的发展。20 世纪 30 年代后形势急转,首先是政治上内忧外患,国民党政府为维护统治不得不将维持地方稳定放在第一位,对资本采取抑制。其次,经济上,1930 年以前,世界经济危机主要发生在西方,危机初期西方资本力量的削弱还减轻了中国资本主义的发展压力,促进了中国资本主义的发展,但进入 30 年代,世界经济危机转移至中国,尤其英国、日本、美国等先后为化解经济危机制定的一系列政策对中国资本主义发展影响较大。当然,这并不否定中国经济从世界范围考察受危机冲击较小,仍然保持了较高的年均增长率⑤。最后,南京国民政府是典型的强政府,在资本主义的发展方面其突出特征就是强化国家资本主义,民间私人资本尤其大资本被抑制。

民族资方发展有利的因素主要体现在 1931 年前的政局相对稳定,以及早期资方对新政府的乐观预期带来的投资热情,国民党政府的一系列财政经济政策对稳定经济发展的积极作用,以及国际银价下降等。这一阶段对民族资本来讲相对不利的,除了外国在华资本的竞争,外国商品竞争外,1931 年的九一八事变

---

① 王方中:《1927—1937 年间的中国民族工业》,《近代史研究》1990 年第 6 期。
② 刘佛丁:《试论我国民族资本企业的积累问题》,《南开学报》1982 年第 2 期。
③ 黄苇:《中国民族资本主义经济的发展和破产问题》,《学术月刊》1982 年第 2 期。
④ 张用建:《艰难的变迁:抗战前十年中国西部工业发展研究》,四川大学 2003 年博士学位论文。
⑤ 管汉晖:《20 世纪 30 年代大萧条中的中国宏观经济》,《经济研究》2007 年第 2 期。

后东北沦陷,民族资本旋即被日方控制,1932 年"一·二八"事变又给上海等地民族资本带来巨大创伤,而南京国民政府强化国家资本、节制私人资本的政策导向,也让民族资本在这一阶段黯然失色,当然中华苏维埃政权的建立,客观上对所在区域的民族资本也有抑制作用。

1927 年到 1931 年国内政局稳定,加之新政府、新政策的实际作用及其对民间的心理效应,以及世界经济危机时期中国物价不降反升等因素,中国民族资本主义得以恢复和发展,火柴等个别行业工厂数和生产能力都达到历史最高。但从 1931 年开始伴随国际、国内政治经济形势的变化中国经济陷入重重危机,民族资本主义普遍陷入困境,出现明显停滞和衰退,这在后期更是明显。比如,上海 1933 年到 1936 年的工商企业倒闭数分别达到 214 家、510 家、1065 家和 784家,而 16 个国货工业若以 1930 年营业额指数为 100,则到 1933 年只有棉纺业、火柴业、油漆业、热水瓶业有所增加,增加的仅占总数 25%,而判断工业发展水平、投资发展重要依据的机器业则只有 73,最糟糕的是关系民生且是当时中国支柱产业的棉纺织业竟然只有 35。①

汪敬虞研究表明南京国民政府十年的民族工业先发展、后停滞衰退的基本态势。② 首先,就历年注册工厂数和资本额而言,1928 年到 1934 年间(1934 年上半年)无论工厂数还是资本额都呈下降趋势,尤其资本额下降明显(详见表12-2)。其中,1934 年上半年无论注册工厂数,还是资本额(无论注册企业平均资本额,还是以半年时间折算的资本总额、指数等)均有所上升,这与当时世界经济危机进入尾声有关,也与南京国民政府、实业界,以及社会适应了 1931 年以后政治、经济、军事内忧外患的局势有关。

表 12.2　1928—1934 年间注册工厂数和资本额

项目 时间	工厂数量		资本额		平均资本额	
	实数	指数	千万	指数	千元	指数
1928	250	100	117843	100	471	100.0
1929	180	72.0	64023	54.3	356	75.6

---

① 许涤新、吴承明:《中国资本主义发展史》第三卷,人民出版社 2004 年版,第 130 页。
② 汪敬虞:《第二次国内革命战争时期的民族工业》,载汪敬虞:《近代中国资本主义的总体考察和个案辨析》,中国社会科学出版社 2004 年版,第 159—177 页。

续表

项目 时间	工厂数量		资本额		平均资本额	
	实数	指数	千万	指数	千元	指数
1930	119	47.6	44947	38.1	378	80.3
1931	113	45.2	27601	23.4	245	52.0
1932	87	34.8	14585	12.4	168	35.7
1933	153	61.2	24399	20.7	159	33.8
1934(上)	82	32.8	17810	15.1	217	46.1

资料来源:汪敬虞:《近代中国资本主义的总体考察和个案辨析》,中国社会科学出版社 2004 年版,第 160 页。

虽然大量事实证明,民族资本主义的破产、半破产主要发生在 1931 年到 1935 年[①],1936 年以后中国民族资本主义有所恢复,但汪敬虞依据 1936 年、1937 年《上海市年鉴》分析上海市 1934 年到 1936 年新设、改组和闭歇工厂数发现,虽然新设工厂数有些增加,但闭歇的工厂数,无论绝对数量还是变化趋势都超过新设工厂,说明新设工厂有所增加的情况下,并不能得出民族工业有所发展的结论。为此,他还进一步根据 1936 年《申报年鉴》分析了上海工厂闭歇和改组原因,发现"市面萧条、发生亏蚀"而引起闭歇者,1934 年占总数 35%,1935 年则达 49%;因资金周转不灵引起闭歇者,1935 年由 1934 年的 13%上升到 25%;改组的原因则 1934 年、1935 年分别有 5%、17%因"市面萧条,发生亏蚀",另分别有 0.3%和 2%的是由于财政(资金)周转不灵引起。

就行业而言,以轻工业的主导产业纺纱、缫丝、卷烟为例[②],南京国民政府之初略有增加,但进入 20 世纪 30 年代以后工厂数和产能基本停滞不前,甚至明显衰败。[③] 纺纱业纱厂数 1929 年有 81 个,1932 年有 89 个,1933 年达到 92 个,以后,最多时不超过 96 个,纱锭则从 1931 年超过 273 万后,最多的 1935 年不过 300 万出头;丝厂的情况则更糟糕,1929 年工厂数过百以后,仅仅维持到 1932 年,1933 年陡然降到 61 个,1934 年、1935 年、1936 年更分别只有 44 个、33 个、49 个;卷烟业最为惨不忍睹,1927 年有工厂 182 个,1928 年以后均不到 100 个,而

---

① 黄苇:《中国民族资本主义的发展和破产问题》,《学术月刊》1982 年第 2 期。

② 据汪敬虞估计,纺纱、缫丝和卷烟占 1933 年整个民族工业资本的 44%。

③ 汪敬虞:《近代中国资本主义的总体考察和个案辨析》,中国社会科学出版社 2004 年版,第 162—164 页。

且呈持续下降之势。上述三个行业产能,显示出纺纱和缫丝业明显好于卷烟,但三者趋势一致,纺纱业若以 1931 年指数为 100,则此后五年分别只有 91.0、95.6、96.3、89.4、87.6。

若以开工率论,更不乐观,即便 1931 年开工率仅 92.15%,其他年份在 80.75% 到 88.70% 之间徘徊,尤其 1935 年和 1936 年分别只有 82.40% 和 80.75%。其中,纱锭开工率还包括外资纱厂,而华资纱厂停工时间明显多于外资纱厂,比如 1934 年华资纱厂平均停工 7.55 周,日本工厂则仅仅 0.32 周;1935 年中国工厂平均停工 12.31 周,日本工厂仅为 0.36 周。再看缫丝业情况,1930 年虽然缫丝业工厂还处于高位状态,但据国民党政府调查,上海的 97 家丝厂,停工的有三分之二强,也超过全国总数的 60%,失业工人达 31500 人。事实上,据调查,1934 年的 16 个民族工业部门,停工率 15% 以上的有洋伞、化妆品;25% 以上的有棉纱、橡胶;30% 以上的有洋灰、制帽;35% 以上的有榨油;40% 以上的有涂料、染色、罐头;45% 以上的有电气、印刷、制药;50% 以上的有牙刷、热水瓶;缫丝业更达 80%。

不过,许涤新、吴承明《中国资本主义发展史》一书对华商工矿企业历年生产设备和产量的整理可能更为客观。就棉纺织业而言,1927 年到 1937 年的纱机设备锭、布机设备台、棉纱产量万件(包)、棉布产量万匹四项指标,1932 年均比 1931 年有明显增加,其中,纱机设备到 1935 年一直处于增长态势,1936 年反而有所下降;布机设备方面除 1929 年比 1928 年略有下降外,其他年份均有所增加;棉纱产量 1931 年确实比 1930 年少,但 1932 年到 1934 年均比 1931 年明显增加,而 1935 年、1936 年与 1934 年相比明显下降,但也与 1929 年到 1931 年大体相当;棉布产量直到 1932 年一直是增加,此后三年均有所下降,但到 1936 年又明显超过高峰时的 1932 年。[1]

这一阶段民族资本的典型特征是明显的资本集中[2],这说明资方出现两极分化迹象,这也是资方纵深发展的必然。其突出表现是,20 世纪 30 年代几大集

---

[1] 许涤新、吴承明:《新民主主义革命时期的中国资本主义》第三卷,"新民主主义革命时期的中国资本主义",人民出版社 2003 年版,第 121 页。

[2] 马俊亚:《中国近代的资本集中及其经济职能》,载《近代中国》第六辑,上海社会科学院出版社 1996 年版,第 132—169 页;朱以青:《论近代中国企业集团》,《中国经济史研究》1994 年第 3 期。

团正式形成并达到历史顶点:以茂、福、申三个系统为支撑的面粉和棉纱大王荣氏家族;郭(乐)家不仅有集纺、织、印、染于一体的永安纺织公司六工厂,还有永安百货构成的集纺织、商业于一体的资本集团;孙多鑫、孙多森兄弟控制的阜丰面粉厂在兼并长丰、裕通、祥新、信大等四家面粉厂的基础上形成了以面粉为主业的通孚丰集团;曾被誉为中国"煤炭大王""火柴大王""毛纺大王""水泥大王""企业大王"的刘鸿生形成了集轻重工业、运输业、商业、金融业于一体的企业集团;化工领域则有范旭东的永久黄集团,吴蕴初的天字号集团;即便内地也有裕大华纺织资本集团、民生公司。与此相对应,早期官方背景深厚资本额巨大,在行业有重要影响的周学熙资本集团和张謇大生系统则逐渐走向没落①。此外,资本集中相对普遍化,除竞争因素使然外,部分企业家(资方)在经营管理实践中自发认识到规模经济可以降低成本,提高利润率是内生因素②。

三、国家资本的资方

国家资本主义是此阶段最有特色的资方力量,其形成基础是蒋介石为核心的专制政府,其政治上专制的同时,需要经济上支撑,除了前文提到的财政、金融、关税等经济改革外,发达国家资本,节制私人资本成为基本指导思想,强化了国家资本,客观上对民间资方有挤出效应。

早期国家资本的主要形态官僚资本原始积累的主要来源是南京国民政权建立初期的抢夺和吞并,其依据先后是南京国民政府制定的 1927 年《处分逆产条例》、1928 年的《处理逆产条例》,以及 1929 年的《修正逆产条例》。③ 1935 年南京国民政府成立资源委员会前,并没有专门的国家资本管理机构,早期主要是接受北洋政府的官营企业,以及含有部分逆产的企业。后者最为典型的是中兴煤矿,最初因有少部分北洋军阀股份而被直接没收,后在商股股东及上海银行公会交涉下,并给政府报效 100 万元后,才发还商股,类似的还有中原煤矿。④ 此外,

---

① 周学熙资本集团资本额曾达 4000 多万银元,水泥在全国销量超过 90%,大生系统资本额曾达 3000 多万银元,1922 年曾占全国纱锭数的近 7%。

② 马俊亚:《中国近代的资本集中及其经济职能》,载《近代中国》第六辑,上海社会科学院出版社 1996 年版,第 132—169 页。

③ 冯兵:《国民政府逆产处理的法制化进程》,《史学月刊》2011 年第 9 期。

④ 陈真:《中国近代工业史资料》第三辑,"清政府、北洋政府和国民党官僚资本创办和垄断的工业",生活·读书·新知三联书店 1961 年版,第 698—705 页。

烈山煤矿则被改为官商合办、益华铁矿没有被没收,而是官股被政府接管成官商合办,官商合办后两者经营均一蹶不振。①

军事工业历来是政府官营,是其军事的物质基础,也是官办工业的主体。南京国民政府时期虽然由军政转入训政,但外有日本帝国主义,内有中华苏维埃中央政权,以及部分地方政府的事实割据,都需要加强军事,因此南京国民政府首先是加强了军事工业的建设和投资。20 世纪 30 年代,南京国民政府大约有兵工厂 10 多家,还有军需的被服、粮秣、炼钢、化工等企业 16 家,海军部的造船、飞机等企业和工程处 10 个单位,航空委员会所属的飞机修理厂 3 处。②

兵工厂方面以汉阳为主,主要制造火药及各种武器。原属地方驻军的河南巩县兵工厂,1929 年收归南京军政部直辖,加以扩充,产品由弹药转向枪械,济南兵工厂也扩充到以制造枪械为主。以上三厂,加上新建的陕西华阴兵工厂,以及技术实力强的上海、金陵兵工厂构成南京国民党政府的六大兵工厂。这一阶段,名义隶属中央的地方兵工厂得到较大发展,其中湖南、广东、四川、山西最为明显,而东北张氏家族控制的兵工厂早期虽有很大发展,但 1931 年"九一八"以后悉数被日本控制。除兵工厂外,江南、马尾、厦门、大沽造船厂为军队制造舰艇,尤以江南、马尾造船厂为大。③

这一时期,汉冶萍公司因与日本的产权之争而每况愈下。国民党的建设委员会主要经营电厂和煤矿。1927 年南京政府接受原官办南京市电灯厂,改为首都电厂,由建设委员会经营。建设委员会发行电器公债,予以扩建,设分厂,扩大业务,到 1936 年,资本 640 万,总资产由原来的 50 万增加到 1300 万。建设委员会还在接管商办企业的基础上建立了戚墅堰电厂,业务发展也比较快。煤矿方面,建设委员会主要控制和经营了原商办长兴煤矿,而建设委员会开发的淮南煤矿、淮南铁路在抗战前得到了充分发展。1937 年春,经国民党中央政治会议决议,将其转给中国建设银公司,招商经营,其在接办后对企业进行了重组。中国

---

① 陈真:《中国近代工业史资料》第三辑,"清政府、北洋政府和国民党官僚资本创办和垄断的工业",生活·读书·新知三联书店 1961 年版,第 705—709 页。

② 许涤新、吴承明:《中国资本主义发展史》第三卷,"新民主主义革命时期的中国资本主义",人民出版社 2003 年版,第 102—103 页。

③ 许涤新、吴承明:《中国资本主义发展史》第三卷,"新民主主义革命时期的中国资本主义",人民出版社 2003 年版,第 104—106 页。

建设银公司还与全国经济委员会、铁道部、一些地方政府,甚至法国银行团合作组建了一些企业。到 1936 年底,中国建设银公司总资产 3283.6 万元,当年纯收益 191.4 万元。[①]

中央控制官僚资本的部门主要是实业部和资源委员会。实业部由原农矿、工商部合并而成,其本身是行政管理部门,但其成立之初就参与企业筹建。到抗战前,实业部有企业中央机器制造厂,资本有 310 万元,与华侨黄江泉、沪商赵晋卿合办的中国酒精厂,以及 1936 年实业部与川、鄂、湘、浙、皖、赣 6 省政府及油商共建的中国植物油厂。资源委员会是南京政府处理工矿事业最重要的机构,其发展主要在抗战后,截至抗战前主要经办钨锑外贸,以及有 20 多个工业企业及勘探筹备处。

除中央政府外,地方官僚创办的企业也应属于国家资本范畴,除张氏家族早期控制,后落入日本人手的东北工矿业外,主要是广东和山西。[②] 广东主要是陈济棠、余汉谋主持下经营的公营工业,1930 年后得到进一步扩充,到抗战前大约有 20 多处,投资大约 5000 万元。阎锡山长期控制的山西,1932 年筹建西北实业公司,1933 年拟定十年建设计划,到抗战前,阎锡山经营的实业,除同蒲铁路和山西省银行外,其他均被纳入西北实业公司,共有 33 个单位,主要涉及煤矿、铁矿、铁厂、电厂、洋灰锻造、机器、兵器、毛织、卷烟、造纸、电机、汽车修理、酸碱、酒精、火柴、陶瓷等。1936 年,西北实业公司有职员 2044 人,工人 19048 人,1937 年上半年纯利 300 多万元。

其实,南京国民政府时期,国家资本发展相对有限,占全国工矿业的比重只有 15% 左右[③],国民党国家资本的强大主要是在抗战时期。据陈明远、漆琪生研究,1935 年的工业,国家资本性质的官僚资本仅 3019.8 万,民族资本为 22064.6 万,官僚资本仅占 12%,抗战时期则比战前增加了 50 倍。[④]

---

① 陈真:《中国近代工业史资料》第三辑,"清政府、北洋政府和国民党官僚资本创办和垄断的工业",生活·读书·新知三联书店 1961 年版,第 1034 页。

② 许涤新、吴承明:《中国资本主义发展史》第三卷,"新民主主义革命时期的中国资本主义",人民出版社 2003 年版,第 114—117 页。

③ 许涤新、吴承明:《中国资本主义发展史》第三卷,"新民主主义革命时期的中国资本主义",人民出版社 2003 年版,第 102 页。

④ 参见:陈真:《中国近代工业史资料》第三辑,"清政府、北洋政府和国民党官僚资本创办和垄断的工业",生活·读书·新知三联书店 1961 年版,第 1419—1420 页。

四、外国在华资方

虽然南京国民政府采取了系列限制外资的政策,但因有关税自主运动提高关税,外资主观有通过投资绕过关税壁垒的需求,中国市场扩大也为外商投资提供了新空间,外国在华投资并未减少。不过,正如前文所述南京国民政府虽然借助外国资本,却又千方百计限制,客观上制约其增长,导致外国在华资方扩张有限。此外,1931 年九一八事变以后,东北沦为日本殖民地,脱离了南京中央政府,这里不对东北情况做专门讨论。

这一阶段,外国在华投资的增长速度是基本停滞,这在 20 世纪 30 年代尤为明显。事实上,1930 年到 1936 年外国在华投资平均年增长率仅 1.3%,而1902—1914 年平均为 6.2%,1914—1920 年平均为 3.2%,1920—1930 年年平均为 6.1%。[①] 剔除 1931 年以后南京国民政府,乃至中国人完全无法控制的日本在东北直接投资的 4.4 亿美元,则这一阶段外国在华投资更为有限。

1936 年外国在华投资约有 3971.4 百万美元,接近 1920 年的 2 倍,但相对于1930 年的 3648.8 百万美元增加并不明显,这是考虑到借款因素,若直接投资,则 1936 年的 3127.3 百万美元是 1920 年 2751.6 的两倍(见表 12-3)。但进入20 世纪 30 年代以后似乎只体现为日本在华投资的增加,可能与其控制东北有关,而其他国家对华投资,由于受世界经济危机,南京国民政府限制,以及国内外政治形势的复杂化,投资增长相对停滞就很正常了。在这一阶段在华投资明显增加的日本,与其控制东北和华北有关,英国仍然高居第二,其他最多的是美国,但总数有限。

表 12-3　1920 年、1930 年、1936 年外国在华投资情况表

单位:百万美元

国家	1920 年	1930 年	1936 年
日本	466.4(351.9,114.5)	1489.7(1116.4,373.3)	1818.3(1560.1,258.2)
英国	745.7(555.2,190.5)	1008.9(846.0,162.9)	1020.8(870.7,150.1)
美国	121.1(90.0,31.1)	264.4(213.6,50.8)	328.2(263.8,64.4)

---

① 许涤新、吴承明:《新民主主义革命时期的中国资本主义》第三卷,"新民主主义革命时期的中国资本主义",第二版,人民出版社 2003 年版,第 40 页。

国家	1920 年	1930 年	1936 年
法国	197.7(94.9,102.8)	246.3(143.6,102.7)	276.3(185.4,90.9)
德国	164.1(68.8,95.3)	174.6(81.0,93.6)	136.4(47.0,89.4)
俄国	213.1(213.10)	230.9(230.90)	26.1(26.10)
其他	109.6(45.0,64.6)	234.0(120.1,113.9)	335.3(174.2,161.1)
合计	2017.7(1418.9,598.8)	3648.8(2751.6,897.2)	3941.4(3127.3,814.1)

注:括号外表示投资总额,括号内第一项表示直接投资,第二项表示借款。
资料来源:根据许涤新、吴承明:《中国资本主义发展史》第三卷,"新民主主义革命时期的中国资本主义",人民出版社 2003 年版,第 39 页整理。

　　不考虑东北,则到 1936 年,就投资额而言,外国在华投资最多的金融业达到 727.44 百万美元,房地产其次为 540.26 百万美元,贸易业排第三为 397.65 百万美元。作为劳资关系典型,或者说近代产业典型的制造业、运输业和煤矿业,分别为 281.62 百万美元、169.32 百万美元和 69.81 百万美元,合计 520.75 百万美元,不到投资总额 2326.76 百万美元的四分之一,也不如金融业和房地产。[①] 此外,洋行也值得关注,1936 年上海有洋行 675 家,来自 29 个国家,其中 10 家以上的有英国、美国、德国、法国、瑞士、意大利和荷兰,而英国和美国明显占据优势,分别为 170 家和 140 家。[②]

　　二战前,如果包含东北及华北部分沦为日本殖民地的地区,则日本对华投资最多,但其投资显然不是正常投资,因此最大的正常投资国仍然是老牌帝国主义英国,据日本东亚研究所早年的研究,1936 年底英国在华投资占各国在华投资总数的 58.9%,共计 107761.1 万美元,其中投资最多的工业 32977 万美元,其次是金融业 27862 万美元,进出口业 24387 万美元,还有一般政府借款 8271 万美元,铁道借款 5902 万美元,航运业 5355.1 万美元,矿业 1581 万美元和公用事业 1426 万美元,可能还投资于航空事业,但金额不详。[③] 但是整体而言,1927 年到 1937 年间,英国在华投资增长相对有限,除表 12-3 显

---

　　① 许涤新、吴承明:《中国资本主义发展史》第三卷,"新民主主义革命时期的中国资本主义",人民出版社 2003 年版,第 43 页。
　　② 王垂芳:《上海洋商史:1843—1956》,上海社会科学院出版社 2007 年版,第 76—77 页。
　　③ 引自陈真、姚洛、逄先知:《中国近代工业史资料》第二辑,"帝国主义对中国工矿实业的侵略和垄断",生活·读书·新知三联书店 1958 年版,第 9 页。

示的 1930 年和 1936 年的数据相差不大外,从其在华新建工业企业也可见一斑,据统计 1927 年到 1937 年的 11 年间,英国在华仅开设 26 家工厂或者分厂。[1]

但是,整体而言,外国资本就经济影响而言并不逊色于华资。就工业而言,抗日战争各主要工业地区和城市,外国在华工业处于优势地位,华北外国资本高达 71.7%;青岛(1932)外国工业资本投资占 83.4%,工人数也超过 70%,只有工厂数中国占绝对优势达到 71.3%;天津(1938)外国工厂数虽然只占四分之一强,但职工人数却高达 64.4%;上海(1928)外国资本比例为 64.7%。[2] 谷春帆的《中国工业化通论》对抗日战争前的中外产业资本做了比较,认为中国产业资本具有五个特点,一是新式产业资本,即使乐观估计也只有国民财富的 2%;二是外国资本占中国新式产业资本 73.8%,无论工业还是矿业均占绝对优势;三是人均新式产业资本非常微弱,与其他工业国相去甚远;四是中国新产业资本微不足道;五是新式产业资本中没有农业资本。[3] 就具体产业而言,棉纺织、毛纺、卷烟、蛋品、制革、造船、自来水、发电、煤炭等均是外国资本占优势,中国资本仅在水泥、制革等个别行业占优势,外国在华资本控制的加强,主要是在 20 世纪 30 年代初到抗战前。[4]

第二节　资方新特点

一、近代化的资方与政府关系

国民党最初作为资产阶级政党出现,其政权建立过程得到江浙资产者的大

① 陈真、姚洛、逢先知:《中国近代工业史资料》第二辑,"帝国主义对中国工矿实业的侵略和垄断",生活·读书·新知三联书店 1958 年版,第 27—29 页。
② 陈真、姚洛、逢先知:《中国近代工业史资料》第二辑,"帝国主义对中国工矿事业的侵略和垄断",生活·读书·新知三联书店 1958 年版,第 953—956 页。
③ 陈真、姚洛、逢先知:《中国近代工业史资料》第二辑,"帝国主义对中国工矿事业的侵略和垄断",生活·读书·新知三联书店 1958 年版,第 957—961 页。
④ 陈真、姚洛、逢先知:《中国近代工业史资料》第二辑,"帝国主义对中国工矿事业的侵略和垄断",生活·读书·新知三联书店 1958 年版,第 961—975 页。

力支持,普遍的观点是南京国民政府时期资产阶级达到鼎盛,也可以说资方达到鼎盛,这一观点无论是时人,还是后来的东西方历史学家均保持认同,只是表达方式不同。比如,受中国共产党影响的学者曾长期将资产阶级、资方等同于买办或者官僚,但这恰恰反映出当时资方政治地位的上升。资方地位上升,还体现在西方国家也认同当时中国经济社会发展方向与西方类似,进而得到美国、英国等西方政府的政治支持。①

当然,与西方世界普遍对蒋介石的民族主义认同不同,早期中国共产党的政治家、历史学家看来,南京国民政府是卖国的,甚至与帝国主义勾结并借此得到其支持。笔者认为,国民党政府之所以能够得到西方资本主义国家认同,与其广泛任用宋子文为代表的有西方留学经历的官员密不可分。除留学西方的宋子文等知识分子外,实业家吴鼎昌、张嘉璈,以及穆藕初等成为专职政府管理人员,因此西方学者认为资产阶级(知识分子及实业家)部分被吸入官僚政府,形成技术官僚和管理者阶级的同时,形成官僚专业化为基础的新国家资本主义与晚清以企业官僚主义为特征的国家资本主义相对。②

资方借政治上位的代价是资方组织成为政权附庸,尤其传统资方组织被改组,当然这也意味着传统资方组织的近代化。资方改组是在南京国民政府的分化和牵制下完成的,这也彰显出这一阶段强政府的特征。商人组织或者资方组织的改组主要在 1927 年到 1932 年完成,其主要措施是建立替代的平行机构,改组或取消原有机构,逐渐减少其相对自在的政治与社会活动,将其纳入政府控制的范畴。③

上海是中国经济中心,南京国民政府主要的经济支持者江浙大资本家(资方)大量集中于此,传统力量也最强,国民党政府经过几年努力,顺利实现对其控制。国民党政府 1927 年成立上海商民协会,并不断增加分会,促进了传统资方组织的规范化。以前一些学者,尤其大陆深受意识形态影响的学者,简单认为商民协会,对传统商人资方组织进行改组是南京国民政府的"反动统治",其实

---

① 〔美〕费正清:《剑桥中华民国史(1912—1949)》上卷,杨品泉译,中国社会科学出版社 1994 年版,第 794—795 页。

② 〔美〕费正清:《剑桥中华民国史(1912—1949)》上卷,杨品泉译,中国社会科学出版社 1994 年版,第 804 页。

③ 〔美〕费正清:《剑桥中华民国史(1912—1949)》上卷,杨品泉译,中国社会科学出版社 1994 年版,第 796 页。

国民党政府对传统商人组织的改组,一定程度上顺应了历史潮流。早在国民政府尚未控制上海的 1926 年 4 月,商人就"鉴于沪上华商外受洋商之操纵,内受战争之影响,恐慌日甚,痛苦日深,苟非群相团结,不足以图挽救。而原有之各马路商联会与总商会则或以商铺为单位,个人无加入之可能,或以入会手续繁重,不能遍及于普通商人。爱特发起组织沪商协会,以便大小商人均得团结于此种组织之下,共谋商界同业之利益"①。这实际上与后来的上海商民协会的指导思想是类似的。随即由姚宝生、钱玉成、陈洪洲等商界人士发起的沪商协会,顺利召开第一次发起大会,第二次则因被捕房干涉、禁止而作罢。但 1927 年 3 月国民革命军进入上海后,商人热情又被点燃,意图恢复,并于月底发表《沪商协会恢复之宣言》,与国民党党务发起的上海商民协会并行。1927 年 4 月,国民党党部干预下将沪商协会与由国民党发动商人成立的商民协会改组为上海商民协会。② 事实上,北伐军抵沪前,虞洽卿联合上海近 20 个工商团体组成的商人团体——商业联合会也与上海总商会直接对抗。

1929 年 5 月到 1930 年 6 月商会逐渐改组后,商会逐渐失势,取而代之是小企业主和商民协会,而其本身缺乏反对政府的能力和愿望,加之国民党政府通过法制建设,上海市的各种商人、商业组织都受上海市社会局监督。这一阶段,一改近代以来商业组织逐渐壮大到控制地方基层权力的形势,各种商业组织、商人间的自治,被政府的法制代替,甚至其开展的经济统计、慈善等都要向政府负责。自清末开始,国货运动与反帝爱国的政治诉求一致,也是资方维护自身利益的有效武器,南京国民政府前,虽然其行为是自发的,往往与政治运动相伴,时断时续,但国货运动的主角一直是资方,而南京国民政府则将国货运动纳入国家法制轨道,国货运动制度化、长期化确实比原来商人自发行为影响要大,整体更有利于资方,但却让资方缺少腾挪的空间,而国民政府抵制国货的权力难免也会滥用到资方。此外,政府替代华人资方抗议公共租界工部局征税等也由商人显要,改为上海党部的商民部出面。

有趣的是,租界历来被视作外人在华乐土,但也是商人乐土,得到租界政府比如工部局等的庇护,避免和减少中国政府的统治和掠夺。南京国民政府先是

---

① 《组织沪商协会之发起》,《申报》1926 年 4 月 20 日。
② 朱英:《商民运动后期上海商民协会的建立》,《社会科学战线》2010 年第 12 期。

于 1927 年收回汉口、九江、镇江的英租界,又于 1931 年收回天津的比利时租界和厦门英租界①,国家主权收回的同时,民间资本缺少了额外的庇护场所。南京国民政府还通过努力,收回上海等租界的部分行政权,中国政府取得租界行政的监督权,比如上海公廨的审判权被上海特区地方法院和江苏省高等法院第二分院(上诉)收回,外国的权力被削弱,意味着南京国民政府对以大资本家为代表的中国资方控制的增强,强政府的特征明显。

资方官僚化,或者说资方被政府控制的结果是,与政府密切相关的行业得到较大发展,1927 年到 1937 年间,政府财政金融问题突出,政府先后发行公债,历经多年的币制改革,因此得益最多的是金融、银行的资方。

资方组织削弱的典型是商人、行业等资方组织。以行业组织为例,1929 年 8 月公布实施的《工商业同业公会法》,共 15 条,对资方组织核心——工商同业公会做出了界定。② 第一条规定同一区域内经营正当工商业者得设立同业公会;第二条规定同业公会的宗旨是增进同业利益,矫正经营弊害;第三条规定同业公会的发起,成立呈报,核准等事宜;第四条规定同业公会章程的的议决前提,以及基本内容;第五条规定同一区域同业只能设立一会;第六条规定同业公会得在区域内设立事务所;第七条规定除被开除的会员外,区域内的工商企业均得加入同业公会,参与议事;第八条规定同业公会代表的资格条件;第九条就同业公会的委员做出规定;第十条规定商会法对职员及会议的规定,适用于工商同业公会;第十一条规定工商同业公会职员违规的处理;第十二条规定工商同业公会,违背法令、逾越权限或妨害公益的处理;第十三条规定工商同业公会的预决算管理;第十四条规定已有工商各业同业团体应依法改组;最后规定了生效时间。

已有工商同业公会改组往往意味着成本增加,因此原来设立的工商同业公会对此颇有异议,因此 1930 年上海特别市商人团体整理委员会"以该市原有设立之团体,虽宗旨符合工商同业公会法,而成立时悉依他部单行章程组织,应否饬令改组,抑承认有效",电请工商部。工商部批复明确表示中国工商同业均应

①　[美]费正清:《剑桥中华民国史(1912—1949)》上卷,杨品泉译,中国社会科学出版社 1994 年版,第 799 页注释。
②　国民政府文官处:《国民政府法规汇编》第一辑,国民政府文官处印铸局 1931 年版,第 811—813 页。

遵守《工商同业公会法》，原有工商同业公会不得与该法抵触。[①]　此后，为适应这种调整，上海市民众训练委员会出台《上海市工商同业公会组织程序》，共十四条，其核心思想是：首先原有同业团体，无论什么名称，均改为同业公会；其次，公会以委员制代替原来的董事制（商会则以委员制代替原来的会长制）；再次，强调所有同业必须入会；最后是一业一会。这就使工商同业公会法得以在上海落实。1932 年以后更是规定各种同业公司、行号，均应加入同业公会，限制资方选择的同时，客观上也有利于同业公会的管理和增强公会的影响力。但同一区域同一行业只能设立一个同业公会，对上海工商界这样原来同一行业往往有不同商帮和市场，各自为政的经济中心来说，利于规范管理，减少市场分割，利于壮大资方力量。诚然，原有同一行业的多个公所、会馆、行会被政府强制合并，其利益冲突是显然的，但不能据此就简单否定同业公会相对政府的独立性。这类似于《工商同业公会法》同时出台的新《商会法》，虽然受政府法规的约束增多，但还是保持了工商团体的相对独立性。

二、集团化资方的管理创新

20 世纪 30 年代资方的显著特征之一是集团化，资方适应这种变化，建立了内部组织。第一个企业是大中华火柴公司，1930 年大中华火柴公司由苏州鸿生火柴厂、上海荧昌火柴厂和中华火柴厂三家合并成立之初，设有总事务所，负责各厂经营管理，而总事务所则通过各主管科驻厂人员管理工厂，各厂厂长实际上没有独立的厂务权。不过，这有过渡性质，最初采取这种方式主要在于，合并各厂当时规章制度不统一，各厂内部原有势力难以协调，统一管理才可能保证执行力。因此，1934 年大中华火柴公司的总事务所取消所设驻厂人员，改为分课办理，即每厂设有总务、公务、会计三课，虽然课长基本是原有驻厂员，但也说明各厂管理趋于统一，有了简化组织的基础。[②]

就荣家申新各公司的情况而言，与荣家企业茂福申系统类似，其管理岗位设置相对灵活，也可以说相对混乱，而缺乏统一性。[③]　申新各公司只有营业和财务

---

① 《工商同业均应遵守新颁公会法——工商部批复商整会》，《工商半月刊》1930 年第 7 号。

② 上海社会科学院经济研究所：《刘鸿生企业史料》上册，上海人民出版社 1981 年版，第148 页。

③ 汪孚礼：《申新纺织公司过去的回顾和今后应取的方针》，《人钟月刊》第 6 期，1932 年 2 月。

大同小异,其他方面则差异悬殊。就职位名称而言,工厂负责人或称经理、总办、厂长。负责人之下往往设有副经理、副总办、副厂长、协理、驻办或助理一二人,辅佐工厂负责人。更有趣的是,有的经理之外,设厂长,甚而同时设两个厂长。技术管理岗位设置也是五花八门,有总工程师,或总技师,有工程师或技师,有副工程师或副技师;或者三项人员同时设置,计总工程师一人,工程师一人至数人,副工程师一人至数人;或者单设总工程师,而不设工程师或副工程师;或者单设副工程师,而不设工程师或副工程师。有的工程师或副工程师,可特许离开总工程师独立执行工程任务;有的是总工程师,却只许其管理一部分工程。工程师之外,或有总管的设置,负责工程等事务。此外,还设有主任、副主任或总领班、四领班、双领班等,名称虽不同,但职能却相似。

此外,其他规模较大的企业集团,如南洋兄弟烟草公司等也有类似管理方式。1931 年的《南洋公司上海制造厂工务室组织章程》,其工务室实际上是制造厂的管理机构,负责日常管理,有对南洋兄弟烟草公司的上海总管理处的总理、协理的监督指挥职能。公务室下设工务长、工程长,分别负责相应事务,工务室又设机卷、叶组、包装和庶务科。①

第三节　资方的劳方管理

一、以惩为主的日常管理

这一时期资方对劳方的管理可以说进一步细化,从相关规章制度来看,对工人的管理还是相当严格的,工人稍有不慎就会遭遇各种惩罚,而得到资方奖励的可能性则小得多,整体而言是"奖一点","罚得凶"。

从大中华火柴公司考工科整理的 1932 年各厂劳工统计情况可见一斑,从表12-4 可以看出,1932 年大中华火柴公司被奖赏员工不过 20 人,20 人次,而受罚员工则达到 870 人,995 人次,是被奖赏员工的 43.5 倍,被奖赏人次数的近 50倍。而大中华火柴公司的刘鸿生企业集团,到 20 世纪 30 年代其留学海外的多

---

① 中国科学院上海经济研究所、上海社会科学院经济研究所:《南洋兄弟烟草公司史料》,上海人民出版社 1958 年版,第 288—289 页。

个子辈已经充实到企业管理层,可能也是当时企业管理较为西风东渐的企业。不过,考虑到近代企业管理普遍以约束为主,普遍缺少激励尚在情理之中。惩罚较多,基本没有奖赏,在刘鸿生企业系统另一企业上海水泥厂也有所体现,1930年工程各部、化验部、原料部、包装部、栈房部、场务部、码头部共有 86 人受到赏罚,其中仅有厂务部和码头部各 1 人受到奖赏,仅占总数的 2.3%。① 工厂相关章程也只是偶有条款涉及奖励,更多的只是罚则。就处罚原因而言,主要旷工和工作错误分别有 484 次和 328 次,两者共 812 次②,占总数的 80%,这除了资方管理相对严苛外,与中国产业工人劳动纪律较差,工作素养不高有很大关系,但应该也和资方职工教育与培训不足有关。被处罚的女工占 70%多,这客观上与火柴行业女工较多有关,当然也与女工受教育程度、技术不熟练等有关,而不服管理的情况男工与女工几乎相同,可能与男女性别差异有关。再看其他大厂:20世纪 30 年代荣氏家族的申新四厂,在火灾后重建时每件公务规则里都有专门的罚则③;20 世纪 30 年代初南洋兄弟公司,英美烟公司等都有对工人明确的罚则,上海纱厂甚至连工人大便时间超过 20 分钟都要罚款④。工厂对工人一般惩罚是罚款、记过、开除等。

表 12-4　1932 年大中华火柴公司各厂工人赏罚人数次数表

工　厂		沪荧厂	镇荧厂	鸿生厂	中华厂	裕生厂	东梗厂	合计
奖赏	人数	—	—	18	—	—	2	20
	次数	—	—	18	—	—	2	20
惩罚	人数	67	10	16	365	11	401	870
	次数	67	10	17	400	11	490	995

资料来源:上海社会科学院经济研究所:《刘鸿生企业史料》中册,上海人民出版社 1981 年版,第 301 页。

以上是大公司、大工厂的情况,普通企业对员工的惩罚也比较多,根据 1932

---

① 上海社会科学院经济研究所:《刘鸿生企业史料》上册,上海人民出版社 1981 年版,第 326—327 页。

② 上海社会科学院经济研究所:《刘鸿生企业史料》中册,上海人民出版社 1981 年版,第 301 页。

③ 上海社会科学院经济研究所经济史组:《荣家企业史料》上册,上海人民出版社 1962 年版,第 563—564 页。

④ 刘明逵、唐玉良:《中国近代工人阶级和工人运动》第七册,中共中央党校出版社 2002 年版,第 515—518 页。

年、1933 年《中国劳动年鉴》《第二次中国劳动年鉴》，以及《湖南第一纺织厂规程汇编》记载当时厂矿普遍有对工人罚款或赔偿，记过等货币和精神的管理惩戒措施(见表 12-5)。

表 12-5　20 世纪 20 年代末 30 年代初普通厂矿企业罚款条例

条例名称	时间	罚款内容概述
青岛永裕精盐工厂工人服务规约	1931	工作时喧哗，在厕所外大小便，未领放行单携物出厂，遗失名片等，罚金二角或记小过一次。请假不按手续，饮酒昏醉入厂，厂内有猥亵丑行，污秽厂内用水等，罚金五角或记小过二次。迟到 15 分钟，扣当日工资三分之一;至 1 小时者，扣工资一半;1 小时以上者，全扣。
武昌民生实业股份有限公司布局工人赏罚规则		迟到或早退两次罚洋二角，三次罚洋四角，未请假不到工，初次罚一日工资，二次罚二日工资。不按规定清扫车间机器，不按厂内程序工作，任意离开车头，离开偷睡，织坏布匹，发现短码，掉换纬纱等，初次罚二角，二次罚四角。
青岛恒兴面粉厂	1931	毁坏物品原料价值 3 元以上者，赔偿。
青岛洪福木工厂学徒规约	1933	因疏忽将中体锯歪，损失 30 元以上，扣罚工资 1 元至 5 元;剥皮因疏忽致皮受伤，伤口在 1 寸以内者，罚扣工资 2 角，1 寸以外者，罚扣工资 3 角至 1 元;剥皮因疏忽割去边幅或沥刀伤过多，致售价受损，罚扣工资 2 角至 1 元。损失过大另罚。
上海特别市职工服务暂行规则	1928	因工作疏忽致产品低劣，减扣工资。毁损物品原料，价在 3 元以上者，赔偿。逾请假日期，而不续假者，按日扣薪。
淮南煤矿局工人管理规则	1931	工人因事请假，工资按日照扣。旷工至一日者，除照扣工资外，并记小过一次。
上海工人服务通则	1931	误损货物其价值在 3 元以上者，记大过，并责令照价赔偿。
首都电厂工人管理规则	1930	旷工至一日者，除照扣工资外，记小过一次。迟到早退者酌扣工资
湖南第一纺织厂规程	1932	罚则共 158 条，其中坐卧笭筐者，擅开水龙头者罚 5 分;摺布不齐、色行不正、分绞不匀、结头不剪，毛头毛脚均罚 1 角;擅取太平水桶者罚 1 元。

资料来源:刘明逵、唐玉良:《中国近代工人阶级和工人运动》第七册，中共中央党校出版社 2002 年版，第519—520 页。

　　监督的名称各异，有传统的监工、工头、拿摩温。也有考工员，大中华火柴公司、章华毛纺厂还有专门考工科，申四等还有惠工股，这些部门是工人的专门管理者，最初有的由车间管理员一起管理，后才专业化。此外，申四、福五厂内设"守卫"，英美烟公司还设有厂警，以维持工厂日常治安，其主要管理对象是工人。

　　矿山因地处偏远,工人劳动条件艰苦,故其对工人的管理更为复杂。比如河南焦作中原公司,工人管理分为三个等级,老板、监工、工头三级控制;华东煤矿在包工头之下还有二头子、查头子、车头子等。山西煤窑,工人可能多是诱骗而来,资方对工人控制尤为严密,窑内有人监视工人做工,厂内有占场者,监视偷懒及逃逸者,还有看门的,即便窑厂之外十多里内,都有巡风放哨的,从矿内逃出的,被抓回多半会被打死,山西煤矿的经验说明,廉价掠夺的劳动力其实成本并不低,一是监督成本过高,二是工人劳动效率缺乏自觉性支撑。

　　近代中国的矿井,往往还有自己的保安队伍,其称谓多样。河南焦作中原公司有路警看守、监督井口和煤厂附近;焦作煤矿更一度由国民党军警监督;开滦煤矿早期有保安队、稽查队员,1935 年后改组为矿警队等。

　　当然,新中国成立后的一些工人回忆和一些研究可能受意识形态影响,对早期监工组织、人员、职能有妖魔化倾向值得反思。虽然其在个别厂矿可能确实有政治因素,但整体而言当时资方采取的管理手段多是对环境的适应,资方更多是从自身利益出发,政治因素有限。在这一阶段,资方对工人的暴力似乎明显减少,这与资方与政府宣传劳资合作等有一定关系,也是劳资关系近代化的重要体现之一。

二、资方劳动保护

(一)卫生保护

　　南京国民政府时期,就工人卫生,有相当设施的工厂不少。比如青岛之民生国货模范工厂,华新纺织公司;上海各日商纺织公司,英美烟公司,商务印书馆;汉口申新纱厂,裕华纱厂,贫民工厂,云寰纱厂,第一纺织公司;石家庄之大兴纺织工厂;宁波和丰纱厂等。各厂均设有医院或诊疗所,治疗工人疾病,并不收费。民生、日本纱厂,英美烟草公司还有浴室、茶室、食堂等。民生与寿丰还让工人每年体检两次。[1]

　　再看 1932 年实业部劳工司对各地工厂卫生的调查,共调查工厂 527 家,内

---

　　[1]　邢必信、吴铎、林颂河等:《第二次中国劳动年鉴》下册,北平社会调查所 1932 年版,第176—177 页。

有矿山29处,就地域分布而言包括上海、青岛、北平、河北、山西、河南、安徽、江苏、浙江、江西、湖北、长沙、重庆等14个省市(见表12-6)。调查的厂矿虽然相当部分有卫生、医疗保障,但绝不能过高估计,因为这些厂矿都是规模较大者,都是省市内影响较大企业。

表 12-6 1932 年 14 省市工厂基本卫生保护状况调查结果

省市	属地厂矿卫生保护状况概述
上海	调查工厂238家,设有浴室、浴盆或浴池者106家。洗手处多有设置,但由工人自备用具。医药方面,2家自设医院,128家设有医室,委托医院治疗的有225家,既没医院也没委托医院的仅11家。每年预防注射的有180厂,没有的58厂。药品则只有时役药品。
青岛	调查工厂35家,完全没有卫生设备有11厂。有浴室的有11厂,没有浴室的24厂。医药设备方面,自设医院的有8厂,委托医疗者2厂。仅有医室者只有大英烟公司,而医院医室均没有设置的有24厂。防疫注射由市社会局协同办理。
北平	共调查10厂,双合盛啤酒厂有浴室而无洗手处,其他均有洗手处而无浴室。自设医院的1厂,委托医院治疗有4厂,医院医室都没有的5厂。
河北	调查唐山、塘沽、井陉、石家庄4处。唐山有开滦等4家,设有浴室的有2家,除开滦有矿山医院外,其他3厂有医室,但药品不完全;塘沽调查永利碱厂,有浴室,医院,对工人防疫注射,药品设备齐全;井陉2矿厂均有浴室、医院,但无洗手处;石家庄1家,有医院而无浴室,女工、童工工作无坐凳。
山东	济南、烟台和博山三市县。济南19厂,有浴室10厂,只有8厂有委托医院,1家有医室,其余没有任何设置;烟台13厂,卫生设施尚普遍,均有委托医院,洗手处,4厂有浴室;博山县2厂,1厂有浴室及委托医院,1厂只有委托医院。
山西	太原4厂,平定县1厂。平定县保晋铁厂,只有浴室;太原4厂中有2厂有浴室和委托医院,其他2厂无任何设备。
河南	开封5厂,郑州2厂。开封3家有浴室,2家有委托医院,1家有医院,药品只有救急药水;郑州1厂有浴室、医室,1厂只有委托医院,每年注射一次疫苗。
安徽	安庆、芜湖各1厂,芜湖厂有浴室,安庆厂全无。
江苏	苏州19厂对卫生设施很少注意。设有浴室的有7厂,9厂有委托医院,既没医院也没浴室的有8厂。
浙江	浙江工业虽较发达,但卫生设施不完备。杭州33厂,各厂对工人洗手处设备尚称齐全,14厂有浴室,各厂均没有自设医院,26厂有委托医院,厂内备有一些常用药。瑾县21厂,洗手处多未设置,4厂有浴室,1厂有自设医院,16厂有委托医院;吴兴县24厂,各厂洗手处设备不全,洗手具多由工人自备,浴室只有4厂有,21厂有委托医院,但药品不完全;嘉兴6厂,3厂有浴室,4厂有委托医院,2厂既无浴室又无医院;温州7厂,4厂有浴室,2厂有委托医院。
江西	九江3厂均有浴室和委托医院。南昌3家都没有浴室,2家有委托医院。

续表

省市	属地厂矿卫生保护状况概述
湖北	汉口8厂,4厂有浴室,2家有医院,4家有委托医院,1家有医室。武昌4厂,有浴室和医院的分别有1家;汉阳2厂,1家有浴室。沙市3厂均有浴室,1家有委托医院,1厂每年举行2次防疫注射。宜昌1厂仅有浴盆6个。
长沙	3厂卫生设施,均甚完备,尤其湖南第一纺织厂,在建工人疗养室,堪称我国各厂模范。
重庆	共8厂,6厂有浴室,只有1厂有医室2间,各厂医药设备甚为贫乏。

资料来源:根据刘明逵、唐玉良:《中国近代工人阶级和工人运动》第七册,中共中央党校出版社2002年版,第484—489页整理。

　　从卫生状况调查可以看出,这一阶段卫生状况大为改善,并没有出现工作条件污秽等的描述。但这并不意味着工矿企业劳动环境就很整洁,而是所有调研只是关注浴室、洗手处、医院、委托医院等硬件设施,而对工作场所的卫生保护没有明确描述。但从众多企业有相关医疗、洗浴设施而言,资方提供的劳动保护显然比北洋政府时期健全得多。

　　据《中国经济年鉴》所记当时中国矿山工人卫生保护状况,就医院与洗浴设施而言,明显好于工厂,所调查各矿有医院和洗浴设备,而且医院往往免费。[①]这与矿山往往自成一体,不能与社会共享有关医疗、洗浴设施有关;和矿山工作环境恶劣,不得不提供基本保障,否则难以维持基本生产有关;还与政府的相关强制性约束有关。其中卫生状况最好的可能是唐山开滦矿务局,其设有医务处及医院于唐山,在赵各庄、马家沟、唐家庄等各矿产及秦皇岛有分院,其中唐山设备最为齐全,重大伤病工人往往送唐山就医。不但如此,还有高级医院一处。该矿医院不但为工人治疗,而且家属有病也可治疗,并免费。开滦矿务局各矿均有浴室,但过于简陋,不符合卫生标准。

　　另据《第二次中国劳动年鉴》记载当时开滦及中兴煤矿设立的医院,设施完美,成绩最为突出。以开滦矿务局为例,总部设立普通医院与高级职员医院各一所。前者为一般工人而设,后者专为高级职员而设,有病床130多架及各种仪器设备。在主任医师之下,有地方医师4人,助手6人,这10人有2人是外国人。还有男看护90人,女看护8人。该院对于矿区之内病人来就医者,一概不拒,因

① 实业部中国经济年鉴编纂委员会:《中国经济年鉴》第二册,1934年,第342—344页。

此华新纺织公司、启新洋灰公司等厂工人,亦皆向该院就医。此外,开滦各矿及秦皇岛各矿设有附属医院。[1]

(二)工矿业资方的津贴抚恤

1929 年《工厂法》颁布前已有多数工厂对工人有抚恤救济,国民政府工商部统计的 1928 年以前劳资合约材料,共涉及 11 省 6 个特别市,新旧合约 467 件,涉及 20 类行业,其中大多数合约有津贴抚恤规定,包括因工[2]致病、因工致伤、因工致残和因工死亡(见表 12-7)。多数合约规定残废或死亡抚恤金在 300 元到 500 元间,因工残废者的抚恤金,最少为 100 元,最多 1500 元;因工死亡者抚恤金,最少 100 元,最多 2000 元。此外,合约关于因工死亡丧葬费的 8 件,从 50元到 300 元不等,且多在 100 元以内。[3]

表 12-7　1928 年各地劳资合约津贴抚恤规定

劳动灾害程度	规定抚恤的合约数			
	支付医药费	支给工资	支给抚恤金	支给葬费
因工致病	43	36	2	—
因工致伤	129	123	9	—
因工致残	7	33	98	—
因工死亡	—	—	158	8

资料来源:《第二次中国劳动年鉴》下册,北平社会调查局 1932 年版,第 182 页。

1930 年陈通夫调查上海 228 家中外工厂,其中华厂 176 家,外厂 52 家,因疾病不付工资者 72 家,付工资者 133 家;不付医药费者 36 家,付医药费者 151 家。因劳动灾害,不付工资者 65 家,付工资者 137 家;不付医药费者 18 家,付医药费者 185 家。如工人受重伤之后,身体残缺,失去工作能力,厂方多取宽大态度,往往给予若干时间工资,或赔偿费。各工厂对于死亡,无论是否"因工"致死,居多可得赔偿费。他还详细统计了纺织、化学工业、公用事业、食品工业、机器工业、印刷及造纸工业的因工致病、因工受伤、永久受伤、死亡是否给工资和医药费,以

---

[1]　邢必信、吴铎、林颂河等:《第二次中国劳动年鉴》下册,北平社会调查所 1932 年版,第178 页。

[2]　当代一般说"因公",但近代习惯用"因工",而本书关注的是近代,故用因工。

[3]　邢必信、吴铎、林颂河等:《第二次中国劳动年鉴》下册,北平社会调查所 1932 年版,第182—183 页。

及各业因工伤病平均人数及平均抚恤金额。[1]

　　《工厂法》虽然有工人津贴及抚恤之规定,但企业落实者寥寥无几,伴随劳资团体成立,津贴抚恤往往由劳资双方以团体协约规定。[2] 有津贴抚恤规定的工厂,并不太多,据《中国经济年鉴》(1934 年)记载仅有 5 例,这虽然存在大量的疏漏,但也凸显出《工厂法》相关条例没有得到有效执行。1930 年南京和记工厂劳资双方签订协约,工人因工受伤由工人送往医院诊治,工资照给,并给医药费,但超过一月的,需要医生再次证明。因工死亡者厂方给抚恤费 200 元。湖南第一面粉厂规定工人学徒因工受伤不能工作的经主管技师验明伤痕,酌给伤假,假期内有工资。因工致死者发给抚恤金,除 50 元丧葬费外,给遗族恤费洋 300元,及 2 年平均工资。其他 3 例均为行业,即天津印刷工会与印刷商会、无锡袜业、无锡面粉业,但相对模糊。

　　工人非因工生病时给予抚恤救济的很少。[3] 湖南第一纺织厂对非因执行职务而致疾病的工人订有专门的津贴和抚恤办法,工人有病请假治疗,医药等费由厂方供给。因病死亡者,发给其平日所得工价的 3 个月工资,以及棺木费20 元。1929 年天津电车公司劳资双方签订罢工条件 8 条,规定长工和短工有病时经医院诊治签字后,照章给工资,并在公司指定医院诊治,公司承担医药费。同样在天津,美资的海京工厂第四厂劳资双方签订合约规定,工人病假,有医生证明期间,厂方不得减扣饭洋,工人病重自愿回家时,厂方应给 5 元路费。南洋兄弟烟草公司工人生病经厂医生证明需要停工治疗者,准予请假,病假期内,长工照给工资,日工折半给。此外,《第二次中国劳动年鉴》有对其他工厂屈指可数的记载。[4] 上海华明火柴厂、第一织造厂、永固造漆公司、东方印书馆、商务印书馆、河北汉沽渤海化学工业公司等,就非因执行职务而致疾病之工人,亦订有津贴或抚恤办法。工人生病时,各厂均给予病假;并在一定

---

　　① 陈通夫:《我国工厂法的施行问题:上海市的初步研究》,京华印书局 1931 年版。

　　② 实业部中国经济年鉴编纂委员会:《中国经济年鉴》第二册,1934 年,第 344 页。

　　③ 湖北第一纺织厂、天津电车公司、天津海京工厂第四厂参见实业部中国经济年鉴编纂委员会:《中国经济年鉴》第二册,1934 年,第 346 页;南洋兄弟烟草公司的情况参见中国科学院上海经济研究所,上海社会科学院经济研究所:《南洋兄弟烟草公司史料》,上海人民出版社 1960 年版,第 305 页。

　　④ 邢必信、吴铎、林颂河等:《第二次中国劳动年鉴》,北平社会调查所 1932 年版,第 193—194 页。

期限以内,给予原有工资全数或半数;华明,第一织造厂,及渤海化学工业公司还负担其医药费。

矿业企业的津贴抚恤救济并不逊色于工业企业。1931年河南中原工矿公司就因工伤亡、积劳病故规定,矿厂工人因工死亡一次性给予抚恤金300元,殓葬费50元,工作超过两年者,按工作年限分为三个等级额外给若干年员工最后3个月的平均工资。工人因工受伤,不能工作,但无须住院者,除免收医药费外,在医院诊查的不能工作期间,里工仍照给工资,外工则每日津贴伙食二角;必须住院的,除免收医药伙食费外,里工仍照给工资,工人自愿回家疗养的,按医院诊察的不能痊愈期间里工照给工资,外工照给津贴,逾期不归,又没有医生证明尚未痊愈申请延期者,则停工资及津贴,回家治疗死亡者,经验明发给工资。残废不能工作的,给予一次性抚恤100元,服务三年以上里工分成三等额外给抚恤(不足100元的,以100元计)。当时山东中兴煤矿、吉林穆棱煤矿、河南冠华煤矿、山西保晋公司等也有相应的抚恤津贴规定。从相关资料来看,较大的矿发生因工伤亡事件后,资方一般或多或少给予津贴和抚恤。与工厂类似,一些矿山给予工人普通的生病和死亡抚恤及救济,其中比较典型的有河南中原煤矿公司、中兴煤矿公司、吉林穆棱煤矿公司等。

(三)工矿业其他救济

1.产母救济

南京国民政府时期女工性别差异也引起政府和资方重视,这在当时主要工商业城市上海尤其明显。1930年上海市政府订立《保护女工生产规则》①,这可能是近代地方政府制定的唯一保护女工规定。凡在上海市区内工作的工厂,规定继续工作满一年以上的女工,均享受该项规定的权利。不过,整体而言,《保护女工生产规则》很大程度上只是既存事实的规范化与合法化。因为据陈达调查,1930年上海228家工厂,多数工厂不用女工,用女工的有63家,均支付产母恤金,只是支付数量和方法差异悬殊,而从休假时间看假期从2周到6周不等。这应该不是一蹴而就的事,因此基本可以推断1930年以前上海女工工厂均对产妇支付了抚恤金。女工主要在纺织工业,有48个工厂之多,化工工业有10家,食品工业4家,印刷及造纸工业1家,共63家,机器工业只有男工没有女工,而

---

① 详见顾炳元:《中国劳动法令汇编》,法学编译社1931年版,第326—327页。

无相关规定无可厚非,而女工数量较多的 29 家缫丝厂均没有产母恤金就有点令人诧异了。[①] 整体而言,上海贯彻《工厂法》产妇的相关规定较为充分。

2. 衰老退职救济

上海东方印书馆、唐山启新洋灰公司、天津华新纺织公司、青岛华新纺织公司对衰老退职工人均订有救济办法。东方印书馆《工人退职暂行办法八条》规定工人退职金以其最后一月所得工资为基础,按照服务年限计算,满一年给 1 月,以此类推。不满一年按比例计算,十年以上者,第十一年起,减半计算。退职金发给条件有三,一是连续工作满三年以上,满五十岁,身体衰弱,不堪工作而被解雇,或自行告退者;二是确系直接因工残废而被解雇者;三是继续服务已满一年,其退职系出雇主之愿者。

启新公司对年逾 55 岁,衰老不能工作,厂令告退或自愿回家之工人,按在厂年数给予一次恤金。在厂满五年两个月工资,满八年者四个月,每三年增加两个月工资,最多给十二个月工资。华新天津厂男工年满六十,女工年满五十五,并无过失而自行告退时,其在厂继续工作满十年者,得给予一年工资,以作养老金。华新青岛厂服务在十年以上者,告老还乡时,酌情给予川资,并给予半年工资。

1930 年制定的《铁路员工服务条例》规定,员工"继续服务"25 年以上,年龄达 60 岁的,准予退休照最后之月薪资,发给半数,至身故为止。需要特别说明的是,凡由部调派各路,或由各路调部或由甲路调乙路工作无间断者,均为继续服务。[②] 东三省则不同,符合以下五项规定的支付退休慰劳金:一是因年老不堪任职而退职者;二是因路局节省经费或变更制度裁减员工而退职者;三是因病不堪任职而退职者;四是当本人并无不合行为而不得已之情形,经局长认可退职者;五是因本人死亡或残废而退职者。东北的主要铁路,四洮、洮昂铁路标准相同,北宁铁路、中东铁路、呼海铁路则有自己标准。[③]

在邮政业,有专门的员工养老抚恤金管理章程及支给章程。[④] 服务年满 25

---

① 陈通夫:《我国工厂法的施行问题:上海史的初步研究》,京华印书局 1931 年版,附录 3。

② 邢必信、吴铎、林颂河等:《第二次中国劳动年鉴》下册,北平社会调查所 1932 年版,第 15 页。

③ 邢必信、吴铎、林颂河等:《第二次中国劳动年鉴》下册,北平社会调查所 1932 年版,第 199 页。

④ 邢必信、吴铎、林颂河等:《第二次中国劳动年鉴》下册,北平社会调查所 1932 年版,第 199—200 页。

年以上呈准退休者,或服务满15年以上,年龄满50岁以上(邮差为45岁以上)呈准退休者,或服务满40年,或年龄满60岁(邮差55岁)强令退休者均可享受养老抚恤金。基本标准是,月薪在270元以下者,每服务一年,支给一个月月薪为全额养老金。服务期超25年的,每服务一年,支给一个月月薪半数。但若因过失被辞退,由邮政总办依其情节轻重,酌减发给。被革职辞退者与弃职潜逃者,则不得请求。此外,电政工人也有相关规定,具体见1928年12月交通部颁布的《技工章程》的第九章《恤养》,这里不再赘述。①

四、资方劳工教育设施

南京国民政府上台后,劳工教育由北洋政府时期的自发,走向自觉,劳工教育组建法制化。首先是《工厂法》《工会法》制定了劳工教育的制度框架;其次,《国民政府劳工局组织法》《各市县劳工教育委员会组织规程》为劳工教育提供了组织保障;再次,《劳工教育实施办法大纲》《工人教育计划纲要》就劳工教育目的、内容、方法途径、类型、主体、经费等做出规定;最后是地方政府结合地方实际制定的实施细则。②

工厂资方所办学校具有普遍性,以上海为例,据上海社会局调查1929年上海有工人子弟学校24所,学生3744人。由工会主办者24校,社会团体主办者2校,工厂主办者2校。工人补习学校20所,学生1548人,其中由社会团体主办者4所,工会主办者7所,工厂主办者1校。其中,工会、社会团体很大程度上是资方,因为工会没有资方的支持显然无法成立学校,社会团体也需要经济支撑,其背后往往是资方。在北平,根据教育局的调查,1929年有劳工学校16所,其中3所工人子弟学校,3所为劳工夜校,10所为工人补习学校。就主办方而言,社会局主办者3校,工人主办者5校,厂方主办者8校,这些学校绝大多数成立于1928年后,学生人数2098人。在天津,除教育局设的7所工人补习学校外,裕大与裕园两纱厂先后设立职工子弟学校。在青岛,华新纱厂、隆兴纱厂、内外棉纱厂、振业火柴厂和钟洲纱厂设立了工人补习学校,有7个厂设有工人子弟

---

① 邢必信、吴铎、林颂河等:《第二次中国劳动年鉴》下册,北平社会调查所1932年版,第21页。

② 李忠:《民国时期劳工教育述论(1927—1937)》,《山东师范大学学报》(人文社会科学版)2010年第6期。

学校。

武汉原有市属工人学校 11 所,其中汉口 7 校,武昌划归省政府后,汉口增加工人学校 17 所,总数达 24 所,这些学校均成立于 1929 年以后,到 1930 年,正式成立的有 18 校,有 6 校尚在筹备,学生班次分工人补习班及工人子弟班,由于子弟班较多,教育局拟定整理办法,要求各校不得偏重于子弟班。虽然是教育局主办的学校,但关系机构及团体均是企业或行业,外国在华企业相对于国内企业而言在工人教育方面反而滞后,众多企业中只有英美烟公司一家。①

整体而言,当时工厂为工人提供的教育也相对有限,与法律规定相去甚远,即便是当时中央政府所在地南京也极为有限。1930 年南京社会局及教育局召集京华印书馆等十余厂代表与工人团体指导委员会代表召开工人补习学校会议,但只有个别厂落实。社会局还调查发现南京市只有 5 所职工学校。工商业发展较好的杭州,早在 1927 年政府就特令工务局设立工人学校,收容一般工人,教授国语、常识、算术等科目,共编制分设四级,每二级轮流上课,学生 212 人。1929 年,又令三友实业社杭州分社,设立工人学校,分工余、工场两班,学生工 112 人,科目有党义、识字、算术、音乐、常识、体育等。虽然这只是政府的统计,但考虑到三友实业社在近代中国纺织业中的地位,如此影响大的,而且历史相对悠久的三友实业社尚且没有按照法律要求办劳工学校,其他工厂情况就可想而知。

此外,一些地方还做了一些职工教育试验,作为近代工业重镇的无锡,到 1930 年居然只有无锡教育学院以该院黄巷民众教育试验区兼办工人教育,并选定黄巷附近丽新路边,丽新布厂与义生丝厂区域为工人教育试验区范围。不过,该试验区颇有特色,教育实施分室内与室外两种,室外有工人茶园试验,职工阅书报处,工人组织训练,室内有工人夜校。

以上主要讨论市的情况,再看省的情况,相关资料中较为详细的是河南省情况。② 1929 年,河南建设厅通令各县,调查劳工教育,但因为战争原因而搁浅。到 1930 年冬天,再次重令调查,调查结果显示,全省 112 县中,报告有工人教育学校仅有 18 县 22 校,其中 7 校为职业学校与平民学校,实际上仅有 13 县 15

① 参见邢必信、吴铎、林颂河等:《第二次中国劳动年鉴》下册,北平社会调查所 1932 年版,第 156—157 页。

② 邢必信、吴铎、林颂河等:《第二次中国劳动年鉴》,北平社会调查所 1932 年版,第 159 页。

校,差不多只有十分之一的县有学校。河南当时在中国经济中基本处于中等水平,工业有一定基础,大致能够代表当时中国一般省份的情况。整体而言,该省不但学习人数有限,而且学校相当简陋,各学校教员人数只有豫丰纱厂工会劳工学校教员为 11 人,其他 4 家由工厂或工会职员轮流或兼任,还有 10 家的教员人数均只有 1—4 人,而从教育程度来看除豫丰纱厂工会劳工学校有高小外,都是初小。

普通矿工并不需要太多的技术与文化,但可能因为矿山地处荒远,矿工及其家属没有业余生活,可能出于安定需要,矿山资方对劳方及其子弟提供的教育并不逊色于城市工厂,似乎但凡大矿都有自己的学校。1930 年农矿部通令调查各矿教育设施情况的结果,湖南水口山矿务局、新化锡矿公司、井陉矿务局、开滦矿务局、个旧锡矿等 8 家自行填报矿山,以及由农矿部直接调查的柳江煤矿公司、中兴煤矿公司 2 家,共 10 家矿山均有自己的学校。其中,多个公司有不止一所学校,磁县怡立矿务公司既有职工学校也有工人补习学校,还有工人子弟学校;开滦矿务局既有中学,又有女子师范学校,还有小学;六河沟煤矿公司既有工人补习学校,也有子女学校;柳江煤矿既有职工子弟学校,也有职员子弟学校;中兴煤矿既有职工补习学校,也有子弟学校。[①]

五、消费合作社及住房等

中央党政均倡导,各省市地方政府也多尽力指导,民间私人团体等不懈努力,合作事业呈蓬勃发展之势,河北是合作事业最早推动者,因此合作组织比其他省多,江浙两省则发展最快,湖南、湖北、广东、江西四省则限于规划层面。不过,实际成立合作社相当有限。各省主要是农村信用合作,受惠者多为农民。各市,则以南京、汉口、上海等市最为有效。[②] 上海市农工商局于 1928 年成立合作事业指导委员会、设立合作人员养成所,社会局制定《上海消费合作社暂行通则》(9 章 51 条),企业也积极行动,既执行政府的政策法规,也利于缓和自身与劳方的矛盾,甚至促进劳方积极性。此外,资方还建立企业储蓄处,工人储蓄可

---

① 邢必信、吴铎、林颂河等:《第二次中国劳动年鉴》下册,北平社会调查所 1932 年版,第 160 页。

② 邢必信、吴铎、林颂河等:《第二次中国劳动年鉴》下册,北平社会调查所 1932 年版,第 119 页。

得利息,并给工人提供借贷和救济等。

一些工厂给予工人租房补贴,但对工人居住条件影响较大的还是一些厂矿给工人建宿舍,大大降低了工人生活成本。民生、日纱厂、大兴、和丰诸厂,都建有宿舍,以较低租金租给工人居住。天津社会局调查表明该市各大工厂都有工人宿舍饭厅或浴室等设备,只是经费有限,清洁卫生相对不足。① 工厂提供住房有利于降低工人的生活成本,改善工人的生活条件,以上海为例,据杨西孟对上海纱厂工人居住较为集中的曹家渡工人生活程度调查,所调查的工人家庭十之八九都是厂主为工人建造的房,收取的租金也比一般房租便宜得多,工人家庭每月房租才1.5元左右。② 而工人自行修建的棚户,每年给地主的地皮租金就有五六元或八九元,还要花十多元到数十元不等修建,其条件极为艰苦。据上海市社会局调查,由资方或厂主(主要是纱厂)提供的住房,专供工人居住,其主要是楼房,少量平房。资方提供的房子不但房租低廉,水电也相对齐全,因此一部分工人还将房屋转租获利,厂方往往也不严格取缔。③ 当时日资上海纱厂普遍建有工人宿舍,而华资企业也不乏完善者,比如申新九厂工人宿舍就考虑到工人特点,将工房设为单身男工、单身女工、家庭房和养成工房4个区域,每月费用不过三毛,还配有理发室、浴室、会客室、消费合作社、洗衣处及女宾留宿室等。④

① 邢必信、吴铎、林颂河等:《第二次中国劳动年鉴》下册,北平社会调查所1932年版,第177页。

② 杨西孟:《上海工人生活程度的一个研究》,北平社会调查所1930年版。

③ 参见李文海主编:《民国时期社会调查丛编·城市(劳工)生活卷》,福建教育出版社2005年版,第398页。

④ 朱邦兴、胡林阁、徐声:《上海产业与上海职工》,上海人民出版社1984年版,第89页。

第十三章　南京国民政府时期的劳方

第一节　劳方分布概述

一、劳方产业分布

有关产业工人人数,章季陶的《中国就业人数的估计》[1],对当时产业工人进行了估计。首先看制造业,有工作人员 110.6 万,其中织造工人有 78.4 万,役夫杂工 15.7 万,工头 4.7 万,员司 11.8 万。虽然其中工头,尤其是员司,曾被视作资方"帮凶",其作为资方代理人的角色虽然无可否认,但按照现代经济学,工人与工头、绝大多数员司都是资方代理人,只是员司和工头更直接而已,工头、员司与资方并不是两位一体,因此本书认为制造业工作人员属于劳方的大概有 110万,只有极少数高级员司属于资方。

南京国民政府工商部 1930 年对 9 省 29 市[2]男工、女工、童工总人数,以及各业分布的调查结果显示,纺织业所占比重最高,达 47%,其次是饮食 14.7%,其他超过 5% 的行业还有化学(6.0%)、衣服(6.6%)、机械(5.4%)、建筑[3](6.5%)(见表 13-1)。从表 13-1 可以看出,女工除交通运输业外,其他行业均有分布,这与上一章资方提供的生母补贴仅仅局限在少数行业形成鲜明对比。

---

[1]　章季陶:《中国就业人数的估计》,《社会科学杂志》1947 年第 2 期。

[2]　9 省 29 市指:江苏省的上海、苏州、无锡、武进、镇江、江都、南通、宜兴、南京九市;浙江省的杭州、嘉兴和宁波三市;安徽省的安庆、芜湖和蚌埠三市;江西省的九江、南昌两市;湖北的汉口、武昌、大冶三市;山东的青岛一市;广东省的广州、顺德、佛山、潮安和汕头五市、广西省梧州一市;福建的福州、厦门二市。

[3]　中国近代建筑业亦称营造业。

令人费解的是,工商部的调查将教育业、公用事业和美术业列入工业的范畴。

表 13-1　1930 年工商部调查 9 省 29 市各类工人行业分布简表

行业	男工	女工	童工	不明类型	总计人数	百分比（%）
纺织业	118080	337546	41794	68881	566301	47.0
化学业	32766	9.907	3335	26012	72020	6.0
饮食业	53333	14843	1107	107221	176504	14.7
衣服业	24751	2373	2250	50704	80078	6.6
器具业	23578	1207	2185	13225	40195	3.3
机械业	32957	136	872	31536	65501	5.4
教育业	39309	78	655	18964	59006	4.9
交通门	1226	——	58	——	1284	0.1
公用事业	3486	81	15	1850	5432	0.5
美术业	1142	5864	1004	2206	10216	0.8
建筑业	20427	108	719	56483	77737	6.5
杂品门	21571	1974	1611	24887	50043	4.2
总　计	372626	374117	55605	401969	1204317	100.0
百分比	46.4	46.6	6.9			

资料来源:邢必信、吴铎、林颂河等:《第二次中国劳动年鉴》上册,北平社会调查所 1932 年版,第 4 页。

南京国民政府劳工司 1932 年对 13 省 91 城市调查 13 类 98 业工人数分布情况,共有工人 1038665 人,其中纺织工业超过 41%,机械工业占 10%,饮食品、化学、服用工业分别大致占 5%,其他各业大致占 34%。[①] 化学工业 51562 人,包括火柴、制革、烛皂、造纸、硝矿、肥田粉、皮胶、电池、电池、化妆品、油漆、染业、制盐、制碱、颜料、制药、制镁、酸业;饮食工业 57123 人,包括面粉、碾米、制蛋、罐头、糖果、饼干、酿酒、榨油、汽水、制冰、制面、炼乳、冻粉、豆制、肉业;纺织工业共429902 人,包括棉织、棉纺、织染、缫丝、丝织、毛绒织、毡毯、针织、编绣、线索业;机械工业 107290 人,包括五金制造、机器、翻砂、造钟、制罐、军械;服用工业 49555人,包括制帽、纽扣、制伞、织席、眼镜、毛刷、器具、披肩、饰物、制鞋、制衣和其他;公用工业 29495 人,包括电汽、电话、自来水业;建筑事业 25668 人,包括窑业 16622

---

① 原有调研资料显示其他为 44%,但经笔者计算,应为 34%。原文见实业部劳动年鉴编辑委员会:《民国二十一年中国劳动年鉴》第一编,(台北)文海出版社有限公司 1992 年版,第 2 页。

人、陶瓷、水泥、石灰、玻璃、搪瓷、珐琅、砖瓦、云石；木料工业 27974 人，包括锯木、木器、制杆、竹器业；燃料工业 4659 人，包括煤球、木炭业；烟草工业 35147 人，包括卷烟、烟丝、雪茄业；交通工业 13392 人，包括造船和车辆业；文化工业 18262 人，包括印刷和印章业；其他工业共计 197681 人，包括屠宰、打包、骨器、箱盒、香业、扎花、花炮、砂石、冥具、平民工厂、猪鬃、纸烛，以及行业不明的 148387 人。①

这些工人，可以说是广义的，再看《工厂法》之狭义的工人情况。1934 年 12 月 11 省 9 市的各行业符合《工厂法》的工人共 521175 人，其中纺织工业 1279 厂，287216 人；机器金属品制造业有 1683 厂，工人 35691 人；木材业 86 厂，6086 人；冶炼行业 515 厂，共 8800 人；交通用具制造业 98 厂，10076 人；土石玻璃制造业 193 厂，共 19383 人；公用事业 54 厂，共 9874 人；化学工业 264 厂，共 24967 人；服用品制造业 500 厂，共 18101 人；饮食烟草制造业 484 人，56732 人；橡革工业 142 厂，13697 人；造纸及印刷业 650 厂，共 21427 人；饰物文具仪器业 130 家，共 3394 人；其他工业 275 厂，共 6344 人。② 可见，当时工业化的支柱产业纺织业无论是工厂数还是工人数量所占比例都与其地位相匹配，而较多的机器制造厂与机器制造工人则说明中国工业化程度已经较高。

就矿业而言，《中国国民所得》载有矿工 73.3 万人，员司 3.4 万人，矿警 2.5 万人，工役 1.8 万人。③ 这些矿工只是终年从事该业的工人，没有考虑季节性工人，但季节性工人数量较多，谨慎估计工人至少可以增加 30%，矿工实际人数应超过 95 万人。这些工人还不包括工役，笔者认为工役也应该属于劳方范畴，虽然其工作内容与工人有所差异，按照前一部分对工业工人的分析绝大部分员司属此范畴。而矿警，并非近代企业的保安机构，而往往是地方军阀或政府所派，不能列入工人范畴，当然并不否认以企业出资，由专门警察组成的矿警队与资方高度合作，甚至听命于资方。④ 综合考虑，矿业劳方应在 100 万人左右。

---

① 实业部劳动年鉴编辑委员会：《民国二十一年中国劳动年鉴》第一编，(台北)文海出版社有限公司 1992 年版，第 6—10 页。
② 原文见《中国经济年鉴 1936》，第 3 编，第 17 章。参见刘明逵、唐玉良：《中国近代工人阶级和工人运动》第七卷，中共中央党校出版社 2002 年版，第 77—78 页。
③ 巫宝三：《中国国民所得·一九三三年》上册，1947 年，第 55—57 页。
④ 比如早在 1921 年，开滦煤矿就不满原有矿警听命于军阀而出资成立的开滦矿警处不再是以前矿警对工人运动采取不镇压的手段，而响应资方要求，对工人运动采取镇压的措施。参见王梅：《调解还是镇压：军警与开滦罢工处置》，《民国研究》2013 年秋季号。

再看营造业①,《中国国民所得》载其工人总工资 22100.9 万元,而工人平均工资约 132 元,由此推断,工人数不下 170 万人。传统营造业并没有近代产业性质,但在上海等大中城市随着西方建筑理论与实践的输入,营造业逐渐近代化,营造工匠从传统作坊劳作蜕变为投资经营新式营造厂的厂主和雇佣工人,以近代新兴职业群体的形式出现②。

再看交通运输业,机器运输业约 44.6 万,除超过 34 万的民船从业人员外,还有人力车夫、搬夫数万,其中绝大多数属于劳方。③ 铁路业并没有确切的数字,章季陶《中国就业人数估计》根据国营 15 路员工人数、薪资数及全国薪资数推算而得全国铁道运输业就业人数约 28.4 万人,其中工人约 23 万,员司约 5.4 万。④ 另据 1930 年春铁道部调查,全国 21 条国有铁路⑤共有工人近 10 万,其中机务处 37982 人、工务处 36052 人、车务处 21088 人,总务处 4722 人。⑥ 1932 年津浦等 22 条铁路有工人 175683 人(其中相当部分是《第二次中国劳动年鉴》数字)似乎佐证了章季陶对铁路员工数估计的合理性。

轮船业则以当时轮船招商局人数,招商局船舶吨位数,推算出全国轮船运输就业人数 8.8 万。不过,1936 年中华海员调查统计的结果显示,仅海员就有122656 人,因此章季陶的估计可能偏保守,考虑到章季陶的估计以轮船招商局为基础,而招商局效率应该明显偏高。汽车运输业则以当时汽车数量为依据,当时汽车共 15183 辆,以每辆车行车人员 2 人估计,约有 3 万人。公司职员与工役,根据《中国国民所得》推算大概有 6 万人。⑦ 电车及航空业,同样按工薪总数、平均工薪数估算电车员工在 1 万人左右,航空业有 0.35 万人。除机器运输业外,民船数从业人数并不少,按全国民船数与民船常年与非常年工作平均人数估算,民船人数约有 346 万人。这些基本都可以算作劳方范畴,而人数不少的人

① 即建筑施工行业。

② 王琨:《民国时期上海营造业工人群体研究》,上海师范大学 2011 年硕士学位论文。

③ 刘明逵、唐玉良:《中国近代工人阶级和工人运动》,中共中央党校出版社 2002 年版,第 56—58 页。

④ 参见刘明逵、唐玉良:《中国近代工人阶级和工人运动》,中共中央党校出版社 2002 年版,第 57 页。

⑤ 21 条国有铁路干线是北宁、平汉、津浦、平绥、胶济、京沪、陇海、湘鄂、沪杭甬、广韶、正太、道清、南浔、广九、沈海、四洮、呼海、吉长、吉敦、齐克、洮昂。

⑥ 邢必信、吴铎等:《第二次中国劳动年鉴》上册,北平社会调查所 1932 年版,第 6 页。

⑦ 巫宝山:《中国国民所得·一九三三》下册,中华书局 1947 年版,第 218 页。

力车夫(56万)和搬夫(30万)如果划归航运业,则显然属于劳方。

邮递电信,估计有7.1万人。[1] 邮递从业人员以关内部办企业人数为基础,再结合全国邮递薪工推算出全国邮递从业人员。关内部办邮递职员9033人、工役17077人,员工共26110人,工薪2423.6万元,平均工薪为1370元,而据《中国国民所得》全国邮递总工薪为3326.7万元,推算出全国邮递工作人员3.6万人,其中职员约1.3万,工人约2.3万,职员的比例超过三分之一,可能与这一行业是新兴行业有关。与其他行业东北工人靠推算不同,在电信业,东北职员和工人均有较确切数字,分别为5386人和4309人,合计9695人。内地则有部办电信企业人员可确定,职员11501人,工人8545人,合计20046人,其中有线电报职员和工人分别是7283人和5874人,合计13157人;无线电报职员和工人分别为1336人和785人,合计2121人;市内电话分别有职员和工人2428人和1612人,合计4040人;长途电话职员和工人分别有454人和274人,合计728人。然后依据内地四项电信各自的工薪数,推算出各项职员与工人数,加上东北数字,得出全国电信职员约2万人,工人约1.5万,合计3.5万。由于电信业技术较强,职员比例高于工人,其职员绝大多数属于劳方的范畴。

除制造业、矿业、交通运输业、邮递电信业外,就业人口的商业从业者也属于劳方的范畴,其数量也不少,《中国国民所得》估计店员就有859万多人[2],此外,商店的大部分杂役也是劳方。1933年的产业工人主要分布在工厂、矿山、搬运、营造,四者合计超过总数的90%(见表13-2)。1933年应多于产业工人数量,一是大量商店店员并未包括,二是以邮递、电信为代表的职员属于劳方范畴。另据《中国劳动工资统计年鉴》(1949—1985),1935年中国产业工人有227.14万人,产业工人国内工人关内有143.24万,华资工厂有94.19万,矿山、铁路、邮政和电政工人分别为25.59万、8.14万、3.85万、1.45万,没有涉及营造工人;东北有33.9万工人,其中工厂、矿工、交通、邮电分别有11.95万,10.42

万、7.78万和3.24万,同样没有考虑营造工人;外国在华工厂有32万人;海员18万人。①

表13-2 1933年中国产业工人产业分布概况表

产业部门	工人数(万)	比例(%)
工厂	131.8	31.7
矿场	75.1	18.0
铁路	23.0	5.5
轮船运输	8.8	2.1
邮电	3.8	0.9
汽车运输	3.0	0.7
搬运	86.0	20.7
营造	85.0	20.4
合计	416.5	100

资料来源:刘明逵、唐玉良:《中国近代工人阶级》,中共中央党校出版社2002年版,第62页。

其他对中国产业工人的估计,相对缺乏系统的分析支撑,相对而言可信度并不高,这里也略加列举。② 毛泽东指出中国近代产业工人约有250万到300万,城市小工业和手工业的雇佣劳动者和商店店员约有1200万,这些人显然属于劳方。刘少奇则认为中国约有产业工人400万,这些工人应该也属于劳方。张浩的估计则是产业工人约250万到300万人。王亚南的《中国半封建半殖民地经济形态研究》指出中国有300万到350万是新式产业工人,另有600万到800万是各种旧式手工业作坊工人,旧式矿坑工,特别是制盐、制烟、榨油、烧瓷及旧式纺织场工人。

二、劳方地区分布

南京国民政府时期产业工人数量整体有限,到20世纪30年代中期以前大

① 国家统计局社会统计司:《中国劳动工资统计资料(1949—1985)》,中国统计出版社1987年版,第255页。
② 刘明逵、唐玉良:《中国近代工人阶级和工人运动》第七册,中共中央党校出版社2002年版,第138—141页。

致占全国人口总数的0.3%以内①,产业工人比例偏低,客观上说明南京国民政府时期,虽然劳方数量相对此前阶段有较大发展,政治法律地位有所提高,但作为一个整体,劳方力量仍然极为有限,对中国经济社会的作用仍然有限。

(一)工厂劳方的分布

1930年工商部举行的全国工人调查②,受条件所限,实际调查的只有9省中的29个城市。虽然从省份来看属于少数,而且只是其中的城市,没有涉及农村地区,但考虑到未调查的省份主要是因为军事影响、交通梗塞,以及路途遥远,工业发展有限(东北除外)。当时工厂基本集中于城市的事实,该调查还是反映了当时工人的大概分布情况(见表13-3)。

表13-3 1930年工商部调查9省29城市男女童工总人数概况表

省份	男工	女工	童工	性别年龄不明	总计	比例(%)
江苏省	147638	258593	36901	119278	562400	42.7
浙江省	13983	11331	2414	—	27728	2.3
江西省	6728	2266	—	—	8995	0.7
湖北省	127645	25316	2663	42178	197802	16.4
山东省	23332	2797	299	—	26428	2.2
广东省	19535	58654	10404	240485	329078	27.3
广西省	2091	—	231	9	2331	0.2
福建省	9513	10734	552	—	20799	1.7
总计	372626	374117	55605	401969	1204317	100.0
百分比	46.4	46.6	6.9	—	—	—

资料来源:邢必信、吴铎、林颂河、张铁铮:《第二次中国劳动年鉴》,北平社会调查所1932年版,第2—3页。

再看1932年实业部劳工司调查,13省的91个城市工人存在高度的地域集中,共有产业工人1038665人,男工285443人,女工233745人,童工39826人,性别年龄未详者479651人,合计1141782人。③ 就地域分布而言,上海最多,有

① 据估计1930年为0.27%,1934年为0.29%。参见:刘明逵、唐玉良:《中国近代工人阶级和工人运动》第七册,中共中央党校出版社2002年版,第126页。

② 除工人人数外,还涉及工人生活、工业生产。

③ 实业部劳动年鉴编辑委员会:《民国二十一年中国劳动年鉴》第一编,文海出版社有限公司1992年版,第2—5页。

259295 人,占 25%,广州大概 209319 人,占 18%;天津 146200 人,占 14%,其余 88 城市共占 43%,其他城市中近代工业城市无锡有 67885 人,青岛 32626 人,杭县 74853 人,武昌 17698 人,长沙有 41291 人,太原有 37091 人,南京国民政府政治中心南京有 22337 人,而北洋政府的政治中心北平居然只有 13934 人,工人分布情况大致反映了中国当时的工业区域分布。

当然,上述工人并非严格意义上的工厂工人,按照工厂法的标准,工人的数量会大减。根据 1936 年《中国经济年鉴》,1934 年 12 月各省市符合工厂法规定的工人数只有 521175 人,不到 1932 年实业部劳工司调查结果的一半。当然,其所涉及地区应该相对较小,尤其没有包含东北,具体而言南京市(3554 人)、上海市(299585 人)、青岛市(32236 人)、北平市(2920 人)、天津市(20100 人)、江苏省(74638 人)、浙江省(15579 人)、安徽省(3656 人)、山东省(6526 人)、河北省(14382 人)、汉口市(17398 人)、湖南省(8940 人)、山西省(7923 人)、陕西省(82 人)、云南省(4011 人)、江西省(772 人)、河南省(8810 人)和威海卫(63 人)11 省 7 市。[①]《中国经济年鉴》的数字虽然有些保守,但从上海占总数的一半来看,还是有一定可信度。

中国经济研究所 1933 年 4 月到 1934 年 10 月对南京、上海、青岛等地的 146 个县市的调查,其中工业产值 500 万以上,工人人数较多的有 16 个城市。分别涉及:上海 73 业,245948 人;南京 13 业,9853 人;青岛 19 业,9457 人;北平 17 业,17928 人;无锡 15 业,63764 人;南通 9 业,12418 人;杭县 21 业,14693 人;汉口 22 业,24992 人;武昌 10 业,20366 人;重庆 20 业,12938 人;成都 12 业,23764 人;天津 31 业,34769 人;唐山 7 业,8166 人;济南市 21 业,9298 人;广州市 37 业,32131 人;顺德 6 业,13167 人。[②] 虽然就地理空间而言,很不全面,但也可以看出,工人主要集中在工业城市。

此外,翁文灏对 1933 年上海、天津、武汉三镇、无锡、广州、青岛六市整理发现,当时这六市有工人 434360 人,而据其估算当时全国共有工人 789670 人,六大城市的工人占到全国工人总数的 54%,其中上海占 31%、无锡占 8%,武汉三

---

①　刘明逵、唐玉良:《中国近代工人阶级和工人运动》第七卷,中共中央党校出版社 2002 年版,第 77—78 页。

②　刘大钧:《中国工业调查报告》下册,经济统计研究所,1937 年。

镇占 6%,广州、天津各占 4%,而青岛则只有 1%。①

(二)矿山劳方的分布

矿工主要是煤矿工人,煤矿主要分布在辽宁、河北、山东、山西、河南、吉林、黑龙江、热河、察哈尔、江西、安徽、江苏、浙江、湖北,其他省只有少量。南京国民政府时期矿工数量最乐观的是托格列夫 1930 年的估计,达到 2280690 人,但其中包含部分手工业工人,也可能将季节性工人、技职人员囊括其中,从工资收入推算也不大可信。②

据《民国二十一年中国劳动年鉴》,辽宁省有 70800 煤矿工人,河北有 47650人,山东有 24873 人,山西 17600 人,河南 20459 人,吉林 4560 人,黑龙江 3100人,热河 5300 人,察哈尔 2490 人,江西省 12280 人,安徽 4950 人,江苏省 1400人,浙江 200 人,湖北 9000 人,湖南 9000 人,四川 6000 人,其他省份相对较少,宁夏只有区区 100 人,全国合计 251762 人。③ 除煤矿外,还有金属矿,金属矿主要分布于黑龙江、湖南、安徽、江西、广东、陕西、湖北,工人数并不多,1932 年只有 19603 人,其中黑龙江占绝大多数有 15870 人,其他千人以上的只有湖南(4200 人)、安徽(1767 人)和湖北(2296 人)。④

以上数据不完全,且只是 1932 年以前数据,现在来看其他数据。根据《民国二十二年中国劳动年鉴》对 14 省区 45 处矿场的统计,其中里工 39051 人,外工46371 人。煤矿占 82%,锡矿和钨矿分别占 6% 和 11%,其他仅有 1%,矿工较多的省有山东、山西、河南、河北、江西、湖南,合计有 200743 人。⑤ 虽然 14 省涉及的地域范围明显比《民国二十一年中国劳动年鉴》的小,但从矿工数来看接近前者的 80%,客观上说明矿业工人的区域集中。1935 年《中国经济年鉴(续编)》对上述 14 省的矿业工人数(200821 人)统计与 1933 年大体相当⑥,佐证了 1933

---

① 翁文灏:《中国工商经济的回顾与前瞻》,《新工商》1943 年 7 月第 1 期。

② 刘明逵、唐玉良:《中国近代工人阶级和工人运动》,中共中央党校出版社 2002 年版,第92—94 页。

③ 实业部劳动年鉴编辑委员会:《民国二十一年中国劳动年鉴》第一编,文海出版社有限公司1992 年版。

④ 实业部劳动年鉴编辑委员会:《民国二十一年中国劳动年鉴》第一编,文海出版社有限公司1992 年版,第 87—90 页。

⑤ 实业部劳动年鉴编纂委员会:《民国二十二年中国劳动年鉴》第一编,正中书局 1934 年版,第 262—264 页。

⑥ 实业部中国经济年鉴编纂委员会:《中国经济年鉴》(续编),商务印书馆 1935 年版,第 3 页。

年数据的相对准确性。

1936 年 20 省共有矿工 427940 人,虽然数量是 1934 年、1935 年的数量两倍以上,但并不能简单说明,此前数字失真,或者说 1936 年的数字过于夸张。因为 1936 年除东北外,其他省基本包含在内,而 1934 年、1933 年所涉及的地域明显偏小,且 1936 年矿工不但包括里工、外工,还包括杂役。此外,1932 年仅煤矿工人就有 25 万,还有近 2 万金属矿工人,这些工人可能没有包括杂役,也说明 1936 年的数据相对客观。

民国时期工人数量较多的工厂有开滦煤矿、个旧锡矿等。其中,开滦煤矿工人大概在 3 万人左右[1]。个旧锡矿 1930 年开始到 1934 年数据相差较大,最少为 1930 年的 22500 人,1931—1933 年分别为 30000 人、35000 人和 36109 人,1934 年总数达到 51407 人,这些数据都有一定合理性,其中 1930—1932 年为同一数据来源,1933 年和 1934 年为同一数据来源,但 1934 年为什么是 1930 年的 2 倍有余,尚缺乏有效的解释。[2]

三、大企业与外资企业的劳方

(一)大企业劳方分布概况

近代 500 人以上的大企业就是规模较大企业,其工人数量以及集中程度能够反映出当时中国工人集中情况,这里根据《中国近代工人阶级和工人运动》整理的资料加以说明。就几个主要工业城市而言,天津、青岛、上海、武汉 500 人以上工厂工人数均占到总数的 50% 以上,尤其上海达 59.6%。另一工业重镇无锡也占到总数的 49.8%,而北平则只有区区 650 人在 500 人以上大厂,工人总数也只有 17928,大厂工人数只占北京工人总数的 3.6%(见表 13-4)。工人普遍集中在大厂的情况,并非仅仅局限在大工商城市,就全国范围而言,500 人以上工厂的工人共有 324918 人,占全国工厂工人总数的 60% 弱,并不比几大工业城市的比例低,这客观上说明近代工业两极分化,机器工业规模经济发挥明显,新式产业业主普遍走上了规模化道路。表 13-4 还显示,中国工人在外国在华 500 人以上工业企业的比例接近全国工人总数的 20%,接近中国本土 500 人以上

---

[1]　郭士浩:《旧中国开滦煤矿工人状况》,人民出版社 1985 年版,第 208 页。
[2]　苏汝江:《云南个旧锡业调查》,国立清华大学国情普查研究所,1942 年。

工业企业工人数一半。尤为突出的是,青岛外国在华企业的工人有 18400 人在 500 人以上大企业,而本土企业的工人在 500 人以上大企业的仅仅只有 4388 人,上海工人在外国在华 500 人以上工厂的有近 8 万人,客观上说明外资在这两地的活跃。

表 13-4　1933 年 500 人以上大厂工人的地区、所在工厂国籍及所在市县比例概况

地区	500 人以上的工厂人数			全市县工人数	500 人以上占比(%)
	中方	外方	合计		
北平	650		650	17928	3.6
天津	17239	3100	20339	37869	53.7
青岛	4388	18400	22788	42717	53.3
上海	110387	79627	190014	318621	59.6
武汉	24959	3374	28333	50557	56.0
无锡	31778		31778	63764	49.8
其他	31016		31016		
合计	220417	104501	324918	531476	

资料来源:刘明逵、唐玉良:《中国近代工人阶级和工人运动》第七册,中共中央党校出版社 2002 年版,第 150—151 页。

就行业而言,1933 年钢铁工业工人在 500 人以上企业的比例高达 77.5%,但居然只有 700 人在 500 人以上大厂,也就是说只有一个大钢铁厂被统计,而钢铁是规模经济明显行业,这可能与统计地区多是城市,而近代钢铁企业多分布在矿区有关。纺织业占比超过 50%,达到 55.8%。除电力行业大厂工人在 13.6% 外,化学加工、金属加工、建材业、食品工业比例在 26.2%—42.9%。这体现出中国主要工业企业已经普遍有规模化趋势,这既是工业经济规模化特征所致,又与资方的集中、资方组织的集团化有关系。另外,外国在华电力大企业工人是华资企业的 5 倍多,食品工业外国在华大企业工人接近中国工厂的 1.5 倍(见表 13-5),笔者认为前者与当时电力工业属于高科技行业,华资企业技术储备不足不无关系,后者则主要与外人在华消费、生产技术有关。

表 13-5　1933 年 500 人以上大厂工人产业集中情况

产业类别	500 人以上的工厂人数			各业工人总数	大厂工人占比（％）
	中国工厂	外国工厂	合计		
电力工业	691	3979	4670	34254	13.6
钢铁工业	700		700	903	77.5
金属加工	10821	6655	17476	55205	31.7
化学工业	12563	500	13063	49891	26.2
建材业	7866		7866	23832	33.0
纺织业	167664	75225	242889	434966	55.8
食品工业	12262	18142	30404	70920	42.9
其它工业	7850		7850	47585	16.5
总计	220417	104501	324918	717556	45.3

注：工人总数只含雇工 30 人以上工厂。

资料来源：刘明逵、唐玉良：《中国近代工人阶级和工人运动》第七册，中共中央党校出版社 2002 年版，第
　　　　　151 页。

再看煤矿业工人集中情况，其突出特征是在中外合资大矿的工人数量在多个省份明显多于民族大矿，500 人以上大矿的工人，占据绝对多数。就中外合资大矿与民族大矿对比而言，中外合资大矿共有工人 65919 人，民族大矿为55031 人，前者比后者多 1 万多人，多近 20％。不过，中外合资大煤矿的优势基本体现在河北、河南以及山东，而其他有大矿的省都是中国民族资本，除表13-6 所列举的 10 省外，其他省并没有 500 人以上大煤矿（不含东北）。河北可能因为有开滦煤矿的存在，中外合资各矿 500 人以上的矿有 47825 人，而500 人以上民族大矿的工人只有 12445 人；河南中外合资大矿有 10282 人，而民族大矿只有 3900 人；山东华资各大矿有 18160 工人，中外合资的有 7812 人（见表 13-6）。

表 13-6　1933 年煤矿工人大企业集中情况

省别	500 人以上煤矿工人数			各省工人总数	大矿工人占比（％）
	中资矿	中外合资	合计		
河北	12445	47825	60270	66970	90.0
山东	18160	7812	25972	26911	96.5
山西	4623		4623	19198	24.1

续表

省别	500 人以上煤矿工人数			各省工人总数	大矿工人占比（%）
	中资矿	中外合资	合计		
河南	3900	10282	14182	18832	75.3
江西	3119		3119	3719	83.9
安徽	5080		5080	5780	87.9
江苏	1280		1280	1480	86.5
浙江	3200		3200	3600	88.9
湖北	2670		2670	4000	66.8
湖南	554		554	8554	6.5
其他				16550	
合计	55031	65919	120950	175594	68.9

资料来源:实业部地质调查所:《第五次中国矿业纪要》,国立北平研究院地质学研究所 1935 年版,第 106—109 页。

(二)外资工厂劳方分布

南京国民政府时期,虽然政府采取了一些限制外国资本的措施,但外国在华投资并未出现衰退趋势,这从工人方面也有所体现。据巫宝三研究①,1933 年主要工业华资工厂、外资工厂工人数分别为 548492 人和 235320 人,合计 78 万多人,中外工厂工人的比例为 7∶3。其中 10 万人以上的行业只有纺织工业,中国工厂工人有 342433 人,外资在华工厂有 120379 人,合计达 462812 人,几近工人总数的 60%。中国工人比重最高的行业是服用品制造业,中国工人比例高达 88.1%,这与行业技术含量不高,规模可大可小有关。外资工厂工人占比最高的是木材制造业,高达 77.5%,但木材制造工人总数只有 5556 人。这可能与当时国人的木材制造更多没有工业化,而是传统生产和消费,而外人在华木材工厂工人较多与他们技术较为先进,以及为外国在华居民及大城市市场服务有关。木材制造之外,外国在华工厂比例较高的交通用具制造业、水电器制造业,外国在华工厂工人占比均超过一半,分别为 54.3% 和 53.2%。

从生产资料工业和消费工业来看,中外工厂工人比例仍比较悬殊。1933 年生产资料工业,华商工厂与外商工厂工人分别占 52.9% 和 47.1%,但消费工业

① 巫宝三:《中国国民所得》,1933 年,修正,《社会科学杂志》1947 年第 2 期。

中国工厂工人比例明显高于外商工厂,占82.5%。但从工厂数量来看,外国在华单个工厂规模应普遍高于华商工厂,无论生产资料工业还是生活资料工业,华商工厂数量均占到80%以上,但工人数量占比却明显低于这一比例,这在规模经济效应明显的生产资料工业更为明显。[①]

最后来看纺纱业的情况。1927年到1936年间全国纱厂工人数量出现先上升、后下降的情况,这与中国工厂工人数量的变化趋势一致,中国工厂从1927年的138613人持续增加到1932年的180731人以后,迅速下降,到1935年甚至比1927年还低,只有129216人,而外国在华工厂(只有英、日工厂)工人数则一直呈下降趋势,只是到这一阶段末尾才有所上升[②]。英国在华纱厂除1927年人数和比例明显偏高外,其他年份人数和比例相对稳定[③],而日本纱厂工人数量1927年与英国类似处于高位,此后到1933年一直下降,1934年以后回升,所占比例期初与期末差别不大。

第二节　劳方个体特征分析

一、劳方性别年龄

根据1930年工商部举行的全国工人生活、工业生产调查统计,9省29城市有工人1204317人,明确性别年龄的约占总数三分之二,男女工人数量相当,男工372626人,女工374117人,童工55605人。1932年实业部劳工司调查的13省91城市的1141782名工人,性别年龄不明者556093人,明确性别年龄的约占一半,其中男工306121人,女工236051人,童工43517人,男工比例稍多于女工与童工之和。《民国二十二年中国劳动年鉴》所载上海、江苏等23省市的2000256名工人,明确性别年龄的约占40%,其中男工269659人,女工421805人,童工61831人,童工和女工之和比男工多出20多万,男工反

---

①　参加刘明奎、唐玉良:《中国近代工人阶级和工人运动》第七册,中共中央党校出版社2002年版,第153页。

②　《中国棉纺织统计史料》,上海市棉纺织工业同业公会筹备会发行,1950年,第10—11页。

③　不过,英国在华纱厂工人人数和所占比例失真的可能性比较大,因为从表15-9中可以看出,其工人10年中有7年是整数,而且其中有6年均为13000人。

而偏少。①

就行业而言,男女工人,以及童工分布存在明显差异,其中,只有极个别行业男工人数少于女工和童工人数。② 比如,已知性别年龄的,纺织业男工有 68393 人,而女工和童工人数分别为 165931 人和 12832 人;皮革业、美术工业,男工数量与女工和童工数量大体相当。服用业按理女工和童工比例应不低,但全行业有 75 万人之多,能够明确年龄性别的仅仅 5000 多人,意义并不大,该行业厂家数远远多于其他行业之和,有 322945 家之多,每个工厂平均只有两个多工人,而23 省市总共才 370731 厂,可见这些厂并非《工厂法》界定的工厂,而可能是家庭作坊,家庭经营也可能意味着男工比例偏高。即便规模经济明显的造纸,23 省市有 2 万多厂家,13 万多工人,厂均 7 个工人,而能够明确性别年龄的还不到2000 人。这也可以看出,实业部劳动年鉴编纂委员会的数字相对于其他数字来讲工人数量偏多,但从本表可以看出,其中包含大量不符合工厂法的工人,因此泡沫明显。

南京国民政府时期,女工和童工的比例可能还是比较高的。有统计资料表明,上海、无锡、汉口、广州、福州等地女工和童工比例仍然较高,上海有工人362894 人,能区分性别年龄的 259254 人,有女工 188188 人,占能区分的 70%以上,男工 54955 人,仅占 20%强,童工只有 16111 人,所占比例不到 6%,童工和女工比例近 80%。无锡工人 70688 人,其中男工 18398 人,女工 42959 人,童工9331 人,女工仍然占绝大多数。广州工人 239362 人,能分出性别年龄的竟然不到 2400 人。福州 16032 名工人,男工 5078 人,女工 10654 人,童工 300 人,女工占总数三分之二强。整体而言,在可以辨明性别和年龄的工人中,女工和童工比例居高不下。③ 汉口比较例外,能够明确性别年龄的 127714 名工人,男工有112394 人,接近总数的 88%,而女工和童工合计才占 12%强,这可能与统计对象有关系。

---

① 这 23 省市是上海、天津、汉口、武昌、汉阳、青岛、南京、北平、江苏、浙江、安徽、江西、湖南长沙、河南、山东、河北、广东、山西太原、山西、甘肃兰州、贵州、云南、青海。实业部劳动年鉴编纂委员会:《民国二十二年中国劳动年鉴》第 1 编,实业部劳工司 1934 年版,第 5 页。

② 参见实业部劳动年鉴编纂委员会:《民国二十二年中国劳动年鉴》第 1 编,实业部劳工司 1934 年版,第 6 页。

③ 刘明逵、唐玉良:《中国近代工人阶级和工人运动》第七册,中共中央党校出版社 2002 年版,第 155—156 页。

工人性别年龄,具有一定动态性,这从 1930 年到 1934 年间武汉棉纺织业男女工比例的变迁可见一斑。1930 年到 1934 年的 5 年,武汉棉纺织业男工比例下降 18.52%,从占 52.82% 降到 34.30%,女工比例则增加 21.31%,从 42.43% 提高到 63.64%,童工比例降低 2.79%,一直处于低位,从 1930 年 4.75% 下降到 1.96%。其中,棉纺业男工下降比例超过四分之一,达 25.23%,棉织业和棉纺织业的其他男工比例反而有所上升,其中棉纺男工增加比例只有 4.35%,棉纺织业的其他男工比例增加高达 22.42%,这也折射出武汉棉纺织业中的棉纺业占据绝对优势。就女工而言,棉纺几乎提高 25%,从 1930 年的 42.87% 提高到 1934 年的 67.20%,但棉织和其他女工比例均出现下降,尤其其他女工比例几乎清零,从 1930 年的 37.98% 降到 1934 年的 1.94%。[1]

工人年龄的较详细统计主要是《第二次中国劳动年鉴》就南京、天津、武汉、杭州、无锡的统计,以及《国际劳工通讯》对青岛的统计。整体而言,就工人年龄即便个案也缺乏系统性,比如南京市工人年龄只涉及 1626 人,包含棉织、洋瓦、面粉、银楼、酒业、报业、机器、烛皂、印刷行业,平均每个行业仅 100 多人,但还是有一定参考价值,其中 14 岁以下 21 人,14—16 岁 203 人,16—60 岁 1400 人,60 岁以上 2 人。[2] 1928 年天津市社会局中小工厂调查 26882 名工人,选择其中 2140 人,计算其平均年龄为 24.15 岁,但其中没有 16 岁以下工人令人疑惑。从科学性来讲无锡工人年龄方面的数据较为可靠,一是其涉及的年龄较广,其工人年龄划分从 11 岁到 70 岁应该较为客观;二是其中涉及未详的数据,调查的 691 名工人中有 39 人年龄不明。无锡黄巷工人教育试验区的 1196 名工人年龄分配表则从 6 岁 66 岁,可能更为客观,这也意味着实际工作的工人中可能存在 10 岁以下的幼童,但其自身、家属及厂方可能会谎报。

比较可信的还有《国际劳工通讯》[3]有关青岛华商符合工厂法工人的统计。从青岛工人的年龄来看是比较小的各业合计为 20 岁,最高的公用事业平均年龄不过 29 岁,其他 9 个行业中木材制造、化学工业和服用工业 3 行业平均 17 岁,

①　李建昌:《武汉棉纺织业之劳工》,《实业统计》1935 年第 3 号。
②　邢必信、吴铎等:《第二次中国劳动年鉴》上册,北平社会调查所 1932 年版,第 117—118 页。
③　参见《1936 年青岛工人年龄统计》,《国际劳工通讯》1936 年第 3 期。

机械金属品、交通用具、土石玻璃、纺织工业、饮食烟草和造纸印刷 6 个行业平均 20 岁。工人分布最多的是 16—21 岁,其中 16—18 岁工 1211 人,19—21 岁 1224 人,其后迅速下降,22—24 岁的比 19—21 岁的少近 350 人,30 岁以后各年龄段人数不但下降迅速,而且绝对数明显偏少,到 45 岁以后的任何一个年龄段的工人都在 70 人以下,50 岁以后各年龄段甚至在 20 人以下,58 岁以后的各年龄段甚至只有三四人,可见青岛工人以青壮年为主。工厂工人以 20 岁左右的年轻人为主,可能与当时工厂建立时间普遍不长,优先招募没有家庭牵挂的青少年有关。

就矿业工人年龄分布而言,以青壮年为主,但 20 岁左右的青年比例远没有工厂的高,这可能与矿业是高强度体力劳动,20 岁以前身体没有得到充分发育,工人相对缺乏效率,以及青年人相对来说没有养家的压力,故而缺乏相应的吃苦耐劳精神有关。这从 1931 年烈山、鲁大、开滦等 13 个矿山的矿工,16—25 岁 15571 人,26—35 岁 24296 人,36—45 岁 15080 人,46—55 岁 5811 人,56 岁以上尚有 660 人,其中工厂普遍占多数的 16—25 岁年龄段,矿工只是与 36—45 岁的大体相当,而最多的区间是 26—35 岁的年龄段。[①]

据满铁劳务课的调查,满铁沿线四矿工人年龄与陶镕成的调查结果类似。[②]有 36248 名矿工的甲矿,人数占四矿的 80%以上,其中 20 岁以下的只有 1550 人(15 岁以下 112 人,20 岁以下 1438 人)占总数的 7.80%。25 岁以下 25.70%,30 岁以下 26.89%,35 岁以下 17.36%,40 岁以下 14.15%,其中 20—30 岁的比例达 52.59%,21—40 岁的比例接近 85%,即便是 40 岁以上的矿工比例也有 8.04%,比 20 岁以下工人的比例还高。人数第二多的乙矿,有 7776 人,其中,20 岁以下占 11.37%,30 岁以下的为 48.82%,40 岁以下为 29.59%,41 岁以后的合计 10.23%,绝大多数工人集中在 21—40 岁,比例接近 80%。丙矿与丁矿的人数较少,但工人年龄分布与此类似:丙矿 21—40 岁间矿工人数接近该矿工人总数的 90%;丁矿,21—40 岁矿工有 319 人,占总数四分之三强。

---

① 陶镕成:《全国矿山工人的现状》,《劳工月刊》1934 年第 8 期。
② 邢必信、吴铎等:《第二次中国劳动年鉴》上册,北平社会调查所 1932 年版,第 124—125 页。

二、劳方籍贯文化

（一）劳方籍贯

就工人籍贯而言，《第二次中国劳动年鉴》有较详细记载，可见一斑。[①] 其中，以 1929 年到 1930 年天津南开大学社会经济委员会对天津地毯、织布、针织工业工人的调查较为系统。调查显示，地毯工业有工人和学徒工 615 人，有 566 人分布在河北各县市，超过总数的 90%，其次是山东有 44 人，其他省总共才 5 人。织布工业共 7873 人，抽样调查 867 人，有 725 人源于河北，山东有 133 人，其他省只有 9 人。针织工业同样采取抽样调查法，从 1610 名工人与学徒中抽取 333 人，其中河北有 315 人，山东 14 人，山西 3 人，安徽 1 人。可见天津地毯、织布和针织工业工人与学徒基本来自河北，此外较多的是山东人。这可能与天津只是当时河北的一个市，且邻近山东有关。也可能还与地毯、织布、针织劳动强度不大，技术要求不高，本地工人能够满足有关。无锡工人籍贯同样以本省籍的为主，1929 年立法院统计处对无锡工人调查，填报籍贯的 2223 人，其中江苏省 1932 人，占总数 86.91%，浙江、湖北籍均 100 人出头，安徽有 64 人，江西、河北的屈指可数，分别为 4 人和 1 人。无锡工人教育试验区的 1673 名居民籍贯，1623 名江苏籍，其他虽然有 5 个省，但总数只有 50 人。

有据可查的省会城市，工人籍贯的分布要相对广得多，这可能与其产业门类较全，以及省会往往也是政治中心，辐射较广有关。比如 1929 年立法院统计处调查，南京工人家属 4384 人，来自 11 个省，其中江苏最多 3260 人，其次是与此相邻的安徽 550 人，湖北、山东分别为 185 人和 153 人，而河北、河南、湖南、浙江、广东，则在 10 多人到 70 多人间，江西、甘肃籍贯合计才 10 人。同样据 1929 年立法院的调查，武汉的劳工家属 625 家，共有工人家属 3621 人，这些家属源自 11 个省，湖北本省有 2212 人，占总数的 60% 强，江苏省有 156 人，占 4.30%，排名第二，而浙江、湖南、安徽、广东、河南、江西各省的在 20 多人到 70 多人不等，而河北、山东、福建各省只有 1—3 人。户籍移向外地的有 2 人，仍然住在外地的

---

① 邢必信、吴铎等：《第二次中国劳动年鉴》上册，北平社会调查所 1932 年版，第 132—136 页。

有 995 人,占总数 27.48%。此外,1930 年杭州总工会报告,工会的 34775 名工人,浙江籍 31466 人,超过总数的 90%。

以上工人籍贯分布显示,当时工人缺乏流动性。有趣的是,这在当时人口流入较多的东北矿业,就有所逆转。据满铁劳务课调查,满铁四矿工人籍贯[1],工人占绝对多数的甲矿调查了 28486 名工人,其中山东的就有 16183 人,河北有 7016 人,东北最多的辽宁只有 3470 人,同为东北的吉林只有 18 人,是已知省份中最少的,京兆[2] 763 人、热河 510 人、河南 250 人、江苏 116 人、山西 56 人,还有朝鲜籍 61 人。乙矿籍贯明确的有 7777 人,其中山东人数 3727 人远多于辽宁的 2255 人,河北有 1317 人,山西有 262 人,热河有 102 人,河南、江苏、安徽虽然人数不多,但也多于吉林的 6 人,只有浙江籍的比吉林的少。在丙矿和丁矿,山东籍工人所在比重更高,但鉴于总人数不多,这里不再赘述。

(二)劳方文化程度

先看南京的情况,1929 年国民政府立法院统计处调查南京工人家庭,其中除 10 岁以下儿童和无报告者外,能看白话报者 671 人,不能看白话报者 2885 人;能写白话信者 488 人,不能写白话信者 3044 人。[3] 从其调查结果来看,不能看白话报和不能写白话信的比例均超过 80%。1930 年南京市政府就南京工人的识字程度做了调查,其结果相对详细,发现识字与不识字人数之比是 3∶1,即 1626 人中识字的 1209 人,不识字的 417 人。

据立法院统计处 1929 年对近代新兴工商业城市无锡的调查,符合调查条件的 10 岁以上人口有 1766 人,其中能看白话报者 195 人,占 11.04%,能写白话信者 116 人,占 6.57%,能说普通话者[4]占 15.63%。[5] 就性别而言,女性文化程度明显偏低,能看白话报者只有 4 人,能写白话信者竟然只有 1 人,仅分别占调查

---

① 邢必信、吴铎等:《第二次中国劳动年鉴》上册,北平社会调查所 1932 年版,第 136—137 页。

② 京兆地方成立于 1913 年(民国二年)。属中国市级行政区划之一的京兆地方,其范围及规格大致沿袭民国初肇建前的中华民国行政区划与清朝行政区划中的顺天府或之后的北平市或北京市,1928 年取消。

③ 邢必信、吴铎等:《第二次中国劳动年鉴》上册,北平社会调查所 1932 年版,第 125 页。

④ 当时的普通话标准,以广东,福建,以及江苏、浙江、江西、湖南等省南部为限,南京地处江南,并不擅普通话。

⑤ 邢必信、吴铎等:《第二次中国劳动年鉴》上册,北平社会调查所 1932 年版,第 128—130 页。

总数的 0.23% 和 0.06%。可能由于女性语言能力天生较强的因素,女性能说普通话者接近三分之一,明显好于能看白话报者和能写白话信者。曾接受学校教育的有 275 人,超过总数的 15%。其中,接受五年教育以内的有 207 人,超过总数的 70%,7 年以下的 254 人,占受过学校教育总数的 92.37%。就所受教育学校而言,私塾 141 人,小学 95 人,其他学校 39 人,私塾占绝大多数。此外,江苏省立教育学院对江苏黄巷工人教育试验区调查,结果发现文盲有 1200 人,占调查总数的 78.18%,半文盲有 75 人,占调查总数的 4.89%,非文盲的有 260 人,占 16.93%。

再看工业重镇武汉,其数据来源仍主要是《第二次中国劳动年鉴》。[①] 1929 年立法院统计处对武汉工人家庭 3450 人的调查标准与南京和无锡差异很大,没有剔除 10 岁以下人口,加之武汉方言接近于当时普通话,因此其调查结果与南京、无锡的差异较大。具体而言,能看白话报者有 767 人,占总人数 22.23%,其中男性 728 人,女性 39 人;能写白话信的有 566 人,占总数 16.40%,其中男性 538 人,女性 28 人;能说普通话的有 2884 人,占总数 83.59%,明显比南京、无锡高,而且男女人数相当,分别为 1451 人和 1433 人,女性还多于男性。就接受学校教育而言,总共有 840 人受过学校教育,其中男性占绝大多数,有 806 人,占比超过 95%,女性只有 34 人。就教育年限而言,主要集中在 5 年以内,共有 644 人,超过总数的 75%。此外,就武汉市工人家属所入学校而言,同样是私塾占绝对多数,在私塾接受教育的有 766 人,占受过学校教育人数的 88.45%,小学的有 74 人,占 8.55%,中学的只有 26 人,占总数的 3.00%。此外,汉口社会局尚对裕华纱厂等 19 个工厂的工人进行调查,其中识字人数有 7194 人,不识字人数有 3999 人,识字人数占总人数的 60% 强。

就工厂方面,还有一些零星资料。1930 年国民革命军 21 军政治训练部对重庆市工会识字情况调查,有 6872 人识字,占工会会员总数 24571 人的 28.0%。[②] 1931 年天津市社会局对该市纺织业调查,涉及个别工厂工人的受教育程度。[③] 华新纱厂工人有 446 人识字,占工人总数的 19.88%,其中男工有 406

---

①　邢必信、吴铎等:《第二次中国劳动年鉴》上册,北平社会调查所 1932 年版,第 126—128 页。

②　邢必信、吴铎等:《第二次中国劳动年鉴》上册,北平社会调查所 1932 年版,第 131 页。

③　天津社会局:《天津纺织业调查报告》,1931 年。

人,占男工总数的 26.33%;女工识字 4 人,占女工总数的 1.58%;男童识字有 35 人,占男童总数的 11.80%;女童只有 1 人识字,占女童总数的 0.65%。天津北洋纱厂的调查结果与华新纱厂类似,这里不再赘述。

矿业方面,陶镕成的《全国矿山工人的现状》调查烈山、开滦煤矿等 14 个矿,不识字的有 22477 人,略微识字的有 8705 人,初小毕业的 2017 人,后期小学毕业的 568 人,初中程度 30 人。① 不过,由于无从得知略微识字的标准是什么,因此也不能高估矿工文化程度,而且考虑到矿工相对年龄较大等事实,其文化程度应低于一般工人。单个矿最为详细的资料莫过于郑明礼《六河沟煤矿矿面工人调查统计》,其不但有分年龄统计,而且识字程度的划分相对细化。② 其中不识字的有 382 人,占总数 47.05%,加上粗识几字的 231 人,占总数 28.45%,两者合计占到 75.5%,可见整体文化程度不高。有趣的是工资 1 元以上的工人,不识字和粗识几字的分别占 10.0% 和 53.3%,合计占 63.3%,且各种文化程度的均有工资 1 元以上的;就工种而言,电匠没有不识字和粗识几字的,可能与其岗位需要一定的文化有关。

此外,铁路、交通职工、邮务职工普遍文化程度较高,这应与其工作特性有关。《民国二十一年中国劳动年鉴》发现津浦路不识字的有 8951 人,而其他工人有 7000 多,识字工人超过 40%;胶济路不识字工人仅 2242 人,而其他的有近 3900 人,识字的占到 60% 多;北宁路,不识字的只有 8736 人,不到全部工人总数 19369 人的 45%。③ 就交通职工而言,邮务职工、电务职工文化程度普遍高于铁路职工。④ 这与邮务、电务在当时属于高技术行业,尤其邮务工作往往需要识字,且除邮差及杂役外,员工录用均须经过考试⑤,因而受过各种学校教育的工人比例明显比铁路等行业高。

---

① 陶镕成:《全国矿山工人的现状》,《劳工月刊》1934 年第 8 期。
② 郑礼明:《六河沟煤矿矿面工人调查统计》,《建设》1935 年第 6 期。
③ 实业部劳动年鉴编辑委员会:《民国二十一年中国劳动年鉴》第一编,(台北)文海出版社有限公司 1992 年版,第 191—192 页。
④ 《交通职工教育成都统计(1933 年)》,《国际劳工通讯》1935 年第 9 期。
⑤ 具体数据资料参见实业部劳动年鉴编辑委员会编纂:《民国二十二年中国劳动年鉴》上册,1933 年,第 322—330 页。

第三节　劳动条件及工资生活

一、劳动时间与劳动条件

(一)劳动时间

南京国民政府时期工人劳动时间仍然偏长,这从 1930 年工商部调查可见一斑。工商部调查显示,全国 9 省 29 个城市各行业工作时间每天最长达 15 个小时,一般在 10 个小时左右。江苏宜兴普通工作时间只有 6 小时,应该与调查对象有限有关。同样,南昌工厂日工作时间最多的是 14 小时,普通的工作时间也是 14 小时,居高不下,应也与调查对象有限有关。不但每日工作时间长,每年假期也相对少,9 省 29 个城市中普通休息时间南通、青岛均是 62 天,嘉兴是 60 天,其他普通休息时间较长的是顺德 40 天,广州 36 天,上海 33 天,汉口 31 天,无锡 24 天,其他的普遍在 18 天以下,潮安和嘉兴普通的竟然只有 3 天,笔者认为休息 60 天以上的和 7 天以下的都不可信。比如青岛,最多的休息 62 天,最少的休息 10 天,但普通的也休息 62 天,从全国工人休息时间普遍有限,青岛资方成本的角度来说并没有可信度。而嘉兴最多的休息 65 天,最少的休息 3 天,普通的也休息 3 天,也不合常规。①

各个行业,男工、女工、童工的工作时间也有差异。1933 年全国 16 个省市各业,男工、女工及童工的抽样调查结果显示,机械工业每年平均工作天数为 320 天,每年例假为 24 天,男女工人与童工每天一般工作 9 小时;金属制品业没有女工,平均每年工作时间在 300—335 天间,工作时间一般 9 小时以上;皮革业中只有制革业有女工,制革女工工作时间比男工还长,这一行业每年工作天数相对较少,平均为 300 天;木器业普通工作时间为每天八九个小时,年均工作时间 310 天(不含机器锯木);造船、造车业没有女工,每天工作时间造船男工一般为 9 小时,造车为 10 小时,童工普遍为 8 小时;土石制造业无论男女工人还是童工,日工作时间都比较长,但砖瓦制造可能有季节性,年工作时间只有 242 天,建

---

① 邢必信、王清彬等:《第二次中国劳动年鉴》上册,北平社会调查所 1932 年版,第 68 页。

筑、土石可能情况类似,年工作时间只有 250 天;纺织行业工作时间普遍偏长,纺纱业的男女工人及童工均普遍日工作 11.5 小时;冶铁工业没有女工,男工及童工工作时间较短,男工为 8 小时,童工为 7 小时,年均也只工作 295 天;资本技术相对密集的化学工业,劳动时间并不短,普遍在 9 小时以上,甚至有最长达 14 小时的,年平均工作时间普遍在 300 天以上;饮食工业行业众多,日工作时间普遍较长,但咸货、蛋业、碾米等行业由于季节性明显年均工作时间只有 180 天。①

《第四次申报年鉴》就 1934 年南京等 6 城市各行业男工、女工、童工的工作时间统计,虽然只有日工作时间,没有年工作时间,但更为精确,做了平均处理,该结果更为可信。② 相关行业工作时间最短的是"动力业"③中的自来水业,男工每天工作 7 小时 50 分,其他所有行业,无论男工、女工还是童工工作时间都在 8 小时以上,普遍 9 小时以上,酒精业甚至高达 14 小时,造钟业也高达 13 小时,12 小时的铜器业、石粉业、制药棉花及纱布、桅灯业、制帽业(童工);11 小时以上的还有棉纺织业(男工 11 小时 59 分、女工 11 小时 44 分、11 小时 50 分)、制帽业(男工 11 小时 43 分)、造纸业(11 小时 30 分)、糖果饼干业(男工 11 小时 05 分)、地毯业(童工)、木器制造(童工)、制杆业、制针业、玻璃业、织袜丝业(男女工)、制革业(童工)、打线业(童工)、藤器制造业(童工)、碾米业(童工)、调味品制造、冻粉业、肥田粉业、颜料业、纸制品业(女工)、搪瓷业。整体而言,工人劳动时间多数在 10 个小时以上,8 小时的屈指可数。

1928 年、1929 年上海社会局对其各行业工作时间进行了统计,但两者统计标准不一样,前者将工业分为 8 类 51 业,分别统计其最长、最短及最普遍的工作时间,后者则是工作时间的加权平均数。④ 1928 年上海各业工作时间,滕竹木器业和糖果罐头业最长工作时间分别为 15 小时和 14 小时,漂染印花业最长的有 13 小时,其他行业最长的均在 12 小时以下(含 12 小时);最短的水电业和绳带业均为 6 小时,最常见的是 8 小时;最普通的只有棉纺业 12 小时,玻璃业虽然最普通的有 12 小时的,但同时也有 8 小时和 10 小时,在造纸业也类似最普遍的既

①　实业部劳动年鉴编辑委员会编纂:《民国二十二年中国劳动年鉴》上册,1933 年,第 170—172 页。
②　上海申报年鉴社:《第四次申报年鉴·上海申报年鉴社》,1936 年,第 1057—1060 页。
③　该统计表将一般视作城市公用事业的电气业和自来水业归为动力业。
④　邢必信、吴铎等:《第二次中国劳动年鉴》上册,北平社会调查所 1932 年版,第 73—76 页。

有 11 小时,也有 12 小时的,还有 10 小时的,其中最常见的是 9 小时、10 小时的。整体而言,1928 年上海社会局的调查结果显得相对可信。根据加权平均法计算的各项工业①工作时间除漂染业 7 小时 48 分外,无论男工、女工,还是童工工作时间都在 8 小时以上,以 9 小时的为多,只有玻璃业的男工、童工均恰好 8 小时,11 小时的只有造纸业、面粉业,尤其缫丝业和棉织业时间较长。《民国二十一年中国劳动年鉴》还统计了上海各业工人劳动时间,除了各行业男女童工工作的最长、普通和最短时间外,还有每年各行业例行休假天数的最多、普通,以及最少天数。每年最多的例行休假天数是缫丝业的 60 天,但考虑到缫丝业普通例假为 10 天,最少为 5 天,紧接其后休假天数最多仅分别为丝织业的 32 天、绒织业的 31 天,以及管筒业的 30 天,其他均在 24 天以下,甚至有不少行业的最多例假天数在 10 天以内的事实,说明 60 天的例行假期可能与该企业的经营有关。普遍的例行假期除丝织业和绒织业是 24 天外,其他只有管筒业 16 天,皂烛业 12 天,珐琅 11 天,缫丝业 10 天,其它都低于 10 天。② 上海是当时中国经济、中国工商业中心,其对《工厂法》等的执行应该相对到位,上海工人的例行休息时间应该是相对较多的,也相对可信。

　　除了每日工作时间外,每月工作时间也不容忽视,这一阶段资料相对较少,不过从 1929 年浙江省各业工厂工作时间可见一斑。③ 1929 年浙江省明确月工作时间的有染织工业、机械工业、化学工业、饮食物品工业类、杂工业五大类,15 个行业,其中工作时间最长的是修船业和碾米业每月 30 天,最少的皂烛业、罐头业、丝织业和纺纱业均为 26 天,其他已知月工作天数的均为 28 天。就这一数字而言,当时每月工作天数并不低,但也产生一些疑惑,按中国当时工厂习惯,可能普遍采用的旧历,每月用 29 天或 30 天,那每月工作 30 天就显得不符合实际,而 4 个行业每月工作 26 天,那每年折算下来应休息 36 天,例假天数是否在其中?有趣的是,据《民国二十二年中国劳动年鉴》浙江的杭县、瑾县、吴兴、永嘉、嘉兴五县工作时间统计更多是最多休假天数,且天数不少,比如杭县制烛业例假天数最多的休息 95 天,16 个行业只有两个行业休息的最多天数在 24 天以下(五金

---

①　1929 年的行业是典型的工业,并没有前面提到的自来水、电气业等。

②　实业部劳动年鉴编辑委员会:《民国二十一年中国劳动年鉴》第一编,(台北)文海出版社有限公司 1992 年版,第 146—147 页。

③　邢必信、吴铎等:《第二次中国劳动年鉴》上册,北平社会调查所 1932 年版,第 73 页。

制造 13 天,印刷 12 天),其中 40 天以上的有 6 个行业,但有趣的是有普遍天数数据的只有染炼业(4 天)和铁业(30 天),但两者与最高相差悬殊,染炼最高达 60 天,铁业则最高为 48 天,最低为 5 天,其他县也有类似情况。尤其瑾县,三个有普遍例假天数的行业烛皂、棉织均为 20 天,针织 26 天,但其最高值则只有织席 60 天,多为 20 天或 30 天,15 天的有两个行业,10 天的 1 个行业。①

矿业工人的工作时间,各矿山都有明确的规定,但工人实际工作时间远远要高于规定时间,因为矿山工作准备时间和结束时间较长,而资方规定的时间一般还要符合相关法规和社会期望。尤其地下工人的工作要比规定时间多 1 小时或 2 小时,比如,开滦煤矿的外工虽然实行三班倒,每班 8 小时,但实际每班得花 10 小时左右时间。② 就每年劳动天数而言,1934 年中国煤矿工人工作 340 天以上,远远高于同期欧美的不到 200 天。③ 每月工作时间的信息仍然极为有限,目前见到的只有满铁沿线甲矿 1929 年和 1930 年每月工作天数,大概在 20 天左右,但其休息时间在全国而言可能偏多,因为其井下工人在相关描述中是星期天休息,即便中日两国节日或中国节日临时休息后,也要在星期日补工作,而 1928 年,1929 年的全国煤矿仍然星期日不能休息或者休息没有工资,不准病假,以及《第二次中国劳动年鉴》山东中兴煤矿没有周日,放假的每年只有 7 天均提供了佐证。另外,满铁沿线的乙矿工作时间多于甲矿,丙丁矿也略多于甲矿。④

(二)劳动条件与劳动灾害

1. 简陋的劳动条件

这一阶段工人劳动条件,并没有系统的资料,但整体而言全国工厂安全卫生设备不全。即便上海,也没有系统的资料,更多是个案。⑤ 据上海市公安局 1935 年 7 月对沪南区的消防检查结果,工厂建筑普遍简陋,设备不全,不适合设工厂,尤其 75% 以上建筑不合规范,极其容易发生火灾。某织绸厂:经纬处外噪声震

---

① 实业部劳动年鉴编纂委员会:《民国二十二年中国劳动年鉴》第一编,正中书局 1934 年版,第 153—155 页。

② 实业部劳动年鉴编辑委员会:《民国二十二年中国劳动年鉴》第一编,正中书局 1934 年版,第 278—279 页。

③ 薛世孝:《中国煤矿工人运动史》,河南人民出版社 1986 年版,第 232 页。

④ 邢必信、吴铎等:《第二次中国劳动年鉴》上册,北平社会调查所 1932 年版,第 85—88 页。

⑤ 参见刘明逵、唐玉良:《中国近代工人阶级和工人运动》第七册,中共中央党校出版社 2002 年版,第 454—457 页。

耳欲聋;织绸机处空间紧张,且工作时间长,有夜工,工人眼睛常常发痛;煮茧室恶臭难忍,工人手需要伸入沸水中捞茧,因此全部的手腕都红肿脱皮,且指头变白;烘丝室蒸得人发晕,工人身上汗如雨注,只有大蒲扇。某玻璃厂:厂房非常简陋,工作场所狭隘,非常闷热,工作时玻璃碎片四溅,地上堆满玻璃碎片,实在危险。1928 年到 1937 年的大中华橡胶厂:厂房十分简陋,工人描述其"外面下大雨,里面下小雨,夏天像蒸笼,冬天似冷宫";资方为避免汽油蒸发,不准工人开窗,女工约有 75%因汽油中毒而患头痛病,有的甚至当场晕倒乃至死亡;由于没有安全设备,很多工人被炼胶机轧断手臂和手指。英美烟公司:资方怕烟叶开桶后脆损碎坏,规定许昌路烤烟厂黄叶子车间保持高温高湿,温度维持在 80 摄氏度以上,并且还用喷雾风扇喷水汀或水汽,结果夏天高温高湿,冬天则与外界温差大,工人容易染病,往往无力治疗。此外,在纱厂到处布满柳絮状的棉纱,呛得人要死,机器设备也不完善,工人时常被机器皮带弄得断手残足。

上海之外,北平市第一次工厂检查,符合工厂法的有 32 家,不合法的有 82 家,合法的工厂中管理方法,设备比较完善的只有 8 家,其余的厂房普遍狭小,建筑不良,空气污浊,或者管理无序,秩序紊乱。

矿山劳动条件资料也相对较缺乏,这可能与这一阶段劳动条件与北洋政府末期没有明显变化有关。其中最为普遍的自然是煤矿,煤矿的普遍情况是矿井下空间狭小,空气不流通且充满煤灰,灯光微弱,但这些相对于井下安全设施而言问题还没有那么突出,井下支柱不牢,排水设施不畅均可随时导致矿工伤亡。此外,透气性差,管理不善,还容易导致瓦斯爆炸,而矿工居住条件也非常恶劣。

2. 劳动灾害

先看全国情况,1934 年中央工厂检查处专门对全国工厂灾害进行了调查,发现 1934 年总共发生工厂灾害 2470 次,伤亡 5011 人,其中死亡 1888 人,受伤 3123 人,损失 773.7 万多元。具体而言,爆炸 27 次,伤亡 1497 人,损失 388.5 万;火灾 145 次,伤亡 1008 人,损失 185.2 万。此外,诸如跌伤、轧伤、触电、击伤、撞伤、压伤、灼伤、水灾、窒息等都带来一定伤亡。凭常识判断,这一调查结果偏保守,一是企业和地方政府均有瞒报的动机,二是没有包括东北等地。

中央工厂检查处 1935 年对全国劳动灾害调查的结果,伤亡人数与 1934 年相比并没有大的突破,共计 5629 人,但经济损失则比 1934 年多出近 1 倍,达到 1027.2 万元,其中最突出的是矿井水灾损失高达 420 万元、火灾损失高达 369.5

万元,爆炸引起的损失 227.7 万元,伤亡最多的是爆炸 813 人,其次火灾 773 人。就地域分布而言,上海处于举足轻重的地位,无论是灾害发生次数、死亡人数、受伤人数,还是死伤人数、损失估计上海都占相当高的比例,其中事故差不多占 80%,死亡人数超过五分之一,受伤人数超过全国 60%,死伤人数超过全国一半,损失占全国的 20%以上。[①] 上海比例如此之高,绝不能理解为上海工厂的劳动条件比其他省市的差,而主要是因两方面因素,一方面说明上海是近代工业中心,劳动灾害自然绝对数高,另一方面也说明其他省市的劳动灾害统计数据相对不完全。

接下来看行业概况,资料仍然相对有限。1935 年 12 月《国际劳工通讯》记载的吉耳医士对上海 5 个印刷厂的调查,调查显示由于环境不良,住房就是工厂房屋,光线不足,尘土飞扬,空气不流通,工人中有铅中毒、鼻炎、眼膜炎及害眼症等职业病的不少,而这些中央工厂检查处调查时并未加以考虑。单个工厂的劳动灾害、职业病等更加普遍,这里不再赘述

就矿业而言,1931 年《矿业周报》《中央日报》《郑州日报》《天津大公报》《北平晨报》及实业部劳工司调查的 23 个矿疾病人数至少 24815 人,死亡 730 人。[②] 开滦煤矿保安队枪杀工人,河南福公司因工人罢工而枪杀工人是非正常的劳动灾害,密县煤窑见死不救致死 44 人,中原煤矿火烧逼工人下井而导致数十人的伤亡等都属于人祸,不是正常的劳动灾害。尤其开滦和福公司是外国在华企业,这客观上说明西方企业家管理本土化的失败,折射出中国政府管理的缺位,也说明中国工矿业工人的地位还比较低。当然,这些劳动灾害,仍然只是中国矿业工人劳动灾害的冰山一角而不是全部,这有三方面因素,一是地域上不完整,二是不完整的地理区域中也只统计了 23 个矿的情况,三是由于劳动灾害具有不光彩的成分,即便有限的地区、企业也难免会瞒报。

二、劳方工资

(一)劳方工资概述

20 世纪 20 年代中国工人工资有所上涨,工商部 1930 年调查 29 省市劳动者

---

① 叶笑山、董文中:《中国经济年刊》,上海中外出版社 1936 年版,第 262—263 页。
② 实业部劳动年鉴编纂委员会:《民国二十二年中国劳动年鉴》,正中书局 1934 年版,第 281—283 页。

男工、女工及童工的最高、最低、普通工资[1]，遗憾的是没有细分到行业、工厂。整体而言，全国最高工资出现在上海，上海最高男工工资为50元，女工为24元（有个别地方与上海相当或略高）、童工最高为21元。就最普通的而言，上海工资水平似乎在中游，比如上海男工工资最普通的是15.28元，于29省市甚至处于中等略偏下的水平，这可能与调查样本差有关系，又与上海产业工人数量充足有关。比如，潮安既没有男工最低、最高，只有男工最普遍的工资27.50元，是所有城市最高的，笔者推测，可能只调查一家当地首屈一指的企业，甚至有造假之嫌。

1933年实业部劳工司调查的各省市月工资显得有些离谱，众多省份的月最低工资5元以内，甚至0.20元（无论童工，还是男女工人）。[2] 笔者估计可能有将临时工作若干天的工资记作月工资，或者将工人克扣后的实际收入记作月工资，甚至有可能将日工资记作月工资。从最高工资来看，有的高得离谱，青岛高达170元、山东省99元、汉口85元、河南80元，这些都是男工最高工资，女工和童工的最高工资还略显正常。之所以这样，可能有以下原因：首先，可能有将工厂高级职员统计为工人的嫌疑；其次，可能统计的是单月，但前面月份的工资可能因故在此月份一起发放；再次，可能将工人的其他收入计入；最后，可能调查对象的虚报。当然，童工的工资有的低得离谱，比如江苏的童工工资最高、最低、普通分别为0.40元、0.20元和0.30元，这并不可靠，可能是调查者将其统计为日工资。还有的各项数据差比较大，比如察哈尔童工工资，最高的12元，最低的0.50元，这些都不大可信。

再看行业情况，1933年全国各行业工人，最普通的男工月工资30元以上的有制钉37.5元（金属加工），造船33元（交通用具制造）、电气30元（动力），很明显这三个行业都是具有技术含量且为近代新兴的行业。20元以上的有制针25.5元（金属加工）、织带25元（新式纺织）、机器锯木22元（锯木）、煤灰轧石20元（土石玻璃）等四个行业，同样属于有技术含量的近代新兴行业，上述七个行业占调查的22大类67个行业的10%强。其他行业均在19元以下，有31个行业普通的月工资在10元以下（含10元），接近总数一

---

① 邢必信、吴铎等：《第二次中国劳动年鉴》上册，北平社会调查所1932年版，第29—30页。

② 朱通九：《现代劳动思潮及劳动制度之趋势》，《国民经济研究所》1939年，第265页。

半,女工和童工的工资更低,进一步验证了中国工人工资的低水平。① 此外,据 1934 年《劳动季报》第 3 期,四大部门工人月工资的平均数为煤矿工 18.90元、铁矿工 10.50 元、铅锌工 8.63 元、铁路工 21.6 元、棉纺职工 18.00 元,丝纺织工 17.10 元,面粉工 16.50 元,这些都是男工,棉纺织和丝纺织还有女工和童工的月平均工资数,棉纺织女工为 14.00 元,丝纺织女工为 10.50 元,童工均为 8.40 元。②

(二)典型地区工资

相比于全国性资料缺乏系统性,各地工资资料相对完善,还可以看出动态变化。首先来看上海工人工资情况,1930—1936 年的 7 年间上海机器、造船、火柴、缫丝、棉纺、丝织、棉织、毛织、内衣、织袜、面粉、榨油、烟草、造纸、印刷等 16个主要行业平均工资并未体现出上升趋势,恰恰相反,呈下降趋势。尤其 1935年的各业合计工资明显低于其他年份,其他年份均在 14 元以上,1935 年则在 13以内,只有 12.988 元,1930 年到 1932 年均在 15 元以上,其中 1931 年最高为15.406 元,其中 1933 年、1934 年、1936 年在 14.080 元(1934 年)到 14.814 元(1933 年)之间。③ 就行业而言,期初工资最高是印刷业,1930 年、1931 年工资均超过 40 元,但此后的四年均在 30 元左右徘徊,这似乎可以理解为该行业是技术密集型行业,但技术也容易扩散,但 1936 年迅速拉升到 36.167 元并不大好解释。造船业同样是技术密集型行业,其在 1932 年到 1934 年的三年间工资均遥遥领先于其他行业,1933 年月工资高达 47.633 元,1932 年和 1934 年也超过 43元,除 1930 年的工资 35.950 元外,其余年份均超过 40 元,这与这一重工业技术和体力要求均较高不无关系。其他行业工资与造船、印刷相比都有很大差距,1930 年到 1936 年一直在 20 元以上的只有机器业,同样属于技术密集型行业。其他行业工资则相对较低,缫丝业历年均在 10 元以下,最低的 1934 年只有6.310 元。

此外,当时上海工资主要有计时、计件两种,男女工人差异也很大,无论时工

---

① 实业部劳动年鉴编辑委员会:《民国二十一年中国劳动年鉴》第一编,(台北)文海出版社有限公司 1992 年版,第 102—104 页。

② 参见刘明逵、唐玉良:《中国近代工人阶级和工人运动》第七册,中共中央党校出版社 2002年版,第 546 页。

③ 《上海的工资统计》,《国际劳工通讯》1938 年第 8 期。

还是件工,男工工资水平均在女工工资的 2 倍以上,有的年份甚至达到 3 倍。①无论男工还是女工,件工工资明显高于时工,这应该与件工更能激发工人积极性,提高生产效率有关。

上海工资在全国而言还是相对较高的,尤其是其中最普通的工资。其他地区有一些极端情况,比如青岛烟草业工人最高的工资高达 133.00 元,是现有资料中见到的工人最高工资,但青岛烟草业中最普通的是 19 元的,该市烟草业中最低的为 11 元,说明即便真有 133 元②的也是个别人(尤其是技术工人),但更可能的是将工厂高级职员列入其中。

各地工资资料多以行业最低、最高、普通三种为主,且多静态数据,这里介绍天津 1928 年到 1931 年的工人工资情况。③ 虽然这里是日工资,但考虑准确性并不特别处理,整体而言天津工人工资这几年呈上升趋势,21 个行业只有骨粉工、火柴业男工、鞋匠、电气工日工资略有下降,面粉厂工则一直维持在 0.30 元。洋服裁缝是所有行业日工资唯一超过 1 元的,最低的 1928 年有 1.12 元,以后逐年上升,1931 年达到 1.50 元,洋服裁缝之所以工资如此之高,一是当时洋服相对于传统来说是新技术,二是洋服裁缝不仅需要技术,更需要服务,由于文化语言上的差异,工人不但要会量体裁衣,更要懂点外国语言和与西方人的沟通能力,这种能力是普遍稀缺的,故而其工资较高就很正常了。其他的 20 个行业只有鞋匠在期初的 1928 年日工资为 1 元(此后逐年下降,到 1931 年只有 0.73 元),除洋服裁减和鞋匠期初工资达到或超过 1 元外,其他最好的为石匠的 0.77 元,最少的火柴业女工只有 0.25 元。到 1931 年洋服裁减仍然是日工资最高的,其次是瓦匠的 0.89 元和石匠的 0.85 元,期初最低的是火柴厂女工,但此时因火柴厂女工工资已经涨到 0.35 元,而面粉厂工人还维持在 1928 年的 0.30 元,成为最低工资。此外,有限的三个行业男女工人工资齐全的数据说明,男工工资普遍高于女工是不争的事实。

(三)工人工资占比分析

中国学术史上,相当长一段时期内,一般将工资占比视作资方对劳方剥削的

---

①　《上海的工资统计》,《国际劳工通讯》1938 年第 8 期。

②　邢必信、吴铎等:《第二次中国劳动年鉴》上册,北平社会调查所 1932 年版,第 53 页。

③　邢必信、吴铎等:《第二次中国劳动年鉴》上册,北平社会调查所 1932 年版,第 52 页。

程度,并往往以现代的标准或者说当时西方主要资本主义国家的标准评判当时资方对劳方的剥削,这至少忽视了当时的中国情境,有失客观。本书"断章取义"仅将一些有据可查的企业工资总数、伙食福利,以及医药等占比列出。这些数据其实也不完全属于工人,因为医药、伙食等并不仅仅一线工人才有,而是工厂绝大多数人共享,相关资料并未析分出资方与劳方在其中比例。我们认为更能体现劳方与资方关系的是工资福利与纯利润之比,即便该数据也不完全准确。

先看 1934 年上海远大铁工厂工资 41641 元,薪水福食 8901 元,医药 404 元,合计 50946 元,占销售收入的 11.79%。前人把杂收益、进货折让、销货折让、税收、地租、资本家薪水、保费、捐税、应酬、回佣、利息、川资、消耗、呆账准备、杂项等列入资方剩余价值,笔者觉得这显然有待商榷,即便资本家薪水也有机会成本,也付出了劳动,而其他项目的收入则不属于资方,可能只有当期纯收益才能算是企业资方的,因此并不科学。按传统方法上海远大铁工厂剩余价值有 59443 元,但企业净利润只有 18502 元,利润不到剩余价值的三分之一,即便将资本家薪水的 5934 元计入其中,资方得到的也只有 40%强。[①] 由工资、薪水福利伙食、医药三项构成的可变资本为 50946 元,是 1934 年纯收益 18502 元的 2.7 倍多。

新中工程公司更有特色,首先从其收入构成来看除销售收入外,还有顾问费收入 2400 元。有趣的是,其消耗被计入了不变资本,可变资本则是工资、伙食、退休抚恤,剩余价值则包括管理费用、呆账准备、杂损益,加上纯利。1932 年到 1934 年间按照传统的计算方法,剩余价值分别占总收入的 18%、15.43% 和 6.94%,而 1935 年 1 月 1 日到 1936 年 3 月 31 日的剩余价值为 6.91%,其中利润占比情况 1932 年为 40%强,1933 年大约在 60%,1934 年超过 80%,1935—1936 年第一季度则为 30%左右,而其他项则实际为企业支出。以工资、伙食、退职抚恤构成的可变资本(伙食、工资占比很小)历年均高于由管理费用、呆账准备、杂损益、纯利构成的剩余价值,尤其远高于纯利,其中 1932 年可变资本是纯利的 3 倍多,1933 年接近 2 倍,1934 年约为 2.8 倍,1935 年到 1936 年第一季度则可变资本是纯利的 1.9 倍左右,比例有所下降。[②]

---

① 上海市工商行政管理局、上海市第一机电工业局机器工业史料组编:《上海民族机器工业》下册,中华书局 1966 年版,第 580 页。

② 参见刘明逵、唐玉良:《中国近代工人阶级和工人运动》第七册,中共中央党校出版社 2002 年版,第 637 页。

就单个工厂而言,有的工厂单个工人产值增加的同时,工人工资并未相应上升而是略有下降,相对工人产值比例更是有所下降,传统观点认为这是资方加强剥削的结果,其实按照现代管理学的观点,可能是资方引进新技术和制度创新的结果,至于工人劳动强度加大与否,着实不好判断。比如,1927年到1936年的永安纺织印染公司的工资虽然在上升,但工人工资所占产值的比例却在下降,即工人工资从1927年的144.80元,上升到1928—1931年的146.19元,1932—1933年的179.58元,1934—1936年的59.32元,但工资占产值比则从1927年的7.03%下降到1928—1931年的6.37%,1932—1933年的6.79%,1934—1936年的5.89%,而工人全年平均产值在1927年,1928—1931年、1932—1933年、1934—1936年分别是2059元、2295元、2651元、2706元。[1] 传统观点认为这是资方对工人剥削加重的结果,但资方采用了部分新式机器,并采取扩大看锭看台,加强工人劳动强度,以及大量裁员[2],促使生产效率大大提高,从这里可以看出,生产效率的提高源于新机器,工作的重新设计,劳动强度增加与否则不好判断,而新机器需要资方资本投入,管理创新客观上也需要资方的努力,特别是工人工资在1933年前是上升的,而1934年以后相对高峰时的1932年到1933年有所下降,则可能受"一二·九"等政治事件的影响,市场不振等,资方可能也承受了经济压力。

此外,除工资、薪水福利伙食、医疗之外,工厂的利润往往还通过职工花红分配,工人储蓄的利息变为工人收入,其性质如何定位,尚难确定,好在这些相对有限,这里不再赘述。

三、劳方生活状况

(一)劳方生活影响因素

1.物价、生活费指数

购买力是决定生活状况的基础,对于工人而言,收入主要来源于工资收入,但工资绝对数并不能决定生活,因为物价往往影响购买力。1935年前物价相比之于北洋政府末期可能还略有下降,比如1935年的物价总指数相对于1926年

---

[1]　上海市纺织工业局等:《永安纺织印染公司》,中华书局1964年版,第229—230页。
[2]　上海市纺织工业局等:《永安纺织印染公司》,中华书局1964年版,第229页。

的情况,只有上海是 103.3,而华北、汉口、广州、南京均低于 100,分别为 95.51、89.2、84.6 和 80.3。但到南京国民政府后期,物价飞涨,到 1936 年 11 月物价指数分别为华北 115.09,上海 113.0,广州 109.63,汉口 101.2,只有南京物价不及 1926 年,只有 87.6,次月这一数据继续高涨,华北已达 122.76,上海 118.8,广州 111.31,汉口 105.4,南京也超过 90,达到 91.5。① 这些物价指数,主要根据进出口货的趸售价格,而非零售价格编制,因此相对于工人来说,其面临的物价应该更高。

令人诧异的是,南京物价指数一直低于 1926 年,这可能与 1926 年南京面临北伐军,物价高涨有关,也可能是南京国民政府采取了一些控制物价的措施,当然也不排除上述南京物价指数的严重失真。同样以 1926 年为基准(100),1935 年上海的生活费指数是 106.6,到 1936 年 11 月达到 114.9,1937 年 1 月达 120.1,与物价指数的变化基本一致,而南京的生活费指数相对物价指数的疲软,则显得"高不可攀",1935 年生活费指数为 140.18,1936 年 11 月的生活费指数是 256.18。天津和北平,虽然物价指数变化无从得知,但相对于华北 1935 年物价指数是 95.51,1936 年 11 月是 115.09 来说,变化应基本一致,天津、北平 1935 年生活费指数分别为 99.2 和 85.9,到 1936 年 11 月分别为 115.04 和 104.9,1937 年 11 月分别涨至 113.63 和 113.9,均有一定程度上涨。②

西方学者柏格森对当时中国物价、生活费的评价,可能其所谈物价是工人感受到的零售物价。③ 柏格森认为物价高涨是降低工人生活水平的主要原因,认为几年来南北各大城市生活必需品价格指数飞涨,1930 年以前的两年之内增加到一倍有余,尤其"最近"金价高涨的情况下,上海、天津、武汉、香港的工人生活水平降低更快,普遍在三分之一到二分之一,其中最为突出的是大米和面粉价格高涨,仅这一项就让工人工资间接减少三分之一,其他日用品价格则没有如此突出,但也在 10% 左右。

如果工资上升,工人生活费上涨,工人可能还能维持正常生活,但前一部分已经论及这一阶段的工资整体而言有先升后降之势,因此还有必要分析工资与生活费的相对变化。以上海为例,1926 年到 1927 年间的工资指数是迅速上升

---

① 齐华:《物价飞涨与工人生活难》,《解放周刊》1937 年第 7 期。
② 相关数据参见齐华:《物价飞涨与工人生活难》,《解放周刊》1937 年第 7 期。
③ 柏格森:《中国劳动运动的现状》,上海乐山书店 1930 年版,第 14 页。

的,但生活费指数在 1927 年到 1929 年间几乎没有增长,只是 1930 年出现迅速增长的局面,即从 1929 年的 101. 98 迅速增加到 1930 年的 116. 79%。① 即便物价指数可能最高的 1937 年 1 月,上海物价指数也只有 120. 1,而上海 1930 年的工资指数则是 1926 年的 208. 00,虽然 1936 年上海各主要行业的工资合计从 1930 年的 15. 351 元,下降到 1936 年的 14. 353 元,但下降幅度不到 7%。因此从物价与工资指数的对比来看,南京国民政府时期工人生活无疑比 1926 年有明显改善。不过,由于 1926 年的生活标准极低,加之物价上涨,中国工人工资在南京国民政府时期仍然保持了相对较低的水平,虽然此时的生活水平相对于北洋政府时期有了明显提高。个别工厂的数据显示南京国民政府后期,工资下降与工人生活费指数上升共存,导致工人实际收入下降,比如永安纱厂 1935 年实际工资率比 1934 年下降 3. 51%,1936 年比 1934 年下降 9. 99%。②

除了工资和物价指数之外,货币紊乱对工人工资收入也有影响,这与法币政策之前混乱的货币体系有关。但笔者认为,这只是影响工人收入的因素之一,并不是主要因素,因此这里不再赘述。

2. 失业对工人收入影响

工资、物价波动虽是常态,但其只会导致工人生活水平相对下降,影响相对有限,尤其南京国民政府时期工人工资相比北洋政府时期有所上升,物价乃至生活费指数也相对稳定,其影响更是微乎其微。失业则往往导致个人乃至家庭失去生活来源,陷入绝境,因此这里对其做较详细的分析。

有关工人失业人数及比例,全国并无统一数据,主要表现在地域不完整,各地失业就业较为可靠的数据年份有差异。个别较为可靠的全国数据并不是针对工厂工人的,而往往指全国劳动人民,其数据本身也并不大可信。比如,据《申报年鉴:1935》当年失业人数有 1250 万,就业人数 18907. 7 万,失业人口占就业人数的 6. 6%,可以说失业率并不高,但劳动人民的界限过于模糊。工人的情况相对零散,但可信度较高,1928 年 7 月上海社会局调查显示,登记有 394145 名工会会员工人,75219 人失业,失业接近总数的 19. 1%。1929 年广州工会会员工人失业 10104 人,占就业人数 39104 人的 25. 8%。北京有 1928 年和 1929 年数

① 张学鼎:《上海各工厂之工资制度》,《交大经济》1934 年第 2 期。
② 上海市纺织工业局等:《永安纺织印染公司》,中华书局 1964 年版,第 231 页。

据,两年的就业工人数均为91476人,失业人数则差异很大,1928年只有14408人,1929年接近3万人,这两年的失业率分别为15.8%和32.7%,笔者认为一年间陡增如此多的失业人数,并不大可信。各地工人失业率普遍在10%—25.8%间,但也有例外,除1929年的北京外,1929年的杭州工业工人失业率竟然超过一半,达到56.6%(总就业人数11475人,失业人数6500人),笔者认为极有可能只是部分工人。失业率偏低的是,1933年的无锡、太原工业工人,无锡63764个就业者中只有5916人失业,失业率9.3%,太原6701个工业工人中只有413人失业,失业率只有6.2%。[①]

再看国际劳工局中国分局调查,1935年全中国失业者为589万多人,其中最多的广东接近158万,上海超过61万,北平超过50万,工商业大省江苏有41万多,浙江近28万,湖北有22万多,但四川接近53.5万,江西有46万多似乎显得不太正常。就各行业失业数而言,业别未详者高达201万,明确行业的盐业失业人数最多,超过140万,超过总数的五分之一,比门类众多的纺织业还多出近35万,盐业和纺织业占能明确行业失业人数的60%强,似乎也并不正常。但考虑到国际劳工局的调查结论"中国工业界中之失业问题焦点,乃在旧式工业之崩溃"[②],就不难理解了,其中旧式工业主要指手工业。比如,纺织业中江西与四川隆昌的夏布、南京绸缎业、广东土布等就占纺织业失业人数的70%;制盐业则是由于近代精盐业的兴起挤占了市场,粗盐制盐工人几乎均失业,因此当时盐业工人失业者中粗盐工人占到90%;土石制造的29万多失业者中,竟然只有唐山启新洋灰的千余人是新式工人,其他均为旧式陶业、瓷业手工业者;失业的15万火柴工人,土制火柴者占90%以上。

工人失业后往往完全失去收入来源,因此生活可谓悲惨,尤其对一些没有其他家庭收入支撑的,年纪比较大,谋生能力相对较弱的女性纺织工人而言更是灭顶之灾。天津宝成纱厂被裁员的200余女工,其中80多人是四五十岁寡妇,还要抚育未成年的五六个子女,当突然听到被裁的消息后,有3人当场晕倒,1人突然发疯,还有四五人神经错乱,痛苦不堪,可谓惨不忍睹。[③] 1935年的杭州,因

---

① 刘明逵、唐玉良:《中国近代工人阶级和工人运动》第七册,中共中央党校出版社2002年版,第655—656页。

② 《1935年中国失业人数估计》,《国际劳工通讯》1936年第1期。

③ 《全国工业凋敝之惨况》,《劳动季报》1934年第1期。

丝绸滞销,工厂、机户停工的不少,工人普遍失业,失业之丝绸工人约有万余,失业家庭经济压力增大,结果家庭矛盾增加,妻哭子啼,时有所闻,因失业而自杀者,亦屡见不鲜。① 1936 年广东顺德,因为丝厂倒闭,3000 余女工流浪街头,卖笑为生,而这在蚕丝区域还颇具普遍性。②

男工往往是家庭顶梁柱,其失业除直接导致家庭丧失经济来源,家庭陷入绝对贫困,不堪压力而时有自杀等外,还对社会风气造成危害,比如游手好闲、赌博、结党成帮等社会恶习。家庭经济来源消失后,又缺乏救济,甚至还导致全家自杀,比如天津岳霖一家 8 口,因为失业时间长,没有生活来源,全家 8 口吞生鸦片自杀,最后只有两人得救的悲剧。③

(二)劳方实际生活

整体而言,中国劳工阶层家庭年收入大概在 200 元到 300 元。其中,工厂工人每家全年收入最多,约在 200 元到 400 元间,矿工在 200 元到 300 元间,手工业工人及农民在 100 元至 300 元之间;最低的是苦力,大概 100 元到 200 元。与收入相对的是支出,当时包括工厂工人等普通劳方个体家庭的支出基本与收入相抵,这也是其量入为出的结果,因为普通平民家庭没有经济信用,加之当时没有提前消费的理念,普通劳动者只能将自己的消费控制在自己的收入范围以内。生活水平低,生活条件差的体现在其支出比例,按照恩格尔系数,中国劳工整体处于贫困状况,即食品支出超过 59%,达到 60.5%④。以工厂工人为例,食物费达到 55.0%,衣服 7.5%,房租 12.5%,燃料灯火费 7.5%,杂项费占 17.5%,按恩格尔系数,工人尚处于温饱型。处于温饱状态的还有矿工,其食物费占 58.1%,衣服费占 27.9%,房租占 3.5%,杂项费 10.5%。按照恩格尔的标准,手工业工人和苦力均处于贫困状态,手工业工人食物占支出 60%,衣服占 7.5%,房租占 7.5%,燃料灯火费占 10.0%;苦力状况则更糟糕,食品占 67.5%,衣服占 7.5%,

---

① 刘明逵、唐玉良:《中国近代工人阶级和工人运动》第七册,中共中央党校出版社 2002 年版,第 658 页。

② 螺琼:《中国缫丝业和纱厂女工的生活》,《中华月报》1936 年第 9 期。

③ 刘明逵、唐玉良:《中国近代工人阶级和工人运动》第七册,中共中央党校出版社 2002 年版,第 666—667 页。

④ 如果不算农民,可能整体并未处于贫困状态,但各方比例无从得知,故不详细划分。其中还包含农民,农民各项支出为食品 65.0%,衣服费 7.5%,房租 2.5%,燃料灯火费 10%,杂项 15.0%。

房租占 7.5%,燃油灯火费 7.5%,杂项占 10.0%。①

接下来具体看 38 组 2504 个家庭收支盈亏状况,这 38 组家庭分属于 33 个市县(其中上海 4 组,梧州和柳州各 2 组),包括上海、广东、广西、福建、浙江、天津塘沽、江西、安徽、湖北、山东青岛等地,应该说地域上有一定代表性。2504 个家庭中收支有盈余的有 953 家,占总数 38.06%,亏短的有 1479 家,占总数59.06%,收支平衡的有 72 家,占总数 2.88%。② 前文已论及,当时最合理的应该是收支相抵模式,但调查对象收支亏短的近 60%,就当时信用体系而言,这么多亏短如何弥补,并不大可信,有可能是调查失真,而有盈余的家庭可能是为未来考虑尽量压缩日常开支。上海 4 组亏短率都在 50% 以上,而且家数众多,4 组共 935 人,超过总数的三分之一,接近 40%,935 家有 672 家亏短,超过 4 组总家数的 70%,超过所有调查亏短家数的 40%。这可能与上海就业形势较好导致工人乐观预期所致,也可能与上海信用市场,借贷市场较发达有关,即便工人的提前消费能力极为有限。

1935 年 1 月 20 日《新闻报》所载上海市社会局对上海工人生活状况调查,五口之家年收入约 416.51 元,支出为 454.38 元,平均亏 37.87 元,需要借款维持的家庭占 88%,当物者 78%,合会者占 69%,其中尤以借"印子钱"③度日者最惨。上海五口之家的支出比例为食物 53.2% 强,房租 8.3%,衣着 7.5%,燃料6.4%,杂项 24.6%。食物支出为主,主要是植物性营养,杂项费用比例不低,但其中迷信等成分相对较高,而教育等费用则相对较低。上海工人工资相对其他地区较高,但作为当时中国经济最发达的都市,物价和生活成本明显比其他地区高,因此生活状况仍然很差。

以上是工人家庭的情况,天津市社会局还就当时天津纺织业个人和家庭生活状况分别进行了调查,认为两者生活大不相同,有一定代表性。其中个人生活状况和家庭生活状况差异悬殊。④ 先看个人生活,衣着方面,因整日忙于工作,除休息外没有空,对衣服干净整洁并不在意,因此衣服较为破烂污秽。吃的方面,个人吃饭主要有两种方式,一种是组织饭团,雇一厨师做饭,厨师做好饭后,

① 《中国劳工阶级生活费之分析》,《国际劳工通讯》1938 年第 11 期。
② 《中国劳工阶级生活费之分析》,《国际劳工通讯》1938 年第 11 期。
③ 一种高利贷。
④ 吴瓯:《天津纺织业调查报告》,天津市社会局,1931 年。

送到厂内饭厅食用,但一般要 20 人一行,每天伙食费在 6 元到 6.5 元间;第二种是饭馆代送,不愿、不能组织饭团的与某一饭店商定由饭店供给,但费用稍高,一般在 6 到 7 元间,甚至 7 元以上。个人的住也有两种情况,第一种是住工房,单独分子寻找较好 6 位以上工人,要工房居住,工房没有租金;另一种是共同租房者,主要以童工为主的不愿受工房管束的工人在厂附近租房同居,租金每月 1.5 元到 2 元。家庭生活状况,则明显与个人大不同,这可能与家庭分工的效率有关。衣着方面,由于家庭生活者往往只有男工外出务工,一般有女性专门负责衣服清洗修整,因此家庭生活的工人衣服比较整齐干净。吃的方面,由家中做熟送到厂中,或工人回家食用,能够满足工人个人偏好,且更加干净卫生。居住也有工房和租房两种,工房的不管家庭规模大小,均以家庭为单位,每家一间,因此家庭人数较多的往往不得不在外租房,在外租房的最多租三间。天津市纺织业调查报告还按工人整体生活水平的高低将其分为:粗工为主,仅比乞丐生活稍好,不靠救济,但生活困难的贫乏生活;普通工人勉强维持的生活,指最简单生活,不舒服,没有娱乐与消遣是主要特征;生活状况最好的是少数机匠头目,休闲安适和健康的生活,除物质上的需要满足外,还有卫生整洁等需要。

以上只是整体情况,各个工厂工人有所差异,而且即便同一厂的工人差异也很大。以寿丰面粉公司为例,驻厂工人与非驻厂工人的区别是,驻厂工人享受到伙食和住宿方面便利,尤其住宿不需要付费。寿丰面粉厂有饭厅三间,长桌长凳大约可坐 30 人,吃饭往往分班轮流,以免影响工作。只对住宿者实行包饭制度,每月菜饭所费大家均摊,主要是米面、蔬菜、豆腐,相当简单。但比前文提到的组织饭团和饭馆代送都要实惠,每月大约只需要 4 元,每日三餐。夜班工人还稍有不同,在子时给予点心,厂方每月给 30 元津贴,不足的由工人分摊。包括 9 个匠目,以及部分外籍工人,共有 120 人驻厂。匠目宿舍,比普通工人宿舍整洁宽敞些,三大间只有 9 人,平均每间 3 人,而其他 111 个工人住 15 间,且房屋狭小。[①]

生活状况差,最突出体现就是饮食状况差,即便工人花费不少,营养、热量等明显不足。中华医学会对上海 7 家工厂工人及其饮食状况进行了调查,并与 3 种非工厂员工即技术工人,医院员工、病人进行比较。[②] 调查结果有如下特征:

① 吴鸥:《天津市面粉业调查报告》,天津市社会局,1932 年。

② 中华医学会:《上海工人饮食调查》,《国际劳工通讯》1936 年第 11 期。

首先,童工饮食、无论质量,都低于标准需要,也不如上海其他各种工人;其次,工人饮食碳水化合物过多,兽类脂肪及兽类蛋白质偏少,兽类脂肪质量很差,饮食维生素不足,以致营养不足,不均衡;再次,上海工人饮食所含矿物质,很适合成人,童工则磷成分不足;最后,由于饮食不合理,上海工人的体重与高度,与上海学生差距明显,就体格而言,与当时热带食素的锡兰(斯里兰卡)及非洲发育不健全的热带人种体格类似。

最后,简单介绍工人社会文化生活。据林颂河对塘沽久大精盐86位工人和61个工人家庭的调查发现,86个工人,杂项开支平均为11.42元,其中用具0.64元,教育0.09元,宗教0.06元,婚丧0.59元,卫生1.74元,嗜好3.23元,娱乐2.13元,新年2.95元。[1] 就61个工人家庭的调查结果显示,61个家庭年平均杂费在43.27元,其具体消费为卫生1.85元,交际8.53元,嗜好3.82元,用具1.88元,装饰0.60元,新年4.98元,宗教0.98元,交通2.71元,娱乐0.45元,教育0.33元,医药3.76元,婚丧13.38元。[2] 文化教育活动主要是图书,娱乐、嗜好和社会交往主要有烟酒茶、打牌赌博、饰物、时节送礼、听戏、看电影、棋类、球类运动等。

第四节　劳方组织与政治参与

一、工会组织

南京国民政府成立后加强了对工人组织的规范与控制,相关法规在政府的劳方角色部分已经做了阐释,这里不再赘述,而主要介绍工人组织自身的情况。中国工人运动在五四运动以后此起彼伏,加上有多政治党派的支持和领导,北洋政府时期的以工人组织为核心的劳动组织达到鼎盛,因此中国劳动组织,在北洋政府末期最为发达。1927年汉口召开的泛太平洋劳动大会,中国代表报告的全国有组织劳工300多万人,虽然这一数据缺乏强有力的佐证材料,但并不失客观性。1927年国民党"四一二"以后,劳动运动受到明显限制,尤其1928年开始,

---

① 林颂河:《塘沽工人调查》,北平社会调查所,1930年,第146页。
② 林颂河:《塘沽工人调查》,北平社会调查所,1930年,第189页。

各主要城市均开始设立工会整理委员会,原有工会或被解散,或被改组,或向主管机关注册,尤以解散者最多。据工商部调查,广东清党后解散的工会有 200个,广西有 15 个,而湖北及武汉解散 146 个工会,211 个分部,2890 个支部,解散工会会员超过 50 万。①

1927 年以后的工会,由于国共两党由合作转为对抗,在南京国民政府统治区域内,合法的工会在国民党控制下公开活动,而共产党领导的工会转入地下秘密活动。因此,相对系统而可信的工会资料主要是国民党的公开工会资料,这一部分凡未特别说明均指国民党统治下的工会组织。据民国《十七年各地工会调查报告》全国有各类工会 1117 个,会员 177 万多人,具体而言,各省县市级特别市工会共有工会 1003 个,会员 52 万多;各省县市工会整理委员会共有工会 89个;各省各特别市工会整理委员会有工会 7 个;特种工会整理委员会有工会 8个,会员 53842 人;全国省市业务总工会有 4 个,会员近 17 万,省市总工会 4 个,有会员 101 万多;省市工会联合会 2 个。②

1928 年工会调查,发现存在三个问题,一是重复问题,二是区域不全,三是时间不统一。1930 年 4 月到 7 月工商部进行第二次全国工会调查,由于此时有工会法可依,相对准确,但却囿于当时的战事,调查区域只有 9 省的 27 市,且不包括各地工会整理委员会与总工会。具体包括江苏 9 市、浙江 3 市、安徽 2 市、江西 1 市、湖北 3 市、山东 1 市、广东 5 市、广西 1 市、福建 2 市,总计有工会 741个,会员 576250 人,每个工会仅平均 700 多人,据此笔者推断当时合法工会应该不少于千个,会员应该不低于百万。与 1928 年调查结果类似,广东最多,江苏位居第二。包括上海,南京、无锡、南通等近代中国主要工商业城市的江苏有 283个工会,会员人数有 15 万多,超过总数的四分之一实属正常,而广东五市有 132个公会,会员人数达 182582 人,会员人数超过总数的 30%,达到 31.7%,单个工会平均人数超过 1000 人,这可能与广东工人有组织起来的传统,以及工商业传统有关。工会数和会员最少的是江西,只有 1 个工会,会员仅 1300 人,是 9 省中最少的,这可能与共产党的武装革命首先在江西发难有关。以上数据并未包括各地工会整理委员会与总工会数据,这些遗漏的包括镇江 8434 人,江都 1030

---

① 邢必信、吴铎等:《第二次中国劳动年鉴》中册,北平社会调查所,1932 年,第 13 页。
② 陶孟和:《第二次中国劳动年鉴》中册,北平社会调查所,1932 年,第 14—15 页。

人,武昌 2756 人,嘉兴 11 人,广东 1260000,佛山 25000 人,潮安 30007 人,汕头 29972 人,厦门 2690 人。就行业而言,工会数量最多的饮食品业有 115 个,其次纺织和交通均为 111 个,化学工业有 73 个,此后最多的只有 45 个工会,这里不再赘述。就工会人数而言,最多的是纺织业,有近 14 万人,其次交通业有 10 万多人,机械有 7 万多人,饮食品工业 6 万多人,其他行业均在 5 万人以下。机械行业之所以工会不多,工会会员较多,可能与当时机器工业相对发达,是新式工业中发展历史较长,工人文化程度可能相对较高,以及地域较为集中有关。

再看 1931 年各地工人为争取代表资格,依据工会法等,主动报告的工会会员情况。经国民党中央训练部报告,江苏、湖北、河南、河北、湖南、山东、山西、福建、绥远、察哈尔、南京、青岛 12 个省市的工人团体的工会会员数为 364012 人,这一数字明显偏少,但考虑到没有统计当时中国工业中心广东、上海尚算合理。[①]

1932 年以后,就 29 县市而言,职业工会明显多于产业工会,1932 年到 1935年四年分别有工会 647 个、695 个、759 个和 823 个,呈明显上升趋势,但产业工会分别只有 111 个、116 个、123 个和 104 个,不但数量占总数的比例有限,而且前三年只是微弱增长,1935 年迅速下降,甚至比 1932 年还低。职业工会则分别为 536 个、579 个、636 个和 719 个,增加明显。其中,上海产业工会和专业工会的数量均较多,尤其产业工会数量,1932 年到 1935 年产业工会分别为 34 个、38个、39 个、49 个,一直处于增加状态,始终占全国产业工会的 30% 以上,特别是29 县市产业工会出现萎缩的 1935 年竟然比 1934 年增加超过 25%,超过全国总数的 45%。上海的职业工会也保持了增长态势,1935 年继续保持迅猛增长,从1934 年 45 家陡然增加到 72 家,增加了 27 家,增加比例竟然高达 60%。多个城市出现职业工会大量存在,而产业工会屈指可数,甚至没有的情况,比如广东南海,产业工会 1932 年到 1935 年间均为 0,而职业工会则分别为 43 个、45 个、49个和 31 个;怀宁四年的产业工会均为 0,而职业工会 1932 年为 21 个,其他三年为 27 个;南京四年间产业工会在 1 个到 3 个之间,长沙四年的产业工会均为 6个,而职业工会则分别为 61 个、66 个、73 个和 79 个。就工会会员人数而言,上海的工会会员人数这四年基本在总数的七分之一以上。[②] 这也进一步凸显出上

---

① 陶孟和:《第二次中国劳动年鉴》,社会调查所,1932 年,第 16—17 页。
② 《最近四年之中国工会调查》,《国际劳工通讯》1936 年第 11 期。

海作为当时工商业中心,工会组织的相对发达。

《国际劳工通讯》统计的工会会员 1932 年到 1935 年的四年间 29 市县的工会会员相对稳定,前两年较少,有 42 万多,后两年较多也只有 46 万多,而且这些数据偏保守。笔者估计这可能与数据来源主要是符合工厂法的工会会员有关,而近代中国工商业中心上海这四年间工会会员人数均维持在五六万,客观上佐证了这一点。上海的佐证还在于:据上海社会局调查,1931 年 3 月全市有总工会 85 个,会员 133797 人,其中产业工会 43 个,职业工会 42 个;1932 年上海有工会 71 个,剔除可能存在重复统计的 4 个,有 67 个,20 万多人。①

此外,《最近四年之中国工会调查》还有 1932 年到 1935 年铁路、轮机员、海员、邮务等行业的 13 个特种工会会员人数的统计,呈现逐年增长趋势,1932 年只有 81788 人,1933 年增加到 89568 人,1934 年 92583 人,1935 年 107795 人。②

至于 1936 年和 1937 年的情况,《国际劳工通讯》同样有记载,其中 1936 年华北、华南、华中区有产业工会 115 个,职业工会 924 个,共有工会 1039 个,工会会员总数为 775518 人;1937 年华中区、华南区有产业工会 89 个,职业工会 777 个,合计 866 个,工会会员 633005 人。特种工会也有相关数据,1936 年统计有特种工会 13 个,会员 137604 人,1937 年有特种工会 10 个,会员 76037 人。③

二、工会政治参与

南京国民政府时期,共产党为主导的赤色工运与共产国际、太平洋劳动会议等关系密切,有一定特色,但本书核心是当时市场机制下南京国民政府主导的工会,而且赤色工运,以及红色区域的工会影响相对有限,政治角色大于明显的劳资角色,因此这里主要讨论当时世界范围得到广泛认可的国际劳工组织与南京国民政府及其治下的工会组织,工人与国际劳工组织的关系等。

这一阶段工人的政治参与较为突出的是反帝运动,由于当时民族危机主要是中日危机,因此工会多参与反日运动。工人及工会组织的在南京国民政府时

---

① 中央民运会:《上海工人运动概况》,1932 年。
② 《最近四年之中国工会调查》,《国际劳工通讯》1936 年第 11 期。
③ 《最近两年特种工会统计》,《国际劳工通讯》1938 年第 12 期。

期的第一次有影响的政治参与是济南惨案后的反日运动。[①] 1928 年日本出兵山东,以保护侨民为名,派兵进驻济南、青岛及胶济铁路沿线,上海商务印书馆印刷所工会、商务印书馆发行所职工会、上海邮务工会、英美烟厂工会、南洋烟厂工会、华商电气公司工会和报界工会,于 4 月 21 日发表反对日本出兵山东宣言。但日本帝国主义还是惧怕中国统一,1928 年 5 月 1 日国民革命军进入济南,日军竟然于 5 月 3 日派兵侵入中国政府所设的山东交涉署,将交涉员蔡公时割去耳鼻,再枪杀,将交涉署职员全部杀害,并肆意抢劫,制造震惊中外的济南惨案。这种情况下,以上海工人团体为代表,全国各地工人团体掀起反日高潮。

5 月 6 日上海八大工会发表宣言,除要求国民政府采取相当应付外,发誓愿联合全上海工人,牺牲一切,以赴国难。此前的 5 月 4 日上海工界已致电国民政府,有四条和政治直接有关,第一条是要求政府以大无畏精神,对日交涉;二是即日回复民众运动;三是,外交公开,以重民众的意见;四是饬军委会组织工人训练团,并强调,国难临头,日兵侵迫,国家存亡,千钧一发之际,要支持群众纪律化、团体化活动。不但如此,上海工会对日外交后援会自 5 月 8 日成立后,积极推动反日,一是不但对中国民众宣传,还创办英文报纸向外国人宣传;二是千方百计抵制日货,如成立经济绝交委员会等。上海其他工人团体五月也有 8 次反日活动,6 月中旬,上海工会对日外交后援团还查获奸商,并粉碎其阴谋。

其他地区,先有 5 月 3 日济南津浦路工以李庆义为首,参加救护,并积极支持军运。湖南工人不但在济南惨案后发起抗日救国运动,而且长沙海员工人和码头工人与各公法团体组织"收回大金码头委员会",并最终于 1929 年 7 月 27 日废止日本人租约。此外,杭州市各工会团体发反日通电,南京市各工会组织抵制日货,汉口码头工会抵制日货。

此后,重庆东川邮工反帝(主要是反对英国邮务长史密斯)大罢工,1928 年 12 月汉口因日军炮车撞死车夫水杏林,包括汉口工人团体在内的武汉各界组织水杏林惨案后援会,举行示威游行。1929 年 1 月 8 日决定次日举行罢工,组织总罢工委员会与纠察队,虽未完全达目的,但 1929 年 6 月 6 日日本人还是不得不部分答应工人诉求。1929 年 7 月开始,以日本工厂工人为主,包括英商厂在

---

① 1929 年前工人政治参与的资料参见刘明逵、唐玉良:《中国近代工人阶级和工人运动》第八册,中共中央党校出版社 2002 年版,第 671—689 页。

内的青岛工人反日大罢工,历时 4 个多月,并经历三次剧烈冲突,这次罢工可以看作济南惨案的延续,但工人也有争取自身经济利益的动机①,并取得部分成功。

济南惨案后,工人参与政治活动的典型是 1931 年九一八事变后,中华民族面临亡国灭种危机之时,工人及其组织积极参与抗日活动,尤以上海工人为最。九一八事变后,上海工人即组织抗日救国会,义勇军、检查日货队和宣传队。1931 年 9 月 26 日,上海日商 23 家纱厂,召开紧急会议,成立反日救国会,代表日商纱厂 8 万多工人发表反日宣言。因上海市党部反对成立救国会,上海 80 万工人推举代表到南京请愿,提出上海工人反日的政治诉求。12 月日商纱厂工人抗日会、大东书局罢工工人、人力车夫、人力车夫工会代表参加组成民众反日会,同月召开的民众反日救国大会,工人代表与其他团体代表发表演说,主张全国人民团结起来,反对国民党妥协,坚决打倒日本帝国主义,会后还举行了游行。1932 年 1 月,工人又参加会员"一二一七"②惨案追悼大会,随后参加的市民大会通过 10 多项提案,除抗日外,还有反对政府压迫民众运动;拍卖日货救济罢工工人及失业工友;援助各厂罢工工人等直接与工人相关条款。工人不但参加反日救国会,还同时成立了上海各界工人反日救国联合会,直接领导工人反日斗争。

上海之外,主要是华北,可能因为唇亡齿寒的关系,工人反日情绪高涨。1931 年的北平,10 月 10 日邮务工人成立的抗日救国会通电全国请一致备战;成立邮工义勇军、组织邮工宣传队、联合全国邮工、组织全国邮工抗日救国会;联络北平市工会,组织北平抗日救国会等。10 月 18 日,成立了北平工人抗日救国会。12 月北平工界联合请愿团向政府提出对日作战等七项要求。此后还举行了全市工人反日大游行。九一八事变后,天津工人同样掀起反日浪潮,不过时间略微滞后,1931 年 12 月下旬天津成立"天津市各业工会救国联合会",其使命是加强下层力量团结,形成强大革命基础,领导和训练全市工友,集中抗日力量,以促驱抗日迅速成功,全国民主实力深切结合,一致行动,彻底打倒帝国主义。1932 年淞沪抗战期间,天津市各业工会救国联合会两次发表救亡通电,并举行记者招待会表明与日本帝国主义血战到底的决心。当年九一八纪念日,天津市

---

① 这一次斗争应该主要是经济斗争,虽然日资厂为主,但一战后青岛的工厂已逐渐以日资厂为主,而且青岛工人初次罢工时间距离济南惨案已有一年多。

② 1931 年 12 月 17 日南京国民政府在南京枪杀了各地爱国学生和各地反帝战士。

各业工会救国联合会发表《告工友书》再次表达了抗日的决心。此外,九一八事变后,南京工人有首都工界抗日救国会,石家庄的正太铁路工人先组建正太路救国会,1932 年又改为正太铁路员工救国会,组织了救国十人团、宣传队等宣传抗日,对本路工人进行军事训练,并多次向南京政府、北平军事委员会致电呼吁抗日。湖南、河南、山东、汉口、成都、广州、云南等地工人也成立了反日组织,进行集会、游行、罢工等活动,参加抗日救亡运动。

1933 年以后,日本国内经济、政治危机加深,进一步加快了对中国华北的军事侵略。热河迅速沦陷,并向长城要塞进犯,激起全国人民义愤,并进而发起抗日运动,这其中不乏全国各地工人组织。1933 年初,中国共产党领导的中华全国总工会即做出《反对日本帝国主义进攻华北的决议》号召各级工会组织采取迅速实际的行动,开展组织反帝斗争,要求唐山、北平、天津等抗日前沿的工会组织在组织同盟罢工的方针下,自动起来夺取武装以武装自己,加强组织群众,反抗日本帝国主义的进攻,要求日资纺织业较多的上海、青岛、满洲必须首先组织日本纱厂的同盟罢工,并要求海员工会尤其加强日本海员、码头及各公司北洋、长江线工人的组织动员工作。各地工会纷纷发表通电,声援长城抗战将士,要求停止内战一致抗日。1933 年 1 月 11 日南京 24 个工会举行代表大会,通电全国一致抗日;电告张学良及华北将领积极抗日;向党政机关请愿以期收复失地;向各工会全体宣传日本兽行,各工会会员坚决反对日货等。随即,北平、天津两地及平绥、平汉、津浦、北宁各路工会召开联席会议,电请政府对日宣战,准许工人组织自卫团体。月底,湖南工人抗日救国会也电请对日宣战。上海则可能由于地理上的原因,上海工会组织的反应相对滞后,直到二月下旬,上海市总工会发表告全国工友书,呼吁国难当头,全国工友应该尽力接济前线将士,坚决抵制疑惑,团结共赴国难。不仅发宣言、发电支持全国抗日,全国工人还踊跃捐款捐物,支援前方作战。

至于 1935 年华北事变后,全国抗日救亡运动进入高潮,其间更少不了工人阶级的积极参与,尤其是罢工斗争,但考虑到罢工斗争多以经济诱因为初衷,这里不再赘述。

第十四章 南京国民政府时期劳资关系剖析

第一节 剧烈劳资冲突中的劳资关系

一、1931 年前的剧烈劳资冲突概述

(一)上海罢工停业概况

南京国民政府时期,劳资争议是社会矛盾最激烈的一种表现形式。[①] 劳资争议、劳资纠纷在当代并无明显差异,但在近代语境下则有明显差异。近代劳资争议包括劳资纠纷、怠工、罢工、停业,劳资纠纷只是劳资争议中的一种情况。南京国民政府时期建立了相对完善的工人、工会、工厂管理制度,劳资争议统计却相对零散,这可能与这一阶段政局动荡、内忧外患有关。当然这并不能否认国民党实业部劳动年鉴编纂委员会先后编纂了《民国二十一年劳动年鉴》、《民国二十二年劳动年鉴》,北平社会调查所的《第一次中国劳动年鉴》(1928 年)和《第二次中国劳动年鉴》(1932 年)等成果。不过,这一阶段也有一些资料比较有特色,其间 1928 年到 1932 年有上海市政府社会局主编的《近五年来上海之劳资纠纷》[②],1933 年到 1936 年有《近四年来上海的劳资纠纷》[③],这种纠纷虽然不像罢工、武装斗争那样影响大,但却与罢工、武装冲突往往夹杂太多的因素,尤其是政治、民族因素在内不同,这些纠纷实实在在地体现了劳资关系。即便经济罢工、

---

①　田彤:《南京国民政府时期(1927—1937)劳资争议总体概述》,《近代史学刊》2006 年第 3 辑。

②　上海市政府社会局:《近五年来上海之劳资纠纷》,中华书局 1934 年版。

③　国际劳工局中国分局:《近四年来上海的劳资纠纷》,1937 年版。

停业资料当时也以上海最为系统,因此这一部分以上海为中心进行分析,主要依据《近十五年来上海之罢工停业》①相关内容进行分析。

所谓罢工与停业的共同点是发生时劳方均没工作,两者都可能受外部经济、政治因素影响,两者对资方或劳方,乃至政府都有影响,尤其是损失,但罢工由工人发起,停业则由资方发起。当然,除了罢工停业之外,还有怠工和劳资纠纷,但罢工停业显然是相对激烈的劳资冲突,即便个别停业没有冲突,也不影响本书的研究。

1927年到1931年的上海罢工停业数分别为117次、118次、108次、87次和122次,合计552次,这一阶段罢工停业数相比于1926年超过250次的情况明显出现回落。南京国民政府的建立,尤其是1929年的《工厂法》《工会法》等出台使罢工、停业略有下降,1930年下降明显,但随着1931年民族危机的加深,以及经济恶化,罢工停业迅速增加。整体而言,这一阶段历年的罢工停业均明显高于1925年前,尤其是1918年到1924年(14次到33次间)②。从月份来讲,4月最多,达到62次,2月最少,只有35次可能与阳历2月与旧历年时间大致重合有关,而4月则是工人最容易流动的月份。当然,其中情况也比较复杂,比如6月除1929年达17次外,其他年份在4次到7次间,共20次,平均仅5次,而1929年的6月17次也是该年所有月份中最高的。单月最高的有两次,1927年3月和1928年11月均是22次,15次以上的除1929年的6月外,1927年4月和9月均为16次,有趣的是1927年虽有3个月超过15次,但5月到8月分别为4次、4次、2次和5次(具体见表14-1),这可能与当时上海的政治高压有关,劳资双方不得贸然采取行动的结果。

表14-1　上海1927年到1931年各月罢工停业统计

年份	1	2	3	4	5	6	7	8	9	10	11	12	合计
1927	13	8	22	16	4	4	2	5	16	8	12	7	117
1928	7	8	8	12	7	4	9	9	8	12	22	12	118
1929	11	6	5	13	11	17	11	8	7	8	6	5	108
1930	5	4	9	7	9	7	7	7	8	12	4	8	87

---

① 上海市政府社会局:《近十五年来上海之罢工停业》,中华书局1933年版。

② 上海市政府社会局:《近十五年来上海之罢工停业》,中华书局1933年版,第61页。

续表

年份	1	2	3	4	5	6	7	8	9	10	11	12	合计
1931	8	9	10	14	11	5	10	14	13	12	10	6	122
总计	44	35	54	62	42	37	39	43	52	52	54	38	552

资料来源:上海市政府社会局:《近十五年来上海之罢工停业》,中华书局1933年版,第61页。

相对于罢工停业数而言,罢工停业涉及厂号更加不平衡,这可能与厂号绝对数多有关系。1927—1931年间1927年竟然涉及11698家厂号,1928年涉及5433家,1931年1825家,1929年1011家,1930年则只有区区672家,五年共涉及厂号20637家次。关联厂家分布不平衡反映到月份更加突出,即便是涉及1万多家厂号的1927年,其7月、8月、11月分别只涉及厂号35家、7家和29家。单月涉及企业累计最少的是10月,合计只涉及364家,其中1928年10月有185家,超过一半;11月的情况更有意思,除1929年是1318家外,其他四年最多只有29次,最少5次。笔者认为剔除掉较多的年份后,相对数量较少的月份是1月份、2月份,其中1月份剔除掉1928年的1045家后,其他四年是1927年的370家,1929年到1931年的13家、5家、8家;2月份则剔除1927年超高的6007家外,1928年的120家也不正常,其他三年则依次为7家、5家和9家(见表14-2)。

表14-2　1927年到1931年上海罢工停业关系厂号数

年份	1	2	3	4	5	6	7	8	9	10	11	12	合计
1927	370	6007	4022	259	72	110	35	7	91	63	29	633	11698
1928	1045	120	146	109	425	101	202	381	834	185	1318	567	5433
1929	13	7	5	80	287	310	106	84	80	8	26	5	1011
1930	5	5	63	14	215	31	9	32	28	96	5	169	672
1931	8	9	79	222	1369	33	10	53	13	12	10	7	1825
总计	8	9	79	222	1369	33	10	53	13	12	10	7	20639

资料来源:上海市政府社会局:《近十五年来上海之罢工停业》,中华书局1933年版,第61页。

罢工停业涉及厂号数,还可以看出罢工停业的严重程度。从罢工停业涉及的厂号数来看,历年所占比例可以看出,主要在一个厂号内发生的罢工停业最多,每年均占绝对多数,1927年到1931年占所有停业罢工数的比例分别是76.07%、58.47%、78.70%、71.26%和90.98%。其次是涉及2家到10家厂号,五年分别是 9.40%,6.78%、8.33%、18.39%、1.64%。而 11 家到 20 家,21 家到 100 家,100 家以上的历年比例都较低。不过,涉及 100 家以上企业的比例并不是太低,这五年分别是 6.84%、11.02%、1.85%、2.30%、2.44%,似乎多与政治因素有关。①

涉及厂号还有一个特征,那就是相对集中。根据《近十五年来上海之罢工停业》统计,1918 年到 1932 年间有 19 家厂号发生的罢工停业数合计达 312 起,占总数 28%,华资有三新纱厂、中华书局印刷所、永安纺织公司、招商局、恒丰纺织厂、商务印书馆印刷厂、华商电气公司和荧昌火柴公司。外资有日本的上海纺织株式会社、内外棉株式会社、日华纺织株式会社和东亚制麻株式会社工厂,英国的有怡和纺织公司工厂、英美烟公司烟厂、英商上海电车公司、英商中国公共汽车公司,以及祥生造船厂。除了英日的外,外籍罢工停业频发的还有法国和美国的各 1 家工厂。19 家罢工停业频发的厂号外资竟然占了 11 家,中国 8 家发生罢工停业只有 78 起,而日本 4 家厂号发生 118 起,英国 5 家厂号有 91 起。② 这些厂号都是相关行业的翘楚,设备、管理相对先进,劳动条件、工资福利待遇相对较好,但劳资冲突事件频发,这客观上与这些工厂有较为健全的工会组织,工人数量多,工人有相对丰富的斗争经验,以及翘楚的企业发生罢工停业更易被"曝光"等有关,外国在华企业则还夹杂着民族情绪、种族观念等。但就整体罢工停业数量而言,就资方国籍而言,中国的占绝大多数,1927 年到 1931 年属于中国的依次是 66 次(117 次)、95 次(118 次)、77 次(108 次)、58 次(87 次)、86 次(122 次),每年华资企业的比例占 50%以上,高时接近 80%。③ 外籍资方主要是日本、英国、美国、法国、德国、意国(意大利),其中日本和英国的资方占据绝大多数,其他几个国家相对有限。

除罢工停业数量,关系厂号数外,罢工停业涉及的职工数量也不容忽视。整体而言,这五年罢工停业涉及近 129 万人次,各年依次是 881289 人次、204563 人次、65557 人次、64130 人次、74188 人次,显然南京国民政府《工厂法》《工会法》尚未出台的 1927 年和 1928 年涉及工人数远远多于后三年,尤其是政局未稳,1926 年斗争罢工停业高潮后的 1927 年竟然超过 88 万工人,超过总数的三分之

① 上海市政府社会局:《近十五年来上海之罢工停业》,中华书局 1933 年版,第 114 页。
② 上海市政府社会局:《近十五年来上海之罢工停业》,中华书局 1933 年版,第 16—17 页。
③ 上海市政府社会局:《近十五年来上海之罢工停业》,中华书局 1933 年版,第 101—103 页。

二(见表 14-3)。虽然这些"职工"的范围可能超越了工人,但工人之外的职员有限,因而对本部分的研究并不会产生实质性影响。

表 14-3　1927—1931 年罢工停业涉及职工数

年份	1	2	3	4	5	6	7	8	9	10	11	12	合计
1927	13333	425795	329000	21760	1294	11371	1800	11184	38957	5356	14159	7300	881289
1928	10782	7265	65713	4670	3098	65212	6229	13518	5992	6617	8631	6836	204563
1929	6793	3157	3078	2173	3173	10002	15081	8480	2689	3857	6093	981	65557
1930	1639	2060	15382	4313	6164	4463	7369	3937	3820	8247	2353	4347	64130
1931	9552	1937	2570	17766	11245	4668	3687	5479	5336	1981	2117	7850	74188
总计	42099	440214	415743	50682	24974	95716	34166	42614	56794	26058	33363	27314	1289727

注:原表详细列出关联职工的男、女、童工数量,这里并未列出,但并不影响本书的研究。
资料来源:上海市政府社会局:《近十五年来上海之罢工停业》,中华书局 1933 年版,第 62 页。

从涉及职工人数来看出现纺锤形的形态,即罢工停业事件中涉及职工人数 10 人以下和 1 万人以上的历年均屈指可数,再进一步看,则涉及人数所分的五组中,第三组历年发生罢工停业人数均最多。具体而言,1927 年到 1931 年间,罢工、停业涉及工人数在 10 人以内的,依次为 1 次、3 次、3 次、3 次、4 次,合计 12 次;10 人到 100 人的依次为 20 次、31 次、41 次、28 次、44 次,合计 164 次;涉及 101 人到 1000 人的依次是 46 次、62 次、50 次、36 次、61 次,合计 255 次;1001 人到 10000 人的依次是 48 次、20 次、13 次、19 次,合计 100 次;而 1 万人以上的案件数五年不过区区 7 次,除 1927 年和 1928 年每年为 2 次外,其余三年各 1 次。[①]

判断这些罢工停业严重程度的指标还有持续时间、损失工数和损失工资数,这些对政府、社会,劳方和资方都带来了损失,因此这里有必要加以介绍。持续时间最多的是 2—10 日,五年合计达到 276 次,平均每年 55 次强,且历年均多于其他年份,100 日以上的只有 1 次(1927 年),51 日到 100 日的也不多,合计只有 8 次,且 1928 年没有,不及 2 日的与 11 日到 50 日的五年合计相差并不多,不及 2 日的有 129 次,而 11 日到 50 日的为 138 次,整体而言超过 98%的在 50 日以内。

---

①　上海市政府社会局:《近十五年来上海之罢工停业》,中华书局 1933 年版,第 114 页。

再看损失工数,五年间,不及 20 工的不过 15 起,其中 1927 年没有损失 20 工以下的。损失 20 工到 1000 工的最多,五年有 275 起,五年依次是 31 起、62 起、60 起、42 起和 80 起;损失 1001 工到 50000 工的也不少,五年共有 235 起,依次分别为 73 起、50 起、40 起、38 起和 34 起;50001 工到 1000000 工的共有 23 起,依次为 10 起、2 起、4 起、3 起、4 起;百万以上有 4 起,即 1927 年 3 起,1928 年 1 起。

就损失工资数而言,损失 100000 元以上的只有 4 次,分别是 1927 年的 3 次和 1928 年的 1 次,与损失工数最多的对应。损失工资 101 元到 1000 元间的最多,五年共有 196 起,历年分别有 32 次、46 次、39 次、33 次和 46 次。损失 1001 元到 10000 元间的有 145 次,依次为 45 次、29 次、28 次、20 次、23 次。工资损失 100 元以下的罢工数量比损失 1001 元到 10000 元间的还多 1 次,五年依次是 11 次、30 次、34 次、24 次、47 次。罢工停业较多的 1927 年工资损失 100 元以下的相对较少,这可能与相关罢工停业规模较大有关,10001 元到 100000 元间的罢工停业,合计 61 次,1927 年就有 26 次,超过总数 40%,前面的分析也表明,损失工资百万以上的 4 次,竟然有 3 次在 1927 年。[1] 这与 1927 年虽然相对前一阶段的罢工停业高潮的 1926 年有所缓和,但同样保持了较高热情,往往是"登高一呼,响者云集"有关。就行业而言,当时支柱产业,也是劳动密集型产业纺织工业,五年间损失工资所占比例依次是 83.2%、68.98%、42.75%,53.42% 和 41.68%。[2] 上海没有农业和矿业类工人,罢工停业主要发生在工业部门,服务业所占比例明显偏低,其中相对而言,交通运输和货品贩卖业较多,其中货品贩卖业 1929 年占罢工停业总数的 38.82%,1931 年为 16.12%、1928 年为 11.12%,1930 年为 5.02%,其他年份均微不足道。交通运输业相对而言,占比更低,1927 年到 1932 年间只有 1931 年的比重占到 5% 以上,且只有 5.55%。[3]

(二)罢工停业之因果

首先来看罢工停业的原因,据上海市政府社会局统计,1927 年到 1931 年间,上海共有 552 起罢工停业。与团体交涉有关的有 498 起,其中与工会或团体协约有关的有 98 起,因工会而起的仅有 4 起,这与现代大陆学者的经验判断——工会作用较大并不相符;与雇佣相关的共 400 起,工资与待遇诱发的分别

① 上海市政府社会局:《近十五年来上海之罢工停业》,中华书局 1933 年版,第 115 页。
② 上海市政府社会局:《近十五年来上海之罢工停业》,中华书局 1933 年版,第 112 页。
③ 上海市政府社会局:《近十五年来上海之罢工停业》,中华书局 1933 年版,第 112 页。

为 181 次和 130 次(见表 14-4),两者合计超过 75%。工作时间及规章制度、工资以外的待遇诱致的则相对有限,这可能与工作就意味着稳定收入(劳方)或者稳定支出(资方),而工资收入的变化相比于工时、福利待遇、规章制度而言更直接,因此引发的罢工停业相对较多。

表 14-4　1927 年到 1931 年上海罢工停业案件的原因

罢工停业原因			案 件 数					
			1927	1928	1929	1930	1931	总计
与团体交有关者	工会或团体协约	工会			3		1	4
		团体协约	29	22	16	12	15	94
	雇佣状况	工资	39	32	28	43	39	181
		工时		7	2		8	17
		雇用或解雇	17	24	38	14	37	130
		福利待遇	3	5	10	3	6	27
		规章制度		5	1	4		10
		其他	9	16	4	6	9	44
非团体交涉的		同情	7					7
		政治	3					3
		其他	9	16	4	6	9	44
总　计			117	118	108	87	122	552

注:原有资料是"待遇",笔者结合相关资料所涉及内容,以及当代语言习惯,将其矫正为"福利待遇"更贴切,后文同。
资料来源:根据上海市政府社会局:《近十五年来上海之罢工停业》,中华书局 1933 年版,第 90—95 页整理。

接下来看 1927 年到 1931 年罢工停业结果,结果按劳方、资方维度,分成劳方要求完全接受、劳方要求部分接受、劳方要求未经承认、资方要求完全接受、资方要求一部分接受、资方要求未经承认、无形停顿或结果不明、未解决 8 种情况。具体而言,与劳方相关的结果有 512 件(其中劳方要求被接受的 126 次,劳方要求部分得到满足的 216 起,劳方要求未经承认的 170 起),占总数 90% 以上,可见工人是劳资剧烈冲突的最直接关系人。结果明确与资方相关的只有 16 起,接受、部分接受、不承认的分别为 4 次、6 次、5 次。无形停顿或结果不明的共有 25 起,而完全没解决的为 0(具体见表 14-5)。结果可能同时涉及劳方与资方方属正常,但上海市政府社会局泾渭分明地将结果分为劳方和资方维度显然有些简单化,考虑到罢工与停业分别基于劳方和资方的维度也尚在情理之中。

表 14-5　1927 年到 1931 年上海罢工停业案件结果表

结　果	案　件　数					
	1927	1928	1929	1930	1931	总　计
劳方要求完全接受	25	33	30	22	16	126
劳方要求部分接受	36	55	42	38	45	216
劳方要求未被承认	41	24	30	21	54	170
资方要求完全接受	3				1	4
资方要求部分接受			1	4	1	6
资方要求未被承认		1	2	1	1	5
无形停顿或结果不明	12	5	3	1	4	25
总　　　计	117	118	108	87	122	552

资料来源:上海市政府社会局:《近十五年来上海之罢工停业》,中华书局 1933 年版,第 68 页。

(三)罢工停业调处

1928 年 6 月 9 日南京国民政府《劳资争议处理法》的施行是一个分水岭,此前各种罢工停业的调处可以说都是自发的。也就是说此前多年的劳资冲突,大多由争议双方,或者与这些冲突直接相关的个人或团体自行处理。但这种处理往往缺乏权威性与合法性,效果欠佳,矛盾往往不能得到及时化解,冲突容易扩大,演化成社会治安问题、刑事问题、政治问题。其突出体现就是,1926 年以及 1927 年工人运动抑或劳资冲突的高潮,可以说是各种调解失效,演变成剧烈的暴力冲突,即便其中有不少政治因素,但政府没有有效调处是根本。

南京国民政府《劳资争议处理法》先于《工厂法》和《工会法》,并在 1927 年建立相应机构,可以说是顺势而为。不过,1927 年相关的调处工作,还由多个部门来完成,比如总商会、工会统一委员会、市党部、农工商局,以及其他机关个人,纷繁复杂,事权不统一。直到《劳资争议处理法》正式颁布实施,劳资调解及仲裁委员会成立,调处程序、机构才真正有章可循,相关调处才相对正规化。1928 年起罢工、停业等劳资冲突的调处,始归于农商局职掌,农工商局改组后,遂隶属于社会局。

有鉴于劳资争议调处的制度化,上海市政府社会局对罢工停业调处的研究就滥觞于 1928 年,其分析的时间下限是 1932 年,但大致可见一斑。1928 年到 1931 年间,上海罢工停业有超过三分之一案件是经社会局和解或行政处分而解决的,经双方直接磋商及未经磋商的案件也不少,而经其他机构调停比例很少。

有趣的是,劳资仲裁委员会仲裁得最少,这说明劳资双方似乎还习惯传统。具体而言,1928 年到 1931 年的四年间之 517 起罢工停业有 66 起由双方直接磋商解决,不到总数的 13%;第三者调停的有 378 起,占总数 70% 以上,其中社会局和解或行政处分者最多,有 146 起,超过总数四分之一,劳资仲裁委员会仲裁者只有区区 19 起,还不到 4%;未经磋商而自行解决者 73 起,接近总数的 14%(具体见表 14-6)。

表 14-6　1928 年到 1931 年上海罢工停业调处方法

调处方法		案　件　数				
		1928	1929	1930	1931	合计
双方直接磋商		24	8	9	23	66
第三者调停	劳资调解委员会调停	19	26	16	8	69
	劳资仲裁委员会仲裁	6	6	2	5	19
	经社会局和解或行政处分者	36	35	40	35	146
	经其他机构或个人调处者	14	24	12	14	64
未经磋商而自行解决者		19	9	8	37	73

资料来源:上海市政府社会局:《近十五年来上海之罢工停业》,中华书局 1933 年版,第 74 页。

二、1932 年到 1936 年剧烈劳资冲突

(一)罢工停业之分析

1931 年九一八事变是个分水岭,日本强占中国东北,以及紧随其后的中国共产党领导的中华苏维埃中央政府的成立,相对于晚清和北洋的弱而明显变强的南京国民政府瞬间陷入危机,政治上、军事上陷入内忧外患的境地。从此,国民党政府既要攘外还要安内,军事开支明显增加。就经济而言,东北沦陷,以及红色政权占据的地方,大片市场消失,不确定性增加,这对南京国民政府,关内劳方与资方都是巨大损失,而政治和军事危机对所有劳方与资方都是笼罩在头上的阴云。1929 年世界经济大危机直到 20 世纪 30 年代初才波及中国,导致 1932 年的中国农村经济大危机,更为重要的是,世界经济危机还意味着西方商品的大量倾销,中国白银外流带来的通货膨胀,银根紧缩,工商业陷入萧条的境地,直到南京国民政府进行了几轮币值改革,1935 年确立法币政策后才有转机。因此 1931 年以后,无论政治、军事还是经济对中国劳资关系都是很大考验,劳资剧烈冲突应该更加普遍,但相比于晚清及北洋政府,乃至南京国民政府在九一八事变

以前的情况,这一阶段劳资关系地域上尤其不完整。

当然,南京国民政府时期劳资关系相比晚清和北洋政府,乃至 1927 年到 1931 年以前最为突出的变化是近代劳资关系体系已经基本建立,近代劳资关系转型基本完成,劳方、资方趋于组织化,政府有了常态化的体制机制。1932 年以后只是在制度体系上略有调整,但整体而言并没有大的变化,此时的劳资关系更能凸显中国劳资关系近代转型的效果。有趣的是,这一阶段虽然地理区域不完整,但全国劳资剧烈冲突相关资料相对详细。

首先,剧烈劳资冲突的典型——罢工停业的状况。1932 年到 1936 年间,全国罢工停业数依次是 84 次、168 次、84 次、141 次和 139 次,合计 616 次,其中九一八事变后的次年 1932 年,以及 1934 年较少,均只有 84 次,而其他三年均较多。这五年全国数量只比 1927 年到 1931 年上海的罢工停业 552 次多 64 次,并没有明显差别,但说明全国罢工停业数量应该明显比前一阶段少。关系职工数 1932 年和 1934 年均只有四五万人,其他三年最多的不过 1936 年的 21 万多人,五年合计涉及职工人数不到 70 万人,而上一阶段仅仅上海 1927 年罢工停业涉及职工数就达 88 万多,1928 年 20 万有余,五年涉及职工近 129 万。从涉及工厂数而言,1934 年没有相关统计数据,1932 年为 531 家,1933 年为 767 家,而 1935 年和 1936 年分别只有区区 177 家和 135 家(具体见表 14-7),而 1927 年到 1931 年间上海罢工停业涉及的厂号竟然合计超过 20639 家,1930 年最少尚有 672 家,其他各年均超过 1000 家,最多的 1927 年有 11698 家。

表 14-7 1932 年到 1936 年全国罢工停业概况表

年份	罢工停业案件数	关系职工数	关系工厂数
1932	84	50639	531
1933	168	187463	767
1934	84	42955	
1935	141	176993	177
1936	139	215490	135

资料来源:实业部劳动年鉴编辑委员会:《民国二十一年中国劳动年鉴》第一编,(台北)文海出版社有限公司 1992 年版;实业部中国劳动年鉴编纂委员会:《民国二十二年中国劳动年鉴》,实业部劳工司 1934 年版;国际劳工局中国分局:《最近两年中国劳资罢工停业统计》,出版地及时间不详;国际劳工局中国分局:《民国二十五年中国罢工停业统计》,出版地及时间不详。

相关数据之所以低于上海 1927 年到 1931 年数据,除国统区相对稳定,劳资关系确实相对和谐外,笔者认为最大的可能是统计口径的差异,以及统计差错。各年统计的地理范围也差异较大,不但各年份罢工停业的统计地理范围不一致,而且同一年的各项指标往往也针对不同的地理范围,这里仅以 1932 年和 1933 年为例加以分析。1932 年有罢工停业的各月统计表包括上海、青岛、天津、山东、江苏、河北、安庆、北平、福建等 9 省市,而关系职工数的统计则只有 7 省市;1933 年罢工停业关系职工只涉及江苏、浙江、湖北、河南、山东、绥远、南京、上海、天津、青岛等 10 个省市,关系厂号的统计却涉及 14 省市。当然,1927 年到 1931 年上海罢工停业涉及厂号数和职工数可能有夸大之嫌,尤其是职工数。不可忽视的是,当时内忧外患之下,劳资双方,以及政府,可能均深切感受到只有协作才能共渡难关,其中相关组织机构制度,以及政府的动员,组织协调起了重要作用,劳资剧烈冲突相对较少。

就罢工停业原因而言,与团体交涉有关案件相对较多,合计达到 539 起,超过 85% 的与团队协约有关,非团体交涉和原因不明的只有 77 起。团体交涉有关案件与工会或劳资协约相关的共 40 起,而与雇佣相关者达 499 起(见表 14-8)。这与雇佣关系工人切身利益不无关系,与 1927 年到 1931 年的上海的罢工停业原因分布类似,并且也呈现出与收入、稳定性相关的工资、雇佣或解雇诱发案件多的特征。

表 14-8　1932 年到 1936 年全国各地罢工停业案件发生原因

原因类型			案　件　数				
			1932	1933	1934	1935	1936
与团体交涉有关者	工会或劳资协约者	工会	5	2	3	3	5
		劳动协约	4	9	4	2	3
	雇佣状况	工资	21	54	24	56	53
		工时	4	6	4	9	6
		厂规	3	2	2	3	3
		福利待遇	16	14	20	7	13
		工作制度	2	6	6	6	3
		雇佣或解雇	24	61	9	25	18
		歇业或停业					
		其他	1		4	9	5

原因类型		案　件　数				
		1932	1933	1934	1935	1936
非团体交涉	同情的	2	1	5	1	1
	政治的	1	5	2		
	其他		2	5	20	23
原因不明					3	6
总计		84	168	84	141	139

资料来源:同表14-7。

就罢工停业结果而言,相关统计分类与1927年到1931年上海社会局的统计类似,从劳方和资方维度各分成三种情况,加上结果不详的共7类,但相关数据却存在严重缺失,1932年和1933年的数据完全缺失,1934年的资方要求部分也没有细分,已知的三年结果不详的1934年到1936年分别有43起、77起和66起(具体见表14-9),占到三年总数的50%左右,这些似乎说明这一阶段的数据相对保守。

表 14-9　1932 年到 1936 年全国罢工停业案件结果概况表

时　间		1932	1933	1934	1935	1936
劳方要求	完全胜利			15	26	23
	局部胜利			16	18	35
	完全失败			7	18	11
资方要求	完全成功				5	2
	局部胜利			3	2	1
	完全失败				1	1
结果不详				43	77	66
共计				84	141	139

资料来源:同表14-7。

（二）上海罢工停业研究

从案件数、关系厂号数和职工数来看,全国的统计存在很大疏漏。这一点可从统计较为规范的国际劳工局中国分局编《上海劳工统计》得到部分佐证:上海1932年到1936年间的相关指标历年占全国绝对多数,而且有的指标超过当年全国统计总数。具体而言,1932年到1936年上海的罢工停业案件数依次为82件、88件、73件、94件和128件,合计达365件,而同期全国的统计不过616件,

1932 年全国的统计不过区区 84 件,上海有 47 件,而国际劳工局的统计上海却有 82 件;1933 年全国 168 起,上海 41 起,国际劳工局的统计上海有 88 起;1934 年全国有 84 起,上海有 27 起,而据国际劳工局的资料则是 73 起;1935 年罢工停业共 141 起,其中上海 40 起,国际劳工局的统计则高达 94 起;1936 年全国不过 139 起,上海占 97 次,而据国际劳工局中国分局的统计仅上海就达到 128 起(国际劳工局数据见表 14-10)。

表 14-10　1932 年到 1936 年上海市罢工停业案件数、关系厂号及职工数

年份	案件数	关系厂号数	关系职工数
1932	82	450	71395
1933	88	574	74727
1934	73	454	31023
1935	94	435	78227
1936	128	646	79202

资料来源:国际劳工局中国分局:《上海劳工统计(1930—1937)》,1938 年。

就关系厂号而言,五年数据一直居高不下,最少的年份是 1935 年 435 家,最多的 1936 年有 646 家之多(见表 14-10),这与前面论及的全国 1934 年缺失,且前两年数据明显高于最后两年截然不同,而且最后两年任何一年的关系厂号数均远多于上文所提及的全国统计数量的总和 312 件。就关系职工数而言,除 1934 年只有 3 万多人外,其他 4 年高度稳定,都是 7 万多人,这似乎说明国际劳工局中国分局的数据也应该不是完全准确。1932 年的关系职工数比前面的全国所有罢工停业涉及的职工数(50639 人)还多出两万多人也让人疑窦丛生。

仅仅依据总数量、罢工停业关系厂号数、关系职工数的基本情况,并看不出当时罢工停业的严重程度,下面继续从罢工停业关系厂号数、关系职工数、延续时间的详细信息加以具体分析。

首先来看,罢工停业关系厂号数的分布,共分为五个层次,关系 1 家,2—10 家,11—20 家,21—100 家,100 家以上。其中 1 家的竟然在 1933 年到 1935 年间均占 80%以上,这一比例明显超过 1927 年到 1931 年比例(只有 1931 年超过 80%),2—10 家的比例相对较高,此后依次是 11—20 家,21—100 家,100 家以上,越到后面数量越微乎其微(见表 14-11)。

表 14-11　1933—1936 年上海罢工停业关系厂号数

单位:家

分　类	1933	1934	1935	1936
1 家	71	61	78	103
2—10 家	7	8	7	18
11—20 家	5		5	1
21—100 家	4	3	4	4
100 家以上	1	1		2
总计	88	73	94	128

资料来源:国际劳工局中国分局:《上海劳工统计(1930—1937)》,1938 年。

再看关系职工数,1933 年到 1936 年罢工停业关系职工数 10—100 人和 101—1000 人的均占有相当高的比例,其中 10—100 人的比例在 36.67%(1933 年)到 54.25%(1935 年)间,101 人到 1000 人的除 1935 年为 30.85%外,其他年份均为 45%强,1001—10000 人的数量和占比也较高,每年均在 10%以上,其中 1933 年和 1934 年均为 18.18%。与此相对应的不足 10 人和 10000 人以上的都分别有两年出现空白,前者 4 年只有 4 次(见表 14-12)。

表 14-12　1933—1936 年上海罢工停业关系职工数

数量分类	1933	1934	1935	1936
不及 10 人		1	3	
10—100 人	32	33	51	54
101—1000 人	40	33	29	53
1001—10000 人	16	6	10	15
10000 人以上			1	1
总计	88	73	94	187

资料来源:国际劳工局中国分局:《上海劳工统计(1930—1937)》,1938 年。

再看持续时间,持续 100 天以上的没有,最多的是 2—10 日,1933—1936 年依次为 51 次、34 次、33 次、77 次,共 195 次,超过总数的 50%。其次是不到 2 日的,四年依次是 22 次、26 次、40 次和 35 次,合计 123 次,超过总数的 30%。再次是 11—50 日的,1933 年到 1936 年依次是 14 次、10 次、21 次、21 次,合计 66 次,接近总数的 18%。51 日到 100 日的仅 5 次(表 14-13)。

表 14-13　1933—1936 年上海罢工停业案件持续天数统计

分　类	1933	1934	1935	1936
不及 2 日	22	26	40	35
2—10 日	51	34	33	71
11—50 日	14	10	21	21
51—100 日	1	3		1
100 日以上				
总计	88	73	94	128

资料来源：国际劳工局中国分局：《上海劳工统计（1930—1937）》，1938 年。

　　《上海劳工统计（1930—1937）》就罢工停业原因进行了相当细致的分类，这对其他资料的分析也有一定借鉴意义，故这里加以详细介绍。其中就工会与团体协约，将团体协约分成团体协约签订、团体协约修改、团体协约履行，相关案件与工会有关的合计 3 起，与团体协约签订有关的 5 起，而团体协约修订或者履行没有工会的有 3 起。雇佣状况下与工资相关的分成 6 种情况，劳方要求增加工资 82 起、反对降低工资 51 起、要求照给或补给工资 8 起，反对积欠或扣罚工资 11 起，额定工资意外的问题 16 起，以及其他工资问题 6 起；劳方工作时间分为要求减少工作时间 2 起，反对增加工作时间 2 起，劳方要求增加工作时间 4 起，工作时间更改、反对减少工作时间均为 0；雇用或解雇的分成四种情况，反对解雇工友 87 起，要求解雇职员或工友 1 起，反对雇用职员或工友 8 起，劳方要求雇佣职员或工友 5 起；待遇方面包括四种情况，物质方面的福利待遇有要求奖赏或反对惩罚 3 起，要求发给红利 4 起，要求改良待遇 6 起，关于借款抚恤退职金等杂项待遇的 5 起，要求改良设备的没有，此外还有反对殴打辱骂或压迫的 7 起；规则或制度方面，反对订定规则或制度的 5 起，要求规则或制度更改的 5 起；其他情况的，被拘工人要求保释的 2 起，劳资误会冲突或误会煽惑 1 起，要求放假或停工的 4 起，要求惩办行凶人、反对设置新机器的没有，其他情况的 10 起。与团体交涉有关者，同情的有 5 起，政治因素的 2 起，其他的情况则分得相对详细，因劳方与资方冲突而罢工者 2 起，资方与资方冲突而罢工者 12 起。因劳方或资方对第三者冲突而罢工的又分成两种，一是与军警政署发生误会或冲突的 15 次，而与非本厂号的劳方或资方发生冲突的有 2 起。① 其中与军警政署的误会或冲突导致罢工停业的,可以看作是劳资两方与政府相互作用的结果,每年平均不到 4 起,其中还有一个误会,以及个人原因引起的,这说明政府直接干预劳资的情况较少,政府与劳方和资方的直接冲突并不明显,或者说南京国民政府在 20 世纪 20 年代末建立的制度体系是相对有效的,劳方和资方能够依据相关法规处理日常劳资纠纷。这一阶段较少暴力冲突,基本没有劳方、资方与政府的武装冲突客观上佐证了这一点,当然这从某种意义上说也可能与南京国民政府"独裁统治"有关。

最后看 1933 年到 1936 年罢工停业结果,总计 383 起罢工停业,只有 10 起结果与资方相关,无形停顿或结果不明,不到总数的 3%。373 件与劳方直接相关:完全失败的最少,合计 107 件;部分接受最多 140 件,占比最高;完全接受的有 126 件。整体而言,劳方要求满足、部分满足的稍多,而完全失败的数量也不少,当然这可能与分类标准不科学有关,但即便如此也可以看出案件结果相对来说还是维护了劳方的利益,超过 70% 的劳方要求得到了部分或全部满足。有趣的是,无论 1927 年到 1931 年的上海,还是 1932 年后全国和上海的罢工停业之原因还是结果,均体现出劳方更加积极,劳方之所以成为主要诱因与结果客观上与其脆弱的经济地位密切相关,稍有波动就危及其个人及家庭的基本生存。而相关原因与结果没有政府要求的情况,政府的暴力机关也只是非常有限地介入,说明政府在劳资调处方面相对规范,不再直接干预劳资关系,不再是晚清和北洋政府时期的政府过多参与劳资关系既有越位的一面,又有茫然、无助的一面,而是有章可循地调解劳资关系,由于有法可依,劳资直接冲突的双方往往也不是第一时间求助于政府,只有在双方无法解决时才求助政府,走法律程序,这也说明南京国民政府时期近代劳资关系转型的基本完成。

表 14-14　1933—1936 年上海罢工停业案件结果

结果分类		1933	1934	1935	1936
劳方要求	完全接受	26	21	24	55
	部分接受	36	24	33	47
	完全失败	24	25	34	24

① 国际劳工局中国分局:《上海劳工统计(1930—1937)》,1938 年。

结果分类		1933	1934	1935	1936
资方要求	完全接受			1	
	部分接受		3	1	1
	完全失败			1	
无形停顿或结果不明		2			1
共计		88	73	94	128

资料来源:国际劳工局中国分局:《上海劳工统计(1930—1937)》,1938年。

第二节　典型劳资案例剖析

一般认为近现代劳资转型完成的基本标志是集体谈判制度的形成,从政府劳资角色部分的研究来看,南京国民政府确实出台了一系列的政策法规,赋予了劳资双方集体谈判的权利和保障,从上一节的分析可以看出,南京国民政府时期,尤其1932年以后,从劳资冲突数量,涉及人数,原因及结果来看应该是完成了转型。但相关资料只是统计性质的,相关细节并不充分,虽然工人基本是群体、集体,但资方是否是集体,尤其集体谈判制度并不仅仅是劳方、资方的谈判,更离不开政府的居间调节,这才构成劳资集体谈判的整体,因此有必要进行深入分析。下面先以学术界关注较多的1932年到1933年三友实业社劳资事件①为例加以说明,再以上海英美烟厂1927年9月到1928年3月工人罢工和1934年5月24日到7月23日罢工对当时中国劳资关系运行状态进行解剖,以进一步验证当时劳资转型完成情况。

一、三友实业社事件的三方关系透析

(一)三友实业社事件背景

三友实业社于民国元年在上海创建,起初业务仅限于棉线烛芯,因创建经营

---

① 除各种资料集及当时报刊外,以三友实业社为直接研究对象的,比较有代表性的有:王奇生:《工人、资本家与国民党——20世纪30年代一例劳资纠纷的个案分析》,《历史研究》2001年第5期;鞠东莲、彭贵珍、周世新:《民国地方政府对劳资争议的调处——以三友实业社为例》,《江西社会科学》2011年第6期;彭贵珍、张amie兴:《政府权威与民众利益——论国民政府对三友实业社停厂纠纷的调处》,《历史教学》2010年第24期。

有方,加上民国之后中国工业发展进入黄金阶段,发展迅速。不仅创建了三角牌毛巾这一知名品牌,到 1929 年三友实业社还在杭州设分厂,杭州工人有 5000 多人,比上海 1300 多人还要多得多,并打算逐渐将生产转移到杭州。进入 20 世纪 30 年代,每年盈利有数十万。

三友实业社是一个典型的草根企业,其经营管理是国人自营,创建者出身学徒伙友,相对缺乏所谓的买办性,也缺乏官僚的支持,可以说资方买办性与官僚性均不具备,更不是外国在华投资,因此该企业的资方也没有外人在华所享有的特权。这也意味着劳资关系中应该没有官商勾结,以及外国政府的介入。从工人视角考察,三友实业社资方招募工人时有意识地招募一些文化程度较高的工人,客观上成就企业经营业绩的同时,也意味着工人相比其他工厂的工人可能更有组织能力,更有表达意愿的诉求,能寻求更多渠道表达诉求,不轻易听命于政府和资方,这就不难理解三友实业社工会何以能与上海商务印书馆工会、杨树浦上海发电厂工会并称当时上海三个最健全的工会。

三友实业社虽然与外商、外国政府没有直接关系,但三友实业社的劳资事件的诱因源于日本帝国主义。1932 年日本帝国主义以该厂工人与日本僧人发生冲突为借口,悍然发动"一·二八"事变,出兵强占三友实业社,工厂被迫停工,工人被迫逃离。直到当年 5 月 5 日中日签订《淞沪停战协定》,5 月 31 日日本军方才撤出三友实业社,六月上海三友实业社才有正常经营可能,这也说明政府能否给企业和平安定的环境,不仅关系到劳资关系和谐,还涉及劳资关系能否继续。

"一·二八"事变的切肤之痛,九一八事变以后日本对上海等关内地区的觊觎已经昭然若揭,加之 1929 年三友实业社的资方已经将生产重心转移到杭州的事实,在这种情况下,资方缺乏继续在上海经营的动机似已顺理成章。当然,从经济因素考虑,上海生产成本高,工人工龄较长工资较高,以及上海三友实业社工会影响大,组织相对健全,管理成本居高不下也是重要原因。于是,资方在《淞沪停战协定》后不但不恢复工厂,反而打算将机器设备转移到杭州。①

前文已经述及三友实业社的工人相对觉悟,且工会组织的相对健全,资方的

---

① 实业部劳动年鉴编纂委员会:《二十一年中国劳动年鉴》,[日本]神州国光社 1933 年版,第 164 页。

打算其不可能不会察觉,加之其工会影响大,所在行业又是当时主导工业,20世纪30年代初中国及上海政治经济均陷入危机的事实,使得三友实业社工人或者工会对资方或者对政府的诉求可能会得到广泛响应。而工人无业可为、流离失所,尤其是工人、工会对政府的直接意愿表达,政府不可能不管不问。

(二)三友实业社劳资事件经过

1.企业劳方、资方与市相关部门的协调期

《淞沪停战协定》后资方迟迟不复工,而意欲将机器转运到杭州,工人则在"一·二八"事变发生之初四处流散,只有100多人留在上海,到逐渐回归。6月初在上海的工人回到三友实业社,企盼工厂能和其他事变后复工的工厂一样,同时希望资方能就停业期间的损失给予一定补偿,解决基本的宿膳问题,并多次和资方交涉未果。三友实业社劳方在与资方交涉无果的情况下,工会直接向上海市党部、上海市政府社会局请愿,市党部和社会局随即向资方发出训令"体恤工艰,酌予救济"以期缓解工人宿膳问题,并未提及复工。这一训令遭到资方的漠视,资方以无力救济为由拒绝执行,至于复工更是无从谈起。工人于是回厂居住,并守护机器,避免资方将机器运走,劳资双方形成对峙。

上海市政府社会局随即于1932年6月9日召集劳资双方协商调解。但劳资双方仍然各执一词,劳方坚决要求复工,并要求资方在复工前给予工人食宿。资方以各种理由拒绝开工,尤其强调"一·二八"事变之初,就已经付清工人工资并遣散工人,双方已不存在雇佣关系,食宿问题根本不存在。因此,调解注定失败。

于是劳方直接向上海市政府请愿,要求政府严令资方开工,并鉴于资方以库存太多,资金周转困难,厂房机器损毁严重,无力开工的理由,要求上海市政府彻查该厂历年经营情况。上海市政府接受请愿后派会计师到三友实业社查账,并且希望资方在纠纷尚未解决前,维持工人基本生活。

上海市政府调查发现资方在"一·二八"事变后并未正式宣布停业,也未正式解雇工人,尤其没有经政府核准。资方针对这种情况于6月15日向政府辩解呈明,依据《工厂法》第三十条第二款,"一·二八"事件带来不可抗力停工,工人当时顾及生命,自愿放弃工作契约,已经不存在雇佣为基础的劳资关系。仅三天后上海市政府就批文对三友实业社资方的呈文从两个方面进行了批驳:一方面,如前文所述,资方解除雇佣关系程序不合法,难以判断是否解除劳资关系;另一方面,即便三友实业社本身的呈文也只是给予远处的工人回家路费,并没有普遍给工人解雇费用。至于工人的复工要求,上海市政府在6月底指出鉴于三友实业社一直没有宣告正式停业,也没有正式解雇工人,理应立即复工,但该公司已经亏损严重,难以一时恢复,综合考虑,要求资方尽量先恢复部分工作,安置部分工人,剩余工人杭州工厂若能安置则安置,不能安置则按法定程序解雇。

接下来,劳方首先对政府的裁决发难,认为政府明显偏袒资方。其依据是三友实业社创办20年间盈利颇多,"一·二八"事变虽然给公司带来了损失,但其损失相对于此前盈利非常有限,资方所称损失巨大没有依据,而且杭州的分厂以上海的盈余创办,现在淘汰工人不合情理,按工作时间长短即便淘汰也应该淘汰杭州工人。

资方同样对上海市政府裁决表示不满,先是抱怨政府在"一·二八"事变之初不予以保护和救济,公司不得不遣散工人,而此时政府则以程序不合法为由认为劳资关系尚未解除,显然有些偏颇。1932年7月9日资方以呈文的方式逐条批驳政府的批文,认为虽然"一·二八"事变后资方解除劳资关系的方式不合法,但政府受理后资方给政府的呈文是合法的;由于工厂损失惨重,并不存在局部开工条件;三友实业社杭州分厂主要是纺纱,而上海主要是织造,工人并不相称,而且杭州工厂产品市场疲软,现有规模也难以维持,自然无法安排上海工人。

2. 劳方、资方的扩大化与中央政府的介入

劳方与资方的矛盾在上海市政府、上海社会局的、上海国民党党部的调解下并没有和当时广大劳资纠纷一样迅速平息,相反矛盾并未得到缓解,而且拖的时间越长对经济状况窘迫的劳方来说更为不利,因此劳方既无助又反应强烈。虽然资方按上海市政府等的调解发了部分生活费,但当时的三友实业社工会(1928年成立,1931年按照训令改为第七区棉织产业工会)直接向南京国民政府行政院申诉的同时,一面组织工人赴南京路三友社门市部请愿,导致门市部停业。资方又以停业为由要求停发生活费,上海社会局同意由每天120文降为100文,这将劳方推向绝望境地,其行动进一步升级。尤其是工人8月11日第二次向资方请愿时,资方串通租界捕房驱逐、殴伤和拘捕工人,进一步将矛盾激化。

于是,尚在国民党中央民众运动指导委员会调查期间,劳方组织了哭诉团、绝食团争取社会支持,尤其是哭诉团到各相关社会团体机构哭诉劳资纠纷过程,

工人悲惨的生活状况。而这也激怒了资方,资方停止发放生活费,甚至切断工人在工厂生活的水源。

工人的绝食、哭诉引起了政府以及社会各界的高度关注,8 月 20 日工人绝食引起了上海市政府、南京国民政府、国民党中央和社会各界的高度关注,上海市政府委派市政府、社会局、公安局、总工会代表陈克成、王先青、董致和与朱学范一起到三友工人绝食现场视察并劝工人进食。市长吴铁城还亲自接见工人请愿代表,并肯定工人对三友实业社发展的贡献,资方对劳方确实不近人情,尤其强调如果调解不成,政府将采取强制制裁。

南京中央政府担心工人受人蛊惑,进而采取激进行动,决定命令资方复工。中央民众运动指导委员会依据中央驻沪调查员姜豪的报告严厉指出三友实业社玩忽政府法规,实在不可理喻,还不如生活困苦的劳工,并批评了资方不与劳方谈判,若引起其他工人同情行动,责任归资方。在此基础上,中央民运会电告上海市党部和市政府以非常手段强迫资方尽快开工,复工前对工人伙食给予充分接济。随后,国民党实业部也致电上海政府,要求严肃责令资方复工,实业部驻沪保工科科长张铁君也公开批评资方。就这一阶段而言,政府可能偏向于劳方,以期维持社会稳定,但对资方而言遭遇如此严厉的处罚与批评,显然难以接受,在中国近代劳资史上估计也是第一次遭遇中央和地方政府的强制。

南京国民政府的处理意见刚一出,就在上海资产阶级群体引起轩然大波,上海资产阶级集体指责政府违法,并且造成劳资的剧烈冲突。大生纱厂、天厨味精厂等上海各行各业的 52 家工厂于 8 月 28 日在报纸联合发表宣言,反对中央强令资方复工,认为其违背了自由营业,不尊重私权,强迫开工,不但违反约法精神,且开世界恶例。中华国货维持会、上海国货工厂联合会等 6 大资本家团体也联合在各大报刊发表致南京中央党部通电,中央民运会直接干预行政扰乱党政机关办事系统,而"于法治精神,尤有违反",要求其"收回成命,以彰法治而维实业"。中华工业总联合会及其下属的同业公会和工厂资方也向南京中央党部和国民政府各院部表达了同样观点。

资方的联合行动也诱发了劳方针锋相对的联合行动,紧随资方团体联合发表宣言和通电,出版业工会等 27 个工会首先发表宣言。上海市工会联合会及其下属的 34 个工会相继发表宣言,尚不具备法人资格的上海市总工会也发表告各界书,进行声援,从而在上海形成了劳方与资方群体对峙局面。

上海市政府为避免事态进一步扩大,于 1932 年 8 月 31 日在资方缺席的情况下对三友实业社劳资纠纷做出了仲裁。仲裁结果为三友实业社上海厂应于三个月内至少恢复能安排原有五分之一工人的工作,在恢复前,按原有标准发给工人伙食费,恢复生产后不能雇佣的依法解雇,但三友实业社上海厂或杭州厂增加雇工时应该优先雇佣此次解雇的工人。就这一裁决,虽然与劳方请愿诉求相去甚远,但仍表示忍痛接受;资方则认为其一方面不符合法律,另一方面不符合企业实际,进而向上海地方法院上诉,并拒绝支付工人生活费。当然,资方的行为也无可厚非,因为按 1930 年的《劳资争议处理法》上海市政府的仲裁是没有强制力的任意仲裁。

资方拒不执行,政府又没有强制力,劳资纠纷继续被拖延,而经济社会政治地位脆弱的劳方,尤其其中个体难免采取极端行为。九月中旬,先有三友社缝纫部工人蔡锡卿因家中生活难以为继,服毒自杀身亡,后有洪家炳等的再次绝食。

有鉴于此,上海市市长吴铁城建议修改《劳资争议处理法》并于 9 月 27 日颁布,其核心就是将政府任意仲裁改为强制仲裁。不过,资方继续向上海地方法院和江苏高等法院上诉,使强制仲裁结果无法实施。笔者认为,政府修改《劳资争议处理法》是否适用于此前的劳资纠纷本身确实值得商榷,可能更应该适用于颁布实施后的劳资争议。也难怪,当工会呈文政府,严格执行仲裁结果时,政府也不得不说事关司法,将案件处理交给法院,政府似乎也自知理亏。

9 月 22 日上海地方法院开庭审理三友实业社资方上诉政府仲裁决议,请求判决准予资方解雇所有工人。10 月初上海地方法院的判决支持了政府仲裁,其依据是资方最初的解雇工人不合法。资方接到上海市法院的判决后,立即上诉到江苏省最高法院。1933 年 1 月江苏省最高法院不但驳回资方上诉,而且认为三友实业社当时没有解雇权,必须履行仲裁决议。但资方仍然拒不执行,继续上诉到南京最高法院。1933 年 4 月,最高法院也驳回了三友实业社的上诉,按照法律程序三友实业社彻底败诉了。但是,法院作为政府意志的体现者,按照新法律显然也值得商榷。

三友实业社于 5 月召开股东大会,商量开工事宜,甚至通过了开工资金筹集招股提案。但可能由于上海地方政府多次执行不力,资方的股东大会似乎只是大股东操纵下的权宜之计,很快又重新进入拖延的状态。第六次执行庭时,承审执事竟擅自变更仲裁决议,引起劳方激烈反对,派代表到南京请愿。第十二次执行庭则明确了执行金额,而委托的三友实业社总公司所处公共租界所属的第一特区法院则进一步明确了执行金额、执行方式、时限,尤其是惩罚措施。

在这种情况下,资方不得不向法院缴纳部分资金,并同时向上海总商会重申无法复工,也无法按仲裁决议发给解雇金,甚至指出第一特区法院因三友实业社不按时缴款查封公司的做法会使企业破产,给国货重大打击。三友实业社的抗诉引起了南京路商界联合会、全国商会联合会等团体的共鸣,其纷纷致电南京国民政府、行政院、司法院、实业部、上海地方法院,上海第一特区地方法院等呼吁切不可对资方采取强制措施。于是,第一特区法院只得宣布暂停执行。

结果,最终仲裁结果并未得到执行而流产。1933 年 12 月 29 日,这次争议在上海大亨杜月笙的调解下达成和解,以工人做出巨大让步,放弃《上海市劳资仲裁委员会裁决书》所裁定的复工要求,以及伙食费、解雇费,仅仅得到一个月工资,劳资关系随即终止。

二、英美烟公司劳资事件

(一)英美烟公司劳资事件背景

英美烟公司由原英国和美国的六大烟草公司合并而成,1902 年进入中国上海建厂,最初投资仅有 21 万元,浦东工厂 170 多人。到抗战前夕的鼎盛时期,资本已超两个亿,在全国主要设有 25 个工厂(11 个卷烟厂、6 个烤烟厂、6 个印刷厂,包装材料厂和机械厂各 1 个,其中在上海先后设有浦东厂、陆家嘴厂和韬朋路厂),有 25000 名工人之多。英美烟公司在 20 世纪上半期的中国卷烟市场处于举足轻重的地位,五卅运动前在中国市场的占有率达 70% 到 80%,即便五卅运动后,由于国货运动,南京国民政府统税等的影响,英美烟公司在中国市场份额虽有所下降,但到太平洋战争以前一直在中国市场占 60% 左右,仍占绝对优势。不但如此,英美烟公司在技术、管理、产业链、市场网络,甚至广告等方面都具有先进性和典型性,因此其成为现代中外学者研究近代中国企业史的常用案例之一。

遗憾的是,目前就英美烟公司劳资冲突的专题研究非常有限,即便英美烟公司 1927 年 9 月到 1928 年 1 月持续百日有余的罢工是南京国民政府时期持续时间最长的罢工,被称作省港大罢工之外中国历史上少见的大规模罢工①也鲜有专题论及。作者所见仅有彭贵珍、张在兴的专题研究②,但其将该次罢工视作中国政府与英美烟公司政治博弈工具,南京国民政府只是借助罢工使英美烟公司接受其烟草统税,这一视角虽然独特,但考虑到当时南京国民政府立足未稳,即便有统税的需求,恐怕也不会主动诉诸行动,尤其完全忽视了劳方的诉求和作用,因此笔者觉得彭贵珍、张在兴的研究结论似乎有些偏颇。事实上,彭贵珍、张在兴研究的中英美烟公司罢工只是发生在中国烟草统税与英美烟公司谈判即将尘埃落定,由于英国总领事的干扰而搁浅之时,该罢工的发生并非由统税直接诱发,而是由涨工资引起,绝不是资方或者南京国民政府,甚至英国领事一手推动,其肇始者是劳方,即便这次罢工南京国民政府对统税的需要客观上是该次罢工持续时间长的根本原因。

其他的研究则与劳资关系更是相去甚远:谢地以英美烟公司为例对1902—1927年外国在华工人生存状况的"浅析"③,其系统性和深度显然不足;董长胜的硕士论文对英美烟公司工人状况的研究④;王强对拿摩温制度的研究⑤,虽然颇有见地,也有深度和系统性,但仅仅停留在英美烟公司对拿摩温制度与西方近代企业制度结合的应用研究。因此本书选择英美烟公司为案例研究。当然,还有三个因素也是促使本书选择其作为案例的重要因素,一是前面的三友实业社是完全华资草根企业,而英美烟公司则是典型的外资企业;二是英美烟公司的这两次劳资争议,一次由工人罢工引起,一次由资方停业引起,可以进行比较;三是不但两次劳资争议均与劳资关系的核心——工资待遇和雇佣关系有关,而且还分别发生在南京国民政府的系列劳资政策出台之前和之后,可以看出转型前后的差异。

---

① 上海卷烟厂工人运动史编写组编:《上海卷烟厂工人运动史》,中共党史出版社1991年版,第71页。

② 彭贵珍、张在兴:《政治博弈与劳资冲突:1927年上海英美烟厂罢工》,《吉首大学学报》(社会科学版)2013年第5期。

③ 谢地:《浅析外国工人在华企业工人生存状况——以创办初期的英美烟公司(1902—1927)为例》,《黑龙江史志》2010年第23期。

④ 董长胜:《驻华英美烟公司工人状况研究》,河北师范大学2010年硕士学位论文。

⑤ 王强:《"拿摩温"与近代外国在华企业工人管理制度本土化——以英美烟公司为中心的考察》,《安徽大学学报》(哲学社会科学版)2012年第4期。

（二）1927 年到 1928 年的劳资冲突

英美烟公司向来有每半年增加一次工资的传统,1927 年 9 月英美烟公司陆家嘴厂叶子车间增加工资时却有违常规,一些工作时间不长的工人工资有所增加,而大部分工作时间较长的工人却没有增加工资,这引起广大工人的不满,成为工人罢工的直接诱因。1927 年 9 月 30 日陆家嘴厂叶子车间工人率先发难,并到浦东厂叶子车间动员宣传,得到浦东厂叶子车间的支持,两厂叶子车间工人一起到工会,要求工会向厂方交涉,平等对待工人。①②

英美烟工厂工会在工人的要求下向由国民党军方控制的负责管理上海市所有工会的工会组织统一委员会(简称工统会),以及 1927 年 8 月刚成立的负责调解一切劳资纠纷,由国民党上海党部、上海市政府,以及劳方、资方等各派代表组成的劳资调解委员会呈文,请这两个机构出面调解。这两个机构迅速做出反应,马上向英美烟公司陆家嘴厂大班提出口头建议。

由于资方没有积极响应,在公司工会领导下工人罢工由叶子间扩大到所有工种,浦东和陆家嘴的一二厂的所有工人全部罢工,工厂陷入停产状态。工统会见资方并不就范,工人罢工范围扩大,也顺势而为,于 1927 年 10 月 4 日召集全体罢工工人开会,公开表示支持劳方的诉求,从调解者变为罢工领导者。次日,工统会成立了罢工救济委员会和临时维持队,并开展了诸多实质性活动,进而带动了国民党其他党政部门对劳方的支持。于是,形成了独特的局面,即上海市党政部门与劳方同仇敌忾共同对付英美烟公司资方,这在南京国民政府时期乃至整个近代中国都是极为少见的,而且政府不是简单的支持,而是直接参与、组织

---

① 刘明逵、唐玉良:《中国近代工人阶级和工人运动》第八卷,中共中央党校出版社 2002 年版,第 808 页。

② 但也有观点认为加工资是当年七八月间资方为继续享受税收特权,逃避南京国民政府的《卷烟特税条例》发起的停业风潮未达目的,但造成劳资俱伤后,复工的三条件之一“停工期内赔偿工人二日工资”,虽于 1927 年 8 月 15 日平息,但资方以停工要挟南京国民政府降低烟税的目的没有达到,而带来营业上的损失,而工人无辜停工两月,损失巨大,余怒难息,劳资双方的矛盾并未根除,复工过程时有争议,为此后罢工埋下伏笔。9 月 30 日厂方不履行复工条件,“将应加工资两天只加一天,而所加一天之工资,又仅叶子间工人有之,其余则否。多数未领得一天加资之工人,纷请工会向厂方交涉”,而叶子车间工人还向厂方质询不公正加资的理由,当时资方收到质询后,竟然恼羞成怒,对质询工人殴打凌辱,更唆使英海军邓丽到厂弹压,叶子间工人才率先罢工。参见中国劳工运动史编纂委员会:《中国劳工运动史》,(台北)中国劳工福利出版社 1958 年版,第 716—717、727 页。

工人的罢工斗争。

随后,上海英美烟公司韬朋路的三厂工人于 1927 年 10 月 8 日全员罢工,支持一二厂的工人罢工,英美烟公司上海三厂全面停产。三个工厂罢工人数大致为男工 3300 人,女工 4000 人,童工 2000 人,合计 9300 人。以英国资本家为代表的资方虽然千方百计阻挠,但也于事无补。国民党党政控制下的罢工委员会等在谈判过程中将烟税纳入谈判的议题,而且似乎优于罢工,但这一开始就遭到资方的拒绝,资方还通过当时英国驻上海总领事巴顿调派英国士兵 200 余人从浦东登陆,进驻英美烟公司,在厂房房顶架起机关枪,威胁工人。[①]

在英美烟公司工人普遍罢工,国民党上海党政部门积极支持的情况下,资方不得不与劳方于 1927 年 10 月 12 日谈判。但此劳方绝非其他罢工事件的劳方,而是除了工会代表李长贵外,尚有交涉公署的郭秘书、工统会委员袁正道、市党部代表吴家泽,以及劳资调解委员会的朱文樑,传统作为工人、劳方代表的竟然只有一人,而出自党政系统的竟然有 4 人,也难怪英美烟公司资方以劳方代表没有代表工人的权利为由,导致这次谈判夭折。

谈判失败后,工人不再局限于英美烟公司工人,全上海各工会组织罢工后援会,以支持英美烟厂工友。一系列措施给英美烟公司工人以强大支持:后援会提出了包括各烟草工会讨论援助办法,罢工团分工负责等方案;劳资调解委员会召集华商烟厂资本家,商量接纳工人办法;还通告与英美烟公司有连带关系的工会,与英美烟公司断绝关系;将罢工及与资方谈判决裂等相关情况上呈国民党党部、上海卫戍司令部、市政府,并请查办英美烟公司抗税之罪;向新闻界报告情形,请其援助。罢工后援会还经济援助罢工工人,使他们不至于受物质上的压迫。

其他兄弟工会对罢工进行了热情援助,为其奔走相告,请求各方支援,其中尤以当时最为健全的工会之一商务印书馆工会为典型。商务印书馆工会于 1927 年 10 月 15 日,电告国民政府,汇报罢工原因及英美资方的"阴谋"。整体而言,从 1927 年 10 月 2 日到 10 月 17 日间,党政机关先后调解了四次,都没有结果。

---

① 上海卷烟厂工人运动史编写组编:《上海卷烟厂工人运动史》,中共党史出版社 1991 年版,第 70 页。

　　经过不断博弈,历经七次修改的复工条件终于在 1927 年 10 月 19 日出炉。劳方与资方谈判的条件远远超过最初罢工时要求公平对待增加工资的范畴,而且其提出并非是工人、工会的思想,更有政府和劳方集思广益,历经多次修改,其周详程度可以说前所未有,并由政府交涉署负责与资方谈判。具体包括会权、经费、工资、待遇、复工、附则六章。其中会权章分两条:一是承认工会有代表工人的权利;二是厂方增加雇工,由工会介绍,未经工会同意,不得开除工友。经费章两条:一是厂方每月津贴工会 400 元,厂方一切罚款,概交工会办理劳资互利事业;二是厂方须赞助工会办理互利事业,如工人子弟学校,开办费、校具费,厂方负责每月津贴 600 元等。工资章共五条:第一条与 9 月 30 日的罢工初衷吻合,要求厂方每年给职工(男工)、女工和童工均增加两次工资,并针对计时和计件工资提出不同标准;第二条是每日工作时间超过八小时,星期日、假日工作者给予双倍工资;第三条规定元宵、清明、端午、中秋与其他国家纪念日,依法停工者工资照给,阴历年终一月发给工人双份工资,年假五天;第四条,厂方经营不善、自行停工或者少做时间,也应支付工人工资及米贴,但工友自行停工、少做,不能享受该项权利;第五条是工人请假半月内没有超过 30 小时,不得扣除工资和米贴。第四章待遇有七条之多,主要是工资之外的福利待遇,包括女工分娩假及分娩费;父母丧事、婚嫁事宜,给予一月假期,照给工资;工人生病无法工作的,厂方指定医院,承担全部医药费,工资照发,因病死亡的发一年工资作为抚恤;因公死亡的,资方须付丧葬费、安家费 2000 元;因公残废的,厂方发给其应得工资,死后按因病死亡标准发给一年工资作为抚恤;工人有三次小过以上,资方才能罚款,且不超过 2 角;最后是对厂方因经营不善而裁员或者工友自行辞职,工龄不到 6 个月,按原工资发给半月,满一年(6 个月以上也算一年)的发给两月退俸金,其他的按年类推,并加倍发给储蓄金。复工方面强调罢工期间工资照给,并开除罢工期间私自进厂工作的工人,且不得以罢工为名开除工人。附则是未尽事宜按旧章执行,条例在签订后,双方共同遵守。[①] 可以说,这些条款具有乌托邦性质,反映了劳方对自身在劳资关系体系中的理想期望,也折射出处于革命与执政过渡期的国民党党部、政府对维护劳方利益的初期理想。当然,也有国民党党部和政府借力使资方就范烟草税收的因素。过于理想化的结果导致资方没

---

　　①　参见上海特别市社会局:《上海特别市十七年罢工统计报告》,1929 年。

有接受的可能,资方认为劳方提出条件的目的是"为了不能取得同意"①而表示"万难接受"。

谈判失败后,上海市党部召集以工统会、总商会、县商会、闸北商会、上海卷烟同业公会、海关华员联合会、英美烟工会,甚至学生联合会、妇女运动委员会等组成的罢工后援委员会。不但如此,萧同作为中央党部代表亲自到上海调查罢工真相,并出席罢工后援会,尤其关键的是宣布中央党部工人部拨款 30 万元,维持罢工工人生活,这在中国近代劳资关系转型中可以说是前所未有。此后,劳方罢工与后援会组织的抵制英美烟公司产品,党政机关千方百计筹措资金,除政府拨款外,还动员社会各界踊跃捐款,尤其企业、政府官员捐款,解决罢工的后顾之忧,难怪其被称作"一场由政府出钱的罢工"②,这是这场罢工能够持续 100 多天的关键所在。

1927 年 11 月 29 日,劳资双方还在英国总领事馆谈判,工会仍然把厂方承认烟税作为复工的先决条件,中国共产党号召应切实在 9000 名罢工群众中揭露国民党为烟税牺牲工人利益的阴谋,并号召烟厂工友打倒国民党御用工会。在浦东区委的领导、亲自组织和参与下,工人展开了一定反抗,但最终失败。③ 但如果抛开阶级斗争的因素,国民党党政为工人争取利益,甚至直接资金支持的同时,争取烟税自主,并无可厚非,而且烟税从长远来看绝不仅仅 400 万,尤为值得注意的是,当时国民党掀起的关税自主等,正是以英美烟公司为突破口,从中央政府的角度来说,与罢工捆绑,并较好维护工人利益相对理性而合理。共产党的行为,主要还是从革命党的角度出发,从政治出发,也无可厚非,至于能为工人带来多少切身利益则不可确定。

持续的罢工,英美烟公司上海三厂不能生产姑且不论,英美烟公司及其产品在全国受到抵制,市场有被其他产品替代之虞,还要应付劳方及其背后的中国政府,资方苦不堪言;对于劳方,没有工作,没有工资,只有勉强维持日常生计的政府支持,前途未卜;就政府而言,多个部门卷入其中暂且不说,北伐尚未完成,政

---

① 上海社会科学院经济研究所:《英美烟公司在华企业资料汇编》第三册,中华书局 1963 年版,第 1196 页。

② 裴宜理:《上海罢工——中国工人政治研究》,江苏人民出版社 2001 年版,第 197 页。

③ 上海卷烟厂工人运动史编写组:《上海卷烟厂工人运动史》,中共党史出版社 1991 年版,第 71—72 页。

局不稳,经费紧张的情况下,得不到税收支持,还要拨经费支持罢工。尤其南京国民政府如若不能妥善处理,持续下去,政府的国际形象、国内形象都会受损。客观而言,三方都不愿意罢工继续拖下去。因此,重新走向谈判是必然。

此前,党政主要是作为劳方的幕后,即使与资方谈判,政府并未以政府名义,而是以劳方名义,可以说居于幕后。在久久没有结果的情况下,1927年12月10日中国外长约见英国总领事,就罢工和捐税问题交换意见,希望就这两项达成协议。英国领事则强调应该首先制止罢工,不歧视英美烟公司的货物,而且言辞激烈。姑且不论内容,劳资纠纷事件上升到两国外交部门直接对话,这体现出了政府当时的无奈,虽然有关税自主,以及税收自主的动机,按理主权国家都有自主权,但中国当时是半殖民地国家,西方在华大企业的背后往往是其国家政权,加之南京国民政府政局未稳,其政权还迫切需要西方国家的支持,而不得不与西方国家政府交涉。不过,这次谈判由于代表劳方和中国政府的中国外交部和代表英美烟公司的英国总领事意见相左而搁浅。

当时上海市政府,或者说南京国民政府处境还是相当尴尬的,一方面是内忧外患,需要树立自己政治经济军事威信,另一方面立足未稳,尚在北伐,各种资源无法有效调动。对此上海英美烟公司资方也看得很清楚,1927年11月底康德致伦敦总部的函中有这样描述:"由于我们已把停止罢工行为作为解决捐税问题的先决条件,而目前的政权又无实际控制能力,因而在明年年初内阁改组以前,关于这一问题的进一步讨论将不予恢复。"[1]

正如英美烟公司所料,国民党政府改组后,1928年1月宋子文出任财政部长,面对财政窘迫的状况,亲自与英美烟公司谈判,力促其达成烟草统税协定,并于1928年1月12日达成协议,随即被1月28日国民政府财政部颁布的《征收卷烟统税条例》制度化。烟草统税协定的结果虽然没有南京国民政府最初所提比例高,但还是比原有的税率高得多,至于一些学者认为国民党没有达到目标,牺牲国家利益似乎有些牵强,因为政府客观上有高税收的需要,越高越好,而考虑到当时英美烟公司,以及西方在华投资国的强势,故意虚报税率是可能的,然后再在西方压力下削减,而当时国民党政府迫切需要资金,内忧外患之时,能够

---

① 　上海卷烟厂工人运动史编写组:《上海卷烟厂工人运动史》,中共党史出版社1991年版,第73页。

先在统税上取得成功,再停止罢工已经是较优选择了。

卷烟统税问题解决后,宋子文开始了对罢工的调停,经过 1 月 15 日和 16 日的谈判,劳资双方代表及证人于 16 日晚签署协议,罢工问题遂得以解决。签署了协议十二条,承认了工会代表工人利益的合法性;不得无故开除工人,厂方开办学校,降低米贴基准价格,女工产假及调养费,生病住院费用由厂方负责。因病死亡,厂方酌量抚恤;因公死亡或者残废,统一抚恤标准为 1500 元;当年花红不扣罢工期间的;未尽事宜按照旧章惯例;双方签订遵守,等国民政府的劳工法颁布后,再遵照执行。另外,除了书面协议外,资方还口头承诺保护罢工工人利益的复工措施四点。这比 1927 年 9 月 30 日时劳方最初所提出的内容要丰富得多,但又不及 1927 年 10 月 19 日交涉署所提出的条件,但很难判断劳方或者资方谁获胜,因为情境在变,尤其罢工之初劳方根本没有预知会罢工如此之长,而交涉署代表劳方提出的条件前文已经提及有理想化色彩,而且最后的谈判仅仅两天,政府可能也通告了劳资双方随后会有劳工法,在这种情况下,相关条款显得过于简洁似在情理之中。

当然,这次罢工如果没有国民党党政的支持,工人断难取得最终的成功。因为 1927 年 10 月 12 日劳方与资方谈判失败,资方不做丝毫退让后,工人就主张脱离该公司,另谋工作,唯一要求是资方限期发还存在厂方的储蓄金,应该说工人最初对资方提出的条件自然无从谈起。说明劳方似乎已经习惯了相对资方的长期弱势地位。国民党党政组织功能并未明确,加上北洋政府时期国民党有扶助农工的政治主张,虽然已经清党,但工人仍是其北伐重要依靠力量,国民党立足未稳,上海党部与政府相关规章制度并未健全,职能定位不清晰,而新政府、新的党政部门往往有积极作为的动机,难免存在越界的情况,因此其支持工人罢工,除税收因素外也似在情理之中。

(三)1934 年 5 月到 7 月的劳资纠纷

1934 年 5 月 24 日到 7 月 23 日的持续两月整的罢工源于 5 月 12 日资方宣布浦东陆家嘴老厂关闭,虽然其声明工人给资办法依照工厂法办理等,但只有数十字,没有停业原因,因为是周六,工人不上班,工人尚不知消息。工会闻讯后,认为资方停工应该事先呈请党政机关核准,告知工会,而不是突然停产。于是马上召集紧急理监事会会议商量对策,同时出于对工人发生变故的担忧,发出紧急通告,让工人静候党政机关处理。但五天后,党政机关并没有有效处置。于是,

第五区卷烟业产业工会(浦东新厂工会)召开紧急大会,怠工以支持老厂,并决定一星期后如资方不解决,则由怠工转为罢工。工会还选举 39 名委员,如果还没有结果则改为罢工委员会,并致函董事会和发表告各界书。

工会给公司董事会的函实际上是给资方的交涉,主要内容包括老厂是英美烟公司在华工厂鼻祖,所获丰厚利润都是工人辛勤劳动的结晶,但公司屡次减工与中国相关法规冲突,即便如此工人为维持良好劳资关系,仍然坚持工作,其对资方可以说相当厚道。资方却不经党政机关批准,以及工会许可而歇业,进而污蔑对公司发展有功的工人不听指挥。此外,复厂委员会认为工厂业务经营不善作为歇业理由也站不住脚。

告各界书则主要说明资方停业并不符合相关规定,且程序违法,特别不能容忍的是资方作为外来者应该遵守中国法令,却公然违反。资方歇业目的应该是原来的工人工价过高,工作时间长,关闭工厂,可以赖掉抚恤金,将来复厂利用新工,可减少工价。特别是,英美烟公司一旦开了恶例,英美在华各厂会竞相效仿,劳方将普遍陷入困境。最后,工会表明领导工人与厂共存亡的决心,同时强调该厂工人 30 年的努力,不但有益于资方,而且对国家 1927 年争回国税①亦有贡献。

不但如此,工会还于 5 月 22 日推举代表到上海市政府社会局及党部请愿,希望其向公司交涉。

但是新厂工人怠工后,公司还没有开厂的意思。工会于是按照最初的计划,于 5 月 23 日下午召开新老两厂代表大会,商量办法。由陈培德报告怠工情况,并向党政请愿情况后,做出以下七项决议,即:将复厂运动委员会改为罢工委员会;罢工委员呈报上级备案;通告新厂全体工人于 24 日罢工;通过告各界宣言;通过罢工纪律;推定罢委会各科职务;组织罢工维持队等。5 月 24 日全厂罢工,尤其还动员了新厂各部间及栈房华籍职员 300 多人一起罢工,因此英美烟公司浦东各厂栈的工作全部停止。工会还函请海员工会停运公司货物,使公司无法正常运行,逼资方就范。

次日工人继续罢工,没有人进厂工作。因引擎间与炉子间车间生火和机件管理相对麻烦,为保持连续性,资方不得不另外雇佣 30 多名白俄人顶替罢工工

---

① 即 1927 年到 1928 年长达 100 多天的罢工,实际是 1928 年初,但斗争主要在 1927 年底。

人,以维持运转。资方否认将另雇低工资工人的传言,并称一直优待工人努力。

罢工委员会组织女工宣传队和工人维持队,以便持久,并通告 28 日起办理各间厂登记。罢工委员会还于 5 月 26 日、27 日与时任南京政府军事委员会委员长蒋介石通电,通电内容主要包括:罢工虽然违禁,但事出有因,即资方在 4 月开始借口营业清淡,在不到一个月的时间内竟然减工三次,最初工作时间由 6 天减为 5 天,5 天又改为每星期 40 小时,最后减为 36 小时,而且资方不听上海市党政部门的调解,拒绝执行主管官署的命令。并指出,公司素来藐视我国政令,而工人则为国家做出了相应贡献,比如 1927 年底国民党军队北伐与孙传芳血战徐州时,公司竟然勾结北洋军阀,违抗国税,英美烟公司的一二三厂的工人冲冠一怒全体罢工,经重大牺牲,最终使公司承认国税,保证了军需,对打倒军阀,北伐成功,职会工人可以说尽了力。[①] 而以蒋委员长为首的政府,曾通令劳方不准罢工,资方不准停厂,谆谆告诫,外国资本家尤其应该遵守合作,但英美烟公司却变本加厉压迫工人,此次工潮扩大,责任完全在资方等。[②] 蒋委员长虽然对此进行了批复,转政府查核办理,但政府未能有效解决。

英美烟公司工人罢工得到了广泛的支持。浦东五区烟草工会外的 11 个工会于 5 月 28 日发表援助宣言,谴责英美烟公司资方,支持英美烟公司工人。浦东各团体、上海报界工会、派报工会也发表了类似的宣言。上海市政府社会局于 5 月 29 日召开调解会议,因资方没派代表出席,没有结果。

前文已提及,资方曾公开否认外传的雇佣低工资新工的做法,但在 6 月初情况发生了变化。虽然临时雇佣的白俄雇工能维持个别车间,但没有中国工人工作损失惨重,于是资方于 6 月 4 日从浦西杨树浦雇工数百名,派轮拖及驳船运到浦东工厂工作,被罢工委员会知道后,派全体维持队及宣传队 600 多人,在码头及新厂四周监视、阻止,资方遂未得逞。随后,资方又用英美小火轮二艘,载工人 400 多名到到浦东工作,罢工工人虽然群情激昂,前往阻止,但资方派了西方职员和白俄工人 50 多人,均带着木棒,工人拥上反被打伤多人,工会车将其送到浦东医院医治,而职员也有受伤者。随后,工会于 6 月 6 日到市政府请愿,提出了三点要求,但似乎只针对资方伤人事件,即要求政府令公司给付受伤工人医药

---

① 这次罢工显然指 1927 年 9 月 30 日到 1928 年 1 月 16 日的罢工,即上一个案例。
② 刘明逵、唐玉良:《中国近代工人阶级和工人运动》第九卷,中共中央党校出版社 2002 年版,第 598—599 页。

费;保证以后不再发生类似情况;命令公司向工会道歉。

　　杨树浦的韬鹏路第三厂的 5000 多男女工人,见浦东工潮一直没有解决,资方态度坚决,乃群情激昂,于 6 月 4 日开始怠工。工厂怕事态扩大,遂通知巡捕房,巡捕房派了大批探捕到厂保护,强令工人工作,工人在暴力威胁下不得不于 10 点恢复工作。

　　这次劳资纠纷引起了南京党政当局的关注,中央党部曾派王涤文,实业部派唐健飞到上海调查。工会则于 6 月 14 日派陈培德、董敖生、肖庚生赴南京请愿,工潮出现由南京大员调解的趋势。①

　　然而政府大员并没有出面调解,当局多表示爱莫能助。6 月 27 日罢工委员会借青年会名义招待社会各界却被法租界制止而不得不改在西门路,商定当天成立"上海市各界捐助英美烟厂工友委员会",推举褚慧僧、王晓籁等 25 人为委员。随后于 7 月 4 日召开的第一次会议形成决议,其内容包括警告公司董事会,并呈请市政府收回撤销维持队的命令。致董事会函谴责了资方对劳方的不合理做法,并强调上海市各界捐助英美烟厂工友委员会与公司并没有关系,只是见劳方的困境,顾全国际友谊,集合正义立场而已。最后强调,只要开诚布公,此次劳资纠纷并不难解决。

　　而罢工后援会虽然成立,但没有切实救济工人。罢工委员会乃于 7 月 3 日派 140 多人向政府请愿,也没有结果,其请愿内容这里不再赘述。此后,社会各界领袖又于 7 月 15 日致函上海市长吴铁城,请求其迅速解决劳资纠纷,这次致函迅速地推动了劳资纠纷的解决,其函虽简短,但影响却很大。这里全文转述社会各界致吴铁城函:"径启者,溯自英美停厂纠纷发生以来,讫将 2 月,虽迭经党政机关,及各方之奔走斡旋,终以各走其端,难于解决,惟以天时酷暑,失业痛苦,自不待言,长此以往,殊非劳资双方之福,亦非地方之幸。量才等目击时艰,抑且受总工会暨各工团之请托,为特具函钧座,务请速秉权衡,讯予解决。不特此数千工人受此赐,地方治安,实利赖之,专此奉呈,顺颂公绥。史量才、杜镛、王晓籁、林康候、俞佐延,敬启。"随后在上海市政府的调解下,制定出办法六条,并令双方接受。

　　虽然没有满足老厂工人复工的意愿,但规定了老厂工人终止工作契约办法,

----

　　① 《英美烟厂工人提议停工》,《劳动季报》1934 年第 2 期。

公司给予三个月工资,以及储蓄金和年赏金,已停工老厂,如将来开工时应先雇佣原解雇工人,并给原薪,堵死了资方重新开工,雇佣廉价新工人的路;新厂罢工期内工人救济由政府负责,每人代垫6个银元,复工后一个星期发清,新厂工人复工,公司不得无故开除工人。原有劳资契约,继续有效一节,由政府再行核办。此外,罢工工人组织的所有纠察队或维持队,应该立即解散。

随即工人于7月23日复工,维持队撤退,罢工委员会及后援会宣告结束。吴铁城于当日发表谈话,对工人在劳资纠纷中识大体,顾大局予以肯定,也对英美资方能够尊重中国给于赞许,当然也肯定了政府作用。

三、劳资三方关系总结

三次典型劳资争议案例,发生劳资争议的形式有罢工和停业,劳资纠纷发生的微观组织载体企业有无论产业还是资方来源都是纯草根企业的三友实业社,也有当时在资本、技术、管理、市场、产业等更具近代性,具有西方近代特色的外资企业英美烟公司,其典型的劳资冲突具有时代意义。

三次劳资纠纷事件,无论劳方、资方还是政府,都力图通过谈判、调解、法律途径解决纠纷,这一思路贯穿劳资争议处理的始终,而不是率先诉诸武力。即便是1927年9月30日到1928年1月中旬的英美烟公司的劳资纠纷,当时国民党劳资政策体系尚未建立,国民党政权尚立足未稳,处于军政时期,劳资三方虽然有冲突,甚至有巡捕房的警察进驻工厂,延续时间超过百天,但整个过程基本是抗议与协商,没有发生大规模流血冲突,最初停业的资方、直接利益受损的劳方,以及作为中间调解者,维护劳资,维持社会稳定,促进经济社会整体发展而直接掌握国家暴力机关军队警察等的政府(国民党)都没有直接使用暴力。不可否认,1927年底1928年初国民党政府确实对部分工人采用了暴力,甚至逮捕,个别人还可能被国民党恐吓、暗杀,但是这其中政治因素、阶级因素恐怕已经超越了传统的劳资关系,尤其推动工人反对国民党及其政府将烟税问题与劳资问题捆绑的是"革命党"①共产党,其可能更多考虑革命目的,否定国民党,以提高政治威信,但对工人在国民党统治下的自身经济政治利益,人身安全可能退居其

---

① 虽然国民党也尚在北伐,尚未占领北洋政府的政治中心北京,从某种意义上说尚处于革命状态,但在劳资争议的中心上海,及政权所在地南京等国民党及其政府已经有了绝对控制权,相对于当时的共产党而言是执政党。

次,即便从共产党的视角考察也有"左"的倾向,从某种意义上说工人"积极分子"对共产党观点的坚决支持客观上也有革命倾向,国民党政府对其采取暴力似乎符合执政党的专政,劳资关系则退而次之。客观地说,中央政府以英美烟公司为突破口,借助工人罢工实现关税自主、税收自主,维护政府、执政党、国家利益并无可厚非。

每次劳资冲突,劳方、资方与政府间往往有几个回合、持续几个月的谈判,虽然劳资纠纷最初滥觞于一厂,但随着劳资纠纷的深入,劳方已经拓展到全市,三友实业社事件的资方也拓展到全市,只有英美烟公司资方还继续只有英美烟公司一家。三起劳资争议事件的政府均涉及地方和中央政府,外资的英美烟公司还涉及中国外交部、英国总领事、英国政府。就劳方与资方而言,资方突然宣布停工、歇业,不执行原有的涨工资制度等是单独行动,没有通过政府,也没有与劳方商议。单方面行动,既是其劳资体系传统强者思维的延续,又似乎是对集体协商的否定,但仔细分析其过程则发现,谈判与协商已经成为这一阶段主旋律,无论是三友实业社还是英美烟公司的单方面行动,都被卷入集体协商。政府和资方在劳资纠纷中均参与了多轮谈判,政府甚至适应劳资纠纷新情况调整政策,并没有如早期动辄诉诸武力,即便英美烟公司资方背后的英国政府也没有轻易诉诸武力,这应该是西方劳资经验与中国现实,以及中国资方与政府,在长期处理劳资关系中逐渐理性的表现。

每次劳资纠纷,劳方均是立足工会,再求助政府居间协调,没有早期的盲动,更多的是理性,其结果整体而言尚可,也没有过多的流血冲突,这也折射出劳资关系不应该过多地与政治,尤其是激进的政治运动关联。整体而言,南京国民政府有效地控制了劳资关系。1927年下半年到1928年初英美烟公司的第二厂叶子间工人因觉得涨工资不公平而发生的劳资纠纷,发生在南京国民政府立足未稳,国民党劳资政策体系尚未建立以前,劳方不仅在本厂罢工,而且联合公司下属其他工厂工会,可以说已经是集体行动。20世纪30年代的三友实业社与南洋兄弟烟草公司的情况则较为特殊,三友实业社是1932年"一·二八"事件的肇始地,而且事件本身的爆发,如果摒弃民族因素,与工人有一定关系,即工厂义勇军可能导致日本僧人伤亡,至少被日本人或日方间谍利用,而事实真相直到二战结束后远东国际军事法庭才揭晓,劳方确实被冤枉,资方自然对劳方有误解。三友实业社被日军强行占领,停工数月,自然损失相对惨重,生产经营中断,没有向政府报告,而且即使不报告停工也是必然,属于不可抗力,政府客观上也没有起到保护资方作用,"一·二八"事变结束后资方继续坚持停工有一定合理性,至于解散工人费用,程序确实错综复杂,难以简单说责任在资方。英美烟公司的第二次劳资纠纷,资方虽然发了公告,停业给资办法按照工厂法等办理,似合法进行,但该厂工会及时发现,并指出资方并未事先呈请党政机关核准,也未通知工会,立即召开紧急会议讨论应付办法,还给工人发出紧急通告,静候党政机关处置,只是后来的事态超出预期,才出现普遍罢工与多轮谈判。

每次劳资纠纷劳方不仅仅是与资方直接博弈,还在与资方博弈之初就求助党政部门,利用社会舆论,与相关企业工会合作,外资企业还动员中国籍职员一起参加,组织化程度可见一斑,工人也没有轻易诉诸暴力,也没有遭遇大规模的流血事件,这说明劳方强大了。这体现在两方面,一是组织化,二是行为相对理性。

资方相对劳方而言,客观上有一定的物质基础,即资方拥有厂房、设备、成品与半成品、市场网络、资金、品牌等的产权,在劳资冲突中往往有主导性的同时,其承担的风险其实也并不低,一般也不会贸然选择劳资破裂道路,因此资方行为也相对理性。

三次劳资事件,以三友实业社劳资冲突最为典型。三友实业社劳资事件劳方与资方的矛盾冲突在前,其关系一直是这次劳资冲突事件的主线,政府和法院的调解核心还是围绕劳方与资方关系,虽然最终的调停由社会名流杜月笙主持,但这并不能说明当时劳资关系的调解尚处于传统权威发生作用的时代。其最终之所以能调解成功,恰恰是劳方、资方与政府三方历经超过一年半的持久博弈之后的顺势而为,杜月笙不过是三方和解的台阶罢了。政府、法院、法律制度自始至终都是劳方、资方与政府争议的焦点。无论是劳方的率先发难,还是政府的调解,资方的申诉都围绕南京国民政府时期出台的相关政策,政府的调解也是依据相关法律条文,即便无法解释时也没有随意解释,而是通过相对合法途径调整法律条文。由于部分法律条文的法律解释可能存在歧义,政府的调解应该说还算慎重,执行更为谨慎。

以往大陆学者对三友实业社劳资纠纷的研究更多批判政府偏袒资方,以及政府投鼠忌器,却忽视当时中国劳资关系近代转型完成,劳方的相对弱势,政府的处理不可能绝对公平,尤其大陆学者可能还是些许受意识形态的影响。其实,政府的处理已经相对制度化,考虑到当时国民党中央政府政治、军事、经济内忧外患的情境,维持整个社会的稳定似乎是必需的,因此政府的行为也就无可厚非了。

整体而言,南京国民政府时期劳资三方力量均强大了,政府的劳资角色方面应该说比以前更强。政府的组织化,尤其是资产阶级的参政,代表了历史的发展方向,关税自主,各项近代工商政策、财政金融措施的出台,国民党建立了近代化政府管理机构,军事的相对强大,全国的相对统一,经济上的相对平稳,国家资本的强化,南京国民政府还在政治上、军事上、经济上得到西方国家部分拥护,劳资关系的国际性组织国际劳工组织的直接支持,政府综合实力明显提升,这是政府能够有效调解劳资关系的基础。而以《工厂法》等为核心的劳资关系法律体系的建立,为劳资关系的调解,南京国民政府发挥近代政府的劳资角色提供了法律依据,而且这一法律制度还得到劳方和资方的认可。显然,从近代劳资转型的视角考察,作为近代劳资转型制高点的政府已经完成了转型。

至于劳方和资方,经过近代80多年的洗礼,逐渐成熟,无论从阶级发育、发展,还是从其作为劳资主题来看,劳方与资方都从最初的自发、盲目、无助与过激行为交织在一起,逐渐走向组织化、制度化、理性化,尤其是利用集体的力量。政府提供的相对有效的劳资关系制度体系也得到认可,在发生劳资纠纷时,劳资双方都希冀从制度中得到庇护,维护自身利益,并求助于政府协调。劳方在每次劳资纠纷中,均能利用自己的组织并能向社会求助,有理有节地向政府诉求,向资方抗议与谈判,而资方也能够利用国家相关法规,与政府、劳方谈判,而不是早期的简单粗暴方式。这些都保证了劳资关系整体和谐,就劳方、资方、政府三方自身发展,以及集体谈判的常态化,说明近代劳资关系转型已经完成。

结论与讨论

通过研究,发现前近代中国劳资关系基本谈不上,近代以后伴随国门洞开,中国劳资关系亦步亦趋,劳资关系逐渐近代化,并最终于20世纪20年代末期伴随南京国民政府《工厂法》、《工会法》等颁布实施,基本完成了中国劳资关系的近代转型。

中国近代劳资关系的转型经历了三个阶段:第一阶段,1840—1911年:近代劳资关系之萌动,劳方、资方与政府无论从组织结构、功能还是行为都无法有效承担其近代劳资角色,均显得对近代劳资关系无所适从,茫然、无助、无所适从与冲动是这一阶段劳资关系体系中劳方、资方与政府的共同困惑。

第二阶段,1912—1926年:劳方、资方逐渐强大,并逐渐组织化,劳方工会组织发达,但可能受政党诱导,政治角色明显,劳资角色有限,而资方的商会等组织虽然前所未有的发达,却可能受当时政局动荡的影响,劳资角色相对有限,更多参与政商博弈及对外表达民族情绪。北洋政府则可以说是内忧外患,政权更迭过于频繁,虽然出台了一些劳资政策,但难以实施,尤其在全国范围普遍失灵。整体而言,这一阶段无论劳方、资方还是政府均未体现出明显劳资角色,政治色彩过浓,但劳方与资方的相对组织化,以及国民党的发展壮大,客观上为下一阶段中国劳资关系完成近代转型奠定了基础。

第三阶段,1927—1936年:国民党建立了政治、经济、军事相对稳定与统一,领导核心相对固定,财政经济政策相对成功,并得到西方主要国家认可的南京国民政府,在劳资政策法规方面不但有资方的支持,也有工运经验,还得到国际劳工组织支持,在此基础上建立的系列劳资政策体系,为劳方、资方所普遍接受,劳资纠纷发生后,劳方与资方一般都会依据政府制定的法令博弈,并希冀政府依法进行有效调停。比之于以前在劳资冲突中更多个体冲动,这一阶段基本体现为集体行动,因此无论从制度上还是实践上南京国民政府时期均基本实现了中国劳资关系近代转型。转型完成的基本标志是:劳资关系中的三方均组织化,介入劳资关系常态化;政府、资方、劳方均能通过常设性组织、日常制度对劳资关系进行协调;各种形式的集体协商制度确立,劳资冲突趋缓。

就中国劳资关系近代转型,或者说劳资关系的三方长期关系而言,劳方、资方与政府三者并不是孤立的,狭义的劳资关系虽然只有劳方与资方,但劳资关系转型政府实际上有导向作用,这在中国劳资关系近代转型中尤为突出。真正意义的中国近代劳资关系滥觞于羸弱的清政府在西方船坚炮利的直接威胁下的国门洞开后,西方以由机器工业为先导的社会化大生产的西风东渐,不但早期资方多官方背景,即便是早期的劳方也在政府的传统管理之下,而晚清封建政府与近代劳资关系根本上的不匹配,客观上导致了其政府的垮台,其中劳方群体和资方精英在其间发挥了重要作用。

北洋政府时期,政局动荡,北京政府自顾不暇,加之欧战,客观上给予了资本主义工商业自由发展空间,资方力量和劳方力量迅速壮大,劳方与资方无论规模还是组织化程度都达到一个新的高度,即便两者受政治因素诱导,劳资角色极为有限。北洋政以封建军阀为核心,政权更迭频繁,并未得到西方主要国家的尊重,朝令夕改成为常态,政治、军事成为这一阶段中央政府工作的核心,与劳资关系并不匹配。近代中国两大政党中国共产党与国民党忙于政治活动,利用劳资两方,尤其劳方的同时,客观上促进了劳方组织与资方组织的发育和相对完善。北洋政府时期的劳资经验说明,只有劳方与资方的发展壮大,没有强大而稳定的政府,作为近代社会运转轴心的劳资关系也难以走上正轨。缺乏代表时代潮流的劳方与资方为基础的工人和资方精英的支持,国内外均缺乏威信,北洋政府如履薄冰,进而在国民党发动下劳方、资方成为北洋政府的重要掘墓人,北洋政府没有也不可能带领中国劳资关系实现近代转型。

南京国民政府北伐胜利、利权运动、关税自主、财政金融货币改革取得相对成功,国家资本得到加强,都为其发挥近代政府的劳资角色奠定了基础,尤其出台工厂法、工会法、商会法、人民团体组织方案、劳动争议处理法等虽然在一定范围内限制了工人和资本家的行为,但客观上规范了工人和资本家的活动。也正是在这一阶段,中国劳资关系实现了近代转型,中国劳资关系近代转型基本实现是 20 世纪 20 年代末,其标志是:劳资关系三方均组织化;政府、资方、劳方均能通过常设性组织,以政府为主导建立的日常制度体系对劳资关系进行协调;集体协商制度确立,劳资冲突趋缓。

中国劳资关系近代转型的经验表明,劳资关系的转型以建立在社会化大生产基础之上的近代劳方、资方与政府的共同发育、发展为基础。劳资关系转型的关键除了劳方与资方的发展,政府起着最后一道屏障的作用,这与政府往往是传统力量的代表有关,就世界劳资关系史而言,这具有普遍性。近代中国是一个由封闭到开放的国家,西方的社会化大生产,劳方、资方与政府正常承担劳资角色的经验对中国劳资关系的近代转型具有促进作用,但由于中国在开放过程中沦为半殖民地国家,西方国家政府(领事)及其庇护的在华资方,往往有特权,直到南京国民政府时期随着利权运动、中央集权的加强,外国政府及外国在华资方的直接影响才明显削弱,而国际劳工组织等对中国劳资关系近代转型的推动也值得关注。

中国近代劳资关系转型是环境与劳资三方共同决定的结果,长期来看,劳资冲突具有普遍性,劳资三方地位趋于动态平衡。宏观环境决定劳资关系基本面,三方相互作用决定具体策略和路径。劳资冲突普遍存在根源:劳资关系不是三方唯一活动场所和利益来源,各自目标存在明显错位。三方趋于动态平衡,传统的劳方主体观、资方强势论或政府主导的根源是劳方终极主体个人或家庭对劳资利益直接依赖性最强,因此往往表现最活跃。

劳资三方结构、功能、行为能力均逐渐由弱到强。就政府而言,与社会化大生产相悖的晚清政府,对西风东渐的近代劳资无所适从;时局动荡与多元政治格局下的北洋政府,对劳资是"心有余而力不足",严重缺位与越位并存,劳资冲突频发;南京国民政府相对强势,建立相对有效的制度体系,劳资冲突也趋于缓和。就劳方与资方而言,近代劳资萌动期的劳方与资方均被边缘化。民国伊始,两者都获得了法律地位,并以社会化大生产发展为基础,先有1925年全国总工会的建立,后有代表包括劳方与资方等"三民"的南京国民政府,并进而赋予劳方和资方与政府对等地位,劳方与资方组织、结构和行为能力进一步增强。

参考文献

1. 艾米莉·洪尼格:《姐妹们与陌生人——上海棉纱厂女工 1919—1949》，江苏人民出版社 2011 年版。

2. 白吉尔:《中国资产阶级的黄金时代(1911—1937)》，张富强，许世荣译，上海人民出版社 1994 年版。

3. 白中银:《晚清时期外雇洋员生活待遇初探》，《近代史研究》1998 年第 5 期。

4. 柏格森:《中国劳动运动的现状》，上海乐山书店 1930 年版。

5. 贝弗里·J.西尔弗:《劳工的力量:1870 年以来的工人运动与全球化》，社会科学文献出版社 2012 年版。

6. 柴德赓:《记永禁机匠叫歇碑发现经过》，《文物参考资料》1956 年第 7 期。

7. 陈达:《上海的劳资争议与罢工(1927—1937 年)》，《教学与研究》1957 年第 6 期。

8. 陈达:《中国劳工问题》，商务印书馆 1929 年版。

9. 陈光:《冲突到稳定——上海劳资关系研究(1925—1931)》，华东师范大学 2007 年博士学位论文。

10. 陈明銶:《晚清劳工"集体行动"理念初探》，《中国社会经济史研究》1989 年第 1 期。

11. 陈通夫:《我国工厂法的施行问题上海市的初步研究》，京华印书局 1931 年版。

12. 陈夏红:《近代中国的破产法制及其命运》，《政法论坛》2010 年第 2 期。

13. 陈玉琴:《工会组织法及工商纠纷条例》，上海民智书局 1927 年版。

14. 陈长蘅:《中国劳动问题讨论》，《清华学报》1926 年第 1 期。

15. 陈真:《中国近代工业史资料》第三辑，"清政府、北洋政府和国民党官僚资本创办和垄断的工业"，生活·读书·新知三联书店 1961 年版。

16. 陈真、姚洛:《中国近代工业史资料》第一辑，"民族资本创办和经营的工业"，生活·读书·新知三联书店 1957 年版。

17. 陈真、姚洛、逄先知:《中国近代工业史资料》第二辑，"帝国主义对中国工矿实业的侵略和垄断"，生活·读书·新知三联书店 1958 年版。

18. 陈振鹭:《劳动问题大纲》，大学书店 1934 年版。

19. 陈自芳:《中国近代官僚私人资本的比较分析》，《中国经济史研究》1996 年第 3 期。

20. 池子华:《近代中国打工妹群体研究》，中国社会科学出版社 2015 年版。

21.《筹办夷务始末（咸丰朝）》，中华书局 1975 年版。

22. 邓庆澜：《天津市工业统计》，天津市社会局 1935 年版。

23. 丁日初、杜恂诚：《虞洽卿简论》，《历史研究》1981 年第 3 期。

24. 丁长清：《开滦人事管理的历史考察》，《南开经济研究》1986 年第 4 期。

25. 丁长清、阎光华、刘佛丁：《旧中国工人阶级贫困化问题管见——析开滦煤矿工人的工资水平及其变动趋势》，《南开经济研究年刊（1984）》，南开大学出版社 1985 年版。

26. 东方杂志社：《中国社会文化》，商务印书馆 1924 年版。

27. 杜恂诚：《民族资本主义与旧中国政府（1840—1937）》，上海社会科学院出版社 1991 年版。

28. 段本洛：《洋务派的分化与民族资产阶级的产生》，《江海学刊》1985 年第 1 期。

29. 段雪玉：锦纶堂：《近代蚕丝业行会组织的社会史考察》，载《海洋史研究》第三辑，社会科学出版社 2012 年版。

30. 樊卫国：《民国上海同业公会与企业外部环境研究》，上海人民出版社 2014 年版。

31. 方显廷：《中国之棉纺织业》，国立编译馆 1934 年版。

32. 费正清：《剑桥中国晚清史》，中国社会科学院历史研究所编译室译，中国社会科学出版社 1985 年版。

33. 费正清：《剑桥中华民国史：1912—1949》上、下卷，杨品泉等译，中国社会科学出版社 1994 年版。

34. 冯同庆：《劳动关系理论》，中国劳动社会保障出版社 2009 年版。

35. 冯夏根：《丁文江与"好政府主义"》，《湖南大学学报》（社会科学版）2003 年第 5 期。

36. 冯筱才：《北伐前后的商民运动（1924—1930）》，台湾商务印书馆 2004 年版。

37. 冯筱才：《科学管理、劳资冲突与企业制度选择——以 1930 年代美亚织绸厂为个案》，《史林》2013 年第 6 期。

37. 高超群：《科学管理改革与劳资关系——以申新三厂和民生公司为中心》，《中国经济史研究》2008 年第 3 期。

38. 高德福：《试论国民党政府的关税自主政策》，《史学月刊》1987 年第 1 期。

39. 工商部劳工司：《各地劳资新旧合约类分》，1930 年。

40. 龚骏：《中国新工业发展史大纲》，上海商务印书馆 1933 年版。

41. 顾炳元：《中国劳动法令汇编》，上海法学编译社 1931 年版。

42. 顾炳元：《中国劳动法令汇编》，三版续编，上海会文堂新记书局 1937 年版。

43. 管汉晖：《20 世纪 30 年代大萧条中的中国宏观经济》，《经济研究》2007 年第 2 期。

44. 郭卿友：《中华民国时期军政职官法》上，甘肃人民出版社 1992 年版。

45. 郭士浩：《旧中国开滦煤矿工人状况》，人民出版社 1985 年版。

46. 郭正忠：《论宋代食盐的生产体制》，《盐业史研究》1986 年第 1 辑。

47. 郭正忠：《中国盐业史·古代编》，人民出版社 1997 年版。

48. 国际劳工局中国分局：《上海劳工统计（1930—1937）》，1938 年。

49. 国家档案局明清档案馆：《义和团档案史料》上册，中华书局 1959 年版。

50. 国民党中央民众运动指导委员会工人科:《中国国民党领导下之工人运动今昔观》,南京三民印书局 1934 年版。

51. 国民政府立法院:《中华民国法规汇编》第一编,中华书局 1936 年版。

52. 何德明:《中国劳工问题》,商务印书馆 1937 年版。

53. 何清谷:《略论战国时期的雇佣劳动》,《陕西师大学报》(哲学社会科学版)1981 年第 4 期。

54. 衡芳珍:《二十世纪三十年代国共两党的工厂法》,《江苏社会科学》2013 年第 4 期。

55. 侯建新:《明清农业经济为何难以发展——兼与英国封建晚期农业雇佣劳动比较》,《中国经济史研究》1997 年第 3 期。

56. 胡滨:《洋务运动与中国近代化——兼论洋务运动与外国资本主义的关系》,《文史哲》1987 年第 5 期。

57. 胡波:《香山买办与近代中国》,广东人民出版社 2007 年版。

58. 黄苇:《中国民族资本主义经济的发展和破产问题》,《学术月刊》1982 年第 2 期。

59. 黄武强:《雇工和劳动地租是西周统治者的主要剥削方式——兼论郭沫若同志的战国封建论》,《学术论坛》1986 年第 1 期。

60. 黄逸峰:《关于旧中国买办阶级的研究》,《历史研究》1964 年第 3 期。

61. 黄逸峰、姜铎、唐传泗、陈绛:《旧中国的买办阶级》,上海人民出版社 1982 年版。

62. 黄逸平、叶松年:《1929—1934 年"国定税则"与"关税自主"剖析》,《中国社会经济史研究》1986 年第 1 期。

63. 黄逸平、虞宝棠:《北洋政府时期经济》,上海社会科学院出版社 1995 年版。

64. 霍新宾:《"无情鸡"事件:国民革命后期劳资纠纷的实证考察》,《近代史研究》2007 年第 1 期。

65. Jean Chesneaux.Le mouvement ouvrier Chinois de 1919 à 1927,Mouton,1962.

66. 翦伯赞:《两汉时期的雇佣劳动》,《北京大学学报》1959 年第 1 期。

67. 姜铎:《中国早期工人阶级状况初探》,《上海社会科学院学术季刊》1994 年第 4 期。

68. 蒋燕玲:《论清代律例对雇工人法律身份的界定》,《社会科学家》2003 年第 9 期。

69.《交通职工教育成都统计(1933 年)》,《国际劳工通讯》1935 年第 9 期。

70. 金京玉:《民国时期工业企业劳资关系研究(1912—1937)》,经济科学出版社 2012 年版。

71. 金志霖:《中世纪英国行会和雇佣工人——兼论雇佣工人与生产资料的关系》,《历史研究》1990 年第 6 期。

72. 经济学会:《中国经济全书》,商务印书馆 1910 年版。

73. 经江:《解放前上海造船工业中的包工制度》,《学术月刊》1981 年第 1 期。

74. 久保亨:《关于民国时期工业生产总值的几个问题》,《历史研究》2001 年第 5 期。

75.《旧中国的资本主义生产关系》编写组:《旧中国的资本主义生产关系》,人民出版社 1977 年版。

76. John K.Chang,Industrial Development in Pre-Communist China,a Quantitative Analyses,

Chicago: Aldine, 1969.

77. 鞠东莲、彭贵珍、周世新：《民国地方政府对劳资争议的调处——以三友实业社为例》，《江西社会科学》2011 年第 6 期。

78. 柯昌基：《宋代雇佣关系的初步探索》，《历史研究》1957 年第 3 期。

79. 雷麦：《外人在华投资》，蒋学模、赵康书译，商务印书馆 1962 年版。

80. 李彩华：《中国新民主主义制度下的劳资关系与政策》，中国财政经济出版社 2009 年版。

81. 李鸿章：《李文忠公全集》，上海商务印书馆 1921 年版。

82. 李虎：《中国近代关员的洋员录用制度（1854—1911）》，《历史教学》2006 年第 1 期。

83. 李景汉：《家庭工资制度》，《清华学报》（人文版）1927 年第 2 期。

84. 李楠：《近代工业化进程中童工使用与绩效研究》，《中国人口科学》2015 年第 4 期。

85. 李琪：《产业关系概论》，中国劳动社会保障出版社 2008 年版。

86. 李少兵、王莉：《20 世纪 40 年代以来中国大陆"四大家族官僚资本"问题研究》，《史学月刊》2005 年第 3 期。

87. 李时岳：《辛亥革命前后的中国工人运动与中华民国工党》，《史学集刊》1957 年第 1 期。

88. 李时岳、胡滨：《从闭关到开放——晚清"洋务"热透视》，人民出版社 1988 年版。

89. 李文海主编：《民国时期社会调查丛编》，《城市（劳工）》生活卷，福建教育出版社 2005 年版。

90. 李文治：《明清时代的农业资本主义萌芽问题》，中国社会科学出版社 2007 年版。

91. 李秀丽：《中国近代民族企业劳工问题及企业文化研究》，东北财经大学出版社 2013 年版。

92. 梁廷：《粤海关志》第七卷，（台北）文海出版社 1975 年版。

93. 梁玉魁：《关于中华民国工党的性质问题》，《历史研究》1959 年第 6 期。

94. 林颂河：《塘沽工人调查》，社会调查所 1930 年版。

95. 刘斌：《清代新旧海关人事管理机制研究》，厦门大学 2007 年硕士学位论文。

96. 刘大钧：《中国工业调查报告》，共三册，经济统计研究所 1937 年版。

97. 刘佛丁：《试论我国民族资本企业的积累问题》，《南开学报》1982 年第 2 期。

98. 刘建中：《晚清企业家的地域分布研究》，湘潭大学 2007 年硕士学位论文。

99. 刘军：《值得重视的产业关系史研究》，《史学理论研究》2006 年第 2 期。

100. 刘克祥、陈争平：《中国近代经济史简编》，浙江人民出版社 1999 年版。

101. 刘克祥、吴太昌：《中国近代经济史（1927—1937）》上册，人民出版社 2010 年版。

102. 刘明逵、唐玉良：《中国近代工人阶级和工人运动》第 1—9 卷，中共中央党校出版社 2002 年版。

103. 刘树友：《试析宋代城镇雇工发达之原因》，《唐都学刊》2005 年第 4 期。

104. 刘心铨：《山东中兴煤矿工人调查》，《社会科学杂志》1932 年第 1 期。

105. 刘玉凯、王真：《中国共产党成立前中国工人阶级发展的情况》，《学习》1951 年第

11 期。

106. 卢菡:《中国近代不平等条约年表》,外文出版社 2012 年版。

107. 鲁运庚、刘长飞:《民国初年的童工研究》,《民国档案》2002 年第 2 期。

108. 螺琼:《中国缫丝业和纱厂女工的生活》,《中华月报》1936 年第 9 期。

109. 洛易斯·惠勒·斯诺:《斯诺眼中的中国》,王恩光等合译,中国学术出版社 1982 年版。

110. 骆传华:《今日中国劳工问题》,青年协会书店 1933 年版。

111. 马方方:《南京国民政府〈工厂法〉实施的困境与难局:以女工为例》,《甘肃社会科学》2012 年第 3 期。

112. 马俊亚:《中国近代的资本集中及其经济职能》,载《近代中国》第六辑,上海社会科学院出版社 1996 年版。

113. 马克思:《工会(工联)——它们的过去、现在和未来》,载《马克思恩格斯论工会》,工人出版社 1980 年版。

114. 马敏:《早期资本家阶级与近代中国社会结构的变化》,《天津社会科学》1993 年第 3 期。

115. 马士:《中华帝国对外关系史》第一卷,商务印书馆 1963 年版。

116. 马学强、张秀莉:《出入于中西之间:近代上海买办社会生活》,上海辞书出版社 2009 年版。

117. 马艳、周扬波:《劳资利益论》,复旦大学出版社 2009 年版。

118. 马振举:《北洋军阀政府时期的关税与财政》,《南开学报》1987 年第 5 期。

119.《毛泽东选集》第二卷,人民出版社 1991 年版。

120. 孟天培、甘博:《二十五年来北京之物价工资及生活程度》,国立北京大学出版部 1926 年版。

121. 宓汝成:《帝国主义与中国铁路》,上海人民出版社 1980 年版。

122. 莫晟:《试论中国近代把头制度文化因素》,《河南师范大学学报》(社会科学版)2012 年第 1 期。

123. 南开大学经济研究所经济史研究室:《旧中国开滦煤矿的工资制度和包工制度》,天津人民出版社 1983 年版。

124. 聂宝璋:《中国买办资产阶级的产生》,中国社会科学出版社 1979 年版。

125. 庞毅、李松、黎明:《晚清政府管理外籍人士合同制的内容》,《重庆行政》2001 年第 2 期。

126. 裴宜理:《上海罢工——中国工人政治研究》,江苏人民出版社 2001 年版。

127. 彭贵珍:《近三十年来中国劳资争议史研究综述》,《中国劳动关系学院学报》2010 年第 2 期。

128. 彭贵珍、张在兴:《政府权威与民众利益——论国民政府对三友实业社停厂纠纷的调处》,《历史教学》2010 年第 24 期。

129. 彭南生、饶水利:《简论 1929 年的〈工厂法〉》,《安徽史学》2006 年第 4 期。

130. 彭泽益:《中国近代工业史资料》第一、二卷,中华书局1962年版。

131. 齐华:《物价飞涨与工人生活难》,《解放周刊》1937年第7期。

132. 钱昌照:《国民党政府资源委员会的始末》,载《文史资料选辑》第15辑,1961年3月。

133. 乔乐林:《北洋军阀统治时期的关税自主运动述评》,《新疆师范大学学报》(哲学社会科学版)1999年第4期。

134. 乔兆红:《中国商民运动的阶段性分析》,《学术研究》2007年第1期。

135. 秦孝仪:《中华民国京畿发展史》上册,(台北)近代中国出版社1983年版。

136. 青岛市工商行政管理局史料组:《中国民族火柴工业》,中华书局1963年版。

137.《全国工业凋敝之惨况》,《劳动季报》1934年第1期。

138. 全国经济会议秘书处:《全国经济会议专刊》1928年9月。

139. 荣孟源:《中国国民党历次代表大会及中央全会资料》,光明日报出版社1985年版。

140. 荣兆梓:《工业化、城市化与我国劳资关系社会转型》,《中国经济问题》2009年第5期。

141. 沙为楷:《中国买办制》,商务印书馆1930年版。

142.《上海工运志》编纂委员会:《上海工运志》,上海社会科学院出版社1997年版。

143. 上海卷烟厂工人运动史编写组编:《上海卷烟厂工人运动史》,中共党史出版社1991年版。

144. 上海社会科学院经济研究所:《刘鸿生企业史料》上册,上海人民出版社1981年版。

145. 上海社会科学院经济研究所:《荣家企业史料》上册,上海人民出版社1980年版。

146. 上海社会科学院经济研究所:《英美烟公司在华企业资料汇编》第三册,中华书局1963年版。

147. 上海社会科学院历史研究所:《五卅运动史料》第一卷,上海人民出版社1981年版。

148. 上海申报年鉴社:《第四次申报年鉴》,上海申报年鉴社1936年版。

149. 上海市纺织工业局等:《永安纺织印染公司》,中华书局1964年版。

150. 上海市工商行政管理局等:《上海民族机器工业》,中华书局1979年版。

151. 上海市政府社会局:《近十五年来上海之罢工停业》,中华书局1933年版。

152. 上海市政府社会局:《近五年来上海之劳资纠纷》,中华书局1934年版。

153. 上海特别市社会局:《上海特别市十七年罢工统计报告》,1929年。

154. 尚世昌:《中国国民党与中国劳工运动——以建党到清党为主要范围》,(台北)幼狮文化事业公司1992年版。

155. 实业部地质调查所:《第五次中国矿业纪要》,国立北平研究院地质学研究所1935年版。

156. 实业部劳动年鉴编辑委员会:《民国二十一年中国劳动年鉴》第一编,(台北)文海出版社有限公司1992年版。

157. 实业部劳动年鉴编纂委员会:《民国二十二年中国劳动年鉴》第一编,正中书局1934年版。

158. 实业部中国经济年鉴编纂委员会：《中国经济年鉴》第二册，1934 年。

159. 苏汝江：《云南个旧锡业调查》，国立清华大学国情普查研究所 1942 年版。

160. 孙安弟：《中国近代安全史 1840—1949》，上海书店出版社 2009 年版。

161. 孙本文：《批判我旧著"社会学原理"的资产阶级思想》，《哲学研究》1958 年第 6 期。

162. 孙本文：《现代中国社会问题》第四册，《劳资问题》，商务印书馆 1943 年版。

163. 孙强：《晚明商业资本的筹集方式、经营机制及信用关系研究》，吉林大学出版社 2007 年版。

164. 孙孝恩、修朋月：《徐寿、华蘅芳与近代科技》，《史学月刊》1983 年第 5 期。

165. 孙毓棠：《中国近代工业史资料（1840—1895）》第一辑，上册，中华书局 1962 年版。

166. 太平天国历史档案馆编：《吴煦档案选编》第二辑，江苏人民出版社 1993 年版。

167. 唐海：《中国劳动问题》，光华书局 1926 年版。

168. 唐文权：《苏州工商各业公所的兴废》，《历史研究》1986 年第 3 期。

169. 陶孟和：《第二次中国劳动年鉴》中册，北平社会调查所 1932 年版。

170. 陶镕成：《全国矿山工人的现状》，《劳工月刊》1934 年第 8 期。

171. 田彤：《国际劳工组织与南京国民政府（1927—1937）——从改善劳资关系角度着眼》，《浙江社会科学》2008 年第 1 期。

172. 田彤：《民国时期劳资关系史研究的回顾与思考》，《历史研究》2011 年第 1 期。

173. Tony Orhnial：*Limited Liability and the Cooperation*，Croom Helm，London&Camberra，1982.

174. 汪敬虞：《近代中国资本主义的总体考察和个案辨析》，中国社会科学出版社 2004 年版。

175. 汪敬虞：《十九世纪外资对中国工矿企业的侵略活动》，《经济研究》1965 年第 12 期。

176. 汪敬虞：《中国近代工业史资料，1895—1914》第二辑，上、下册，中华书局 1962 年版。

177. 汪敬虞：《中国近代经济史（1895—1927）》上、中、下册，人民出版社 2000 年版。

178. 汪敬虞、魏金玉：《五四运动的经济背景》，《经济研究》1959 年第 4 期。

179. 汪熙：《关于买办和买办制度》，《近代史研究》1980 年第 2 期。

180. 王处辉：《中国近代企业组织中之包工制度新论》，《南开经济研究》1999 年第 5 期。

181. 王垂芳：《上海洋商史：1843—1956》，上海社会科学院出版社 2007 年版。

182. 王尔敏：《清代兵工业的兴起》，台北"中央研究院"1978 年版。

183. 王方中：《1927—1937 年间的中国民族工业》，《近代史研究》1990 年第 6 期。

184. 王金铻：《中国现代资产阶级民主运动史》，吉林文史出版社 1985 年版。

185. 王琨：《民国时期上海营造业工人群体研究》，上海师范大学 2011 年硕士学位论文。

186. 王奇生：《工人、资本家与国民党——20 世纪 30 年代一例劳资纠纷的个案分析》，《历史研究》2001 年第 5 期。

187. 王清彬、王树动、林颂河、樊弘：《第一次中国劳动年鉴》，北平社会调查部 1928 年版。

188. 王玉茹：《近代中国物价、工资和生活水平研究》，上海财经大学出版社 2007 年版。

189. 王云五、李圣五：《劳工问题》，商务印书馆 1933 年版。

190. 王子建:《中国劳工生活程度》,《社会科学杂志》1931 年第 2 期。

191. 威罗贝:《外人在华特权和利益》,王绍坊译,生活·读书·新知三联书店 1957 年版。

192. 魏尔特:《赫德与中国海关》(上册),李秀风等译,厦门大学出版社 1993 年版。

193. 魏金玉:《试说明清时代雇佣劳动者与雇工人等级之间的关系》,《中国经济史研究》1986 年第 4 期。

194. 魏淑君:《近代中国公司法史论》,上海社会科学院出版社 2009 年版。

195. 魏允恭:《上海制造局记》第三卷,1905 年。

196. 文松:《近代海关华洋员人数变迁及分布管窥》,《民国档案》2002 年第 2 期。

197. 巫宝三、汪馥荪:《抗日战争前中国的工业生产和就业》,《经济研究》2000 年第 1 期。

198. 巫宝三:《中国国民所得(一九三三年)》,商务印书馆 2011 年版。

199. 吴福环:《清季总理衙门研究(1861—1901)》,新疆大学出版社 1996 年版。

200. 吴量恺:《清代前期"农民非农化"趋向的探讨》,《中国农史》1993 年第 1 期。

201. 吴瓯:《天津纺织业调查报告》,天津市社会局 1931 年版。

202. 吴鸥:《天津市面粉业调查报告》,天津市社会局 1932 年版。

203. 吴太昌、武力:《中国国家资本的历史分析》,中国社会科学出版社 2012 年版。

204. 武力:《"官僚资本"概念及没收过程中的界定问题》,《中共党史研究》1991 年第 2 期。

205. 夏东元:《郑观应集》下册,上海人民出版社 1984 年版。

206. 向中银、杜佳鸣:《清政府聘用洋员政策与中国早期近代化》,《求索》2002 年第 6 期。

207. [日]小浜正子:《南京国民政府の民众掌握——上海の工会と工商同业公会》,《人间文化研究年报》1991 年第 14 号。

208. 谢商:《关于祝大椿创办"源昌机器五金厂"的调查》,《学术月刊》1961 年第 5 期。

209. 谢政谕:《三民主义劳资和谐关系之研究》,(台北)正中书局 1989 年版。

210. 邢必信、吴铎、林颂河等:《第二次中国劳动年鉴》,北平社会调查所 1932 年版。

211. 徐鼎新、钱小明:《上海总商会史(1902—1929)》,上海社会科学院出版社 1991 年版。

212. 徐建生:《民国时期经济政策的沿袭与变异》,福建人民出版社 2006 年版。

213. 徐建生、徐卫国:《清末民初经济政策研究》,广西师范大学出版社 2001 年版。

214. 徐思彦:《20 世纪 20 年代劳资问题初探》,《历史研究》1992 年第 5 期。

215. 许涤新、吴承明:《中国资本主义发展史》(第二版),共三卷,人民出版社 2003 年版。

216. 薛世孝:《中国煤矿工人运动史》,河南人民出版社 1986 年版。

217. 阎光华、丁长清:《旧开滦煤矿工人的工资水平剖析》,载《南开经济研究年刊(1981—1982 年)》,南开大学出版社 1983 年版。

218. [澳]颜清湟:《出国华工与清朝官员——晚清时期中国对海外华人的保护(一八五一——一九一一年)》,栗明轩、贺跃夫译,中国友谊出版公司 1990 年版。

219. 杨可:《劳工宿舍的另一种可能:作为现代文明教化空间的民国模范劳工宿舍》,《社会》2016 年第 2 期。

220. 杨西孟：《上海工人生活程度的一个研究》，北平社会调查所1930年版。

221. 易继苍：《江浙籍买办研究》，中国社会科学出版社2011年版。

222. 虞和平、夏良才：《周学熙集》，华中师范大学出版社1999年版。

223. 虞和寅：《矿业报告》第1—5册，农商部矿政司1926年版。

224. 袁为鹏：《汉阳铁厂之"招商承办"再探讨》，《中国经济史研究》2011年第1期。

225. [美]约翰·W.巴德：《人性化的雇佣关系——效率、公平和发言权之间》，北京大学出版社2007年版。

226. 恽代英：《中国国民党与劳动运动》，中央军事学校政治部1926年版。

227. 张国辉：《洋务运动与中国近代企业》，中国社会科学出版社1979年版。

228. 张剑：《二三十年代上海主要产业职工工资级差与文化水平》，《史林》1997年第4期。

229. 张伟：《近代不同城市工人家庭收入分析》，《西南交通大学学报》（社会科学版）2000年第4期。

230. 张学鼎：《上海各工厂之工资制度》，《交大经济》1934年第2期。

231. 张忠民：《近代上海工人阶层的工资与生活——以20世纪30年代调查为中心的分析》，《中国经济史研究》2011年第2期。

232. 张忠民：《近代中国的"公司法"与公司制度》，《学术月刊》1997年第4期。

233. 张仲礼：《近代上海城市发展研究》，上海人民出版社1990年版。

234. 章季陶：《中国就业人数的估计》，《社会科学杂志》1947年第2期。

235. 赵入坤：《雇佣关系与近代中国》，安徽大学出版社2010年版。

236. 郑礼明：《六河沟煤矿矿面工人调查统计》，《建设》1935年第6期。

237. 郑学檬：《中国工业无产阶级及其早期的状况》，《史学月刊》1960年第4期。

238. 中国科学院上海径济研究所、上海社会科学院经济研究所：《南洋兄弟烟草公司史料》，上海人民出版社1958年版。

239. 《中国劳工阶级生活费之分析》，《国际劳工通讯》1938年第11期。

240. 中国劳工运动史编纂委员会：《中国劳工运动史》（共五卷），（台北）中国劳工福利出版社1959年版。

241. 中国史学会：《洋务运动》，上海人民出版社1962年版。

242. 中华医学会：《上海工人饮食调查》，《国际劳工通讯》1936年第11期。

243. 钟贵阳：《中国妇女劳动问题》，上海女子书店1932年版。

244. 朱邦兴、胡林阁、徐声：《上海产业与上海职工》，上海人民出版社1984年版。

245. 朱通九：《劳动经济学》，上海黎明书局1931年版。

246. 朱通九：《现代劳动思潮及劳动制度之趋势》，国民经济研究所1939年版。

247. 朱以青：《论近代中国企业集团》，《中国经济史研究》1994年第3期。

248. 朱英：《二十世纪二十年代商会法的修订及其影响》，《历史研究》2014年第2期。

249. 朱英：《商民运动研究（1924—1930）》，北京大学出版社2011年版。

250. 朱英：《重评五四运动期间上海总商会"佳电"风波》，《历史研究》2001年第4期。

251. 朱应祺、朱应会:《劳动经济论》,上海泰东图书局 1928 年版。

252. 朱正业:《南京国民政府〈工厂法〉述论》,《广西社会科学》2007 年第 7 期

253. 祝慈寿:《中国工业劳动史》,上海财经大学出版社 1999 年版。

254. 祝世康:《劳工问题》,商务印书馆 1931 年版。

255. (台)卓遵宏:《抗战前十年货币史资料》,载《币制改革》,台湾"国史馆"1985 年版。

后　记

　　恩格斯早年曾说劳资关系是现代社会运转的轴心。此言不虚,现代社会任何个体都可能卷入其中,即便我来自一个曾长期贫穷的乡村,谈不上多少市场因素,也概莫能外:儿时难忘的一件事是与家里唯一长期的雇工同住的快乐;再后来父兄邻近务工,雇主竟然数次严重违背工资承诺,让人悲切,至今记忆犹在。

　　2003年初,无意中翻到工资集体协商制度,与内心记忆深处产生碰撞,而灵感突现,遂有《工资集体协商制度形成的交易成本决定机制研究》,这对于我这个经济学门外汉来说,算是第一次真正用经济学理论写论文,并迅速在《华东经济管理》发表,并忝列当年期刊优秀论文,也是开心。

　　受将我引入企业史研究领域的南开大学劳资关系史研究传统的浸润,以及中国社科院博士后时期一些老师做劳资关系研究对我的影响,2009年意识到中国劳资关系史无疑是一个重大课题。于是2009年下半年,先是简单报了河北省高校百名优秀创新人才,年底家族企业的国家课题顺利结项,遂决定申报国家社科基金。最初无知无畏,拟贯通近现代,幸得贵人点拨,方知根本不是我所能驾驭的,紧急刹车。于是只考虑近代,并借助2003年的灵感,从劳方、资方与政府关系视角入手做近代劳资关系研究,终点也以2003年的思考,即集体协商制度的形成为近代转型完成的依据。当然,从劳方、资方与政府关系视角入手研究劳资关系,只是分享西方当代学者"劳资关系体系"的思想而已,且鉴于学科因素,以及我的有限积累,不敢贸然将其植入。

　　写到这里,还是控制不住自己内心的激动,即便从2009年课题正式论证算起,可以说已是整整抗战八年。转眼已过不惑,知道每做成一件事需要感恩的太多,这一本书离不开学界前辈的指点、同事的理解、家人的支持,今天终于可以告一段落了。激动之余,更多是遗憾,本书只是构建了中国劳资关系转型的一个框架,一种思路,深度和系统性还远远不够,细节可能还存诸多纰漏。

作为主笔人,对本书没有达到预期深感不安。框架设计、资料运用、方法借鉴、案例剖析、语言修饰等都有很多需要改进的地方,姑且借西方哲人的"残缺美"聊以自慰吧。最后,感谢河北省委党校的王俊杰、王晓霞为本书所做的一些实际工作。

杨在军

二〇一七年六月

责任编辑:赵圣涛
封面设计:王欢欢
责任校对:吕　飞

图书在版编目(CIP)数据

中国劳资关系近代转型研究:劳方、资方与政府关系视角/杨在军 著. —
　北京:人民出版社,2018.1
ISBN 978 - 7 - 01 - 018207 - 0

Ⅰ.①中… 　Ⅱ.①杨… 　Ⅲ.①劳资关系-研究-中国-近代 　Ⅳ.①F249.295

中国版本图书馆 CIP 数据核字(2017)第 219959 号

中国劳资关系近代转型研究

ZHONGGUO LAOZI GUANXI JINDAI ZHUANXING YANJIU

——劳方、资方与政府关系视角

杨在军　著

人 民 大 出 版 社 出版发行

(100706　北京市东城区隆福寺街 99 号)

北京中科印刷有限公司印刷　新华书店经销

2018 年 1 月第 1 版　2018 年 1 月北京第 1 次印刷
开本:710 毫米×1000 毫米 1/16　印张:30
字数:450 千字

ISBN 978 - 7 - 01 - 018207 - 0　定价:119.00 元

邮购地址 100706　北京市东城区隆福寺街 99 号
人民东方图书销售中心　电话 (010)65250042　65289539